策划理论与实务
从原理、方法到能力

熊海峰 ◎ 著

Theory and Practice of Strategy Planning

From Principle, Method to Capability

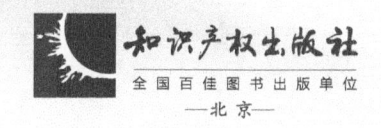

知识产权出版社
全国百佳图书出版单位
——北京——

图书在版编目（CIP）数据

策划理论与实务：从原理、方法到能力 / 熊海峰著 . —— 北京：知识产权出版社，2020.6
ISBN 978-7-5130-6972-4

Ⅰ . ①策… Ⅱ . ①熊… Ⅲ . ①策划 Ⅳ . ① C934

中国版本图书馆 CIP 数据核字（2020）第 093086 号

内容提要

本书从"服务决策说"出发，即认为策划是以服务决策为导向，以研究为基础，以创新为灵魂，以定位为核心，提供定制性、系统性、实效性问题解决方案的理性行为，对现代策划的概念与特征、起源与发展、原理与方法、流程与文本、策划人的素养与核心能力等内容进行了深入细致的论述，全景构建了现代策划的知识图谱与能力体系。

责任编辑：李石华　王志茹　　　　　　责任印制：孙婷婷

策划理论与实务——从原理、方法到能力
CEHUA LILUN YU SHIWU——CONG YUANLI FANGFA DAO NENGLI

熊海峰　著

出版发行：知识产权出版社 有限责任公司	网　　址：http://www.ipph.cn
电　　话：010-82004826	http://www.laichushu.com
社　　址：北京市海淀区气象路50号院	邮　　编：100081
责编电话：010-82000860转8072	责编邮箱：lishihua@cnipr.com
发行电话：010-82000860转8101	发行传真：010-82000893
印　　刷：北京建宏印刷有限公司	经　　销：各大网上书店、新华书店及相关专业书店
开　　本：787mm×1092mm　1/16	印　　张：34
版　　次：2020年6月第1版	印　　次：2020年6月第1次印刷
字　　数：520千字	定　　价：128.00元

ISBN 978-7-5130-6972-4

出版权专有　侵权必究
如有印装质量问题，本社负责调换。

自序

策划是一门古老而年轻的学问,具有独特的科学与艺术魅力。

中国的策划思想源远流长,其发端可追溯到先秦谋略。在诸子著述与民间传说之中,在政治、军事与经济等领域,都闪耀着擘划谋算的智慧光辉。迨至近代,特别是改革开放之后,传统谋略与西方科学相逢,在吸纳了战略、管理、营销等理论与方法之后,现代策划从"点子热""谋略热""CI热"的浪潮中起步,逐渐成为一门新兴的、具有东方特色的学问。

如今策划已成为热词,人人都在谈策划,事事都需要策划。然而何为策划,其核心特征是什么,它的功能边界在哪里,其基本原理与原则是什么,它有哪些独特的方法与工具,学界业界尚未达成共识。在大多数人甚至专家的理解中,策划即是做广告创意、写宣传文案、出活动方案,是一个需要创意但重要程度并不高的工种。这种理解在无形中对策划进行了窄化与矮化,也导致在实践中难以真正发挥策划的巨大价值与能量。

概念是一门学问的基石,因此本书尝试从策划究竟是什么谈起。在借鉴谋略计策说、取舍决策说、战略定位说和创新构想说等论述的基础上,本书提出了"服务决策说",即认为策划的本质是"能谋善断"中的"谋",是以服务决策(或自我决策)为导向,以研究为基础,以创新为灵魂,以定位为核心,提供定制性、系统性、实效性问题解决方案的理性行为。策划的核心任务是要帮助决策者更好地制定非程序化的决策选项,提升决策效能。就一定程度而言,策划更多的是一种各行业都需要的思维与能力,而不是局限在特定领域的知识。

也许正因为策划无处不在,所以我们常常感到它并无特别之处——无须高深的理论和复杂的技术——似乎人人都可以做好策划。但事实证明,策划亦有道。优秀的策划绝非"妙手偶得之",必是大胆假设和小心求证的智慧结晶,是科学精神与艺术创造的有机融合。所谓科学,即策划应提供精确的知识、综合的分析、理性的判断和可执行的方案。所谓艺术,即要注重创意,强化创新,体现人文价值与文化魅力。更进一步而言,策划不能靠拍脑门儿、靠奇思异想与玄幻的运气,而是靠现代思维科学、现代研究和创新的方法与工具,善于将单线、封闭、保守的思维转换成复合、开放、发展的思维,能够因人因时因地制宜,创新设计出事物发展的最佳路径或问题的最优解决方案。

"谋先事则昌,事先谋则亡。"(汉代刘向《说苑》)以创新服务决策,推动"正确地做正确的事"，策划亦非小道，有其深沉的责任担当和对从业者素养与能力的严格要求。一个合格的策划人，应该心存敬畏，贴近本质，遵从规律，实事求是；应该具有正直的心性，敏锐的感知，广博的识见，独立的思考，通融的智慧，合宜的表达；应该锤炼增益自己的研究能力、创新能力、传播能力，不断锤炼策划能力体系之硬核。一个策划人只有持续夯实职业基础、提升策划技能、推动知行合一，并不断追求卓越，才能实现从职业、事业到志业境界的突破与跨越。

恩格斯曾说："一个民族想要站在科学的最高峰，就一刻也不能没有理论思维。"从当前策划的发展状况来看，实践是先行人，理论是追随者。虽有不少专家学者对策划理论进行了艰辛的探索，收获了较为丰硕的研究成果，但整体而言，当前理论的发展还是远远地滞后于实践进程，研究主要以经验导向为主，以各公司或机构的"独家绝学"为主，还缺乏从行业立场和普遍规律的高度对策划理论进行系统的归纳、创新与升华，因此也难以从思维科学、运行规律与原理方法等方面为行业提供前瞻引领和实践支撑。当前，实践的快速发展与理论研究的相对滞后已成为策划发展中的突出矛盾。

关切与回应现实需求、推动策划健康发展是写作本书的初衷。为此，我尝试对策划理论进行全景式的思考与建构。全书内容共分为九章：第一章从语源学的角度出发，分析和界定了策划的概念、内涵、特征、分类，以及构成要素与价值功能；第二章论述了策划的起源与发展，阐释了现代策划兴起的原因、演进阶段及当前存在的问题，并介绍了国际知名智业机构的发展情况；第三章阐述了策划的基本原理、基本原则，以及策划的学科基础，对经济学、管理学、营销学、城乡规划学等学科理论进行了简要梳理；第四章论述了策划的基本架构、思考路径和方法工具，尝试构建策划的基础方法体系；第五章论述了策划的核心流程与文本结构，并结合具体案例进行了深度解析；第六章论述了策划的三重境界，以及策划人所需具备的素养与能力；第七章到第九章围绕如何培育研究分析、创新创意、沟通传播三种能力进行了详细阐述。

从全球视野来看，策划是一门极具东方文化特色的学问，其理论建设必然不能是西方学说的翻版或再版，必是一项原创性强、复杂浩繁的系统工程。在未来策划理论的构建中，中国学者既要"洞达世界之大势"，从世界人类文化宝库中汲取营养，又要"弗失固有之血脉"，创新传承优秀传统文化，增强文化与理论自信，深入对古代智谋思想形成、演变与特质的研究，并大力吸纳经济学、营销学、创意学、决策学、传播学等现代西方科学的精髓，准确把握现代策划的发展规律、内在法则与必然逻辑，构建融汇基础理论、发展史论、应用理论和研究方法的策划理论体系，不断创造出具有中国特色的新概念、新思维、新方法，不断提升服务决策的思想力、判断力和引领力。同时，在研究中要注意中国特色的国际表达，积极向世界贡献更多的中国理论与中国智慧。

目录

第一章 理解策划 ······ 1
 第一节 从语源学认识策划 ······ 3
 第二节 策划概念的界定 ······ 7
 第三节 策划的基本分类 ······ 24
 第四节 策划的构成要素 ······ 37
 第五节 策划的功能与价值 ······ 40
 重点回顾与拓展阅读 ······ 44

第二章 策划的起源与发展 ······ 44
 第一节 策划的源头：先秦谋略 ······ 44
 第二节 现代策划的兴起 ······ 61
 第三节 西方现代咨询（智业）发展概述 ······ 76
 重点回顾与拓展阅读 ······ 86

第三章 策划的基本原理、原则与理论基础 ······ 89
 第一节 策划的基本原理 ······ 90
 第二节 策划的基本原则 ······ 99
 第三节 策划的理论基础 ······ 105
 重点回顾与拓展阅读 ······ 140

第四章 策划的基本架构、思考路径与方法工具 ······ 143
 第一节 策划的基本架构 ······ 143
 第二节 策划的思考路径 ······ 156
 第三节 策划的方法工具 ······ 173
 重点回顾与拓展阅读 ······ 197

第五章　策划的基本流程与文本结构 ··· 200
- 第一节　确定需求 ··· 201
- 第二节　调研分析 ··· 208
- 第三节　理念创新 ··· 219
- 第四节　策略设计 ··· 236
- 第五节　方案评估 ··· 261
- 第六节　动态顾问 ··· 267
- 第七节　成果呈现 ··· 271
- 第八节　典型案例：南滨路文化产业园战略策划 ··· 277
- 重点回顾与拓展阅读 ··· 288

第六章　策划人的素养与能力 ··· 291
- 第一节　策划人的三重境界 ··· 291
- 第二节　策划人的基本素养 ··· 297
- 第三节　策划人的能力要求 ··· 309
- 第四节　策划人的成长路径 ··· 319
- 第五节　决策者的策划修养 ··· 333
- 重点回顾与拓展阅读 ··· 337

第七章　研究分析能力 ··· 350
- 第一节　研究能力构成要素 ··· 351
- 第二节　研究思维锻炼 ··· 373
- 第三节　策划研究方法 ··· 383
- 第四节　分析洞见工具 ··· 419
- 第五节　可行性研究报告 ··· 431
- 重点回顾与拓展阅读 ··· 436

第八章　创新创意能力 ··· 438
- 第一节　创新能力构成要素 ··· 440
- 第二节　创新的过程与要点 ··· 445
- 第三节　创新思维方法 ··· 448
- 第四节　五种创新工具 ··· 469
- 重点回顾与拓展阅读 ··· 477

第九章 沟通传播能力 ……………………………………………… 480
第一节 传播能力构成要素 ……………………………………… 481
第二节 创新传播思维 …………………………………………… 493
第三节 掌握三类方法 …………………………………………… 505
第四节 熟悉五种传播工具 ……………………………………… 520
重点回顾与拓展阅读 ……………………………………………… 528

主要参考文献 …………………………………………………………… 530

后 记 …………………………………………………………………… 534

第一章　理解策划

▶策划故事："隆中会面"

　　策划活动古已有之，个人或组织都自觉或不自觉地参与其中。中国作为一个极重谋略的东方文明古国，策划活动更是精彩纷呈，涉及经济、社会生活的各方面。其中，最为人们熟知、体现智慧魅力的策划活动，无疑是公元207年冬至208年春诸葛亮策划的"隆中会面"。就整个过程而言，这次颇为"曲折"的会面，亦可谓是诸葛亮为自己"出山"及考验刘备诚意而进行的一次精心策划。

　　在见刘备前，诸葛亮通过设计各种场景为会面与交心极力蓄势，让刘备满怀期待。其时，驻军新野的刘备在徐庶因母离开之后，急需谋略人才。徐庶和司马徽先后向刘备推荐了诸葛亮，并评价甚高，徐庶赞其"此人有经天纬地之才，盖天下一人也"[1]，司马徽也认为诸葛亮"可比兴周八百年之姜子牙、旺汉四百年之张子房也"[2]，因此刘备急于请其辅佐自己。但诸葛亮却避而不见，进行了"饥饿营销"，也让刘备留下了"三顾茅庐"的千古美名。第一顾，诸葛亮"今早少出"，刘备则听到了农夫唱的歌谣，后又路上偶遇"容貌轩昂、丰姿俊爽"的崔州平；第二顾，隆冬拜访，诸葛亮"出外闲游去矣"，刘备先是遇到了石广元和孟公威，进入庐中见到了诸葛均，后又在桥头见到了黄承彦，这些人"清奇古貌"志趣高雅，更映衬出了"卧龙"之不凡；第三顾，诸葛亮"草堂春睡"，刘备则"拱立阶下"一个多时辰，然后才得以"屏人促席"而谈。通过这些欲擒故纵的方法，诸葛亮考验了刘备的诚意，也极大地提高了自己的身价。

　　"隆中对"是整个会面的高潮和精华部分，展现了诸葛亮的远见卓识。"隆中对"也是炳耀千载的策划经典，具有穿越时空的思想和智慧魅力，至今仍让人击节赞叹。在"隆中对"里，诸葛亮精辟地分析了刘备政治集团的机遇与挑战、优势与劣势，提出了"若跨有荆、益，保其岩阻，西和诸戎，南抚夷越，外结好孙权，内修政理；天下有变，则命一上将将荆州之

---

[1] 罗贯中.三国演义[M].长春：吉林出版集团，2010：147.
[2] 同[1]150.

军以向宛、洛，将军身率益州之众出于秦川，百姓孰敢不箪食壶浆以迎将军者乎"的战略方案。实际上，刘备集团此后的军事行动与政治策略基本上都围绕这一战略展开。

隆中对策之后，策划活动并没有完结。刘备拜请诸葛亮出山相助，但诸葛亮以"懒于应世"避而不就，直到刘备"泪沾袍袖，衣襟尽湿"，诸葛亮见其"意甚诚"，才勉强答应。至此，隆中会面活动才算全部完成。由后观之，诸葛亮追随刘备征战南北，一生受到了极高的礼遇与信任，实现了自己的价值与抱负。可以说，这与隆中首次会面的精心策划密不可分。

随着信息化、智能化和全球化浪潮的蓬勃兴起，经济、社会和人类生活都面临着更多更大的挑战。在快速变化与激烈竞争的环境下，个人、企业或组织欲获得领先优势，处于有利的地位，其中一个重要手段即是要积极策划、主动策划。恰如一位知名策划人所言："你不去策划自己，别人就来策划你。"因此，立足大格局、放眼看世界、谋划新策略、开创新境界，就成为个人、企业或组织成就事业的重要路径。其实，策划亦存在于我们的日常生活中，区别只在于我们是"有意为之"还是"无意为之"。例如某个年级的班委决定组织"毕业十周年聚会"，为了让活动富有创意并有序展开，就需进行周密的策划，考虑如下问题：

- 活动目标：达到什么样的效果；
- 活动对象：邀请哪些人来参与；
- 活动时间：什么时候举行；
- 活动地点：在什么地方举行；
- 活动内容：由什么环节构成，如何才有创意；
- 活动流程：按照什么步骤，如何展开；
- 预算经费：需要花费多少钱；
- 资金来源：如何筹措活动经费；
- 所需物料：需要什么物品或道具；
- 实施人员：谁来统筹，谁来具体执行；
- 风险预案：如果发生事故怎么办，如何应对。

也正因为策划无处不在，所以我们通常感觉它并无特别之处——没有高深的理论和复杂的技术——似乎人人都可做好策划。但事实上，策划亦有道。优秀的策划绝非"妙手偶得之"，而是融合了思维艺术和科学精神，是大胆创新创意与科学分析论证的结晶。欲成为一名优秀的策划人，不断做出优秀的策划方案，系统的学习和反复的实践是必不可少的。

概念是一切学习与研究的起点。在具体阐述如何开展策划活动之前，我们首先需要明晰策划的概念、特征、功能与类别，建立对策划的全面认知。

第一节　从语源学认识策划

策划是一个由来已久、内涵极为丰富的概念。从广义上而言，所有对既定问题的创新思考或方案设想，都可以称为策划。那么，如何才能更深刻地理解策划呢？从语源学[1]出发，追本溯源，理清词义的发展演变，无疑是掌握一个词语内涵的有效方法。策划亦然，我们可以从词义的演变中获得启示。

一、"策"

（一）"策"的字义演变

"策"为形声字。东汉经学家许慎在《说文解字》中注解道："策，马棰也；从竹，束（cì）声。"束指带有芒刺的植物。竹鞭有节，节上有竹须，类似木刺。因此，"策"之本义是指带刺的竹制马鞭或马杖。例如：

君车将驾，则仆执策立于马前。——《礼记·曲礼上》

庸人之御驽马，亦伤吻敝策而不进于行。——《汉书·王褒传》

齐闵王将之鲁，夷维子执策而从。——《战国策·赵策》

奋六世之余烈，振长策而御宇内。——汉代贾谊《过秦论》

正如其他许多汉字一样，随着经济社会的发展和人们用语的变化，"策"的字义（包括词性）也不断演变与引申，内涵日益丰富（见图1-1）。

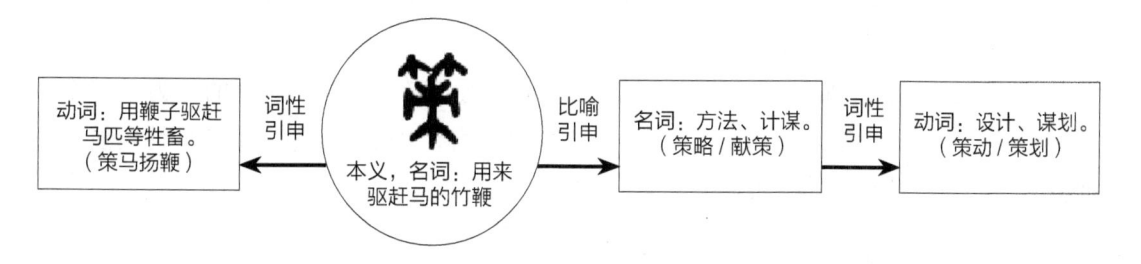

图1-1　策的象形字和字义演变

---

[1] "语源学"（etymology）一词源自希腊文"étymos"（意为"词的真意"）和"lògos"（意为"科学"），是研究词语来源的一门学科。

一是本义不变，词性变化。"策"用作动词，表示利用鞭子驱赶骡马役畜等，于是有了鞭策、驱使和驾驭之意。例如：

将入门，策其马。——《论语·雍也》

乘坚策肥，履丝曳缟。——汉代晁错《论贵粟疏》

策之不以其道，食之不能尽其材。——唐代韩愈《杂说》

二是词性不变，本义拓展。成熟的造纸术始于汉代，魏晋以后才逐渐普及开来，在这以前主要是用竹片或木片记事著书。古代将削制而成的狭长竹片称为"简"，而将若干"简"编缀在一起，即称为"策"。例如：

单执一札谓之为简，连编诸简乃名为策。——唐代孔颖达《左传正义》

凡命诸侯及孤卿大夫，则策命之。——《周礼·春官》

书策稠浊，百姓不足。——《战国策·秦策一》

三是词性不变，比喻引申。在古代，由于制作竹简的成本较高，而能识文断句的人又很少，因此简策上记载的内容主要是国计民生的重大事情或经学典籍，其核心目的是为统治阶级出谋划策、巩固统治，所以"策"就逐渐衍生出"策略"之意，表示根据形势发展而制定的行动方针和方法。例如：

策而无失计，立功建德。——《鬼谷子·内楗第三》

立盐铁，始张利官以给之，非长策也。——汉代桓宽《盐铁论·本议》

惠文、武、昭襄蒙故业，因遗策。——汉代贾谊《过秦论》

予更欲一觇北，归而求救国之策。——宋代文天祥《指南录·后序》

撰写"策文"（阐述策略的文章），是古代发表政论、选拔人才的一种重要方法，特别是实施科举制度之后，殿试的一项内容即是"策试"，包含"策问"与"对策"两个部分。"策问"一般是以"皇帝的口吻"发问治国安邦之大事；士子们则针对"策问"作答，即所谓"对策"，这种方法一直延续到清末，如汉代贾谊的《治安策》、宋代苏轼的《教战守策》等，即是著名策文。

在策略词义的基础上，"策"的词性又可动词化，表示筹划、谋划的行为，如《孙子·虚实》中的"故策之而知得失之计"。但整体而言，在古代"策"的名词性较强，一般都表示计划、计策、谋略和对策之意。

（二）"策"的语源启示

"策"的语源演变对理解策划有何启示呢？主要有两大方面：

其一，"策"作为马鞭，有鞭策、督促、激励等积极意义，能够驱动事物发展前进。因此从功用角度而言，策划应是遵循事物的基本规律，用创新的谋略、计策等推动事物健康快速发展。例如企业战略策划，即是通过研究企业发展的普遍规律，结合具体企业的实际情况，因地制宜地创新策略，为企业领导者提供参考与决策依据，推动企业走向卓越与基业长青。

其二，"策"作为简策，有策问、对策之意，具有鲜明的针对性和目的性，主要是为决策服务的。例如古代的"策问"要求应试士子或资政大臣阐述对特定时政的看法，以及对一些重大问题和事务的处理策略，如董仲舒针对汉武帝在"策贤良文学诏"中的征问，撰写了以"天人感应，君权神授"为思想核心、对中国历史进程影响深远的"贤良对策"（因首篇专谈"天人关系"，故史称"天人三策"），提出了"罢黜百家，独尊儒术；建立春秋大一统，尊王攘夷；建立太学，改革人才拔擢制度，反对恩荫訾选制度"等三条巩固封建统治的策略。从这个意义上而言，策划应是以问题为导向，创新性地提出系统解决方案的理性行为，以便为决策提供参考依据，进而降低决策风险，提升决策效率和效益。

二、"划"

（一）"划"的字义演变

"划"为会意字，繁体为"劃"❶。许慎在《说文解字》中注解道："锥刀曰劃，从刀从畫，畫亦声。"其本义是用锐利的器物将别的东西分开或从上面擦过，如划玻璃、划火柴等。在人们使用过程中，"划"的字义也不断丰富（见图1-2）。

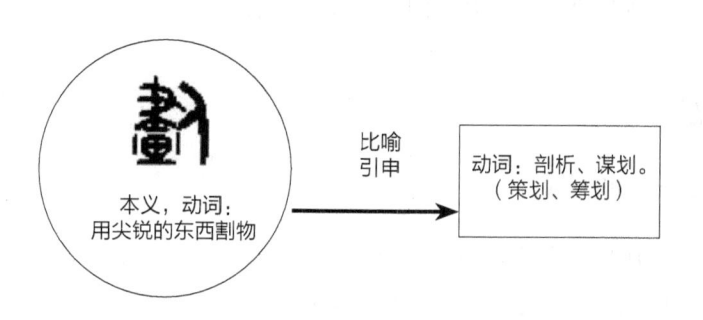

图1-2 划的象形字和字义演变

一是本义的比喻引申。由具象的划开衍生为抽象的分开，如划分区域、划清界限、划时代成就等。例如：

芒芒禹迹，划为九州。——《左传·襄公四年》

划崇墉，剗濬洫，图修世以休命。——南北朝鲍照《芜城赋》

---

❶ "划"和"劃"在古代是意义不同的两个字。"划"，读作 huá，是从戈、从刀的形声字，意思是"拨水前进"，如"划舟""划桨"等。而"割开""分开"等意义古代都写作"劃"，不写作"划"。

垠崖划崩豁，乾坤摆雷硠。——唐代韩愈《调张籍》

二是通假的比喻引申。在"划"通"画"的时候，"划"可以表示设计、筹划、谋划之意。例如：

须存武威郡，为划长久利。——唐代杜甫《送从弟亚赴安西判官》

亏了夫人侯氏，有胆有谋，昨夜划定计策。——清代孔尚任《桃花扇》

（二）"划"的语源启示

整体而言，相对于"策"，"划"的字义较为简单。但从"划"的字义剖析中，我们也可得到有益的启示。

其一，"划"是将事物划开或割开的意思。这意味着策划，首先要透过现象看本质，层层深入剖析事物，找到其内在的规律与原理，才能设计策略。事实上，西方思维较注重分析，习惯将复杂的事物不断细分；东方思维则更注重整体和顿悟，强调从总体上把握事物。这两种思维各有优势，重要的是应将二者有效结合。具体而言，"划"启示我们在策划中要强化逻辑分析能力，同时也要提升顿悟能力。

其二，"划"还有设计、筹谋的意思，包含创新与创意的思想。这意味着策划，不仅要分析，还要设计和筹划，通过"创新或创意"的质变一跃，生成具有创造力的问题解决方案和震撼性的战略构想。我们所熟知的成语"出谋划策"表明："划"是"策"的基础和手段，"策"是"划"的思想成果和创新结晶，二者密不可分。

三、"策划"

（一）"策划"一词的源起

虽然谋略思想在中国源远流长，"策""划"二字也早已有之，但组合成词出现却较晚。学者一般认为，"策划"（在古汉语中"策划"一词亦作"策画"，"画"通"划"）一词最早出现在东晋文学家干宝的《文选·晋纪总论》，随后广泛见于各种文章篇什之中。

魏武帝为丞相，命高祖为文学掾，每与谋，策画多善。——东晋干宝《文选·晋纪总论》

夫智者睹危思变，贤者泥而不滓，是以功名终申，策画复得。——南朝宋范晔《后汉书·隗嚣传》

将军遥策画，师氏密讦谟。——唐代元稹《奉和权相公行次临阙驿》

人之常情，谁不爱富贵而畏刑祸，于是搢绅大夫望风承流，竞献策画，各为奇巧，舍是取非，兴害除利。——宋代司马光《乞去新法之病民伤国者疏》

前此种种策画，皆题目过大。——清代魏源《再上陆制府论下河水利书》

但首次出现"策划"（非通假）一词的时间已经不可考。改革开放以后，随着社会的进步和发展，策划范围不断扩大，策划内容不断丰富，在古代政治、军事谋略的思想理论基础上，各类商务策划活动蓬勃兴起，如企业策划、活动策划、广告策划和影视策划等，逐渐形成蔚然大观。

（二）"策划"一词的内涵

当前，"策划"尚未是一个学科或者领域的专有名词。在各种汉语辞书中，"策划"还一直被当作一个普通词汇加以解释。例如：

策划：划，亦作"画"，计划、打算。——《辞海》

策划：筹划；谋划。——《现代汉语词典》

策划：出主意，定办法。——《新华词典》

从这些工具书来看，关于策划的解释义项可列出50多个，但是最根本、最核心的意思简单归纳就是四个字，即"出谋划策"。

如果将"策划"二字拆开，从"策""划"的词义本源来分析，我们可更深刻地认识到策划的内涵。"策"，即策略计谋，解决问题的创新方案；"划"，即分析研究，关键是要从现象中发现本质，找到问题的根本成因及事物发展的内在规律，进而制定相应方案。因此，"策划"更应说是"划策"，是个人或组织为解决问题或达到既定目标，利用个人或集体的智慧预先拟订方案的思维活动，是想主意、找办法、琢磨策略的过程。

在英语直译中，没有"策划"一词，plan、planning、plot、scheme、engineer等词均含有"策划"之意，但都不能视为与汉语中的"策划"完全对等的专门词汇。相对而言，strategy planning更为贴近策划的含义，具有战略策划与谋略之义，而plan等词偏向计划、打算等意思。在日本，学者从企业发展的角度，将"策划"称为"企划"，解释为"创造智慧的行为"，但严格来说企划只是策划的重要组成部分。

第二节 策划概念的界定

策划活动虽然存在于各行各业，但目前在经济、政治、文化和管理等各研究领域中并没有将"策划"作为一个严格的学术用语来界定；策划也没有成为一个独立的专业或行业，没有明确的研究范围和领域。

中国现代意义上的策划，是在改革开放浪潮的推动下，从点子、创意、营销等实践活动起步,后又融入西方的战略、管理、营销、传播等思想与理念,才逐渐成长并受到重视的。因为起步较晚,涉及广泛,目前专家学者及从业人员对策划的理解尚未统一。从可搜集到的近百种相关阐释中,提炼其核心特征,主要有谋略计策说、取舍决策说、战略定位说、创新构想说和系统过程说等五种。

一、界定策划的五种角度

(一)谋略计策说

这种界定深受中国传统谋略文化的影响,一些研究者甚至将策划与谋略等同起来,特别是在改革开放初期,这种论述成为了业界的主流观点。

策划研究专家王浣尘认为,策划就是筹划、计划、打算,也指计谋、计策、谋略、韬略。[1] 李万泰认为,策划即计谋、计划、打算,与计策、谋略、谋划、筹划、主意、点子、出谋、献策等是同义词,而且在多数情况下可以相互替用的。[2] 策划人陈放指出,策划是指如何在全面谋略上指导操作者去圆满地实现对策、计策或计谋,从而达到成事目的。[3] 梁朝晖提出,策划就是策略、谋划,是为达到一定的目标,在调查、分析有关材料的基础上,遵循一定的程序,对未来某些工作或者事件事先进行系统、全面的构想、谋划,制定和选择合理可行的执行方案,并根据目标要求和环境变化对方案进行修改、调整的一种创造性的社会活动过程。[4] 策划研究专家胡屹认为,策划就是在现实所提供的条件的基础上进行谋划。[5] 大林和吕志明认为,策划是有目的、有谋略,经过精心构思、悉心布置的一种从思维到执行的过程。[6] 吴粲认为,策划就是对市场信息进行管理、运作、技巧处理或操纵的过程,以及对市场进行计划、酝酿、决策、运用谋略的过程。[7]

这些定义都强调策划是为了达到某种目的,通过智慧的运用而制定的计谋或谋略,体现了对古代"出谋划策"传统的继承。然而,随着策划领域和方法的不断创新,策划的内涵也日趋丰富。谋略和计策虽然蕴含着策划的思想精要,但已经难以概括现代策划的全部内涵。

---

[1] 王浣尘. 系统策划 [J]. 系统工程理论方法应用, 1994(2).
[2] 田长广. 新编现代策划学 [M]. 北京:北京大学出版社, 2014:71.
[3] 陈放. 策划学 [M]. 北京:中国商业出版社, 1998.
[4] 万钧. 商务策划学 [M]. 3版. 北京:清华大学出版社, 2017:3.
[5] 胡屹. 策划学全书 [M]. 北京:中国社会出版社, 1999:5.
[6] 大林, 吕志明. 策划方案教程 [M]. 广州:广东经济出版社, 2005:7.
[7] 吴粲. 策划学 [M]. 北京:中国人民大学出版社, 2017:21.

（二）取舍决策说

这种界定强调策划是在研究的基础上，对未来发展做出的当前决策，要从多个计划或方案中找出最优选项。

"哈佛管理丛书"中《企业管理百科全书》一书对"策划"的定义，被认为是西方学者关于"策划"的最具有代表性和权威性的诠释，也是典型的取舍决策类定义。书中认为："策划是一种程序，在本质上是一种运用脑力的理性行为。基本上所有的策划都是关于未来的事物，换言之，策划是按照事物的因果关系，衡量未来可采取之途径，作为目前决策之依据。策划是预先决定做什么，何时做，如何做，谁来做。策划如同一座桥，它连接着我们目前之地和未来我们要经过之处。"[1]美国学者哈罗德·库恩兹（Harold Koontz）和赛瑞尔·O.多恩德（Cyril O. Donned）认为，策划是管理者从各种方案中选择目标、政策、程序及事业计划的过程，因此策划也就是左右将来行动路线的计划，是思维的过程，是决定行动路线的意识，是以目标、事实及缜密思考所作判断为基础的决定。策划专家舒淳认为，诸利取其重，诸害取其轻，其中"取"就是策划。又如"上策、中策、下策"，即遵循客观世界的运行规律，主观地提出和提炼实现最高价值目标的谋略和方法。[2]营销学家菲利普·科特勒（Philip Kotler）认为，只要是"社会组织或个人为了提高成功的可能性而对未来的活动所做的谋划、决策、执行与控制过程"，都可以称为策划。美国学者威廉·H.纽曼（William H. Newman）认为，策划就是在事前决定做什么事情。韩国学者权宁赞指出：策划是为达到目标而寻找最适当的手段、对未来采取的行动做决定的准备过程。策划学者田长广认为，策划是一个谋划达成目标或事业成功的先发设想或思维过程，是一项管理活动或决策活动之前的构想、探索和设计过程。

由上可见，此种论者强调策划的成果是指向取舍与决策，但有时他们会模糊策划与决策的关系。就实践而言，策划更多是为决策提供参考依据或可供选择之方案，除非策划人和决策者是同一主体，否则策划人不能越俎代庖。

（三）战略定位说

定位理论曾被译为"有史以来对美国营销影响最大的观念"，其在20世纪70年代由营销专家艾·里斯（Ac Ries）和杰克·特劳特（Jack Trout）提出。他们在经典著作《定位》（Positioning）一书中表示："定位是你对预期客户要做的事。换句话说，你要在预期客户的头

---

[1] 企业管理百科全书［M］//王浦.电视节目策划.北京：中国传媒大学出版社，2006：3.
[2] 雷鸣雏.中国策划教程［M］.北京：企业管理出版社，2004：3.

脑中给产品定位。"❶ 随着竞争的兴起，迈克尔·波特（Michael E. Porter）于1980年将其引入企业战略，指出企业战略是以竞争性定位为核心，对运营活动进行取舍，建立独特的配称。定位理论传到中国后，一些策划人将定位引入策划活动中，形成了独特的策划理念与实践。

策划人王志纲将策划的本质理解为战略定位，并用了一个极具东方色彩的词汇——"找魂"。他在《找魂》一书中说："我是谁？我从哪里来？明天将向哪里去？放眼今日之神州，大至一个区域和城市，中至一个行业和企业，小至芸芸众生，不论你是否情愿、是否理解、是否承认，只要你想少走弯路，你就必须科学准确地对此作出回答。按照西方的说法，即所谓的战略定位，而我们称之为'找魂'。"❷ 在王志纲的理解中，策划是以定位为核心的一系列战略配称，包括理念创新、策略设计、要素整合、操作监理等。策划人叶茂中认为，策划就是将适合的产品用合适的方法在合适的时间、合适的地点卖给合适的消费者的一种技巧。其中，所谓的合适，关键在于合理的定位。而特劳特（中国）战略定位咨询公司则在其所有的策划方案中，都将定位作为战略的根本。

定位理论为策划找到了主心骨，合理的定位成为策划成功的关键。事实上，以定位为核心开展各类策划活动，在实践中取得了巨大的成功，并获得了政府、企业、社会等各类机构的普遍认可，如特劳特战略定位咨询公司、叶茂中营销策划机构和王志纲工作室等。但从严格意义上说，策划毕竟不等同于定位。相比定位，策划的内涵更加复杂，更强调创意性、系统性和实效性。

（四）创新构想说

这种概念界定强调策划的创新创意属性，认为拥有新颖绝妙的创意和构想是策划成功的关键，并极为重视策划思维与创新思维的养成。

知名策划人朱玉童认为，策划就是创造性地去解决有关经营管理、营销等问题，而且所有的工作都会遇到策划的问题，它是一个动脑筋的过程，当遇到一个问题用常规的方法不能解决的时候，就需要创造性思维，使这些看似不可解决的问题得以圆满解决。❸ 策划研究者郭泰提出：策划是为了实现某一目标或解决某一问题所产生的奇特想法或良好构想，而且此构想既可形成策划方案，也可付诸实施。策划人王扬指出：策划是激发创意，有效地运用手中有限的资源，选定可行的方案，以达成预定目标或解决某一难题。王续琨认为，策划是为达到社会组织的预定目标或解决面临的问题，利用个人或集体智慧预先拟定行动方案的思考活动。靳俊喜认为，策划是在目标设定的情况下，考虑自身条件，对环

---

❶ 艾·里斯，杰克·特劳特. 定位[M]. 王恩冕，于少蔚，译. 北京：中国财政经济出版社，2002：2-3.

❷ 王志纲工作室. 找魂：王志纲工作室战略策划10年实录[M]. 北京：东方出版社，2007：7.

❸ 雷鸣雏. 中国策划教程[M]. 北京：企业管理出版社，2004：3.

境因素加以因势利导，整合内外部资源，谋划和设计创造性的策略方案，实现超常效益的专业智慧行为。日本策划家和田创认为，策划是通过实践活动获取更佳效果的智慧，是一种智慧创造行为。

创新创意是策划取得突破和打造亮点的关键。毋庸置疑，没有创新创意，策划就不能称为策划。成功的战略策划、项目策划、产品策划或运营策划，无不彰显出人类创造的伟大力量。但创新创意活动也绝非随便为之，而是需要在科学研究的基础上，在一定的原则、目标和定位的指引下，才能有效开展与评估，否则为了创新而创新，必然难以获得理想的策划效果。

（五）系统过程说

这种界定强调策划是一个包括从构思、分析、归纳、判断，到拟订策略、方案实施、事后追踪与评估等环节的系统过程。

策划学者吴廷玉认为，策划是为了达到预期目的而运思筹谋、创意表征，科学整合各种资源，形成强大合力，从而实现效益最大化的系统工程。❶学者梅泽庄和星野匡认为，策划包括思考课题的解决对策、拟订提案、提案被采用以至于策划实施的全部过程。策划专家周陪玉认为，策划是整合企业有效资源、实现最小投入最大产出，把虚构变成现实的商务过程。刘保孚等认为，策划是为达到一定的目标，在调查、分析有关材料的基础上，遵循一定的程序，对未来某项工作或事件事先进行系统、全面的构思、谋划，制定和选择合理可行的执行方案，并根据目标要求和环境变化对方案进行修改、调整的一种创造性的社会活动过程。❷日本学者小泉俊一认为，策划不是自然产生的随意性思考，而是高度有计划有目的的计划过程；是根据现有资源信息，判断事物变化的趋势，确定可能实现的目标和预期结果，再由此来设计、选择能产生最佳效果的资源配置与细致周密的行动方式，进而形成决策计划的复杂思维过程。高桥宪行在阐述策划概念时也曾说："所谓策划，就是为达成目的，组合一些因素，而付诸实行的计划，是效率、智慧综合的结晶。"

整体而言，过程论者认为策划是一个系统、科学的过程，是人们为达到某种特定的目标，借助一定的科学方法和艺术，为决策、计划而构思、设计、制作策划方案的过程；强调策划是按照特定的程序运作的一项系统工程，要有系统意识和系统思维。策划无疑需要有系统性内容、程序的支撑，但在系统的基础上还需强调关键节点，需要有突破性策略。

---

❶ 吴廷玉.文化创意策划学［M］.大连：大连理工大学出版社，2010：21.
❷ 田长广.新编现代策划学［M］.北京：北京大学出版社，2014：71.

二、策划的定义与本质特征

（一）策划的定义：创新服务决策的理性行为

为策划下定义是一件比较困难的事情。正如"一千个人眼中有一千个哈姆雷特"一样，不同的人对策划也有不同的理解。有谋略计策论者、取舍决策论者、战略定位论者，还有创新构想论者和系统过程论者，凡此种种，难以尽述，但策划还是有一定的规律和特征可寻。通过提炼和综合以上论者的共性与合理的成分，同时考虑到策划的适用性与操作性，本书提出了"服务决策说"，即认为策划是以服务决策为导向，以研究为基础，以创新为灵魂，以定位为核心，提供定制性、系统性、实效性问题解决方案的理性行为。简而言之，策划即是创新服务决策的理性行为。

上述策划的定义包含如下几层意思：

第一，策划具有明确的服务对象与服务目标。策划是一种定制化的决策服务，需要针对特定对象和目标进行策划，才能达到预期效果。条条大路通罗马，但最近的路只有一条，策划就是要为服务对象找到这条路，辅助其做出最佳决策，达到事半功倍的效果。需要指出的是，在市场经济时代，决策一般又与市场需求密不可分，因此策划的市场分析通常包含"两个层次"：一是决策者分析，理解其需求是策划的首要任务；二是决策者所在市场的需求分析，这是制定方案和咨辅决策的根本支撑。

第二，策划的核心任务在"谋"而非"断"。策划本身不做决策，而是为决策提供选择方案，帮助决策者高效解决问题。俗语说"能谋善断"，策划是"谋"，找出事物的因果关系，衡度未来可采取之途径，作为目前决策之依据。决策是"断"，是对策划成果的选择与确认。例如兰德公司在做咨询之时，会向客户提供多达5个决策选择，并对每种选择的可能结果及实施利弊进行细致分析，为决策者提供科学、客观、公正而全面的决策建议。

第三，策划是一种创新性的理性行为。策划不能靠拍脑袋、"奇思异想"，必须以现代科学的方法和工具为基础，进行严谨的研究、创新和评估论证。其成功不是靠运气，而是靠现代思维科学，要将单线思维转变成复合思维，将封闭性思维转变成发散性思维，将保守性思维转变成创新性、动态性、辩证性思维，在客观和主观条件所允许的范围内，通过创新彰显策划的价值。

第四，策划是一个动态调整的系统工程。为了保证策划的科学性和工作效率，需要遵循一定的运作程序，包括调查研究、理念创新、方案制定和方案评估等环节，是一个灵活有序的系统过程。同时，还需树立动态思维，根据环境和事物的发展变迁，对实施方案进行合理与快速的调整。

（二）本质特征一：以服务决策为导向

策划与决策是一对既有联系又有区别的术语。二者的联系在于"策"，都是关于事物发展的重大策略或方略；其区别是一个为"划"、一个为"决"，即前者的核心是"谋划出来"，后者是"决定下来"。决策着重解决"做什么不做什么"的问题，其本质是"断"；而策划则是筹划、谋划，着重解决"如何做"的问题，其本质是"谋"。策划与决策的差异见表1-1。

表 1-1　策划与决策的差异

角度	策划	决策
性质	谋划、计划	决定、决断
任务	谋划路径、办法	确定行动方向、目标
职权范围	建议性	权威性
人员构成	非权力机构	权力机构
产品形式	建议方案	决议、决定、规定

所谓"策划以服务决策为导向"，是指策划以满足决策者的需求为根本，为决策提供可选择的创新方案，辅助其科学高效地做出决策。为什么策划要以服务决策为导向呢？主要有如下缘由：

一方面，策划是现代决策程序的有机组成部分。根据管理中的决策学派理论，决策程序分为三个阶段：一是确定问题和决策目标；二是谋划、构思和设计创新决策的备选方案；三是从几个创新方案中选择一个可行性方案。策划可被视为其中第二阶段。在我们的日常行为中，也常是策划在先、决策在后，先谋而后断，否则会被人讥为有勇无谋。进而言之，策划质量制约着决策的质量。策划所提供的方案是否具有科学性、前瞻性、可行性，对决策影响重大；如果没有周密的策划方案，以及对不同方案的比较、鉴别与选择，决策者就难以实现科学的决策。可以说，策划是决策的基础和前提，策划服务于决策。

另一方面，决策效果是衡量策划价值的核心依据。一个策划成功的标准是什么，其理念与构想是否能变成现实，而这一转变的关键在于决策。如果一个策划方案没有被决策者采纳并付诸实施，那么无论方案本身如何震撼人心，就其实用价值而言，仍是废纸一堆。这就要求策划必须以决策者的特定需求为指向，结合实际情况（包括市场需求）与未来趋势，形成定制化的解决方案。同时，这也要求策划者应具备较强的表达与说服能力。当然，策划成果被决策者采纳之后，也并不意味着策划已然成功，实践才是检验策划的唯一标准。

有些时候策划与决策也不能截然分开。虽然两者在同一活动过程中各有侧重点，但时常又是相互交替的。例如在作出决断之前，大量的工作是调查研究，收集和处理信息，拟定策划方案；一旦方案拟定后，便进入抉择、决断的决策阶段；而当决定作出以后，具体如何实施和贯彻又需要新的策划。因此，经常是大策划中带着小决策，大决策中带有小策划，形成了一种互相缠绕、互相支撑、互相保障的关系。因此，也只有明确以服务决策为导向，才能更好地理顺这种关系，获得互促共赢的成效。

同时还需注意的是，决策者也有可能是策划者。如果领导者在决策前委托专业的策划公司、咨询公司或智囊机构研究、拟订、评估各种实践方案，那么这时策划活动是由他人完成的，可称为"他策划"过程。如果决策前没有邀请专业机构参与，而是决策者或其团队主导完成了所有策划活动，这时候称为"自策划"过程，决策者和策划人的身份融为一体了。但无论何种情况，决策之前的策划环节都是不可或缺的，不经过深思熟虑和方案比选的决策，常常会造成重大的不可逆转的损失。

（三）本质特征二：以研究为基础

决策影响重大，错误决策造成的破坏力更甚于贪腐。有研究表明，世界每1000家倒闭的大企业中，有850家是因为领导者决策不慎造成的。政府决策失误造成的影响则更大，有时甚至导致社会动荡。因此，作为服务决策的策划，首先要强调科学性，为决策提供优质合理的选择项。

什么是策划的科学性？简而言之，策划的科学性是指运用严密的科学思维与先进的科研工具，通过去粗取精、去伪存真的调研分析，发现事物的规律、寻找发展的必然，在此基础上创新制定策划方案。由于我国现代策划中的大量思维和方法是继承古代谋略思想而来，因此偏重智谋与顿悟，对调查研究和逻辑分析缺少足够的重视。这也是我国现代策划必须强化与完善之处。

在策划中要提升科学性，需要注意以下几点：第一，坚持实事求是的专业态度。要深入调查与把握客观实际，尽量减少主观偏见，不吝言优点，亦不忌讳缺点，不能罔顾事实，曲意迎合决策者之喜好。第二，要有科学的方法论和研究工具，特别是要借鉴西方长期以来积累的经典分析框架，如麦肯锡的MECE原则、波特的五力模型、头脑风暴法等，并根据实际情况加以改造与利用，努力弥补我国传统谋略中分析工具的不足。第三，要有较为严格的策划程序，做好包括需求确定、研究设计、资料搜集、分析创意、方案制定和评估论证等环节。需要注意的是，策划是针对未来发展做出当前的决策，因此策划中要充分利用大数据等现代科技，并大力吸纳行业内资深专家的观点，提高分析与预测能力，让方案更具前瞻性和创新性。

（四）本质特征三：以创新为灵魂

克隆的价值有限，策划贵在创新。创新是策划区别决策、咨询等领域的最本质特征，是策划的魅力与核心价值之所在。可以说："不创新，无策划。"

从哲学角度来看，创新一种人的创造性实践行为，是为了增加利益总量而对事物的发现、利用和再创造。根据现代创新理论的提出者约瑟夫·熊彼特（Joseph Alois Schumpeter）教授的观点，创新就是要"建立一种新的生产函数"，即"生产要素的重新组合"，也就是说，把一种从来没有过的关于生产要素和生产条件的"新组合"引入生产体系，并可分为产品创新、技术创新、市场创新、资源创新和组织创新等五大方面。❶ 策划，即是要通过创造性思维，形成全新理念和思路，对生产力的各种要素、资源重新整合，使之产生"1+1>2"，甚至原子裂变式的经济效益和社会效益。

策划最重要的是创新，最艰难的也是创新，特别是在人工智能时代，人类的学习、工作、生活将面临革命性的影响，机器对知识的存储、检索、传播已经远远超过人类。未来规模化、标准化的咨询将逐步被人工智能取代，只有基于人文、情感、灵感的创新与创意，才可能是人类最后的"护城河"。正如被誉为"全球第一CEO"的杰克·韦尔奇（Jack Welch）所言："未来知识将不是最重要的，最重要的将是振聋发聩的创意。"策划界也流行过一句话："没有创意就没有生意，没有震撼就只有遗憾。"当然也需要指出的是，策划的创新不是异想天开，而是应扎根于肥沃的事实、研究及理论创新的土壤中。

案例链接　"微信红包"——用创新思维颠覆传统

春节是中国的传统节日，发红包之于春节，可以说是刚需。2014年春节期间，微信红包正式上线。这种集互动传播、支付、营销等众多功能于一体的产品，以不可思议的速度一夜走红，仅仅在除夕夜就有480多万人参与，成功地引爆了当年的话题。几元钱甚至几分钱的"利市"，在相互讨要、分发的快乐中拉近了人与人之间的距离，让传统的"发红包"变成社交网络的新时尚，并且在一夜之间催生出千百万移动支付新用户。

微信红包的创新，最重要的就是在观念与思维上打破了传统，并对现代科技和传统理念进行了巧妙的融合。几千年来，红包一直以最传统的形式，即面对面和红包袋的方式延续传承。实际上，红包的本质是社交和金融在特定时空的融合。而社交和金融一直以来就是互联网企业最主要的两大板块。红包的活跃期，又恰逢中国人的春节黄金假期，是消费者最闲暇、最愿意支出、社交活动最活跃的时期，也是

---

❶ 约瑟夫·熊彼特. 经济发展理论［M］. 邹建平，译. 北京：中国华侨出版社，2012：5-6.

商家最佳的营销时机。红包特有的中国文化历史因素，使得红包营销的接受度高。在中国互联网企业的眼里，红包的天资禀赋，集千万宠爱于一身，是抢夺巨大中国市场的聚宝盆。

微信红包是腾讯顺应时代发展的一次重大产品创新。2014年，智能手机已经大面积普及，移动社交成为潮流，互联网金融风起云涌。虽然微信无可争议地成为社交软件的霸主，但在互联网金融方面却底气不足，阿里的支付宝不断挤压微信支付的空间。在此背景下，腾讯迫切需要找到扭转局势的机会。天才的微信团队创造性地推出"微信红包"，让红包从纸币进入电子货币，也把红包的入口和流量牢牢控制在微信体系里。"微信红包"横空出世，微信支付也借此一举绑定上亿用户，进而在市场中站稳脚跟。

微信红包的出现引发了互联网企业对红包应用场景的广泛探索，从而带动了互联网金融类产品的一系列"微创新"。在众多社交、电商平台上，红包俨然成为一种新兴的营销工具。从微信红包最初的固定金额与拼手气红包，逐渐衍生出各式各样的创意新玩法，如裂变红包、AR红包、口令红包、刷一刷红包、图片红包、AR+LBS红包等。除了用于社交场景中的互动破冰，红包还被广泛地应用在各类非社交产品的营销场景中，逐渐成为一种日常惯用的"工具"，如打车红包、商家红包、语音红包等。

随着多种红包玩法的推出，红包的辐射群体被迅速扩大，不分年龄、不分长幼，都可以肆无忌惮地享受发红包抑或抢红包的乐趣。过去红包仅限于亲朋好友之间、长辈给晚辈具有贺喜赏赐性质的"礼物"，而现在变成了一种全民娱乐活动，原本传统的习俗随着移动互联网及其应用的发展而变得更加繁荣，对传统形式进行了彻底的颠覆。

实际上，不只是微信红包，在互联网行业中创新是永恒的关键词——互联网金融正在对传统金融垄断行业展开冲击，网络约车方式正在对传统出租车垄断形成破冰之势，微信等社交工具正在对三大运营商进行严峻挑战，机器人特别是智能机器人、物联网、大数据、传感技术等在对传统制造业形成围攻态势。移动互联网不仅在改变着商业模式，而且在改变着人们的生活方式和社会行为方式，因此，企业或组织必须通过创新来顺应这个巨变的时代。

资料来源：《从0到∞——浅谈红包类产品的设计之道（竞品分析）》，2017-04-06，https://www.jianshu.com/p/dfe074c36997；《微信红包，颠覆传统背后的布局》，2014-02-19，http://www.580114.com/u/kangsitanding/Blog/t-43479；《拜年短信断崖式下滑启示：创新颠覆传统企业》，2014-02-12，https://bbs.kafan.cn/thread-1962751-1-1.html；《电子红包为何那么火？》，2017-02-21，http://www.sohu.com/a/126784671_463886。

（五）本质特征四：以定位为核心

定位（Positioning）就是如何在预期客户的头脑里独树一帜。[1] 其要义是欲占领市场，需首先占领消费者的头脑，应针对潜在顾客的心智采取行动，实现顾客认知的差异化。定位理论在2001年击败了瑞夫斯的"USP理论"、奥格威的"品牌形象理论"、

---

[1] 艾·里斯，杰克·特劳特. 定位[M]. 王恩冕，于少蔚，译. 北京：中国财政经济出版社，2002：3.

科特勒的"营销管理理论"及迈克尔·波特的"竞争价值链理论",被美国营销学会评选为"有史以来对美国营销影响最大的观念"。迄至今日,定位理论成为指导商战的最重要思想,应用领域也日益广泛,不仅企业需要定位,而且国家、城市、组织、个人同样需要定位。定位也是策划活动的核心,策划方案的锚碇。

什么是策划中的定位?简而言之,即要立足全局、全面的战略高度,针对事物的特性、功能、品类或形式等,明确一个差异化、个性化或创新性的发展方向,并建立战略资源配称,从而逐渐在顾客心中占据独特和有利的位置。一个策划方案缺少了定位,就如同泊船缺少了锚碇、归鸟失去了方向,难以形成资源整合力和战略凝聚力。但令人遗憾的是,当前很多策划在各种细枝末节上穷尽其工,却在定位这个根本问题上无所作为,这极大地影响了策划的功用与效能。同时,定位理论强调在这个信息爆炸的社会,要传递极简的信息。真正优秀的策划案就是"一句话的事情",用"一句话"明确策划的核心与主轴。无论是城市战略策划、企业策划、营销策划、活动策划,还是会展策划、节目策划等,都必须提炼出一句提纲挈领的话。需要指出的是,定位理论亦是策划方法与工具的重要来源,如"第一说法""好名字的威力"等策略,以及抢占定位、比附定位、竞争定位等定位方式,都为策划发展提供着丰富的理论滋养和方法启示。

案例链接：抖音与快手

快手和抖音是在移动互联网时代两款现象级的应用。二者能从众多的APP产品中脱颖而出,离不开其对定位的独特谋划。

1. 快手：用户记录和分享生产、生活的短视频社区

快手诞生于2011年3月,最初叫"GIF快手",是一款用来制作、分享GIF图片的手机应用。同年11月,快手从纯粹的工具应用转型为短视频社区。其发展定位是用于用户记录和分享生产、生活的平台。在快手上,用户可以用照片和短视频记录自己的生活点滴,也可以通过直播与粉丝实时互动。其用户定位是"社会平均人"。将所有的快手用户抽象成一个人,那么他相当于一个"社会平均人"。因为中国人口中的93%生活在二三线城市,所以这个"社会平均人"主要指二三线城市的居民。快手围绕定位,设计了推荐算法,配置了企业资源。后来,随着智能手机的普及和移动流量成本的下降,快手在2015年以后迎来了爆发式增长。

2. 抖音：音乐创意短视频社交平台

抖音于2016年9月上线,最初的名称为A.me,是今日头条的战略级产品。虽然同是用户生成内容的短视频平台,作为后来者的抖音有意识地与快手进行了差异化。抖音将自己定位为一款音乐创意短视频社交软件，其核心特点是用户可以选择歌曲拍摄音乐短视频，形成自己的作品。在用户定位上，抖音倾向于一二线城市的白领阶层中的年轻人，相对快手来说用户要高端、时尚。抖音围绕定位，利用今日头条积累的算法优势，在产品层面加入了算法推荐模型，保证内容分发的效率。这样，抖音很快就实现了指数级的增长，到2018年7月，抖音的全球月活跃用户数已经超过5亿，国内日活跃用户达到1.5亿，月活跃用户达3亿。

资料来源："快手"百度百科，2019-10-12，https://baike.baidu.com/item/快手/19678032?fr=aladdin；"抖音"百度百科，2019-10-12，https://baike.baidu.com/item/抖音/20784697?fr=aladdin。

（六）本质特征五：定制化、系统性和实效性的问题解决方案

策划在本源上是为了解决问题而生。不管其过程如何，最终都会形成一个以文本、PPT或口头沟通等形式呈现的问题解决方案。问题是实际状态与理想状态之间的距离，策划是二者之间的桥梁。一个优秀的策划案应是一个能有效解决问题的方案。因此，它至少要达到如下三个方面的基本要求：

一是定制化。前文提到过，策划具有极强的针对性和目的性，相对于偏向标准化、模块化的信息和管理等领域的咨询，策划要求每一次服务都是量身定制的个性化服务，必须具体问题具体分析，不能机械地将一个地区或企业的成功经验移植到其他地区或企业。从这个角度而言，策划相比咨询，工作量更大，人才培养难度也更大。因为策划没有固定的模式或模板可套用，需要策划人发现根本问题，然后对症下药，但这种寻找关键症结和病灶的能力是需要长期训练的。

二是系统性。按照普通系统论的创始人贝塔郎菲的观点，所谓系统，就是由一组元素通过它们之间的相互联系而构成的有机整体。❶策划的系统性，一方面体现在方案的生成过程中，策划涵盖了调查研究、问题诊断、理念创新、策略设计、资源整合、操作实施、顾问监理、动态调整、总结提升等诸多环节，是一个系统工程。另一方面策划是对未来某些工作或事件进行全面系统性的构想与谋划，要统筹多方资源和力量，达到整体大于部分之和的效果。

三是实效性。策划方案必须能落地，带来成效与价值。我们讲创新是灵魂，但并不提倡没有缘由的标新立异，而是要在"意料之外，情理之中"，有可行性、实用性、操作性。例如，炸开喜马拉雅山，吹印度洋的暖风，让青藏高原变成鱼米之乡。这样的构想气魄宏大，但缺少实施条件，严格来说并不是策划。然而遗憾的是，过去一些所谓"策划大师"，明明可以做点实事，却偏偏喜欢天马行空、大吹大擂，甚至招摇撞骗，深为客户所诟病。

---

❶ 昝廷全. 系统思维：第1卷[M]. 北京：科学出版社，2017：5.

这种恶劣影响至今仍然遗毒未清，以致一提起"策划"，人们脑中立即浮现"忽悠"二字。

三、与策划相近的术语辨析

（一）策划与咨询

策划与咨询关系密切，业务相互重叠，都具有提供信息与智慧服务、帮助客户制定解决方案等功能。从许多机构的工作实践来看，二者也相互交织在一起。员工往往身兼二职，既是咨询师，又是策划师。但随着认知和实践的深入，二者的差别也逐渐为大家所共见。

第一，策划与咨询的文化基因不同。咨询业肇源于英国，是社会化大分工的产物。在欧洲工业化发展初期，英国就开始有了咨询业，当时主要是工程咨询等技术性咨询。后来，随着经济的发展和竞争的激烈，逐步有了会计咨询、组织构建、企业战略等管理性咨询。到了20世纪后，咨询内容更加广泛，包括政务咨询、战略咨询、产业咨询等，如英国的伦敦国际战略研究所、日本的野村综合研究所等机构。可以说，现代咨询是在西方工业化背景下诞生的，具有西方哲学与思维的内在基因，注重专业性、科学性、严谨性。而策划源于遥远的农业时代，诞生在历史悠久的文明古国，具有与生俱来的东方特质，强调顿悟、创新、圆融。现代策划与中国悠久的谋略文化具有内在的继承发展关系，彰显出东方的风格与智慧，与咨询具有较大差异。

第二，策划与咨询的任务重点不同。一般而言，咨询主要是提供知识与信息服务。例如，人们对政策法律、组织管理、产业趋势等情况不了解，就会去咨询相关机构，各机构针对问题进行解答。而策划与咨询不同，必须根据客户的需求，提供定制化、创新性的方案以供选择。举个例子，一家人计划去旅游，但对路线、费用、景点不熟悉，这时就可去旅行社咨询，了解详细信息。但策划与此不同，旅行社还需根据这一家人的具体情况，制定最合理的出行方案，以便他们能获得更好的旅行体验。简要地说，咨询的本质是询问、商量、请教、会诊、答疑，偏向于信息交流；策划的重点是创新、定制，偏向于系统的解决方案。

第三，策划与咨询的主要特性不同。策划强调预测性、前瞻性、时机性、独特性、创意性，而咨询讲求程序性、规模化、数据化，强调的是准确性[1]。例如，我们更习惯称营销策划而不是营销咨询，称广告策划而不是广告咨询，称活动策划而不是活动咨询。相对而言，咨询以信息的丰富性、知识的专业性、判断的准确性见长；策划则以创新的定制性、创意的震撼性、方案的系统性见长。二者各有千秋，难分伯仲。

---

[1] 彼得·布洛克. 完美咨询指导手册[M]. 邹怡, 译. 北京：机械工业出版社, 2016.

第四，策划与咨询的主要服务对象不同。策划可为自己也可为他人服务，但咨询顾问始终是帮助客户解决他们在知识和经验方面无法处理的问题，没有自己咨询自己的说法。正如彼得·布洛克（Peter Block）在《完美咨询指导手册》中指出：从最普遍的意义上看，咨询指的是你在一个你不从属于其中的系统中所从事的任何活动，与一个向你求助的人进行交谈。因此，服务自己还是他人，是策划与咨询的一个重要区别。

第五，策划与咨询的人才能力要求不同。策划人如同老中医，其职业水准与阅历、经验、天赋与悟性密切相关；咨询更似西医，可以通过标准化、程序化方式进行人才培养。通常而言，一个策划机构的业务水平非常依赖关键人员的核心能力，其创始人和策划总监决定了机构整体水平的上限。当年登峰造极的策划人物是"点子大王"何阳，但社会上只知何阳而并不知其公司为何名。咨询公司强调业务的规范性与持续性，偏向将传播重心放在塑造企业品牌，如麦肯锡公司，社会更多将其视为企业或团队品牌，并不会因为麦肯锡本人离开而降低公司的价值。

正由于二者在文化基因、任务重点、主要特色、服务对象和人才要求等方面的不同，因此策划与咨询具有很大差异。随着经济社会的发展，这种差异也愈加明朗化、显著化，策划日益成为一种相对独立、前景广阔的职业，但我们也不能因此割裂策划与咨询的关系。从宏观来看，策划仍然属于咨询的大范畴，是一种更高层次、更高要求、更具创新性的咨询。如果说咨询有信息、技术、经营、策略与战略等五个层面，则策划着力于后三者。

（二）策划与谋划、规划、计划

这四个词语非常容易混淆，即使很多专业人士，也很难说清它们之间的区别与联系。如果将其放置在城市、园区或景区建设的场景下，四个词就较好区分了。我们可将城市建设细分为前后衔接的四个环节，即"谋划—策划—规划—计划"。这些词语中都有"划"，其区别在于"谋、策、规、计"，可结合图1-3理解。

图1-3 城市建设"四划理论"示意

首先是谋划。具有雄才大略的城市领导者（或决策者），为了实现施政纲领，通常要整体思考，谋篇布局，定方向、定原则，勾勒出城市发展的粗略蓝图。但是，这种蓝图是否科学、如何才能落地，他们心中还没有确切的把握和设计，处于"有想法、少做法、少说法"的阶段。这时候，决策者需要寻找专业机构，论证或调整自己的构想，并提出理想变成现实的路径。

其次是策划。接受城市决策者的委托后，专业策划机构需要在深入、科学的调研分析基础上，就城市发展进行战略判断、总体定位、路径创新、策略建议，为决策者提供创新性、系统性、具有可行性的问题解决方案。对策划机构而言，对上，要理解决策者的需求和意图；对下，要掌握城市经济发展和社会民生的具体状况。这是科学策划的基础。因此，一个高质量的策划案，是专业机构与决策者多次互动、研讨和协作的成果，也是帮助决策者（团队）统一思想、明确目标、强化信心和明晰路径的过程。

再次是规划。其核心是"规"，强调的是规定、规范、规矩，通常是具有法律和行政效力、需要强制执行的文件。由于策划不是法规性文件，因此在策划成果得到决策者认可后，需要通过规划形式，将策划的思想、理念、战略和项目具体地落实到城市空间布局、产业选择和项目设计中，成为一定之规，实现城市建设中的统一行动、有序推进。

换言之，策划是规划的战略指导，规划是策划的实现载体。当前，亦有很多城市决策者有意或无意地忽略策划环节，在城市建设中只邀请城市规划公司，但这种做法的缺陷是显而易见的。规划机构由于职业习惯，多偏向用空间思维分析和解决问题，但城市不仅有"空间形态"，还有"经济形态""文化形态"等多种形态，并且策划机构所强调的需求分析、趋势把握、理念创新、项目创意、运营设计等能力，很多规划机构都不具备。因此，在建设中如果缺少了策划环节和专业机构的介入，常导致在宏观上失去方向、在中观上缺少动力、在微观上缺乏亮点。事实上，许多优秀城市的规划建设中都有策划的身影，如新加坡就在规划序列中增加了战略概念规划，其类似上文提及的城市策划。

最后是计划。规划不能只是"墙上挂挂"，编制和审定后需要通过计划具体落实。计划，即是计算、安排，按照规划确定的目标、年限和任务，做出年度或季度的工作方案，包括阶段目标、重点任务、负责人员、完成时限、效果评估和绩效考核等。只有将规划内容转化为可执行的方案，才能确保实施落地。

表1-2 谋划、策划、规划、计划的区别

指标	谋划	策划	规划	计划
谋略性	一定有	一定有	不一定有	一般没有
创新性	不一定有	一定有	不一定有	基本没有

续表

指标	谋划	策划	规划	计划
研究问题	不受限制	有限制	有限制	受限制
主要成果	大体构想	策划方案	法定规划	执行计划
主要思维方法	发散思维 辩证思维	发散思维 创意思维 逻辑思维	逻辑思维 空间思维	逻辑思维

（三）策划与点子、创意

改革开放初期，人们对策划缺乏了解，但市场需求却非常强烈。正在这时，"点子大王"横空出世，点遍全国，再通过主流权威媒体的宣传，给社会留下了一种印象：策划即"点子"，策划人即是"点子大王"；找人做策划，就是为了得到一个使企业或项目"起死回生"的金点子。后来"创意"一词异军突起，成为社会热词，于是又有不少人将策划与创意等同起来，认为策划即创意。虽然三者的确有一定的共性，但不应随意混淆（见图1-4）。

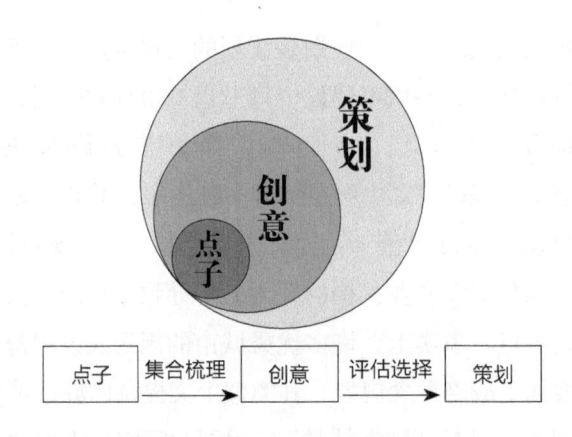

图1-4 点子、创意与策划的关系

"点子"是经过思考产生的解决问题的主意和办法。与策划类似，两者都需要灵感与创新思维，都能对事物发展产生影响。然而它们之间的差异也很明显。其一，点子多依靠灵光乍现，击其一点、不及其余，重在解决一时一事；而策划重在研究基础上的创新创意，以系统性、整合性见长，追求短期效益和长期效果相结合。其二，点子主要依靠策划者的个人素养，是以个体的生活体验和行业经验为支撑所进行的创意行为；而策划更强调集体智慧，在策划过程中会通过头脑风暴会、研讨会等形式凝聚众人的智慧。其三，点子往往天马行空，不拘一定之规；而策划通常有严谨的操作程序，以确保方案的科学性和可行性。其四，策划活动包含独特的点子，但仅出点子不能被视为独立的策划活动。知名策划人王志纲认为："有些人把策划理解为点子，我觉得这需要澄清，点子可以说在商战里是有用的，但点子的作用是有限的，它不可能解决根本性的问题。点子只相当于海滩上一颗颗灿烂的珍珠，虽有价值，但是零散。只有运用策划，相当于用一根线，把点子串起来，使它变成一串美丽的项链，才能闪闪发光。"

"创意"是有创造性的想法和构思。它起源于人类的创造力、技能和才华，被视为一种通过创新思维挖掘和创造新的资源组合方式，从而提升资源价值的方法。从更广泛意义而言，"似乎任何一种旨在解决问题和改善现状的开创性行动都是'创意'的体现"[1]。《伟大创意的诞生：创新自然史》（*Where Good Ideas Come from：The Natural History of Innovation*）的作者史蒂文·约翰逊（Steven Johnson）进一步认为："新创意更像是一个个想法的拼接物，它们都是由思想的碎块拼组而成的。"[2] 在策划活动中，策划人的创意能力极为重要，很多时候是化解事物矛盾的关键能力。因此，策划离不开创意，但仅有创意还远远不够，还需强化研究、论证、传播等多个环节，否则再震撼的创意也只是空中楼阁。同时，需要指出的是，尽管优质的创意是策划的"压舱石"，但创意亦需有度，要坚持社会效益与经济效益"双效统一"原则，不能为了哗众取宠而搞"恶作剧"或低俗的"噱头"。

（四）策划机构与智库机构

智库（Think tank）又称头脑企业、智囊集团或思想库、智囊机构和顾问班子等。现代智库最早诞生于美国，后逐渐在世界各地普及开来。今天我们所定义的智库，一般是指那些非营利性的、非党派的（但并不一定是非意识形态的）、独立于政府之外的、从事国内外问题研究的组织。它将各学科的专家学者聚集起来，运用他们的智慧和才能为社会经济等领域的发展提供解决方案或优化方案，是现代领导管理体制中的一个不可缺少的重要组成部分。其主要业务范围：①提供咨询策划，为决策者的判断运筹献计献策；②反馈信息，对实施方案追踪调查研究，把运行结果反馈给决策者，便于纠偏；③进行诊断，根据现状分析问题产生的原因，寻找解决问题的办法；④预测未来，从不同角度运用各种方法，提出若干预测方案供决策者选用。从以上业务来看，策划机构与智库机构非常相似，但二者在性质和关注要点上仍有一定差别。

---

[1] 克劳兹·昆兹曼，等. 文化、创意产业与城市更新[M]. 唐燕，译. 北京：清华大学出版社，2016：1.

[2] 史蒂文·约翰逊. 伟大创意的诞生：创新自然史[M]. 盛杨燕，译. 杭州：浙江人民出版社，2014：26.

首先，机构的使命不同。智库偏重于创新思想、影响政策、启迪民众，主要是为咨辅决策和影响公共政策。据上海社会科学院智库研究中心2014年2月发布的《2013年中国智库报告》定义，智库主要是指"以公共政策为研究对象，以影响政府决策为研究目标，以公共利益为研究导向，以社会责任为研究准则的专业研究机构"。例如，兰德公司的愿景即是成为全球最可信赖的政策参考和分析机构，其使命是通过研究和分析帮助提升政策和决策。策划机构则更多注重定制性、创新性的研究与设计，目的是为政府或企业提供问题的解决方案。虽然策划机构也发表研究报告，但影响政策、启迪民众并不是策划活动的宗旨之所在。

其次，研究的重心不同。智库聚力研究公共政策及公共事务，涉及的通常是大众普遍关注的问题。例如，兰德公司的业务方向以国家安全和公共福利为重点，横跨能源、教育、健康、环境、法律等；在研究选题上，突出国际热点、事件预测、宏观战略和前沿科技等。而策划机构则更多关注客户需求，根据需求选择研究主题，从区域战略、城市战略、企业战略等宏观领域，到广告、公关、活动、新闻和影视等微观层面，可以说无所不包。相对智库而言，策划更多是针对具体问题的应用型研究。

再次，机构的性质不同。智库既可以是具有政府背景或准政府背景的公共研究机构，也可以是民间研究机构；既可以是营利性机构，也可以是非营利性机构。为了保持研究的独立性，国外智库通常会分散资金来源，吸纳包括政府、基金会、社会捐助等多种渠道的资金。而策划机构主要是商业性的民间或院校机构，以营利为目标，通过营利来维持自身运转。

最后，成果的公开程度不同。智库的宗旨是影响政策、启迪民众，因此追求研究成果的公开和透明。例如，兰德公司的核心价值观即是"质量"（Quality）、"客观"（Objectivity）、"透明和公开"（Transparent and open），其70%的研究报告都可以在官网免费下载。但策划是定制化、个性化的智力服务，对成果具有严格的保密要求，所以策划成果一般是秘而不宣的。

第三节　策划的基本分类

策划涉及的范围和类型非常广泛，各行各业都有策划需求，如城市战略策划、企业营销策划、广告策划、图书策划、活动策划和旅游策划等。下面从策划层级、性质和对象三个维度，对策划进行了大致分类。

一、策划层级分类

所谓层级,是从宏观、中观和微观三个层级而言的(见表1-3)。宏观策划一般涉及全局、整体、系统的策划,也可以称为战略策划。这是策划的最高层次,其直接服务战略决策者,要求策划人具备广博的知识、丰富的阅历和强劲的创新能力。中观策划一般是战术、功能和管理层面的,如投融资策划、品牌策划、营销策划等,亦可称为运营策划。微观策划偏向于具体项目的策划,如某个活动策划、剧本策划、会展策划、节庆策划等,亦可称为项目策划。从实践来看,当前95%以上的策划都可以归为运营策划和项目策划。因为这两类策划相对具体和专业,比较容易掌握。而战略策划需要极强的综合能力和创新能力,这样的策划机构(或个人)占据着行业的金字塔顶端,数量相对较少。

表 1-3 策划的基本层级与特征

层级	策划类型	策划特征	典型门类
宏观	战略策划	全局性、长期性、配称性	区域战略策划、城市战略策划、企业战略策划等
中观	运营策划	专业性、操作性、实效性	组织策划、投融资策划、营销策划、品牌策划等
微观	项目策划	植根性、创意性、一次性	活动策划、图书策划、会展策划、游戏策划等

(一)战略策划

"战略"(Strategy)一词最早源于军事。在西方,"Strategy"一词源于希腊语中的"Strategos",意为军事将领、地方行政长官,后来演变成军事术语,指将领指挥军队作战的谋略。在中国,"战略"一词亦是历史悠久。"战"指战争,"略"指谋略。春秋时期孙武写的《孙子兵法》就被认为是对世界影响最大的军事战略著作之一。战略策划是策划中的最高层次,主要为区域、城市、企业、社会组织等提供战略研判、发展定位、策略设计和高级顾问等服务,需要从全局视野来谋划目标实现路径或问题解决方案,如京津冀协同发展战略策划、雄安新区发展战略策划和华夏幸福企业发展战略策划等。

战略策划主要有三个方面的特征,即全局性、长期性、配称性。全局性是指战略策划要涵盖战略的各个方面,对事物进行系统与全面的思考,回答好"我是谁""我从哪里来""我到哪里去""我如何去"等重大战略问题。战略策划具有长期性,如我国经济社会发展或企业建设通常以5年为一个周期。事实上,许多企业会在5年左右邀请以战略策划见长的咨询机构,帮助其制定战略策划或规划。战略策划还有配称性。正如战略大师迈克尔·波特所言:"战略的根本是要找到合适的定位,并建立系统配称。"战略策划偏向宏观,一般让人感觉比较"虚",要让战略趋"实",必须设计重大项目和运营策略等内容作为配称和支撑。例如,哈尔滨谋划建设"世界音乐之都",就邀请了世界著名建筑师扎哈·哈迪德设计了美轮美奂的哈尔滨大剧院,谋划将其打造成为城市的文化地标和音乐圣殿。

> **案例链接　新加坡的战略性概念规划**
>
> 　　新加坡的城市建设得益于一套长短结合、总分结合、科学有序的规划体系,具体而言,就是由战略性概念规划、总体规划、开发指导规划及各类专项规划构成的完整的科学体系。其中,战略概念规划的内容大体等同城市战略策划。
>
> 　　新加坡是亚洲地区较早引入概念规划理念的国家。概念规划内容主要是对城市发展中具有方向性、战略性的重大问题进行集中专门的研究,从经济、社会、环境的角度提出城市发展的综合目标体系和发展战略,以适应城市迅速发展和决策的要求。概念规划是一个内容广泛、较为长远的规划,不属于法定规划范畴。新加坡立国之初,就聘请了联合国组织专家,高起点、高质量,历时4年编制了整个新加坡范围概念性发展规划,明确了未来40~50年的发展方向,并明确每10年要重新修编一次。概念规划至今已历经了几轮修订,但在定位和整体空间结构上还是一以贯之。在概念规划的指导下,新加坡制定了城市总体规划,以落实概念规划。总体规划是法定的土地使用规划,用于指导新加坡未来10~15年土地的使用和开发强度,并且规定每隔5年必须进行修编。

(二)运营策划

运营策划偏向于业务环节、组织管理等具体领域的策划。相对于战略,运营是经常性、持续性、程式化的具体活动,不确定性相对较少。管理过程一般具有较统一的标准,更加强调业务上的专业性。从企业角度讲,运营层面的策划主要涉及业务单位策划、投融资策划、营销策划、管理策划、组织策划等。从政府角度讲,主要涉及组织机制、产业政策、城市建筑等方面的策划。运营策划相对于战略策划,普适性、标准性更强一些,也更容易做大规模。例如,成立于1996年的北大纵横管理咨询集团是国内第一家注册成立的专业管理咨询公司,先后为国内1000余家企业提供管理咨询和策划服务,目前已经拥有18个事业部、138个行业中心、15个职能研究院,专业咨询师和策划师近1000名,而战略策划机构是难以做到如此规模的。

运营策划主要具有如下特征:第一,具有较强的专业性。与战略策划强调全面、系统和方向性问题不同,运营策划更侧重如何"把事情做得更好"。策划团队主要由专业人士构成,如企业的组织机构策划,涉及机构设置、岗位设置、岗位职能、业务流程等专业内容,没有管理专业知识就难以胜任。第二,具有较强的操作性。运营策划需要快速落地实施,如广告策划,即是在植根企业或产品战略的基础上,制定具体的广告定位语、创意表现、媒体选择和发布时机等,然后开展广告活动。这要求策划能切实指导执行。第三,具有较快的效果反馈。与战略策划不同，运营策划因为是近期就需执行与落地的策略，所以成效如何是可以快速评估的。如一次广告策划的成功与否，只要通过广告前后销售数据的变化就可以进行评判。

案例链接："啥是佩奇"

2019年初，一部名为"啥是佩奇"的广告宣传片大火，大家的朋友圈在一夜之间都被一只粉红色的硬核小猪攻陷了。这部短片实际上是电影《小猪佩奇过大年》的预告宣传片，讲述的是生活在大山里的留守老人李玉宝，为了给3岁的孙子准备新年礼物，向全村人打听"啥是佩奇"，在似懂非懂、兜兜转转中，李玉宝用鼓风机焊了一个粉红色的佩奇送给孙子的故事。"啥是佩奇"无疑是一次成功的全民刷屏营销事件，其背后到底有哪些值得策划人借鉴的地方呢？

其一，精准定位目标人群。《小猪佩奇过大年》主要的目标受众是3～8岁的孩子，在这个年龄段的孩子中，小猪佩奇已然成为一个有着较强影响力的IP形象。众所周知，佩奇是动画片《小猪佩奇》里面的卡通人物形象。这是一部英国学前电视动画片，自2015年起在国内开播并于各大视频平台上线后，深受家长和孩子的好评。不仅如此，这一看似低龄化的IP也被辐射到成人世界，一句"小猪佩奇身上纹，掌声送给社会人"让这头小猪的网红特质一览无余。

其二，不落俗套的宣传方式。一般电影宣传都是采用素材混剪作为宣传片，时长一般在0.5～2分钟。而电影《小猪佩奇过大年》的预热宣传却采用了微电影的形式，整个片子5分钟40秒，用猜不透的广告套路，让所有观众跟着爷爷一起走上了一条略带搞笑却又亲情满满的关于佩奇身份的追查之路。这种"微电影+电影"的形式在媒体策划中比较少用，成为影片宣传的一大亮点。

其三，本土化的选题立意。作为一部全家观看的贺岁片，主打"亲情牌"再合适不过了。如大家所见，故事从一个老人的角度入手，淋漓尽致地展现了老一辈人表达情感的方式。父母这一代把大量的情感都寄托在子女和孙辈身上，他们或许不知道孩子在想什么、忙什么，或许跟不上年轻人认知的脚步，但他们始终用百分百的努力去对你好，由此引起了众多网友的共鸣。此外，小猪佩奇本身是一个舶来品，稍有不慎就容易使影片陷入不中不洋的尴尬境地。而在整个宣传片中，只在结尾出现了《小猪佩奇过大年》的片段用以直接宣传，其他方面则进行了极为接地气的本土化描述，特别是爷爷用"他爹是猪，他娘是猪，儿子也是猪，一家人一窝猪"有趣地表达了中国传统的猪年文化。

其四，传播时机的巧妙设定。营销是需要卡准时间点的。《啥是佩奇》于2019年1月17日下午发布，恰逢春节即将到来。俗话说"过了腊八就是年"，而《小猪佩奇过大年》的宣传片在日益临近回家的时候，从开始就紧紧地抓住了中国人对过年回家团圆、与亲人在一起的期盼，从内心点燃了回家团聚过年的烈火，也让更多的人记住了小猪佩奇。

其五，传播平台的层层加持。《啥是佩奇》通过网络播出渠道在全网进行辐射扩散。从官方发博后近

5个小时的时间内，基本上没有产生有效转发，直至21时59分机核网总编辑姜尧转发微博，成为首个重要的引爆点。17~22时，事件在各平台上都未引发议论，真正的引爆来自微博上重量级大V的参与。有这层层流量的带路，《啥是佩奇》火起来是必然的。随后在18日早上持续走高，网媒、微信公众号平台持续跟进。

其六，易于传播的文案设计。《啥是佩奇》片中本身埋了很多梗，它们在传播中发挥了极其重要的作用。我们看到，后续在网上各大品牌、自媒体、网民的跟风中，"啥是佩奇"（文字咒语）和"鼓风机小猪佩奇"（图形符号）是最容易被大家运用的元素。二者就像整个传播战役和内容构成的"索引"，在人与人之间被不断扩散传播，产品诉求不断被曝光和认知。

资料来源：土土《啥是佩奇，啥就是策划！》，2019-01-31, http://www.sohu.com/a/292626546_100180100；付静雯等《〈啥是佩奇〉创意策划案例分析》，2019-04-25, http://mt.bnuz.edu.cn/info/1055/1170.htm；众引智行沙龙《从〈啥是佩奇〉中学习怎样做新品上市推广》，2019-01-22, https://www.digitaling.com/articles/99637.html；yoku酱《从数据分析角度看〈啥是佩奇〉》，2019-01-24, https://blog.csdn.net/haotian1685/article/details/86619846。

（三）项目策划

什么是项目？根据美国项目管理协会（Project Management Institute，PMI）的定义：项目是为创造独特的产品、服务或成果而进行的临时性工作。英国项目管理协会（Association of Project Management，APM）的定义为"项目是为了在规定的时间、费用和性能参数下满足特定目标而由一个人或组织所进行的具有规定的开始和结束日期、相互协调的独特的活动集合"❶。简而言之，项目是在一定的约束条件下（限定的时间、资源等），为完成一定的预设目标所进行的一次性的努力。项目策划，即是为实现项目的目标而进行的策划活动❷，典型的项目如策划一部电视剧、一次大型庆典和一款网络游戏等。

与上文提到的两种策划相比，项目策划具有如下突出特征。第一，项目策划植根于战略策划。在战略策划中，战略与项目恰如一个"哑铃"的两端，相互支撑，项目策划的设计与选择要植根于城市或企业的能力、资源和发展战略。例如，某城市策划举办一次大型文化产业博览会，这种活动通常不会是临时起意或心血来潮，而是基于城市的产业或品牌发展战略。第二，项目策划具有突出的创意性。策划人需要创新思维，形成精彩创意，激

---

❶ 陆耿. 文化产业项目策划与实务［M］. 合肥：中国科学技术大学出版社，2013：2.
❷ 卢长宝在其主编的《项目策划》（第3版）中，将项目策划定义为："项目策划是指在项目建设前期，通过内外环境调查和系统分析，在充分占有信息的基础上，针对项目决策和实施阶段或决策和实施阶段中某个问题，推动和判断市场态势及消费群体的需求，进行战略、环境、组织、管理、技术和营销等方面的科学论证，确立项目目标和目的，并借助创新思维，利用各种知识和手段，通过创意为项目创造差异化特色，实现项目投资增值，有效控制项目活动的动态过程。"

活或整合各方资源与能量，让项目获得最大的价值与效益。第三，项目策划具有一次性的特征。由于项目是为完成一个特定的产品或服务而进行的一次性努力，所以项目策划也是一次性策划，如 2001 年轰动一时的世界三大男高音齐聚紫禁城放歌的活动策划。

案例链接：世界三大男高音放歌紫禁城

2001 年 6 月 23 日，世界三大男高音帕瓦罗蒂、多明戈、卡雷拉斯首次齐聚北京紫禁城，助申奥放歌，为中国放歌。现场观众多达 3 万名，全球有 30 多亿观众收看电视转播，最高票价是 2000 美元。这场盛大的活动由中国文化艺术有限公司、香港东风网络电视控股有限公司承办。这是我国对外文化交流的空前创举，其演出阵容、制作规模、文化含量及影响力都将在 21 世纪的开年之页上留下深深的印迹。这场活动无论是经济效益还是社会效益，都取得了巨大的成功。

如果从项目策划角度分析，我们可以将其成功因素归纳为三点：第一，名人效应。作为国际歌坛最具号召力的三大男高音歌唱家，帕瓦罗蒂、多明戈、卡雷拉斯的成就都足以代表西方歌剧艺术的精髓，而三个人的联袂演出则已成为全球范围内当代经典歌剧艺术的传奇盛会。第二，名城效应。紫禁城是中国明清两代的皇家宫殿，是中国古代宫廷建筑之精华，是世界上现存规模最大、保存最为完整的木质结构古建筑之一，是世界级的歌唱舞台。第三，奥运效应。世界三大男高音"为奥运放歌，为中国喝彩"是北京申奥工作的重大事项，是世界奥林匹克日中国纪念活动的主要组成部分。这样的契机无疑能最大地激发人们的参与热情，现场多达 3 万名观众就是明证。

资料来源：刘江等《昨晚世界三大男高音共聚紫禁城为中国放歌》，2001-06-24，http://view.news.sohu.com/66/58/news145665866.shtml。

二、策划性质分类

性质是指事物本身所具有的与其他事物不同的根本属性。根据性质的不同，可以将策划分为军事策划、政治策划、经济策划、文化策划、科技与工程策划等类型。通过性质分类，我们可以更好地认识策划的特征和内在规律。

（一）军事策划

"兵者，诡道也。"[1] 但凡战争，无不充满谋略与诡诈。军事策划，就是如何谋划战争、打赢战争的系统设计。从历史实践来看，军事领域是策划思想的重要渊薮之一。众所周知，战争是政治集团、民族（部落）和国家（联盟）之间矛盾的最高斗争形式。特别在古

---

[1] 杨丙安．十一家注孙子［M］．北京：中华书局，2012：12．

代,战争更加频繁。正如《路史》所记:"自剥林木而来,何日而无战?大昊之难,七十战而后济;黄帝之难,五十二战而后济;少昊之难,四十八战而后济;昆吾之战,五十战而后济。"由于战争的巨大投入和严重后果,以及战争的频仍,促使着人们"从战争中学会战争",总结战事成败经验,掌握战争的规律与技巧,正所谓"兵者,国之大事,死生之地,存亡之道,不可不察也"❶,因此,奇谋绝策也从中诞生。

就一定意义而言,几千年的人类战争史就是一部交战双方千姿百态的谋略斗争史。在历史上,我们可以看到众多影响深远的重大军事谋略,如巨鹿之战、滑铁卢战役、敦刻尔克大战役和珍珠港海战等。彪炳千秋的军事经典著作也层出不穷,如孙武的《孙子兵法》、卡尔·冯·克劳塞维茨(Carl Von Clausewitz,1780—1831年)的《战争论》(*The Theory on War*)、阿尔弗雷德·赛耶·马汉(Alfred Thayer Mahan,1840—1914年)的《海权对历史的影响》(*The Influence of Sea Power upon History*)、利德尔·哈特(Liddell Hart,1895—1970年)的《战略论》(*Strategy*)、安托万·亨利·若米尼(Antoni Henri Jomini,1779—1869年)的《战争艺术概论》(*Art of War*)等。虽然如今高科技战争成为现代战争的主要形态,但策划和谋略的魅力仍未减少。反而,随着先进科学技术在军事领域的广泛应用,战场情况的瞬息万变,运筹帷幄能力显得更为重要,因此加强军事策划的研究与能力提升亦极为重要。

(二)政治策划

根据列宁的论著,政治就是"参与国家事务,给国家定方向,确定国家活动的形式、任务和内容"❷,或者说,政治是特定阶级或社会集团为了实现自身的根本利益,围绕国家政权所进行的全部活动,如夺取政权、制度改革等。政治策划一般是指关系到国家、民族或阶级、集团生存发展的政局策划,此外也包括在社会生活各个领域经常涉及的一些带有政治色彩的活动。❸在中国古代的谋略典籍《战国策》中就记载了大量政治策划案例,其中苏秦和张仪的"合纵连横"就甚为典型,并影响了中国的历史进程。在当代,政治策划最典型的当属美国总统竞选,每次选举都会诞生经典之作。

案例链接 竞选口号的设计

2016年的美国总统大选,共和党总统候选人特朗普在普遍不被外界看好的情况下,选情一路飙升,

---

❶ 杨丙安.十一家注孙子[M].北京:中华书局,2012:3.
❷ 列宁.列宁选集:第4卷[M]//中共中央马恩列斯著作编译局.列宁选集.北京:人民出版社,1972:234.
❸ 吴廷玉.文化创意策划学[M].大连:大连理工大学出版社,2010:52.

最终在共和党的预选中拔得头筹,获得总统候选人提名。虽然特朗普成功竞选与美国整体的经济社会发展形势有关,但其竞选团队的精心策划也居功至伟,特别是对"竞争口号"的设计。

竞选口号被称为美国总统选战的灵魂,它体现了参选人的信仰和核心理念。一个简洁有力的口号既能展现候选人的执政理念,又能触动民众的心弦,引发广泛的共鸣。❶例如,特朗普的竞选口号为"让美国再次强大",简单清晰,朗朗上口。更重要的是,口号刺中了社会的神经——美国大部分人对未来的担忧。因为1983—2013年的30年里,处于社会中间层60%的美国人,财产平均缩水40%~80%。❷他们迫切希望改变现状,希望在全球化的竞争中获得更加有利的位置。而同年度其他候选人的口号,就相对缺乏号召力和感染力。例如,麦克·哈克比(Mike Huckabee)的"从希望到更高的地方",希拉里的"美国的希拉里"。

(三)经济策划

经济策划主要是为国家、区域、城市和企业等经济发展主体提供策划服务。可以认为,凡是针对物质生产、贸易流通等经济活动所进行的策划都是经济策划。经济策划包括产业策划、营销策划、地产策划和投融资策划等。

在市场竞争日趋激烈的背景下,经济策划的作用愈加彰显,成为策划的主要类型,如曾经火热的房地产策划。1998年国务院下发了《关于进一步深化城镇住房制度改革加快住房建设的通知》之后,废除了长期以来的住房实物分配制度,确立了市场供给的主导地位,为商品房的发展提供了巨大的市场。此闸一开,各类资本如过江之鲫,涌向房地产领域,竞争瞬间变得异常激烈。在这种背景下,如何创造概念、打造品质、塑造价值,就成为从竞争中脱颖而出的关键,房地产策划也因此应运而生。其内容涉及市场调研、概念创新、运营策略、营销传播等各个方面,并诞生了一批知名策划项目和策划机构。但随着时代与经济的发展,特别是国家提出"房子是用来住的,不是用来炒的"调控思路以来,地产策划热潮逐渐退却,产业与项目策划正成为新时代的主导。

(四)文化策划

文化策划是指策划人通过对文化环境的调查和问题的系统分析,科学、合理、创新性地制定文化发展方案,并且提前判断其社会效益和经济效益的理性行为。文化策划领域范围广泛,如影视策划、图书策划、新闻策划和公共文化服务策划等。相比其他类策划,文化策划具有一些突出的特征:一是要坚持社会效益与经济效益"双效统一"。文化具有物

---

❶ 李凌凌.特朗普竞选中的传播策略分析[J].新闻爱好者,2016(10):50-54.
❷ 孙涤.看不懂特朗普的势头?是精英们自HIGH太久了[EB/OL].(2016-06-12)[2019-05-10].http://www.aiweibang.com/yuedu/123871750.html.

质和精神的"双重属性",文化产品是人们的精神食粮,因此"双效统一"一直是文化策划、生产创作、参与市场竞争和评价反馈的一条重要准绳。二是高度的创意性。文化产品没有创意就难以激发消费,因此如何形成精彩的创意一直是文化策划关注的焦点。三是极大的风险性。文化产品通常是从无到有,很难准确地预测市场的反映。例如,红遍全球、让世人追捧的《哈利·波特》(Harry Potter),当年并不被许多知名出版社看好,多次被拒绝出版。

案例链接　"欧洲文化之都"

"欧洲文化之都"是欧盟授予经过激烈竞争而被挑选的欧洲城市的一个荣誉称号,它在欧盟的不断完善和扶持下更富有生命力和魅力。它为欧洲的团结合作、文化发展和经济繁荣做出的贡献是不可低估的。

1. 策划起源

"欧洲文化之都"这一活动始于1985年6月13日,是根据希腊文化部长梅尔库丽的提议决定举办的。当时欧洲还处在被冷战分割的时代,两个阵营里的人们交流还相当困难。这一活动的宗旨是用文化作为桥梁,把欧洲人连在一起。当时活动的名称是"欧洲文化之城"。这一名称用到1998年,于1999年更名为"欧洲文化之都"。

2. 活动程序

1999年以前的选拔程序是首先由各国提名推荐,最后成员国一致同意的城市被授予"欧洲文化之都"的称号。到2007年,欧盟委员会改变了选拔规则。新规定鼓励成员国组织申报举办"欧洲文化之都"活动的城市进行全国性竞选,以便扩大活动的参与度和影响力。

评选分两个阶段:第一阶段(2年)从举办"欧洲文化之都"活动的前6年开始,经过两年评选,欧盟理事会决定被选城市;在第二阶段(4年)里,"欧洲监理委员会"(由欧盟任命的专家组成)协助、监督和指导被选城市制订详细的活动计划,该计划要充分体现"欧洲范畴"和影响力,特别是其附加值。

同时,新规定更加明确了举办活动的标准,并用奖励的办法替代原来拨款的办法。新规定还特别强调举办"欧洲文化之都"活动要有全欧意识,即"欧洲范畴"。"欧洲范畴"的核心是举办国和非举办国的各级文化机构的文化工作者、艺术家和城市之间要加强合作,要突出欧洲文化的丰富多彩和多样性,要体现欧洲文化的共性,要使举办城市居民和外国游客对活动产生兴趣,要给举办城市的文化发展带来持久的推动力。

3. 策划成效

20年的实践证明,这一活动的影响力无论对获得称号的城市还是整个欧洲都是巨大的。欧盟负责文化工作的现任文教委员菲杰尔对这一活动给予了充分肯定。他说:"在过去的20年里,'欧洲文化之都"已经成为欧盟最成功和最受欢迎的一项活动。""欧洲文化之都"活动为什么如此受欢迎？因为它不仅促进了文化交流，也带来了经济的繁荣。例如，深受经济危机影响的城市英国的格拉斯哥自1990年举办"欧洲文化之都"活动后，经济才真正得以腾飞。2003年奥地利的格拉茨在成为"欧洲文化之都"的12个月中，举办了6000个活动和108个项目，迎来了300万游客，当地旅馆客房的使用率比以前上升了25%。

资料来源：百度百科"欧洲文化之都"，2019-06-12，https://baike.baidu.com/item/欧洲文化之都/4049825。

（五）科技与工程策划

科技与工程是人类发展的重要领域。这类策划主要为制定科技战略与政策、技术改革与创新、新产品开发、工程建设论证等活动提供服务。在推崇创新驱动、科技驱动的今天，如何发挥科技力量、助推科技进步，对一个国家和地区的发展具有重大意义。当前科技与工程策划主要集中在科技高新区、园区、工业区、加工区，以及产城融合、科技战略工程等领域。

案例链接："中国第三代大学科技园实践者"

大学科技园是国家创新体系的重要组成部分和自主创新的重要基地，是区域经济发展和行业技术进步的主要创新源泉之一。建设一个创新人才集聚、创业精神蓬勃、创造活力强劲的科技园，对黑龙江大庆市从"油田大庆"走向"科技大庆"推进创新和可持续发展具有重要意义。

但策划大学科技园的突破点在哪里呢？承接此任务的策划机构认为，最重要的就是找准大学科技园的发展规律和发展趋势，然后用创造性的思维解决问题。通过对大学科技园依托的空间、集聚的资源、整合的范围、吸引企业的优势、科技园建设的关注点等维度的深入研究，策划机构认为可将科技园分为如下三个阶段：

一是第一代大学科技园。此时由于大学科技园开始起步，孵化企业和创业者也较少。这一阶段的特点是主要通过在学校内开辟校舍和土地进行科技园的建设；主要孵化校内科技成果；面向校内的企业和创业者；企业更多地关心价格和空间面积的大小；科技园关心的是怎样给企业提供便利低廉的办公空间。

二是第二代大学科技园。随着国家、地区的支持和科技园自身的发展壮大，这一阶段科技园的主要特点是开始在大学周边开拓土地，建设与大学分离的园区；大力吸引和接纳校外科研企业，集聚区域创新要素；更多地关注政策、商务环境，关注同类企业集聚和协作。这一阶段科技园主要关心的是企业发展。

三是第三代大学科技园。随着知识经济的崛起和创新全球化时代的到来，人的价值更加凸显，创新网络更加广阔，科技园开始呈现新特点：园区社区化，注重环境生态，注重生活、工作、休闲为一体，注重发展高端产业和产业高端；注重加速与国际创新资源的链接，以国际视野整合创新要素；企业更看重能否为员工提供一种幸福的工作和生活环境；科技园关注的核心应是人的幸福感，让创业者感受到创造智慧、享受智慧的快乐。

策划机构认为，大庆大学科技园应根据大学科技园的发展趋势，以及本市的发展优势，定位成为"中国第三代大学科技园实践者"，即全力打造以营造良好的生态和生活环境为先导，以整合院校、区域甚至国际创新资源为支撑，以实现人才的幸福创业和驱动城市创新发展为根本，集技术研发和服务、项目引进和孵化、人才引进和培养，以及配套休闲娱乐等功能于一体的新一代大学科技园，并提出坚持以"人的幸福"为本、制定混合性的功能规划、提供完备的公共服务等三大基本原则。

三、策划对象分类

此种分类主要是按照策划对象的经营模式展开的，如营利导向的企业策划、公共服务导向的事业策划，以及公益性导向的社会组织策划等。这三类策划由于经营模式的不同，其策划方法与实践也有较大差异。

（一）企业策划

现代企业决策逐步走向科学化，其决策过程也由"谋"与"断"一体化走向分离化，"谋"发展成为专门的策划职能，"断"成为专门的决策职能。西蒙所称的参谋活动和设计活动均属策划活动，就是从决策程序中经过科学分离、分化出来的专门策划职能。[1]那么，何谓企业策划呢？简而言之，企业策划是指为达成企业的经营目标，借助一定的科学方法、艺术和创造技法，进行企业经营管理决策和计划的构想、设计并生成策划方案的过程。企业策划的根本目的是消除企业在经营中的困惑与疑难。由于专业、精力、时间等因素的制约，决策者即使有"三头六臂"，也很难解决所有问题，这时就需要求助外部机构。相对于内部人士来说，外部策划人员不但专业性更强，而且能够从"第三方"视角客观公正地分析企业状况和竞争优劣形势。

从企业策划的层次来看，可以分为战略策划、业务策划、基础策划（见表1-4）。战略层面策划主要是在企业层面，包括战略定位、商业模式、品牌体系等内容，主要涉及"做正确的事"。业务层面策划是按照企业的职能模块划分，包括业务单元、投融资、市场营销、工程技术、流程管理、企业文化等方面的策划；基础层面策划主要是为前两个层面提供支撑的策划，如组织与人才、重大项目、基础设施建设等方面的策划。业务和基础这两个层面主要涉及"正确地做事"。

---

[1] 岳兴录，吕铁生，超波. 企业创新与超前策划[J]. 发明与革新，1995（6）：14-15.

表 1-4 企业策划的层次

战略层面策划		
战略定位	商业模式	品牌体系

业务层面策划					
业务单元策划	投融资策划	市场营销策划	工程技术策划	流程管理策划	企业文化策划

基础层面策划		
组织与人才策划	重大项目策划	基础设施建设策划

（二）事业策划

事业策划，是指事业单位为了更好地履行公共服务职能，围绕塑造自身形象、扩大社会影响或吸引民众参与等主题而开展的策划活动。所谓事业单位，是指由政府利用国有资产设立的，从事教育、科技、文化、卫生等活动的法人实体。目前我国拥有众多的事业单位，承担着大量的社会服务职能。为了更好地为人民群众提供服务，发挥其更大的效能，非常有必要强化事业单位的策划职能。例如，我国的一些社区文化馆站通过策划大家喜闻乐见的文艺活动，有效地吸引居民参与。一些国外政府通过策划建设大型文博设施，不仅服务于市民，也改善了城市形象，促进了城市经济的发展。

案例链接：毕尔巴鄂古根海姆博物馆

毕尔巴鄂曾经是西班牙的一座冶金和化工业城市，在整个近代一直保持着商业和文化中心的地位，但到了 1975 年其传统工业开始衰退，失业问题、环境问题日益突出。为摆脱发展困境，地方政府决意进行城市更新，谋划建立一个大型文化中心以作为城市形象转变的强力引擎，而修建一个地标性的博物馆就成为文化中心设计方案中的核心内容。

这一想法得到了各级政府和社会机构的支持。博物馆由建筑大师弗兰克·盖里负责设计，地方政府负责投资建设（投入 1.5 亿欧元），艺术展品则由美国古根海姆基金会负责筹集。1997 年，博物馆正式对外开放。开放后的第一年，参观人数就达到了 136 万。此后仅仅 6 年，投资便全部收回，而且旅游的兴盛为地区带来 1.5 亿欧元的新收入，同时创造了 4.5 万个就业机会，形成了广为人知的"古根海姆效应"。

（三）社会组织策划

广义的社会组织，是指除党政机关、企事业单位以外的社会中介性组织。狭义的社会组织，是指由各级民政部门作为登记管理机关，纳入登记管理范围的社会团体、民办非企业单位、基金会这三类组织。❶社会组织策划，即是社会组织为了更好地贯彻或实现自己的价值观、责任、使命而进行的策划活动，如慈善组织策划的慈善晚会和义捐活动等。

案例链接　善园

宁波善园公益基金会（以下简称"基金会"）是浙江省首家民间发起的公募基金会。在宁波鄞州区政府的支持下，基金会策划与运营了国内首家公益慈善综合体和宁波爱心城市公益地标——"善园"。

"善园"的总体规划面积为1万平方米，是以公益慈善文化为主题，集展示、体验、交流、服务于一体，具有游览、休闲、创业、教化等功能的综合性文化场所，是"义乡鄞州"建设的重点项目，也是未来将打造的"慈善博物馆"。以此为平台，在"善园"筹建期间，就收到爱心企业、爱心人士的专项捐赠，包括现金、物资、书画艺术品、配套设施等，总价值达到1000余万元。同时，香港神采装饰设计工程有限公司、诺丁汉大学建筑环境学院、法国何斐德建筑事务所等众多爱心企业纷纷投身于公益规划和建设。❷从运营实践来看，通过"善园"这一载体有效地扩大了基金会的社会公信力和影响力。

四、其他分类方法

目前影响较大的分类方法还有世界商务策划师联合会（WBSA）的分类和哈佛企业管理公司编的《企业管理百科全书策划分类法》。

（一）世界商务策划师联合会（WBSA）的分类

WBSA主要针对企业策划进行分类，其将策划按照内容分为五大类：

（1）战略策划。这是关于企业长远发展的策划，包括市场机会的把握、企业定位的确定、竞争手段的选择、行动步骤的设计等一系列运筹方案。

（2）生态策划。这是关于特定时间环境下组织生存状态的策划，包括各个合作伙伴之间、各种业务之间、各部门之间、投入与产出之间、目标与目标之间的关系总和。

（3）融资策划。这是企业在付出一定代价的前提下获取或借助资源的策划，包括资源发现、识别开发、利用处理等环节。

（4）管理策划。这是关于非人力资源与人力资源相配合的策划，包括机构设置、岗位设置、岗位标准、业务流程、保障机制等。

---

❶ 文海燕，熊文，季浏. 论中国体育管理主体［J］. 成都体育学院学报，2012（12）：19-23.

❷ 国内首家综合性公益慈善平台"善园"奠基［EB/OL］.（2015-06-17）［2019-05-04］.http://news.cntv.cn/2015/06/17/ARTI1434536487714318.shtml.

（5）营销策划。这是关于产品、形象等价值在市场上如何实现的策划，包括产品定位、价格定位、渠道定位、市场定位、促销手段等。

（二）《企业管理百科全书策划分类法》的分类

根据哈佛企业管理公司编的策划分类法，其将策划分为六大类：

（1）物质策划，是指企业有形的物体，如厂区策划。这是以企业有形物体为对象的策划，其最大的目的是发挥实体的功能和效率。

（2）组织策划，其内容包括组织结构、业务流程、信息交流等方面的设计。

（3）程序策划，又称为作业策划，主要聚焦企业发展建设所需要的程序或方法。

（4）财务策划是为满足全部或部分单位的资金需求所提供的策划服务。

（5）功能性策划的对象通常是组织中某一重要的功能，如营销、生产等。

（6）全面策划是组织内的总体策划，需要整合统御所有的功能性策划。

第四节　策划的构成要素

策划活动是一项具有创造性的系统工程。从策划构成的必要元素来分析，基本要件包括策划主体、客体、方法和方案。这四者相辅相成，是一次策划活动中不可分割的统一体。只有处理好这些要素，才能完成高质量的策划。

一、策划主体

策划主体，即策划者或决策者（自我策划），是策划行为的实施者。在策划活动实施之前，谁来策划、为谁策划是首先需要明确的问题。与咨询服务不同，策划主体既可是接受客户委托而开展策划的个人或专业机构，亦可是进行自我策划的企业或城市管理者。

策划素养是保障策划质量的基石。新加坡"规划之父"刘太格曾表示："我们建筑师也罢、我们规划师也罢，其实我们的任务就是每一个项目、每块地都有它最大价值的地方，这个价值的问题是你有没有认识到它，能不能把它找出来、体现出来，然后实现它，这是我们规划师的责任。"策划师也是同样，最重要的是在各种约束条件下，通过科学研究和创新创意，制定出合理的问题解决方案，最大程度地帮助策划对象实现价值。这就要求策划人要掌握信息、知识、经验和独特的思维方式。"信息"是通过传播渠道获得的消息，"知识"是通过学习间接获得的系统认识，"经验"则是从直接实践中总结出来的认识，"独特的思维方式"是指策划活动中人们思考问题的根本方法。相比普通的咨询师，策划对从业人员的要求更高。通常培养一个成熟的项目经理需要3~5年，独立主持过10个以上项目；培养策划总监则需要8~10年，负责过30个以上项目。随着以移动互联网、人工智能为代表的新经济时代的到来，实践对策划师提出了更高的要求，即分析、洞见、创新、传播等能力变得愈加重要。能否在最短的时间内抓住客户的核心问题与需求，并快速提出创新对策或建议，成为策划师必须具备的技能。

个人素养固然重要，但优秀的策划团队才是提升策划质量的关键。改革开放初期，策划刚刚兴起，主体以个人为主，涌现了不少名噪一时的点子大王、策划大师。随着策划走向科学化、复杂化、系统化，做策划，不能再是单兵作战、孤胆英雄，而是需要多个专业协同配合，"多兵种"联合作战。于是，策划主体开始以公司、工作室或者研究机构的形式存在。也就是说，策划的主体和形式从古代谋士对统治者输出智慧的"P2P"模式，到个人创意服务企业的"P2B"模式，再发展到了今天的专业机构服务客户的"B2B/P"模式。在这种情况下，一个策划机构能否成功培养和留住优秀人才，能否搭建起有序成长的人才梯队，就成了事关机构生死存亡的关键因素。

在策划活动中，专业机构为了强化过程管理、凝聚组织合力，通常有三种组织模式，即职能式组织、项目式组织（见图1-5）、矩阵式组织（见图1-6）。由于策划活动通常以项目的形式存在，因此策划机构较多采用项目式组织和矩阵式组织。项目式组织较为简单，强调集中指挥，机构管理者能对所有业务和客户保持个人的控制，适合10~50人的小型策划机构。矩阵式组织则相对复杂。该模式的特点是在实施项目时可以临时从各个常设部门抽调所需的专业人员，建立临时项目组，以便整合利用机构内部的人力资源。项目完成后，人员可以回到原常设部门或参加新的项目组。这种模式兼顾了专业性和机动性，便于进行多学科、多专业的优化组合，既有利于保证项目质量，又便于人才培养与交流。❶

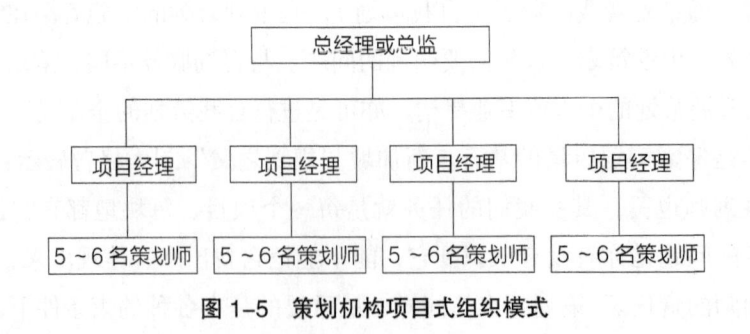

图1-5 策划机构项目式组织模式

---

❶ 田长广.新编现代策划学[M].北京：北京大学出版社，2014：115.

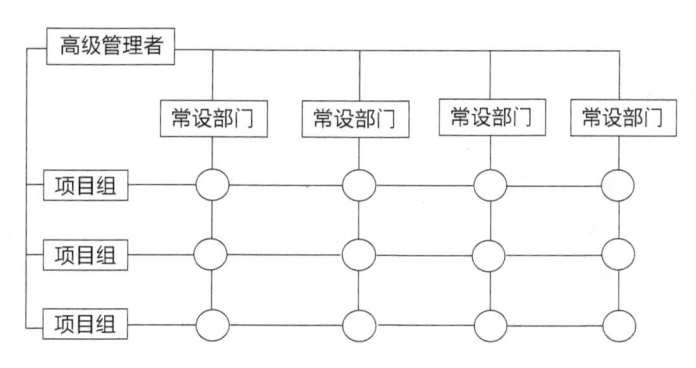

图 1-6　策划机构矩阵式组织模式

二、策划客体

策划客体是策划活动的受体或对象。在此处，策划客体有两种含义。一是策划的委托客户。当一家企业或机构不是"自策划"时，相对策划机构而言，它也是策划的客体。策划机构需要深入了解其需求和意图，然后通过思维创新、策略创新、手段创新等方式，为其提供定制化的问题解决方案。二是策划的具体对象。其可以是有形的实体，如区域、城市、园区、企业和建筑等，亦可是无形的事物，如概念、影视、动漫和活动等。这些客体通常存在于一定的自然、经济、社会和文化环境中，具有特定的地理位置、交通环境、生态气候、文化底蕴、制度特色等。策划活动即是要创新思维与策略，充分整合和利用各类资源和力量，帮助客户较快地实现预先设定的目标与构想。

三、策划方法

策划是为达到某种特定的目标，借助一定的科学方法，为决策、计划而构思、设计、制定问题解决方案的过程，是一个主观能动性改造客体的过程。可见，方法是策划活动的核心要素。正如哲学家黑格尔（Georg Wilhelm Friedrich Hegel，1770—1831 年）所言："方法是任何事物所不能抗拒的、最高的……在这唯一的权力面前，没有东西能够维持一种独立的生存。"可以说，方法是打开策划之门的钥匙。从实践来看，策划方法主要包括研究方法、创新方法和传播方法。研究方法旨在通过对内外条件、历史沿革等方面的分析，寻找事物发展的内在规律与必然趋势，为策划提供扎实的基础支撑；创新方法旨在通过创造性思维，针对问题找到意料之外而又行之有效的路径，或者是形成具有震撼性的创意，实现人的主观意识对客观事物的改造。这里的传播方法，一是指策划者要通过一定的劝服形式让决策者或执行者接受策划方案；二是指在制定策划方案时要有传播意识，深谙传播方法，并善于利用各种渠道推广策划内容。

四、策划方案

策划方案是策划活动的结晶、思想的载体、交付的凭证。任何一次策划最后都需要通过方案来体现。从方案形式来看，不必拘泥于书面文本、文字多少，也可以口头表达、实践指导、交流培训等。从内容上看，一个完整的方案应包括"5W2H"要素，即明确"Why"（为什么）——策划的假设、原因、必要性和可行性分析等，"What"（什么）——策划目的、目标、主题、方式等，"Who"（谁）——策划主体、客体、利益相关者等，"Where"（何处）——策划涉及的地域、场所、空间等，"When"（何时）——策划涉及的周期、时间节点等，"How"（怎样）——解决问题和达到目标的具体策略等，"How much"（如何）——策划方案的实施预算、经济效益和社会效益回报等。从质量要求看，策划方案应观点鲜明、论证充分、策略得当，具有较强的创新性和实操性。从格式来看，一般包括策划封面、内容提要、正文目录、主体内容、效益评估和风险规避等。

第五节　策划的功能与价值

"一策而转危局，一语而退万军，一计而平骚乱，一谋而值千金，数言而定国基。"[1]有人曾这样精辟地评论策划（或谋略）的作用。在漫长的人类发展历史中，作为智慧的重要表现形式，策划（或谋略）对政治、经济、文化等各个方面产生了巨大的影响。大到治国平天下，小到修身齐家，"谋定而后动"，成为人们行事的重要法则。

争强者必先争谋。今天，随着竞争的日趋激烈和科技的日新月异，越来越多的个人、企业和政府部门发现，策划已经成为抢占发展先机、推动科学决策、实现事业成功的重要法宝，成为决策的重要前置环节。具体而言，当前策划的功能和价值主要体现在如下方面。

一、咨辅决策："做正确的事"

谋先事则昌，事先谋则亡。西汉学者戴圣在《礼记·中庸》中指出："凡事豫则立，不豫则废。"意思是说，做任何事情，事前有准备就可以成功，没有准备就会失败。这告诫我们：在做决策和执行前，需要做大量的预测和判断工作。无论是政府、企业，还是个

---

[1] 诸葛瑾. 反经的智慧[M]. 长春：东北师范大学出版社，2010：3.

人,决策永远是最大的生产力。曾经有"战略决定成败"和"细节决定成败"之争,但事实证明:细节只有在战略正确的前提下才有意义。恰如"南辕北辙"的成语故事,如果方向不对,马虽良、用虽多、御虽善,亦只会越行越远。所以,现代管理学之父彼得·德鲁克曾说:"遭受挫折后,最主要的原因恐怕就是人们很少充分地思考自己在执行之前,对整件事情的策略是什么。"

在激烈竞争的时代,快速、正确的决策愈显重要。日本嶋田毅教授指出:"竞争环境的变化提速以及这一现象的激化,允许人们静观其变审时度势、允许存在一定容错率的时代已经结束了。今后'针对重要论点(Issue,或译为论题)快速做出正确决策、将决策合理地传达给周围人'这一能力将愈发受到重视。"[1] 策划本质上是为决策服务的。其主要任务是围绕某一特定目标,根据当前的各种情况与信息,综合判断事物发展变化趋势,全面构思、设计合理可行的行动方案,以供决策参考。在程序上而言,策划应处于决策之前,通过超前的谋划、构思和设计来促进决策的科学化、理智化、效能化。如果没有可供选择的策划方案,决策就难免"凭直觉""拍脑袋",其决策质量自然难以保证。特别是当前世界发展格局已经进入全球化、信息化、数字化的高新科技时代,事先做好专业的研究、创新的谋划,就显得更为关键。这也是现代策划最大的功能与价值所在,为决策提供前瞻性、科学性、可行性的问题解决方案。当然,更高明的策划能够为管理者"换芯片",为其提供新观念、新思路、新方法,成为决策指南与奋斗纲领。

二、改善效能:"正确地做事"

策划不仅在于服务决策,还可改善行为之效能。索洛增长模型(Solow Growth Model)的创立者索洛将增长动力归纳为三个简单的变量,即资本的增加、劳动力的增加、创新和技术进步。策划就是"创新和技术进步"中的重要变量。通过创新性策划,我们可以形成创新的思维、模式和方法,改善工作效率。例如,通过理念和思路创新,将生产力中的各种要素、资源重新整合,很多时候能使之产生 1+1>2 的效果,甚至原子裂变式的市场效应或者经济效益。一般而言,一个成功的策划应可产生四种效果:其一,政府、企业或个人能获得实在的社会效益和(或)经济效益;其二,促使政府或企业形成更高效率的运营管理机制;其三,通过策划的实施锻炼出高素质的人才队伍;其四,形成独特的商业模式和可持续发展战略,打造出以自身资源或能力为核心的战略平台或生态体系。

---

[1] 嶋田毅. 逻辑思维[M]. 张雯, 译. 北京:北京时代华文书局, 2018:3.

三、创新价值

策划的灵魂是创新，要求"无中生有、有中生优"。任何高质量的策划必须要有新思路、新创意、新策略，"鹦鹉学舌，照葫芦画瓢"，照搬、模仿、抄袭别人已有的经验和模式，都不能算是真正的策划。

《孙子兵法》中有言："兵无常势，水无常形。"策划应视具体情况而调整，不能抱残守缺、因循守旧。欲求取胜，必须不断地创造新策略。即使是过去已经成功的模式，也不能生搬硬套，要善于根据客观条件来努力创新。通过创新带来价值的案例莫过于苹果公司。在曾经的手机市场上，诺基亚作为老牌的手机巨头，拥有完整的开发团队和经营团队，而苹果公司并没有多大份额。为了进一步扩大手机市场，两个公司不约而同地进行了新型手机的开发。诺基亚严格按照设计程序进行问卷调查，在一系列研究之后出结论，大众需要的是具有完美拍照功能的手机。而当时掌管苹果公司的乔布斯则认为，用户需要的是具有完美触摸体验和全新界面设计的手机。于是，两个公司按不同思路进行开发，其发展结果今天已一目了然。当诺基亚CEO乔玛·奥利拉在记者招待会上公布同意微软收购时，他最后说了一句话："我们并没有做错什么，但不知为什么我们输了。"诺基亚的设计方法可以说是传统工业时代流行的方法，其本身固然没有任何失误，但在新经济条件下，没有创新就会寸步难行。

★★★重点回顾与拓展阅读★★★

一、重点回顾

（1）根据语源学的分析，"划"是"策"的基础和手段，"策"是"划"的创新结晶和思想成果。

（2）策划是以服务决策为导向，以研究为基础，以创新为灵魂，以定位为核心，提供定制性、系统性、实效性问题解决方案的理性行为。简而言之，策划是创新服务决策的理性行为。

（3）在策划分类上，根据策划层级，可分为战略、运营和项目策划；根据性质，可以分为军事、政治、经济、文化、科技与工程策划；根据策划对象，可以分为企业策划、事业策划和社会组织策划。

（4）策划是一项系统工程，包括策划主体、客体、方法、方案四大要素。

（5）策划具有咨辅决策、改善效能、创新价值等功能。

二、拓展阅读

（1）《麦肯锡思维》。该书由麦肯锡资深合伙人洛威茨教授撰写，详细地讲解了麦肯锡在长期为客户服务过程中总结出的系列高效思考方法和问题解决工具，包括 MECE 分析法、30 秒电梯法等，是策划人的必读之作。

（2）《找魂：王志纲工作室战略策划 10 年实录》。该书由王志纲工作室撰写，是集原创性、历史性和故事性于一体的本土战略策划实战案例作品，真实地记录了王志纲工作室 10 年来在每一个社会发展阶段的经典策划案例，以及工作室独特的成长历程和策划理论与方法。

（3）《定位》。该书由艾·里斯和杰克·特劳特合著，提出了被称为"有史以来对美国营销影响最大的观念"——定位，提出了占据顾客心智的优胜之道，并论述了领导者定位、跟随者定位等具体定位策略。

（4）《商务策划学》。该书由万钧编著，全面分析了商务策划学的基本理论，以及商务策划的运用方法，并通过古今中外各类社会、市场案例，对策划的历史渊源、实用智慧、运用技巧和操作程序等进行了较为详细的解析。

（5）《新编现代策划学》。该书由田长广编著，较全面系统地阐述了当代策划学的基础理论，并将策划理论和策划实践相结合，穿插典型案例，进行了从理论到实践的探索性研究。

（6）《三度修炼》。该书由和君咨询创始人王明夫主编。作者认为态度决定命运，气度决定格局，底蕴的厚度决定事业的高度。全书分为理想篇、理念篇、学习和成长篇、态度篇、境界篇，阐述了企业领导和员工如何进行三度修炼。

（7）《完美咨询：咨询顾问的圣经》。该书由美国管理大师彼得·布洛克编著，围绕咨询顾问需要具备的三种技能（专业技能、人际交往技能、咨询技巧）展开论述，为喜欢或从事咨询服务的人提供了有效的指导。

第二章　策划的起源与发展

▶策划故事:"合纵连横"

战国时期，七雄并立，策士蜂起，出现了许多经典谋略。其中，最著名、影响最深远的当属以苏秦和张仪为代表策动的"合纵连横"。

当时，齐、秦两国最为强大，东西对峙，互相争取盟国，以图击败对方。当然，其他五国也不甘示弱，与齐、秦两国时而对抗、时而联合。随着大国之间冲突的加剧，外交活动也日趋频繁。在这种背景之下，谋略家们提出了"合纵"与"连横"的战略思路，并在各国之间奔走推行，取得了巨大的成功。例如，苏秦曾"佩六国相印"，衣锦还乡时其嫂"蛇行匍伏""前倨而后恭"；张仪更是"一怒而诸侯惧，安居而天下熄"，一时间声名显赫，权势炙手可热。

最初，"合纵"与"连横"变化无常。张仪、苏秦等人游说各国。"合纵"既可以对齐，又可以对秦；"连横"既可以联秦，也可以联楚，这就是所谓"朝秦暮楚"。后来，因为秦国的势力不断强大起来，成为东方六国的共同威胁，于是"合纵"成为六国合力抵抗强秦，"连横"则是秦国与六国分别联盟，目的是破坏六国之间的"合纵"，以便孤立各国，各个击破。结果是"连横"策略笑到了最后，秦国最终一统六国。

第一节　策划的源头：先秦谋略

策划是一个极具东方文化特色的词汇，其思想渊源可以追溯到我国古代的谋略。所谓谋略，即指具有目的性的谋划与策略。中国是一个极重谋略的国家，西汉史学家刘向在《说苑·权谋》中有"圣王之举事，必先谛之于谋虑，而后考之于蓍龟。白屋之士，皆关其谋；刍荛之役，咸尽其心。故万举而无遗筹失策"。我们可以看到，在古代经典文献、民间传说中，在治国、治军、治民、理财、外交及用人、处世等各个方面，都闪耀着谋略与智慧的光辉。瑞士汉学家胜雅律曾说:"中国人开辟的智谋学,是一个既深邃又广袤的天地。在这个天地里,充满着'知识可乐'。我这个西方人虽然只是品尝了其中的点滴,但深感其味无穷,现在可以说是欲罢不能。"我国古代的谋略思想与实践是民族的历史遗产和宝贵财富,也是当代开展策划活动和理论研究的重要源头,至今仍然给我们以丰富的学理滋养与实践启示。

一、先秦谋略思想的渊源

(一)谋略思想之源:《周易》

谋略研究专家谢燮正在《中国古代谋略思想探论》中认为,古代谋略思想或许可上溯到传说中的黄帝。根据传说,黄帝有谋臣风后、力牧、容成、隶首、握奇、大挠等人,并且已经能够衍阵法、定算数、研兵法。关于谋略思想的正式记载最早出现在《洪范》里,据说此书是殷商遗臣箕子所著。"洪",即"大";"范",即"法";"洪范",即大法,共九条,号称"洪范九畴"。它实际是箕子在殷周之际对夏、商两代,特别是商代的自然和社会政治思想的总结,其中既有对前人观点的转述,也有其以诠释为名提供给武王的政治咨询。[1]其中涉及"稽疑",即决策制度,"汝则有大疑,谋及乃心,谋及卿士,谋及庶人,谋及卜、筮"。虽然《洪范》提及了谋略,但缺少细致的阐述,也没有涉及具体的谋略手段与方法。后世论及谋略,更愿将《周易》作为谋略思想的源头。《易》本为数占,"仰则观象于天,俯则观法于地,观鸟兽之文与地之宜,近取诸身,远取诸物,于是始作八卦,以通神明之德,以类万物之情"[2]。文王、周公父子对《易》进行了创造性的研究与解释,形成了《周易》,内容变得更加博大精深、神妙玄奥,阐释了天地宇宙、社会生活的方方面面,蕴含着深刻的哲理和创见,被誉为"群经之首",启迪着后世的谋略思想。

为什么说《周易》对谋略思想很重要呢?

第一,《周易》阐述阴阳之变,开启了中国谋略的哲学原理。"易者,象也。"卦画结构蕴含着天地万物由阴阳构成的思想。六十四卦,两两相对,分为三十二组,如乾与坤、泰与否、损与益等。这种以对立字(意义)组合成的名称深蕴阴阳原理,具有极为丰富的内涵,指明了一个适合于具体情境的思考基点、侧面与方向,以及按照阴阳原理可以构建一组内容各殊的策略,可供谋者在其中选择某一原型,再发展为具体的应用策略。如是,中国出现了一种非常有趣与独特的谋略哲学,经常以"有对"的形式出现,如先后、进退、攻守、敌我、奇正、虚实、纵横、顺逆、显隐、内外、捭阖、劳逸、强弱、真伪、弛

---

[1] 廖名春.中国文化发展史:先秦卷[M].济南:山东教育出版社,2013:103.
[2] 班固.汉书·艺文志[M].长沙:岳麓书社,2008:678.

张、长短、动静、主客、迂直、向背、离合、予夺、锐惰等。在具体的发展策略上，如"虚实"谋略，其按阴阳原理可以构建一批计谋模型以供选择，如实则虚之、虚则实之、以实待虚、以虚避实、避实击虚、实而备之等。古代谋略的另一个重要哲学原理是"五行学说"，事实上也由阴阳理念的物质化（金、木、水、火、土相克相生）发展而来。

第二，卦辞、爻辞哲理深刻，蕴含丰富的谋略思想。巫史们的大量签辞，经过筛选、整理、编排，形成了流传至今的《周易》，其由卦象、卦辞和爻辞三部分组成。卦辞是对卦象的解说，爻辞是对爻象的解说。例如，乾卦的爻辞就蕴藏着深刻的谋略思想。初爻："潜龙勿用"，时机未到，要等待；二爻："见龙在田"，有朋友相助；三爻："君子终日乾乾，夕惕若厉，无咎"，要小心警惕，谨慎从事；四爻："或跃在渊，无咎"，不久将活跃起来，但现在仍要小心；五爻："飞龙在天"，可尽力发展；六爻："亢龙有悔"，运气到了极点，提防没落衰败。[1]这些解释中蕴含深刻的智慧，也让《周易》成为谋略理论与方法的重要渊源。

（二）谋略思想发展的高峰时期：春秋战国

谋略之风盛行之时，必是一个变化激烈的年代。春秋战国时期，周室衰微、群雄并起，小国八百、诸侯三千，五百多年间兵革不息，各路豪雄逐鹿中原，免不了生灵涂炭。社会动荡打破了王官之学的垄断，各种治国安民思想百花齐放、百家争鸣。正如《庄子·天下》中所言："天下大乱，贤圣不明，道德不一。天下多得一察焉以自好。譬如耳目鼻口，皆有所明，不能相通。犹百家众技也，皆有所长，时有所用""道术将为天下裂"[2]。这一时期虽然战争频仍、社会动荡，但思想活跃、名家辈出，是中国思想传统和民族特质的重要奠基时期。中国进入了德国思想家卡尔·雅斯贝尔斯（Karl Theodor Jaspers）在《历史的起源与目标》（*The Origin and Goal of History*）中所说的"轴心时代"。当时，老子、孔子、孙子、墨子等一批思想巨匠横空出世，构成了中国思想史上的璀璨星河。

春秋战国时期也是我国古代谋略最为兴盛的时代。时势造英雄。其时兼并战争激烈，对谋略的需求强烈。一个所谓"士"的阶层也由此崛起。他们有知识，有谋略，会游说。恰逢森严的封建皇权制度尚未建立，士人们经推荐即可以觐见国君，以治国兴邦之策打动君王，谋取功名利禄。士人们一旦得宠，便锦衣玉食、位高权重；主张如不被采纳，则转投其他赏识自己的君主，毕竟"买主"众多。在这样的背景下，当时"策士""谋士"蜂起，高手如林。正如西汉刘向所言："皆高才秀士，度时君之所能行，奇策异智，转危为

---

[1] 姬昌. 周易大全 [M]. 北京：华文出版社，2009：29.
[2] 郭象，成玄英. 庄子注疏 [M]. 北京：中华书局，2011：556-557.

安，运亡为存，亦可喜，皆可观。"他们所创造的大量经典案例影响深远，形成我国谋略思想宝库中一道独特而亮丽的风景线。

案例链接 "买鹿之谋"

齐桓公拜管仲为相。管仲将齐国治理得井井有条。齐国逐渐强大起来，各地诸侯基本都承认了齐国的霸主地位，只剩下楚国不听号令。有几位大将纷纷向齐桓公请战，要求挂帅攻打楚国，但遭到管仲的反对。

管仲认为，军事征讨劳民伤财，不如另辟蹊径，打一场经济战。管仲派百余名商人到楚国买鹿，并到处扬言"齐桓公好鹿，不惜重金购买"。鹿是较为普通的动物。楚国盛产鹿。人们把鹿当作食用动物，两枚铜币就可买到一头鹿。

齐国商人开始贩卖鹿，起初3枚铜币一头，后来加价到5枚铜币一头。一个月后，鹿的价格涨到了40枚铜币一头。40枚铜币当时可以买到5000千克粮食。高昂的利润使楚国上下变得疯狂起来。农民不再种田，改做猎人；士兵不再练兵，背起弓箭偷偷上山打猎。天长日久，鹿资源日益短缺，陷入了恶性循环。

一年之后，楚国国内铜币堆积如山，但田地荒芜，粮食断绝。管仲又向各诸侯国发号施令，禁止与楚国交易。楚国人拿着大把的铜币却买不到粮食。楚国闹起了饥荒，人们四处逃难。楚军人黄马瘦，完全丧失了作战能力。

管仲见时机已到，集合八路诸侯人马，开往楚国边境。楚成王内外交困，只得向齐国求和，表示臣服。

资料来源：《"买鹿之谋"与"疲秦之计"》，2013-06-08，http://www.360doc.com/content/13/0608/10/2068001_291442418.shtml。

虽然当时的谋略案例让人眼花缭乱，但整体而言主要集中在三个层面，即"道、势、术"。"道"是最高层面，是治国理念、思想与路径，围绕巩固政权而展开。例如，孔子提出的治国理想、老子的无为而治等，都是基于道之层面的谋划。"势"，即形势或局势，是对局势的分析和论证，基于此进行谋略，典型的有苏秦合纵抗秦、张仪连横破六国。"术"指具体的战术层面，主要就一场活动或战争等提出策略。例如，《田忌赛马》中调换赛马出场的次序；《曹刿论战》中曹刿要在敌人气竭之后才进攻，见"旗靡辙乱"后才追击等。

在中华民族五千年文明史上，春秋战国时期是最为动荡却也是谋略文化最璀璨的时期，诞生了道、儒、墨、法、兵、名等诸子百家，出现了《老子》《庄子》《论语》《墨子》《孙子兵法》等一批彪炳千年的著作，对后世的谋略思想与文化产生了深远的影响。

二、先秦谋略思想的主要流派与主张

（一）道家的谋略思想：道法自然

所谓道家，就是以老子的思想为宗脉的学术派别的总称。[1]老子是中国古代的哲学家、思想家，东方世界的三大圣人（老子、孔子、释迦牟尼）之一。老子的思想博大精深，短短5000言（《道德经》）就深刻地揭示了天地万物变化的规律。老子提出"道生一，一生二，二生三，三生万物"[2]，道是天地万物的根本，是万物的宗主，并认为万物遵循一定的运行规律，要求"人法地，地法天，天法道，道法自然"。同时，他提出了"反者道之动""祸兮福所倚，福兮祸所伏"等事物对立转化的朴素辩证法观点。或许正是由于道家揭示了万物变化的本质与规律，长期以来道学被奉为智术韬略之母。《汉书·艺文志》中有"道家者流，盖出于史官。历记成败存亡祸福古今之道。然后知秉要执本，清虚以自守，卑弱以自持，君人南面之术也"[3]，认为《老子》是政治谋略之书。虽然历代对老子的谋略思想有各种不同的理解，但笔者认为道家对现代策划深有启发。

其一，按照规律办事。策划要遵循事物的内在发展规律，"道法自然"。以策划学的视域解读老子的学说，所谓"道"，就是规律与天机。所谓"策划之道"，最关键处是要发现这个最高"道"的规律，并运用到世事万物中。所谓"道破天机"，就是洞见未被发现的潜在规律，然后根据这些规律因势利导，进行谋略创新。老子哲学给策划认识论的重大启示：万事万物，首先要从"道"入手，掌握其内在规律，做到心中有数；然后才谋求手中有术，正如庖丁解牛，"恢恢乎其于游刃必有余地矣"。策划的"有为"是依据客观存在规律的"有为"，否则"为者败之，执者失之"[4]，因此策划所追求的最高境界是"人事"与"规律"契合，虽然是人为，但宛若天成。

其二，要有辩证思想。事物是发展变化着的。策划人要认识到事物的优劣转化、时代的变化，要有因势利导的权变思想，辩证地看待问题。老子提出"有无相生，难易相成，长短相形，高下相倾，音声相和，前后相随"，并认为"反者道之用，弱者道之动"。谋略的生成与应用，常常体现在奇与正、先与后、虚与实、弱与强、进与退、寡与众等的对立与辩证之中。老子在具体行动上，提出"将欲歙之，必故张之；将欲弱之，必故强之；

---

[1] 黄钊.道家思想史纲[M].长沙：湖南师范大学出版社，1991：1.
[2] 王弼.老子道德经注校释[M].楼宇烈，校译.北京：中华书局，2012：117.
[3] 班固.汉书·艺文志[M].长沙：岳麓书社，2008：686.
[4] 同[2]77.

将欲废之，必故兴之；将欲取之，必故与之"❶。这种相反相成的做法对当今的谋略制定仍有极大的参考价值。

其三，追求简美境界。《道德经》仅 5000 字，却阐述天地之变、万物之规，流传后世几千年。极繁终归极简，极简便于诵记与传播。精彩的策划或谋略，其实并不一定需要长篇大论，短小精悍亦可。同时，老子认为："美言可以市尊，美行可以加人。"意思是，美好的言语可获得别人的尊重，美好的行为可以被人看重。《道德经》句式整齐，大致押韵，是诗歌体经文，读来朗朗上口，体现了中国文学的音韵之美；其用语组句也非常讲究艺术性，采用了比喻、排比、对偶、顶针等多种修辞方法，使词句准确、鲜明、生动，极富感染力。正所谓"言之无文，行之不远"，策划不是干涩的研究报告，在准确的前提下语言应尽量生动优美，增强传播能力。

（二）儒家的谋略思想：内圣外王

先秦儒学以伟大的思想家和教育家孔子为开山鼻祖，经其后学弘扬，特别是经过子思、孟子、荀子等人的创新发展，其理论水平达到了前所未有的高度，形成了深远的影响。自汉武帝采纳董仲舒的建议"罢黜百家，独尊儒术"以来，儒学占据了中国传统文化的主流地位，奠定了中华民族的精神底色。儒学在国际上也产生了巨大的影响。1998 年全世界 75 位诺贝尔奖获得者在巴黎聚会，讨论新世纪世界的前途，他们竟然得出了一致的结论：在 21 世纪，人类如果要过和平幸福的生活，必须回首 2500 年前，从孔子那里寻找智慧。

《汉书·艺文志》中说："儒家者流，盖出于司徒之官。助人君，顺阴阳，明教化者也。游文于六经之中，留意于仁义之际。"❷因此，在很多人的印象中，儒家是不言谋略的。他们认为儒家是讲求以德服人的，如"为政以德，譬如北辰，居其所而众星拱之"❸，"以力服人者，非心服也，力不赡也；以德服人者，中心悦而诚服也"❹。但换而言之，儒家谋略未尝不是一种"大谋"，即谋道不谋食。追求的是一种大智慧，其内在逻辑是先内圣，才外王，因此其谋略思想是以礼、仁、德、诚为底层精神支撑，谋略之路是由内而外的。正如《大学》所言："物格而后知至，知至而后意诚，意诚而后心正，心正而后身修，身修而后家齐，家齐而后国治，国治而后天下平。"家齐、国治、平天下等谋略或功绩皆基于意诚和心正。

当然，在诸侯混战中成长起来的先秦儒家绝非迂腐，在具体策略上也讲究谋略。《论

---

❶ 王弼.老子道德经注校释［M］.楼宇烈，校译.北京：中华书局，2012：88.
❷ 班固.汉书·艺文志［M］.长沙：岳麓书社，2008：685.
❸ 杨伯峻.论语译注［M］.北京：中华书局，2015：15.
❹ 方勇.孟子［M］.北京：中华书局，2012：56.

语》中多次谈到"谋",如《论语·述而》中孔子在回答子路"子行三军,则谁与"之时说:"暴虎冯河,死而无悔者,吾不与也。必也临事而惧,好谋而成者也"。[1]孔子的主张是不会跟有勇无谋的人合作,一定要找那种遇事谨慎、善于通过巧妙谋划来取得成功的人共事。当然,从整体而言,儒家由于秉持着"身正义诚""为国家与天下"之理念,其谋略亦带有正大光明的"阳谋"色彩。儒家思想作为中华民族传统文化中最深邃、最富有生命力的思想体系,千百年来对我国的经济、政治、文化领域产生了广泛而深远的影响,也为现代策划提供了深刻的启示。

第一,策划要以仁、诚为基本道德准则,不能搞歪门邪道,出点子、做创意要有道德底线。孔子的"好谋"是建立在他的整个道德哲学体系之上的,这在当时是难能可贵的。在那个大混战、大兼并的时代,礼崩乐坏,仁义道德已荡然无存,"捐礼让而贵战争,弃仁义而用诈谲",因此谋士们为了达到目的常常不择手段。西汉史学家刘向在《战国策·序》解释说:"战国之时,君德浅薄,为之谋策者,不得不因势而为资,据时而为画(通'划')。故其谋扶急持倾,为一切之权,虽不可以临国教化,兵革救急之势也。"当今世界,和平与合作是时代的主流。商场毕竟也不是战场,不是你死我活的残酷斗争,因此策划虽然要有谋略,但不应超越底线。如果坑蒙拐骗,无所不用其极,那么终究逃不掉道德的谴责和法律的制裁。

第二,策划人要提高自身内在修养。优秀的策划人必须正于性、明于道。汉代典籍《说苑》中说:"夫权谋有正有邪;君子之权谋正,小人之权谋邪。夫正者,其权谋公,故其为百姓尽心也诚;彼邪者,好私尚利,故其为百姓也诈。"一个受人尊重的策划人必定是通晓大道、品行端正、智慧圆融,具有良好的内在修养之人。那些心胸狭窄、品行不端、志趣庸俗之辈,其策划的方案纵然诡谲亦难登策划之殿堂。改革开放初期,策划市场极不规范,泥沙俱下,一些没有真才实学、素质极低的"点子大师"混入策划领域,靠政商勾结、大吹大擂,谋取私利。这种行为不仅让自己最后身败名裂,也给策划业带来了极恶劣的负面影响。

第三,策划应有征服人心的力量。儒家理论强调从内心征服别人,要"中心悦而诚服也"。高明的策划亦如是。策划不管是以谋服人,还是以德服人,最根本的是要能征服人心,得到各方的认可,实现"三心",即让人动心、给人信心、使人安心。理想的策划只有让客户内化于心、外化于形,才能得到切实执行,将理论和谋略转化为现实的生产力。

(三)兵家的谋略思想:守正出奇

春秋战国时期,诸侯之间不断爆发战争,一些军将或谋士总结军事实践的经验与教

---

[1] 杨伯峻.论语译注[M].北京:中华书局,2015:96.

训，研究克敌制胜的规律，形成了独立的流派，人们称之为兵家。《汉书·艺文志》中说："兵家者，盖出古司马之职，王官之武备也。"兵家是专业的谋略家，不仅有高明的谋略理论，还有系统而实用的谋略技术。《汉书·艺文志》根据先秦兵书论述内容和主要特征，将先秦兵书分为兵权谋、兵形势、兵阴阳、兵技巧等四类。其中，"权谋者，以正守国，以奇用兵，先计而后战，兼形势，包阴阳，用技巧者也"❶。可以说，权谋家是包容了兵家各派之长的综合性流派，也是与现代策划最为密切的类型。其中，代表人物是孙武，代表作是《孙子兵法》。

孙武是春秋时期著名的军事家、政治家，尊称"兵圣"，被誉为"百世兵家之师""东方兵学的鼻祖"。其核心思想体现在《孙子兵法》这部光辉著作中，主要包括三大要点：其一，先算胜而后求战。《始计篇》指出："夫未战而庙算胜者，得算多也；未战而庙算不胜者，得算少也。多算胜少算，而况于无算乎！吾以此观之，胜负见矣。"❷具体算什么呢？孙子归纳为"五事七计"。"五事"，即道、天、地、将、法；"七事"，即主孰有道、将孰有能、天地孰得、法令孰行、兵众孰强、士卒孰练、赏罚孰明。据此理解，《孙子兵法》里的"计"，并不是奇谋诡计的"计"，而是"计算"的"计"，就是开战之前，先算清楚，知己知彼，算得赢才打。用现在的话来说，就是要关注"基本面"，从哲学层面理解即是"正"，用实力来决胜。其二，作战的最高境界是"上兵伐谋""不战而屈人之兵"。竞争的最高境界是不争，"不战而胜"是竞争中最理想的结果。因此，竞争之前，需要谋划先行，谋势布局，形成对自己有利之态势。其三，用兵打仗要正中出奇。《兵势篇》中指出："凡战者，以正合，以奇胜。故善出奇者，无穷如天地，不竭如江海。"❸可以说，"正"是"奇"的基础，"奇"是"正"的创新，遵循和活用"正"与"奇"辩证统一的原理，才能"兵无常势，水无常形"。兵家思想是现代策划的重要理论源头，具有极大的启示意义。

第一，策划的目标是"不战而胜"。在策划活动的指导思想上，策划的最终目的是要帮助客户，让对手屈服与合作，而非求战，非斗得你死我活才肯罢休，特别是当今之世，需奉行"互联网思维"，即开放、协同、合作，而非封闭、孤立与对立。策划活动之关键是如何实现以我为主，充分协同最广泛的资源与力量（包括政府、企业、社会组织等），打造一个由众多利益相关者共同创造和分享价值的有机生态系统，实现整体价值的最大化。

第二，策划的基础是知己知彼。策划中要通过"五事七计"来衡量胜算。策划人不能

---

❶ 班固.汉书·艺文志[M].长沙：岳麓书社，2008：693.
❷ 杨丙安.十一家注孙子[M].北京：中华书局，2012：19.
❸ 同❷81-82.

闭门造车、主观臆造，而应在充分调查和研究的基础上，谨慎观察，科学分析，善于透过现象把握事物或竞争的内在本质，并通过分析机遇与威胁、优势与劣势、综合对比、权衡与评估，然后才能制定和选择合理的发展策略，以获得更大胜算。当然，此处的"五事七计"并非实指，需要具体问题具体分析。

第三，策划必须创新，没有创新出奇就不是策划。俗话说，兵法贵在变通，不执一者胜，需要"攻其无备，出其不意"，要运用奇正变化之术，做到奇正相生，以奇取胜。特别是在现代技术条件下，要发挥信息技术优势，创新思路和方法，形成具有创造性的问题解决方案，才能实现策划的真正价值。

（四）法家的谋略思想：法、术、势

经过春秋时期的兼并战争，一些国家的地域越来越辽阔。如何才能有效地管理、守卫这样大面积的国土和众多的国民，就成为政府亟待解决的问题。对于此问题，诸子百家都有探索，其中影响最大的当属对现实政治有着深刻洞见和理解的法家。《汉书·艺文志》中说："法家者流，盖出于理官。信赏必罚，以辅礼制。"[1]虽然法家由于推崇严刑酷法，"无教化，去仁爱，专任刑法，而欲以致治""伤恩薄厚"，为人所诟病，但其对中国政治思想仍然影响深远，素有"外儒内法""阳儒阴法"之说。法家思想之集大成者为韩非。

韩非是战国时期的韩国人，他在总结批判慎到的"势"、申不害的"术"、商鞅的"法"等前期法家理论的基础上，进一步完善了法家思想体系，成为法家学派最具影响力的代表人物和封建法治理论的奠基人，受到了当时统治者的推崇。据说公元前233年的一天晚上，秦王嬴政在自己的寝宫秉烛夜读，当翻阅到刚刚送来的两册书《孤愤》《说难》时，不禁拍案叫绝道："啊，寡人要是能见到此书的作者，与他畅谈，就是死了也没有什么遗憾了。"（原文："嗟乎，寡人得见此人与之游，死不恨矣！"[2]）次日，他叫来廷尉李斯，询问书是何人所著。当李斯告知是同窗韩非时，一心想征服天下的秦王为得到此人，竟然要下令攻打韩国。由此足见嬴政对韩非学说的推崇。

法家学派的核心思想与主张集中体现在《韩非子》里，概而言之，即法、术、势结合的治国方略。所谓"法"，是指法律、法令，在国家和社会的组织管理上必须以"法"为依据。君主对群臣的统御，必须"尽之以法，质之以备"，官吏对百姓的管理当以"法"为"臣之所师"。所谓"术"，是指办事、用人的方法和艺术，也可理解为政治手腕。韩非认为，应该察奸止奸，以术驭臣。例如，防奸之术，对于那些职位高、功劳大的官吏，

---

[1] 班固.汉书·艺文志[M].长沙：岳麓书社，2008：687.
[2] 司马迁.史记[M].北京：中华书局，2012：1328.

韩非提出以"三节持之":一曰质,以其妻子儿女为人质;二曰镇,以高官厚禄暂安其心;三曰固,使臣下相互牵制。所谓"势",是指强权威慑力。韩非将"势"分为自然之势和人为之势两大类,后者就是利用权力和地位营造一种迫人就范的局面或气势、氛围。韩非在《难势》开篇引用慎子的话:"飞龙乘云,腾蛇游雾,云罢雾霁,而龙蛇与蚓蚁同矣,则失其所乘也。贤人而诎于不肖者,则权轻位卑也;不肖而能服于贤者,则权重位尊也。尧为匹夫,不能治三人。而桀为天子,能乱天下。"❶这里指出了势的重要性。韩非认为法、术、势三者是互相依存,缺一不可的。其中"法"是公开的,是约束公众的;"术"是统治者个人掌握、秘而不宣的;而"势"是"法"和"术"的基础,是最重要的,只有手握实权,有了巨大的权势,才可以推行法治、使用权术。这种以"法"治国、弄权为"术"、君王成"势"的理论,为封建制度的中央集权提供了理论基础。虽然秦之后的历朝或推崇黄老之术,无为而治,或尊奉儒家学说,以仁孝治天下,但内里无不奉韩非的法家理论为圭臬。整体而言,相对于儒家的光明正大,法家偏向权谋诈伪,揭示了人性恶的一面、政治残酷的一面,但对策划而言,亦有重要启示。

第一,策划需要遵循一定的法度。策划活动中,首先,要考虑到法的约束,要遵守法律法规,不能为了哗众取宠而剑走偏锋,试探着去踩法律的红线,这样必然害人害己,如制作一则广告,如果违反《广告法》,那么创意再精彩也无用。其次,策划机构自身管理也需一定之规。如果没有制度约束,自由散漫,必然难以形成强大的业务能力和团队凝聚力。虽然有些策划机构标榜"无为而治",但那是基于"治圣人"的理想假设,对小型的策划机构可能还适用,但对大机构这种方式难以奏效。

第二,策划中要学会优"术"。"术"是韩非思想的重要内容,是君主统治和驾驭臣子的工具。韩非为君主设计的止奸、察奸、防奸之术,可谓穷其智慧,周到精微。其实,对策划而言,核心是要帮助客户解决具体问题,除了宏大的战略层面,还需要具体的操作方法。通过策划人的经验与智慧,让客户能够快速实现预设的目标,无疑是策划的终极目标之一。当然,今天的策划需要对法家"术"的理论取其精华、去其糟粕,重点是学习其思维和方法,至于那一套具体而微的权谋伪诈"御人之术",是不应该效仿的。

第三,策划中要学会借势与用势。韩非认为,"势者,胜众之资也""抱法处势则治,背法去势则乱",作为君主要懂得处势,给人以威严与压力。对策划而言,也要重视"势"的作用。例如,在策划中如何借助时代发展的大势、如何激活厚蓄的文化势能、如何借势明星进行宣传推广等,同时策划方案本身也要善于借势,从而让策划更具权威性和说服力。

---

❶ 韩非子. 诸子集成:第5卷·韩非子集解[M]. 北京:中华书局,2006:297.

此外，韩非在选取官吏人才方面，认为"宰相必起于州部，猛将必发于卒伍"❶，宰相等政治官员应从基层的政治官吏中逐级选拔，猛将可以从斩首敌人多的战士中选拔，并认为任贤选能主要看其思想品德和实际能力。在以人才为核心竞争力的策划行业，这种人才选拔思路也具有很好的借鉴意义。

（五）纵横家的谋略思想：权事制宜

春秋战国时期的纵横家是最早专职从事谋略策划的群体，当时被称为"策士"❷。《汉书·艺文志》中说"从横家者流，盖出于行人之官""其当权事制宜，受命而不受辞。此其所长也"，意思是说纵横家这个流派大概出于古代的外交官，他们的长处是根据实际情况权衡事情的利弊得失，从而做出适当的处置，他们接受出使的命令而不遵循固定的言辞。为什么被称为纵横家？因为他们的核心工作是"合纵连横"，主要工具是"游说"。正如开篇案例所说，"合纵"，即是游说南北纵列的国家联合起来，共同对付强国，阻止秦国兼并弱国；"连横"，即是游说秦国拉拢一些小国，共同进攻另一些国家，以达到兼并和扩展土地的目的。这些纵横家中，最著名的是"合纵"的公孙衍、苏秦和"连横"的张仪。当然，游说之事并不是一帆风顺的。《战国策》中描述苏秦："初游说秦惠王不行""黑貂之裘弊，黄金百斤尽，资用乏绝，去秦而归。嬴（léi）縢履蹻（qiāo），负书担橐，形容枯槁，面目黧黑，状有归（通'愧'）色""妻不下纴，嫂不为炊，父母不与言"，而后苏秦"头悬梁、锥刺股"，苦学游说之术，终于发达，"位尊而多金"。当他游说楚王路过洛阳之时，父母清宫除道、张乐设饮、郊迎三十里，妻子侧目而视、倾耳而听，嫂蛇行匍伏、前倨后恭。苏秦不禁慨叹道："人生世上，势位富贵，盖可忽乎哉！"❸这个励志故事描述得十分精彩。当然，更有趣的是苏秦和张仪这两个冤家对头都是纵横鼻祖鬼谷子的得意门生。

传说鬼谷子是位精通阴阳五行、奇门遁甲之术的奇人。他和他的学生将中国的谋略艺术演绎得淋漓尽致，并体现在《鬼谷子》这部研究社会政治谋略与权术的理论著作里。鬼谷子的哲学思想是实用主义的道德论和价值观，讲求名利与进取。其实践方法论是顺应时势，掌握规律，知权善变，即"变化无穷，各有所归……是故圣人一守司其门户，审察其所先后，度权量能，校其伎巧短长……乃可捭，乃可阖；乃可进，乃可退；乃可贱，乃可贵；无为以牧之"❹。在具体策略上，鬼谷子提出了捭阖术（从游说角度理解，"捭"的意思是公开说出自己的主张，并引导别人说出自己的主张；"阖"的意思是自己保持沉默，让

---

❶ 韩非.诸子集成：第5卷·韩非子集解[M].北京：中华书局，2006：354.
❷ 吴廷玉.文化创意策划学[M].大连：大连理工大学出版社，2012：43.
❸ 刘向.战国策·苏秦始将连横说秦惠王[M].沈阳：万卷出版公司，2009：56-59.
❹ 许富宏.鬼谷子·捭阖第一[M].北京：中华书局，2012：5-6.

对方说出自己的主张)、飞钳术(在使用该术时,要先审察、揣摩他的心意,知道他喜欢什么讨厌什么,然后再靠上去说些他较为喜欢听的话,把他捧得得意忘形,以你为知己时,你就会探知到他的底细,让他自露老底,从而可以设计钳制他)、雄辩术等。应该说,这些策略都包含着大量闪光的智慧和精妙的技巧。

同时,鬼谷子就谋略与决策之间的关系表达自己的见解,"故变生事,事生谋,谋生计,计生议,议生说,说生进,进生退,退生制,因以制于事"❶,大意是有变化就会产生事端,有事端就会有谋略,有谋划就会有计策(如上、中、下三策),有计策就会有争论,有争论就需要说服,有说服就会产生推进(决策),有推进就会有退让,有退让就会逐步掌握主动权,从而控制事态发展。鬼谷子在这里将谋略与决策区分开来,指出谋略是决策的基础,决策是在谋划之后所做,树立了谋略者和决策者各自独立的地位。纵横家作为谋略策划专家,其理论和经验对现代策划具有深刻的启示。

第一,策划要把握规律,根据事物发展的变化,制定权宜的策略与方案。《鬼谷子》一书特别强调把握事物发展的客观规律,其中《谋篇》首句即是"凡谋有道,必得其所因,以求其情"❷,认为唯有如此,谋士才是聪明的谋士,君主才能称得上开明君主。在现代经济和技术条件下,事物发展瞬息万变,策划的核心要旨是把握事物发展的内在规律,寻找必然,而后根据实际情况灵活制定合适的策略,以供客户决策。

第二,策划要对人性有深刻的理解。运用谋略与口才的根本在于对人性的把握。考察那些策士谋臣的计谋之所以能够成功,是因为他们对"人性"有深刻的洞察,对人性中的善与恶、贪欲和良知有清晰的衡量和娴熟的引导。要说服对方,就需身份转换,洞悉对方的状况和需求,才能更好地达到效果。例如《谋篇》中鲜明地提出"故因其疑以变之,因其见以然之,因其说以要之,因其势以成之,因其恶以权之,因其患以斥之"❸,意思是对方有怀疑,要顺着他的怀疑来变更策略;对方看见了,要顺着对方所看见的东西来肯定他;对方说话了,要顺着对方的观点来迎合他;对方已经形成有利的态势,要顺着对方的形势来成全他;顺着对方厌恶的东西为他谋划对付办法,顺着对方遇到的祸患设法为他排除。

第三,策划要重视说服和传播技巧。谋略是因,口才是果。谋略与口才相辅相成、互相促进。谋略是用来策划、找出解决问题的方法,而口才则是用来说服别人采纳方案的工具。没有谋略的口才会变成信口胡说,没有雄辩的谋略也会被束之高阁,因得不到实践而成为水月镜花。战国时期策士们的强悍之处在于既是谋略高手,又常为雄

---

❶ 许富宏. 鬼谷子·谋篇第十 [M]. 北京:中华书局,2012:109.
❷ 同 ❶ 108.
❸ 同 ❶ 112—113.

辩大师。

不过需要注意的是，在诸子百家中，纵横家是有名的"四无"，即无从一而终的固定事主、无固定的政治主张、无势力营求之外的道德约束、无固定的行事原则。翻手为云，覆手为雨。《汉书·艺文志》中评价道："及邪人为之，则上诈谖而弃其信。"因此，今天我们在学习纵横家谋略之优点时，也应去其糟粕。

三、先秦谋略的基本特征

（一）谋略主体：士人阶层

古代谋略的发展与士人阶层的崛起密不可分，甚至可以说没有士人阶层的壮大与参与，断不会如此蔚为大观。士人原本是最低等的贵族。为什么他们如此热心谋略呢？从当时的经济社会背景来看，主要有如下原因：其一，周室衰微，礼崩乐坏，士人失去了依凭，特别是春秋中后期，士作为一个社会等级逐步解体，生活失去了保障。不过失去了"铁饭碗"，同时也就摆脱了宗法制的"枷锁"，不再受卿大夫的役使，获得了较大的人身自由。于是，一些士人审时度势，开始利用所学为"稻粱谋"。其二，谋略常繁盛于乱时。社会混乱，政权林立，各国为了获得竞争优势，争相"尚贤""使能"。这极大地刺激了社会对谋略知识与人才的需求，私学也如雨后春笋。私学的出现不仅培养出大批谋略人才，也形成了"不争轻重尊卑贵贱，而争于道"的风气。"战国四公子"广蓄宾客幕僚，更是让士人谋臣变得奇货可居。其三，强烈的名利刺激让士人奔走于各国，推销自己的主张，为统治者出谋划策。当时如果主张或谋略被采用，常常出将入相。最典型的代表是苏秦，一个普通的士人通过三寸之舌与合纵策略，得配六国相印，一时煊赫无比。榜样的力量是无穷的。这些人的成功极大地刺激了士人出谋划策的热情。可以说，春秋战国时期是一个需要谋略大师，也产生谋略大师的特殊时代。

（二）服务对象：统治阶级

春秋战国时期，生产资源、军事与政治权力主要掌握在统治者手中，因此个人或各种流派的思想与谋略核心是为统治阶级服务的。诸子百家，如道家、儒家、兵家、纵横家等，其探索与思考的议题大都是如何治理国家、如何巩固统治和扩大疆土，是基于统治阶级立场进行的谋划。《战国策》中所记载的谋略和游说故事，绝大部分也是当时的智慧之士提出治国策略与主张，然后以精妙言辞游说统治者、辩驳对手的记录与写照。例如，胸怀万甲、著有"兵学经典"——《孙子兵法》的孙武，就经常与吴王阖闾探讨各种各样的军事及政治问题。更为典型的当属韩非，其学说直接为中国第一个中央集权制国家的诞生提供了理论基础，法治思想更是影响至今。虽然当时也有为平民阶级鸣不平的士人，但其出发点和落脚点仍是为统治阶级服务。

（三）谋略领域：繁兴于政治、军事与外交

《管子·霸言》中说："夫争强之国，必先争谋、争刑（通'形'）、争权。"❶ 在群雄争霸、战乱频仍的历史时期，政治、军事和外交无疑是整个时代的轴心主题，当时最精彩的谋略即是围绕这些主题展开的。《战国策》总共482章，章章有高谋妙计，篇篇有文韬武略，但内容无外乎政治、军事和外交。例如，在政治谋略方面，提出了治国有本、德当其位、功当其禄、荐贤使能、见贤不让、轻徭薄赋、休兵养民和以德为本等策略；在军事谋略方面，从预谋、密谋、群谋、深谋到谋时、谋地、谋变、奇谋，皆可发现精彩事例。在外交谋略方面，以合纵连横为主线的外交活动风起云涌，说客如过江之鲫，在各诸侯国间穿梭，推销自己的学说和主张。可以说《战国策》中最精华的篇章，无疑是说客的故事。

案例链接　"远交近攻"

公元前270年（秦昭王三十七年）魏国著名辩士范雎来到秦国，在遭到冷遇一年之后，抓住穰侯率兵远征的机会，面见秦昭王。范雎对昭王说："秦地之险，天下莫及，甲兵之强，天下莫敌。然闭关自守，不敢加兵于山东六国，致使兼并之谋不就，霸业不成。依臣下愚见，大王之谋亦有所失。"昭王忙道："请先生速速指明。"

范雎对昭王说："大王令穰侯不攻近而攻远，长途跋涉，越过韩国、魏国去攻打齐国的纲邑、寿邑，其计有失。如出兵少，则不足以败齐；如出兵多，则有害于秦。我猜大王之意：欲令秦少出兵，而让韩、魏出动全部军队以攻齐，但秦与韩、魏关系并不亲密，却要越过韩、魏，联合韩、魏去攻齐，岂不谬哉！况且，如伐齐不克，为秦大辱；如克齐取城，也会徒予韩、魏，于秦何益？昔齐湣王越过韩、魏而攻楚，杀将败楚，辟地千余里，最终齐国连尺寸之地都未得到，难道齐不欲得到土地吗？是形势所致。各国见齐疲乏，便起兵攻齐，齐受辱兵败，不但未得寸土，反而壮大了韩、魏，此所谓借兵于敌而赍粮于盗者也。今穰侯攻齐，情势与此正同。"昭王闻听，点头赞许。范雎复道："为大王计，莫如远交而近攻，远交以间敌联盟，近攻以广我之地，自近及远，蚕食诸侯，天下尽归秦矣！"昭王问道："远交近攻之策该当何如？"范雎道："远交莫如齐、楚，近攻莫如韩、魏。韩、魏地处中原，为天下枢纽，如得韩、魏，齐、楚岂能独存。欲得韩、魏，先交齐、楚；齐、楚归附，韩、魏势孤，必不难攻取。"

秦王听罢，鼓掌称善，即拜范雎为客卿，用其计远交齐、楚，近伐韩、魏，并下令阻止穰侯越韩、魏伐齐。

---

❶ 刘向. 管子精解·霸言第二十三[M]. 北京：海潮出版社，2012：239.

资料来源：百科故事网《范雎陈远交近攻之策》，2016-12-12，https://www.pmume.com/o/354.shtml。

（四）谋略方法：植根哲学，注重创造性与权变性

中国谋略思想与中国文化、中国哲学是一脉相承的。就思考方式而言，注重阴阳、五行、八卦的推演。例如，记录了大量谋略故事、明清成书的《三十六计》，集历代"韬略""诡道"之大成，被各代兵家广为援用，素有"谋略奇书"之称。究其底层思维，乃是糅合《易经》之阴阳变化，考察刚柔、奇正、彼己、主客、劳逸等双方的对立与统一，从而让每一计都体现出极强的辩证哲理。在春秋战国那个剧变的时代，谋略也表现出了极强的创新性和权变性。谋略家们根据具体情况进行分析与谋划，并及时调整策略。《孙子兵法》有言："水因地而制流，兵因敌而制胜。故兵无常势，水无常形，能因敌变化而取胜者，谓之神。"这即是哲思，也是实践宣言。

> **案例链接　三十六计之"围魏救赵"**
>
> 该计最早记载于《史记·孙子吴起列传》，是讲述战国时期齐国与魏国的桂陵之战。公元前354年，魏惠王欲释痛失中山的旧恨，便派大将庞涓前去攻打。魏将庞涓认为中山不过弹丸之地，距离赵国又很近，不如直打赵国都城邯郸，一举两得。魏王听了很高兴，就拨了五百辆战车，以庞涓为将，直奔赵国，围了邯郸。
>
> 赵王急难中只好求救于齐国，并许诺解围后以中山相赠。齐威王见有利可图，就答应了，任命田忌为将，并起用孙膑为军师，领兵出发。田忌与孙膑率兵进入魏赵交界之地时，田忌想直逼赵国邯郸，孙膑却阻止说："夫解杂乱纷纠者，不控卷（拳）；救斗者，不搏戟；批亢捣虚，形格势禁，则自为解耳"（解乱丝绳，不可以握拳去打；排解争斗，不能参与搏击；平息纠纷要抓住要害，乘虚取势，双方因受到制约才能自然分开）。现在魏国精兵倾国而出，若我直攻魏国，那庞涓必回师解救，这样一来邯郸之围定会自解。我们再于中途伏击庞涓归路，其军必败。
>
> 田忌依计而行。果然魏军撤离邯郸，归路中又陷伏击，与齐战于桂陵。魏部卒长途疲惫，溃不成军。庞涓勉强收拾残部，退回大梁。齐师大胜，赵国之围遂解。这便是历史上著名的"围魏救赵"的故事。
>
> 资料来源：孙武，等.孙子兵法与三十六计·围魏救赵[M].长春：吉林出版集团，2010：229-230.

（五）谋略结果：具有极强的实效性和影响力

战国时代的战争，还没有核武器等具有恐怖杀伤力的工具，主要以冷兵器为主。因此，战争不仅是军队与武器等硬实力的交锋，还是战争指挥者的勇气与智慧的角逐，如长

平之战、马陵之战、杜陵之战等,都是以奇谋取胜的典型战例。当然,政治谋略也影响巨大。假如没有管仲的治理和谋略,中华文化正脉危矣。正如孔子所言:"管仲相桓公,霸诸侯,一匡天下,民到于今受其赐。微管仲,吾其被发左衽矣。"❶假如"合纵"策略没有被"连横"破坏,秦国的"大一统"伟业可能大大推迟。由此可见,谋略也是一种重要的生产力。

四、先秦谋略的发展与影响

(一)思想的禁锢与谋略的衰微

谋略兴盛于乱世或竞争激烈的时代,反之,在大一统的专制时期,统治者为了巩固政权,通常采取愚民和钳制政策,谋略也走向式微。先秦的士,尤其是诸子百家,之所以思想活跃,很重要的原因是有一个"思想市场"的存在,精神自由,人格相对独立。秦之后与先秦的重要区别是这个"思想市场"的大门逐渐关闭了。先秦的士虽然是毛,但有很多张皮可以依附,而秦之后,只剩下一张皮,这张皮叫作"皇权"。于是,秦汉以后中国的士人逐渐失去了知识分子的风范。士原本包括文士和武士。后来,文士变成了儒,武士变成了侠,他们都不为专制统治者所喜。韩非在《韩非子·五蠹》中就说"儒以文乱法,侠以武犯禁",二者应该被统统消灭。只不过汉之后,统治者采取了恩威并重、软硬兼施的怀柔策略。对儒,主要是"抚"(封官许愿),兼之以"剿"(以言治罪);对侠,则主要是"剿"(武力镇压),兼之以"抚"(诱降招安)。迨至明代"八股取士"之后,知识分子的思想更受禁锢,谋略者的地位也日益低微。最后,只能以幕僚、师爷等身份猥琐地居于幕后,很少再有呼风唤雨、叱咤风云的机会。纵观历史,在惊叹中华谋略文明之浩瀚的同时,我们也深感遗憾"内卷化"让谋略"自我锁死"。中国谋略思想成熟很早,但周而复始地运用于政治、军事等固定领域,加之故步自封的专制统治,导致谋略思想停滞不前。如果说春秋战国之后仍略有可观的谋略时代,那当推风起云涌、英雄辈出的三国时期。

(二)先秦谋略的回响:三国时期

"滚滚长江东逝水,浪花淘尽英雄。是非成败转头空。青山依旧在,几度夕阳红。白发渔樵江渚上,惯看秋月春风。一壶浊酒喜相逢。古今多少事,都付笑谈中。"明代文学家杨慎的这首《临江仙》,境界豪迈,荡气回肠,总让人脑海中浮现出三国时期的那些风流人物。

---

❶ 杨伯峻.论语译注·宪问篇十四[M].北京:中华书局,2015:210.

东汉末年，汉室倾颓。封建王朝从大治转入大乱，江山破碎，军阀割据。所谓分久必合，合久必分。这些分分合合的剧烈变迁，恰为善于谋略、精于策划的人提供了展现才能的历史舞台。三国时期，可谓谋士辈出、群星闪耀。曹操的阵容里有司马懿、贾栩、郭嘉、陈宫，刘备的阵容里有诸葛亮、庞统、徐庶、姜维，孙权的阵容里有周瑜、陆逊、鲁肃。他们之间斗智斗勇，演绎了一场场精彩的谋略大戏。

任何谋略实质上都是一种创造性思维。三国时期的谋略大师们于寻常中发现新奇，于等待中找到制敌良机。他们或老谋深算，运筹于帷幄之中，决胜于千里之外；或临机应变，以逸待劳，收到事半功倍之效。特别是被誉为有"经天纬地之才，安邦定国之术"的诸葛亮，其以一席"隆中对"，成为中国谋略历史上最知名的人物，成为智慧与谋略的化身。

可以说，三国时期的群雄之争，不仅是军事力量的较量，也是谋略计策的大比试。出身"四世三公"豪门的袁绍有谋不断、有兵不用，坐失良机，"官渡之战"败给了后起之秀曹操。曹操"挟天子而令诸侯"，仅用不到10年的时间就平定了北方。孙权继承父兄的基业，凭借长江天险，利用鲁肃之言，"坐断东南"。刘备"三顾茅庐"，终于请出了诸葛亮，迎来了事业的转折点。正是"隆中对"的高超智慧和战略布局，指引着刘备从一个卖草席出身的"草根族"变成"三分天下"的西蜀霸主。当然，谋略之重亦表现在具体战役中，官渡之战、赤壁之战、夷陵之战，三国三大战役，均为以少胜多，弱者战胜了强者，原因何在？弱者求谋，策划增智，让弱者变成了智者，让智者变成了强者。《三国演义》中虽然描述诸葛亮的神机妙算近乎于"妖"，但从另一方面也反映了人们对谋略智慧的推崇。

（三）先秦谋略对现代策划思想的影响

中国谋略思想肇源于上古，成熟于先秦。至今最有影响力的谋略著作在当时已经成书，如《鬼谷子》《孙子兵法》《战国策》《老子》等。虽然其后谋略家们又不断地充实和完善，亦产生了一些出色的论著，如《三十六计》《智囊》《反经》《长短经》等，对先秦谋略进行了深化、延展与创新。但就整体而言，中国谋略的奠基期和轴心期都是先秦。

现代策划尽管集中运用于商业领域，重心不在军事、政治、外交等主题上，但先秦的谋略思想、基本原理与经典案例仍是一泓取之不尽的源头活水，对现代策划活动影响至深。一是为民族心理烙上了爱智慧与好谋略的文化基因。经过先秦时期的培育，中华民族成为一个十分崇尚智谋的民族，人们在心中认可谋略和智慧的重要性与必要性。现代策划离不开这种传统文化心理的支撑，只有这种深厚的文化土壤，现代策划才能茁壮成长。二是贡献了可供现代策划参考的启智元典。先秦人对谋略的研究和运用有着杰出的成就，留下了丰厚的历史遗产。我国现存的历代兵书、谋略典籍高居世界之最，其议论之恢宏、智谋之深邃、谋术之精巧，让人叹为观止。一些先秦元典至今仍不断被专家学者阐释与活化。例如《孙子兵法》成书之后，先后有11位名家注释，其他注释则不知凡几。在商业浪潮汹涌下，孙子的理论又被引入商战，大量理论著作出版，成就了众多成功的商业案例。三是以丰富的实践案例为现代策划提供了资料素材。先秦时期战争频繁，各国斗智斗力，诞生了大量精彩的实战案例，如围魏救赵、合纵连横等。这些案例至今能给我们宝贵的启示。

先秦谋略智慧博大精深。但遗憾的是，当代人对传统谋略的学习、利用与借鉴，大多还停留在借鉴与模仿层面，传统谋略文化宝库还有待深入挖掘。特别是对于古代谋略蕴含的方法论和工具性内容，当前还缺乏专业、系统的梳理与总结。因此，现代策划理论研究者不仅要"往外看""往前看"，还要"往后看"，要加大对古代谋略的原理、原则、程序和方法等方面的研究，进行系统的提炼、归纳与创新，使其能更好地服务现代策划的理论与实践。对于今天的策划人而言，熟读《道德经》《论语》《鬼谷子》《孙子兵法》《战国策》《韩非子》《反经》《智囊》《三十六计》《三国演义》等中国十大谋略经典著作，是必修的课程。

第二节　现代策划的兴起

策划思想早已有之，但是"在中国古代乃至近代，策划作为某个人或某个集团的一种经验、一种思想的体现，并未形成系统的、完整的策划学理论体系，更没有形成系统的策划理论和策划科学"[1]。应该说，我国现代策划的实践与理论探索在改革开放以后才真正开始，特别是实行市场经济体制以后。

与传统谋略相比，随着政治、经济环境的变迁，现代策划呈现出四大新特征：①核心领域发生了转移。古代谋略集中于军事、政治和外交等领域，而现代策划更多是经济、科技、文化和城市领域。②服务对象发生了变化。古代谋略主要是为帝王将相等统治阶级提供智力服务，而现代策划则更多是为企业家、政府机构等提供决策参考服务。③方法、工具发生了变化。现代策划援引了西方现代分析方法和工具作为支撑，相比传统谋略中阴阳、五行、八卦等较难掌握的思维方法，更具可学性和专业性。④行为约束发生了变化。现代策划受到法律法规和职业道德的严格约束，而古代谋略者则为了功名

---

[1] 田长广. 新编现代策划学［M］. 北京：北京大学出版社，2014：11.

利禄，罔顾伦理纲常。

一、现代策划兴起的背景

策划作为一个专业领域被大众所熟知的时间并不长。虽然我国现代策划发源可从1978年算起，但是真正掀起"策划热"是在20世纪90年代，特别是1992年以后涌现出了一大批用头脑服务企业或政府的"点子大王""智慧保姆""策划大师"。当时《公共关系报》上的一篇文章中报道：上海现有（1993年）各类咨询服务公司已经超过1000家，其中近8个月开办的这种新型"头脑公司"占（新开公司）三成。可见，当时的策划行业如此火爆。为什么策划公司会在这个时期如雨后春笋般兴起？回头来看，该现象并非偶然，有其特定的时代和社会背景。

（一）计划经济转向市场经济

1992年是中国改革开放进程中一个里程碑式的年份。当年10月，中共十四大在北京召开。此后，我国经济发展驶入了令世界瞩目的快车道。

市场经济是产品和服务的生产及销售完全由价格机制所引导的经济，主要特征是"经济行为主体的独立化、经济决策的分散化、所有制结构和所有制实现形式的多元化、产品价格的市场化、要素价格的市场化，以及经济行为的规范化、法治化、秩序化、信誉化"❶。市场经济的开启极大地释放了个人和企业的创造活力，加剧了市场竞争，同时也为策划业的发展提供了肥沃的土壤。在继80年代兴起的"公关潮"之后，策划应运跃上了历史舞台，成为90年代经济社会发展中的一道靓丽风景。

（二）企业需要"外脑"支援

改革开放之前，大众所需的生产、生活资料完全由国家统一生产和分配，消费者购买产品几乎没有自主选择的空间；企业也都是国家和集体性质，产品不愁销售，企业之间几乎没有竞争。在这种环境下，以帮助企业促进销售、塑造品牌为目的的策划理论或营销手段实无"用武之地"。

随着市场经济体制的实施，企业进入了一个激烈的竞争环境，发展的不确定性增长，特别是随着短缺经济变为相对过剩经济，市场主导权由卖方逐渐向买方转移，企业开始感受到了来自市场的巨大压力。这时，企业要推动产品销售、降低经营风险、获得竞争优势，必须转换传统思维，适应新的发展形势。在这个过程中，"越来越多的企业开始意识

---

❶ 林竹.城市运营：面向未来的城市供给侧变革[M].北京：中信出版社，2016：256.

到引入外脑的重要。随之，中国策划业迅速问世"❶。在这以前，很多财大气粗的老板们根本瞧不起"穷酸文人"，认识不到知识的价值。但到了90年代，激烈的竞争环境为策划人提供了长袖善舞、经世致用的时代舞台，知识的价值开始显现，知识分子也迎来了"以智求财、以财辅智"的财智融合新时代。

策划能为企业做什么呢？当时知名策划人董锡健在《头脑公司畅想曲》中谈道"头脑公司"的六项职能：一是政策咨询。协助政府研究制定政策，促进企业掌握、用活政策。二是形象塑造。为企业提供形象策划和公共关系，是一项颇为上乘、收费也较为昂贵的业务。三是企业（产品）的命名设计。好名字重金难求，命名业务的前景广阔。四是拓展市场。受客户委托开展市场调查，推广服务或产品。五是经营管理诊断。为"当局者迷"的企业"切脉""下药"。六是代办服务。代理企业不愿办、不能办的一些事务，如促销、讨债、情报、盖章等。❷《市场经济呼唤企业策划师》中认为，"企业在各项经济活动中，急需进行策划的领域涉及方方面面，最主要且最普遍的是8个方面，即营销策划、形象策划、谋略策划、创新策划、广告策划、谈判策划、公关策划、庆典策划等"❸。策划人王志纲则言简意赅地说"我们是策略设计公司"，并认为主要职能是"解决中国的企业从哪里来、今天处于什么状态、明天将向哪里去的问题""帮助企业解决判断一个项目能不能做、做什么、怎么做的问题"❹。

如果回溯历史，我们发现20世纪80年代就出现了策划机构，那为什么90年代才强势崛起呢？这除了经济社会环境的原因，还跟策划机构转变角色、贴近市场有关。《公共关系报》在1993年发的一篇报道中提到：早几年，上海就出现了一些咨询服务类公司，但他们多姓"宏"属"高"，与基层实际需要相距甚远。现在，企业大量需要的是与"人、财、物，产、供、销，内、外贸"密切相关的咨询服务。与此相适应，新兴的咨询服务项目多数微观的"短平快"，具体到某种产品的价格如何定位，某企业的营销策略如何制定，某个项目引进外资的立项申请可行性报告如何撰写……"头脑公司"提供的"个案服务"堪称"实惠""解渴"，越来越受到工商企业的欢迎，他们的事业也因此欣欣向荣。

在当时策划人的努力下，策划领域也确实诞生了一批具有传奇色彩的经典案例，如郑州"亚细亚商城"的迅速崛起、"太阳神"品牌的横空出世、白加黑180天销售4.6亿元、三株口服液一年销售额达几十亿元的奇迹等。这些案例都是精心策划取得的市场成果，也让企业领略到了策划的巨大能量。但大转型时期的市场不规范、竞争不平等、法律不完善

---

❶ 刘可.中国策划业任重道远[J].经营者，2001（12）：16.
❷ 胡百精.中国公共关系史[M].北京：中国传媒大学出版社，2014：135.
❸ 董锡健.市场经济呼唤企业策划师[J].今日民族，1994（6）：48.
❹ 王志纲.财智时代：王志纲的观点[M].北京：人民出版社，2007：65.

等问题，也让一些策划机构剑走偏锋，游走于灰色地带，一味追求眼前利益。行业里点子盛行、炒作至上、追求轰动效应。这种风气的弥漫最终让策划业自食苦果，盛宴之后陷入了一片狼藉。

（三）知识分子"下海"创业

20世纪90年代从事策划的很大一部分人是下海的知识分子。自先秦以降，我国的知识分子似乎都缺少独立性，与财富也没有多大关联。在封建专制体制下，自古华山一条路——"学而优则仕""学成文武艺，货与帝王家"。改革开放之后，市场对知识和智慧的需求，让知识分子看到将知识转化为财富的希望。但是，转化之路何在？策划成为理想的选择，原因是策划是轻资产行业，进入门槛低，无须投入大量的人力、物力和财力，一个聪明的脑袋足矣，所以也有人戏称策划为"食脑产业"。当时有一家报纸这样描述，"策划热意味着知识分子的狂欢节终于降临这片大陆""有记者、学者、教授、专家，有国外回来的，也有外资企业中干到某个阶层转业的，有土生土长，也有从实业中跳跃到这条河流的，有MBA、ph.D，也有学哲学、经济、管理、公关、广告、数学、化学等，不论以前怎样，现在是拥挤在这条新开的、不宽的河道之中"❶。策划人王志纲评论说："知识分子的清心寡欲，以自我约束来对待外界的异变与诱惑，从而达到一种潜心研究的境界，历来被认为是做学问的美德；如今却被视为落伍者的心态。争名于朝、逐利于市等，现在好像彻底颠倒过来，成了社会时尚。"❷

当时策划的兴起并成为一种现象与潮流，应该说"点子大王"何阳发挥了榜样和示范作用，引爆了一个属于策划人的神话时代。何阳以"点子"名世，其"点子"的热销和与之而来的巨大名利，让成千上万踌躇满志的知识分子看到了希望：一条充满光荣与梦想的道路在面前铺开了。为了捞得第一桶金，他们从替公司起名、代办营业执照，到替上市公司坐庄炒股、搞银行贷款、信息咨询服务，无所不包。当"点子"一词愈来愈让人感觉既有小聪明之嫌，又不足以涵盖服务内容时，"策划"这个更具智慧张力和极有中国特色的词语应运而生，策划业也开始广为人知。1995年11月，中国生产力学会在广东东莞召开学术年会，专题探讨策划业发展。有人指出："知识分子不能指望外界为自己落实政策，应该在市场经济的海洋中发挥作用，让市场经济为知识分子落实政策。"事实上，策划业的活跃已经让当时一些身无分文的知识分子成为腰缠万贯的富豪。

---

❶ 项润. 策划15年[J]. 广告大观，2000（2）：20-23.
❷ 王志纲. 市场大潮推出千年变局：一个记者和一个历史学家的对话[J]. 南风窗，1993（1）：18-23.

（四）媒体的炒作与包装

媒体就是话语权，话语权就是影响力。20世纪90年代的掀起的策划热，媒体是推波助澜的关键性力量。甚至从某种意义上说，这"热"并非是策划本身的"热"，而是媒体人与策划人互动的结果。通过新闻媒体的大量报道，何阳、王力等被化身为"神"，能够点石成金、妙手回春。有媒体就吹捧说："一些独领风骚的策划家，转动生产力的策划魔方，促进经济资源的优化整合和生产力的发展，创造出一个又一个的奇迹。"❶

如果我们细致梳理当时炙手可热的策划大师，可以发现很多人都有记者的背景。例如王力、王志纲、赵强等人。记者作为时代的观察者，多年培育的职业敏感、丰富的社会实践以及积累的业内人脉资源，让他们能够快速抓住时代的热点，并通过新闻炒作、宣传造势等方式，让策划方案快速见到效果。同时，他们也擅长通过巡回讲座、出版著作等方式包装和推销自己。例如王力出版了《恩波智业》（多卷本）、《匪夷所思》，王志纲出版了《谋事在人——王志纲策划实录》《策划旋风》，叶茂中出版了《转身看策划——一个广告人手迹》《新策划理念》，朱玉童出版了《曝光一个广告人的阴谋》等。

二、现代策划发展的简述

与世界各国的发展规律一样，中国咨询和策划业的产生、发展和壮大，与国家政策和经济发展的状况密切相关。我国现代策划业的诞生是计划经济向市场经济转轨的时代产物，是激烈市场竞争下的客观需求。纵观其40余年的演进历程，大体可分为起步、神话、潜行和稳步发展等四个阶段。

（一）策划起步阶段

20世纪70年代末到80年代末，可以算作我国策划的起步阶段。这个时期，国家推动"领导决策"转向"决策科学化、民主化"，较多由社科院、科学系统和大专院校筹办的非独立的咨询机构应运而生，这类政府背景的咨询机构在相当长的一段时间内占据着咨询（策划）的主导地位。❷例如，70年代末"中国企业管理协会"成立之后，积极引入日本的企划模式，出版了系列教材，开展了专业培训，并向企业提供无偿服务。

但这时期我国经济体制还未发生根本性变革，占主导地位的仍是计划经济，市场整体还处于商品短缺状态，这时求过于供，产品生产出来即可分配或销售出去，因此企业对咨

---

❶ 贾飞. 中国策划业任重道远 [J]. 经营者，1997（2）：1.
❷ 田长广. 新编现代策划学 [M]. 北京：北京大学出版社，2014：73.

询策划的需求并不太强烈。当时一些打着"信息咨询"招牌的咨询或策划公司，主要依靠人脉关系，利用政策上的空隙，倒卖计划内的紧俏物资、进出口批文和计划额度等，导致很多人一开始对策划就产生了投机取巧的误解。❶因此，在80年代的中期，国家对咨询策划业进行了第一次整顿。总体而言，这个时期国家整体处于转型时期，政策和市场不成熟，政府和企业对策划认识模糊，从业者鱼龙混杂，行业缺少规范，策划业发展缓慢。

（二）策划神话阶段

邓小平"南方谈话"以后，中国确定了市场经济的发展方向，民营企业、合资企业等迎来了一个集中爆发期，企业数量迅猛增长。市场竞争的日趋激烈以及企业市场拓展的强烈需求和专业营销知识的极度匮乏，为策划活动提供了广阔的舞台，以帮助企业销售为要务的策划业迎来了一个高歌猛进的神话时代。这个阶段主要由"点子热""谋略热""CI热"等三股热潮推进。

策划热最先由"点子热"引发。一篇《何阳卖主意，赚钱40万，好点子也是紧俏商品》，拉开了"点子热"的序幕。当年何阳37岁，毕业于北京化工学院，本来在一家工厂就职，但由于嫌工资太低，从80年代末起即专门帮人出谋划策。鼎盛时期的何阳究竟有多红？那时最当红的明星刘晓庆的出场费大约4万元，何阳的出场费则从2万元起，企业主欲与他吃顿饭，还需拿号排队并奉上3万元。在那个平均工资只有几十元的年代，这无疑是一笔巨款，堪比今天的"巴菲特午餐"。何阳的成功让当时清贫的知识分子们倍感振奋，仿佛看到知识与财富也就差一个点子的距离。何阳也曾无不得意地说："我成为百万富翁是一个信号，它说明，在中国已经具备这样的条件，即知识分子可以凭借自己的智慧赚大钱了。假如中国知识分子的50%能像我这样，敢坐进这么豪华的宾馆，有自己的小汽车、'大哥大'，你说，咱们国家不就太有戏了吗？"那么，我们且看当时的"点子大王"到底为企业出了什么点子呢？

点子一：爱国者导弹台灯。海湾战争结束后，现代战争的新技术令全世界震惊。针对发展的新形势，国内不少军工企业都在调整结构，推动军民融合。有家企业找到被称为"点子大王""当代智多星"的何阳，想做一个民品项目，而且最好能出口创汇。何阳想了想，就建议按照1%的比例，用海湾战争中大风头的爱国者导弹外型做一种台灯，上面再插几支导弹型的圆珠笔。据说该产品在香港礼品博览会上颇受青睐。

点子二：医疗服务小组。当时北京门头沟护士学校毕业的学生很难分配工作，学校面临倒闭，他们向何阳求主意。何阳出了个点子：让校长弄个医疗服务小组，为病人提供从挂号看病、取药至雇出租车送回的全程服务，然后适当收取服务费。据说学校在一家大医

---

❶ 田长广.新编现代策划学[M].北京：北京大学出版社，2014：73.

院试验，有位同学一天接待了百余位病人，收入颇丰。

从以上案例来看，何阳的策划主要靠灵光一现，帮助客户出个解一时之急的点子，但由于缺少专业性、全面性和系统性，很难成为企业可持续发展的"灵丹妙药"。随着竞争的激烈，点子的魅力也日趋衰退。

这时，"谋略热"开始风行。"中原之行哪里去，郑州亚细亚"，这是20世纪90年代中央电视台的一条广告语，让全国人对亚细亚充满了神往。"郑州亚细亚"曾经是中国商场的一面旗帜，在中国商业领域创造了很多"第一"：第一个在中央电视台做广告，第一个设立商场迎宾小姐、电梯小姐，第一个创立自己的仪仗队，第一个设立琴台，第一个在商场门口升国旗等。当然，这也耗资不菲。据统计，当时亚细亚每年的广告费比郑州市其他同行加在一起还多。商业包装、市场策划、危机公关，这些当时并不为人熟知的手法亚细亚已得心应手。在这背后，除了其总经理王遂舟的营销策划能力外，还有一个重要的幕后推手——恩波智业创始人王力（被誉为"公关第一人"）。1990年，王力就与他的恩波智业团队对亚细亚进行了从微观到宏观、从战术到战略的全方位策划，包括策划各种活动，如"亚细亚现象"讨论等。[1]这些策略助推"亚细亚"迅速成为商业领域的一块响当当的招牌。所谓水涨船高，"郑州亚细亚"成功之后，王力与"恩波智业"也大出风头。

王力将咨询、策划等服务业归纳为一个具有东方色彩的词汇——智业，让人们更清楚地看到了咨询和策划行业的本质，并出版了《恩波智业》等畅销书。有读者评价：（王力）开创了一条具有中国特色的，融政治、经济、哲学、心理、社会、谋略、咨询、公关于一体的全方位、多层次、广视角的软科学智业之路。[2]但遗憾的是，信奉谋略的王力也因此离策划业越来越远，其之后对外公布的身份主要是著名决策咨询专家、另类思维学者、中国智业创始人、北大客座教授等，也再没有做出过经典的策划案例。

当"点子派"和"谋略派"大行其道之时，学院派及其他策划人也没有闲着。以时任深圳大学传播系主任余明阳为代表的学院派积极从美、日引入企业形象识别系统理论（Corporate Identity System），也就是后来广为人知的CIS理论。据估计，"1997年年初，至少有6万家从事智力服务的公司和60万职业策划工作者在从事CI方面的策划"[3]。在这场"CI热"中，最为知名的要数余明阳，其曾为今日集团、乐百氏奶、雅戈尔西服、长安汽车、沱牌曲酒等众多企业导入CI，并著有《CIS教程》《广告策划创意学》多部著作。但正如所有的热潮终究会消退一样，虽然当时业内确实出现过如广东太阳神CIS系统等经典案例，但更多的策划脱离了CI的本质与功能，为了CI而CI，最终走向落寞。

---

[1] 王力.恩波智业：敢对自己说我：第1卷[M].北京：北京大学出版社，1995：124-130.
[2] 胡百精.中国公共关系史[M].北京：中国传媒大学出版社，2014：139.
[3] 余明阳.1997中国CI大趋势[J].公关世界，1997（1）：4-5.

1989年，一些学者在"全国省市公共关系组织第二次联席会"上提出建立"中国公共关系策划学"的倡议，随后出现了从策划角度研究公共关系和商务活动的著作。90年代中后期，又有专业性的策划学著作相继问世，如《企业策划和策划科学》《公共关系策划》《商务策划学》《营销策划学》《文化策划学》等著作。

（三）调整潜行阶段

无论是中国还是世界，20世纪90年代在一片熙熙攘攘中结束了。进入第二度"千禧年"，本来凡事都应有些新的气象，但等待策划业的却是一个寒冬。

正如诺贝尔经济学奖得主约瑟夫·斯蒂格利茨（Joseph Eugene Stiglitz）在《喧嚣的90年代》（The Roaring Nineties）一书中所言："毁灭的种子是什么？第一个就是繁荣自身。"这也体现在策划行业上。在整个90年代，一些策划公司或策划人过度自我包装，甚至自我吹捧，加之一些媒体不负责任地推波助澜，中国策划业沉浸在一片虚假的繁荣中。很多策划人把时势当能力，点滴的成功让他们膨胀得仿佛无所不能。

事实上，大量的策划活动看似轰轰烈烈，其实更多是媒体炒作和表面光鲜，策划界沉迷于一些点子、概念、口号，缺少系统的策划理论、方法与工具，缺少扎实细致的实际调查与科学分析。虽然一些企业通过策划确实获得了超常规发展，但这毕竟是凤毛麟角，亦非常态，因此看似辉煌的策划神话正如一个越吹越大的肥皂泡，只需轻轻一戳就破了。

当"金点子"在越来越多的企业的实践中失效，当越来越多的策划人开始沦为"江湖郎中"之时，市场终于实施了严厉的报复：当初被奉若神明的大师们被企业拒之门外；企业见策划报告不给钱、少给钱，出实效后再提成。这时，中国咨询策划业面临着前所未有的信誉危机。当时北京一家媒体就刊登了一篇文章《中国策划业向何处去？》，并预测：未来一年将是中国策划业的"雪崩年"，是中国策划公司的"倒闭年"。

危机也是转机。从这时开始，策划业进入了深刻的反思期：中国策划，路在何方？该向何处去？策划人王志纲认为：任何一个行业兴旺以后，什么人都想往里面挤，难免就有歪嘴和尚把经念歪的时候，这时大家把账都算到策划业的头上。所以，鉴于这种危机感，我们所做的任何策划都要采取一种非常稳妥、非常谨慎的态度，做不到的绝对不吹牛。因为我们希望通过自己的努力，能够为中国的文化人、知识分子和智慧业走出一条比较长期的健康和发展的道路。[1]中国企业联合会副会长艾丰在"中国策划艺术成果博览会新闻发布会"上倡议："又是一个世纪的开始，当我们这些渺小的个人回顾整个东方文明的过去和展望21世纪的前景时，不禁肃然起敬。作为东方文明结晶之一的中国策划业在有识之士的推动下，直面冲击，迎接挑战，豪迈地跨入了属于自己的21世纪。站在21世纪的起

---

[1] 朱嘉玉，匡雁鹏. 中国营销策划的四大误区[J]. 广告大观，2000（5）：30-31.

跑线上，何去何从，笔者作为耕耘在策划这个年轻行业的专业人士，欣喜之余，陷入了深深的思考——策划业的发展是中国改革开放成果的重要组成部分，个别人的行为不代表中国策划业的主流和方向。策划是科学和艺术相结合的产物，策划需要以科学作基础，用艺术来升华。策划是个年轻的行业，在发展过程中出现问题是正常的，新生事物需要社会各界关心和爱护。"❶ 但策划的颓势已不可逆转。一些知名策划人与策划业决裂；一些策划人另谋他路，进入实业界；一些策划人身在曹营心在汉，琢磨着新的出路。而坚守在策划领域的人也开始谦虚低调。

与之形成强烈反差的是，随着中国加入世贸组织，一批国际知名的大型咨询公司纷纷抢滩中国，代表者有安达信、盖洛普、罗兰·贝格、麦肯锡。这些"高富帅"甫进中国，就被企业家高看一等，受到大型企业，特别是急于开拓国际市场企业的热烈欢迎。他们给咨询和策划业带来完全不一样的形象：规模庞大，经验丰富，科学严谨，运行规范，服务细致。这些国际咨询公司拥有一套长期一以贯之的严格缜密的专业操作规程和管理程序，确保咨询服务的质量。以麦肯锡公司为客户提供管理咨询服务为例，其在接受客户委托后，公司会在内部挑选最合适的咨询人员组成咨询小组，深入企业开展工作。在咨询过程中，任何一项建议都建立在大量数据、事实及严谨的逻辑推理基础之上，严格杜绝感觉行事和非量化分析。此外，公司内部还有许多规章制度来保障服务质量。例如，严格筛选之后得以进入公司的雇员必须接受专门训练，保证在任何场合都不透露客户信息；为某一特定客户服务的项目小组在两年之内不能为这一客户的竞争对手服务；公司内项目资料互相封锁，调用资料要经董事会批准。

而"佳洁士"等国际品牌在中国市场取得的巨大成功，对"点式策划"更是沉重一击。牙膏曾是中国商界认为最不可能受到外货冲击的市场，洋货在价格和品牌上都不具有竞争能力。然而，美国人凭借科学严谨的调查、雄厚的资金和有序的实施方案，抢占了中国牙膏60%以上的市场份额，而"六必治""洁银"等一大批中国名牌的市场却被压缩与边缘化。在这种背景下，企业领导者再也不轻言"点子"，甚至视其为幼稚的儿戏行为。

在内忧外患的"多事之秋"，策划业开始了自我救赎之路。

其一，主动吸纳西方系统成熟的调查与分析理论。如果我们考察90年代轰轰烈烈的策划活动，可发现其中绝大多数属于经验型和感性型案例，它们并不是按照科学的深度调研、严谨的逻辑推理、严格的策划程序做出来的。这种策划无疑带有极大的随机性，非常依靠策划者的个人经验、阅历、创新能力和综合判断能力。到了21世纪，很多策划人意识到了这个问题，并积极行动，开始融汇东方策划思维与西方咨询方法体系，构建具有中国特色的现代策划理论体系。

---

❶ 侯韶图. 中国策划业向何处去[J]. 北方经济，2000（10）：43-45.

其二，开始重视组织队伍与人才梯队建设，开始注重从个人单打独斗到团队作战，从"点子大王"出点子转向整合专家集体智慧。正如有位策划人在当时召开的"知名策划人座谈会"上提出："在今天，只有由市场营销、人力资源、理财与资本管理、战略经营、研究开发等多专业的专家组成的集体咨询，才能解决问题，才是咨询业走向成熟的表现。"❶

其三，更加重视实操和实效，让案例说话而不是自吹自擂。这个时期策划业发展的最大特点即是"让案例说话"。一个策划人没有案例，就如母鸡不下蛋一样，得不到职业尊重。这时期媒体也更注重实例的刊登，如《销售与市场》《商界》《企业研究》等较有影响的杂志，都刊出过策划案例。

其四，不断拓展与深化策划领域。虽然这时期策划类型还以营销策划为主，但在策划机构的努力探索下，一些新型的策划开始走向前台，如企业战略策划、城市战略策划、影视策划、出版策划、园区策划、建筑策划、婚礼策划、活动策划等。整体而言，策划的类型与内容不断趋于丰富。

2003年，中国策划业又迎来了新的发展契机。咨询和策划服务逐渐受到政府重视，成为政府可以名言正顺采购的智力服务。在策划人的努力下，舆论和市场形势也逐渐好转。如果我们去搜索2005年以后的文献，其中对策划的质疑少了，方向问题探讨少了，更多关注策划案例与成效。这在一定程度上说明策划业在深度的反思与探索之后正逐步走向成熟，逐步被社会和市场的接纳。

（四）稳步发展阶段

21世纪，策划业在经过了前10年的调整和转型后步履更加稳健，市场秩序日趋规范，一批既有理论创新又有实践案例积累的公司在严冬考验和竞争中逐渐成长为行业的领军企业，得到市场的认可，成为业界的中坚力量。例如，王志纲工作室（后改为智纲智库）、叶茂中策划公司、华与华公司等，他们将东方文化、实践经验与西方理论深入结合，形成了独特的策划思维和方法体系，取得了良好的经济和社会效益。

案例链接　代表性的策划创新理论

1. 王志纲的"找魂"理论

《找魂》是王志纲工作室出版的一本案例集，是其10年战略策划的实录性著作，书名也开门见山地点明了工作室策划的核心理论。什么是找魂？根据王志纲的解释，就是要准确回答"我是谁，我从哪里

---

❶ 中外管理编辑部. 中国企业咨询与策划路在何方[J]. 中外管理，2000（4）：4-7.

来,明天将向哪里去"。按照西方的说法,即所谓的战略定位。他认为,今天的人们在越来越小的问题上知道得越来越多,而在越来越大的问题上却知道得越来越少。如何在大和小之间搭建平台和桥梁,搭建"变压器",就是要"找魂"。关于"找魂",王志纲最津津乐道的案例是对武夷山市旅游发展的战略策划。当时为了配合武夷山申请双世遗(世界自然遗产和世界文化遗产),王志纲提出了"千载儒释道,万古山水茶"的总体形象定位,认为这句话为武夷山找到了"魂"。

2. 叶茂中的"冲突理论"

叶茂中认为做任何营销之时,要明确冲突是需求的根源,发现机会比学习市场营销更重要。那么,机会又从何而来?市场营销研究的是需求,而需求是从冲突中被发现的。冲突包括信息的冲突、兴趣的冲突、结构的冲突、价值的冲突、信任的冲突等。在他的理论中,三流营销是寻找冲突,二流营销是发现冲突,一流营销是制造冲突。叶茂中举了他策划海澜之家的案例。海澜之家要解决什么冲突?他认为,男人是不喜欢逛街的,但是需要日常的着装,这就是一个冲突。我们会发现在购物中心买一条裤子,男人只要花10分钟的时间,但是女人买一条裤子花了3个小时。因此,他提出广告诉求:"一年逛两次海澜之家。"客户说:"可否说一年逛四次?"叶茂中说:"其实,当初只想写一年逛一次的。因为这不是一次两次的问题,最关键的是这句话解决了一个冲突。"

3. 华与华的"超级符号"理论

华与华公司是葵花制药、哈药集团三精制药、晨光文具、黄金搭档、田七牙膏、西贝(西北菜)、厨邦酱油、孔雀城、奇虎360、得到APP等众多著名品牌的全案咨询公司,他们攻城略地的核心理论是"超级符号理论"。在出版的《超级符号就是超级创意》畅销书中,他们认为人们生活在符号的世界里,每天都在听符号的指挥。所谓超级符号,是人人都看得懂的符号,并且人人都按照它的指引行事的符号。他们列举了红绿灯、Windows视窗的声音等,并认为在企业营销中必须找到超级符号,它可以是一句话、一个词语或一个产品。什么是好的超级符号?书中认为,要具有促使行动、嫁接文化、一目了然、绝对口语、便于播传、脱口而出等特性。其典型案例就是当年为固安园区的营销策划,提出了"我爱天安门正南50公里"的超级符号,非常巧妙地借用"天安门"这一全球所知的国家地标,以及"我爱北京天安门"这首全国人民所熟知的歌曲,通过这两个超级符号的嫁接,一个无籍籍名的固安工业园区迅速获得了大家的关注。

同时,更多的政府开始重视咨询与策划,覆盖"谋划—策划—规划—计划"的顶层设计系统越来越得到认可。政府和企业在做决策之前,通常会做各类政策、任务与重大项目的研究与设计,以供决策选择,进而为科学规划提供依据和内容。这些工作就有很多的咨询和策划公司介入。同时,随着文化产业、旅游业、体育产业等的崛起,这些领域的策划日趋活跃,包括影视策划、旅游策划、文旅地产策划、养老休闲策划、演艺节目策划、特色小镇策划、IP策划等。现代策划的舞台不断扩大。

更为可喜的是,策划也开始登堂入室,得到了学界和教育界的认可。不少高校开设了策划专业或课程。2000年，新华信管理顾问公司董事长赵民曾遗憾地说："所有的岗位和职业，如果称其为行业，都应该能够在大学找得到对应的位置。广告业在大学能得到广告系，咨询业也有时下热门的商学院相对应。问题就出在策划。能否在大学找到不断培养这个行业的专业人才，是衡量一个产业发展成熟的标志。"随着市场对策划的认可和对策划人才的需求，越来越多的高等学府开设了策划方面课程，更加专业、系统地培养策划人才，特别是从教育部2006年批准重庆工商大学商务策划学院设立"商务策划与管理"本科专业，填补了我国高等教育本科专业没有"策划"的空白之后，很多211、985院校开始设置策划的专业或课程，培养策划专业人才。

那策划专业的就业情况如何呢？数据表明，目前市场需求非常巨大，如在网上搜索"招聘策划"，能找到1120万个相关搜索结果，获得招聘岗位信息13.5万条，而且平均工资为8000～1万元，就业和待遇还相对理想。

三、策划业发展面临的挑战

（一）策划形象的改善问题

策划行业经过40多年的发展，在理论、实践、专业教育等领域探索中取得了长足的进步，社会认可度和市场需求度也日益提升，但策划初期的负面影响至今仍然没有完全消除。在那个野蛮生长的年代，策划业形成了一些不良的风气。一是自吹自擂，并相互吹捧，弄得"大师""大王"满天飞，仿佛策划人无所不能，"转动生产力的魔方"就在自己手中。二是不讲游戏规则，罔顾服务质量，大搞一锤子买卖，怀着捞一笔就走的心态。当时，业内有识之士就表示：（现在）从业人员鱼龙混杂，策划人员素质参差不齐，由此引发了诸多危机。如果不能正视，不能有效解决，策划业前进的步伐将会受阻，甚至会葬送掉这个正在形成的行业。这几乎一语成谶。在21世纪最初的几年，策划人迅速从智慧神坛迅速跌落，过去企业毕恭毕敬、高山仰止的"大师"沦为骗子和"大忽悠"的同义词。特别是2007年《策划》小品播出之后，很多人对策划形成了一个刻板印象——"忽悠"。

策划这个本来意义丰富、较为正面的词语，其形象和内涵被严重地歪曲。人们将其与"点、骗、劣、炒、吹、乱"等同起来，避之而不及。一位策划人描述了这种尴尬："就如衣服，衣服脏了，还有谁想穿呢？"策划本质是服务业，良好的形象与口碑是其核心竞争力，偏见很大程度影响了策划业的发展。当然，正如马克思所警示：我们要切记为了把洗澡的脏水倒掉，连婴儿也一起扔掉，那是错的。对策划人而言，在未来很长一段时期，还需坚守策划业的核心价值，以更扎实的研究、更严谨的态度、更可靠的承诺以及更多精彩的案例，逐渐改变人们对策划业的偏见。

（二）策划行业的规范问题

从严格意义上来说，策划目前还属于一个通用的词汇，算不上特定行业的代称。广大从事策划的人员，如广告策划、活动策划、企业战略策划、影视策划、建筑策划等人员，还分散在各行业、各企业中。相比会计、法律、财务等领域，策划还没有建立官方认可的统一的认证机构、管理机构，也没有形成行业组织和行业规范，更遑论有针对性的立法约束。2003年，一家名为国际智业集团有限公司的单位宣称在政府部门登记注册了"中国策划学院"，并称"是中国第一家专业从事策划培训、策划认证、咨询与专案策划、市场开发、学术交流的权威机构，是中国策划人开展理论研究、实践探索、学术交流、服务企业的最佳平台"。但极具讽刺意味的是，这家貌似高大上的策划培训与认证机构，在2016年7月中国社会组织网（民政部民间组织管理局主管）曝光的第十批"离岸社团""山寨社团"名单中，"中国策划学院"赫然在列。

一叶落而知天下秋，从以上案例可见策划业的混乱。因此，随着策划的发展和从业人员的日趋增加，为了更好地维护行业形象和提高策划人素质，非常有必要尽快制定行业道德准则和职业规范，完善策划人才培训体系，推动职业资格考试和考核定级发证制度，让策划逐渐成为一个规范、有序、让人尊重的职业。

（三）策划理论的建构问题

随着市场经济的发展与策划实践的深入，策划正逐步成为一门独立的学科。但专家学者对策划独特的内涵、价值、功能和规律还缺少研究，目前的策划理论主要以经验导向为主，以各公司"独门绝学"为主，还缺乏从行业发展和普遍规律的高度对策划理论进行系统的归纳、提炼与升华，缺少普适性的理论构建。其问题主要体现在如下方面：

其一，策划概念不清晰。概念是一门专业或学科的基石。"策划"一词虽已成为流行词汇，亦有专家进行了探讨与研究。然而，到底什么是策划？其核心特征是什么？功能边界在哪里？有何基础性原理与规律？各界至今尚未达成共识。在大多数人的理解中，策划就是做广告创意、写宣传文案、出活动方案，是一种需要创意但重要程度并不高的工作，无形中将策划矮化、窄化。但追本溯源，策划在本质上是"出谋划策"，核心是给决策者（或其自身）提供创新性的问题解决方案。其主要价值是通过科学的调研、分析、诊断、思考、创新创意等方式为决策者服务，帮助其解决问题。例如，决策者谋划打造一个大型文旅演艺节目，那对策划工作而言，就包括这个决策是否可行；如果可行，根据市场需求应设计何种创意主题和运营方案；如何实现经济效益和社会效益的"双效统一"；如何说服决策者采纳设计的方案。

其二，策划理论体系不完善。尽管一些策划人或机构在实践中形成了一定的理论、方法与工具，但由于是商业性质，其著书立说的目的在于塑造品牌、拓展业务，因此其研究成果的案例性、独特性大于普适性。还有一些所谓的专家学者，由于缺少从业经验和实践感悟，更多是将西方营销理论、大众传播理论等套用到策划中，理论框架还显得十分生硬与勉强。就整体而言，中国策划学的理论体系尚未成熟，未来还需加强对古代智谋思想的形成及演变，对现代策划的规律、原理及原则，对策划构成的要素、方法与工具，对策划人的专业素养与管理等方面的研究，并需积极吸纳经济学、营销学、创意学、决策学、传播学、营销学等现代西方学科的精髓，进而提炼出中国特色的策划理论、原则、方法与工具，构建起完善的现代策划理论体系，推动策划成为一门独立的学问。

（四）策划人才的培养问题

策划是一种脑力活动，人才是策划发展兴旺的根本。目前各类企事业单位对高素质的策划人才需求强烈，特别是在地产策划、活动策划、广告策划、营销策划、影视策划等领域，策划人才供不应求。策划人才是一种高端的专业人才，需要视野开阔、思维敏捷，能高瞻远瞩、审时度势；策划人才也是一种复合型人才，需要通晓营销学、管理学、公关学、决策学、法律等方面的多领域专业知识，需要具备较强的分析能力、创新能力和传播能力。从实际情况来看，培育一个成熟的项目经理通常需要3～5年时间，一个优秀的策划总监需要8～10年，甚至更长，但目前尚未形成涵盖高等教育、职业教育、成人教育和远程培训的系统性策划人才培养体系。虽然目前一些高校已经开设策划专业，但在教学上还缺少权威的教科书、缺少理论和实践通融的教师，学习内容与实际需求仍有距离。因此，很多研修策划专业的学生毕业之时并没有形成策划思维、掌握扎实的策划能力，很难自信地面对职场的挑战与压力。可以说，在策划人才的教育与培养上，我们还有很长的路要走。

四、策划业发展的主要趋势

"明者因时而变，知者随事而制。"[1]随着时代的发展变迁，人们的工作、学习和生活正在发生巨变，裹挟在时代洪流中的策划也需应势而变。

（一）核心价值：从信息到创新

这是一个科学技术日新月异的时代。新一代信息技术、纳米技术、量子计算机、人工智能、基因科学等颠覆性技术势头迅猛，正在改变着我们曾经熟悉的世界。而其中最突出的力量无疑是互联网，恰如农业时代的畜力、工业时代的电力一样，正成为"改变世界的

---

[1] 桓宽.盐铁论：卷2[M].北京：中华书局，2015.

底层物质技术结构"[1]，将人类带入了一个陌生而又充满无限可能的信息时代。互联网让信息不对称的情况发生了根本变化，信息服务极大地降低了价值，传统依靠信息不对称而提供的咨询与策划服务的市场日渐萎缩，创新逐渐成为策划业的价值源泉。

策划的创新不仅体现在内容上，也体现在服务模式上。未来如下四种模式将成为主流：一是提供解决方案，即对客户面临的问题进行独立的调查访谈、收集资料、综合分析、突破创新，提出高效合理的解决方案；二是过程咨询，根据企业或项目发展中的问题，通过会议、讨论、沟通、交流等方式提供咨询与策划服务，辅助客户决策；三是传授方法，在制定解决方案和过程咨询中帮助客户培育工作团队，传授解决问题的方法，提高管理者的决策能力；四是顾问服务，对重要问题提供创新性的咨询与策划服务，帮助决策者即时应对各种难题。

（二）组织结构：垂直型到平台型

互联网平台广泛的链接能力汇集着社会的"认知盈余"[2]，释放出长尾力量，让大众创新、集成创新变成了重要的创新形式，智慧众包正改变着传统的策划模式。维基百科、猪八戒网、知乎等网站的崛起表明，互联网是一个表达与分享智慧的优质平台，教育良好、知识丰富并拥有强烈分享欲望的网民集聚一起，就可能产生巨大的知识创新效应。

在过去，策划主要依靠专业精英进行研究，而在网络时代基础性内容完全可通过智慧众包、集成创新等形式使更多社会力量参与其中，吸取更多人的思想与智慧。因此，面向未来，策划机构在管理模式上应构筑"小机构、大平台"的模式，形成"核心团队＋大量兼职人员"的平台型组织构架，实现开放式、整合式做策划。在研究内容上，应充分利用互联网和大数据，树立"问题导向"的研究思路，加强数据分析、案例分析和模型分析，有的放矢，提出决策者信得过、用得上、可操作的方案和建议，用数据夯实基础，用创新服务决策。

（三）商业模式：成果导向收费

策划属于软科学，投入产出比难以事先准确量化，客户对策划方案的价值评估主要基于感性判断，具有极大的风险性。例如，客户花费数百万元的费用购买策划服务，但很可能实施后却看不出明显成效，甚至导致事业失败。同时，委托方与策划方承担的风险也极不对等。如果方案失败，对策划公司而言，可编织各种理由推脱责任；但对企业而言，可

---

[1] 霍学文.新金融新生态[M].北京：中信出版社，2015：4.
[2] 认知盈余：出自美国作家克莱·舍基《认知盈余——自由时间的力量》一书，是指受过教育、拥有自由支配时间的人拥有丰富的知识背景，同时有强烈的分享欲望，这些人的时间汇聚在一起，产生巨大的社会效应。

能就是"生死劫"。因此，未来更好的一种商业模式可能是成果导向，即以策划所创造的价值为基础进行收费。

按照这种商业模式，策划费的多少将由为客户创造的经济效益和（或）社会效益来决定。例如，策划公司与客户签订合同时约定：客户先期支付给策划公司较少的开工费，这部分就相当于"苦劳费"，而更大部分的费用则根据策划所创造的效益，即为企业所带来的实际成果来决定，也就是"功劳费"。其实，这也符合市场定律：市场只相信功劳，不相信苦劳。当然，这意味着策划机构需要付出更多，投入更大，甚至成为"杨白劳"。然而辩证地看，这也意味着收益空间更大。当前，已经有一些策划机构探索通过智慧入股等形式帮助企业创新创业。

（四）人才需求：专业型转向"T"形人才

新时代的经济与产业发展逻辑正在悄然改变，跨界融合成为重要特征。在策划领域，客户需求的变化也对策划人才提出了新的要求。过去对策划师的要求是做个出色的专家，熟知某个领域的知识，倚重大脑的存储功能。在新时代，策划师在"一专"的基础上还需强化跨界能力，以便面对复杂问题之时能够快速地为客户提出解决方案。

在新时期，很多问题常常涉及多个领域，需要"一专多能"的"T"形知识与能力结构。例如，我们策划一个文化产业园区，就不仅能掌握文化产业领域的知识，还需通晓城市规划、土地管理、金融投资、市场营销、招商引资等多方面的知识，这样才能提供具有系统性和可操作性的策划方案。同时，互联网平台上的大数据也为策划机构提供了海量信息来源和分析样本，让传统的策划研究方法和创新手段发生了重大改变，挖掘、解读和利用大数据的能力正成为策划机构提高研究质量的关键性要素。这要求策划人不仅要熟悉传统文科知识，还需对大数据的采集、加工和处理等理科知识有所掌握。

第三节 西方现代咨询（智业）发展概述

一、起源与发展

在西方没有"策划"一词，相近的是咨询或智业的概念，其传统也非常悠久，与西方的文化传统和思维习惯有着密切的关系。整体而言，策划注重以东方哲学为基础的谋略艺术，而咨询偏重以西方数理为基础的实证技术。

西方思想的源头在古希腊，以"古希腊七贤"（泰勒斯、柏拉图、苏格拉底、亚里斯多德、毕达格拉斯、欧几里得、阿基米德）为代表的先贤们创造了辉煌的希腊文明。该时期也是西方文化与思想形成的"轴心时代"，相当于中国的春秋战国时期。之后，随着古罗马帝国的灭亡，欧洲开始进入漫长的中世纪（约476—1453年），直到文艺复兴时期，在资本主义这种新兴经济制度的推动下，古希腊的人文传统才与现代社会重新对接，并演进到了新的历史高度。

就对现代科学与思维方式的影响而言，除了盛名赫赫的"文艺三杰"达·芬奇（Leonardo di ser Piero da Vinci，1452—1519年）、米开朗基罗（Michelangelo Buonarroti，1475—1564年）、拉斐尔（Raffaello Santi，1483—1520年）外，最重要的当属英国思想家培根（Francis Bacon，1561—1626年）和法国哲学家笛卡尔（René Descartes，1596—1650年）。前者提出"知识就是力量"，其所倡导的理性思维、科学假设、科学实验、实证研究、思维方法等，为现代科学的发展奠定了重要的思想基础。后者则认为"我思故我在"，道出了人的理性思维是最高存在，确证了人类知识的合法性。他们思想的广泛传播，让科学、理性精神深入人心，让人们从传统的桎梏中解脱出来，增强了对现实世界的关照和探索未知的勇气。

西方现代咨询或智业的发展，思想启蒙只是必要条件，市场需求才是充分条件，因此咨询业起源于率先发生工业革命的英国，但后来繁盛于美国，也就可以理解了。1818年，英国建筑学家约翰·斯梅顿组织成立了"英国土木工程师协会"（Institution of Civil Engineers，简称ICE），开创了现代咨询的先河。到了第二次工业革命，随着资本主义经济的迅猛发展，咨询（或智业）在更大范围内兴起，特别是美、日等新兴资本主义国家，如世界领先的咨询机构麦肯锡公司（Mc Kinsey & Company，1926）即诞生在这一时期。咨询（或智业）的爆发式增长主要发生在"二战"之后，这时管理咨询、战略咨询、产业咨询、工程咨询等各类咨询百花齐放，竞相发展，一大批影响至今的著名咨询公司（智库）相继成立，如美国斯坦福国际咨询研究所（Stanford Research Institute International，SRI，1946）、美国兰德公司（The RAND Corporation，1948）、英国国际战略研究所（International Institute for Strategic Studies，IISS，1958）、日本野村综合研究所（Nomura Research Institute，NRI，1965）、德国罗兰贝格公司（Roland Berger Strategy Consultants，简称Roland Berger，1967）、奥地利国际应用系统分析研究所（International Institute for Applied Systems Analysis，IIASA，1972）。同时，一批世界顶级大学也相继创立了咨询机构，如斯坦福大学的胡佛研究院。更重要的是，这一时期西方世界出现了众多誉满全球的咨询或战略研究大师，如产业竞争领域的泰斗迈克尔·波特（Michael E. Porter，1947—）、现代管理学宗师彼得·德鲁克（Peter F. Drucker，1909—2005年），以及被誉为"营销学之父"的菲利普·科特勒（Philip Kotler，1931—）等。

整体来看，西方咨询或智业在近百年来获得了高速发展，同时由于各国经济基础、政治体制、价值导向等方面的差异，又形成了各自的强势领域。"比如英国在国际组织方面，德国在工程技术方面，美国在企业管理方面，日本在产业情报方面，都具有明显的优势。"❶

美国是世界上咨询业最发达的国家。美国75%的企业都要请教咨询公司，提供各种咨询顾问服务的公司近万家。20世纪90年代中期，其年营业额就已突破300亿美元。以麦肯锡等为代表的大型咨询顾问公司的分支机构遍布世界各地。在美国，咨询领域除工程咨询外，还包括决策咨询、技术咨询、咨询研究、专业咨询等领域，咨询服务几乎涉及社会生活的各个方面。同时，美国注重成立协会组织强化自律管理，早在1929年就成立了美国管理咨询公司协会（即管理咨询工程师协会），并分别于1959年创建了管理咨询师协会和职业管理咨询协会、1968年创建了管理咨询学会、1970年成立了内部管理咨询者协会等。这些协会在行业规范方面发挥了极大的作用。就美国咨询业的整体状况而言，"其市场运作规范、专业化程度高、收费合理，已形成相对稳定的咨询行业与服务体系"❷。

德国的咨询业始于20世纪50年代，咨询机构发展迅速，并呈两端分化趋势。一些大型咨询机构，如罗兰贝格（Roland Berger）等通过兼并和业务渗透，形成了少数综合性"咨询巨头"。而小型咨询机构由于经营灵活、收费低、具有一定的专业特色，在咨询市场也颇具竞争力。德国是市场经济体系较为完善和发达的国家，其成立了德国企业咨询联邦联合会等协会，强化自我规范与管理。在这样的环境下，咨询业获得了快于经济增长的高速发展。❸

英国是现代咨询的起源之地。当前有各种规模的咨询企业2000余家，服务范围按性质可分为工程咨询、产品与技术咨询、经营咨询研究三大类。工程咨询公司现有900余家，约90种专业；产品与技术咨询公司约有1000家，涉及200余个专业；经营咨询研究公司数百家。英国成立了经营管理咨询协会、管理咨询协会等专业组织，对规范行业有序发展起到了积极作用。

日本咨询业起步于20世纪20年代，快速发展是在"二战"之后，与其经济繁荣和全球扩张同步。日本擅长"拿来主义"，他们大力引入欧美的现代咨询理论，同时结合本国的文化传统与实践需求，形成了日本特色的"企划"。我国现代"策划"一词即从日本的"企划"借鉴而来。为了规范经营行为，日本企划界成立经营士会、中小企业诊断协会等行业组织，同时日本政府还通过制定政策，推动科技中介与信息咨询业发展，并要求从业人员必须通过政府组织的职业资格考试才能上岗。

虽然发达国家的咨询或智业各有优势，但也呈现出一些共性特征。其一，强调规

---

❶ 中为智研.软实力彰显：中国咨询业发展研究报告白皮书（2015）[EB/OL].（2016-12-10）[2019-05-16].http://www.sohu.com/a/121223281_321122.

❷ 同❶.

❸ 同❶.

范性。例如，各国都注重成立行业协会组织，帮助行业确立标准、规定职业行为准则；企业通常也严格按照行业规范、职业道德、业务标准，为客户提供优质服务。这是发达国家咨询业（或智业）兴旺的最基本保证，也确保了咨询成为一个让人信赖、受人尊重的职业。其二，强调专业性。西方咨询公司（或智库）大都有自己明确的核心业务方向。例如，麦肯锡、贝恩咨询、波士顿咨询侧重于做战略层面的咨询，包括市场策略、兼并策略、业务组合策略等；美世咨询、怡安·翰威特、韬睿惠悦专注人力资源领域；埃森哲、IBM、凯捷咨询偏向于信息技术领域；奥纬咨询、浦翰咨询关注风险管理领域等。

二、典型策划（智业）机构

（一）麦肯锡公司："精英荟萃"的"企业医生"

麦肯锡公司（McKinsey & Company）由美国芝加哥大学商学院会计学教授詹姆斯·麦肯锡（James McKinsey，1889—1937年）在1926年创立，经过近百年的发展，如今已是全球最著名、最成功的战略咨询公司，被称为"世界第一的战略、组织机构和业绩改善方面的公司"、"精英荟萃"的"企业医生"，目前在全球设有100多家分公司，9000多名咨询师，每天都同时在为75个国家600多位客户进行着1000多个咨询项目，世界排名前100家企业中的70%左右是其客户。从麦肯锡咨询人员的构成来看，他们分别来自78个国家，都具有世界著名学府的高等学位，拥有博士学位的达到16%以上。麦肯锡的业务也分布非常广泛，其中50%位于欧洲、中东及非洲地区，30%位于北美地区，20%位于拉美及亚太地区。正如外界所称誉的，麦肯锡是一家"真正的全球性公司"。

每个企业都有自己独特的企业文化与个性，主要体现在企业使命（企业为什么成立）、愿景（企业要去哪里）和核心价值观（哪些事情是对的，哪些事情是不对的）等方面。麦肯锡公司的传奇奠基人马文·鲍尔（Marvin Bower，1903—2003年）曾表示："对于一家专业服务公司而言，独特而诱人的个性是杰出声誉的关键之所在，而且除人员之外，良好的声誉是一家专业服务公司最宝贵的盈利资产。"[1]在这种思想指导下，麦肯锡立志高远，其愿景是要"成为全球众多最有影响力的企业与机构的咨询和建议者"；使命是要"帮助领先的企业机构实现显著、持久、实质性的经营业绩改善，打造能够吸引、培育、激励和留住杰出人才的优秀组织机构"；核心价值观是"客户的成功就是我们的成功"；实践标准

---

[1] 伊丽莎白·哈斯·埃德莎姆. 麦肯锡传奇（珍藏版）[M]. 魏清江，方海萍，译. 北京：机械工业出版社，2010：34.

包括"客户利益至上、专业性、为客户保密、告诉真实情况、为客户节约成本"等。虽然这些理念听来较为抽象，但正是它们指引着麦肯锡走向卓越。

事实上，麦肯锡公司成立之初，业务比较单一，主要是为各类客户特别是企业解决破产、购买、兼并中的会计问题。1929年，席卷资本主义世界的经济危机让无数企业走向倒闭和被兼并，这也给麦肯锡公司带了巨量的业务和快速的发展机遇，业务领域日益驳杂，服务地区急剧扩张。到了60年代末，麦肯锡已成为一家在欧洲和北美市场享有盛誉的大型咨询公司。但发展的道路也并非一片坦途，从70年代初开始，内外部环境的变化及面对波士顿咨询等竞争对手来势汹汹的挑战，公司内部充满着自我怀疑与否定的悲观情绪，导致公司陷入了"十年危机"。不过幸运的是，麦肯锡公司是一家具有极强自我反省和调整能力的公司。在1971年内部提交的一份分析报告中写道：公司陷入困境的原因是业务领域和地域扩张太快，降低了公司的业务水平，同时"通才"过多、"专才"稀缺，在解决特定领域的客户问题时缺乏针对性，难以提出有深度、高度专业化的调研分析和咨询方案。在这份报告的指导下，麦肯锡公司进入了漫长的调整期。一是重新聚焦业务方向，核心发展企业战略和组织，包括公司整体与业务单元战略、企业金融、销售与渠道、组织架构、供应链、技术、产品研发等方面的咨询。二是改革公司组织结构。在原来按地域设立分支机构的基础上，实施行业分类事业部制，以便弥补麦肯锡在专业知识上的弱势，并强化在汽车、能源、金融、医疗、高科技、城市基础设施等新兴领域的研究，增强研究的前瞻性和全球视野。三是积极创新咨询分析工具，包括指导公司业务发展的"三层面理论"（第一层面是守卫和拓展核心业务，第二层面是建立即将涌现增长动力的业务，第三层面是创造有生命力的未来业务），以及指导企业经营成功的"麦肯锡7S模型"，即结构（Structure）、制度（System）、风格（Style）、员工（Staff）、技能（Skill）、战略（Strategy）、共同的价值观（Shared values）。四是加大知识管理和人才培养，将知识的积累和提高列为公司的中心任务，并积极吸引具有特定行业知识的专业型专家，让其与公司原来的通才型咨询顾问一起组成T形人才结构。经过系列改革与调整，麦肯锡公司终于在20世纪80年代初走出低谷，开始复兴与壮大。

对一个咨询公司或智库而言，品牌传播和塑造能力也是公司的核心竞争力之一。麦肯锡对此非常重视。第一，坚持"服务即传播"的品牌理念，认为建立和传播品牌最重要的途径应该是面对面的客户服务，要在服务中传递出"麦肯锡是客户持久互信的合作伙伴"这样的品牌内涵，强化口碑传播。第二，出版高质量的研究刊物。麦肯锡以资深合伙人、全球研究院等力量为主导，出版各类高品质的期刊、书籍等，如著名的工商管理及战略期刊《麦肯锡季刊》（*McKinsey Quarterly*）、全球畅销书《麦肯锡思维》（*The McKinsey Mind*）、《麦肯锡方法》（*The McKinsey Way*）等，以及各类公共性的研究报告，如《中国制造到中国消费》等。正如麦肯锡所言："我们不谈自己，不谈客户，只谈知识和思想。"第三，培育良好的公共关系。公司鼓励咨询顾问们活跃于专业论坛，认为他们都是麦肯锡最好的品牌代言人，并与著名大学进行战略合作以提高学术影响力，如携手清华大学建立了中国卓越运营学院等，同时大力建设校友会，积极加强与离职员工的联络等，力争为公司发展营造良好的外部环境。

麦肯锡公司作为全球顶级的商业咨询公司，对我国策划企业的提质发展具有重要的启示与借鉴意义。第一，明晰机构的发展定位，特别是业务定位。例如，麦肯锡聚焦企业战略和组织服务，几十年如一日，至今麦肯锡几乎成为战略与管理咨询的代名词，在历年的企业经理人调查中都排名首位。第二，坚持服务至上、品质至上，内容即传播。麦肯锡品牌很大程度是借由其服务企业的口碑、创新知识的传播而被大众知晓，特别是其贡献的"三层次理论""7S 理论"，以及知识管理理论与方法等，已经成为企业管理公共知识的重要部分。第三，注意知识的管理与人才的培养。麦肯锡公司建立了储备案例和知识的专门数据库，并将全员学习作为制度固定下来，打造学习型组织，推动形成了"丁"形人才结构。第四，主动传播，不断扩大品牌影响。例如麦肯锡非常注重在行业领域发表专业性研究文章和报告，树立在行业的影响力，同时为了强化研究，建立了麦肯锡全球学院，该院每年研究经费近 1 亿美元。

（二）兰德公司[1]："世界智囊团的开创者和代言人"

兰德公司（RAND）是世界颇负盛名和影响力的综合性智库与决策咨询机构。其先以研究军事尖端科学技术和重大军事战略而著称，继而又扩展到内外政策研究等方面，逐渐发展成为一个涉及政治、军事、经济、科技、社会等各领域的综合性思想库，被誉为现代智囊的"大脑集中营""世界智囊团的开创者和代言人"。目前公司聚集了来自世界 40 多个国家的 1800 多名的顶尖人才，53% 以上的研究人员具有一个或多个博士学位。公司除了固定的高质量人才之外，还向社会聘用了约 600 位知名教授和各类高级专家作为特约顾问和研究员，其中先后有 32 位诺贝尔奖获得者为公司效力。目前，兰德每年开展的研究课题超过 1000 个，生产出 900 多份研究报告（出版物、期刊文献等），为 350 多家客户（包括政府机构、国际组织和基金会）提供服务。

兰德公司始源于 1946 年美国陆军航空队独家资助的"兰德计划"（全称为"战后和下次大战时美国研究与发展计划"），兰德（RAND）这个名字就是"研究与发展"（Research and development），是这三个英文单词的缩合。该计划最先由道格拉斯飞机公司负责开发，旨在于和平时期继续开展知识进步事业。1948 年，陆军航空队司令亨利·阿诺德在福特

---

[1] 兰德公司官网：https://www.rand.org。

基金会捐赠100万美元的赞助下,"兰德计划"脱离了道格拉斯飞机公司,正式成为一家独立的非营利性研究机构。

出于以上原因,兰德公司从一开始就具有了自己鲜明的特色。其发展愿景是要"成为全球最可信赖的政策参考和分析机构";使命是"通过研究和分析帮助提升政策和决策";其核心价值观是质量、客观、透明和公开。事实上,兰德也确实对战后美国政府和军方的内外政策产生了重大影响。亚力克斯·阿贝拉(Alex Abella)在《兰德公司与美国的崛起》(*Soldiers of Reason*:*The Rand Corporation and the Rise of the American Empire*)中写道:"在20世纪50年代,兰德协助艾森豪威尔政府做好应对美苏热核战争恐惧的准备,在60年代,兰德学者则填满了美国关于干涉东南亚及应战贫困等事务的高级政府职位,80年代,里根推广小政府以及外交干涉政策,这些都可以直接追溯到兰德的思想家身上。波斯湾战争、伊拉克自由行动、在所谓的军事变革理论中的五角大楼重组等,都是兰德学者们策划已久的研究项目的巅峰",而且"兰德的作用并不只限于国家安全,在20世纪50年代末期,为了设计出可以在核袭击中保持通信的方案,一位兰德工程师发明了信息封包交换技术,为日后发展起来的互联网奠定了基础。在健康领域,一项为期10年的兰德研究导致政府、公民个人共同承担医疗保险方案广泛传播开来。兰德还领先开创了恐怖主义研究项目。今天兰德的分析家还在延续其寻找解决问题之道的传统,出版了许多图书和手册,为饥饿、战争、毒品交易,甚至交通阻塞等许多世界性难题寻找出最好的也就是说最理性的解决方案"。❶

作为世界顶级的决策咨询机构,兰德公司必然有其成功之道,其发展经验亦可为我国咨询与策划机构的发展提供有益的参考和借鉴。

其一,植根机构的核心使命与战略定位,开展热点性、预测性和前瞻性的选题研究。多年来,兰德公司围绕"通过研究和分析帮助提升政策和决策"的使命,对涉及国家安全和公共福利方面的各种问题进行了系统的跨学科分析研究。用兰德公司总裁兼首席执行官里奇(Michael Rich)的话说:兰德公司的研究选题始终位于美国内外政策议事日程的顶端。我们从兰德成立以来的选题看,主要包括三大类型:一是国际热点性选题;二是未来预测性选题;三是世界前沿性选题,如互联网、人工智能、新型能源等。正是这些紧贴使命、服务重大战略决策的研究,让兰德获得了世界级影响力。

其二,坚持"独立"和"质量"是智库研究的生命。尽管兰德公司70%左右的经费来自美国联邦政府,但其一直保持着"独立"的文化传统,坚持讲"真话",无论这个真话对客户有利或是不利,同时通过分散资金筹措来源(包括基金会、慈善捐助、国际非

---

❶ 亚历克斯·阿贝拉.兰德公司与美国的崛起[M].梁筱云,张小燕,译.北京:新华出版社,2016:4.

政府组织等），以及成立一个由 20 多人组成的监事会来保障独立性。为了提高研究质量，兰德公司要求每一份报告、文章、数据库和简报，在公开发表前都经过审慎的同行权威专家的评审，并于 1997 年制定了《高质量研究和分析的标准》，根据研究人员、客户、捐助者的反馈，至今已修改到第四个版本。

其三，高度重视研究方法的求实与创新。首先，兰德公司在实践中总结和形成了自己的方法论，最知名的当属"德尔菲法"，又称"专家会议预测法""头脑风暴法"，目前已经成为广泛使用的问题研究与创新方法。其次，强调深入调查研究。兰德公司认为，数据和信息是研究分析工作的关键输入。为了确保研究分析工作建立在坚实的数据和信息基础之上，兰德公司十分重视调查研究，收集第一手的材料。最后，注重跨学科的合作，在兰德公司，几乎所有的研究项目都是由不同专长的学者，采取不同程度的集体研究方式完成的，在这个跨界的时代这种方法极具优势。

其四，构建高层次、多元化的研究人才队伍。人才是智库竞争力的核心，是其存在和发展的根本性决定要素。兰德公司自成立以来，高度重视人才建设，网罗了大量世界级顶尖人才，特别是在顶峰时期，其领军人物在一定程度上代表了美国当时的最高战略思维水平。同时，美国独特的"旋转门"机制（"智库"学者常常有机会跟随政党在新政府中担任要职；政党轮换后，一些退出政府的官员又回到"智库"，潜心钻研公共政策问题），让兰德公司拥有更多高端人才和人脉，获得更多高层和前沿信息。20 世纪 70 年代，为了建立人才培养的长效机制，兰德创办了帕地兰德研究生院，这是在全世界"智库"中唯一可授予博士学位的研究学院，目前已培养出数百名博士。

其五，注重研究成果的公开与传播。兰德公司作为以研究公共政策领域为重点的智库，除了向美国联邦政府提交咨询报告，还积极向社会大众传播最新研究成果，这也是其提升舆论引导力和社会影响力的重要方式。兰德成立以来，先后发表了研究报告 1.8 万多篇、论文 3100 多篇，出版了近 200 部著作。在每年几百篇的研究报告中，只有 5% 保密，95% 可以在官网上免费下载，这些高质量的报告让兰德圈占了一大群粉丝。巧妙选择研究课题也是兰德智库声誉鹊起的最大功臣。兰德通常会瞄准具有全球轰动性、未来预测性、宏观战略性、发展前沿性的课题，通过这样的重大选题来吸引媒体和社会的关注，如苏联发射第一颗卫星的时间、德国统一等。

（三）罗兰·贝格国际管理咨询公司[1]："永远领先一步"

罗兰·贝格国际管理咨询公司（Roland Berger Strategy Consultants）的前身是罗兰·贝格（Roland Berger，1937—）在 1967 年创立的罗兰贝格国际营销咨询公司，其总部设在

---

[1] 根据罗兰·贝格国际管理咨询公司官网和百度百科词条综合整理。

德国慕尼黑，是全球最大的源于欧洲的战略管理咨询公司。目前，罗兰·贝格在欧洲、亚洲、南北美洲 25 个国家设有 36 家分支机构，咨询顾问来自近 40 个国家，已经形成了行业中心与功能中心互为支持的跨国服务力量。早在 90 年代，罗兰·贝格的员工就达到了 500 人，年咨询收入近 2 亿德国马克。

罗兰·贝格坚持"创新战略致胜"和"与客户共同成长"的发展理念，即是力求从打破常规的公司战略到设计组织结构，再到形成革新性的商业流程，为企业提供经营管理各个层面的有价值建议，并在这过程中实现共同的成长。同时，罗兰·贝格强调战略设计之时的前瞻性、特色性、创造性和落地性，要求每一名咨询人员在研究和战略设计工作中，必须充分理解每一客户的地域竞争环境和独异的人文特性与诉求，并基于此设计企业战略和发展方案，使之能够真正具有针对性和可实施性。随着时代的进步，罗兰·贝格按照"永远领先一步"的价值哲学，又积极拓展服务能力，通过知识、技术、资本的全新三重结合，为客户提供高附加值的商业咨询服务，超越了传统管理咨询的范畴。

罗兰·贝格公司在改革开放后不久即来到中国，是较早进入中国市场的欧洲顶级战略咨询公司，当时主要为大中型国有企业、合资企业、民营企业、政府机构等客户提供国际化的咨询服务，业务涉及战略发展、组织变革、产业研究、品牌提升、运营改善、并购及整合等诸多领域。服务过的客户包括碧桂园、华夏幸福、五矿集团、远洋商业地产、美特斯邦威等知名企业。其重点是帮助渴望拓展国际市场的中国企业提供定制化解决方案。同时，罗兰·贝格也帮助跨国公司、投资基金、国际组织等机构更好地了解中国市场情况与发展趋势，制定进入策略和产品定位，帮助他们实施服务外包战略等。

由于在中国市场耕耘较久，罗兰·贝格为中国企业和产业界广为熟悉，其专业化和战略咨询能力也得到了广泛的认可。纵观罗兰·贝格的发展历程，其通过近半个世纪的坚持不懈，从两个人的公司变成全球顶级的战略咨询公司，其成长经验值得我国咨询和策划企业借鉴。

第一，树立国际化的发展导向。自罗兰·贝格创立伊始，公司就以国际化为发展方向。20 世纪 70 年代中期，公司在米兰、巴黎、伦敦、纽约和圣保罗等地建立了办事处，70 年代后期，又与英国、法国、意大利、荷兰等国的企业组成了国际咨询联盟；80 年代初，罗兰·贝格公司被美国历史最悠久和盛名卓著的咨询协会 ACME 吸纳为会员，成为进入该协会的第一家欧洲企业。随后罗兰·贝又格积极进入改革开放不久的中国。在全球化发展的今天，中国咨询和策划机构也应该具备国际视野，积极宣扬中国模式、经验和榜样。

第二，善于抓住关键性成长机遇。1967 年公司创立之时，公司只有罗兰·贝格和一个助手，但在帮助 Touropa 旅游公司解决营销问题之后幸运地获得了一个大项目，即帮助 Touropa、Scharnow、Hummel、Dr.Tigges 等四家企业合并，打造旅游业巨型航母 TUI 集团，这也是罗兰·贝格高速发展的起点。到 1973 年，罗兰·贝格已经成为德国第三大咨询公司。由此可见，对一家企业而言，抓住关键的战略节点，并积极有为，就有可能实现跨越式发展。

第三，以客户需求为导向，强调方案的实效性。罗兰·贝格针对中国本土企业管理基础薄弱、所处市场不规范、迫切需要"可实施的战略"的现实情况，不刻意追求理论的先进性和国际经验的标杆性，而是植根中国的实际，实事求是，强调咨询或策划方案的可操作性，要求每个咨询顾问始终设身处地的思考：如果我处在客户的角度和环境，我会怎么去做。这种以客户需求为导向、为客户解忧、求真务实的咨询态度，非常值得中国的咨询或策划机构学习。

第四，坚持严谨和理性的咨询方法和工具。管理咨询的实质是向客户提供建议、帮助他们改善经营和做出重要的决策。因此，在服务客户的过程中，不仅要重视创造和革新能力，也需要提升对环境、财务、市场、行业等方面的分析洞见能力。从罗兰·贝格公开发布的战略和行业分析框架来看，其拥有一套成熟而严密的分析逻辑和分析规范。当然，这种规范也有利于对新员工进行培训，使公司的分析研究水平保持在一定水准之上。

（四）野村综合研究所："与客户共荣共生"

野村综合研究所是日本规模最大、业绩最好，最具有国际影响力的营利性咨询机构和民间智库，其前身是野村证券公司的调查部，1965 年正式独立出来，2001 年实现在东京证券交易所上市。研究所设有以研究为主的镰仓总部和以调查为主的东京总部，在纽约、伦敦、巴西、中国等地都设有分支机构，现有员工 6130 人，年产值约 4200 亿日元，主要服务业务包括咨询、金融领域 IT 解决方案、产业领域 IT 解决方案、IT 基础服务等四大方面，并广泛接受政府、国内外企业和社会团体及政治家委托的研究咨询课题。研究所的成果在日本政府的决策中具有重要影响力。例如，日本政府接受研究所提出的"综合安全保障"战略：在力所能及的条件下，扩大日本自卫力量，加强同美国的军事关系，增强海上供应线的保卫力量。

野村综合研究所非常重视自己的顶层设计。在机构使命上，研究所提出"洞察新社会的典例，承担实现新社会的重担""获得客户的信任，与客户共荣共生"。在经营理念上，提出了"梦想未来"，意味着大胆去做充满灵光的发明。这彰显了它的"未来是看不清、不可预知的，因此我们要大胆地去做"的热情。其"指南服务"涵盖了从发现问题到提出解决方案的全过程，包括预测、分析和提出建议等。"解决方案"是针对"指南服务"提出的解决方法，通过业务改革、系统的设计、构筑与运营将其付诸实现。"指南服务 × 解决方案"整体包括 7 个步骤，即社会与产业的预测和展望→市场分析、业务分析、经营诊断→企业经营、政策制定的相关建言→提出企业经营、业务改革的解决方案→提供系统设计及系统解决方案→外包服务、系统运营→商务活动开展的支援等。

研究所对研究人员的要求非常严格，提出要具备"五大能力"，即"研究能力"（擅长调查研究）、"洞察能力"（善于发现问题）、"服务能力"（能与委托客户进行交涉）、"合作能力"（能与同事合作）、"应变能力"（可以适应环境变化及时调整研究）。为了更好地培养人才和对外宣传，研究所还拥有自己的图书馆，并出版《财界观测》《野村周报》《经济季报》等刊物。

野村综合研究所作为一家自负盈亏的民间智库，其经营理念、商业模式值得中国策划机构学习。当前，国内有不少咨询或策划企业为了"蹭"国家政策的热度，纷纷将公司类型改为智库，但智库的本质是强调公共性和独立性，如果咨询或策划机构只是赶时髦改改名字，而不是真正变革其发展理念、商业模式与组织机制，就很可能沦为"花架子"，有名无实。

整体来看，国内咨询或策划公司与国际著名公司相比，还存在较大差距。发达国家的咨询业已有近两百年的历史沉淀与经验积累，而中国才起步不久，正处于快速成长阶段，亟待学习和提质。例如，咨询或策划公司在思想的原创和影响力的塑造方面还相对薄弱，没有形成具有重大影响力的策划理论、方法和工具。当然，我们也无须妄自菲薄。多年来，本土咨询与策划机构奔波于大江南北，感受着时代最前沿的涌动，感悟着最深刻的国情，诞生了大量鲜活的案例，推动着经济与社会的发展。未来，咨询和策划机构还需立足全球视野，坚持国际标准，塑造中国特色，实现快速的发展与赶超，成就新时代中国智业的光荣与梦想。

★★★重点回顾与拓展阅读★★★

一、重点回顾

（1）中国策划的源头是先秦的谋略，思想源泉是《周易》，其阐述了阴阳之变，奠定了中国谋略的哲学原理。

（2）春秋战国是古代谋略的高峰时期。在中华民族五千年文明史上，春秋战国时期是最为动荡然也是谋略文化最为辉煌的时期，诞生了道、儒、墨、法、兵、名等诸子百家，产生了《老子》《庄子》《论语》《墨子》《孙子兵法》等一批彪炳千年的著作，对后世的谋略思想与文化产生了深远影响。

（3）从谋略思想来看，道家主张道法自然，儒家主张内圣外王，兵家主张守正出奇，法家主张法、术、势，纵横家主张权事制宜。

（4）先秦谋略有其基本特征：谋略主体是士人阶层；服务对象是统治阶级；谋略领域主要兴于政治、军事与外交；谋略方法植根哲学，注重创造性与权变性；谋略结果具有极强的实效性和影响力。

（5）随着国家的大一统和封建专制的建立，特别是独尊儒术及科举选士以后，人们的思想受到禁锢，谋略走向衰微，三国时期是先秦谋略的历史回响。

（6）现代策划兴起的背景：一是计划经济转向市场经济，二是企业需要"外脑"支援，三是知识分子"下海"创业，四是媒体的炒作与包装。

（7）中国现代策划经历了四个发展阶段：策划起步阶段、策划神话阶段、调整潜行阶段、稳步发展阶段。

（8）当前策划业发展面临四大挑战：策划形象的改善问题、策划行业的规范问题、策划理论的建构问题、策划人才的培养问题。

（9）西方没有"策划"一词，更多是咨询或智业的概念。其历史非常悠久，发展特色与文化传统和思维习惯关系密切。现代咨询发端源于市场需求。因此，其首先发生在工业革命的英国，但繁兴在美国和日本。目前，全球有麦肯锡公司、兰德公司、罗兰·贝格、野村综合研究所等顶级咨询公司或智库。

二、拓展阅读

（1）《中国公共关系史》。该书由中国人民大学胡百精教授所著。全书以中国先秦的修辞观和公关史开篇，主旨在于记录、梳理中国现代公关自20世纪80年代以来的观念史和实践史，并将之还原至30余年间中国社会史和思想史的语境之中，以考察公关与中国现代性转型的相互建构关系。由于策划初期往往与公关交织在一起，因此书中亦有大量关于当时策划事件的阐述。

（2）《麦肯锡传奇》。该书由麦肯锡公司原高管伊丽莎白·哈斯·埃德莎姆（Elizabeth Haas Edersheim）所著，讲述了现代管理咨询之父马文·鲍尔（Marvin Bower，1903—2003年）将一个濒临绝境的小事务所改造成咨询业领袖的传奇故事。其中，关于愿景、坚持、领导力和影响力的阐述，无论对策划机构还是策划人都有很好的启示。

（3）《兰德公司与美国的崛起》。该书由美国专栏作家亚历克斯·阿贝拉（Alex Abella）所著。其以兰德的档案史料为基础，以时间为线索详述了这个隐藏在美国政府背后的神秘智囊的创立与发展，并给了读者一个观察美国20世纪后半叶历史的全新视角。

（4）《大国智库》。该书由中国与全球化智库（CCG）创始人王辉耀教授编著。作者通过对国际 30 多家一流智库的实地考察和资料梳理，研究与分析了全球化时代智库发展的背景、世界智库发展概况及中国智库发展所处的地位，阐述了中国智库的成长历程和环境、角色定位和功能，对中国智库发展提出了中肯建议。

（5）《策划旋风》。该书由知名策划人王志纲所著。书中原汁原味地记录了其于 1997 年年底在广州、南京、天津、上海、杭州等城市巡回演讲的实况，展示了一个策划人的创新思维轨迹和对策划行业的思考。特别是其中的对话环节风趣幽默，又不失深度，读来饶有趣味。

第三章 策划的基本原理、原则与理论基础

▶策划故事：中国文化产业学院奖

中国文化产业学院奖是国内唯一跨年举办（后举办时间有调整）的中国文化产业学术盛会，也是国内首次采用全网直播方式实时共享的文化盛典。中国文化产业学院奖始终坚持"独立、权威、公正、关怀"的学术态度和敏锐的互联网洞察力，创新学术传播方式，旨在鼓励与推动中国文化产业的创新发展，促进中国文化产业与世界各国的交流合作。随着中国文化产业在世界范围内的崛起，中国文化产业学院奖的影响力也越来越大，被誉为中国文化产业的"奥斯卡"。

2017年的颁奖盛典在前期策划与资源整合下，取得良好的传播效果。舆情监测机构提供的数据显示：截至2018年1月14日，国内300多家媒体发布了关于跨年盛典的信息1000多条，其中4小时盛典视频在线观看量达到2300多万人次，各种媒体综合曝光量1亿人次；海外共开通13个语种，实现了在70多个国家和地区的传播，盛典相关英文报道浏览量超过1670万次。同时，盛典剪辑版在非洲37个国家用3个语种全覆盖播出，据不完全统计国内、国际传播流量累计突破10亿人次。一次学术而非娱乐活动，在没有流量明星参与的情况下，能够引发如此大的传播效应，这无疑是相当难得的。其成功的缘由与前期的策划密切相关。

第一节　策划的基本原理

万物皆有理。所谓原理，就是某一事物、领域、部门或科学中具有普遍意义的基本规律。它既来源于实践也需要通过实践来检验，检验后的原理可指导我们更好地实践。罗伯特·麦基（Robert McKee）在《故事：材质·结构·风格和银幕剧作的原理》（Story: Substance, Structure, Style, and the Principles of Screenwriting）中写道："原理是说：'这种方式有效……而且经过了时间的验证。'……作品没有必要临摹一部'写得好'的剧本，而是必须依循我们这门艺术赖以成形的原理去写好。"❶策划亦然。我们没有必要机械地去模仿一次成功的策划，而是需掌握好策划之原理，依循原理去开展策划活动。通过剖析古今中外各类成功与失败的策划案例，并梳理和总结前人与当代专家学者的研究成果，本书提炼了策划的六大原理。

一、制宜原理

制宜原理是策划的首要原理。明朝文学家、思想家冯梦龙说："智无常局，以恰肖其局者为上。"❷马克思也强调："人民自己创造自己的历史，但是他们并不是随心所欲地创造，并不是在他们自己所选定的条件下创造，而是在直接碰到的、既定的、从过去继承下来的条件下创造。"❸策划亦如此。策划的根本任务是针对特定问题或目标，为决策提供定制化的解决方案。其核心策略是创新与创意，但这并不意味着策划可以"异想天开拍脑袋"，超越客观条件的限制。事实恰恰相反，策划人越是了解对实现目标起限制性（或决定性作用）的因素，就越能客观、准确、有效地制定可供选择的解决方案，因此在策划过程中必须将策划对象放在特定的时间、空间、人物（决策与实施主体）这个三维场景坐标中，因时制宜、因地制宜、因人制宜，对这些维度进行准确、细致、深入的考量，对资源要素、机遇与优势进行梳理和整合，对威胁、挑战与劣势进行规避和转化，以期达到现有条件下的最佳决策与实施效果。所谓条条大路通罗马，策划就是寻找最近的那条。尺有所短，寸有所长，扬长避短，创新突破，这是策划的精髓。

---

❶ 罗伯特·麦基. 故事：材质·结构·风格和银幕剧作的原理[M]. 周铁东, 译. 天津：天津人民出版社, 2014: 2.
❷ 冯梦龙. 智囊·上智[M]. 北京：燕山出版社, 2009: 1.
❸ 卡尔·马克思. 路易·波拿巴的雾月十八日[M]. 冯适, 译. 南京：江苏人民出版社, 2011: 2.

一是要因人制宜。策划规律千万条，以人为本是头条。策划植根于人，更服务于人。彼得·布洛克（Peter Block）在《完美咨询》(Flawless Consulting）中说："一切问题都是人的问题，咨询中要充分关注人，了解他们的意愿和能力，而且我们需要学会如何从第一人称视角来探讨变革。"[1] 策划的主要服务对象是决策者（某些情况下策划人就是决策者）。所谓做好"因人制宜"，即要设身处地为客户着想，做好"领导判断、问题诊断、需求决断"，进行"量身打造"，深刻地把握：我们在为什么样的决策者服务、决策者面临的真正问题是什么、决策者希望达到什么目的和效果。研究好客户（特别是决策者）的需求，是策划成功的最关键因素。在策划活动中，最忌讳和最为可怕的事情是殚精竭虑地策划了几个月，最后客户来一句"这不是我们想要的"。这无疑是对策划者的信心和努力的最致命打击。因此，策划人在策划之初就必须明确客户要求，杜绝"供需错位"的无效策划。

二是要因时制宜。"时"就是时势。《兵经百书》认为，"据兵之先，唯机与时"[2]；孟子曾说"虽有智慧，不如乘势；虽有镃基，不如待时"[3]。策划同样需要讲究审时度势。既要看清当前的时局，又要研究未来之大势。这里的"大势"可理解为"因为某种内在规律而导致的未来的大概率或者必然趋向"[4]。在创新实践中，太超前容易变"先烈"，太滞后又会失去"先机"，所以策划既要防止冒险主义，又要避免机会主义，其精妙之处在于"领先半步"。策划活动中要做到因时制宜，重点要研究透时代趋势、社会需求、政策方向，即要从宏观上把握经济、科技和行业的发展趋向，社会、文化与消费的潮流，以及政策的引导和支持方向。从更大范围上来说，策划人要准确地把握和判断好政府的战略意图与方向，将政府作为资源要素或环境要件整合到策划方案中。与此同时，还要对策划对象（如城市、企业等）进行科学分析，弄清楚其来龙去脉、发展动力与内在逻辑，审时度势地制定合理的策划方案。

三是要因地制宜。管子在《管子·牧民》中说："不务天时则财不生；不务地利则仓廪不盈。"[5] 对策划而言，"地"亦是策划活动中的一个核心要素。所谓因地制宜，即是要挖掘策划对象所在地域的区位条件、战略格局、资源条件、文化底蕴，进而充分借势或整合特色人文地理资源，最大化在特定地理空间的价值（即使是影视策划、电视节目策划、游戏策划等不具有空间特征的策略类型，也不能忽视地域因素）。做好因地制宜，首先，即要研究区域格局，学会从"月球上看地球"，从更宏大的尺度来审视策划对象所在的区域。一般而言，区域价值决定了项目价值，城市能级影响着发展潜力。其次，要把握地域文化

---

[1] 彼得·布洛克. 完美咨询指导手册 [M]. 邹怡，译. 北京：机械工业出版社，2016：43.
[2] 戴庞海，等. 兵经百书 [M]. 郑州：中州古籍出版社，2018：13.
[3] 方勇. 孟子·公孙丑 [M]. 北京：中华书局，2010：46.
[4] 叶修. 深度思维 [M]. 成都：天地出版社，2018：185.
[5] 刘向. 管子精解·霸言第二十三 [M]. 北京：海潮出版社，2012：1.

特色。"十里不同风，百里不同俗"，对于策划人而言，要熟悉地方文化风情，把握文化底蕴与神韵，而后借助或嫁接千年文化势能（超级文化符号或IP），发挥高杠杆效应。最后，要创造性地发掘地形与地段优势。英国著名环境设计师麦克哈格（McHarg, 1920—2001年）在《设计结合自然》（Design with Nature）中写道："良好地利用和挖掘自然提供的潜力胜过武断硬性的设计和简单粗鲁的改造。"日本的安藤忠雄等设计大师，也都非常强调对自然地形和环境的合理利用。

案例链接：三版"隆中对"，孰高孰下？

三国是一个英雄的时代，也是一个谋略迭出的时代。谋士们凭借自己敏锐的政治嗅觉和大局判断，为自己服务的政权制定出了有远见的、顺应时代的发展战略方案。其中，诸葛亮、毛玠、鲁肃分别提出的三个战略策划方案——蜀、魏、吴三个版本的"隆中对"，可谓是因时、因地、因人制宜的经典案例。

1. 诸葛亮版的"隆中对"

穷途末路的刘备"三顾茅庐"请出了"卧龙"诸葛亮，并向他求教成就一番伟业的策略。诸葛亮审时度势地分析了天下大局，认为北边曹操占天时，拥百万之重，挟天子而令诸侯，不可与之争锋；东边孙权占地利，历经孙权父兄三世经营，政权稳固，可以联盟但不能夺取。所以，刘备只能求人和，占据荆益之地，并设计了具体路径：要充分利用刘备的声誉、身份和影响力，先取荆州，再取益州，然后与西南少数民族和东边孙权处理好关系。待到天下有变，两路出兵，攻取洛阳和西安，则霸业可成，汉室可兴。这个战略方案可谓进可攻、退可守，最高目标是统一天下、成就帝业，最低目标三分天下、完成霸业。

2. 毛玠版的"隆中对"

公元192年，聚集在青州的黄巾军进入兖州，兖州刺史刘岱不听鲍信的劝告，结果被黄巾军所杀。这个时候鲍信和陈宫请曹操代理兖州牧，从此曹操便有了根据地。曹操在治理兖州之时，征召毛玠为治中从事。当时，曹操的实力比起袁绍等政治军事集团还较为弱小。为了帮助曹操站稳脚跟并增强实力，毛玠提出了战略方案，即政治策略——"宜奉天子以令不臣"（用皇帝的名义号令不听话的诸侯）、经济策略——"修耕植"（发展农业生产）、军事策略——"蓄军资"（积蓄军用物资）。随后我们看到，曹操在政治上"挟天子以令诸侯"；在经济上实施了屯田制度，将无主田亩收归己有，进行军屯和民屯。屯田制度不仅发展了经济，而且耕作方式军事化和居住方式集体化，这样曹操又相当于拥有了一支能耕能战的军队。可以说，正是这些极富远见的策略，为曹操打败袁绍、一统北方奠定了理论基石。

3. 鲁肃版的"隆中对"

在诸葛亮出山的7年之前（建安五年），谋臣鲁肃就为孙权提出了一个宏大的战略规划：大汉已经不可复兴，曹操兵强马壮力量太大，建议孙权巩固江东，三分天下；等待北方有变，可西进消灭黄祖（刘表部将），再消灭刘表，最后夺取益州，与曹操划江而治，然后寻找机会消灭曹操，统一天下。鲁肃认为刘表没有远见，两个儿子也无雄才，荆州可取。赤壁之战以后，鲁肃迅速调整战略，转而对付刘备。建安十二年，孙权依据鲁肃的策略，消灭了黄祖，并打起了夺取荆州的主意，并进取益州之地。这个战略规划的最高目标是统一天下、铸成帝业，最低目标鼎立南北朝、开创霸业。最后，由于西蜀的横空出世，多方力量对抗形成了魏、蜀、吴三分天下的格局。

资料来源：我们爱历史《魏蜀吴三个国家，三个版本的"隆中对"》，2017-06-09，https：//baijiahao.baidu.com/s?id=1569647091742564&wfr=spider&for=pc。

二、取舍原理

"古画三策，上为善"❶，决策的本质在于取舍。战国时期思想家荀子告诫："其虑之不深，其择之不谨，其定取舍楛僈，是其所以危也。"❷贾谊也在《治安策》中曾说："为人主计者，莫如先审取舍，取舍之极定于内，而安危之萌应于外矣。"❸因此，策划的核心任务即是制定科学的问题解决方案，并提供取舍建议。例如，兰德公司在咨辅决策中，通常会提出4～5个建议（或方案），然后剖析其利弊，以供取舍。如何才能做好取舍？主要有以下四个标准或方法。

第一，取舍落实到策划上，最关键是定位，明确方向。正如英国谚语所言："一艘没有航向的船，任何方向的风都是逆风。"在战略方向没有确定之前，任何战术都无所谓好坏。从这个角度而言，取舍首先要在定位上做出决策，先做"正确的事"，如百度聚焦搜索、阿里巴巴聚焦电商、腾讯聚焦社交，然后围绕此定位，不断强化在特定领域的集聚能力，建设企业主导的产业生态圈。

第二，要树立全局视野和长远意识，从战略高度定取舍。所谓"不谋全局者，不足谋一域，不谋一世者，不足谋一时"，特别是涉及战略类策划之时，必须胸怀大局，"上下五千年，纵横八万里"，不能鼠目寸光，要高瞻远瞩、深谋远虑、整体把握、驾驭全局，提出具有战略眼光的取舍方案。

第三，取舍不仅要有定性研判，更要有大数据支撑。数字网络时代产生的大数据为策划机构提供了海量的信息来源和分析样本，也让研究方法和手段发生了重大变革，大数据运用能力正成为策划机构提高研究质量的关键性能力。在这个时代，迫切需要通过大数据来支持决策和取舍。例如，在电影《小时代》的投资与营销策划中，乐视影业在投资之前已对同名原著在网上的点击量、点击用户身份等关键数据进行了调研，并将潜

---

❶ 戴虎海，等.兵经百书［M］.郑州：中州古籍出版社，2018：20.
❷ 方勇，李波.荀子［M］.北京：中华书局，2011：42.
❸ 班固.汉书·贾谊传［M］.长沙：岳麓书社，2008：870.

在观众分成了核心圈、第二圈和第三圈,还对同档期上映的影片及过去一年消费者对同类影片的反映都做了数据分析,然后用此来说服院线排片,结果一部投资4000多万的电影上映首周票房即达到2.6亿元,观影人次达830余万,成为电影"新营销"标杆的案例。

第四,植根事物发展规律,取舍建议要独立与客观。对策划机构而言,独立和高质量的判断是其生命。在策划活动中,应按照事物发展的客观规律给决策提供参考建议,即使与客户的意见相左。策划人不能为了方案获得通过,而不顾客观现实刻意迎合客户。策划更多应该是与决策者"对话",而不是向决策者俯首"听话"。策划人必须坚持自己的专业性、独立性,用知识与规律的力量与决策者手中的权力博弈,通过不断的磨合而获得最佳的策划效果。

案例链接 段永平的"不为清单"

段永平是中国商业史上的一个传奇人物。1988年,段永平在"孔雀东南飞"的热潮中南下来到广东,被中山市怡华集团聘任为属下的日华电子厂厂长。段永平将小霸王从昔日负债累累做到产值逾10亿,但还是一个高级打工仔,被称为当时的"打工皇帝"。段永平对此并不甘心。他认为,必须有更先进的激励机制,否则会失去发展的原动力。

在提出"改制"被拒后,1995年7月段永平提出辞职,并在东莞市成立了广东步步高电子工业有限公司。在步步高,段永平依旧复制着其原有的商业理念——致力于教育市场,疯狂投资广告。1996年,段永平在央视黄金时间广告竞标会上狂砸8000万,拿下新闻联播后5秒标版,1999年、2000年步步高两夺央视广告标王。如小霸王学习机一样,步步高学习机的广告语"哪里不会点哪里,妈妈再也不用担心我的学习啦",同样成为全国人民几乎都熟知的一句。之后步步高先后在复读机、电话机、VCD、学习机领域夺得中国市场的第一。

2018年9月30日,段永平在斯坦福的校园与华人学生对话中,透露了自己"成功的秘诀":有一个"不为清单"(Stop doing list),即是有所为有所不为,不做不对的事比做对的事更重要。他认为很多人经常做一些明知是错的事情,是因为抵挡不了短期利益的诱惑。他举了"不为"的例子,如没有销售部(因为不需要谈生意);不单独和客户谈价钱(所有客户一个价,省了双方非常多的时间和精力);不代工(代工的产品没有大的差异化,很难有利润);没有有息贷款(永远不会倒在资金链断裂上)。"不为清单"的另一层意思是对的事情一定要坚持,错的事情一定要尽快改。

资料来源:界面新闻《段永平连答53问,核心是"不为清单"》,2018-10-02,https://baijiahao.baidu.com/s?id=1613218436807945952&wfr=spider&for=pc;张漫莉《靠步步高身家80亿,40岁退休成股神》,2018-02-20,https://new.qq.com/omn/20180220/20180220A06YDN.html。

三、奇正原理

什么是"正"?"正"是规律性,是事物发展的必然逻辑;什么是"奇"?"奇"是创造性或艺术性,是在规律指导下不断地创新和创造。"战势不过奇正,奇正之变,不可胜穷也。奇正相生,如循环之无端,孰能穷之哉!"❶正是这种规律性和创造性(艺术性)的交汇、交融,才让策划活动充满了无穷变化与乐趣。

在策划过程中,"正"是根基,"奇"是生长。奇正原理是策划的科学性与艺术性统一的深刻反映。科学性是指策划要符合客观规律,可以被实践反复地检验和证实;艺术性是策划对客观规律的创新性运用,重点是求新求异。策划追求科学性,能够提供前沿的知识、综合的分析、理性的判断,可以落地实施,具有严密的逻辑性和实效性;策划也要追求艺术性,注重创新、创造与创意,体现主流价值观,强化人文色彩和艺术魅力。只有将科学性和艺术性有机结合,才能使策划方案既具有操作性和合理性,又具有美感和吸引力。

具体而言,"正"就是策划中要寻找和把握事物发展的必然。培根(Francis Bacon, 1561—1626年)在《新工具》(*Novum Organum*)中说"要支配自然就需服从自然"❷,按照规律办事。具体如何做呢?其一,要关注策划对象的"基本面",即是事物发展的基础,这是策划的起点,任何事物的发展都不能建立在空中楼阁之上,没有充分的依据,张口就提"世界级""全球化",借以显示策划的高度,这无疑是极不负责任的言论。其二,进行深入调研,没有调查就没有发言权。所有创新都应该建立在扎实的研究基础上。做一个项目策划需要对与其相关的经济社会、行业发展、公司问题及国内、外典型标杆等有深入分析。例如,兰德公司高度重视调研,拥有全美一流的具有40年历史的调查研究小组,其调查结果经常被各种科研单位引用。兰德公司同时拥有一流的统计学小组,擅长数据分析、实验设计、抽样及统计计算。这些部门为兰德的各种研究提供基础服务,为制定高品质方案与报告立下了汗马功劳。其三,要分析提炼出策划对象所在行业或企业发展的基本规律。通过数据分析、案例分析、剖面分析和对比分析等,找到事物发展的内在必然,为方案设计提供强有力的依据。

"奇"就是创新性。孙武曾言:"不知用正焉知用奇。"真正的创新,是在情理之中又在意料之外。如何用"奇"呢?其一,积极创新思维模式。将单线思维转变成复合思维,将封闭性思维转变成发散性思维,将孤立、静止的思维转变为辩证的、动态的

---

❶ 杨丙安.十一家注孙子·势篇[M].北京:中华书局,2012:83.
❷ 培根.新工具[M].许宝骙,译.北京:商务印书馆,2018:8.

思维。思维的转变是策划用"奇"的根本。其二，善于模仿借鉴和跨界整合。创意并不是凭空而来，其实是我们大脑对相关知识的整理、联想、融合而来，"功夫在诗外"，唯有见多识广、思维开阔，才能触类旁通。例如，当年碧桂园绝地求生的创新举措，不是从房地产本行入手，而是通过贵族教育聚集资金与人气，另辟蹊径，跨界施救。其三，"奇"要有现实支撑。策划不能是"抓着自己的头发往上蹦"。任何创意、奇招都要有现实可行性，不然就是胡思乱想。"奇"出于自己之优势，则可胜；"奇"依于自己之劣势，则将败；好的"奇"，必须充分激发组织与机构的潜能。

案例链接：《纸牌屋》凭什么成功？

守正出奇这方面最典型的例子就是美国Netflix制作的《纸牌屋》。2012年，Netflix在决定拍什么、怎么拍之时，抛开了传统的制作方式，启用了大数据。Netflix对该网站上3000多万用户的收视选择、400万条评论、300万次主题搜索等内容进行精准分析。Netflix发现，其用户中有很多人仍在点播1990年BBC经典老片《纸牌屋》。这些观众中，又有许多人喜欢导演大卫·芬奇，大多爱看演员凯文·史派西出演的电影。Netflix大胆预测，一部影片如果同时满足这几个要素，就可能大卖。于是，《纸牌屋》出现了，并大获成功。

资料来源：杨晓艳《大数据是如何捧红〈纸牌屋〉的？》，2017-05-03，http://m.sohu.com/a/137926223_114778。

四、简易原理

大道至简。道理只有简易，才能被人们记忆、传播与实践。文艺复兴巨匠达·芬奇曾说："把最复杂的变成最简单的，才是最高明的。"策划亦然。在策划活动中，所谓简易，不是浅薄的简单，而是"化繁为简、直抵本质、明确易行"。这也直观地反映着一个团队或机构的策划水平。"删繁就简三秋树，领异标新二月花。"❶简易应该是策划人追求的境界。但其来之不易，如何才能做到呢？

第一，坚持"冰山原则"。在自然环境中，一座漂浮在水面上的巨大冰山，能够被外界看到的只是露在水面上的八分之一，另外的八分之七藏于水下。在策划活动中，简易背后是策划人的大量汗水与心血。一般而言，通过文字或报告等形式正式呈现给决策者的，往往只有研究工作的20%左右。例如叶茂中在做营销策划方案之时，最后给客户汇报的精简材料经常是一页PPT，但正如他坦言，这些是在大量的市场调研和推翻了其他99个

---

❶ 出自郑板桥的诗《赠君谋父子》，全诗为："多读古书开眼界，少管闲事养精神。过眼寸阴求日益，关心万姓祝年丰。阶下青松留玉节，夜来风雨作秋声。删繁就简三秋树，领异标新二月花。"

创意之后而获得的。这看似简单的创意背后,其实是复杂与艰辛的劳动。

第二,整个策划案要做到"一句话"说清楚。有人说"策划就是一句话的事",如果我们将策划过程比作"画龙"的话,那么"一句话"就是"点睛"。这一"点"极见功力。任何优秀的策划案都可用"一句话"提炼出其精髓与灵魂,如果不能,就意味着策划还没有抓住核心与根本,还需继续深化与凝练。正如龙湖集团董事长吴亚军所言:"咨询不是说写一个厚厚的报告,而是看有没有真知灼见,假传万卷书,真传一句话。"因此,策划是一个从简单到复杂再到简易的思考、研究和提炼过程。《风格的要素》(The Elements of Style)的作者威廉·斯特伦克(William Strunk)说:"有说服力的文章通常是言简意赅的。一句话里不应该有多余的词,一个段落里不应该有多余的句子。"

案例链接 极简美学 E=mc²

爱因斯坦曾说,凡是真理往往都遵循"简单"和"美学"两个基本原则,对现代科学和世界产生深远影响的"质能方程"就是其中的经典范例。

质能方程为 $E=mc^2$,E 表示能量,m 代表质量,而 c 则表示光速(常量,c=299792.458km/s),描述质量与能量之间的当量关系,主要用来解释核变反应中的质量亏损和计算高能物理中粒子的能量,是研制核武器的最基础理论。

但是我们可以看到,一个改变人类历史进程的重要方程,其表达却极端的简洁。一个著名的花絮是爱因斯坦最初将方程写为 $dm=L/c^2$(用了一个"L"而不是"E"来表示能量,而 E 在其他地方也用来表示能量),但从传播效果来看,$E=mc^2$ 无疑更加简练精确,简直让人觉得这是上帝的创造。

五、整合原理

全球化、数字化与网络化主导的时代,是一个整合为王的时代。当今,互联网正深刻地改变着人们的工作方式、生活方式、交流方式及商业的发展模式。未来世界正朝着更加开放、融合和协同的方向进化。1993 年,穆尔(James Moore)在《哈佛商业评论》(Harvard Business Review)上首次提出了"商业生态系统",正成为商业关系构建中的一场革命。生态圈模式与传统价值链模式最大的区别:后者强调如何利用企业内部资源形成竞争优势;前者则强调企业如何通过建设一个价值平台,集聚其他企业,共同形成合作优势。[1] 在策划活动中,整合已成为策划能否成功的重要因素,那如何

---

[1] 熊海峰."明日集聚区":互联网时代下文创集聚区发展新思考[J]. 出版广角,2016(1):26-29.

才能推动有效整合呢？

第一，坚持"长板理论"。在市场经济中，"长板"才是企业或区域的核心竞争力。"长板理论"就是要将自己的优势发挥到极致，而"短板"可以通过整合外部优势资源来补足。正如犹太经济学家威廉·立格逊（William Ligson）所言："一切都是可以靠借的，可以借资金、借人才、借技术、借智慧。这个世界已经准备好了一切你所需要的资源，你所要做的仅仅是把它们收集起来，运用智慧把它们有机的组合起来。"高质量的策划就需要帮助客户在分析自身优势与所求目标的基础上，通过科学的方案最大限度地实现资源整合。

第二，合作要"以我为主"，主动有为。整合是一个相互取长补短，共同把"蛋糕"做大的过程。例如，在一个丛林，有人有锅，有人有米，有人有菜，有人有火，如果几个人各自为政，可能大家都会饿死；如果有个人牵头，推动大家合作，共享各自资源与优势，就可能一起享受丰盛的晚餐。当然，这里整合有个主动与被动、主要与次要之分。为了获得更多的合作利益，企业在整合中应突出主动性，强化自身优势，力争成为合作中的主导力量。

第三，实现策划的"多兵种"协作。策划活动通常需要跨界，包括战略、技术、市场、资本、营销、文化和传播等各个方面。要实现多领域整合，必然要求策划机构实现"多兵种"协作，才能在交流和碰撞中找到最佳的结合点。例如在兰德公司，其研究人员囊括经济学、统计学、政治学、心理学、社会学等不同领域的顶级专家，这也是兰德公司的核心优势之一。

案例链接：如何走出资金困境？

某策划机构在为大庆某家企业做战略策划过程中，发现该企业拥有一项突破性的抽油机效能检测技术，得到了油田领导和专家的高度认可，但是现实难题是手头没有资金，做不了模具，生产不出产品。针对此种情况，策划机构通过深入调研，提出一套建议方案——"强化一个能力，整合三类资源"。首先，进一步强化技术优势，这是企业的"长桶壁"，是企业的核心竞争力，是整合其他资源的基础。其次，通过打通渠道，整合三类资源：一是借助与大庆油田的人脉资源，让油田领导或专家加大内部推介，更理想的是与某个采油厂合作，打造效能检测仪器的示范展示基地；二是整合银行资源，积极与昆仑银行等合作，通过订单融资等方式解决当前部分资金问题；三是整合南方模具生产商家资源，采取销售分成等方式，减少资金支付，增加公司现金流。

六、权变原理

《易传》有言"生生之谓易",认为变化发展是事物存在的普遍规律。管子也曾言:"圣人能辅时,不能违时。知者善谋,不如当时。精时者,日少而功多。"[1]策划不应是机械与静止的,而是应如"滑冰运动员"在动态调整中保持平衡。所谓权变,即要求策划者能在复杂环境中及时准确地把握事物发展变化的信息,预测未来的方向与轨迹,并以此为依据及时调整策划方案和实施计划。那如何做到权变呢?

第一,增强顺时求变的观念,及时了解掌握策划对象的发展信息,未雨绸缪,适时调整。这要求策划人不能在将方案交给客户之后就甩手不管,而是应继续跟踪关注,最好能受聘为顾问监理,根据客户实践情况和条件变化适时调整。

第二,预留策划弹性或预案。策划需随市场和客观情况的变化而变化。权变原则要求策划之时即留有余地,在人力、物力、财力及发展目标上有适当的弹性。最佳的办法是要有预案。例如策划一场大型论坛活动,就必须准备预案,以便遇到交通堵塞、演讲嘉宾不能到达等问题时,活动仍能成功举办。

第二节 策划的基本原则

原则是行事所依据的准则,是"你必须以这种方式做"[2]。策划虽然推崇标新立异,法无定法,但仍然有一定之规,需要遵从一定的原则。从实践来看,重点要坚持五大原则,即需求原则、创新原则、多赢原则、发展原则和底线原则。任何策划活动只有遵从这些原则,才能顺利开展。

一、需求原则

策划方案不是宏观的理论构想,而是定制化的行动指南,只有满足客户需求,才有实际价值,但在实践中仍有很多策划人没有精准把握客户需求,或者说客户也不清

---

[1] 刘向. 管子精解·霸言第二十三 [M]. 北京:海潮出版社,2012:233.
[2] 罗伯特·麦基. 故事:材质·结构·风格和银幕剧作的原理 [M]. 周铁东,译. 天津:天津人民出版社,2014:2.

楚自己的真正需求，这样策划目标和重点就成为"移动靶"，最后导致南辕北辙、徒劳无功。所以，为了确保策划工作的价值和效率，必须将客户需求作为首要原则来认真对待。

需求是客户的主观诉求，从客观角度来说就是问题，即现状与预想之间的差距。作为策划人，接触任何策划项目，首先要把握问题之所在。实用主义哲学家约翰·杜威（John Dewey）认为"将问题明确指出就已经解决了一半"。管理大师彼得·杜拉克（Peter F. Drucker）在从事顾问工作时，大多也是从明确问题开始的。他不去替客户解决问题，而是帮助他们界定问题，反问对方你最想做的事是什么、你为什么要去做、你现在正在做什么、你为什么要这样做等。其目的是要帮助客户认清问题，找出问题之要害，然后让客户自己动手去解决最需要处理的问题。其做法给我们很大启示：问题是客户的需求之源。在不能确定或客户亦难以确切表达需求之时，发掘真正问题是最有效的解决之道。如何才能准确找到问题呢？

第一，养成问题意识。策划者应经常以积极、革新、改善的视角来审视社会生产生活中的问题，锻炼和培养问题意识，这样才能不断提高发现和分析问题的能力，在策划中快速明确主题与方向。

第二，掌握界定问题的基本技巧。首先，要细分问题，将调研了解到的问题分门别类，梳理好问题的层次和重要性。其次，要关注核心问题。所谓"追二兔者不得其一"，假如不能专注于最值得解决的重要问题，那么非但重要的问题得不到解决，反而可能因为处理错误的问题而制造出新的难题。最后，尝试改变原来的问题，换个角度来思考或阐述。经济学家米尔顿·弗里德曼（Milton Friedman）在碰到别人向他请教问题之时，经常不是直接给予回答，而总是喜欢改变一下别人的问题，经他改变之后，答案往往就变得清晰了许多。

将明确需求作为根本原则的另一个原因是，任何一个策划机构，其能力是有边界的，有些时候即使明晰了客户的需求，但也还要评估一下自身的资源和能力是否胜任，如果答案是否定的，就应明智地放弃，不能贪多求大，误人误己。

案例链接　　一次误人误己的项目策划

策划首先要了解和分析客户需求，并在自己能力范围内满足这种需求。如果这两者把握不到位，通常会导致策划失败，误人误己，如一次主题公园策划。

2008年，辽宁某公司开采到七块巨大岫玉，其中最大一块达486吨，项目由此引发。2009年9月，这家公司寻访到海南某地，并于次年从辽宁通过海运将486吨的岫玉及其他六块小玉石运抵海南，谋划打造一座大型的主题公园。

主题公园该如何建设？在找到几家策划机构效果都不理想之后，2013年这家公司几经辗转，找到了当时国内非常知名的一家策划公司，希望其能提供一个具有震撼性、创意性、可执行的策划方案。策划公司接到委托后，非常重视，积极开展了工作。

但最后结果如何呢？应该说是完败。项目完全没有得到客户认可，策划团队受到了沉重打击。在第一次汇报时，项目经理阐述得激情澎湃，但在客户发言环节公司董事长阴沉着脸说："这不是我们想要的！"整个汇报会不欢而散。后来，策划公司又应客户要求进行了调整与提升，赴海南进行了第二次汇报，但结果仍然不理想，项目最后无疾而终。

为什么导致这样的结局呢？主要有两方面原因：一是没有透彻了解客户的需求。这是策划失败的根本原因。二是策划机构低估了策划难度，项目超出了熟悉的业务范围。因此，策划团队研究和创意了一年，最后也未能实现破题。

二、创新原则

中华民族是一个具有创新传统和创新能力的民族。《盘铭》曰："苟日新，日日新，又日新。"《诗经·大雅·文王》亦言："周虽旧邦，其命维新。"而后又诞生了"革弊创新""创新改旧""咸与维新""革故鼎新"等词汇。创新是策划之"灵魂"，是其基本原则、核心特征和不变的主题。特别是在人工智能高速发展的今天，对于一些基础性的记忆、统计和分析工作，电脑已经远超人脑，唯有"知识创新"和"知识破坏"是人类最后的"护城河"，也是让策划业不被电脑取代的根本法宝。

在策划中如何更好地坚持创新原则？

其一，培育创新意识与创新思维。正如培根所言："期望能够做出从来未曾做出过的事而从来未曾试用过不同的办法，这是不健全的空想，是自相矛盾的。"[1]参与或承接一个项目，脑中就要紧绷一根创新的"弦"，将创新意识贯串在项目始终；不能贪图便利，照搬以前的项目模版；策划机构也不能因为追求规模效应，将一个"概念"或"方案"贩卖给数家客户，应进行定制化的创新。

其二，找到创新的着力方向。创新有两个层面的含义：一是更新，在事物原有的基础上进行改变；二是无中生有，创造出全新的东西，典型如创意。在策划活动中，创新亦需从这两个方向突破，做到"人无我有、人有我先、人先我变"。

其三，"大胆假设、小心求证"。"假设"是基于经验和规律的构想，"求证"是检验主观是否符合客观。策划既要做到"顶天"——了解和掌握创新理论、政策导向和前沿趋势；又要"立地"——深入实践，帮助客户解决实际问题。

---

[1] 培根.新工具[M].许宝骙，译.北京：商务印书馆，2018：9.

其四，树立创新的评估标准。此标准因客户需求而异，有经济效益、社会效益、品牌效益和战略效益等。策划之前，应与客户沟通，明确其评估倾向。

案例链接：“全世界最好的工作”——大堡礁旅游营销策划

2009年1月，澳大利亚大堡礁的小岛突然成为全球各大媒体争相报道的对象，因为那里有"全世界最好的工作"。这次营销案例也成为策划创新的典范。

1. 最初：不可能完成的任务

这次极为成功的策划营销案例的背后推手是Sapient公司。2008年初，公司接到推广大堡礁岛屿旅游项目时，有点为难。项目负责人布拉纳说："大堡礁虽然早在1981年就被列入世界自然遗产名录，但它周边的岛屿并不出名。对于打算去海岛度假的游客，他们首先想到的不外乎夏威夷、加勒比海、马尔代夫和爱琴海诸岛等。"另一个问题是预算，因为昆士兰州旅游局只给Sapient公司100万澳元的预算。用这些资金，通过营销手段让大堡礁周围岛屿获得全世界认知，这几乎是不可能的事情。

2. 创意：做一回当地人

Sapient需要一个能迅速吸引人们注意和打动消费者内心的全新策略方案。布拉纳的团队从消费者心理入手。"全世界的消费者都希望从产品中获得更多的价值，旅行者也是。'坐飞机，然后慵懒地躺着'，这种度假方式正在消失。人们想要得到真正的体验，回去之后能与朋友们分享的体验。他们不仅想要看见风景，更想参与，想完全把自己沉浸其中。这种对深度体验的要求，是现代旅行者内心最真实的诉求。而成为一个当地居民，是体验文化的最好方式。"布拉纳强调。有这个想法，布拉纳团队总结出一句话的营销策略："感受大堡礁，生活在这里。"

团队经过进一步讨论，又引入"工作"概念。"我们意识到，绝大多数人都要工作，而一个人的工作与他的生活是否幸福密切相关。因此，在一个美满的人生里，我们都想要一份我们热爱的工作，一份能让人乐意从床上跳起来的工作。这是现代生活中最广泛和普遍的梦想之一。"布拉纳说。布拉纳团队的想法有了一次飞跃：让人们想象，能生活在大堡礁——不仅仅是旅游，而且拥有一份每小时1400澳元超高待遇的工作，而且工作环境又惬意，工作内容又轻松。

布拉纳说："大堡礁岛屿看护员是一个受昆士兰州旅游局雇用的、完全实实在在的工作岗位。工作的任务是生活在大堡礁附近的岛屿上、清理泳池、喂鱼和收发邮件，然后和世界分享他的经历。这该有多大的吸引力啊！谁能不为这份工作心动呢？"

3. 传播：请你们帮我讲故事

当这些想法成熟后，布拉纳团队开始为世人讲述这样一个美丽的故事：在北半球一片阴沉和寒冷的时候，这里的热带岛屿阳光明媚，有一份惬意的工作正等着你。是的，这是"全世界最好的工作"。

4. 效果：最成功的旅游营销战略

经过一年的运作，"全世界最好的工作"的受众达到 30 亿，几乎占了全球总人口的一半；收到来自 202 个国家（和地区）近 3.5 万份申请视频。从美国有线新闻网的报道到英国广播公司的纪录片，再到美国《时代》杂志的文章，全球媒体报道带来的广告价值约为 2.07 亿澳元。

招聘活动结束当天，昆士兰州州长安娜·布莱由衷地赞叹道："'全世界最好的工作'不仅是一段令人赞叹的旅程，也是史上最成功的旅游营销战略！"

资料来源：佚名《"史上最成功的"旅游营销案例》，2017-05-27，https://www.sohu.com/a/144133969_776213。

三、多赢原则

人们的一切活动都基于特定的利益驱使。孙子说"非利不动，非得不用，非危不战"，马克思认为"人们奋斗所争取的一切，都同他们的利益相关"[1]。策划亦然。多赢原则是指策划要使多方受益，不仅策划对象要受益，相关利益人也要受益。如果利益分配考虑不周全，就会面临实施阻力和可持续发展的压力。

首先，委托客户要受益。策划就是为了帮助个人或组织达到某一特定利益目标而进行的活动，策划因利益而动，利益是策划的前提，也是策划的试金石。客户花钱买策划方案是为了解决问题。[2] 优秀的策划能够使企业在困境中获得生机，或在发展中迅速壮大，让客户能通过策划方案获得最大效益。

其次，利益相关人要获益，包括政府、官员、居民、合作单位、中介组织、媒体机构等相关的个人或组织。例如某些策划活动，除了经济效益外，还要考虑政治效益。假如策划机构为某企业策划了一个主题公园，建设周期是 5 年，而项目落地城市的市长只剩 3 年任期，这时就需考虑城市领导诉求，与其政绩和口碑结合起来，对建设时序和内容有所调整。有时还需考虑平衡各方利益，如策划一个乡村旅游风景区，策划人就不能仅考虑投资者和运营者的利益，还需考虑村民的获得感，推动形成一个共同创造与分享价值、良性运行的生态发展圈。

最后，策划机构本身也要受益。通过一次策划，机构要获得委托经费，增加案例积累，提升品牌知名度。同时，通过成功的案例，不断提振策划人的信心。事实上，如果失败案例过多，会给策划人造成极大的心理压力，也不利于策划机构的业务拓展。总而言之，策划时要考虑到各方利益。没有输家，才是高明的策划。

---

[1] 马克思.马克思恩格斯全集：第 1 卷 [M] // 中共中央马克思恩格斯列宁斯大林著作编译局.马克思恩格斯全集.北京：人民出版社，2012：82.

[2] 万钧.商务策划学 [M].北京：清华大学出版社，2015：25.

四、发展原则

对策划而言,就是不要鼠目寸光,仅局限于眼前,而是要有长远的考虑,为未来的发展预留空间,埋下伏笔,形象的说法就是预留"管线",即所谓的"吃着碗里,看着锅里,想着田里"。

发展原则要求策划人具有超前的战略远见,能够"长计划、短安排",既要保证项目的当前利益,还要能预见未来发展态势,并使得当前的策略与未来发展接轨。策划应是一个开放而非封闭的体系,是一个可以不断生长的活态系统。

案例链接："万绿之宗,彩云之南"——昆明世博会策划

1995年12月12日,国务院正式批准云南省承办1999年的世界园艺博览会。当时很多人都担心这会变成云南省的巨大包袱,1997年7月云南省政府邀请王志纲工作室(现智纲智库)做策划顾问。

工作室认为,要搞好世界园艺博览会就必须先弄清楚"为什么要承办"的问题。这个问题貌似简单,其实奥妙无穷。对云南省来说,承办世界园艺博览会的意义,不单是一个省份能否代表国家成功举办一次国际性活动的问题,而是能否通过科学策划整合各种资源,在展示云南省全新形象的同时,利用世博会撬起整个区域经济板块,实现经济转型和产业升级。因此,要把一个单纯的园艺博览会升华为撬动区域经济板块腾飞的产业发展模式,要把园艺博览会培植成新的主导产业的超级"招商会"。

基于上述分析,策划人员在世界园艺博览会原有主题"人与自然"的基础上,提出了"万绿之宗,彩云之南"——能够向世界展示和传播云南形象的核心口号。事实证明,这句话不仅成功传达了云南"人与自然"的神韵,突出了特有的文化底蕴,并且明确了云南绿色产业、旅游产业的定位,给人无限遐想的空间。

长达半年的节日庆典不仅使昆明的市政基础建设提前了10~15年,云南省也借此机遇实现了从一个烟草大省成为旅游大省、从一个金属矿产大省成为绿色产业大省的产业转型,云南的旅游业也从此踏上了高速发展的快车道,重新塑造了一个西部大省的崭新形象。

资料来源:卢长宝.项目策划[M].3版.北京:电子工业出版社,2018:30.

五、底线原则

策划创新创意之时,有一些底线是不可以突破的,如保守商业机密、符合国家大政方针、遵守法律法规和尊重文化禁忌等。

其一，保守商业机密。策划是一种得益性行为，保密是最基本的商业规则。通常在撰写合同条款中，就要将保守商业机密列入其中；即使由于某种原因，条约中没有写清保密一项，委托者和策划者之间也应共同遵守此原则。保护客户利益，这是策划人的基本素质，也是一种职业道德。当然，如果方案是策划人自己策划、自己执行的，就可以不受此制约，其公开与不公开、部分公开与全部公开，皆由策划人自行决定。

其二，符合大政方针。在一定程度而言，策划也是门"政治经济学"，除了考虑经济要素，也会算"政治账"和"战略账"。国家在每个时期都有不同的发展侧重点和政策引导方向，只有顺势而行，才能借力发展。因此，在开展策划活动之时，一定要研究政策、掌握政策、利用政策。如果不清楚国家或城市的大政方针，懵懂莽撞，难免弄得头破血流。例如有策划机构欲在北京核心区规划建设文化装备制造园，这个方案即使设计得再精彩，也是难以实现的。因为北京正在推进非首都核心功能疏解，"小道理违背大道理"，策划构想只能是空中楼阁。

其三，遵守法律法规。虽然目前没有出台专门的法规或管理办法，但是策划必须要接受相关法律的约束，如企业法、民事法、合同法和广告法等。例如，营销策划就必须遵守《广告法》规定：不能使用"国家级""最高级""最佳"等用语；不能含有淫秽、色情、赌博、迷信、恐怖、暴力的内容；不能含有民族、种族、宗教、性别歧视的内容等。如果违反，必然遭到追责。

其四，尊重文化禁忌。不同的地区、民族和国家拥有不同的风俗习惯。如果策划不知晓或不顾及文化禁忌，将难以达到预期效果。

第三节 策划的理论基础

爱因斯坦曾言："理论决定着我们所能观察的问题。"现代策划活动不能建立在空中楼阁之上，而是要以相关成熟理论为基石，站在巨人的肩膀上。除了要吸收借鉴传统谋略的哲学理念和思维方法，还需要从西方的经济学、管理学、营销学、传播学及城乡规划学等现代科学中吸取营养，逐步构建起自身独特的理论体系、研究方法和策划工具。

一、经济学

经济学是一门研究人类经济活动规律的科学，是教人创造价值、满足人们需要的经世致用的学问。著名经济学家N.格里高利·曼昆（N. Gregory Mankiw）在《经济学原理》（*Principles of Economics*）开篇中写道："学习经济学，有助于我们了解生活的世界、更精明地参与经济、更好地理解经济政策的潜力与局限性。"❶ 对现代策划而言，其本质也是一种经济活动，也要遵循经济发展规律。因此，掌握经济学中的基本常识是策划人必备的知识素养。

（一）经济学概述

"经济"（Economy）一词来源于希腊语Oikonomous，意思是"管理一个家庭的人"。管理家庭必须考虑到每个成员的能力、努力和愿望，以在其各个成员中配置稀缺资源。❷ 经济学的要义与此相似。因为社会上每个人渴望消费更多的产品与服务，其需求就超过了社会可提供的数量，由此便形成了一种相对稀缺的状况。经济学就是要考察和解决社会所面对的这些问题。简而言之，经济学的任务就在于研究社会如何管理自己的稀缺资源，具体包括人们如何做出决策（如工作还是休息、消费还是储蓄等）、人们如何相互交易（如价格与销量、市场与计划等），以及影响整个经济的力量与趋势（如失业、生产率、通货膨胀等）。

在现代经济学思想中，与相对稀缺性相连的问题一般被划分为微观经济学与宏观经济学。微观经济学考察资源配置与收入分配问题，宏观经济学考量经济体的稳定与增长问题。微观经济理论始于对个体的分析并扩大到对社会的分析，主要目的是解释决定相对价格的力量，主要分析工具为适用于家庭、厂商与产业层面的需求与供给理论。微观经济学家认为其是配置资源与分配收入过程中的本质性力量。相对稀缺性问题应用于现代经济学的另一条途径是宏观经济理论，其始于对社会的总体分析，并向下发展到对个体的分析，聚焦于经济体的稳定与增长，关注整体经济的总变量：收入与就业水平、价格总水平、经济增长率等。现代正统经济理论由微观经济学和宏观经济学的知识体系组成。❸

1. 经济学的发展阶段

从经济思想发展史来看，可以大略分为四个阶段：前古典经济学时代（前800—1766年）、古典经济学时代（1766年—19世纪90年代）、新古典经济学时代（19世纪90年代—

---

❶ 曼昆.经济学原理：[M].6版.梁小明，梁砾，译.北京：北京大学出版社，2014：12.
❷ 同❶3.
❸ 哈里·兰德雷斯，大卫·C.柯兰德尔.经济思想史[M].周文，译.北京：人民邮电出版社，2016：2-3.

20世纪30年代)、现代经济学时代（20世纪30年代至今）(见表3-1）。❶

表3-1 经济学思想的发展演进

阶段	时间	主要思想	代表人物
前古典经济学时代	前800—1766年	包括早期的东方经济思想、希腊思想、经院哲学经济思想、重商主义、重农主义、西班牙经济思想等内容	管仲、梭伦等
古典经济学时代	1766年—19世纪90年代	相信财富源泉要从生产领域中寻找，经济规律决定着价格和要素报酬，并且认为价格体系是最好的资源配置办法。反对封建制度，提倡自由放任，对经济作了初步科学分析，奠定了劳动价值论的基础，揭示了社会的阶级结构和阶级之间的利益对立	亚当·斯密等
新古典经济学时代	19世纪90年代—20世纪30年代	提出了边际主义、全面理性的假设、边际生产力理论、马歇尔供求分析与自由放任主张等观点与术语，在研究方法上更注重证伪主义的普遍化、假定条件的多样化、分析工具的数理化、研究领域的非经济化、案例使用的经典化、学科交叉的边缘化	阿弗雷德·马歇尔等
现代经济学时代	20世纪30年代至今	要求将需要解决的经济问题还原为一个原则上能实现经验检验的简单模型，并分析该模型，然后加上形成模型时被抽象掉的因素，再将因此获得的信息应用于要解决的问题之中。其对数据和统计的重视，也推动了现代计量经济学的发展	凯恩斯等

前古典经济学包括早期的东方经济思想、希腊思想、经院哲学经济思想、重商主义、重农主义、西班牙经济思想等内容。与现代经济思想不同，前古典思想家并没有把经济学作为一门独立的科学加以研究，只是对广泛的、更哲学化的问题感兴趣。因为在那些早期阶段，他们所观察到的经济活动尚未被组织到我们今天所熟知的市场系统中。他们思考经济生活的多个方面，不是特别关心资源的配置效率，反而最关注非市场型分配机制——关于合理、公正、公平的道德问题。虽然他们的经济见解比较细碎和零星，但也为后来的经济学家打下了思想基础。例如，分析了商品的某些属性，提出商品的二重性，注意到了市场供求变化对价格的影响，分析了货币的某些职能。其中，春秋时期的管仲无疑是前古典经济思想家中杰出的代表。《管子》一书包含许多光辉的经济思想，包括"轻或重"理论（可视为对供给或需求理论的预言）、数量理论、反周期财政政策、对市场运转的思考等。这时期，重商主义者和重农主义者也对经济理论做出了有益贡献，其中最重要的是他们认为经济体能够被正式地加以研究，同时他们发展出了一种抽象方法（分离主

---

❶ 哈里·兰德雷斯, 大卫·C.柯兰德尔.经济思想史[M].周文, 译.北京: 人民邮电出版社, 2016: 1.

要经济变量来构建理论模型），借以发掘能调节经济体的法则。❶

古典经济学时代是由英国经济学家亚当·斯密（Adam Smith）开启的。这个时代的经济思想以亚当·斯密、大卫·李嘉图（David Ricardo）、约翰·斯图亚特·穆勒（John Stuart Mill，1806—1873年）为主线，并包含托马斯·马尔萨斯（Thomas Robert Malthus，1766—1834年）、卡尔·马克思（Karl Marx）等对其进行批判的内容。其核心文献是亚当·斯密的《国富论》(*An Inquiry into the Nature and Causes of the Wealth of Nations*，《国民财富的性质和原因的研究》，1776)、大卫·李嘉图的《政治经济学及赋税原理》(*On the Principles of Political Economy and Taxation*，1817)、约翰·斯图亚特·穆勒的《政治经济学原理》(*Principles of Political Economy*，1848)。出版于1776年的《国富论》是古典经济学的奠基之作，也让经济学从此成为一门独立学科，被誉为"西方经济学的圣经"。它总结了近代初期资本主义发展的经验，并在批评和吸收重商主义与重农主义的基础上，从劳动、分工、交换、货品的价格及构成价格的基本要素等方面出发，系统描述了整个国民经济运作的过程。整体而言，古典经济学家深入分析了自由竞争的市场机制，将其看作一只"看不见的手"支配着社会经济活动；他们反对封建制度，反对国家干预经济生活，提出了自由放任原则；他们剖析了国民财富增长的条件、促进或阻碍国民财富增长的原因。古典经济学家们相信财富源泉要从生产领域中寻找，经济规律（特别如个人利益、竞争）决定着价格和要素报酬，并且认为价格体系是最好的资源配置办法。他们奠定了劳动价值论的分析基础，揭示了社会的阶级结构和阶级之间的利益对立。但这一时期，随着资本主义的快速发展和各种矛盾（如经济危机、劳资问题等）的凸显，一些非主流经济学家否认了经济运行过程的和谐性，并发现了体制中的一些基本冲突，认为这些冲突需要对制度结构进行主要变革才能加以解决❷。马克思主义思想就是这种经济思想的典型代表。由于对资本主义不满，他寻找制度中动态的生产力与静态的生产关系之间的矛盾，认为这些矛盾将导致资本主义的瓦解和社会主义这种新的经济秩序的出现，并最终走向共产主义社会。

19世纪70年代，威廉·斯坦利·杰文斯（William Stanley Jevons，1835—1882年）、卡尔·门德尔、莱昂·瓦尔拉斯（Léon Walras，1834—1910年）、阿弗雷德·马歇尔（Alfred Marshall，1842—1924年）等人在经济理论中运用了边际分析（杰文斯："不断的思考和研究使我得出有些新奇的观点，即价值完全取决于效用"）❸，开启了新古典经济学时代。新古典经济学将价格看作由供给与需求决定的，并且认识到所有经济活动的复杂相关

---

❶ 哈里·兰德雷斯，大卫·C. 柯兰德尔. 经济思想史［M］. 周文，译. 北京：人民邮电出版社，2016：70.

❷ 同❶78.

❸ 威廉·斯坦利·杰文斯. 政治经济学理论［M］. 郭大力，译. 北京：商务印书馆，1997：1.

性。价格的双重决定论及意识到所有变量的相互依赖，标志着古典劳动价值理论、古典生产成本价值理论及古典收入分配剩余理论的终结。新古典经济学提出了边际主义、全面理性的假设、边际生产力理论、马歇尔供求分析与自由放任主张等观点与术语，在研究方法上更注重证伪主义的普遍化、假定条件的多样化、分析工具的数理化、研究领域的非经济化、案例使用的经典化、学科交叉的边缘化。特别是杰文斯和瓦尔拉斯在经济理论化过程中对数学的应用（如瓦尔拉斯的一般均衡模型），使得经济学家感受到了这种分析类型的能力，并最终导致数学模型在如今的经济思想中占支配地位。随着新古典经济学的兴盛，批判也随之而来，包括德国历史学派、美国制度主义和奥地利学派等，他们对新古典经济学进行了历史性和制度性的批判，强调了政府的作用。

著名经济思想史学家马克·布劳格（Mark Blaug）提出："新古典经济学在20世纪40年代和50年代如此激烈地改造自身，以至于人们应当为战后的正统经济学创造一种全新的标志。"[1] 这种新的标志可以称为现代经济学。现代经济学比"新古典"拥有更广的世界观和方法工具。现代经济学的实质是其折中的、形式化的模型建构方法。它对假设并没有做出严格的限制，也不具有新古典经济学所具有的意识形态内容。他们要求将需要解决的经济问题还原为一个原则上能实现经验检验的简单模型，并分析该模型，然后加上形成模型时被抽象掉的因素，再将因此获得的信息应用于要解决的问题之中。其对数据和统计的重视，也推动了现代计量经济学的发展。我们可以看到，在现代经济学时代，微观经济学与宏观经济学研究逐步走向成熟，特别是凯恩斯主义，其推崇的"以需求管理的政府干预为中心的思想"，对西方国家经济和经济学的发展都有深远影响。但现代经济学也并非完美无缺，后来的激进主义、现代制度主义、后凯恩斯主义、公共选择学派、新奥地利学派等经济理论就对其进行了批判与修正。

2. 经济学的基本原理

原理是自然科学和社会科学中最具普遍意义的基本规律。不同的经济学家或教科书都对经济学的基本原理有所归纳。根据策划的特征和理论的难易，这里主要介绍钱颖一教授和曼昆教授的原理总结。

（1）钱颖一：经济学"213原理"[2]。清华大学钱颖一教授非常强调学习者对经济原理的把握，并将其高度概括为两个出发点（"稀缺""理性"）、一个落脚点（"效率"）以及三个相关的基本原理（"激励""市场""创新"）。本书将其称为"213经济原理"。这对我们了解经济学的核心要点具有极大助益。

---

[1] 参见马克·布劳格的《形式主义革命或第二次世界大战后正统经济学发生了什么》一文，该文载于埃克塞特大学1998年10月的《经济学讨论论文》，本文引自第2页。

[2] 吴敬琏. 比较[M]. 北京：中信出版社，2017：5-11；钱颖一. 理解经济学原理[J]. 比较，2016（5）：86.

第一,"两个出发点"。钱颖一教授认为,出发点就是"假定",经济学有两个最基本的假定:一是资源的稀缺性。资源稀缺才会有价格,价格才会为正;资源不稀缺,价格等于零,所以价格就是衡量稀缺性的。而正因为资源是稀缺的,我们就可以推出边际收益递减。资源不仅包括看得见的资源,如土地、水等,也包括时间、企业家精神等。二是个人理性。这个假定不是指群体理性,因为即使个人都是理性的,群体也未必是理性的。个人理性并不是说个人永远做正确的决定,只是说一个人做决策之时有一致性:在权衡利弊的时候,在所掌握的信息范围和所控制的资源范围内,他试图使自己的利益最大化。经济学以这两个假定为出发点,进而研究社会对稀缺资源的管理。

第二,"一个落脚点"。钱颖一教授指出:经济学最重要的价值判断标准是效率。这里说的效率,简而言之,即没有浪费,或者说"把饼做大"。他认为效率不是人类的唯一价值,跟它对应的还有公平或公正,即"饼如何分配"。这两个价值都很重要。为什么将效率作为落脚点呢?钱颖一教授认为:首先,公平问题通常显而易见,但效率问题则不然,因此很容易被忽视。其次,效率问题和公平问题是有联系的,公平问题通常是零和游戏,但是效率问题是正和游戏,通过提高效率就可能有共赢的"解"。最后,在所有社会科学中,经济学重视效率,也只有经济学重视效率,经济学家如果不谈效率,社会上就很少有人考虑效率了。

第三,"三个相关的基本原理"。钱颖一教授认为:其一,人们会对"激励"做出反应。"激励"俗话说就是积极性。当然这只是一部分激励,是我们讲的正激励。还有负激励,就是惩罚,这是人们试图避免的。在现实生活中,除了价格因素、竞争因素之外,人们还对产权、契约、制度规则等激励做出反应。其二,市场通常是配置资源的有效方式。在经济活动之中,分散的知识和分散的信息通过人的分散决策,并且通过一个公共信号——价格,就可以达到资源的有效配置。其三,创新是推动经济持续增长的最终力量。创新体现在经济增长模型中,就是在相同投入品(即资本、资源、劳动力等)的情况下还能提高产出。从长期来看,创新是推动经济持续增长的最终的和唯一的力量。

(2)曼昆:经济学"十大原理"。从世界范围看,最知名的经济学原理阐释者当属美国经济学家曼昆。他在《经济学原理》中,从"人们如何做出决策""人们如何做交易""整体经济如何运行"等三大层面,总结出了十条广为人知的经济学原理。[1]

曼昆在论述人们如何做出"决策"之时,提出了四个原理。

原理一:人们面临权衡取舍。做出决策就是要求我们在一个目标与另一个目标之

---

[1] 曼昆.经济学原理[M].6版.梁小明,梁砾,译.北京:北京大学出版社,2014:4-19.

间进行权衡取舍。例如，配置我们最宝贵的资源——时间。如果我们将很多时间用于工作，我们就不得不减少休息和陪伴家人的时间。社会也面临一种重要的权衡取舍，即效率与平等。效率是社会能从其稀缺资源中得到的最大利益；平等是指将这些资源的成果平均分配给社会成员。效率与平等永远是个跷跷板，政府在制定政策时就面临取舍。

原理二：某种东西的成本是为了得到它所放弃的东西。由于人们面临权衡取舍，所以做出决策就要比较可供选择的行动方案的成本与利益。有所选择，就涉及"机会成本"——为了得到某种东西所必须放弃的东西。例如我们读一年大学的机会成本，不仅包括学费、住宿、伙食等，还包括由于没有参加工作而损失的工资、工作经验等。

原理三：理性人考虑边际量。经济学家通常假设人是理性的，其在机会成本为既定的条件下，会系统而有目的地尽最大努力实现自己的目标。理性人通过比较边际利益和边际成本来做出决策。所谓"边际"就是边缘，"边际变动"就是围绕所做的事的边缘的微小调整。当这种变动让边际利益大于边际成本之时，理性决策者才会采取行动。

原理四：人们会对激励做出反应。所谓激励，是引起一个人做出某种行为的某种东西，如惩罚或奖励的预期。由于理性人做决策要权衡成本与收益，所以理性人会对激励做出反应。例如，当政府加大对新能源汽车补贴的时候，就有更多的人去购买新能源汽车。

曼昆在论述人们如何做交易的时候，提出了三个原理。

原理五：贸易可以使每个人的状况都变得更好。通过与他人交易，每个人都可以专门从事自己最擅长的活动，可以按照较低的成本获得各种各样的物品和劳务。同样，国家之间也能从贸易与专业化中受益，将他们生产的物品出口而得到一个更好的价格，从国外进口更便宜的物品而不用在国内自己生产。

原理六：市场通常是组织经济活动的一种好方法。在一个市场经济中，当许多企业和家庭在物品与劳务市场上相互交易时，通过它们的分散决策配置资源，即生产什么、怎么生产、生产多少、为谁生产，这些都是市场主体自行决定。他们被一只"看不见的手"（以价格为工具）指引，在市场上相互交易，并增进整体经济的福利。

原理七：政府有时可以改善市场结果。只有在政府实施规则并维持对市场经济至关重要的制度（如产权制度）的时候，"看不见的手"才能发挥魔力。同时，因为外部性（一个人的行为对旁观者福利的影响，如环境污染、噪声等）和市场势力（单个买者或卖者具有不适当地影响市场价格的能力，如垄断）等影响，市场也有失灵的时候，即市场本身不能有效配置资源，这时就需政府这只"有形的手"进行干预。

曼昆在论述整体经济如何运行的时候，提出了三个原理。

原理八：一国的生活水平取决于它生产物品与劳务的能力。各个国家之间和不同时期中的生活水平经常相差巨大，其核心原因就是生产率，即每一单位劳动投入所生产的物品与劳务数量。这种归因结论深刻地影响了人们对生活水平首要决定因素的看法，也为制定相关公共政策明确了方向。

原理九：当政府发行了过多货币时，物价上升。通货膨胀是指物价总水平的上升。通货膨胀主要是由于货币发行数量的过度增长而导致货币价值的下降所引起。政府制造货币的速度越快，通胀率越高，如1921—1922年的德国，一份同样的日报从0.3马克涨为7000万马克，物价翻了2.33亿倍。

原理十：社会面临通货膨胀与失业之间的短期权衡取舍。虽然从长期来看，通货膨胀是货币量增加的结果，但是从短期而言，增加货币可以刺激社会的整体支出水平，减少失业。因此，许多经济政策朝着相反的方向推动通货膨胀与失业，政府在制定政策时面临着二者之间的权衡取舍。

（二）策划价值本源："熊彼特创新理论"

策划的灵魂是创新，创新即是要实现生产要素的新组合。虽然经济学中有区域经济学、产业经济学、城市经济学、创意经济学等多种分支和理论，但熊彼特的创新理论，无疑是策划活动最重要的理论基础和价值指南。

约瑟夫·熊彼特（Joseph Alois Schumpeter，1883—1950年）出生于奥匈帝国摩拉维亚省，是一位天才的经济学家。1912年，他出版划时代巨作《经济发展理论》（The Theory Economic Development）时，才29岁。在这部影响深远的著作中，他提出了轰动西方经济学界的经济增长和创新理论，几乎凭借一己之力将经济学从古典范畴带入现代世界。[1]他提出的"创造性破坏"——创造性地破坏静态均衡，在西方世界的被引用率仅次于亚当·斯密的"看不见的手"。进入21世纪，信息技术推动下知识社会的形成及其对创新的影响进一步被认识，熊彼特的创新理论也受到越来越多的关注，显示出了旺盛的生命力。

熊彼特的伟大创新之旅是从研究静态均衡系统出发的。[2]他在《经济发展理论》中，首先用静态方法分析循环流转的均衡状态，指出发展是打破静态体系的动力所在。"我们所说的发展是一种独特的现象，完全不同于我们在循环之流或者经济趋向均衡过程中观察到的那些现象。我们所说的发展是在循环之流的渠道中出现了自发而间断的变化，并对均衡造成扰动。这些变化和扰动从根本上改变了先前的均衡状态，并代之以

---

[1] 约瑟夫·熊彼特.经济发展理论［M］.郭武军，吕阳，译.北京：华夏出版社，2016：1.
[2] W.W.罗斯托.经济增长理论史——从大卫·休谟至今［M］.陈春良，等译.杭州：浙江大学出版社，2016：37.

新的均衡状态。"❶ 那发展的实质是什么呢？根据熊彼特的提法，"指的就是实施新组合"，即我们常称的"创新"，就是要"建立一种新的生产函数"，将一种从来没有的、关于生产要素和生产条件的"新组合"引进到生产体系中。同时，熊彼特认为创新是利润之源——"利润，就是创新及其对系统各方面发展的影响所带来的总收益超过总成本的那一部分收入"。这种论点挑战了循环之流中收入等于成本、利润等于零的普遍法则。

那如何进行创新呢？熊彼特认为有五种创新路径（或说新组合情况）。其一，采用消费者还不熟悉的新产品，采用一种新性能也算在内。其二，采用新的生产方式。所在行业尚没有积累到足够的经验，以证明这种生长方式行得通；这种生产方式不一定非要有新的科学方法作为后盾，一种新的商业手法来操盘某种产品，也算是这种情况。其三，开拓新市场，这个国家的特定产业以前从未进入这个市场，至于这个市场是否存在倒没什么关系。其四，开拓新材料或半成品供应基地，这个供应基地是已存在还是首次开发出来，也没有关系。其五，在任何产业中采用新的组织，如创造出垄断（或通过托拉斯），或者打破垄断。这些创新方法，也即是现在我们常说的产品创新、工艺创新、市场创新、资源配置创新、组织创新等五大类型。

那谁才是创新的主体力量呢？熊彼特提出了一个光芒四射的概念——"企业家"。熊彼特将工业化国家所发生的巨大增长归因于企业家的活动。在他看来，"创业"是实施新组合的举动，企业家就是"实施新组合的人"。企业家的核心特征不是经营或管理，而是能否探索与实施这种"新组合"，只有实现了某种"新组合"，才是名副其实的企业家。与经理们不同，企业家生来就是风险承担者，需要对系统内产生的有利可图的潜在创新机会做出有效反应，并将创新产品和新技术引入经济体。熊彼特认为，经济增长的真正来源存在于企业家的创新活动中，而不是存在于企业界大多数人的活动中，他们只是规避风险的追随者。但是，熊彼特同时指出，单有企业家还不足以完成推动经济发展的伟业，因为企业家不必然掌握"实施新组合"的生产资料，还需通过信贷这一手段才能有效实现。

关于创新活动对需求的引导，熊彼特亦有精彩的表述。他说："经济中出现的创新，很少是因为消费首先自发出现新的欲望，继而引发生产资料闻风而动。我们不否认有这种情况。但总的来说，生产者才是经济变化的发起人，必要的时候，他会引导消费接受这些变化。"当代很多伟大的创新，如苹果系列产品，就论证了熊彼特的断言。

---

❶ 约瑟夫·熊彼特.经济发展理论[M].郭武军，吕阳，译.北京：华夏出版社，2016：55.

（三）策划运用要点

不懂经济学的策划人，是一个盲目莽撞的策划人。为了更好地进行策划活动，我们应该从以下三方面吸取和用好经济学知识。

第一，遵从基本的经济规律。策划本质上是一种市场行为和经济活动，客观上要遵从经济发展规律。经济学家林毅夫曾说："现代经济学在表象上，是经由烦琐的数字模型、严谨的逻辑推论而构筑的一套理论体系，并以此区别于其他社会科学。然而任何经济学理论，都是经济学家为了解释发生在一定社会、制度、发展阶段和限制条件下的个人选择行为，从而构建其逻辑体系。"经济问题的核心是解决稀缺性，所有个人选择行为（决策）就是处理好如何在各种竞争性的目标之间分配有限资源的问题。一个优秀的策划方案也应聚焦于此，并提出参考性建议。更进一步地说，钱颖一和曼昆等教授总结的经济学原理，为我们的策划实践提供了理论依据。而熊彼特的创新理论高度肯定了创新的价值，为策划活动找到了价值源泉。一些经济学的分支领域，如区域经济学、产业经济学等知识，更是为我们制定发展策略、设计重大项目提供了直接理论指导。策划人需要从这些经济理论中吸取营养，增加知识厚度与理论素养。

第二，熟悉经济学思维方法。经济学的分析与思维方法非常强大。因为它的主题是经济、是人，但同时又科学冷静。一旦这个方法被抽象出来，便可以用来分析经济问题之外的其他问题，那么它的力量就超出了经济问题本身。诺贝尔经济学奖得主道格拉斯·诺斯（Douglass C. North，1920—2015年）认为"经济学的力量就在于它是一种思维方式"，林毅夫也进一步指出"经济学对学习者真正有用的，是在这些错综复杂的理论背后，所反映出的一套观察个人行为及社会现象的思维方式"。李子旸在《经济学思维》中具体解释道："成本与收益是生活中永远存在的因素，不可能逃避。和其他学科相比，经济学思维方式的特点就在于，始终从成本、收益的角度去分析问题。经济学的分析不能取代其他学科的分析，但如果缺乏经济学的视角，人们在分析问题的时候就会或者忘了成本，或者忘了收益，从而得出片面的认识。"❶因此，对于策划人而言，不仅需掌握经济学的基本理论，还应熟悉理论背后的思维方式，能够像经济学家那样思考问题，考虑到决策的成本收益、边际效益、增长曲线等，切忌过于迷恋文艺性思维，倚重想象而忽略或轻视现实。

第三，熟悉经济学分析工具。经过数百年的历史积累，特别是新古典时代以来，经济学领域积累了大量的专业工具，包括经济分析工具、预测工具、评估工具等。这些工具可以直接或者改造后供策划活动使用。例如，在绝大部分的策划中，都涉及投资成本、经济效益，以及预期收益估算等内容，而这些计算工具可以直接从经济学武

---

❶ 李子旸. 经济学思维[M]. 北京：中国友谊出版公司，2016：1.

库中"拿来",为策划所用。

二、管理学

管理学是一门研究人类社会管理活动中各种现象及规律的学科。重点任务是研究管理与被管理关系以求最优化实现其目标。[1]管理学是在近代社会化大生产条件下,自然科学与社会科学日益发展的基础上形成的。由于古典经济学的"分工理论"没有向"企业组织"的研究方向发展,而是聚焦"资源配置",于是关于研究"组织和人"的任务就历史性地落实到管理学中。[2]我们通常所说的管理科学,是指广义管理科学。既研究狭义管理活动——居于社会组织中间层次的管理层(执行层)的活动,又研究决策活动——居于社会组织最高层次的领导层(经营层)的活动。策划的核心任务是为决策者提供问题解决方案,从大的学科归属来说,策划应属于管理学,是其重要的组成部分。因此,管理学也是策划理论、方法和工具的重要来源之一,对于策划人特别是项目经理或总监而言,掌握管理知识是必修的课程。

(一)管理学概述

1. 什么是管理

"管"之本义为细长而中空之物,其四周被堵塞,中央可通达。使之闭塞为堵;使之通行为疏,所以"管"既包含疏通、引导、促进和肯定之意,同时又包含限制、规避、约束和闭合之意。"理"的本义为顺玉之纹而剖析,延伸为事物的道理、发展的规律,也包括合理、顺理之意。"管理"犹如治水,应顺乎规律进行引导与约束,以达到预定目标。

关于管理的概念,很多管理大师都做出过深刻的阐释,并形成了相应的学派。"科学管理之父"弗雷德里克·温斯洛·泰勒(Frederick Winslow Taylor,1856—1915年)认为,科学管理的根本目的是谋求最高劳动生产率,这是雇主和雇员达到共同富裕的基础,要达到最高的工作效率的重要手段是用科学化的、标准化的管理方法代替经验管理。管理过程学派创始人亨利·法约尔(Henri Fayol,1841—1925年)认为:"管理是由计划、组织、指挥、协调及控制等职能为要素组成的活动过程。"决策理论学派代表者赫伯特·西蒙(Herbert A. Simon,1916—2001年)认为:"管理就是决策。"组织行为学派权威斯蒂芬·P.

---

[1] 郭咸纲.西方管理思想史[M].4版.北京:北京联合出版公司,2015:7.
[2] 彼得·德鲁克.管理:使命、责任与实务[M].王永贵,译.北京:机械工业出版社,2007:15.

罗宾斯（Stephen P. Robbins）认为，管理是"协调和监管他人的工作活动，从而使得他们的工作可以有效率且有成效地完成"❶。综上所述，管理的核心目标是要"高效率"和"高成效"地完成工作。所谓"效率"，就是"正确地做事"，以尽可能少的投入或资源获得尽可能多的产出；所谓"成效"，就是"做正确的事"，要做那些可以实现目标的工作与活动。与西方微观经济学强调"分工、专业化、规模经济或资源配置方式"相比较，管理学注重"分工理论"中更为本质的命题：强调"组织的功能"，强调"企业组织及其管理"在培养人才、传授知识和技能、深化分工协作体系、协调人际关系和系统创新等方面，对物质财富创造的作用。❷

在人类社会的实践中，为了让活动更有效率与成效，任何规模的组织、任何组织的层级、任何工作领域都需要进行管理。一般而言，管理主要有四种职能：一是计划，包括为组织确定任务、宗旨、目标，制定实现目标的战略、措施、程序，并制定方案以整合和协调各类活动；二是组织，即是根据目标、战略和内外环境设计组织结构，并为不同岗位配置人力资源的过程，如确定谁来完成这些任务、人员如何分组等；三是领导，即管理者对组织成员施加影响，以推动其实现组织目标的过程，如激励下属、帮助解决工作冲突等；四是控制，即衡量和纠正被管理者的活动，以保证事态发展符合预定计划的过程，如进行工作督导和评估绩效等。

管理之目的在于由一个或者更多人来协调他人的活动，以便收到个人单独活动难以达到的效果，因此管理者需要一些特殊的能力。罗伯特·L.卡茨（Robert L. Katz）认为，管理者需要有三种关键技能：技术技能、人际关系技能、概念技能。其中，技术技能是熟练完成工作任务所需要的特定领域的知识和技术；人际关系技能涉及如何推动团队良好合作的能力；概念技能是管理者用来对抽象、复杂的情况进行思考和概念化的能力，管理者所在的组织层级越高，对概念技能的要求也就越高。

2. 管理学的发展演进

管理行为顺应人类集体协作和共同劳动的需求而生，其历史悠久。古代许多伟大的人工奇迹都是有效管理的结果，如古埃及胡夫金字塔、古巴比伦空中花园、古希腊阿尔忒弥斯神庙、中国万里长城和大运河等。这些伟大的人类工程，通常需要耗费数十万人数十年的时间。那么在这个过程中，谁负责什么、如何协调各种关系，就涉及管理内容。然而由于科学和时代的局限，现代意义上的管理学直至工业大革命时期才出现。纵观其百余年发展历史，可简要分为四个阶段。

---

❶ 斯蒂芬·罗宾斯，玛丽·库尔特.管理学［M］.13版.刘刚，程熙镕，梁晗，译.北京：中国人民大学出版社，2018：8.

❷ 彼得·德鲁克.管理：使命、责任与实务［M］.王永贵，译.北京：机械工业出版社，2007：15.

一是古典管理理论阶段（20世纪初）。1911年泰勒的著作《科学管理的原理》（The Principles of Scientific Management）出版，标志着现代管理思想和方法的滥觞。泰勒通过在米德维尔钢铁厂的实践提出了提高生产效率的指导原理：对每个工人的工作因素进行科学研究，取代传统的经验方法；科学地选拔工人，并对他们进行教导和培训；与工人一起工作，确保所有的工作严格按照设计好的科学管理原理进行；将工作和责任尽可能平均地委派给管理者和工人。鉴于泰勒将科学原理用于工人工作的开创性研究，他被称为"科学管理之父"，拥有吉尔布雷斯夫妇等大批追随者。在这个阶段，除了泰勒的科学管理，还有亨利·法约尔的一般管理理论。如果说泰勒主要关注一线管理者和科学方法，那么法约尔的一般管理理论则更关注管理做什么及是什么造就了好的管理。他首次提出了管理活动的五项职能❶：计划、组织、指挥、协调和控制，并总结出了14个促进管理的因素，包括劳动分工、职权、纪律、统一指挥、统一领导、个人利益服从整体利益、报酬、集中、等级制度、秩序、公平、人员稳定、首创精神、团队精神等。这时期马克斯·韦伯（Max Weber，1864—1920年）也提出了权力结构理论及基于理想组织类型的关系——官僚行政组织，即以劳动分工、界定清晰的等级、详细的规章制度及非人际关系为特征的组织形式。整体而言，古典管理理论强调效率，推动了生产力的提升，适应了资本主义经济发展的需要。但是，"效率至上"的理念并非完美无缺，将效率置于人性、伦理和道德之上，将人视为纯粹的"经济人"，缺乏对人的信任，更缺乏对个人价值和才智的尊重。随着"人"在社会生产要素中的地位越来越突出，古典管理理论受到了极大的挑战。

二是行为科学理论阶段（20世纪20~50年代）。虽然在20世纪早期，罗伯特·欧文（Robert Owen，1771—1858年）、切斯特·巴纳德（Chester I. Barnard，1886—1961年）等学者就认识到了人对于组织成功的重要性，但真正让行为科学形成并广为人接受的是乔治·埃尔顿·梅奥（George Elton Mayo，1880—1949年）和他著名的"霍桑实验"。梅奥在对实验进行研究后认为，人们的行为和态度有紧密联系，群体因素明显影响个人行为。群体标准确立了每个工人的产出，金钱对产出的影响要弱于群体标准、群体态度和安全感。这些结论第一次强调了组织管理中人的行为因素。❷后来，一些学者针对人的需求与激励进行了深化的研究，形成了系列影响至今的理论，包括亚伯拉罕·马斯洛（Abraham Harold Maslow，1908—1970年）的需求层次理论、美国心理学家道格拉斯·麦格雷戈（Douglas Mc Gregor，1906—1964年）的X理论和Y理论，以及美国心理学家弗

---

❶ 斯蒂芬·罗宾斯，玛丽·库尔特.管理学［M］.13版.刘刚，程熙镕，梁晗，译.北京：中国人民大学出版社，2018：27.

❷ 同❶30.

雷德里克·赫茨伯格（Fredrick Herzberg，1923—2000年）的双因素理论（亦称"激励-保健理论"），其中影响最大的是美国心理学家亚伯拉罕·马斯洛1943年在《人类激励理论》（A Theory of Human Motivation）中提出的需求层次理论。他将人类需要从低到高分为生理需求、安全需求、社交需求、尊重需求、自我实现需求等五个层级。该理论简洁而深刻，概括力极强，目前仍广泛应用于管理与消费心理分析。整体而言，科学理论阶段强调"以人为本"，将人作为"社会人"来看待，为我们今天的激励、领导力、群体行为及其他相关行为理论奠定了坚实基础。

三是现代管理理论阶段（20世纪50～80年代）。这个时期随着科技的大发展和生产社会化程度的极大提升，管理学成为热门学科，呈现出了百花齐放、百家争鸣的蓬勃景象。美国管理学家哈罗德·孔茨（Harold Koontz，1908—1984年）在1960年提出了"管理理论的丛林"说法。他将现代管理理论概括为管理过程学派、经验或案例学派、人类行为学派、社会系统学派、决策理论学派、数学学派等六个有代表性的学派。他认为应该走出这个"丛林"。这个时期冉冉升起的还有广泛使用定量方法的全面质量管理理论（Total Quality Management，TQM），这是一种致力于持续改进并回应客户需求和期望的管理理论，威廉·爱德华兹·戴明（William Edwards Deming，1900—1993年）和约瑟夫·M.朱兰（Joseph M. Juran，1904—2008年）是其中的代表人物。这种理论最开始只在日本流行，到了八九十年代，才得到了世界管理界的重视，发展成为今天质量管理的理论基础。

四是管理理论发展的新阶段（20世纪七八十年代以来）。随着经济社会环境变化，以及可持续发展需求带来的挑战，管理理论不断推陈出新。这时期出现了战略管理理论。伊戈尔·安索夫（Igor Ansoff，1918—2002年）在1976年出版的《从战略规划到战略管理》一书中提出了"企业战略管理"概念，其内涵是指将企业的日常业务决策同长期计划决策相结合而形成的一系列经营管理业务。而后，斯坦纳在他1982年出版的《企业政策与战略》一书中提出：企业战略管理是确定企业使命，根据企业外部环境和内部经营要素确定企业目标，保证目标的正确落实并使企业使命最终得以实现的一个动态过程。此后，战略管理逐渐受到了大家的重视。在这一时期，学习型组织（Learning Organization）也开始流行。1990年，彼得·圣吉（Peter Senge，1947—）在《第五项修炼：学习型组织的艺术和实践》（The Fifth Discipline：The Art&Practice of the Learning Organization）中提出了学习型组织，并认为学习型组织需要进行五项技能修炼：超越自我、改善心智模式、建立共同愿景、团队学习、系统思考，并认为第五项修炼（"系统思考"）最为重要，因为"它是整合其他修炼的修炼，它把其他修炼融入一个条理清晰一致的理论和实践体系"[1]。同期出现的还有企业再造理论，迈克尔·海默（Michael Hammer, 1948—2008年）和詹姆斯·钱皮（James Champy）在1993年《企业再造工程》（Reengineering the Corporation）中提出流程再造概念，认为要以"顾客导向"为标准，重新审视当前的流程，进行根本性的思考、彻底的改革。

（二）管理中的策划：服务决策

美国管理学家赫伯特·西蒙曾说："管理就是决策。"所谓决策，就是从两个及以上的备选方案中选择一个方案的分析与判断过程。事实上，组织中各种层级和各个区域的管理者都在做决策。自西蒙将决策列为管理者的首要职能之后，决策逐渐为管理学家们所重视。

决策的研判与选择通常包括八个步骤（见图3-1）：①明确决策问题。问题的确认常常因人而异。有效地发现、分析和界定问题，是做好决策的首要工作。②明确决策标准。问题明确之后，决策者需要为问题的解决设立标准。例如，策划一台大型旅游演艺，我们可以将艺术性、营利性、影响力和可持续性作为决策参考的标准。③分配标准权重。并非所有标准同等重要，需先赋予相应权重，以确定指标优先级。例如，在大型文旅演艺中，是艺术优先还是经济优先，决策者就需作出选择。④设计备选方案。在此环节，决策者可自行为解决问题设计可选方案，亦可邀请第三方力量（策划机构、组织、个人等）设计备选方案。在整个决策过程中，此环节对创新创造能力的要求最高。⑤分析备选方案。针对两个及以上的备选方案，决策者需要按照标准进行研究、比对与评估。⑥选择备选方案。决策根据评估结果，选择得分最高或最佳方案。⑦执行备选方案。将方案任务具体落实到执行人，根据一定的机制或考核标准，激励和推动决策执行。⑧评估决策效果。考察方案落实后，是否有效地解决了问题，达到了预期目标。同时，根据环境的变化，对方案进行动态微调，并开始下一轮的决策。从整个决策过程来看，策划活动主要出现在第四个步骤，即设计备选方案阶段。

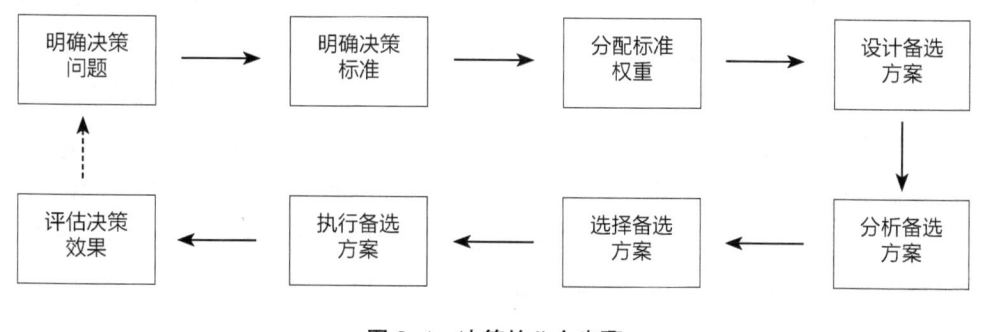

图3-1 决策的八个步骤

---

[1] 彼得·圣吉.第五项修炼：学习型组织的艺术与实践［M］.张成林，译.北京：中信出版社，2018：7-13.

决策通常有程序化决策和非程序化决策两种。程序化决策（Programmed Decision），是指管理者面对结构化问题，可以通过某种例行方法来作出的重复性决策，通常依赖程序、规则或政策就可以实现，如每月为企业职员发工资、每次按照惯例采购办公用品等。非程序化决策（Non-programmed Decision），是指管理者面对非结构化问题，必须通过独特的、非重复的、设计量身定制的解决方案来解决。❶ 策划的主要任务是服务非程序化决策。其通过准确地界定问题、深刻地分析问题，并利用创造性思维提出定制化的创新解决方案，进而帮助决策者作出最合理的决定。一般而言，管理者会有意识地作出理性的决策，不过由于受到信息收集、处理和分析能力的限制，他们也只能在考虑风险和收益等因素的情况下作出自己较为满意的抉择，但很难实现最优决策。策划机构的价值在于通过专业的调研与分析，尽可能为决策者提供最佳选择方案。

决策特别是影响重大的决策，通常与战略设计密切相关。策划人必须具备战略思维与战略管理能力。"战略"（Strategy）这个概念最先出现在军事理论中。德国军事理论家海因里希·迪特里希·比洛（Freiherrd Ietrich Von Bulow，1757—1807年）在其著作《新战争体系的精神实质》（又译《最新战法要旨》）中首次提出了"战略"的定义，认为"战略是关于在视界和大炮射程以外进行军事行动的科学，而战术是关于上述范围内进行军事行动的科学"。后来，又有众多军事名家对战略进行了定义，其中最广为流传的当属19世纪普鲁士著名军事理论家克劳塞维茨（Karl Philip Gottfried Von Clausewitz，1780—1831年）的定义。他在《战争论》（The Theory on War）中写道，战略是"为了达到战争的目的对这些战斗的运用""战略需要做到为整个军事行动制订适应战争目的的目标（拟制战争计划），并将目的与一系列的行动结合起来，也就是制定各种战局的方案和部署其中的战斗"。❷

随着企业法人制度的成熟和市场竞争的日趋激烈，"商场如战场"，战略思维也被引入企业管理领域。其中，有三位学者做出了重大贡献，广义战略管理的代表人物伊戈尔·安索夫、狭义战略管理代表人物斯坦纳、竞争战略代表人物迈克尔·波特。安索夫在1965年出版的《公司战略》（Corporate Strategy）一书中，率先提出了"战略管理"的概念，并创造了著名的"安索夫矩阵"（Ansoff Matrix），即以产品为纵轴、市场为横轴构建四个组合象阵，并形成四种相应的营销策略（市场渗透、市场开发、产品延伸和多元化经营）。该矩阵至今仍是最广泛的营销分析工具之一。斯坦纳在1982年出版的《管理政策与战略》中提出了"企业战略管理"概念，并深刻阐释了其

---

❶ 斯蒂芬·罗宾斯，玛丽·库尔特.管理学[M].13版.刘刚，程熙镕，梁晗，译.北京：中国人民大学出版社，2018：42.

❷ 克劳塞维茨.战争论[M].孙永蕊，译.北京：中国华侨出版社，2012：76.

内涵。迈克尔·波特则被誉为"现代竞争战略之父"，在1980年之后的10年间，先后出版了《竞争战略》（*Competitive Strategy*）、《竞争优势》（*Competitive Advantage*）等著作，并提出行业分析的"五力模型"（Five Forces Model）❶（供应商的议价能力、购买者的议价能力、潜在竞争者进入的能力、替代品的替代能力、行业内现有竞争者的竞争能力），"三大通用战略"❷[总成本领先战略（Overall Cost Leadership）、差异化战略（Differentiation）和聚焦战略（Focus）]，以及价值链（Value Chain）和钻石模型（Diamond Model）等具有重大影响的战略理论。经过这些战略管理大师的研究与推进，战略管理理论日趋成熟。

（三）策划运用要点

其一，熟悉管理理论。管理是指在特定的环境下，管理者通过执行计划、组织、领导、控制等职能，整合组织的各项资源，实现组织既定目标的活动过程。从1911年泰勒出版《科学管理原理》（*The Principles of Scientific Management*）奠定了管理学理论的基石以来，管理学领域大师辈出、流派纷呈。管理思想随着时代的变迁与人们观念的变化，不断推陈出新，并对整个世界的发展进程都产生了深远影响。对于策划而言，管理思想是策划思想的重要来源，特别是管理学中的决策理论，肯定了策划存在的重大意义，也为策划的方向、要点等提供了内在指引。同时，策划活动在开展过程中，也需要流程管理、项目管理等方面的知识。因此，欲成为优秀的策划人，必须深入研读和掌握以决策为核心的管理理论，做到知行合一，提升策划的效率与成效。

其二，树立战略意识。对于策划人而言，帮助客户制定解决方案，不仅要深入具体业务，也需要有综观全局的战略意识。既能解决当前的问题，也需要有长远的眼光和战略预判能力。可以说，从全局、系统、前瞻的视域来审视问题和分析问题，这是一个策划人的基本素养，掌握战略理论与思维方法是策划人的必修课程。

其三，掌握管理工具。管理学经过百余年的发展，积累了大量行之有效的管理方法与工具，如海因茨·韦里克（Heinz Weihrich）提出的用于企业战略分析与策略选择的SWOT框架（即Strengths、Weaknesses、Opportunities、Threats）；亨利·L.甘特（Henry Laurence Gantt，1861—1919年）提出的通过活动列表和时间刻度表示出特定项目的顺序与持续时间的"甘特图"（Gantt Chart）；麦肯锡咨询公司提出的驱动企业走向卓越的"7S模型"。这些经典的管理工具为策划活动提供了重要的分析与管理武器。

---

❶ 迈克尔·波特.竞争优势[M].陈丽芳，译.北京：中信出版社，2014：4-27.
❷ 同❶29-34.

三、营销学

营销学是一门系统地研究市场营销活动规律性的科学。彼得·德鲁克曾说，一家企业只有两个基本职能——创新和营销，可见营销对企业的价值。营销与策划关系紧密。回望现代策划发展历程，最先进入国人视野、为大众所熟悉的策划，即是以"点子"为特色的营销活动。以至于到了今天，一提起做策划，很多人脑中直觉的反应是要搞营销。通过前几章的概念阐释，我们已经知道营销只是策划的一个重要领域，并不能涵盖策划全部。不过我们也应看到，市场营销领域仍是当前策划活动的重镇，同时策划机构自身也需要通过营销来树立品牌和拓展业务。因此，对于策划人而言，了解营销的基础知识、掌握营销的基本规律，是扩大业务领域、提升策划能力的重要途径。

（一）营销学概述

1. 营销概念与观念

营销成为一门专业知识或科学，可以追溯到 20 世纪初期的美国，是市场经济发展和竞争日趋激烈的结果。所谓营销，根据美国市场营销协会的定义，是指"创造、传播、传递和交换对顾客、客户、合作者和整个社会有价值的市场供应物的一种活动、制度和过程"。在这个过程中，"个人和团体可以通过创造、提供和与他人自由交换有价值的产品与服务来获得他们的所需所求"[1]。简而言之，营销是一个发现需求、满足需求和交换价值的过程，要义是"有利可图地满足需求"[2]。如果进一步分析，营销通常具有三个基本特征：其一，起点是需求。一切商业活动都源于需求，没有需求，就没有营销机会。其二，核心是交换。其范围不限于商品交换的流通过程，也包括产前和产后的交换活动。其三，方法是连接。重点即在生产者与消费者之间架起桥梁，解决两者信息分离、空间分离、时间分离和价值观分离等问题。

随着经济社会及市场供求关系的变化，营销哲学不断更新迭代，其发展先后经历了五种营销观念（见表 3-2），对企业经营和社会经济造成了深刻的影响。

---

[1] 菲利普·科特勒，凯文·莱恩·凯勒. 营销管理［M］. 15 版. 何佳讯，于洪彦，等译. 上海：上海人民出版社，2017：5-6.

[2] 同[1].

表 3-2　五种营销观念对比

营销观念		重点	方法	目标
旧观念	生产观念	产品	提高生产效率	扩大销售量
	产品观念	产品	提高产品质量	
	推销观念	产品	加强推销	
新观念	市场营销观念	市场需求	整体营销	通过满足消费者的需求而获利
		企业利益		
	社会营销观念	市场需求	整体营销	通过满足消费者的需求、增加社会福利而获利
		企业利益		
		社会利益		

一是生产观念（Production Concept）。这是一种以生产为中心的古老的市场营销管理哲学，认为消费者喜欢那些可随处买得到而且买得起的产品，企业的一切经营活动应以生产为中心，奉行的口号是"生产什么就能卖什么"。西方发达国家在 20 世纪 20 年代以前，在这种观念的指导下的企业都取得了较好的经济效益。例如，美国福特汽车公司（Ford Motor Company），其在 1908 年 10 月 1 日推出了举世闻名的 T 型车，以极低的价格（20 世纪初一辆汽车在美国的售价大约是 4700 美元，而 T 型车最终降到了 260 美元）抢占了世界汽车总产量的 56.6%，并宣称"无论你需要什么颜色的汽车，我福特只有黑色的"。但生产观念是在卖方市场条件下产生的，他们缺乏对消费需求差异性的探究。随着市场条件发生变化，如果企业仍继续奉行生产观念，就会出现产品大量积压、资金周转困难等问题，使企业陷入困境。果不其然，到了 1927 年，T 型车被迫停产，重组生产线。

二是产品观念（Product Concept）。这种管理哲学认为消费者喜欢购买质量高、性能好、特色多的产品，只要产品足够好就会受消费者欢迎。这种观念也是更多关注于企业内部和产品质量，而缺少对消费者需求的研究，因此经常造成企业所提供的优质产品与消费者的价值衡量体系并不一致，在激烈的市场竞争中逐渐失去主动权，如诺基亚信奉科技改变生活，但由于对消费者需求洞察不够，最后黯然离场。

三是推销观念（Selling Concept）。这是一种以销售为中心的市场营销哲学。该观念产生在卖方市场向买方市场过渡的背景下，认为消费不会主动购买非必需的产品，只有通过强力推销，消费者才会购买，其奉行的口号是"生产什么，就推销什么"。在此经营观念指导下的企业，往往把经营的重点放在劝说、诱导消费者购买上，企业生产出产品，然后就进行声势浩大的推广和推销活动，但这个概念仍没有从根本上消除"以产定销"的思维模式。

四是市场营销观念（Marketing Concept）。它是在进入买方市场的前提下，对以前营销哲学的根本颠覆，彻底抛弃了生产导向的思路，认为企业经营所要考虑的核心问题是要洞悉市场需求、竞争状况，要以顾客的需求和欲望来组织生产。它奉行的原则为"以消费者为中心""生产企业能卖出去的产品"。这种营销思想至今仍然是企业经营的主流观念。

五是社会营销观念（Social Marketing Concept）。这是对市场营销观念的补充和完善。它认为如果仅以消费者需求为中心，不考虑其与企业利润、社会利益之间的协调，就会伤害到整个社会的长远利益，最终伤害到消费的利益，因此社会营销观念主张，企业在进行营销决策时必须兼顾三者的利益。进入20世纪80年代后，随着市场环境的进一步变化，又产生了几种新的市场营销管理哲学，如全方位营销观念、绿色营销观念等，但整体而言，它们只是在原来市场营销观念上的完善与拓展。

2. 营销的内容与流程

营销活动涉及范围广阔，内容庞杂，但究其主线，可概括为"10Ps"，即探查（Probing）、细分（Partitioning）、优先（Prioritizing）、定位（Positioning）、产品（Product）、价格（Price）、渠道（Place）、促销（Promotion），以及人员营销（People）和政治权力（Political-power）等环节（见图3-2）。

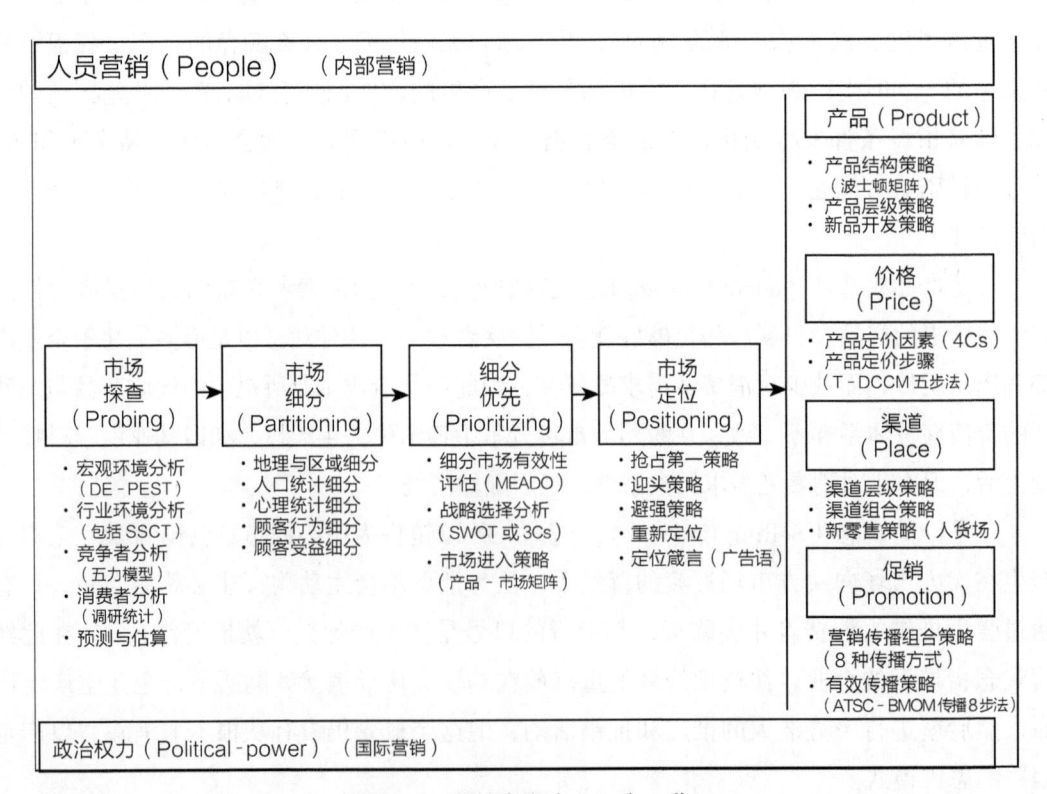

图3-2 营销内容（10Ps）一览

探查（Probing）是营销的第一步，即收集市场信息、了解市场与消费者状况，分析未来变化趋势。通常需要从宏观环境分析、行业环境分析、竞争者分析、消费者分析等四个方面入手，全方位、全景式地掌握市场和竞争情况（见表3-3）。这是整个市场营销的起点，也是最重要的基础工作。

表3-3　市场探查分析内容一览

宏观环境分析	包括人口环境、政治法律环境、经济环境、技术环境、社会环境、自然环境等
行业环境分析	包括市场规模、结构、生命周期、市场趋势等
竞争者分析	包括消费者的议价能力、供应商的议价能力、潜在进入者的威胁、替代品的威胁、现有竞争者的威胁
消费者分析	通过调研统计方式了解需求、行为、态度等

细分（Partitioning）是在全景把握市场和需求的前提下，通过特定的变量将市场进行细分。细分变量包括地理区域（如行政区划、经济区域、文化区域等），人口统计，心理统计，消费行为。通过对市场按照一定的维度进行分割，可以让营销的对象更为清晰（见表3-4）。

表3-4　市场细分变量举例

地理区域细分	地理单元、气候、行政区划、经济区域、文化区域、城乡区别、城市能级、交通条件、国别等
人口统计细分	年龄、家庭规模、家庭生命周期、性别、收入、职业、教育、宗教、种族、世代、国籍、社会阶层等
心理统计细分	生活方式、个性、习惯、购买动机、价值取向、对商品和服务方式的感受或偏爱、对商品价格敏感度等，主要为从众、求异、攀比、求实等四种心理
消费行为细分	购买时机，利益诉求，决策角色（发起者、影响者、决定者、购买者、使用者），使用者及与使用行为相关的变量（使用场合、使用者状况、使用频率、态度、多重基础）

优先（Prioritizing）是通过评估各个细分市场的发展潜力和企业资源优势，寻求最为有利的市场机会，选择和决定企业将进入的目标市场。通常需要利用SOWT分析模型，对企业的外部环境和内部条件进行全面的评估，制定宏观指导战略（如扭转型、增长型、防御型、多元化等），然后在此基础上进行细分市场与进入策略的选择，通常有密集单一化（只选择一个细分市场，并建立较稳固的市场地位）、选择性专业化（有选择地进入几个不同的细分市场）、市场专业化（同时向几个细分市场销售同类产品）、产品专业化（集中满足某一特定顾客群的各种需求）和完全覆盖（为所有顾客群提供所需要的所有产品）

等进入方式与策略。

定位（Positioning）是设计公司的产品和形象以在目标市场的心智中占据一个独特位置的行动。❶ 其要义是欲占领市场，首先需占领消费者的头脑，营销者应针对潜在顾客的心智采取行动，实现顾客认知的差异化。正如定位理论创始人艾·里斯和杰克·特劳特在《定位》一书中所言："定位不是你对产品要做的事，是你对预期客户要做的事。"❷ 通常而言，定位涉及三个主要过程：首先，通过识别目标市场和相关竞争状况确定竞争性参考框架；其次，在参考框架下识别品牌联想的最佳共同点和差异点；最后，创建品牌箴言来概括品牌定位和品牌精髓。

如果说以上 4P 研究的是营销战略层面，那么以下 4P 则是经典的营销组合策略。该 4P 最早由美国营销学者杰罗姆·麦卡锡（Jerome Macarthy）在 20 世纪 60 年代提出，包括产品（Product）、价格（Price）、渠道（Place）和推广（Promotion）四个要素。

产品（Product）是任何一种能被提供来满足市场欲望或需要的东西，包括有形物品、服务、体验、事件、人物、财产、信息和想法等。根据顾客价值层级，产品可以分为核心利益、基本产品、期望产品、附加产品和潜在产品等五个层级。在产品供给业务的组合策略上，有著名的波士顿矩阵（BCGMatrix），其通过"市场增长率–相对市场份额"两个因素的相互作用，形成四种不同性质的业务类型［现金牛类（cash cow）、明星类（stars）、瘦狗类（dogs）、问号类（question marks）］，以供生产主体进行分析与决策。如果要实现产品差异化，其手段亦多种多样，如可利用形式、特色、性能质量、耐用性、可靠性、可维修性和风格等要素实现差异。

定价（Price）是企事业单位在对其生产或经营的产品进行交易时，要求达到的价格标准或水平。价格是市场营销组合中非常重要的一个元素，因为只有它能带来收入与利润，其他组合元素都是产生成本。限制产品定价的主要有顾客、成本和竞争者等三个因素，因此也形成了需求导向、成本导向和竞争导向等三种方法。在具体策略中，根据著名的"产品价格—市场份额"四象阵，企业可以采取撇脂、利润最大化、维持生存和市场渗透等价格策略。

渠道（Place）是促使最终顾客能够顺利地使用或消费产品和服务的一整套相互依存的组织。渠道最重要的作用就是将生产经营者与消费者连接起来，将潜在买家变成能带来利润的客户。渠道选择与渠道层级决策是企业管理者需要做出的最关键决策之一，对其他营销组合影响深远。同时，渠道也是随着时代和技术不断变化的，如当前随着移动互

---

❶ 菲利普·科特勒，凯文·莱恩·凯勒.营销管理［M］.15 版.何佳讯，于洪彦，等译.上海：上海人民出版社，2017：257.

❷ 艾·里斯，杰克·特劳特.定位［M］.王恩冕，于少蔚，译.北京：中国财政经济出版社，2002：2.

联、大数据等技术的发展，就出现了垂直营销系统、跨界营销系统和多渠道营销系统等发展新趋势。

促销（Promotion）是指企业试图用来直接或间接向消费者告知、说服和提醒有关其销售的产品和品牌相关信息的方法。其传播的手段包括广告，销售促进（如竞猜、游戏、兑奖、赠券等），事件与体验，人员推销，直接营销等。随着信息技术的高速发展，促销手段也不断革新，如在线和社交媒体营销、移动营销、数据库营销等。在策划兴起之初，策划活动主要集中于此环节。企业通过具有创新性或震撼力的营销策划，制造轰动效应，借以提升知名度和影响力，促进产品的销售。典型案例，如脑白金、红桃K、步步高点读机等。

随着时代发展和实践需要，1986年营销管理大师菲利普·科特勒（Philip Kotler，1931—）在《哈佛商业评论》（*Harvard Business Review*）上发表了《论大市场营销》（*Mega Marketing*）一文，其在原有营销组合的基础上又提出了新的"2P"。一是"政治力量"（Political Power），他认为随着经济全球化和企业社会责任的增长，企业必须懂得其他国家的政治状况，掌握打交道的技巧，才能有效地推销产品。二是人员（People）因素，认为需要加强内部的人员营销，才能有效地凝聚发展的合力，更好地为客户服务和树立企业形象。

（二）营销中的策划：定位与创意

论及现代企业发展，有句俗语：定位决定方向、模式决定盈亏、管理决定效率、金融决定速度。从中可见定位的重要性。对策划而言，核心工作即是要找准定位。找准了定位，策划就成功了一半。

1970年，菲利普·科特勒最先将定位引入营销体系，将其作为传统4P之前最重要的另一个P，以引领企业营销活动的方向。科特勒在为《定位》（*Positioning*）作序时，高度评价："自从有了定位观念以后，营销界从此被改变，并认为解决定位问题，能帮助企业解决营销组合问题——营销组合的本质是定位战略战术运用的结果。"到了1980年，迈克尔·波特将定位理论引入企业战略，定位突破了营销领域，成为竞争战略的核心。波特教授在《什么是战略》一文中阐述："战略就是形成一套独具的运营活动，去创建一个价值独特的定位。""最高管理层不仅仅是各个职能部门的总管家，其核心任务是战略：界定并传播企业的独特定位，做出取舍，在各项运营活动之间建立起配称（fit）。"波特认为，企业要根据能被外部顾客心智接受的定位来引领内部运营，这样企业提供的产品和服务才能被顾客接受而转化为业绩。

定位理论认为企业，一定要理清自己与其他企业的区隔。其过程可以细化为五个步骤：①分析目标市场的战略环境，确定消费者重视的产品属性和价值点、政策的支持度及科技的支撑度；②建立竞争性参考框架，判断竞争者的定位与特色；③找到企业与竞争者的相同点与差异点，提炼企业的核心定位和概念；④为定位建立战略配称，通过质量、服务、价格等为定位提供支撑；⑤全面传播定位，让所有人包括顾客和员工都能准确地理解和接受定位。

定位方法种类繁多，各家都有法宝。但简而言之，基于顾客心智有无被人占据，定位可采取抢先定位、关联定位和对比定位三种方法（见图3-3）。

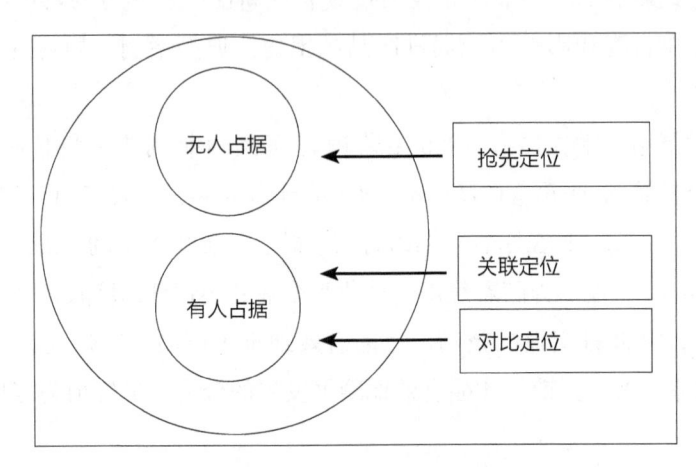

图3-3 定位的三种方法

其一，抢先定位，即在消费者心智中，当某些品类或品类阶梯中还没有其他品牌占据时，抢先去占领，将品牌塑造成消费者心智中代表这个品类的品牌，如海飞丝洗发水抢占"去头屑"的品类心智、王老吉牢牢占据了"不上火"这个品类的第一。抢占定位需要策划机构有敏锐的洞察力和强大的创新力，才能够发现市场机遇，进入消费者的心智空间。

其二，关联定位，也可称为借势定位。当某个品类最佳的心智位置被其他品牌占领时，如果企业仍想进入这个领域分得一杯羹，就需借助顾客对这个品类已经形成的心智联想，与其建立关联，借势而上。例如，青花郎将自己定位为"产生于云贵高原和四川盆地接壤的赤水河畔的中国两大酱香白酒之一"，就是通过借势酱酒品类的第一品牌（茅台酒）来提升自身的地位与知名度。

其三，对比定位（竞争对手）。如果一个品类中有价值的位置都被其他品牌占据时，企业仍想进入，这时候可采用对抗定位、重新分类、创造新品类等形式，将顾客的心智"洗牌"，从而形成自身的独特定位。这是一种带有攻击性质的定位，所以要攻击强势品牌无法回避的"软肋"，才能有所成果。例如，可口可乐一直强调自己是经典的可乐，百事可乐即抓住其这一特征，反其道而行之，将可口可乐定位为"老土的可乐"，宣扬自己为"年轻人的可乐"。

从发展历程来看，现代策划发源于营销领域，核心目的是推销商品，例如当时何阳等"点子大师"的各种促销创意。但是，随着人们对策划认识的不断深化，策划逐渐突破了营销与传播领域，进入了战略设计与管理层面，其范围也不局限于企业，还包括政府部门、事业单位、非营利组织等。在这一过程中，定位的作用日益凸显，确定好定位，成为制定一个策划方案的思考主轴与核心任务。甚至可以说，一个策划如果没有提出、形成或巩固一个定位，其价值将大打折扣。

相比一般的研究与咨询服务，现代策划特别强调创意。这可被视为策划从营销领域孕育而生，与生俱来的优质基因。在营销活动中，创意是其内在灵魂与价值之本。无论是说服消费者的促销广告，增加客户认同的公共关系，还是扩大销售和品牌影响的促销活动、节事节庆等，无不推崇创意、追求创意。同时，如何才能诞生优秀的创意？营销科学也给了现代策划很多的理论、方法、工具与实践案例。例如，美国广告大师詹姆斯·韦伯·杨（James Webb Young）认为：创意不是发明创造，创造是无中生有，而创意是将一些司空见惯的元素以常人意想不到的方式展现给消费者，从而令消费者与品牌之间建立某种关系，并且提出"创意魔岛理论"（Magic Island Theory），制作了大量极具创意性和深远影响的广告。由于现代策划最开始服务于营销领域，因此极度强调创新创意也自然在情理之中。事实上，在很多专家或客户的眼中，如果一个策划缺乏创新、没有创意，那它不能被称为策划。

（三）策划运用要点

现代策划与营销具有千丝万缕的密切联系。掌握营销学知识和相关技能，可以提升策划人的市场意识，培育创新思维与创意能力。具体而言，我们可从以下方面推动营销学在策划中的应用。

其一，内化营销学基础理论。营销学理论给予现代策划丰厚的理论滋养，如定位理论、市场细分理论、产品生命周期理论、4Ps 组合理论等，可谓策划理论生长的沃土、体系构建的基石。策划人需要深入学习营销理论，其中最重要的是应领悟"定位"之精髓。无论是政府、城市、企业等主体，还是旅游、动漫、影视、活动等项目，在发展中都要首先明确自己的独特定位，如策划一场大型实景演出，明确其市场、功能与内容定位，就事关活动的生死成败。

其二，掌握营销方法与工具。营销学为现代策划提供了大量可供借鉴和使用的工具，如 PEST 宏观环境分析工具、SWOT 战略分析工具、"五力"行业分析模型、市场细分工具和战略定位工具等。在开展策划活动过程中，这些工具都可以融入研究、创新与创意等各环节，实现事半功倍的效果。

四、传播学

传播力决定影响力，话语权决定主动权。对策划活动而言，传播力也是策划力。策划要发挥实际价值，必须借助传播力量。一方面，策划方案需要通过利于决策者接受的传播方式，让决策者易于接纳，并转化为实际行动；另一方面，大量的策划方案涉及营销、宣传、说服等主题和内容，策划人只有熟悉传播规律，才能更好地借助传播的力量让策划发挥更大的成效。

（一）传播学概述

"传播"（Communication）一词起源于拉丁语的 Communicatio 和 Communis，15 世纪以后逐渐演变成现代词形 Communication，涉及会话、交往、通信、参与等多种含义。20 世纪初，一些学者开始将"传播"作为学术考察与研究对象。美国社会学家查尔斯·霍顿·库利（Charles Horton Cooley，1864—1929 年）在《社会组织》（*Social Organization*，1909）一书中对传播的定义是"人与人的关系赖以成立和发展的机制——包括一切精神象征及其在空间中得到传递，在时间上得到保存的手段。它包括表情、态度和动作、声调、语言、文章、印刷品、铁路、电报、电话及人类征服空间和时间的其他任何最新成果"[1]。另一位美国学者查尔斯·桑德斯·皮尔士（Charles Sanders Peirce，1839—1914 年）在《思维的法则》（*The Law of the Mind*）中论述道："直接传播某种观念的唯一手段是像（i-ion），即使传播最简单的观念也必须使用像。因此，一切观点都必须包含像或像的集合，或者说是由表明意义的符号构成的。"[2] 以上二者开创了传播概念的社会学传统与符号学或语义学传统，后来这两种传统逐渐合流。人们对传播的理解也进一步深化，所谓传播，实质上是一种社会互动行为，人们通过传播保持相互影响、相互作用的关系。[3] 在引入信息科学之后，传播的概念更加完整，传播是社会信息的传递和社会信息系统的运行。[4]

传播学即是研究社会信息系统及其运动规律的科学，是研究人类一切传播行为和传播过程发生、发展的规律及传播与人和社会的关系的学问。传播学形成于 20 世纪初到 40 年代的美国。从具体研究类型来看，主要包括五种基本类型，即自我传播（个人接受外部信息并在人体内部进行处理的活动）、人际传播（个人与个人之间的信息传递）、群体传

---

[1] HORTON COOLEY C.Social organization：a study of the larger mind，charlesscribner's sons [M]. New York，1929：45.

[2] PEIRCE C S.The law of the mind [M]. Collected papers of Charles sanders peirce.Vol.3. Cambridge：Harvard university press，1933：396.

[3] 郭庆光. 传播学教程 [M]. 2 版. 北京：中国人民大学出版社，2018：2-3.

[4] 同[3]4.

播（在自然发生的社会群体，如家庭、亲友、社会圈、阶层等范围内进行的信息交流活动）、组织传播（在具有严密结构秩序的社会集合体中发生的信息交流活动）和大众传播（即传播组织通过现代化的传播媒介，如报纸、广播、电视、电影、杂志、图书等，对极其广泛的受众所进行的信息传播活动）。从研究流派来看，主要有以美国学者为代表的经验学派（在研究方法上主张从经验事实出发，运用经验性方法研究传播现象）和以欧洲学者为主的批判学派（主张以思辨性方法考察传播现象）。[1] 20世纪90年代以后，两种研究方法出现了融合趋势，两大学派也不像以前那样泾渭分明。从传播模式研究演进来看，出现了传播过程的直线模式（如拉斯韦尔5W模式、香农－韦弗模式）和传播过程的循环与互动模式（如德弗勒互动过程模式、奥斯古德与施拉姆的循环模式、施拉姆的大众传播过程模式、韦斯特利和麦克莱恩模式）等。在传播研究内容上，哈罗德·拉斯韦尔（Harold Lasswell，1902—1978年）居功至伟。1948年他发表了《社会传播的结构与功能》（*The Structure and Function of Communication in Society*），提出了著名的"5W理论"（见表3-5）。在他看来，传播过程包括五大环节，即谁在传播（Who）、传播什么（Say what）、通过什么渠道传播（In which channel）、向谁传播（To whom）、传播效果如何（With what effect），并在此基础上提出了五种传播研究，即关于传播主体的"控制分析"、传播内容的"内容分析"、传播媒介的"媒介分析"、传播对象的"受众分析"、传播效果的"效果分析"。这五种分析涵盖了传播研究的主要领域，其后进学者主要围绕这一研究展开。

表 3-5　拉斯韦尔 5W 传播模型

Who	Say what	In which channel	To whom	With what effect
谁	传播什么	通过何种渠道	向谁	取得什么效果
传播者	信息	媒介	受众	效果
控制分析	内容分析	媒介分析	受众分析	效果分析

除了拉斯韦尔之外，还有许多学者为传播学发展作出了杰出的贡献。美籍德国社会心理学家库尔特·卢因（Kurt Lewin，1890—1947年）率先提出了心理学中的"场论"（Psychological Field Theory）和"群体动力论"（Group Dynamics Theory），并创立群体动力研究中心；美籍奥地利社会学家保罗·拉扎斯菲尔德（Paul F. Lazarsfeld，1901—1976年）最早将社会调查法系统地应用于受众研究，被称为传播学研究的"工具制作者"；美国实验心理学家卡尔·霍夫兰（Carl Hovland，1912—1961年）研究了人的心理对人的行为的影响，包括说服与态度的关系、态度与形成的转变、说服的方式和技巧与能力等；威尔

---

[1] 成振珂.传播十二讲[M].北京：新世界出版社，2016：313-314.

伯·施拉姆（Wilbur Schramm，1907—1987年）更是传播理论的集大成者，他通过对前人研究成果的总结与修正，使之系统化、结构化，进而创立了传播学，因此也被誉为"传播鼻祖"和"传播学之父"。当前，随着信息科技的发展，新的媒体类型不断出现，传播学也在不断更新与发展。

（二）传播中的策划：沟通与说服

人类传播是有目的性的。传播不仅是个人、群体、组织和国家实现自己目标所必不可少的手段，而且在确保人类文化的传承、实现社会系统各部分的协调与沟通、维持社会的进步与发展方面发挥着重要的作用。❶策划活动离不开传播，其核心是沟通与说服。其对象，一是决策者，二是社会大众。如果一个策划不被人接受，不管调研如何深入、创意如何震撼，都没有实际应用价值。

关于说服的研究起步较早。第二次世界大战开始后，美国著名的心理学家卡尔·霍夫兰在洛克菲勒基金会的资助下，通过大量的实验考察深入地研究了影响说服的因素。霍夫兰认为，人们面对新的建议观点时至少会有两种反应：会思考自己对于问题的答案，同时也会思考传播者给出的答案。第一种反应来自以前建立的语言习惯，这些习惯构成了个人的原始观点；第二种反应来自语言行为的一般性质，即后天习得的对重复自己关注的传播情境的倾向。因此，说服传播的主要影响在于刺激个人思考他的原始观点和传播建议中的新观点。❷在这个意义上，霍夫兰认为，传播是一个过程，即个人（传播者）通过传递刺激（通常是语言性的）来改变他人（受众）的行为过程。

那么这种效果受什么因素影响？霍夫兰将其归纳为三个方面：一是传播者。传播者的可信度、专业性、传播意图和受众对传播者的依赖度都会对传播效果产生影响。在一些极端案例中，受众仅仅认为是某个特殊的信源在提倡新观点，就足以让他们欣然接受。二是传播内容，包括动机诉求（这类刺激内容要么能激发情感态度，要么能产生强大的刺激让人接受新观点、摒弃旧观点，如恐怖诉求）和说服观点的组织方式（主要指传播技巧，如结论的隐性或显性表达、一面提示或双面提示、诉诸理性或诉诸情感、不同的观点排序造成的首因或近因效果等）。三是受众的特性，包括群体一致性动机（即个人对群体规则或标准的遵循程度、意见领袖的作用）和个性因素（如有些人容易对说服产生回应，有些人则更加抗拒说服）等。❸霍夫兰的研究表明，传播效果并不简单地取决于传播者的主观愿望，而是受到传播主体、信息内容、说服方法、受众属性等各种条件的"制约"，这也为

---

❶ 郭庆光.传播学教程[M].2版.北京：中国人民大学出版社，2018：171.

❷ 卡尔·霍夫兰，欧文·贾尼斯，等.传播与劝服——关于态度改变的心理学研究[M].张建中，李雪晴，曾苑，等译.北京：中国人民大学出版社，2017：9.

❸ 同❷10-11.

策划人提高说服效果提供了重要的参考依据。

沟通是使用有关信息来生成意义的过程。[1]早期的研究将沟通视为一门社会科学，建立了各种模式来说明。最早出现的是线性沟通模式（Linear Communication Model），认为沟通是传播者对接受者所做的事情。其后，交流沟通模式（Transtactional Communication Model）更新且扩充了线性模式，认为沟通代表着发送与接收信息同时进行的事实，但有时也会被各种类型的噪音干扰。[2]沟通在人类发展过程中至关重要。有效的沟通不仅是满足个人需求的重要手段，也是增进生理及心理健康、建立自我认同、满足社会需求的重要方式。

对策划人员而言，沟通能力是一种必须具备的能力。它能帮助策划人在大多数情况下维持或增进关系，并借此实现自己的目标。例如可从他人身上获取更多所需要的信息、让方案和建议更容易得到认可和采纳等。

如何才能提升沟通能力？罗纳德·B. 阿德勒（Ronald B. Adler）和拉塞尔·F. 普罗科特（Russell F. Proctor）在《沟通的艺术》（第15版）（Looking out Looking in）中认为："没有理想的沟通之道，因为沟通依情境而定，即使在同一种文化和关系中，适用于某种情境的沟通技巧放在另一种情境中也许会铸成大错。"[3]但是，他们认为沟通高手还是具有一定的特质：第一，拥有各式各样的行为反应方式以供选择，懂得在适当的场合，根据情境、目的和对他人的认知，选择最合宜、最纯熟的行为。第二，拥有良好的表现行为的技巧。不仅能够准确理解对方的观点，还能带着同理心作出反应，还会在沟通的过程中随时监控自己的行为以增加成功的可能性。第三，在跨文化沟通时，具备合适的动机、忍受信息的模糊性、开放心胸和掌握一定的知识技巧，并提升专注力。第四，沟通高手还是善于倾听的人。倾听不仅是听到，更是指弄懂别人所传达信息的过程，包括听到、专注、理解、回应和记忆等五个要素，更好地倾听别人的关键是少说话、减少会分散我们注意力的事务、避免过早的评断，以及寻找说话者的陈述重点等。

（三）策划运用要点

其一，强化策划传播意识。在策划活动中要将传播前置，即是在策划之初就应该树立传播意识，遵循有利于传播的规律，懂得传播学的基本理论。根据美国传播学家斯蒂

---

[1] KORN C J, MORREALE S P, BOILEAU D M.Defining the field: revisiting the ACA 1995 definition of communication studies [J]. Journal of the association for communication administration.2000. 29: 40-52.

[2] 罗纳德·B. 阿德勒，拉塞尔·F. 普罗科特.沟通的艺术 [M].15版.黄素菲，李恩，王敏，译. 北京：北京联合出版公司，2018：29.

[3] 同[2]19.

文·W. 小约翰（S. W. Littlejohn）的理论，传播学的核心理论包括信息的形成与发展、意义的生成与解读、信息文本的结构与组织、传播中的社会互动关系、传播的社会动力学等[1]。这要求策划人在开展策划活动中，要充分掌握这些知识，理解这些核心理论，以便更好地促进沟通与说服，让策划的方案和建议得到更好的传播与认可。

其二，借鉴传播研究方法。传播学的研究方法非常丰富，包括抽样调查法、内容分析法和控制实验法等。其中，内容分析法最具传播特色，是一种对明示的传播内容进行客观、系统和定量描述的调查方法[2]，具有客观性（必须要有明确的客观规则，保证不同的分析者分析同一素材能够得出相同的结论）、系统性（信息内容或类型的取舍选择要有首尾一贯的标准，防止分析者仅选择支持自己见解的材料）、普遍性（应该将信息属性和传播者以及受传者的特征联系起来，其目的是获得具有科学价值和理论意义的结果，而不是纯粹的描述性信息）。[3]策划活动特别是在研究环节中，要充分借鉴和利用内容分析等研究方法，如通过不同时期传播内容的纵向比较分析、同一时期传播内容的横向比较、特定时期的传播内容分析等，借以考察传播内容与宏观社会结构之间的关系、传播方式对观点接受度的影响等，通过借用传播学研究方法夯实策划调查与研究基础。

五、城乡规划学

在现代社会中，城乡规划或空间规划无处不在。在很多带有空间落地性质的项目策划和战略策划中，通常需要空间思维。然而，很多策划人主要是文学、新闻、公关、广告、传播等人文学科出身，缺少空间思维上的锻炼，因而在策划时对空间布局或设计的考虑不足，这也直接导致很多项目"不接地气"，落不了地，让客户觉得策划方案很"虚"，没有实操性。进而言之，从前文提到的"四划理论"（谋划—策划—规划—计划）来看，策划人要科学指导空间规划，让策划成果具体落实到空间上，就必须学习好城乡规划理论，培养空间意识与思维方式，补上空间策划这一课。

（一）城乡规划学概述

城市建设历史虽然绵延数千年，但是现代城市规划直到19世纪才诞生于英国。众所周知，英国最早发生工业革命，这场革命极大地推进了城市化。可以说，英国近现代的城市发展历程是与其波澜壮阔而矛盾丛生的工业化进程紧紧地联系在一起的。公共卫生、环

---

[1] 斯蒂文·W. 小约翰. 传播理论 [M]. 北京：中国社会科学出版社，1999：28-29.
[2] BELELSON B. Content analysis in communication research [M]. Free press, 1952.
[3] 郭庆光. 传播学教程 [M]. 2版. 北京：中国人民大学出版社，2018：268.

境保护、工人住房等一系列早期运动促使现代城市规划最早在英国诞生。[1]1898年，埃比尼泽·霍华德（Ebenezer Howard，1850—1928年）出版了带有理想主义色彩的传世名著《明日：一条通往真正改革的和平之路》（Tomorrow：A Peaceful Path to Real Reform）；11年之后（1909），英国利物浦大学创立了世界上第一个城市规划系。同年，英国颁布了世界第一部城市规划法。后来，随着城乡的互动发展，英国逐渐将城市规划拓展为城乡规划。在一定程度上而言，现代城乡规划是从英国启蒙并确立根基的。

由于工业化主要集中发生在城市，因此在整个20世纪人们最关注的是城市规划。根据《简明不列颠百科全书》的权威定义，城市规划是"为实现社会和经济方面的合理目标，对城市的建筑物、街道、公园、公共设施及城市物质环境的其他部分所做的安排，是为塑造和改善城市环境而进行的一种社会活动、一项政府职能或一门专业技术，或者是三者的融合"[2]。同时，指出现代城市规划的主要目标：其一，合理安排城市的居住、商业、工业等各部分的布局、用地和设施，使之各自实现其功能，互不干扰，并节约投资；其二，有一个高效率的城市对内、对外的交通系统，使得所有的交通方式都获得极大的便利；其三，使城市各个部分居住区的用地大小、日照、绿地及商业区的停车场和建筑间隔，都能达到最适宜的标准；其四，提供多种类型的能满足所有家庭需要的安全、卫生和舒适的住宅；其五，提供在规模、位置和质量上都属于高标准的文体、教育、娱乐和其他社会服务设施；其六，提供足够而经济的供水、排水、公共事业和公共服务设施。由此可见，城市规划主要是"通过对城市土地使用的调节，改善城市的物质空间结构和在土地使用中反映出来的社会关系，进而改变城市各组成要素在城市发展过程中的相互关系，达到指导城市建设和发展的目的"[3]。因此，现代城市规划的核心内容也就集中在三个方面：首先是土地使用的配置，其次是城市空间的组合，最后是实现土地使用配置和城市空间组合的方式与手段。[4]

根据英国城市规划学者赖丁（Yvonne Rydin）的研究，城市规划发展演变可分为六个阶段。

第一阶段：19世纪与20世纪转换之际的初创时期。这时期主要是针对快速工业化和城市化进程，以及已经在城市中存在并日益加剧的城市问题或"城市病"提出相应的对策。但这些探索更多集中在思想方面，尚未形成具有主导性的统一理论框架，城市规划行

---

[1] 巴里·卡林沃思，文森特·纳丁.英国城乡规划[M].14版.陈闽齐，周剑云，等译.南京：东南大学出版社，2011：27.

[2] 简明不列颠百科全书·"城市规划和改建"词条[M].上海：中国大百科全书出版社，1985：271.

[3] 孙施文.现代城市规划理论[M].北京：中国建筑工业出版社，2016：15-16.

[4] 同[3].

为还主要集中在城市公共卫生和住宅等方面。

第二阶段：20世纪20年代至第二次世界大战结束的理论准备时期。进入20年代后，现代城市规划的发展逐渐为现代建筑运动所主导，城市规划理论中社会改革思想逐渐淡出，而建设和建筑的技术性内容不断强化。这一时期由于经济的大萧条和战争的原因，实践性的内容较少，主要的工作集中在理论积累和知识的完善，国际现代建筑协会（Congrès Internationald'Architecture Modern，缩写为CIAM）在其中起到了实质性的推广作用，如在1933年通过了关于城市规划理论和方法的纲领性文件——《城市规划大纲》（又被称为《雅典宪章》）。第二次世界大战结束时，现代城市规划的操作体系和制度框架基本形成。

第三阶段：第二次世界大战结束到20世纪60年代的全面实践时期。以战后重建、提高生活标准、促进快速发展为主要目的，以国家整体性干预社会经济发展为动力，现代城市规划在现代建筑运动主导下确立的规划原则和框架体系得到了广泛运用。这一时期政府主导型的建设占据着城市建设的重要方面，城市规划已经纳入政府的日常管理工作，并随着城市规划职业化制度的推行而得到进一步强化。

第四阶段：20世纪60年代后的反思与批判时期。经过第二次世界大战后的城市快速建设与发展，现代城市规划得到了全面实践。与此同时，也暴露了现代建筑运动主导下的城市规划体系的缺陷。到了70年代后，全球经济的衰退和内部环境的恶化，让城市规划问题更加突出。对此，规划界进行了批判和反思，以至于现代城市规划思想出现了大转变，也促进了城市规划理论的大发展。

第五阶段：20世纪80年代的拓展与重建时期。80年代后经济衰退开始逐渐恢复，社会意识形态转向更加强化市场作用的新保守主义和新自由主义，城市规划更加关注城市的更新及对经济发展的促进作用，同时以社区发展为基础的城市规划体系逐渐形成。

第六阶段：20世纪90年代后的创新发展时期。90年代以后，以互联网为代表的信息科技让人类迎来了一个全新的信息时代，政治、经济、环境发展的全球化趋势也日益加剧，社会经济结构发生极大的转变。在各类资源全球化配置的背景下，地方本身的建设和发展成为获取全球资源的关键，因此以大型项目建设为标志，以政府与私人部门的合作开发为具体手段，提升城市竞争力、营造城市创新气氛、提升城市宜居水平与可持续发展就成为城市规划与建设的主旋律。❶

从城市规划思想的演进来看，先后有三个影响深远的纲领性文件。

第一个是《雅典宪章》。因为1933年国际现代建筑协会在雅典召开会议，所以会议上通过的《城市规划大纲》就叫《雅典宪章》。其将"人的需要和以人为出发点

---

❶ 孙施文.现代城市规划理论[M].北京：中国建筑工业出版社，2016：47-48.

的价值衡量"作为城市规划的出发点，集中反映了当时"新建筑"学派，特别是法国勒·柯布西耶的观点。他认为城市主要有居住、工作、游憩和交通四大功能，而城市规划工作者的任务就是要处理好居住、工作和游憩空间的平衡布置，并通过交通网络强化三者的联系，同时强调保存和维护好城市的历史遗址和古迹。《雅典宪章》确立了人本主义的规划思想和城市的核心功能，彻底否定了"巴黎美院式"的形式主义设计思想，对城市建设影响至深。但是"二战"后，随着城市建设问题的深入研究，《雅典宪章》的问题逐渐暴露出来，刻意的分区和绿化带割裂了城市功能之间的有机互动，忽略了城市的地方性特征和文化独特性。

第二个是《马丘比丘宪章》。1977年，一些城市规划师集聚秘鲁首都利马（LIMA），对《雅典宪章》进行了讨论和修正，在马丘比丘山上签署了《马丘比丘宪章》。其主导思想是人本主义的理性化，强调人与自然和谐相处，人与人的和谐共处，认为城市是一个动态发展系统，城市规划也应有过程性和动态性。规划必须在不断发展的城市化过程中，反映出城市与其周围区域之间基本的动态的统一性，并且要明确邻里与邻里之间、地区与地区之间及其他城市结构单元之间的功能关系。城市规划应与经济、建筑、土地等统筹考虑，构建一个综合性多功能的空间，并认为城市不仅要保存和维护好城市的历史遗址和古迹，而且要继承一般的文化传统。

第三个是《北京宪章》。到了20世纪末，随着人们对生态和人居环境的重视，吴良镛的广义建筑学与人居环境学说得到了全球建筑师的普遍接受和推崇。1999年在北京召开的第20届世界建筑师大会上一致通过了其起草的《北京宪章》。宪章直面"生态失衡"等环境问题，并提出了可持续发展的城市规划原则，即将"规划建设、新建筑设计、历史环境保护、一般建筑的维修与改建、古旧建筑合理地重新使用、城市和地区的整治、更新与重建，以及地下空间的利用和地下基础设施的持续发展等纳入一个动态的、生生不息的循环体系之中"。同时，它提出了一条符合生态原理的建筑设计原则，即用新陈代谢的客观规律和循环体系的观念，将建筑的生命周期概念融入人居环境建设过程。同时，提出建立一个"和而不同"的人类社会构想，要求建筑师应因地制宜，致力于设计地区建筑，发展当代地域与民族建筑文化。《北京宪章》是对《马丘比丘宪章》的集成与发展，对当代的建筑和城市设计产生了深远的影响。

（二）城乡规划中的策划：空间维度

诺贝尔经济学奖获得者、世界银行前副行长约瑟夫·斯蒂格利茨（Joseph Eugene Stiglitz）曾说："中国的城市化与美国的高科技发展将是影响21世纪人类社会发展进程的两件大事。"事实上，自1978年改革开放以来，我国城镇化高歌猛进，城镇化率从1978年的17.92%快速攀升到2011年的51.27%，城镇常住人口占总人口的比重首次超过50%；

到 2018 年，已经达到了 59.58%。❶纵观我国 40 年城市化之路，大体经历了重启城镇化、高速城镇化和城乡统筹发展三个主要阶段。

第一，城镇化重启阶段（1978—1991 年）。中华人民共和国成立以后，为了加快建设独立的工业体系和保证城市的正常运转，我国开始实行严格的城乡二元化治理结构。改革开放之后，全球加工制造环节的转移与中国改革开放的历史性结合，促进了中国城市轻工业的飞速发展，也推动了中国城市特别是东部沿海城市的快速发展，出现了大量的新兴城市。但是从整体来看，这个时期的城市化仍处于一个较为缓慢的阶段。

第二，城镇化高速发展阶段（1992—2013 年）。1992 年初，邓小平的"南方谈话"开启了中国市场经济建设的新进程，推动了城市经济的繁荣和城镇化的快速进程。到了 2011 年，中国城镇人口占总人口的比重首次超过 50%，达到了 51.27%。我国开始进入以城市为核心的工业经济和服务经济时代，但快速城镇化也暴露了城乡分割严重、发展差距拉大、"伪城镇化"现象严重等问题。

第三，城乡统筹的新型城镇化建设阶段（2014 年以后）。"城乡统筹"即是要强化顶层设计，整体考虑"城""乡"的互动发展，形成城乡协同共进的双赢格局。既要改革过去城乡二元分治的观念和做法，逐步清除城乡之间的制度藩篱，在加快城镇发展的同时，也要考虑到广阔农村的发展，不能顾此失彼。要充分发挥城市与乡村各自的资源优势，通过以工促农、以城带乡，实现城乡协调发展。国家同时提出了特色小镇和乡村振兴等战略，从这个角度而言，我国正在进入城乡统筹规划的新阶段。

在我国，城乡规划是各级政府统筹安排城乡发展空间布局、保护生态环境、改善人居条件、促进城乡经济社会全面协调可持续发展的重要依据。根据《城乡规划法》，城乡规划包括城镇体系规划、城市规划、镇规划、乡规划和村庄规划，城市规划、镇规划又分为总体规划和详细规划，详细规划又分为控制性详细规划和修建性详细规划（见图 3-4）。为什么要分为总体规划和详细规划？因为城乡规划其实体现了城乡政府关于发展目标和路径的重大决策，所以尽管不同国家和地区的规划在工作步骤、阶段划分与编制方向上有所区别，但基本上都是按照从宏观到具体、从战略到战术的决策层次进行。城乡总体规划重点是确定发展目标、原则、定位、空间布局等重大问题，是制定详细规划的依据。详细规划则是根据总体规划的要求进行深入研究，并制定具体的落实方案。

---

❶ 国家统计局. 中华人民共和国 2018 年国民经济和社会发展统计公报［EB/OL］.（2019-02-28）［2019-05-18］.http://www.stats.gov.cn/tjsj/zxfb/201902/t20190228_1651265.html.

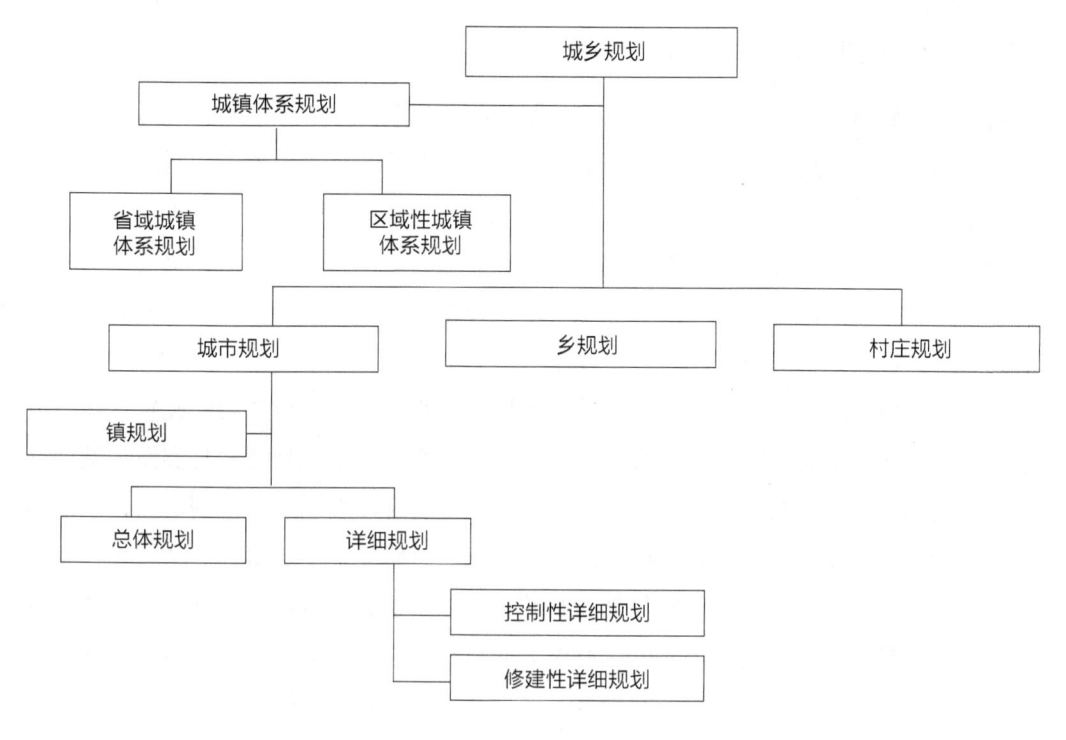

图 3-4　我国的城乡规划体系

在实际规划编制活动中,为了便于任务落实与工作的展开,也有"城市规划纲要—城市总体规划—分区规划—控制性详规—修建性详规"或"战略概念规划(非法定规划、近似战略策划)—城市总体规划—开发指导规划—各类专项规划"等更多层次的规划体系,如新加坡的城市规划体系。

那么,城乡规划学为策划活动提供了何种理论支撑呢?

众所周知,城乡规划理论一般可分为三个层次:哲学层次、科学层次和技术层次。从整体上看,哲学层次的理论是对科学层次的综合和普遍化,是对城市规划本质的揭示;科学层次的理论是城市规划理论的主体,是关于城市规划所涉及的各项内容的抽象和理性研究(关于城市、城市发展及城市各项组成要素及其发展的理论,城市规划过程中所涉及的各项内容之间的相互关系及协同安排的理论,城市规划实施的理论);技术层次的理论是对科学层次理论的演绎和具体化,是城市规划处理实际问题的手段和工具。❶ 对于策划人而言,这三种层次的理论都应熟练掌握,特别是科学层次与技术层次的理论,如城市规划中对土地配置、物质空间、功能组合设计、规划管理等内容,这些都能为策划人提供有力的理论指导和落地支撑。

---

❶ 孙施文.现代城市规划理论[M].北京:中国建筑工业出版社,2016:16-18.

（三）策划运用要点

其一，理解城乡规划的本质与原理。"理论的核心并不仅仅在于理论所揭示的现象及其结果，而在于揭示这些理论的过程，也就是说，要把握的是理论考虑问题的方式及其内在的思维方式。"❶ 规划本质是"抵御未来的不确定性"，规划的内容与过程始终是围绕未来的行动展开的，以引导相关行为来实现规划所确定的目标。策划亦然，也是需要用现在的知识指导未来。因此，策划可以参考规划已经较为成熟的理论、原理和思考方法，弄通其前因后果，让策划更具前瞻性和可实现性。

其二，培育空间意识与思维方式。城乡规划的核心研究是土地使用的配置、城市空间的组合，以及实现二者的方式与手段。对于策划人而言，城乡规划理论与实践为策划开启了一扇新的知识与业务窗口。首先，越来越多的城乡政府在编制空间规划之前，倾向植入一个策划阶段，主要目的是寻找和论证规划的理念、思路、定位、目标、项目设计和建设时序等，进而为总体规划奠定研究与创新基础，例如新加坡的战略概念规划实质上就具有策划的性质，虽然不是法定规划，但仍有极大的指导意义。其次，当策划具有空间要求的项目（如城市新区、文化园区、旅游景区、房地产等）之时，策划人需要能准确解读城市空间规划和发展战略，找准项目在城市中的位置与价值，从城市发展战略高度思考和设计项目，"跳出项目做项目"，如此才能更容易获得城市领导者的认可。

★★★ 重点回顾与拓展阅读 ★★★

一、重点回顾

（1）原理通常是指某一领域、部门或科学中具有普遍意义的基本规律。策划主要有六大基本原理：制宜原理、取舍原理、奇正原理、简易原理、整合原理和权变原理。

（2）原则是行事所依据的准则。策划虽然讲求标新立意、法无定法，但仍然要坚持一定的原则。具体包括需求原则、创新原则、多赢原则、发展原则和底线原则。任何策划活动只有遵从这些原则，才能顺利开展。

（3）现代策划除了需借鉴传统谋略的哲学理念和思维方法，还需从经济学、管理学、营销学、传播学及城乡规划学等现代科学中吸取营养，逐步形成自己独特的理论体系、研

---

❶ 孙施文.现代城市规划理论[M].北京：中国建筑工业出版社，2016：404-405.

究方法和策划工具。

（4）策划的灵魂是创新，即是要推动生产要素的新组合。熊彼特的创新理论是策划最重要的理论基础和实践指南。

（5）管理思想是策划思想的重要来源，特别是管理学中的决策理论，为策划提供了功能定位与价值依据。决策的理论、方法和案例也为策划提供了有益指导。

（6）市场营销领域是策划的重镇。回望现代策划发展历程，最先进入国人视野、为大众所熟悉的策划，即是以"点子"为特色的营销活动。营销理论为策划提供了丰厚的学理滋养，如定位理论、市场细分理论、4P组合理论等。

（7）策划要发挥实际价值，必须借助传播的力量。一方面，策划方案需要通过便于决策者接受的传播方式影响决策者；另一方面，策划方案也涉及营销、宣传、说服等内容，策划人只有懂得传播规律，才能让策划发挥更大效用。

（8）城市规划本质是"抵御未来的不确定性"，研究的核心内容是土地使用的配置、城市空间的组合，以及实现二者的方式与手段。城市规划理论可以帮助策划人培育空间意识与思维方式，让策划方案更具前瞻性与落地性。

二、拓展阅读

（1）《现代城市规划理论》。该书由同济大学建筑与城市规划学院孙施文教授所著。全书123万字610余页，围绕现代城市规划发展历程和规划中涉及的理论等两个方面，对现代城市规划理论及其发展进行了全面阐释。

（2）《城市营造：21世纪城市设计的九项原则》。该书由美国建筑师和城市规划师约翰·伦德·寇耿等著，系统地阐述了可持续性、可达性、多样性、开放空间、兼容性、激励政策、适应性、开发强度和识别性等九个城市设计原则。

（3）《英国城乡规划》（第14版）。该书由英国剑桥大学巴里·卡林沃思教授、英国布里斯托尔西英格兰大学文森特·纳丁研究员著。书中全面系统地展示了英国城乡规划体系发展的完整面貌，是世界城市规划界的经典著作。

（4）《传播学教程》（第2版）。该书由中国人民大学郭庆光教授著。全书旨在建构传播学核心理论，自第1版出版以来，得到国内新闻传播学界和其他学科读者的广泛好评，成为传播学中必读的经典书目。

（5）《沟通的艺术》（插图修订第15版）。该书由美国学者罗纳德·B.阿德勒、拉塞尔·F.普罗科特所著，最大特色是将沟通分为"看入人里""看出人外"和"看人之间"三部分，分析了人际关系和人际沟通的全貌。

（6）《营销管理》（第15版）。该书由"营销之父"菲利普·科特勒、凯文·莱恩·凯勒合著。书中介绍了营销人员必备的全部知识，是营销的百科全书和营销学领域的"圣经"，已经畅销全球近 40 年，被翻译成 20 多种语言。

（7）《定位：有史以来对美国营销影响最大的观念》。该书由里斯、特劳特所著。本书是定位理论的开山之作，系统地介绍了定位的概念、定位的策略，并通过具体的案例对定位与相关策略进行了深入阐释。

（8）《管理学》（第 13 版）。该书由斯蒂芬·罗宾斯、玛丽·库尔特所著。全书以管理的四大职能"计划、组织、领导、控制"为脉络，覆盖了管理理论的主要知识点，广受各国学界和业界读者的欢迎，位列全球基础管理学教材榜首。

（9）《经济学原理》（第 6 版）。该书由美国经济学家曼昆教授所著，是世界最流行的经济学入门教材，其深入浅出地介绍了十大经济学原理，已经被 600 余所世界知名大学用作经济学原理课程的教材。

第四章　策划的基本架构、思考路径与方法工具

当代马克思主义哲学家杨献珍在论述经典文献的价值时说："马克思、恩格斯、列宁的著作给我们留下的最重要最宝贵的东西是什么？是他们的思想方法。"这段话也给了策划人深刻的启示，在策划中首先要强调思想方法。策划因时不同，因势而异，更因策划人的修为与创意不同而千差万别。但正所谓策划无法，贵在得法。看似神秘莫测、庙堂深邃的策划之殿，亦有开启的密码与法门。要实现策划的目标与功能，让策划更具成效，就必须遵循一定的框架结构，形成合理的思考路径，熟练掌握科学的方法与工具。

第一节　策划的基本架构

基本架构如同房屋的"四梁八柱"，对策划人特别是刚从事策划的人而言，程序化、结构化的框架设定可以让自己快速抓住策划要点。总结策划实践经验，框架内容可归纳为"明确一个策划目标、进行两项基础分析、创新三大核心内容、提供四类后续服务"。通过此架构，我们就能对策划的要件有个整体的把握。

一、明晰一个策划目标：基于决策者需求

目标是指引事业前进的灯塔。根据管理学大师斯蒂芬·罗宾斯（Stephen P. Robbins）的定义，目标通常指的是所期望的结果或对象[1]，指导着管理过程并形成了衡量工作结果的

---

[1] 斯蒂芬·罗宾斯，玛丽·库尔特. 管理学［M］. 13版. 刘刚，程熙镕，梁晗，译. 北京：中国人民大学出版社，2018：199.

标准。策划是一种帮助企业、机构或者个人提供决策服务和创新方案的活动。是否达成了双方约定的目标，是评估策划是否成功的重要标准，因此，策划的首要任务即是明确工作目标——确定策划必须达到的结果或期望。

策划本质是为决策提供服务，因此其目标必须植根于决策者需求，了解其想解决什么问题、获得什么成效。目标不同，策划方案也千差万别。例如，某企业委托开展形象策划，目标是扩大品牌影响、树立良好形象；如果策划人却聚焦于组织设计，工作必然难获得理想成效。换一个角度讲，这也给了策划人一个警示：如果决策者自身都不清楚需要什么、达到什么目标，是个"移动靶"，策划人还"霸王硬上弓"，那只会上演"霸王别姬"了。因此，如果策划之初客户没有清晰的目标，那么就要首先帮助客户捋清目标再行动。

如何才算是清晰的策划目标？一般要满足如下两个条件：

一是共识性。策划涉及委托方和策划方两个主体，双方在策划目标上必须达成共识。如果后者不了解或对委托方的需求理解有所偏差，策划就可能失去方向。进一步说，建立共识的过程亦是策划机构明确工作范围、边界和难易程度的过程。需要注意的是，这种共识还需通过合同或协议等形式"白纸黑字"地固化下来，做到有据可依，避免双方在策划过程中随意改动。因为目标的变化，牵一发而动全身，必然涉及大量内容的重新调整，这无疑会极大地增加时间与人力成本。例如，原协议确定的是策划一个传媒艺术小镇，但后来委托方想改为人工智能小镇，那就意味着原来70%以上的工作都是徒劳。

二是指标性。策划目标不能是虚幻的、不可衡量的，必须通过设置一定的指标或评估维度，让目标清晰可见，如可从经济效益、社会效益、战略效益等方面选取指标，进行设计与评估。其中，社会效益和战略效益可通过定性指标进行描述，但是经济效益应该采用数据化表达，特别是合作模式为按照效果收费或用智慧成果入股之时，制定可量化的指标尤为必要。例如，协议约定策划目标是增加产品销售额20%，如果没有达到，则表明策划未成功；但假如利用定性指标，就很难获得双方均认可的答案。

知识拓展：阐述得当的策划目标

目标是策划的灯塔与方向，只有清晰地确定目标，才能提升策划成效。阐述得当的策划目标，应该具有如下特征：

（1）得到委托方和策划方双方认可。

（2）从结果而非过程予以阐述。

（3）具有清晰明确的时间范围。

（4）战略指标和社会效益指标可定性描述。

（5）经济效益指标需可衡量、可量化。

（6）书面协议化，不能是口头承诺。

（7）文本表述便于所有必要的组织成员进行沟通。

二、进行两项基础分析：主体分析和环境分析

《孙子兵法》中的"知己知彼，百战不殆"，从策划角度而言，即是要对策划对象进行主体与环境分析，找到事物发展的内在原因，并与外部环境积极互动，借势借力实现发展。

（一）主体分析

内因是事物发展的根据。策划首先要对策划对象（包括个人、企业或机构）进行深入剖析，从发展战略、资源情况与面临问题等角度进行"客户画像"。主体分析的基本要素见表4-1。

表4-1 主体分析的基本要素

项目	内容	细化条目
战略分析	我是谁	定位、愿景、使命等
	我从哪里来	产生缘由、发展历程、所处阶段
	我要到哪里去	决策（者）目标、动因分析
资源分析	显性资源	区位、交通、产品、人才、品牌等
	隐性资源	人脉、社会关系、人格影响力、文化底蕴
问题分析	MECE原则	相互独立、完全穷尽
	问题维度	观察与分析问题的思维角度（如性别、重要性等）

1. 战略分析：我是谁、我从哪里来、我要到哪里去

这里重点是要考察一家企业（或机构、项目、个人等）战略方面的因素，包括"我是谁""我从哪里来""我要到哪里去"三大问题。

第一，考察"我是谁"的问题，重点从愿景、使命和决策者三个角度分析，这里以企业为例。一是愿景。愿景是指企业就发展前景和方向提出的一个高度概括的描述。由企业核心理念（核心价值观）和远期展望（未来10~30年的发展目标）构成。企业愿景的本质是要将企业的存在价值提升到极限，如美国著名智库兰德公司

将其愿景描述为"成为全球最可信赖的政策参考和分析机构"。二是使命。使命是在愿景的基础之上，具体定义企业在经济社会领域中所经营的活动范围和层次，明确企业的身份或角色，包括经营哲学和发展宗旨等。彼得·德鲁克认为，为了从战略角度明确企业的使命，应系统地回答下列问题：我们的事业是什么？我们的顾客群是谁？顾客的需要是什么？我们用什么特殊的能力来满足顾客的需求？如何看待股东、客户、员工、社会的利益？例如，兰德公司的使命是"通过研究和分析帮助提升政策和决策"。三是决策者。研究好决策者决定着策划的成败。在策划活动中，要重点了解企业（或组织）的领军人物或关键少数（人物），对其经历、性格、主要观点与思维习惯等内容进行分析，特别在开展企业战略策划之时，要充分了解其创始人或领导者的性格、主张与诉求。中外企业实践表明：企业是企业家精神的物化。企业家精神往往来源于其出生的环境和生活的磨砺。企业家的精神一旦形成，不仅决定着企业的性格、灵魂，还影响着企业的未来。电视剧《亮剑》中，"男一号"李云龙的一段演讲，尽管论述的是军队，亦可视为企业特质塑造的最好脚注。他说："任何一支部队都有着它自己的传统。传统是什么？传统是一种性格，是一种气质！这种传统与性格，是由这种部队组建时首任军事首长的性格与气质决定的。他给这支部队注入了灵魂。从此不管岁月流失，人员更迭，这支部队灵魂永在。这是什么？这就是我们的军魂。"

第二，考察"我从哪里来"的问题。树有本，水有源，知其本源，才能不忘初心。在策划过程中，需要追溯策划对象的起源、演进和当前所处阶段。例如，开展城市战略策划，就必须从城市的建立之因、发展之路、当前状况等方面进行细致考察，找到城市文化基因、内在气质和沉浮往事，如此才能更好地认清城市，如进行大庆城市战略策划，就必须考虑大庆的建城历史，大庆是一座因油而生的城市，其性格与命运都深深刻上了石油和"铁人"的烙印，这个城市的所有——产业结构、城市居民、城市文化、品牌形象——都与石油密切相关。

第三，考察"我要到哪里去"的问题。首先，分析"到哪里去"的动因，如可以从战略因素（转型升级、提高占有率、实现快速突破等），营利因素（增加盈利、价值提升等），责任因素（履行社会责任等）和其他因素（如个人情怀、晋升等）出发，对策划对象的发展动因进行考察。其次，进行趋势分析，找准策划对象应该走或可以走的路径，形成大体方向判断，如大庆的战略方向应从资源型转向制造型，甚至创新型城市，从"能源圣地"走向新时期的"智造基地"和"创新高地"，逐渐摆脱对石油的依赖。

2. 资源分析：显性资源与隐性资源

资源是指一国、一定地区或某个企业所拥有的物力、财力、人力等各种要素的总称。

它是支持决策者实现目标的基础条件。根据资源能见度，可分为显性和隐性两种类型。

其一，显性资源是指策划对象所拥有的、显而易见的资源。例如，一家企业的显性资源包括厂房、产品、原料、土地、人才、品牌等；对园区或地产项目而言，包括占地面积、建筑面积、土地属性、土地权属、交通状况、文化资源、生态环境、地形地貌等，这些需要通过基地分析进行细致的梳理。

其二，隐性资源是指存在但尚未发挥效用的潜力资源，如企业决策者具有的人脉资源与社会影响力、区域拥有的但未挖掘的超级文化 IP 等，乃至如一些策划人所言，"山间之明月、湖上之清风"亦可为我所用。毋庸置疑，能否有效地发掘和整合潜力资源，最大地激活其经济社会价值，体现着策划人的功力。

总而言之，在资源梳理与分析中，要通过对比与归纳等方式，总结出区域、企业或项目的资源优势并进行分级，如核心优势资源、行业普通资源等，以便将来做足"长板"（将核心资源优势发挥到极致），整合资源弥补短板。

3.问题分析：MECE 原则和问题维度

敏锐的问题意识是策划人的看家本领之一。分析策划对象，以问题为切入口是极佳的突破方式。策划人需找到关键性问题，并分析其缘由，然后对症下药。

在分析问题时，策划人要能够全面、系统、有逻辑地思考企业（组织或个人）面临的各类问题，要善于运用麦肯锡的"MECE 分析法"（即 Mutually Exclusive, Collectively Exhaustive），译为"完全穷尽、相互独立"。所谓"完全穷尽"，即是"完整清晰地呈现出这个问题的各个方面"；"相互独立"，是指"让问题的各个方面独立呈现出来，避免出现混淆的情况"。❶ 通俗地讲，就是分析问题之时，要做到"不遗漏、不重叠"。

那如何才能实践好"MECE 分析法"？其关键是要引入"维度"这个变量。维度，在物理学的领域内，是指独立的时空坐标的数目，如四维空间、五维空间。扩展到思维领域，可以理解为人们观察、思考与表述某事物的思维角度（或分类方法）。维度譬如一把利刃，可将问题与问题之间的黏连斩断。例如，我们以"性别"为维度，可将所有人分为"男人与女人"；以"重要性"和"紧迫性"为维度，可将所有问题分为"重要且紧迫的问题、重要不紧迫的问题、不重要紧迫的问题、不重要不紧迫的问题等四类"。通过运用"维度"这一工具，我们就比较容易实现"完全穷尽、相互独立"。

---

❶ 洛威茨.麦肯锡思维［M］.北京：企业管理出版社，2016：63.

> **知识拓展：MECE 原则的实践应用**
>
> 1. 什么情况下会用到 MECE 原则
>
> MECE 原则是将原始资料或问题进行分类的技术，也是策划工作方法中很重要的一个原则。当我们要对复杂问题或资料进行分门别类的时候，往往就会用到 MECE 原则。如果分类没有涵盖问题的所有方面，那么最终推演出来的方案有可能以偏概全；如果分类有很多是重叠的，那么我们无法厘清真正的原因。
>
> 2. 如何才能"相对独立、完全穷尽"
>
> 一般可以通过以下四个步骤来落实 MECE 原则。
>
> 第一步：确定范围。也就是要明确当下讨论的问题到底是什么，以及我们想要达到的目的是什么。这个范围决定了问题的边界。
>
> 第二步：寻找符合 MECE 的切入点。所谓切入点，即维度，是指你准备按什么来分，或者说大家共同的属性是什么，如是按颜色分、按大小分、按时间序列分，还是按重要性分。
>
> 第三步：找出大的分类后考虑是否可以用 MECE 继续细分。对客户的分类如果按男和女来分，的确是满足 MECE 原则，但仅仅这么分对我们的策划有什么帮助吗？不管走到哪一步，请时刻记住"以终为始"，也就是时时要考虑策划的目的是什么。
>
> 第四步：确认有没有遗漏或重复。分完类之后必须重新检视一遍，看看有没有明显的遗漏或重复。建议画出一个金字塔结构图，用可视化的方式比较容易发现是否有重叠项。当然，现实中可能出现这样的情况，分出来一些类别后，仍然有几项不属于前面分出的几类，但这几项还比较重要。这时，你可以试着加一个类别——"其他"。
>
> MECE 说来简单，做好并不容易。掌握 MECE 没有捷径，就是多看多想多练。
>
> 资料来源：强海涛. 策划原理与实践 [M]. 2 版. 北京：机械工业出版社，2015：59.

（二）环境分析

外因是事物发展变化的条件。正如一颗鸡蛋如果没有适宜的温度，内在条件再优越仍孵化不出小鸡。同理，在策划过程中还需研究对象所处环境。具体而言，包括战略宏观环境、行业中观环境和企业微观环境。通过环境分析，对发展大势进行预测，对机会与威胁进行研判，同时结合内因分析，统筹考虑对策。

1. 战略宏观环境

《大趋势》（*Mastering Megatrends*）作者约翰·奈斯比特（John Naisbitt）说："如果首先没有战略远见，战略规划就一文不值。"对策划而言，宏观环境分析的核心目的是了解大势、把握大势，顺势而为。例如，以 10 年为周期，审视"福布斯全球富豪榜"的行业更替，我们便可知趋势不可违、机会不可失。策划人断不可逆天而行。

宏观环境分析细目较多，各家莫衷一是。结合前人研究成果，此处提出了"DE-PEST"分析模型（见表 4-2），即从人口（Demographic）、生态（Ecological）、政治（Political）、经济（Economic）、社会文化（Social）、科学技术（Technological）等维度进行现状与趋势分析，预测可能产生的影响。

具体而言，一是人口环境分析，包括人口总量及其增长率、地理分布及其流动状况，以及年龄、性别、职业、家庭等统计变量。二是生态环境分析，包括自然资源、地理地貌、气候条件、污染状况等，必须对涉及空间与环境的项目进行环评。三是政治法律环境分析，包括社会制度、政治体制、政党体制、政治生态、法律法规、政策导向和发展战略规划（计划）等。四是经济环境分析，包括国民生产总值、国民收入、恩格尔系数、消费偏好、储蓄情况、就业状况等因素。五是社会文化环境分析，包括一个国家或地区的语言文字、居民教育程度和文化水平、审美习惯、价值观念、宗教信仰、风俗习惯等。六是技术环境分析，包括全球基础性科技发展、所在领域的科技进步，以及国家科技政策的支持重点、科技发展的战略规划等。

表 4-2　战略宏观环境分析的"DE-PEST"模型

分析维度	内涵阐释	具体分析内容
人口环境	分析人口规模与增长情况，考察人口结构等因素变化带来的影响	人口规模、人口统计特征、地理分布及其流动状况、家庭结构、教育水平等
生态环境	分析自然生态条件的支持与限制因素	自然气候条件，生态环境、保护政策与意识，环保组织等
政治法律环境	分析政府各类政策、法律法规，以及考察政治局势和改革趋势等	政治局势、体制机制、法律法规、行业法规、税收政策、领导意图、规划计划、国际关系等
经济环境	分析经济发展情况与未来态势，以及国际经济环境等	经济周期、GDP 与增速、货币供给、通货膨胀、可支配收入、失业率、金融与地产等主要行业情况、利率或汇率等
社会文化环境	分析社会、文化发展特征与趋势，洞察其中的机遇与挑战	生活方式、消费习惯、文化潮流、宗教信仰、风俗习惯、价值观念、语言文字、文化冲突等
技术环境	分析技术发展现状与趋势，了解其将带来的影响	重大技术突破、技术壁垒、代替技术、专利权情况、技术创新与传播速度、创新创业生态等

2. 行业中观环境

从策划角度而言，行业中观环境分析主要包括市场环境分析、行业竞争分析等两大板块，它们对策划对象具有极大影响。

一是市场环境分析。参考前人研究成果，这里提炼了"4S分析法"，即从市场规模（Scale）、结构（Structure）、阶段（Stage）与趋势（Stend）等四个角度，对市场环境进行透析。其中，市场规模是指一定时间和区域范围内的市场容量，包括消费者总量、产品总量、销售总额、增长速度等；市场结构是指根据竞争和垄断的程度不同，所形成的完全竞争、完全垄断、垄断竞争和寡头垄断等四种基本类型；市场阶段即是立足生命发展周期（导入阶段、成长阶段、成熟阶段、饱和阶段、衰退阶段），考察市场处于何种阶段；发展趋势即指预测某个产业市场的未来发展如何，包括规模、速度、结构变化等。

二是行业竞争分析。在策划活动中，了解策划对象所在行业的竞争情况，确定其所处的行业坐标，是策划人的必修功课。关于行业竞争分析，迈克尔·波特的五力分析模型是非常高效的武器（见图4-1）。该模型将行业竞争力量分为五个方面：①买方的议价能力。正所谓"客大欺店"，买方通过压价或提高质量要求来影响企业的盈利能力。该议价能力受到消费者集中度、消费者购买数量、消费者转换成本、消费者获取资讯能力和现存替代品等因素影响。②供应商的议价能力。供方通过提升要素价格或降低单位产品质量等来影响企业的盈利能力与竞争力，该议价能力受到供应商转换成本、供应商集中度、原料价格占产品售价的比例等因素影响。③新进入者的威胁。新进入者可能会与现有企业发生原材料与市场份额的竞争，最终导致行业中现有企业盈利水平降低。其威胁程度主要受行业进入壁垒、规模经济、转换成本等因素影响。④替代品的威胁。两个处于同行业或不同行业中的企业可能生产出互为替代的产品，这种"跨界行为"将影响行业的竞争激励程度和企业的竞争战略，其竞争程度主要受到替代品偏好倾向、转换成本等影响。⑤现有行业竞争

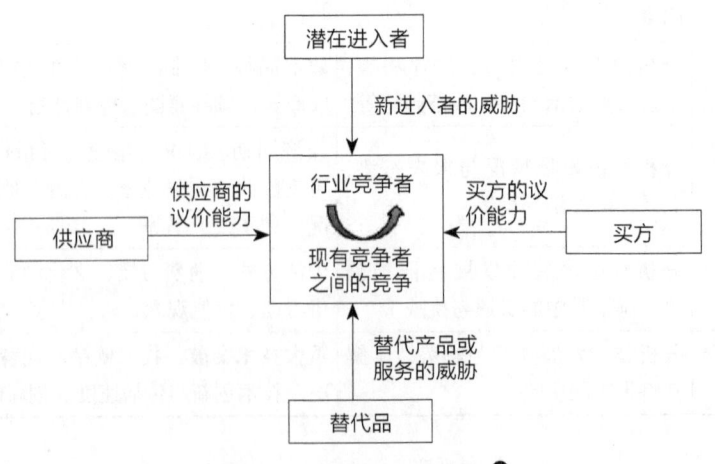

图4-1 五力竞争分析模型[1]

---

[1] 迈克尔·波特.竞争优势[M].陈丽芳，译.北京：中信出版社，2014：4.

者的竞争程度。其激烈程度主要受到企业所处地位、差异化程度、竞争者数量等因素影响。在使用波特五力分析模型时，我们也需要注意，这是一个以竞争为导向的模型，突出强调了行业中的竞争状况，但随着商业模式的变迁，协同合作正成为发展新常态。因此，如何通过五力分析模型认清自身所处的境况，同时以我为主，积极构建共建共赢共享的生态发展体系，应是策划人重点思考之所向。

3. 微观环境分析

该分析是指针对产品或服务的消费者进行的分析。所谓消费者，是为了生存或享受的需要而进行消费行为的个人或家庭。在策划过程中，了解策划对象所服务的消费者，是制定问题解决方案的基石与钥匙。消费者分析包括其基本特征、消费行为、消费态度等内容，最后应聚合得出"消费者画像"。具体而言，一是分析消费者特征，即可定义特定消费群体的数据，如性别、年龄、居住地、婚姻状况等；二是分析消费者行为，即分析特定人群的可被记录的行为痕迹数据，如媒体接触习惯、社交行为、出行轨迹等；三是分析消费者态度，包括特定人群对特定产品或品牌的态度、价值观、人生观、消费心理等数据，如购买动机、商品满意度等。其中，马斯洛需求层次理论是分析消费者心理的重要工具。

完成主体分析和基础分析之后，需要通过"SWOT分析工具"进行总结，将分析结论依次放到"优势、劣势、机会、威胁"构成的四象阵中，并进行梳理、归纳和解读，形成基本结论与选择方向，为后面的创新工作夯实基础。

三、创新三大核心内容：理念、策略、评估

创新是策划的灵魂。具体落实到策划中，重点是要创新理念、创新策略和创新评估。其中，理念是根本，策略是核心，评估是保障。

（一）理念创新

理念是对人们经过理性思考及实践所形成的思想观念、思维方式、理想追求和哲学信仰等内容抽象概括。策划创新的内涵丰富，包括理念、产品、服务、管理、制度等多种创新内容。但在这些创新中，最根本的是理念创新，其是其他创新活动的灵魂和统帅。

策划人在帮助城市、区域、企业或其他机构提供问题解决方案时，第一要务即是以创新的角度，运用新思维、新视角、新范式来重新审视其现有发展理念、思维模式、战略定位等，从理念高度上找到问题产生的根源。当然，这比一般的创新更加抽象，更加困难。理念创新的能力是策划人最核心且最难培养的能力。体现在策划活动上，理念创新包括思维、理论、思路和定位四个层面（见图4-2）。

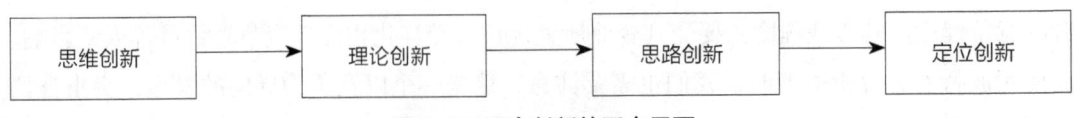

思维创新 → 理论创新 → 思路创新 → 定位创新

图 4-2　理念创新的四个层面

一是创新思维。这是策划的"元创新",是给大脑"换芯片"。恰如知名策划人王志纲所言:"策划是一门复合性的科学、交叉的科学、边缘科学。它的最奥妙之处是,将单线思维转变成复合思维,将封闭性思维转变成发散性思维,将孤立、静止的思维转变为辩证的、动态的思维,将量入为出的思维转变为量出为入的思维。"❶可见,策划之创新,首先是思维之创新。通过思维转换,常可令人产生"山重水复疑无路,柳暗花明又一村"的豁然开朗之感。例如园区策划,传统上是以企业为本,所有政策都是探索如何对企业有利,但随着时代发展,大家发现传统园区越来越受到冷落,企业也不愿意入驻。原因何在?因为产业类型与结构在变,发展重心在变,相比企业,人才的价值更加凸显。所以,园区策划必须转变理念,奉行以人为本,在园区建设之前,即要进行文化主题与概念设计,赋予钢筋水泥以神韵与灵魂,让园区设施与服务能够更好地满足"创意阶层"的工作与休闲需要。只有人才愿意待的地方,企业才会愿意入驻。其实,思维创新也存在于我们的日常生活中,如解梦,不同的思考角度,换来完全不同的结果。

案例链接　秀才赶考

有位秀才第三次进京赶考,住在一个经常住的店里。考试前两天他做了三个梦:第一个梦是梦到自己在墙上种白菜;第二个梦是下雨天,他戴了斗笠还打伞;第三个梦是梦到跟心爱的表妹躺在一起,但是背靠着背。

这三个梦似乎有些深意。秀才第二天就赶紧去找算命的解梦。算命的一听,连拍大腿说:"你还是回家吧。你想想,墙上种菜不是白费劲吗?戴斗笠打雨伞不是多此一举吗?跟表妹躺在一张床上了,却背靠背,不是没戏吗?"

秀才一听,心灰意冷,回店收拾包袱准备回家。店老板非常奇怪,问:"不是明天才考试吗?今天你怎么就回乡了?"秀才如此这般说了一番,店老板乐道:"哟,我也会解梦的。我倒觉得,你这次一定要留下来。你想想:墙上种菜不是高种吗?戴斗笠打伞不是说明你这次有备无患吗?跟你表妹背靠背躺在床上,不是说明你翻身的时候就要到了吗?"

秀才一听,更有道理,于是精神振奋地参加考试,居然中了个探花。

---

❶ 王志纲. 财智论语 [M]. 北京: 人民出版社, 2007: 123.

资料来源：池恩琛《秀才赶考的故事》，2018-01-07，https://www.jianshu.com/p/63eab3ea6ed4。

二是创新理论。理论是人们关于事物知识的理解和论述。一个优秀的策划人，一定具有极高的理论水平；一个优秀的策划方案，一定具有坚实的理论支撑。思维创新让人转换角度，理论创新让人钻研深度。理论创新是思路、定位与策略创新的本源。因此，在策划过程中必须通过研究与思考，凝练出针对某类或某个策划对象的独特理论（或观点），进而让策划方案中的创新与设计具有理论依据和内在逻辑支撑。如果我们注意分析的话，华与华营销咨询有限公司的很多创意都基于他们的"超级符号理论"，叶茂中营销公司则来自"冲突理论"。

三是创新思路。思路是人们思考某一问题时思维活动进展的线路或轨迹。在策划活动中，所谓思路，即是在思维开拓和理论明确之后，关于如何具体推进事物发展的思考路径，如策划文化综合体，以前的思路是硬件优先、零售优先，但在文化商业、创意营造、娱乐经济等理论的指导下，现在的思路则是强调文化特色、文化体验和场景营造。这就意味着各种具体策略的调整，如建筑和空间设计就不能仅局限于功能层面，而是需找到物理载体之后的文化意涵与心理价值；经营业态原来更多是商品零售，未来将逐渐向餐饮美食、文化娱乐、创意体验等内容调整。

四是创新定位。定位是策划之"锚""碇"。理念、理论和思路创新最后都需要凝聚到定位之上。定位的核心是回答"我是谁"或"我要做什么"等根本性问题，是一个企业或项目区别于他者的核心，也是在目标客户心智中建立独特地位的关键。一个合格的策划一定要给出定位的建议，让客户在竞争与合作过程中明晰"我是谁"或"我要做什么"，如"中国文化产业学院奖"活动就通过"学院奖"的定位，与媒体奖、政府奖等奖项有效地区隔开来。

（二）策略创新

理念创新之后，要通过具体策略来实现构想。策略主要包括内容创新、模式创新、空间创新、传播创新和支撑要素创新等内容。需要说明的是，并不是所有的策划都要涵盖这些创新，应具体情况具体分析。

一是内容创新。内容是指事物所包含的实质或存在情况。由于策划对象类别众多，此处的内容是一个宽泛的概念，针对不同策划对象，有不同的内涵指向。粗略而言，涉及三种层面或类型：其一，产业内容。这是在区域、城市或园区等策划活动中，要研究和创新的内容，具体任务是要明确发展何种产业或产业环节。其二，产品（服务）内容。不管何种客户、何种策划，其最后都要向市场或社会提供产品或服务，以支撑发展定位，实现自身使命和价值。事实上，在很多策划中，产品（或服务）创新是最重要的创新之一，如策划一个旅游景区，必然要创新设计旅游产品，以供游客体验。其三，项目内容。项目是指为了提供某种独特产品、服务或成果所做的临时性努力。项目是突破传统层组织结构，整合优势资源的良好形式。在战略策划中，通常需要设计几个重大的引擎项目，以项目推动战略落地，让方案既有高度，又具有良好的操作性。

二是模式创新。这里主要指商业模式，也就是企业、组织或项目通过何种方式进行盈利。管理大师德鲁克曾说，当今企业之间的竞争不是产品之间的竞争，而是商业模式之间的竞争。对于一个企业或机构，甚至一个活动而言，良好的商业模式是可持续发展的关键。在策划过程中，创造具有定制性的商业模式，是对策划人的智慧、经验和能力的极大考验。

三是空间创新。空间是物体存在、运动的（有限或无限的）场所。理论上而言，任何策划都涉及空间，只是实体性的策划对象更加凸显而已，如对区域、城市、园区、乐园、小镇、商业综合体等对象的策划，都需进行空间板块设计，以便合理有序地布局相应功能。

四是传播创新。在"好酒也怕巷子深"的信息爆炸时代，做好传播设计是策划的重要内容，特别对于活动、会展、广告等带有极强营销性质的策划，传播环节的设计就显得尤为重要，甚至说是其核心任务。

五是支撑要素创新。策划方案是一个系统的问题解决方案。除了内容、模式、空间、传播等主导型要素创新，还需包括技术、管理、制度、人才等方面策略。需要指出的是，在不同的环境下，主导性要素与支撑性要素是可以相互转换的，不能陷入一成不变的机械论中。

（三）评估创新

评估即是对策划方案进行评价、估量和论证，以决定是否采纳。策划评估涉及两个层面。一是策划人对自身所提供方案的评估。策划机构一般要向决策者（或团队）提供两个以上的不同方案，并对其优点、缺点以及可能存在的风险进行详细的论述。二是决策者根据自身的优势、资源、战略考虑等因素，对策划方案进行评估，提出修改意见或选择合适方案。

在评估过程中，要注意两个环节的创新。

其一，评估指标的设计。不同的指标会得出完全不同的评估结论，例如指标是突出当前收益还是长期收益？其评估重点必然迥异。对方案的评估，一般涉及三大维度指标：一是经济效益。该指标容易理解，即方案实施或投资之后，能够获得多大的经济回报。一个不能实现收支平衡的方案，如果没有其他收益的弥补，强行推动实施，后果可以想象。二是社会效益。该指标较为抽象，根据主体不同，内容也有所差异。例如，政府部门关注的是人们基本权益的保障、社会整体的和谐、区域或城市的形象等；而企业则较为关注产品或服务的口碑、企业的社会地位与影响力、品牌公众形象等。三是战略效益。主要考察策划方案（或其中的项目）的长期和超越其本身价值的效益。例如，引擎项目就需重点评估其战略性、引领性、长期性等指标，而不能仅局限于项目本身的或短期、局部的利益。

其二，评估方法的创新。评估不能简单地凭经验、靠直觉、"拍脑袋"，而要有科学的方法与程序。在定量评估中，可采用市场调查法、回归分析法、时间序列预测法（依据预测对象过去的统计数据，找到其随时间变化的规律，建立时序模型，以判断未来数值的预测）、行业经验参数法等；在定性评估中，可采用德尔菲法、主观概率预测法、模型分析法、虚拟仿真法、案例参考法等。由于策划本质是未来发展的预设，所以做好科学的预测是策划评估的关键。为了在不确定性中增强确定性，大多数决策者青睐案例参考法——参照其他城市或企业已经成功实施的案例，来推断当前方案的科学性；同时也倾向利用行业经验参数法——参考同类型城市、产业或企业在实践中总结出的一些经验数值，来考评当前方案中对相关数值的设定。

四、提供四类后续服务：资源整合等

从合同意义上而言，策划方案通过验收之后，策划活动就结束了。但所谓"扶上马、送一程"，欲让方案能够按照预先设计顺利实施，策划人还需提供后续服务（通常另外收费），通常也称全链服务或全流程服务，如一些策划机构就提出要从战略策划走向创新孵化，强化后续服务，实现与客户共同成长。后续服务主要有顾问服务、定制培训、资源整合和实施监理等四大类。

（一）顾问服务

顾客服务，即策划人以顾问的形式帮助客户解决策划落实中的一些问题。根据前文可知，从策划到实施，中间还包括规划（空间型项目）、计划等环节。为了让策划的概念与精髓能够准确地贯彻到这些环节中，有时策划人还需继续与客户签订服务协议，定期或不定期进行指导和答疑服务。

（二）定制培训

策划方案的内容，只有让客户各层级人员，特别是决策者（团队）充分理解、掌握精髓，才可能得到较好的贯彻执行。因此，通常客户会要求在策划方案完成、决策者和专家认可之后，帮助其进行讲解与培训工作。其主要目的是要让一定范围内的人员，知晓策划的来龙去脉，方案设计与决策选择的背后逻辑与战略意图，让大家理解策划方案的要义之所在，从而凝聚共识，坚定执行的信心与决心。

（三）资源整合

根据"长板理论"，依托自身优势广泛地整合外部力量，是突破自我资源局限、实现跨越式发展的关键。策划机构服务对象众多，人缘、业缘、事缘等资源广阔，同时熟悉各类城市、企业或项目所具有的优劣势，因此在推动资源整合中具有独特优势。对客户而言，也非常希望策划方能够发挥平台、枢纽或桥梁作用，帮助介绍资源，促成多方合作。

（四）实施监理

该服务是对方案实施过程进行监督管理，确保方案精准落地。相比前三种服务，实施监理介入实操程度最深。一般而言，只有在客户的特殊要求下，策划机构才进行监理。因为这意味着机构需要派出一位或几位兼具理论与实践能力的资深策划人长期跟进和实地指导，如此必要会耗费机构的人力资源，产生较大的机会成本。

第二节　策划的思考路径

面对一项策划委托，应该从何入手？有何思考路径可循？总结行业专家的研究成果及策划机构的实践经验，此处归纳了四种思考路径，即"五何策划法""五度策划法""五创统一法""五字箴言法"（见表4-3）。其中"五何策划法"和"五度策划法"具有较强的普适性，适合各类策划；而"五创统一法"侧重活动、会展、节庆等不涉及空间的策划，五字箴言法则更适合大尺度空间或战略项目策划。

表 4-3　四类策划思考路径

序号	名称	内容	适用方向
1	五何策划法	①何人：思考利益相关者 ②为何：策划委托缘由 ③何事：明确重点任务 ④如何：制定创新方案 ⑤何效：评估效果	适用各类策划对象

续表

序号	名称	内容	适用方向
2	五度策划法	①高度：把握大势，高点定位 ②深度：策略精准，项目支撑 ③广度：延展链条，跨界融合 ④亮度：创意设计，创新传播 ⑤黏度：打造平台，协同共赢	适用各类策划对象
3	五创统一法	①创异：寻找独特的定位 ②创意：创新内容与形式 ③创议：设计话题与热点 ④创益：创造多元化效益 ⑤创谊：构筑合作生态圈	侧重不涉及空间的策划
4	五字箴言法	①道：需求与规律 ②天：趋势与导向 ③地：地理与文蕴 ④将：人才与组织 ⑤法：定位与策略	侧重大尺度空间和战略项目策划

一、五何策划法

所谓"五何"，是对"3W2H"的简称，具体包括何人（Who）、为何（Why）、何事（What）、如何（How）、何效（How much）。五何策划法是一种极具启发性和普适性的思考路径。

（一）何人：识别利益相关者

"为了谁"的问题，是策划首先要明确的问题。在策划之前，应先弄清楚谁是策划的利益相关者，他们各自在策划中的诉求与期望为何，他们之间的相互关系图谱为何。根据利益相关者的重要性和影响力（权力），可以将其分为三个层次：决策者、执行者和其他利益相关者（见图4-3）。

策划首先要了解为什么样的决策者服务，研究好决策者的特点与需求，进而决定策划的基本方向，这也是策划成功的关键。当然，这里说以决策者的需求为导向，并不意味着之后的策划活动可以不顾市场需求一味迎合客户，而是着力强调：了解客户委托目的是策划的起点。否则，文不对题，纵使付出了艰辛努力和大量成本，仍难获得客户认可，甚至有可能因为耽误了客户的时间而被起诉。

策划方案要实现落地施行，还需关注方案的具体执行人。只有考虑到他们的诉求、能力和动力，方案才能最终从理论蓝图转化成实践成果。以企业为例，决策者通常是董事长，执行者主要是职业经理人（也有部分董事长兼任总经理），其二者对方案的要求常有较大差异。董事长重点关注方案所设计的战略理念、重要概念、方向定位、发展目标、重大项目与预期效益等，偏向宏观性、战略性和长效性；而职业经理人为了便于方案的落地执行，减少不确定性引发的风险，通常强调策划的实操性，更关注方案中涉及的资金、人力、项目、技术和时序等更细致的内容。由于职业经理人在决策中具有较大的话语权，因此在策划方案的设计中要充分考虑到这些执行层面人员的诉求。

其他利益相关者包括委托方聘请的顾问、评估专家等，他们的意见对决策者亦具有重要的影响力。在开展策划活动过程中，需要制订沟通计划，了解其观点、建议与诉求，否则评估，评审过程中将比较难堪。例如北京某策划团队为内蒙古某市制定产业战略策划，在评审之时，委托方邀请了当地科研机构的专家，但策划团队在方案汇报前并没有先行与他们沟通，因此，在评审会议上专家尽抨击之能事，坚定地认为外来咨询机构挤压了本地智库的生存空间。在这种理念和价值判断的支配下，评审场面自然相当尴尬。

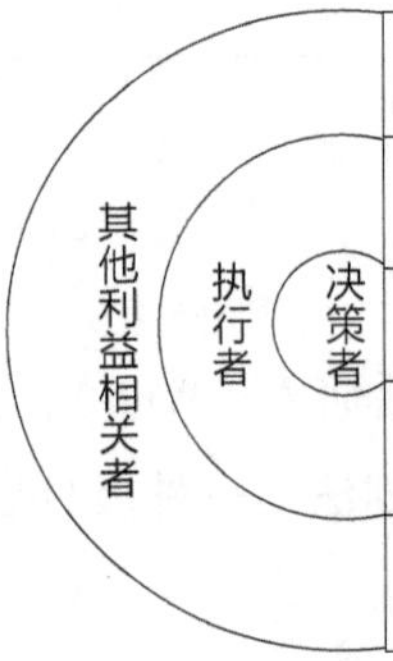

分析维度	基本内容
基本属性	部分、职务、性格、简历
期望与贡献	期望值大小、可能贡献
利益与态度	利益大小、支持或反对
权力和影响力	权力大小、影响力大小

（其他利益相关者／执行者／决策者）

图 4-3　利益相关者分析

（二）为何：策划委托缘由

图灵奖获得者朱迪亚·玻尔（Judea Pearl）说道："数万年前，人类开始意识到某些事会导致其他事的发生，并且改变前者就会导致后者的改变……这一发现，人类这一物种创造出了有组织的社会，继而建立了乡村和城镇，直至创建了我们今天所享有的科技文明。所有这一切都源于我们的祖先提出了这样一个简单的问题：为什么？"[1] 对策划而言，"为什么"也是贯串整个策划过程中的重要问题，特别是在策划之初就要思考：委托方为什么要进行策划、有什么深层次的动因、为什么要解决这个问题、当前真正要解决的问题是什么等。

---

[1] 朱迪亚·玻尔，达纳·麦肯齐.为什么（关于因果关系的新科学）[M].江生，于华，译.北京：中信出版社，2019：4.

开展任何一个策划，必然有其理由。对策划缘由的探寻是策划活动的重要内容。只有追根溯源，才能发现真正的问题（也许委托人自己也未意识到）和策划入口之所在。虽然客户在委托时通常会陈述缘由，但所谓"当局者迷，旁观者清"，富有经验的策划人仍会从客观专业的角度对问题进行审视和分析，从而发掘出真正的问题和隐秘的动机。

委托缘由因人因事而异，一般可从外部因素（如政治、经济、技术、社会文化、环境等）、内部因素（如战略因素、营利因素、责任因素等）和个人（团队）因素（如情怀、晋升等）等方面进行分析（见表4-4）。

表4-4　策划发生的动因分析

动因	具体内容
外部因素	政治：政策激励、政治契机等 经济：经济周期变化、产业结构变化、市场竞争激烈等 技术：新技术产生、科技快速变革等 社会文化：消费需求变化、时尚潮流、文化变迁等 环境：环保环境变化、生态要求提升等
内部因素	战略因素：转型升级、塑造品牌、实现突破等 营利因素：增加收入、提升产值、降低成本等 责任因素：履行社会责任等
个人（团队）因素	情怀、晋升，或其他特殊原因等

（三）何事：明确策划内容

基于决策者的需求和缘由分析，进而明确策划主要内容，并将其转化为具体的策划任务。不同类型的策划有不同的侧重。一般而言，实体类（或空间型）项目，内容通常包括基础分析、趋势分析、发展定位、空间布局、产业选择、产品或项目设计、运营模式、收益分析等；非实体类项目（如活动、广告、影视节目等）涉及背景分析、市场需求分析、产品（服务或项目）定位、核心创意、环节设计、时序计划和收益分析等。具体策划内容应与委托方达成共识，通过合同进行确认。

（四）如何：创新具体策略

这部分是策划方案的核心价值之所在，即针对具体内容进行策略设计。例如，策划一个产业园区，就涉及基础分析、发展定位、产业选择、引擎项目设计、空间布局、资源整合、营销传播和开发时序等策略；策略是针对问题的具体解决办法，必须突出创新性、可行性和实效性，不能过于抽象，让人实施起来无从下手。这部分也非常考验策划人理论与实践结合的能力，一些学院派策划人常常难以胜任。

（五）何效：评估方案效果

评估方案效果，即预测和评估方案能达到何种效果，是否可以实现预期目标等。由于这一部分是决策者做出取舍的重要依据，因此应当案例翔实、数据准确、论据充分、结论明确，满足支撑决策的要求。例如，对重大项目的投资和成本估算准确度应达到顾客要求，要对多个参考方案的设计初衷、策略差异、结果差别和选择建议等内容进行细致的说明，以供决策者权衡取舍。

案例链接：北京某文化综合体项目策划

北京是京津冀世界级城市群的首位城市，在其最新的城市总规中提出要打造"彰显文化自信与多元包容魅力的世界文化名城"。全国文化建设看北京，北京文化发展看朝阳，朝阳文化发展重镇在国家级文化产业创新实验区（全国唯一），而实验区要走向"引领区、示范区、创新区"，其"东核"必须崛起。而该文化综合体项目即处于核心区位置。为了将该项目打造成为具有国际影响力的文化地标，业主单位委托了知名科研机构进行了策划。我们从"五何策划法"分析，可以将其策划思路分解如下：

1. 何人：识别利益相关者

在策划之初，策划单位就对利益相关者进行了分析。从重要性程度来看，首先是委托方，这是一家国资背景的区级龙头企业，而且未来也将是项目建设与运营的主体，因此策划首先要考虑他们的发展诉求与愿景设想，特别是公司董事长的战略意图和蓝图构想。其次是区政府。由于该项目地理区位优越、交通便捷、建设规模较大，政府一直将此块地作为战略储备资源，承载着战略意图。最后是实验区管委会，由于其核心职能是发展区域的文化产业，因此其对地块的发展定位有一定的倾向。同时，还有周边科研院校、老旧厂房、文化集聚区、居民等系列利益相关者，如何更好地整合资源，最大化各方利益，是策划机构一直思考的问题。

2. 为何：策划委托缘由

为了弄清楚委托背后的真实缘由，策划机构从外部因素、内部因素和个人（团队）因素等三个方面进行了分析。一是外部分析，包括区域发展态势、需求分析、竞争分析；二是内部分析，包括企业分析、基地分析；三是个人（团队）分析，包括决策层的战略意图、团队对文化产业的熟悉程度与执行力等。策划机构通过这些分析，基本上捋清了委托策划的原因，对策划方向有了基本把握。

3. 何事：明确策划内容

根据策划机构对委托缘由的理解，结合委托提出的策划任务书，细化了策划的主要内容，包括基础分析、总体定位、产业发展、空间布局、引擎性项目设计、项目建设目标与时序、投融资策略、效益分析。双方就以上策划内容达成了共识，并签订了具体协议。

4. 如何：创新具体策略

策划内容确定之后，策划机构在原有核心团队上，迅速补充了来自不同专业的成员，增强团队力量，开展具体的分析与创新工作。一是深化基础分析，如对文化综合体发展趋势进行了分析；二是明确具体定位，根据区域发展宏观态势与综合体发展趋势，结合北京未来城市发展战略，确定了本项目在北京未来发展中的角色，并提出了本项目的战略定位、功能定位、市场定位和形象定位；三是明确了产业发展方向与推动路径，通过梳理上位规划、政策导引、目标客群需求等内容，提出了项目产业发展策略；四是创新空间布局，在总体定位的基础上，结合对项目基地的区位、交通、资源、自然条件等分析，对本项目在空间布局上提出规划构想；五是设计引擎性项目，根据综合体发展需要，设计十大具有带动性、示范性的引擎性项目，六是确定了建设目标与时序，根据市场预判与企业战略设想，制订发展目标与实施计划；七是根据综合体建设的时序和资金需求情况，设计了投融资策略。

5. 何效：评估方案效果

策划机构邀请第三方机构，就项目的经济效益、社会效益及战略效益等进行了分析，在总体上论证了项目的科学性与可行性，并将分析结果进行了详细的阐释，形成了规范文本提交给委托方。

二、五度策划法

"五度"，即指思考策划活动的五个维度，包括高度、深度、广度、亮度、黏度。五度策划法是具有较强普适性的思考路径，特别是在前期与客户沟通时，是屡试不爽的"万能应对框架"。

（一）高度：把握大势，高点定位

《孙子兵法》云："故善战人之势，如转圆石于千仞之山者，势也。"什么是势？《说文解字》中说："势从力从执（zhí）。""执"意为"在高原上滚球丸"；"执"与"力"联合起来表示"高原上的球丸具有往低地滚动的力"，也就是事物具有的一种势能。从经济社会发展的角度来看，"势"就是趋势、就是潮流，即所谓的"风口"。对于策划而言，需要善于应势、借势和用势，方能扶摇上青云，演绎一段传奇。正如《劝学》中所言："假舆马者，非利足也，而致千里；假舟楫者，非能水也，而绝江河。君子生非异也，善假于物也。"[1]策划之奥妙就在于将内部优势与外部机遇有效对接，实现超常规发展。所谓高点定位，就是要站在时代大势的潮头上，明确自己所处的地位、未来所要去的方向，顺时代而进，与趋势同行。

---

[1] 方勇，李波. 荀子·劝学[M]. 北京：中华书局，2011：3.

天下大势，浩浩汤汤；顺之者昌，逆之者亡。实践证明，谁能够把握趋势与关键机遇，谁就能赢得未来。如果我们纵观中国乃至全球企业的发展历史，那些成为行业领军或超级独角兽的企业，没有一家不是把握时代脉搏、顺势而为的。举例来说，中国家电时代的海尔、海信、美的、长虹、TCL；互联网时代的新浪、网易、阿里巴巴、腾讯。反之，逆时代而行，就没有"大而不倒"的神话。在这个从传统社会走向全面信息社会的大变革时代，一些曾经获得极大成功的巨型企业和商业模式，却如同史前恐龙般在白垩纪剧烈的气候变迁面前变得不堪一击，如模拟通信时代的绝对王者摩托罗拉、胶卷时代的巨擘柯达，他们的成功让他们瞻前顾后、错失良机，最后被时代无情抛弃。正如电影《甲午海战》中所言，这不是一个国家与一个国家的战争，而是一个时代与时代的战争。在这样一个"升维"的时代，与其依靠传统积累的智慧，倒不如抛弃执念、顺势而为，勇当时代的冲浪者。

（二）深度：策略精准，项目支撑

所谓深度，这里有两层含义：其一，问题挖掘的深度，即是在策划中要透过现象看到本质，寻找到问题背后的"病灶"。只有将问题看准、看深、看透，才能精准施策。其二，方案可实施的深度，意味着策划不仅要有战略的布局和战术的设计，还需有具体项目的支撑。王志纲工作室曾提出一个重要的理论叫"哑铃理论"：一端是战略，一端是项目，中间是管理运营。战略和项目二者相辅相成。战略实施如果没有项目支撑，就失去了抓手与凭依；项目建设如果缺少战略指引，就失去了方向与标准。只有二者互动，才能实现共赢。

从策划实践中看，大部分方案都有项目设计内容。例如，一家策划机构在为中国石化润滑油公司进行某闲置厂房的概念方案设计时，提出了石化公司应整合周边丰富的文化科教资源，创新打造一个特色化、国际化、智慧化、精品化的新型城市文化空间，但是宏大的战略该如何去实现，这就需要落实到具体的项目设计上。根据园区的战略和功能定位，策划团队设计了润滑油博物馆、智慧云中心、润滑油全球合作实验室、文化艺术休闲中心、创意办公中心、润滑油发展全球论坛（活动）等九大项目，以支撑园区战略的落地实施。

当然，项目之间亦有主次，不能平均用力。通常可分为引擎性项目、一般性项目和特色性项目等类型。例如，在上述案例中只有润滑油博物馆和智慧云中心可算引擎项目，其他相对次要。同时，项目设计应当遵循"3W"原则，即谁来消费（Whom）、谁来投资（Who）和产生何种价值或收益（Value）。如果设计一个项目不能清晰回答这三点，失败概率极大。正如项目管理谚语所言：项目不是在结束时失败，而是在开始时失败。因此，在项目设计伊始，即需进行全局性和整体性的思考与评估。

（三）广度：延展链条，跨界融合

广度即指在策划活动中，要有宽阔的视野和跨界的思维，能够突破城市、区域、企业或项目的局限，具体可从三大方面着力。

其一，产业延伸的纵向思维。在审视和设计项目之时，能够运用产业链的思维，不简单就项目谈项目，而是考虑一个项目如何能延展出更长的产业链条，借以获得更大的收益。例如，闻名遐迩的迪斯尼从只有一只米老鼠的普通动画公司成长为拥有"媒体网络""主题乐园""影视娱乐""消费品和互动媒体"等四大主营业务、总营收高达556亿美元的全球最大综合娱乐集团，其经营的核心秘诀即是从产业链出发来做大规模。我们可以看到迪斯尼在策划和运作影视动画项目时，其收益链条从电影票房、家庭影院延伸到网络点播、主题公园，主题公园又从门票经济延伸到版权授权、文创衍生品销售、酒店服务、连锁经营等，这种产业链条不断延展的策略让迪斯尼成为庞大的娱乐帝国。

其二，产业拓展的跨界思维。当前，以互联网、物联网、高速移动通信技术、人工智能、虚拟现实等为代表的新兴科技日新月异，正在改变着我们传统的生活方式和产业发展形态，将人类社会带入了一个陌生而又充满无限可能的信息时代。在这个时代，跨界成为最显著特征。一是跨界竞争。正如一位企业家所感叹：今天你都不知道自己的竞争对手是谁？例如，方便面企业的劲敌已不是另一家方便面企业，而是大众点评、饿了么等外卖电商平台，因为他们能更好满足消费者需求。二是跨界融合。典型如文化产业，其发展已从自我循环走向社会经济大循环，与装备制造、信息科技、金融服务及商业贸易等产业正深度融合。特别是国家文化和旅游部成立之后，"诗与远方"终于走到了一起。文化是灵魂，旅游是载体，文化注入旅游，可以使旅游品位提升，内涵丰富，亮点更多，商机更旺[1]；旅游承载文化，可以使文化市场更大、传播更广、传承更久。综上所言，我们在进行相关策划之时，绝不能偏安于产业一隅，要有跨界与融合的思维。

其三，空间辐射的联动思维。随着区域能级的提升，当前城市或功能区的经济模式已经逐渐从"点状经济"扩展到"带状经济"和"块状经济"，例如中国大运河文化带、丝绸之路文化带等巨型文化发展廊道。这意味着我们在思考和策划一个城市、园区或项目之时，在空间上要有更广阔的视野，能从更大区划范围来审视自身所处区位，并在其中找到最有利的战略地位。例如，策划江苏扬州大运河文旅项目，我们就必须站在大运河文化带建设的整体高度，根据其历史沿革、文化遗产和资源优势，与沿线城市进行差异化定位，避免同质化竞争。

---

[1] 赵珊. "诗"和"远方"在呼唤[N]. 人民日报（海外版），2018-04-27（12）.

(四)亮度：创意设计，创新传播

所谓亮度，即是策划方案能让人眼前一亮，达到震撼人心的效果。通常可以从两个方面实施"亮化工程"。

其一，从创意上着手，设计具有震撼力的内容（项目）。创意是策划价值的核心体现之一，也是策划区别于咨询的重要特征。创意虽然很难，但世界上仍有一些人通过超级创意改变了社会。当然，策划人应有底线，要用自己的知识与能力为社会服务。创意的具体方法将在本书第八章进行详细论述。

其二，从传播上着手，注意提炼核心的"一句话"。在信息爆炸的时代，善于传播是策划人的必备能力之一。资深策划人任国刚认为：策划就是一句话的事。要讲究化繁为简、一针见血，能够用"一句话"提炼出策划中的根本战略和创新精髓。例如，一家策划机构在为某市的建筑规划设计院制定转企改制的战略时，形象地将策划方案命名为"化蛹成蝶"。因为设计院前身为市设计院的分院，经过10多年的发展，设计院从无到有、从小到大，成为在全省同行业中具有一定竞争力的综合性规划设计机构。但是限于国有企业的身份，公司在制度设计、治理结构、激励机制、分配制度上等方面都存在问题，很难公正合理地体现出人才应有的价值，严重束缚了公司的进一步发展壮大。根据这种情况，策划机构认为企业当前最大的问题是要推进改制，转变成为一家产权清晰、权责明确、管理科学、具有较强自我发展能力的综合性设计企业，因此取名"化蛹为蝶"，意味着设计院通过成功改制挣脱体制的"茧房"，在市场经济中腾飞。

(五)黏度：打造平台，协同共赢

互联网时代是强调连接的时代，是整合为王的时代。个人英雄主义、占山为王、单枪匹马打江山，已不是时代主流，任何组织或机构都应强化合作意识，拥有开放的胸怀和合作的思维。在这个时代，重要的不是你拥有多少资源，而是你能连接到多少资源，有多少资源可以为我所用。当然，其前提是需要把自己的优势做到极致，做到别人无可替代。例如，苹果公司只保留了设计、研发、营销等核心能力部门，而将生产、组装等次要环节交给富士康等代工企业，从而实现了爆发式增长。而反观中兴通讯等企业，通过整合资源成为一个大而不强的虚胖子，由于没有掌握核心科技，被人一把掐住了咽喉陷入了艰难境地。这提示我们，在策划过程中，一方面要不断强化自己的核心竞争力，另一方面应有合作思维，不要只盯着自己的"一亩三分地"，应尽可能地打造平台，与其他力量合作，进而增加整合的黏度，让人离不开你，更好地实现互惠共赢。

三、五创统一法

策划需要创意,这是众所周知的道理,但策划仅有创意还不够,还应是创异、创意、创议、创益、创谊的"五创"统一体。特别是面对大型活动、节庆会展、论坛峰会等策划任务时,"五创统一法"提供了理想的思考框架。

(一)创异:寻找独特的定位

异,即是不同的、特别的。"创异",就是要创造与当前不同的、特别的东西,要能够一枝独秀的东西。从最容易操作的角度讲,即是要找到或创造一个独特的定位,这也是一个策划方案成功与否的关键。最典型的莫过于红罐王老吉的策划案例。在2002年之前,该饮料销售业绩连续几年维持在1亿多元,其管理层发现,要把企业做大走向全国,就必须克服一连串的问题,而最核心的问题是企业不得不面对一个艰难的战略选择——红罐王老吉应当"凉茶"卖,还是当"饮料"卖?2003年初,经过一个月的定位研究,广州一家营销顾问公司为其制定了品牌定位战略:王老吉为预防上火的饮料,并且确立了"怕上火,喝王老吉"的广告语。正是这个旗帜鲜明的定位,让红罐王老吉彻底与其他饮料区隔开来,成为了防上火饮料的绝对首选品牌,缔造了一个商业传奇。加多宝集团总裁阳爱星曾说:"从今天看来,这项工作成果成为红罐王老吉腾飞的一个关键因素。"[1]

要实现"创异",策划人必须树立创新意识和差异化思维,能够在分析自身条件、发展趋势和竞争对手的基础上,寻找或创造出独特的定位。由于文化传统和应试教育等方面的原因,我们很多人并不善于创新(特别是从0到1的创新),更热衷于简单模仿。有个流传甚广的故事:一条高速公路修好了,一个犹太人在旁开了一个加油站,生意特别好;第二个犹太人来了,在旁开了家餐厅;第三个犹太人开了家超市。于是,这片很快就繁华了。另一条高速公路修好了,一位中国人在旁开了一个加油站,生意特别好;第二个中国人来了,在旁开了第二个加油站;第三个、第四个人继续模仿,于是恶性竞争,大家都没赚到钱。虽然只是一个笑话,但这样的事情每天都发生着,即使是标榜创新的策划机构,也难免模仿抄袭或自我复制。

(二)创意:创新内容与形式

创意,简而言之,就是创造新的点子、想法或故事。根据创意产业之父约翰·霍金斯的观点,创意应该是个人的、独创的、有意义的和有用的"新点子"或"新主意",并能

---

[1] 成美营销顾问公司. 红罐王老吉品牌定位战略制定过程详解[EB/OL]. (2019-09-28) [2019-10-01]. http://www.chengmei-trout.com/case_detail.aspx?id=85.

够通过知识产权的开发与运用创造财富和就业潜力。

在策划过程中，有了较为清晰的定位之后，就要围绕定位进行系列的创意，通过"创意"为"创异"提供支撑。例如，策划一台文旅演艺或一次论坛活动，在确定主题方向之后就需要对其活动内容、形式、流程等多方面进行创意。以王潮歌导演的"又见系列"演艺为例，该系列区别于"印象系列"，并不是以自然山水景观场地为核心的实景演出，而是定位为情境体验剧。如何实现这种定位呢？导演团队从内容到形式都进行了大胆的创新与创意。从演出的实际效果来看，应该说这种探索是极为成功的。

案例链接 "又见系列"的创意

为了做好情境体验剧，以王潮歌领衔的导演团队进行了大量探索，正是这些让脑洞大开的创意，有效支持了"创异"——打造出了一种全新的演艺剧种。

首先，在载体上，建设了节目的专属剧场，从以前的室外山水场景又回到了室内。这有利于增加对舞台和场景的控制，可让导演团队增加更多的创意与设计。例如，《又见五台山》打造了依山而建、逶迤而上、能容纳1600名观众的剧场——风铃宫，剧场由一个长131米、宽75米、高21.5米的大空间构成，长730米、徐徐展开的"经折"置于剧场之前，由高到低排列形成渐开的序列，成为剧场表演的前奏。剧场如同正在被打开的巨大经卷，预示蕴藏着知识和智慧。

其次，在内容上，深入挖掘历史文化底蕴，创新演出情节设计。例如，《又见平遥》讲述了一个关于血脉传承、生生不息的故事。清朝末期，为了从沙俄保回分号王掌柜的一条血脉，平遥古城票号东家赵易硕抵尽家产，并同兴公镖局232名镖师同去。7年过后，赵东家本人连同232名镖师全部死在途中，而王家血脉得以延续。整个演出通过"选妻""镖师洗浴""灵魂回家""面秀"等片段，凸显了平遥人的道德传统，以及因为这种传统而阐发的悲壮情怀。

最后，在形式上，该演艺已不是简单的你演我看的形式，而是创新表演方式，将观众带入剧情，亲身参与戏剧体验，让观众成为演出的有机组成部分。正如王潮歌谈到自己的导演方法时说："打破即有空间、打破即定时间，再重新建立舞台上时空体系，让迷幻的穿越感出现；通过多维度地延展戏剧的语汇，尝试新的手段，用以制造陌生感。"

资料来源：邢春燕《王潮歌：搞情景剧"不仅是艺术，也是一场修行"》，2014-09-23，http://opinion.hexun.com/2014-09-23/168753068.html；百度百科《又见平遥》，2019-10-13，https://baike.baidu.com/item/又见平遥/8245902?fr=aladdin。

（三）创议：设计话题与热点

在网络新媒体和高速移动通信技术日趋发达的时代，"人人都有麦克风"，传播成为全民参与、全民互动、全民娱乐的事情，专业媒体组织的边界被进一步打破，信息生产者、传播者、消费者之间的隔阂正被科技"消融"。特别是随着微信、抖音、快手等自媒体的出现，用户可以自由地从内容的消费者转变为生产者、转发者。这也让传播的重心从"播"转向了"传"，"播"只是一个序曲，其根本在于"传"，如兽爷的疫苗文章、花总的五星酒店爆料等，其阅读点击量超过 1000 万，这种自媒体"一夜暴红"现象，如果没有人人相"传"的助力，根本无法想象。

策划过程中，如何才能实现"传"？关键是要"创议"——结合策划内容，设计切中时代神经或大众关注的内容与话题。具体而言，应注意三个要素。其一，注意时机。"好风凭借力，送我上青云"，强大的社会关注度是一股飓风，抓好时机（如重大突发事件、国际热点事件等），乘势而上，会有更大概率实现病毒式传播。其二，做好创意。"好创意自己会走"，抓住热点，将策划内容设计成创意性的大众话题，吸引用户参与其中，并激发大众转发。如何判断话题创意才是好的？简单而言，即是"导向正确、基础广泛、关注度强、技术可行"。其三，要关注情感。在自媒体时代，每个人都有传播的主动权，因此要转换思维，从受众转向用户，满足用户的信息需求、观点需求和情感需求。正如一位资深新媒体编辑所言，应做到"传递信息，要有真材实料；表达观点，要有真知灼见；交流情感，要有真情实感"。

（四）创益：创造多元化效益

策划是一种利用创新与智慧活动实现事物的价值增值的行为。它通过"全新的理念和思路，对生产力的各种要素、资源重新整合，使之产生 1+1 ≥ 2 的效果，甚至产生类似原子裂变式的市场效益或经济效益"[1]。对策划活动而言，如果不能创造效益，那么必然是无用或失败的策划。需要指出的是，这里的效益，不是狭义上的经济收益，而是一种以策划目标为导向的，包括社会效益、战略效益和品牌价值等在内的多元化效益，如策划文化类项目就需要将社会效益摆在首位，实现经济效益和社会效益的有机统一。

（五）创谊：形成战略合作生态圈

所谓创谊，就是要与其他利益相关者形成良好的合作伙伴关系，构建一个以我为主、共同创造价值和分享价值的生态体系。在这一体系中，每个企业具有不同的功能，各司其职，但又形成互赖、互依、共生的生态系统，虽有不同的利益驱动，但身在其中的组织和个人互利共存、资源共享，共同维持系统的延续和发展，如通过评奖活动构建文化创意企业孵育生态圈。

---

[1] 袁连生，等. 文化产业创意与策划［M］. 北京：清华大学出版社，2016：5.

案例链接：构建以评奖平台为核心的"文化创意企业孵化生态圈"

文化企业是文化产业市场的核心主体，是城市创意经济发展的强劲活力因子，是国家文化产业繁荣兴盛的主要力量。一个国家文化产业的发展，有赖于千千万万有理想、有担当、有实力的创新企业。在"第三届中国文化产业学院奖（2018）"的榜单中，组委会将"文化创新企业"作为重中之重来打造。榜单将通过专家评审和大众投票的结合，充分反映出年度文化企业创新发展中的特色与亮点，树立年度创新创造的标杆与示范。

根据组委会的战略设想，"文化创新企业"榜单的宗旨不是评奖，而是通过评奖发现、培育一批优质的文化创新企业，推动其加速成为文化的"瞪羚企业""独角兽企业"，因此组委会将榜单定位为"文创独角兽协同孵化平台"，目的是打造"以评奖为核心的文化创新企业孵育生态圈"。具体而言，就是要通过"学院奖"这面旗帜，最大范围地拓展文化创新企业的发现渠道，遴选出一批高成长、创新性的优质企业，然后以高校的科研服务和人才输送能力为核心，充分协同最广泛的创新要素资源，打造一个由众多利益相关者共同创造和分享价值的有机生态系统，为文化创新企业提供优越的成长环境，逐渐培育出一批"瞪羚企业""独角兽企业"，并强化"学院奖"对中国乃至国际文化产业领域创新创业的引领和推动作用。

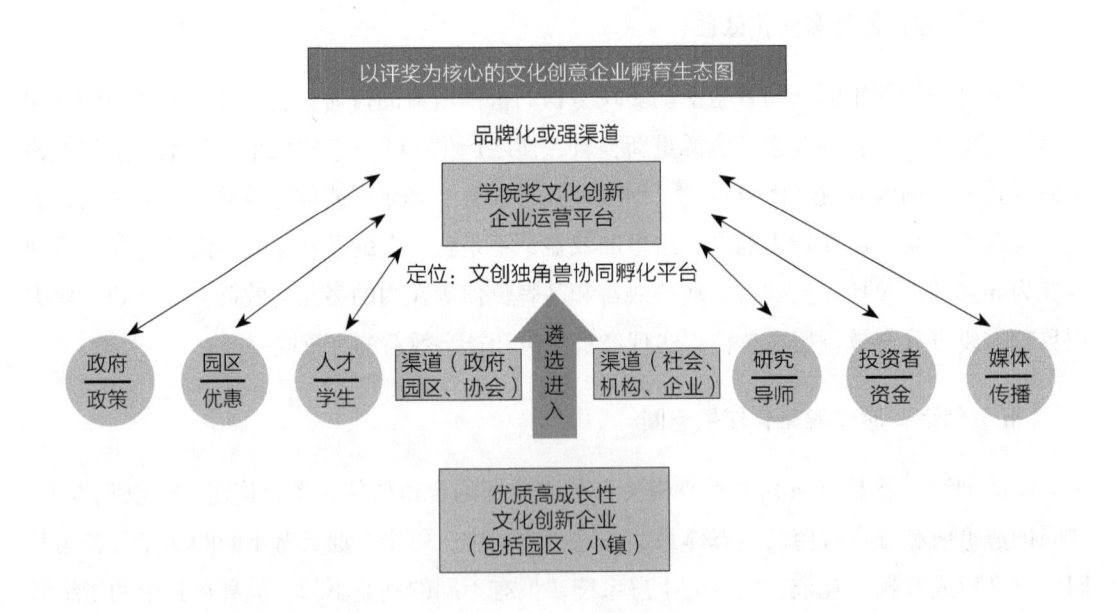

以评奖为核心的文化创意企业孵育生态图

品牌化或强渠道

学院奖文化创新企业运营平台

定位：文创独角兽协同孵化平台

政府政策　园区优惠　人才学生　渠道（政府、园区、协会）　遴选进入　渠道（社会、机构、企业）　研究导师　投资者资金　媒体传播

优质高成长性文化创新企业（包括园区、小镇）

四、五字箴言法

该思考框架既是一种策划思路，也是评估策划可行性的重要方法。其思想渊源来自春秋时期的军事家孙武，他在阐述军事意义时说"兵者，国之大事，死生之地，存亡之道，

不可不察也",所以君王在做出战争决策之前要"经之以五事,校之以计而索其情:一曰道,二曰天,三曰地,四曰将,五曰法"。直到今天,伟大的思想常有穿透时空的力量,"道、天、地、将、法"此五字,仍能指引我们拨开重重迷雾和疑障,找到策划的关键和评估的准绳。慧眼投资阿里巴巴的软银集团董事长兼总裁孙正义就曾经将其行动理念概括为"道天地将法"五字。❶

(一)道:需求与规律

什么是"道"?《孙子兵法》中说:"道者,令民与上同意也,故可以与之死,可以与之生,而不畏危。"❷ 核心意思是君主要善于引导和顺应民心,让上下思想一致,才能凝聚合力,正所谓"得民心者得天下"。从策划的角度而言,核心是要了解委托客户和目标市场的需求,并善于引导和创造需求。

通常而言,把握策划需求有三重境界,不同境界体现了不同的专业能力。第一层次是策划人顺应委托客户和目标市场的需求,击中其痛点,解决其问题;第二层次是能够创造、影响和引领他们的新需求,并对其产生持续吸引力,实现携手同行;第三层次是策划的理念或策略得到了他们灵魂深处的认可,成为他们的决策方式和精神信仰的依赖,这时策划就可以真正发挥它的最高效力。

从更抽象的角度而言,"道"也有规律之意。策划即是要寻找必然,顺应规律办事。虽然我们一直强调策划要创新创意,但这都建立在事物发展规律的基石之上,做到尊重常识、敬畏规律、抓住本质。例如我们策划一次广告活动,必然需要了解广告的原理和特点,根据规律办事,不能背道而驰。

(二)天:趋势与导向

《孙子兵法》中说:"天者,阴阳、寒暑、时制也。"❸ 行军打仗,离不开看天行事。对策划而言,也不能只顾低头做事,还要抬头看天。设计或评价一个策划方案,需要考察其是否符合时代趋势、社会潮流、政策鼓励方向,否则会成为时代车轮碾压下的牺牲品,正所谓"时来天地皆同力,运去英雄不自由"。例如,某家规划公司为北京近郊山区做战略策划,经过研究,将其目标定位为打造高端文化休闲度假区,重点设计了"东方戴维营"等野奢项目。然而在党的十八大特别是"八项规定"出台之后,公款消费减少,同时经济进入了新常态,地产大潮退去,再加之集体土地性质问题,

---

❶ 王煜全.学会洞察行业[M].北京:北京联合出版公司,2018:35.
❷ 杨丙安.十一家注孙子[M].北京:中华书局,2012:5.
❸ 同❷6.

规划的项目让投资商"敬而远之"。可见,策划活动并不是在真空中进行的,而是受到内部条件和外部环境的制约,策划人需要眼观六路、耳听八方,洞悉政策导向和社会潮流,才能避开策划中的各种险滩与暗礁。

(三)地:地理与文蕴

《孙子兵法》中说:"地者,远近、险易、广狭、死生也。"❶ 行军打仗,熟悉地理非常重要。策划同样需要关注地理条件,做到因地制宜。关于策划中的地理,主要有两层含义。

其一,评判所处的地理区位。英国近代地缘政治学家哈尔福德·麦金德(Halford John Mackinder, 1861—1947年)在《历史的地理枢纽》(*The Geographical Pivot of History*)中,就高度强调了地理位置的重要性。策划界也流行着一句话:"区域价值决定城市价值,城市价值决定项目价值。"在策划活动中,要科学审视对象的战略区位,对其地缘格局、地形地貌、气候条件、内部规划、生态环境等进行充分了解和客观评估,特别是在进行城市、园区、景区,以及房地产项目策划时,认识、挖掘和提升区位和地块价值是策划的要旨所在。

其二,解码地方的文化底蕴。相比普通的咨询,策划更看重文化蕴含着的伟力,强调文化在策划中的塑魂作用。俗语说"十里不同风,百里不同俗",要"到了哪山唱哪歌"。有潜力和发展前景的策划项目,都具备良好的植根性,能与当地的人文、地理、社会和生态有机融合,是在特定场域中孕育出来的创意之花、文化之花,具有唯一性、权威性、排他性。换句话说,策划最有神韵之处,往往体现在对一个地方的文化底蕴的把握、发挥、利用和弘扬上。一个优秀的策划人,除了必备的专业知识以外,如何做到"近水知鱼性,近山识鸟音",准确解码地域文化,是关乎策划成败的大事。合格的策划人应该能够在尊重传统市场调研的基础上,灵活运用社会学式的感悟性和体验性田野调查,敏感地捕捉到在特定历史文化滋养下的文化个性、社会心理、集体偏好和消费趋向,把握一个区域社会运行的深层逻辑结构,提炼出区域(城市、景区或项目)的特色文化之魂。

(四)将:人才与组织

《孙子兵法》中说:"将者,智、信、仁、勇、严也。"❷ 孙武在这里核心强调的是领军人物应具备的几种优质品格。正所谓"三军易得,一将难求"。策划方案执行的成败与

---

❶ 杨丙安.十一家注孙子[M].北京:中华书局,2012:8.

❷ 同❶.

否,与领军人物或团队灵魂人物密切相关。任何一个好的思路、好的策划方案,只有在领导团队领悟、吃透、充分赞同和肯定,并创造性实施和操作的基础上,方案设想才能变为现实。

众所周知,天使投资者的投资策略,首先是评估创始人团队,其次才是营利模式、商业资源等。万达董事长王健林认为:限制万达扩张的不是资金,而是人才,特别是项目执行的"一把手"。事实上,"三亚海棠秀"的停演,虽然原因很多,但归根结底还是缺少优秀的项目负责人。不然,为何同在三亚,黄巧灵的"千古情"却能获得较大的成功呢?因此,在策划活动中,策划人首先要深入考察委托方的领导人和核心团队,了解其性格、抱负、思想与品位,然后根据其特点设计定制化方案。例如,某家策划机构曾经为装饰公司进行企业策划,企业负责人是美术专业出身,这让他与其他老板不一样,有着更强的审美能力和审美情趣,能更好地为装饰增加文化和艺术内涵。因此,策划机构建议,公司不应该将自己定位为一家装饰公司,而应是一家文化创意公司,成为多彩生活设计师。

(五)法:定位与策略

《孙子兵法》中说:"法者,曲制、官道、主用也。"❶制度、后勤是军队战斗力的重要保障。对策划而言,就是要形成定位、商业模式、管理机制、建设运营等系列策略。首先,最重要的是定位,明确企业"我是谁、我从哪里来、我要到哪里去",只有确定了企业的发展方向,才能凝聚前行合力。其次,要设计好商业模式,如策划一家主题公园,是依靠门票营利、衍生产品营利,还是依靠增值服务和地产创收,策划人需要有清晰的谋划、全盘的统筹和细致的算账。最后,要设计好具体的支撑策略,包括空间、项目、传播、政策等在内的支撑体系,不然策划就难以落地实施。

孙武在《孙子兵法》中最后说:"凡此五者,将莫不闻,知之者胜,不知者不胜。"今天,对于政府、企业或其他组织的领导者而言,这"五字箴言"仍有重要的现实意义。不管策划概念有多精彩,商业模式有多精妙,评估一个方案是否科学可行,仍可从这五个角度进行思考。

案例链接 "五彩浅山"美丽乡村策划

"五彩浅山"位于北京近郊,涉及五个乡镇,总面积308平方千米。随着北京主城区的功能疏解和人们对休闲度假需求的增长,该区域迎来重要的发展机遇期。那么浅山区如何抓住机遇,实现超常规发展呢?

---

❶ 杨丙安.十一家注孙子[M].北京:中华书局,2012:9.

为此，浅山区领导邀请了一家知名的咨询策划机构，委托其进行战略策划。我们可以根据"五字箴言法"对其策划思路进行梳理。

1. 道：契合时代需求，突出"慢文化"

策划机构研究认为，在这个"加速度"的时代，很多人身心俱疲，开始寻求"慢"，追求一种回归田园、追求品质的生活。"慢"正成为一种潮流、一种产业和一种生活态度。因此，策划机构提出，浅山区应植根自身基础条件，顺应大都市人群渴望释放压力、亲近自然、回归田园的理想，按照东方"天人合一"的哲学理念，对乡村进行创意营造，打造一个植根农耕文明，具有东方特色的、田园牧歌般的慢文化体验空间。

2. 天：顺应城乡趋势，响应国家政策

在首都非核心功能疏解的背景下，北京的功能定位是四个中心，即政治中心、文化中心、国际交往中心、科技创新中心。从研究来看，北京拥有文化演艺、时尚创意、主题公园、历史文化与生态旅游等文化产业集聚区，但是北京作为中国的首都，却缺少体现东方特色的农耕文化集聚区。因此，浅山区应创新路径，积极打造新型文化集聚区——集中向世界展示中国乡土农耕文化。

3. 地：植根国门优势，弘扬特色文化

策划机构认为，站在国际和首都发展的高度来审视浅山区，可以看到其重大的战略区位价值：这里临近全球第二航空枢纽（北京首都机场），是国家形象窗口区；这里距离朝阳区CBD不到2小时车程，能较好辐射高端人群；这里拥有山、水、农、田、林等形成的生态优势，是北京市民回归自然、享受田园牧歌生活的理想之地。同时，这里农耕文化底蕴丰厚，在工匠与民间智慧等方面也都有很好的传承。

4. 将：人才资源短缺，亟需强化培训

策划机构认为，专业人才是浅山区发展的主要短板。整体而言，浅山区是一个典型的农村地区，缺少文化创意、管理与运营的人才。虽然政府成立了高级别的"浅山区建设发展领导小组"，但策划机构考察后，认为其虚名多、实权少，难以发挥统筹和领导作用，还需进一步强化职权。

5. 法：确定总体定位，创新系列策略

根据上述研究，策划机构创新性地设计了定位与策略。

（1）明确总体定位。浅山区应该依托紧邻世界级航空枢纽和良好乡土与生态本底的优势，以满足都市人群渴望回归自然、享受田园生活的需求为导向，打造一个集慢生活、慢生产、慢生态为一体的慢文化区。

（2）设计"策略罗盘"。这既是对浅山区总体战略部署的形象展示，也是核心的实施策略。"策略罗盘"分为文化内核层、文化延展层、产业类别层、产业项目层、基础支撑层等圈层。

第三节 策划的方法工具

工欲善其事,必先利其器。策划要谋求突破和创新,需要有一定的方法与工具。经过多年的实践探索,以及西方科研工具的引入,当前策划的方法工具已经较为丰富。本节主要阐释头脑风暴法、一律四分法和框架分析法等三种常用工具。

一、头脑风暴法

俗话说"三个臭皮匠,顶个诸葛亮",爱因斯坦也曾言"仅凭一己之力,没有他人的想法和经验刺激,即便做得再好,也是微不足道,单调无聊"[1]。头脑风暴法(Brain Storming)即是汇集众人智慧的重要方法,也是在策划实践中运用最多、效果最好的方法之一。它的最大优势是能够克服传统层级会议的领导权威和多数人的意见压力,最大限度地激发集体智慧与创意,来弥补个人思维与能力上的不足。头脑风暴法,又称脑力激荡法、智力激励法、自由思考法,是美国创造学家亚历克斯·奥斯本(Alex Faickney Osborn)于1939年首次提出的一种激发性的思维方法。"头脑风暴"最开始用来描述精神病人的胡言乱语,奥斯本颇为诙谐地借用该词,用来形容会议者应敞开思想、畅所欲言,通过异想天开的想法来解决问题。

头脑风暴法广受欢迎的一个重要原因是实施起来较为简单,主要形式是围绕某一特定主题组织会议,通过营造自由愉快、畅所欲言的气氛,让所有参加者能够自由地提出想法或点子。正如剧作家萧伯纳(George Bernard Shaw)所言:"一个人交换一个苹果,各得一个苹果;一人交换一种思想,各得两种思想。"通过成员之间相互启发、辨析与激荡,可以实现知识互补、思维共振、开拓思路,产生出新思想、新观念、新方法和新成果。实践表明,头脑风暴法可克服群体思维,排除折中方案,有效地提升决策的质量,因此广泛用于问题解决、创意策划、疑难排除等领域。

---

[1] 杰夫·戴尔,赫尔·葛瑞格森,克莱顿·克里斯坦森.创新者的基因[M].曾佳宁,译.北京:中信出版社,2013:98.

案例链接：如何"扫电线积雪"

加拿大北部山区气候寒冷，冬季大雪不断，通信电线上落满了积雪，并结成了一层冰，使得大跨度的电线经常被积雪压断。有时大雪封山，被压断的电线修复起来非常困难，市区通信常常被中断数日才能恢复。通信中断给广大市民的生产和生活带来诸多不便，市民们为此怨声载道，市长勒令电信公司总经理塔拉姆马上彻底解决此事。

塔拉姆左思右想不得其法，于是召集各部门技术人员开头脑风暴会，商讨解决办法。会上，有人提出设计一种专门用来清扫电线的电线清雪机；有人想出用电热装置来融化电线上的冰雪；还有人建议用振荡棒震荡敲击的办法来清除电线上的积雪……这些方法虽然在理论上行得通，但操作起来困难重重，不仅需要大量时间和研发经费，而且在短期内难以施行，所以最终都被塔拉姆否定了。一时间，会场陷入沉默，大家都想不出更好的办法。这时，一名检修技术员伸伸懒腰，调侃地说："看来，我们只能求助上帝用大扫帚来为我们扫雪了。"

本是那名检修技术员的一句玩笑话，却打开了另一位工程技术员的思路。他沉思片刻后，说："上帝扫雪，那不就是从天上来扫吗？我们是不是可以用直升机来扫除电线上的积雪呢？"很多与会人员听了都感觉荒唐可笑，说："用直升机扫雪？怎么扫？简直是异想天开！"那位工程技术员接着说："让直升机沿着积雪严重的电线飞行，利用直升机高速旋转的螺旋桨产生的强大气流，完全可以将电线上的积雪迅速扇落掉。"

因为没有其他更好的办法，塔拉姆只好同意试一试。经过现场测试，用直升机扫雪果然既简单又高效。从那以后，每当大雪过后，电信公司就雇用几架直升机沿着积雪严重的电线飞行，依靠直升机高速旋转的螺旋桨将通信电线上的积雪迅速扇落掉，因此再也没有出现过通信电线被积雪压断的事件。

资料来源：佟雨航. 用直升机扫雪［N］. 燕赵老年报，2017-01-16（6）.

（一）四个作用机理

头脑风暴法之所以能激发人的创新思维，帮助人们解决一些其他类型会议难以解决的问题，主要原因有以下几点：[1]

其一，联想反应。联想是产生新观念的基本过程。在集体讨论问题的过程中，每个新的观念都能引发他人的联想，联想又创造出新观念，产生连锁反应，形成新观念堆。这就为创造性地解决问题提供了更多的可能性。

其二，热情感染。在不受任何限制的情况下，集体讨论问题能激发人的热情，人人自由发言、相互影响、相互感染，形成热潮，突破固有观念的束缚，充分发挥创造性思维的活力。

---

[1] 强海涛. 策划原理与实践［M］. 2版. 北京：机械工业出版社，2015：31.

其三，竞争意识。在集体讨论中，容易产生竞争意识，会不断地开动思维机器，力求有独到的见解，提出新奇观念。心理学原理告诉我们：人类有争强好胜心理，在竞争意识下人的思维活动可以提高 50% 或更多。

其四，表达欲望。在讨论和解决问题的过程中，每个人都有表达的自由，不受任何干扰限制。这样，才能使每个人都有发言的积极性，并能畅所欲言，提出新观念。

（二）四项基本原则

成功地运用头脑风暴法，要遵循四个关键性的原则。

第一，互不批判。这是其他各项原则的前提和基础。为了消除每个与会者的心理压力，创造一种融洽、自由、轻松、活泼的气氛，保证思维的发散性和流畅性，头脑风暴会议上不得对任何人提出的任何设想有丝毫批判的意思，任何人也不得作出判断性结论。为了确保互不批判原则得到贯彻，也禁止吹捧、溢美之言。至于对设想的评判，留在会后进行。

第二，自由畅想，即是要求与会者尽可能地解放思想，无拘无束地思考问题并畅所欲言，不必顾虑自己的想法或说法是否"离经叛道"或"荒唐可笑"；会议主持人要欢迎自由奔放、异想天开的意见，观念愈奇愈好，以便提出各种奇特的构想，突破各种束缚和障碍，帮助形成富有创造性的设想和方案。

第三，以量求质。主持人不对各种设想的质量提出硬性要求，鼓励与会者自由大胆地展开想象，踊跃发言，尽可能多地提出设想。在通常情况下，随着各种设想的大量增加，各种优质设想就会蕴藏其中。

第四，借题发挥。头脑风暴会上的见解无专利，鼓励参会者对他人的设想加以发挥和改善，提出更加新奇的设想，形成思维创新的连锁裂变反应。事实上，很多有价值的设想就是在已提出的基础想法上通过思维共振，不断补充、完善和提升而形成的。

（三）三大实施步骤

头脑风暴会遵循一定的步骤。召开好一次头脑风暴会，要处理好会前准备、会中讨论和会后整理等三大核心环节。

1. 会前准备（见表 4-5）

头脑风暴会之前，要确定会议主题、选择合适的主持人、组织参会专家，并提前确定好时间和地点。

首先，确定会议主题。与一般的行政办公会议不同，头脑风暴会通常不能同时有两个以上的主题。其主题应该单一而明确，成为讨论的焦点。当问题过于宏大或者复杂时，可以将问题进行细分，再逐一讨论。例如，讨论主题是关于一个城市发展战略的策划时，可以将其再细分为产业战略、空间战略和文化战略等。通过细分主题，可以保证有充足的讨论时间，形成较为丰富的讨论成果。

表 4-5　头脑风暴会前准备注意事项

对象	应该	不应该
召集人	拟定明确的研讨主题	漫无边际的研讨或主题不明确
	确定合适的主持人和参会人员	让无关人员参与，关键人物未出席
	针对问题有合适的时间分配	平均分配时间，忽视重点问题
	组织参会专家，告之会议相关内容	搞突然袭击，参会人员措手不及
参会者	阅读相关材料	对会议内容一无所知
	会前已思考相关问题	靠临时思考与发挥

其次，选择合适的主持人。合适的主持人关乎会议成败。其必须熟练掌握头脑风暴法的基本原理、原则和技法，熟悉会议的主题，要善于营造和保持轻松活跃的讨论氛围，同时能在合适的时间给予与会者适当的启发与提示，让会议取得更丰硕的成果。通常而言，主持人可以是策划机构中德高望重的领导者或资深人士，亦可以是团队中地位、资历和学识居于中间层次的年轻职员。二者各有优劣，可视具体需要和条件而定。同时，会议要有 1~2 名专职记录员，对会议进行详细记录，以便会后对讨论成果进行梳理和总结。

再次，组织参会专家。一次策划头脑风暴会的参与人员不需要太多，以 8~15 人为宜。通常应由多个领域的专家构成。例如，就文化企业战略策划而言，应该由策划专家、企业战略专家、文化产业研究专家、政策研究专家等成员构成，他们可以从各自的专业角度为战略策划提供建议，并通过相互激荡形成跨界连接，创造出新的理念和解决方案。在组织参会专家时，要注意三个方面：其一，如果参加者相互认识，就从同一职位（职称或级别）的人员中选取，领导者原则上不邀请，否则可能对参加者造成某种心理压力。其二，如果参加者互不认识，可从不同职位的人员中选取。这时，不论成员的职称或级别的高低，都应同等对待。其三，参加者的专业应尽量与所讨论的策划问题相关。很多时候，出于会议成本等方面的考虑，策划机构主要举行内部头脑风暴会，在这种情况下就应尽量组织与研讨主题相关的专业人员，而不是"拉郎配"。

最后，提前确定时间和地点。由于会议需要高强度的思考，因此会议时间不宜太长，最佳时长控制在 60 ~ 80 分钟（视会议人数调整）。地点以成本较低、专家到达较便利为好。会场布置宜以圆桌或"凹"字形办公桌为佳，便于主持人掌控全局，以及与大家面对面地沟通和讨论，同时要提前准备好会议材料，如纸笔、投影仪、录音笔和移动白板等。

2. 会中讨论（见表4-6）

头脑风暴会在会议进程中，主要有四个环节。

第一，主持人开场发言。由主持人介绍会议背景和讨论主题，并申明头脑风暴会的"四项原则"。主持人从一开始，就应尽量为与会者营造一种轻松活跃的讨论氛围；开场发言也应该能激发参加者的思考和灵感，促使他们感到急需回答会议提出的问题。❶ 会议开始时，大家会相对拘谨，因此也可采取点名询问的办法。一位优秀的主持人不仅要善于活跃气氛、激发成员思考，而且能把握规则，避免成员漫无边际地闲聊。

第二，参会者的主题发言。围绕一定的主题，与会者进行发言。主持人要善于引导，将自由和集中结合起来。既要气氛轻松，让大家无拘无束地自由发言，又要引导其发言具有一定的针对性，避免东拉西扯。如果会议中出现冷场，主持人可抛出事先准备好的一些设想，以发挥抛砖引玉的作用；也可以采取轮流发言的方法，每人简明扼要地说清楚创意设想，避免变成辩论会或发言不均。当参与人员出现倦怠时，可以短暂休息，通过吃点心水果、听音乐、讲幽默故事或聊一点与主题无关的话题，暂时放松一下大脑。

第三，发言内容动态呈现（可与上一环节结合）。为了让参加者的灵感相互激励，引发灵感的连锁反应，应有两名记录员参加会议。一人做书面记录，另一人随时整理发言，抽取关键词句，利用黑板或投影仪呈现出来，以便相互启发、相互激励。在会议中，应倡导正向鼓励，如"好主意""这点很有创新""这个视角很独特"等语句，杜绝出现"胡说""不切实际"等语言。

第四，总结并宣布散会。当会议已达到预期效果或已超过定期时间时，主持人可以进行简单总结并提出散会。同时，请大家会后继续思考，如果有了新构想，可补充完善。通常最好的设想往往是会议快要结束时提出的，因此如果预定结束的时间到了，那么可以根据情况再延长几分钟。

表4-6 头脑风暴会议中须注意的事项

对象	应该	不应该
主持人	紧紧围绕研讨主题展开讨论	漫无边际，或不控制会议内容
	在讨论过程中保持中立，坦诚地倾听、归纳参会者的观点	以个人的主观判断选择、限制参会者的发言
	发现积极的和消极的会议参加者，适当地利用召集人的权力，保证每个人都为讨论做贡献	议来议去，没有结果和时间控制。让无意义的争论影响会议进程；需要作出决定时不能把握会议
	对观点进行归纳与总结，保证研讨会有明确的结果	没有适当的归纳总结，让会议不明不白地结束

---

❶ 强海涛. 策划原理与实践[M]. 2版. 北京：机械工业出版社，2015：33.

续表

对象	应该	不应该
参会者	对参加会议有积极的心态，事先对研讨主题有一定的思考	事不关己，高高挂起；不知所云。发言空洞，或评论、批评他人的想法
	围绕会议主题积极发言，倾听发言（用耳、身体语言等）	在无关的问题上高谈阔论，表现出消极的身体语言

3. 会后整理（见表4-7）

由于运用头脑风暴法激荡出来的构想，大部分都只是一种灵机一动的点子或创意，很少能够直接用来解决问题，所以进行整理和完善就显得尤为重要。因此，当会议结束后，主持人和记录员应及时地将讨论所获得的观点、建议或想法，进行细致的归纳、总结与分类，并按照一定的标准对构想进行评估。例如，评价创意时可以用科学性、实用性、可行性和经济性等指标进行综合评价，将创意分为"可以立即实施的构思""须较长时间，加以研究或调查的构思""缺少实用性的构思"等，最后去粗取精，选出2~3个相对最优的方案。如果创意还不太理想，可隔2~3天继续进行智力激荡，直到满意为止。

表4-7 会议结束后需注意的事项

对象	应该	不应该
召集人	对会议结果有书面总结	无书面总结
	将会议结果与有关领导沟通	无沟通
	关注任务的落实进展	对会议结果不闻不问
参会者	按会议协定的责任行动	不履行职责
	会后的言行与会议决定保持一致	发表不负责任的言论

（四）三种衍生方法

随着人们对头脑风暴法认识和实践的深入，又对该法进行了衍生，以解决各种不同的问题和情况。

1. 反向头脑风暴法

头脑风暴法有利于充分发挥个人的想象力，有利于各种意见和设想的不断提出、修改、补充和完善，能在较短的时间内获取质量较高的策划建议。但它要受到与会者的经验、知识、思维能力等多方面的限制，观点整理起来也比较困难。为了克服其不足，人们常将头脑风暴法与反向头脑风暴法结合起来运用。

反向头脑风暴法（Anti-brain Storming），又称质疑头脑风暴法。其做法是在召开头脑风暴法会议的基础上，召开第二个专家会议，其议题是只对第一个会议提出的各种设想进行质疑性评估。它要求与会专家只对已经提出的设想、意见提出各种质疑或评论，不允许对已提出的设想做确认性的论证。

反向头脑风暴法的程序：第一步，对已经形成的设想、意见和方案提出质疑，其重点是研究有碍于设想实现的问题；第二步，把质疑和评论的各种意见归纳起来，进行全面的分析、比较和评估，修改各种方案，使之逐步完善。该方法所遵循的原则与直接头脑风暴法一样，但禁止对已有的设想提出肯定意见。

实践表明：正反两种方法的结合使用，可以有效排除折中方案。所讨论的问题经过客观、连续的分析之后，通常找到一组较为理想的解决方案。近年来，这一方法在策划实践中得到了广泛的应用。

2. 默写式智力激励法

默写式智力激励法，又称"635"法，由德国专家鲁尔巴赫所创。由于头脑风暴会经常是多数人争着发言，容易使一些点子遗漏。为了克服这个缺点，鲁尔巴赫创立了这种用书面畅述的方法。其具体操作方法：召开由6人参加的会议，主持人在会上阐明议题，发给与会者每人3张卡片。在第一个5分钟内，每人针对议题在3张卡片上各写一个点子，然后传给右邻；在第二个5分钟内，每人从传来的卡片上得到启发，再在3张卡片上各写出一个点子，之后再传给右邻。这样继续下去，经过30分钟可传递6次，共有6×3×6=108个点子。由于这种方法是6人参加，每人3张卡片，每次5分钟，因此也称为"635"法（即"6人""3个主意""5分钟"）。

3. 卡片式头脑风暴法

该法又称"CBS"法，由日本专家创造，特点是对每个人提出的设想可以进行质询和评价。会议通常由3~8人参加，会前宣布讨论课题，会议时间为1小时。会上发给每人50张卡片，桌上放200张卡片备用。在第一个10分钟内，与会者独自在卡片上填写设想，每张卡片填写一个设想。接着用30分钟，按座次每位与会者轮流宣读自己的设想，一次只能介绍一张卡片。然后，其他与会者即可质询，也可将受启发所得的新设想填入备用卡片。最后20分钟，大家可以相互评价和探讨各自的设想。

总体而言，头脑风暴法提供了一种就特定主题集中智慧进行创造性沟通的有效方式。该办法无论是对学术主题的探索，还是日常事务的解决，都是简单可行的办法。但需要注意的是，头脑风暴法不可以拘泥于形式，应根据会议主题、参会者，以及时间和地点等有所变通，从而更好地发挥其独特价值。

二、一律四分法

"一律四分法"既是一种策划理念，也是一种策划方法与工具。

所谓"一律",即是凡事都要注重规律。看到一种现象,第一反应是思考背后的规律是什么,是偶然的还是必然的;策划一个项目,不是凭空臆想,而是要审问这是否符合事物发展的规律。所谓"四分",即是进行分类或创新的四种细分方法。一是"分阶段",将事物发展分为几个不同的阶段,解读每个阶段的本质特征,并推断未来发展趋向;二是"分类别",依照或创造一定的标准,将事物分成不同的类别,并争取让策划对象成为类别第一;三是"分层级",将事物分为几个不同的层级,归纳各层级的特点功能,并以此设计具体发展策略;四是"分区域",根据不同地区的气候、风俗、文化、经济水平或重要性等维度,进行区域类型划分,并依此制定相应策略。

整体而言,"一律四分法"就是以事物发展的规律为基础,通过分类别、分区域、分阶段、分层级的思想,将策略方案进行细化和深化,进而让策划更具有针对性、创新性和可操作性。

(一)一律:寻找内在规律

辩证唯物主义认为,人们要想达到改造世界的目的,必须将尊重客观规律和发挥主观能动性结合起来。策划亦然,脱离规律,必然难以收到理想效果。

什么是规律?简而言之,是事物之间内在的、必然的、稳定的联系,决定着事物发展的必然趋向。规律通常有四个方面的特性。一是必然性。规律是事物之间必然的而不是偶然的联系,只有事物变化发展中确定不移、必然如此的联系,才能成为规律,如能量守恒定律、阿基米德定律、热学三定律等。二是普遍性。这是指自然界和人类社会在其运动变化和发展过程中都遵循其固有的规律,如物体的重力加速度是9.5米/秒,这个数字不会随物体的变化而改变。三是客观性。规律既不能被创造,也不能被消灭,它的存在是不以人的主观意志为转移的。规律起不起作用,关键是看让规律发生作用的条件是否存在。四是永恒性。规律具有长期的稳定性,在条件满足的情况下会反复出现。

策划为什么要强调对规律的把握?因为正是规律的这些稳固特性,赋予了策划最坚实的基础和最持久的力量,让思想和创意可以变成现实,让策划能够抵御未来的不确定性,可以穿越时空的桎梏,所以策划的要义是寻找必然,按照规律办事。例如,策划一个区域、城市或企业,最根本的工作即是要通过历史研究、对比研究或截面研究等方式,找到该领域产生和发展的基本规律。

案例链接：阿斯旺水坝"违背规律的惩罚"

规律是行为的限制条件，制约着行为的有效性。遵循规律，就会收到好的效果；如果违背了规律，就会付出代价。

埃及在20世纪70年代初耗资几十亿美元修建的阿斯旺水坝，向国人提供了廉价的电力，控制了水旱灾情，但是由于破坏了尼罗河流域的生态平衡，遭到了一系列事先未曾料到的自然报复。因为尼罗河的泥沙和有机质沉淀到海水底部，尼罗河两岸的绿洲日益盐渍化、贫瘠化；由于尼罗河口供沙不足，河口三角洲平原从向海延伸变为海水侵袭，向内陆退缩，让临海的工厂、港口、国防工事有没入地中海的危险；由于缺乏来自陆上的盐分和有机物，盛产沙丁鱼的渔场毁于一旦；由于大坝的阻隔，尼罗河下游奔腾不息的活水变成了相对静止的"湖泊"，为血吸虫和疟蚊的繁殖提供了生存条件，致使水库一带居民的血吸虫病率高达80%～100%。这一切使埃及付出了沉重的代价。

资料来源：《如何成为优秀的策划经理》，2015-07-19，http：//www.doc88.com/p-63049068687.html。

（二）分阶段：时间分析法

分阶段，是发现事物本质、判断事物趋势的一种重要手段。

从哲学层面而言，事物发展具有阶段性和持续性的特征，不同阶段会呈现出不同的特点。策划需要针对不同阶段的特点采取不同的发展策略。分阶段方法的内在依据是事物量变与质变的关系，即当一个阶段的量变积累到一定程度后，就会发生质变，进入一个新的阶段。分阶段的思想在经济社会发展中已经广泛应用。例如，理查德·阿贝尔·马斯格雷夫（Richard Abel Musgrave）和罗斯托（Walt Whitman Rostow）两位经济学家提出的"经济发展五阶段理论"，即将经济发展分为早期阶段、起飞阶段、成熟阶段、高消费阶段和生活质量阶段。在我国，分阶段的思想也源远流长，名案众多。例如，王国维在《人间词话》中提出了学问追求的"三重境界"："昨夜西风凋碧树。独上高楼，望尽天涯路"，此第一境也；"衣带渐宽终不悔，为伊消得人憔悴"，此第二境也；"众里寻他千百度，蓦然回首，那人却在灯火阑珊处"，此第三境也。由此可见，分阶段是分析事物、发现趋势的重要方法。借用于策划中，也是非常重要的分析方法和创新工具。

案例链接：中国大运河功能发展的三大阶段

中国大运河是我国古代劳动人民创造的一项伟大的水利工程，也是世界上开凿最早、里程最长、规模最大的运河。河道总长约3200千米，跨越10多个纬度，沟通5大水系，连接起8省（直辖市）35个城市。

然而，随着河道的枯涸、漕运的衰落，很长一段时间内，大运河似乎与那些桨声灯影一起，悄无声息地湮没在历史的尘埃中。大运河的价值真会随着漕运的衰落而衰落吗？要回答这个问题，我们必须将运河放到纵深的历史时空中，寻找其发展与繁荣的内在逻辑。

在进行中国大运河的相关研究和策划中，科研机构立足大运河发展沿革的历史，提出了大运河发展的"三个时代"。

一是战争需求占主导的军事时代，这时的大运河是王国的运河。在那个时代，国家还未统一，攻伐兼并是时代的主旋律，运河主要承载的必然是军事功能。

二是漕运需求占主导的经济时代，这时的大运河是中华帝国的运河，也是运河昔日最辉煌的时期。在这个时期，随着国家统一，军事运输不再是其主要功能，南北物质交流成为其核心使命。

三是文旅、文创占主导的文化时代，这时的大运河是世界的运河。在高铁、高速公路等现代化交通工具和手段的冲击下，大运河的交通等实用价值日渐弱化。然而随着时代的发展，一种一直被人忽视、但难以估量的无形价值却开始浮出水面，那就是积淀千年的运河文化。

科研机构通过这种分阶段，从大历史角度把握大运河的文化价值，就为后面的策略设计垫底了宏阔的思想基础。

（三）分区域：空间分析法

区域差异是策划活动中需要重点考察的变量。从全球视野来看，各国的历史文化、政体法律、民俗风物、经济社会发展水平等方面千差万别；就幅员辽阔的中国而言，不同区域和城市的地理、气候、习俗、文化传统、经济实力等差异巨大，这些不同也必然造成生活方式、思维方式和行为方式的不同。例如，我们常说的南船北马、南经北政、南柔北刚等南北差异，以及东部、中部和西部之间的区域差距。这种不同是客观存在的，因此，在策划过程中我们必须对这些差异加以关注。又如，当我们研究全国文化发展状况并制定相关策略时，就须考虑区域发展不平衡等因素。事实上，我国东、中、西部文化产业规模相差很大，以 2016 年第一季度规模以上文化及相关产业企业营业收入为例，东部地区为 12528 亿元，占全部营业收入的 74.9%，而中部、西部和东北地区仅占 16.9%、6.8% 和 1.4%。❶在公共服务人均文化事业费上也存在极大差距，上海、北京等东部一线城市投入 120 元以上，而如河南、河北、安徽、江西这些中部人口大省则不足 20 元，西部则更少。❷其实，在国家重大战略的制定中，也能鲜明体现这种分区思维：在发展区域上，分为东部、中部、西部和东北；在主体功能区上，分为优化开发区域、

---

❶ 国家统计局. 2016 年一季度全国规模以上文化及相关产业企业营业收入增长 8.6%［EB/OL］.（2016-04-29）［2017-05-01］.http://www.stats.gov.cn/tjsj/zxfb/201604/t20160429_1350273.html.

❷ 李国新. 对我国现代公共文化服务体系建设的思考［EB/OL］.（2018-07-28）［2018-08-16］. http://www.npc.gov.cn/npc/xinwen/2016-04/06/content_1986532.htm.

重点开发区域、限制开发区域、禁止开发区域。尔后，国家根据这些分区的生态条件、经济水平和发展潜力等因素，制定不同的发展策略和考核标准。

（四）分类别：性质分析法

美国认知心理学先驱乔治·米勒（George Armitage Miller）在1956年发表了一篇著名的研究报告《神奇的数字7+/-2：我们信息加工能力的局限》，文中提出了神奇的"7法则"。米勒通过大量的实验研究发现，人的心智容量极其有限，人们通常会将信息分门别类进行储藏，每个类别通常不能记忆7个以上的信息；更进一步，他发现人们在认知信息过程中最简单的编码方式是将输入的信息归类，然后加以命名，最后储藏的是这个命名而非输入信息本身。也就是说，人们通常以品类来思考与记忆。

米勒的这一发现为策划提供了一种重要的研究与创新工具——分类法，即通过一定的维度将事物分类，我们能更清晰地认识到事物的特征与本质，进而采取相应的解决策略。例如，研究顾客的购车心理，我们可将其归纳为一见钟情型、慎重比较型和理性分析型等，通过总结这些类型的特征，就可以在售车时采取有针对性的推荐策略。同时，通过创新分类标准可以创造出新的品类，这也成为"定位"创新的重要源泉。"定位之父"艾·里斯强调：分化是商业界的原动力，分化的力量使得新品类不断涌现，从而促进商业发展。在我们的商业实践中，分类的力量或者说分化的力量确实是十分强大的。例如，酒店从最初的招待所逐渐分为常规酒店、度假酒店、民宿酒店、汽车旅馆和青年旅社等；瓶装水从纯净水逐渐分化为矿泉水、矿物质水和维生素水等。需要注意的是，在进行分类时应坚持麦肯锡提出的"MECE原则"，类别之间应边界清晰，不能相互重叠，否则会引起理解上的混乱。

从策划角度而言，完成分类并非意味着策划工作就大功告成了。这只是万里长征的第一步。一个优秀的策划方案，不仅要进行创新分类，还需设计系列策略，将策划对象打造成为顾客心智中某一品类的首席代表。

案例链接　为何会痛失21世纪最成功的数字新品？

只拥有最先进的技术，无法确保成功地创建品牌。要创建成功的品牌，必须遵循品类化的原则，在顾客的心智中做到第一。

21世纪最重要的新产品之一即是苹果公司的iPod，但第一个推出高容量MP3播放器的并不是iPod，而是新加坡的创新科技公司，遗憾的是它的产品从未进入消费者的心智。2001年11月，iPod开始在美国的零售店上架。而在一年多以前（2000年7月），创新科技公司最先在美国市场上推出硬盘MP3播放器，而且与iPod最初的50亿字节硬盘相比，创新科技公司的产品有60亿字节。虽然它是第一个进入市场，却没有抢先进入顾客的心智。原因是它不了解品类化的原则。

其一，产品线延伸。创新科技之前已经在卖两款 MP3 播放器。它们都有 64 兆字节的存储芯片，这意味着它们能容纳大约 20 首歌，而不是硬盘能容纳的几千首。换句话说，硬盘 MP3 播放器是一个完全不同的品类。在两个品类里同时使用"创新"一词会让消费者产生混淆，最后破坏品牌建立的进程。

其二，品类性的名字。"创新"是一个描述性、品类性的名字。不能用一个品类名建立品牌，公司需要的是一个独特的品牌名。什么是品牌名？它是人们创意出来的独特名字，如 iPod、Intel、Microsoft。

其三，长而复杂的名字。Creative Nomad Jukebox 有 7 个音节，而 iPod 只有 2 个音节。在今天这个信息爆炸的市场上建立世界品牌，我们需要一个简短又简单的品牌名（如红牛）。一个品牌名要获得真正意义上的成功，意味着它要成为特定品类的代名词。

其四，生产的焦点缺失。除了 MP3 播放器，创新科技还生产其他产品，如数码相机、图形加速卡、网路调解器、CD 和 DVD 光驱、主板喇叭、声卡，还有电子乐器。这让企业的形象变得模糊，人们也会怀疑公司的专业性。

创新科技公司一度在技术上领先一步，但苹果在营销上显然更胜一筹，因而取得了决定性的胜利。而正是由于对品类化及品类战略缺乏必要的理解，创新科技公司丧失了拥有 21 世纪最成功新产品的机会。

资料来源：张云，王刚《品类战略——中国企业如何创建品牌》，2017-07-26，https: //max.book118.com/html/2017/0724/124099803.shtm。

（五）分层级：层次分析法

层次分析法是一种剥洋葱式的分析方法，即将事物分为不同层级，不断深入地分析，然后根据各层级的特点来设计具体发展策略。例如，分析一个产品，我们可将其分为核心层（消费者购买某种产品时所追求的功能和效用，如酒店的核心产品是休息与睡眠），形式层（核心产品借以实现的形式，即产品的外在形态，如酒店的形式产品是床、被褥、衣柜、厕所等），附加层（顾客购买产品时所获得的全部附加服务和利益，如酒店可能有干净的床、新的毛巾、清洁的厕所、相对安静的环境及增值服务等）。通过这种分层，我们可对事物或事物之间的关系有着更深刻的认知，并提出相关的问题解决策略。例如，我们用分层法分析竞争状况时可以发现，有些竞争集中于形式层，有些则是附加层。根据这些分析，在制定策略时就会有不同的取舍。还有一种分层级是行政区划上的分级别，如我国有省、市（地、州）、县（区）、乡（镇）等行政区。这些不同层级有不同的组织机构、行政权限和管理归口。因此，在策划活动中，特别是政府项目中，我们必须了解项目所在的层级，这样才能看清楚项目在全局中的位置，知道未来项目汇报的程序和谁是最终的决策者。

> **知识拓展:"三层面增长理论"**
>
> "三层面增长理论"(Three Aspect Theories)是由麦肯锡公司提出的。麦肯锡资深顾问梅尔达德·巴格海(Mehrdad Baghai)、斯蒂芬·科利(Stephen Coley)与戴维·怀特(David White)通过对世界上不同行业的40个处于高速增长的公司进行研究,在《增长炼金术——持续增长之秘诀》中提出了增长层面的概念。他们认为:高速增长的公司每一段时间都会前进一步,每一步都会带来新行动和新能力;高速增长的公司普遍非常关注近期和远期的策略。通过对上述公司的业务分析,他们提出了企业业务构成的三个层面:第一层面是"守卫和拓展核心业务",第二层面是"建立即将涌现增长动力的业务",第三层面是"创造有生命力的未来业务"。
>
> 他们研究认为:企业要保持高速增长,就必须协调好三个层面的业务关系。第一层面是公司当前的核心业务,这一业务为公司带来大部分的营业收入、利润和现金流。第二层面是已经历了经营概念和模式探索的业务,基本确立了盈利模式,具有高成长性,并且已产生了收入或利润,在不久的将来会像第一层面的业务一样带来稳定的盈利。第三层面是处于探索阶段的未来业务,它们应当不仅是企业领导者的想法,而是具有实质性运作或投资的小型项目。这些项目在将来有可能发展成为第二层面业务,甚至成为第一层面业务。
>
> 资料来源:汉哲管理研究院《麦肯锡企业业务三层面增长理论详解》,2019-09-17,http://www.han-consulting.com.cn/article/item-941.html。

三、框架分析法

这里的框架是指一种具有约束性和支撑性的逻辑要素建构,用于解决或处理复杂的问题。框架分析法植根于整体意识和结构化思维,即在思考过程中脑子里要有整体结构,应"理解每一个要素的关联以及顺序等整体印象,而非将每个要素孤立出来观察。不要把每个要素一条条地分别罗列,而是在脑海中描绘出一个图"[1]。迄今为止,智者先贤已打造出了大量经典的框架思考工具,有力地帮助了人们提升分析、创新和传播能力。一个策划人如果能够学会制作和熟用几种框架,必然能大幅度地提高工作效率。下面主要介绍双轴模型、三角模型、四象矩阵和多要素模型等四种框架工具。

---

[1] 嶋田毅.逻辑思维[M].张雯,译.北京:北京时代华文书局,2018:39.

（一）双轴模型

1. 基本内涵

所谓双轴模型，即以横轴和纵轴等两根轴线构成的模型，亦可称为坐标图。坐标图是通过将要素标注在对应的位置来体现"某轴对应的属性有多么强（弱）的相对感觉"[1]。双轴模型具有要素位置标注较为自由，能够显示程度或数量的变化等特点，所以在表达某些要素的重要程度、相对的个体位置或者持续变量等方面具有独特的优势，在分析事物定位和发展变化等领域经常应用。

通过双轴构成的坐标图有"直角坐标图"和"十字坐标图"两种。直角坐标图的 X-Y 轴线从零开始，只有一个象阵。这种坐标图可以集中人们的注意力，聚焦两个变量之间的相互变化关系，因此也可称为"关系坐标图"（见图4-4）。十字坐标图则相对复杂，有四个象阵，能表达的信息更多，在进行品牌定位、消费者类型分析时，这是一个非常实用的工具，也可以称为"定位坐标图"（见图4-5）。

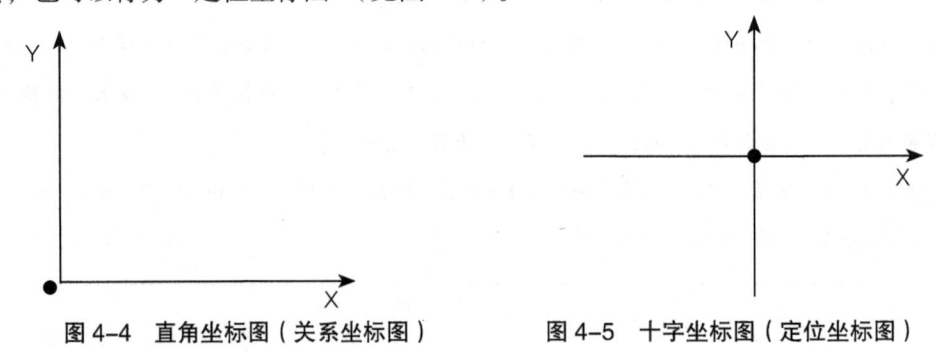

图4-4 直角坐标图（关系坐标图）　　　　图4-5 十字坐标图（定位坐标图）

2. 构建步骤

制定双轴模型主要有三个步骤。

第一步：确定模型主题。双轴模型擅长表现具有持续变化的变量，如时间、程度、空间等，可以通过数量或线条长度的方式，将变量的变化直观地表现出来。同时，也可以将个体在 X-Y 构成的坐标图中进行定位，形成人们对某个事物在某一特定位置的直观感受。

第二步：确定轴线维度。选择何种维度定义轴线，是绘制坐标图的关键，其价值和魅力就体现在轴线的定义上。定义轴线时，有三点要注意：其一，必须根据主题的要求，选择具有解释力和创新力的维度。例如，模型主题是考察消费者对企业品牌的认知，就不适合用"利润率""员工认可度"等内部性指标，而应用"忠诚度""满意度"

---

[1] 嶋田毅. 逻辑思维[M]. 张雯，译. 北京：北京时代华文书局，2018：100.

等外部性指标。其二，由于坐标图是个持续变量轴，所以选择指标一般用形容词较好，如用"口味"就不如用"口味清淡或口味浓重"，因为这些词汇可以直观地让人感受到变化。其三，不要用具有争议的词汇作为轴线。由于不同人经常有不同的判断标准，这会导致收集数据和坐标定位的时候出现偏差，最好用通俗、简明、容易引起共鸣的词汇作为轴线。

第三步，绘制双轴模型。模型可以画为直角坐标图或十字坐标图。具体绘制成何种，取决于主题与表达的需要。例如，要考察城市化率与时间二者的相互关系，直角坐标图无疑是不二选择（见图4-6）；而我们要对某个品牌、产品或服务性质进行定位（或分类）时，十字坐标图则是很好的表达工具（见图4-7）。

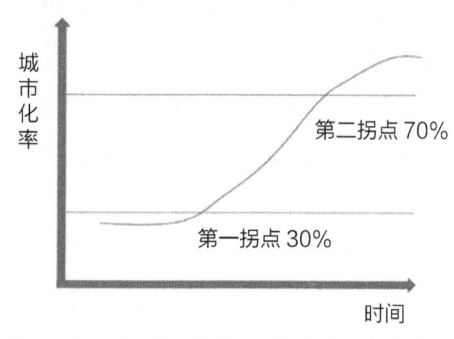

图 4-6　城市化率和时间组成的直角坐标图　　　　图 4-7　品牌或产品定位图

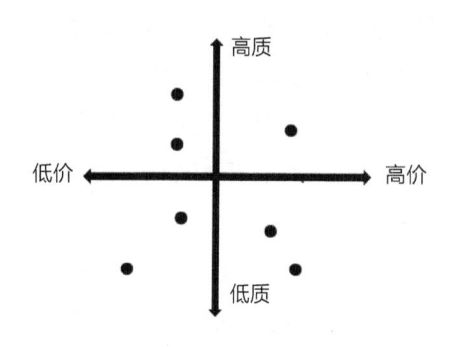

（二）三角模型

1. 基本内涵

"三"是一个神奇的数字，在许多文明中都占有极其重要的位置，象征着神圣、神秘和全能的东西。例如，在古希腊神话中，神和人的命运都是由命运三女神控制的；数字家毕达哥拉斯（Pythagoras）认为世界万物均由"三位一体"决定，好比"三角形"是最稳定的结构。中国古代哲学家老子在阐述"万物本源"时提出"道生一，一生二，二生三，三生万物"[1]。他认为道是独一无二的，道包含着阴阳二气，阴阳二气相交而形成一种适匀的状态（即"三"），万物便在这种状态中产生。在俗语中，也有"事不过三"之说。

一般而言，很多现象或事物发生的主要原因都可归纳为三个方面（或因素）。通过构建三角模型，可以清晰地展示事物的核心要素及其相互关系，让人们能够快速地抓住事物发展的主要矛盾，提高思考和决策的效率。

---

[1] 楼宇烈. 老子道德经注校释 [M]. 北京：中华书局，2008：11.

2. 构建步骤

构建"三角模型"的过程并不复杂，主要有三个步骤。

第一步：提炼三个核心要素（或关键因子）。根据研究对象或主题，尽可能多地收集相关资料，并充分地阅读和理解这些资料。在此基础上，可以通过头脑风暴法、深度访谈法等方式综合各方意见，提炼和总结出影响事物演进或引发问题的三大核心要素，并分析它们之间的相互关系。

第二步：构画出三角模型。绘制以三大核心要素为端点的三角模型，并用简练的语言或者关键词标注各要素之间的相互关系。构画中有三点需要考虑：其一，在安排三个要素的位置时，应将最重要的因素放在三角形的顶端，因为这个位置是视觉焦点，可以最大限度地引起人们的注意。其二，就形状而言，不一定非要绘制成等边三角形，可以根据各要素的作用与影响，绘制成等腰三角形、不等边三角形。其三，就线条而言，并非一定是直线，可以是波浪线、曲线等，如果要表示要素之间的关系，还需用带箭头的线条。总而言之，绘图是为了更清晰地呈现策划人对事物发展或问题的思考，如何绘制取决于其目的与理解。

第三步：根据三角模型，对原有资料进行再次梳理与分析，考察其要素选取是否准确、模型是否能够囊括资料绝大部分的关键信息，是否还有更好的表达方式等，通过不断的思考、打磨与完善，使模型能够较为完美地表达所思所想。

案例链接　城市公共文化设施社会化运营的"三角模型"

公共文化设施社会化运营是提升公共文化服务供给质量与效率的重要途径，但各地经过多年探索，还是推进乏力。究其原因，一个关键因素是无论理论界还是实践界，都主要从"政府视角"出发，缺少从全局、系统、协同的高度来研究和推进社会化运营。可以说，欲有效推动社会化运营，核心是要理清政府部门、社会力量、城市公民的利益追求、角色定位、职能边界，以及三者之间的相互关系和支撑三者更好合作的基础系统。只有各得所求、各取所需，才能发挥三者的积极性，真正解决目前社会化运营中存在的问题。

根据三角模型设计的基本思路，科研机构在相关研究中，创新构画了"E-GSC-S"系统模型。该模型结构中包括一个目标、三大主体和一个支撑体系。一个目标就是以提升公共服务效能为核心目标；三大主体为政府部门、社会力量、城市公民；支撑体系即是包括政策、法律、组织、机制、中介机构等在内的促进三方合作的基础性条件。在这个系统模型中，三大主体之间通过以利益为核心的潜在网络相互作用、相互影响，可期在动态调整中逐步实现公共服务效能的最大化。

[图示：社会化运营三角模型 — 政府（制定法规政策、调配、资源、实施监管、营造环境）、公民（享受服务、参与运营、监督反馈）、社会（设施运营、服务供给、模式创新），中心为"社会化运营（提供公共文化服务效能）"，外围包括群众团体、志愿者、民众代表、企业机构、民办非企业、慈善基金会、文化协会等；底部支撑：法规政策、组织机制、现代科技、媒体舆论等支撑]

3. 注意要点

三角模型是解释事物现象和表达观点的简洁有力的工具。为了达到最好的使用效果，在模型绘制过程中有三点需要注意。

第一，主题要明晰。即是要明确"制作此模型的目的"，因为主题不同，要素就千差万别。例如，要分析一家企业的动力结构，三要素可能是资源、模式与制度；如果分析一座城市，三要素可能变成资源、战略、政策。

第二，要素要精准。任何三个要素都可以组成一个三角模型，但解释力和创新度可能判若云泥，因此在确定要素的时候，应坚持"MECE"原则，尽可能全面而又不重复地列出要点，并按照重要程度排出前三者，同时要抽象出三者之间的相互关系。

第三，图形要简练。制图应坚持宜简不宜繁的原则，突出最重要的要素和最紧密的关系。如果面面俱到，反而会冲淡重点。

4. 经典模型

三角模型的要素选择和关系构建，因人、因时、因地而异，但历史上也出现了一些久经时间和实践淬炼的经典模型，可供我们参考与借鉴，如 3C 模型、STV 三角模型。

（1）3C 模型，又称战略三角模型，由日本战略研究大师大前研一（Kenichi Ohmae）提出。在此模型中，他强调了成功制定战略的三个关键因素：公司自身、目标顾客、竞争对手。大前研一认为，只有将公司、顾客与竞争者整合在同一个战略框架内，竞争优势才会持续存在。在他看来，所谓战略，即是一个公司利用自身优势，在更好地满足顾客需求的同时，尽可能地区别或超越竞争对手（见图4-8）。

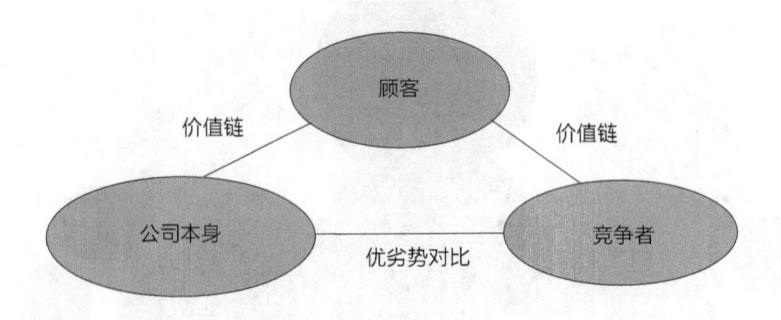

图4-8　3C战略三角模型

3C模型提出之后，受到了广泛的重视。因为这个由"目标顾客""竞争对手""公司本身"三个要素构成的模型，其平衡性和包容性都很好。企业根据这个模型，就可不重复、不遗漏地关注到所有关键要素（见表4-8）。

表4-8　3C模型可细化的要素

三要素	子要素
目标顾客	市场规模、市场细分、顾客需求、结构变化等
竞争对手	集中度、入行门槛、价格竞争、竞争对手的优势和劣势等
公司本身	市场份额、品牌形象、技术实力、销售实力、经营资源等

（2）STV三角模型是菲利普·科特勒在《亚洲重定位：从经济泡沫到持续发展》（*Repositioning Asia: From Bubble to Sustainable Economy*）一书中提出的营销战略模型。STV将整个营销体系设计成三个维度：公司战略、公司战术和公司价值。其中，公司战略由市场细分、目标市场、市场定位等三个要素构成，公司战术由差异化、营销组合、销售等三个要素构成，公司价值由品牌、服务、流程等三个要素构成（见图4-9）。

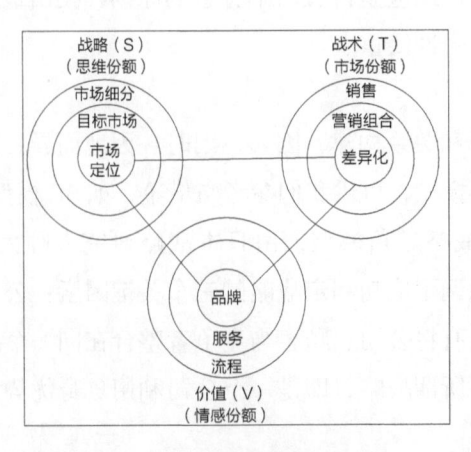

图4-9　STV三角模型的结构

整体来看，公司战略旨在赢得顾客的"思维（心智）份额"，即在目标客户的心智中占据有利的位置，核心要素是定位；公司战术是为了赢得更多的"市场份额"，即是运用与众不同的营销组合来吸引顾客，核心要素是差异化；公司价值的目标是赢得"心理（情感）份额"，即是让客户从内心喜欢公司的产品或服务，核心要素是品牌。同时，这三个核心要素之间也有相互支撑的关系：定位是企业对顾客作出的承诺，其应具有差异性，而这种差异性为顾客带来实际价值，就会诞生强势的品牌，而品牌又会巩固原先的定位。该三角模型相对复杂，但其构建的核心仍然是如何寻找三个核心要素及确定三者之间的关系。

（三）四象矩阵

1. 基本内涵

《易经》有言："太极生两仪，两仪生四象，四象生八卦。"四象限分析模型的基本原理就是"两仪生四象"，通过两个维度的属性的"对立统一"（正反变化），交错组合成四个矩阵，形成四个可供研究和讨论的选项。四象矩阵可让我们从"非此即彼"的二分法中解脱出来，形成"对立统一"的更辩证、更完整的思维视域，"可以说是帮助人掌握事物整体构建的代表性工具"❶。

四象矩阵已经广泛应用于管理学、经济学和社会学等学科的专业分析之中。例如，我们选择"可能性"和"损失"两个维度，交互生成"转嫁、规避、降低和自留"四个象阵，就有了风险管理模型；选择"自己知不知道"和"别人知不知道"两个维度，交互生成"公开的自我、秘密的自我、盲目的自我和未知的自我"四个象阵，就有了著名的乔哈里视窗理论（Johari Window）；选择"相对市场份额"和"市场增长率"两个维度，交互生成"现金牛、明星、问题和瘦狗"四个象阵，就有了波士顿矩阵。❷这些都是专家用四象矩阵打造出来的高级经典工具。

事实上，在我们日常生活中，如果善于构建与运用四象矩阵，也可以解决很多棘手的问题。例如，现代人工作都比较忙碌，感觉很难合理地安排时间。这时候，我们可以尝试构建一个"时间四象矩阵"（见图4-10），对需要开展的工作进行评估和次序选择。美国管理学家斯蒂芬·科维（Stephen R. Covey）曾建议将工作分成"重要"和"紧急"两个变量，并通过其"对立统一"的两种状态进行划分，就可形成四个可选的象限。我们再将工作放到相应的矩阵，按照优先次序排列，从而依次地、有条不紊地开展工作。

---

❶ 嶋田毅. 逻辑思维［M］. 张雯，译. 北京：北京时代华文书局，2018：50.
❷ 刘润. 5分钟商学院（工具篇）［M］. 北京：中信出版社，2018：167.

	紧急	不紧急
重要	紧急又重要 工作A 工作B	重要但不紧急 工作C 工作D
不重要	紧急但不重要 工作E 工作F	不紧急也不重要 工作G 工作H

图 4-10　时间四象矩阵

2. 构建步骤

绘制二维四象矩阵非常简单，主要有三个步骤：

第一步：确定主题和选取维度，即首先要明确四象矩阵要解决什么问题，这是构建象阵的出发点。例如要分析企业战略还是营销策略，回答不同，矩阵制定的方向也就不同。确定主题之后，就要选取合适的维度，这是最关键、也最能体现绘制者创新力的地方。精彩的维度选择常常可以获得意想不到的象阵组合，为策略创新带来有益的启示。

第二步：绘制象阵图、确定名称与对策。根据两个维度的属性，设置"对立统一"的两个极端值（如重要与不重要），通过交叉组合，形成四个象阵。然后，根据属性交叉组合而成的各象阵特点，确定各象阵的名称和相应对策。例如，针对上面的"时间四象矩阵"，我们可以确定每个矩阵的名称，然后对每个矩阵采取不同策略，如对"紧急又重要"的象阵，我们需要采取"马上执行"策略；对"重要但不紧急"的象阵，可采取"制订工作计划"、有序推进的策略；对"紧急但不重要"的象阵，可采取"委托他人"去办的策略；对"不重要也不紧急"的，可以干脆不管它（见图 4-11）。

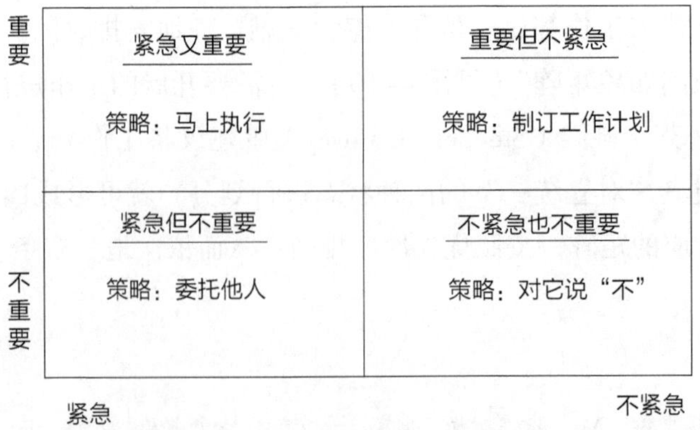

	紧急	不紧急
重要	紧急又重要 策略：马上执行	重要但不紧急 策略：制订工作计划
不重要	紧急但不重要 策略：委托他人	不紧急也不重要 策略：对它说"不"

图 4-11　时间四象矩阵的相应策略

第三步：对事项（或问题）进行象阵填充与策略选择。构建出四象矩阵之后，将待解决的事项（或问题）对号入座。需要注意的是，这个步骤也非常关键，因为填入不同的象阵，就意味着采取不同的策略。例如，一家企业面对"客户投诉"这个问题，该放到哪个象阵？是"紧急又重要"，还是"紧急但不重要"？这需要决策者进行判断和选择，然后放到合适的象阵中，进行相应的处理。

3. 注意要点

在制作和利用四象矩阵的时候，有两点需要特别注意：

其一，突出创新意识。选取不同的维度会得出不同的象阵图，其解释问题或解决问题的效用也完全不同，因此两个维度的选择就至为关键。一般而言，策划人需要对事物或问题进行深入研究，在掌握其规律的基础上，再结合具体的策划主题与目标，才能选择出两个最合适的维度，并设计相应的策略。

其二，不要将手段当作目的。二维四象矩阵是策划人重要的分析工具和手段，其主要目的是帮助客户进行思考和决策。因此，策划人不应满足于绘制象阵并胡乱将要素填满就完事，而是应切实地运用模型辅助制定策略，让其成为解决问题的有力工具，而不是漂亮的花架子。

4. 典型模型

在专家学者的辛勤探索下，政治、经济、管理、社会和营销等领域都诞生过许多经典的四象阵图。这里主要介绍"斯沃特分析"和"波士顿矩阵"。

（1）斯沃特分析（SWOT Analysis），也称SWOT分析，由美国海因茨·韦里克教授提出，是一种广泛用于战略分析和策略选择的工具（见图4-12）。"SWOT"取自Strengths（优势）、Weaknesses（劣势）、Opportunities（机会）、Threats（威胁）四个英文单词的首字母。从整体上来看，SWOT分析主要是围绕外部环境和内部条件两个变量进行。一个维度是SW，主要用来分析内部条件；另一维度为OT，主要用来分析外部环境。通过它们之间的交互，组成了"增长型、扭转型、防御型、多元化"四个象阵。策划人只需要将调研得出的结论填入相应象阵，并按照轻重缓急或影响程度等标准进行排序，就可以构造出SWOT矩阵。SWOT的分析结果可以汇总成为企业或项目的简明形势分析表，为决策者进行判断与选择提供依据。应该说，SWOT分析是应用得最广泛的四象阵图，是创新性和科学性结合的经典之作。

图 4-12　SWOT 分析象阵

（2）波士顿矩阵（BCG Matrix），又称市场增长率－相对市场份额矩阵、四象限分析法、产品系列结构管理法等，由美国著名的管理学家、波士顿咨询公司创始人布鲁斯·亨德森（Bruce Henderson）于 1970 年提出，是一种规划企业产品组合的方法，重点用于解决如何使企业的产品品种及其结构适应市场需求的变化（见图 4-13）。由于其强大的分析能力和指导价值，创立以来广受营销界和管理界欢迎。

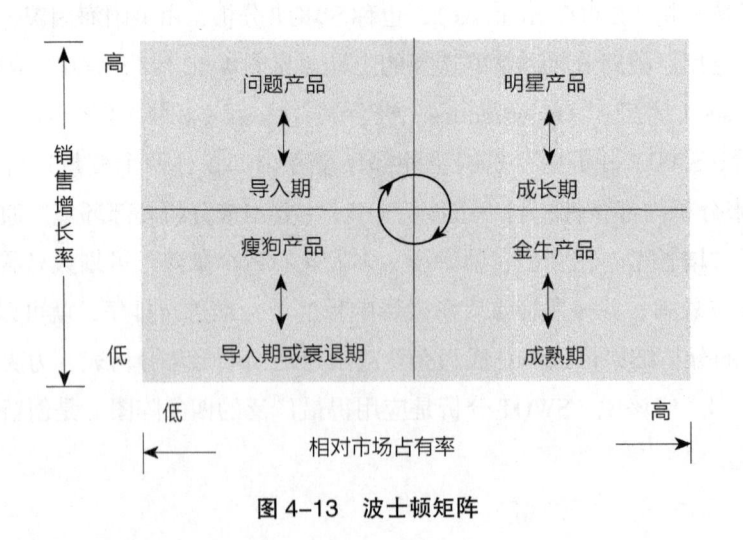

图 4-13　波士顿矩阵

该矩阵在制作过程中体现了突出的创新性。

其一，在维度选择上，布鲁斯认为决定产品结构的基本因素有两个，即"市场引力"和"企业实力"。"市场引力"包括销售量（额）增长率、竞争对手强弱及利润高低等，但核心是"销售增长率",这是决定企业产品结构是否合理的外在因素。"企业实力"包括市场占有率、技术、设备、资金利用能力等,但核心是"市场占有率",这是决定企业产品结构的内在因素。因此,布鲁斯根据这两个变量的不同渐变程度,绘制了四种不同性质产品矩阵。

其二,在象阵命名上,布鲁斯选择了通俗易懂易记的名字。例如,将销售增长率和市场占有率"双高"的产品群命名为"明星产品";"双低"的命名为"瘦狗产品";同时,将销售增长率高、市场占有率低的产品群命名为"问题产品";销售增长率低、市场占有率高的产品群为"现金牛产品"。

其三,在策略上,布鲁斯针对不同象阵的产品群提出了不同的处理策略。明星类产品有可能培育成为未来的现金牛产品,所以需要加大投资,推动其迅速发展。现金牛产品是进入成熟期的产品,由于增长率低,也无须增大投资,因而是企业回收资金,支持其他产品尤其是明星产品投资的后盾;问题产品是市场机会大、前景好,但在市场份额上存在问题,因此需要采取选择性投资战略;瘦狗产品的特点是利润率低、处于保本或亏损状态,布鲁斯建议对这类产品采取撤退战略。

(四)多要素模型

所谓多要素模型,是指组合要素涉及五个及以上的分析模型。随着要素的增加和相互之间关系的复杂,模型构建和策略分析就趋于困难。因此,这里主要介绍波特五力模型、波特钻石模型(六要素)、麦肯锡7S模型等三个经典的分析工具。

1. 波特五力模型(五要素)

该模型的具体内容在本章第一节的"主体分析"中做过介绍,这里不再赘述。这里主要强调的是迈克尔·波特(Michael Porter)教授的归纳力和创新力,这是制作多元模型的核心基石。模型只是思维的外化,关键是构建者对事物本质的把握与表达。在这个分析框架中,当时(1979年)年仅32岁的波特创新性地将行业竞争力量归纳为五种,即现有竞争者的竞争能力、潜在竞争者的进入能力、替代品的替代能力、供应商和购买者的讨价还价能力。波特将多个不同的竞争力量有机地汇集在一个简洁的模型中,构建出一个清晰的逻辑结构图,并将"现有竞争者"置于"C位",突出地强调了其重要性。可能波特自己也没有想到,后来"五力模型"成为全球知名度最高的战略分析工具之一,奠定了他一生的大师地位。❶

波特的五力模型给了我们一种极佳的思维启示,即是对于很多事物的动因或作用力分析,我们可以根据"MECE法则"归纳出五个要素,然后对要素及其相互关系进行逐一分

---

❶ 刘润. 5分钟商学院(工具篇)[M]. 北京:中信出版社,2018:9.

析。例如我们可将一个项目的成功归纳为五大核心要素，将企业战略的内容总结为五大要点等，这样可以促进我们更有条理地思考。

2. 波特钻石模型（六要素）

波特钻石模型（Michael Porter Diamond Model），又称波特菱形理论、钻石理论及国家竞争优势理论，由迈克尔·波特教授于1990年提出。该模型主要用于分析一个国家如何形成整体优势，并在国际上具有较强的竞争力。这是波特对10个国家的100个行业深入研究之后得出的成果。他认为，影响一个国家某一行业的国际竞争优势有六大要素：一是生产要素，包括人力资源、天然资源、知识资源、资本资源、基础设施等；二是需求状况，这里主要是指本国的市场需求；三是相关及支持产业，这里是指相关的上下游企业是否具有国际竞争力；四是企业战略、结构和同业竞争，指的是国际市场需求的拉力与国内竞争对手的推力；五是政府政策，其影响不可忽视；六是机会。这个要素可遇而不可求，会引起其他要素发生变化。由于这六个要素的组合图像一块钻石，所以也称其为钻石模型（见图4-14）。

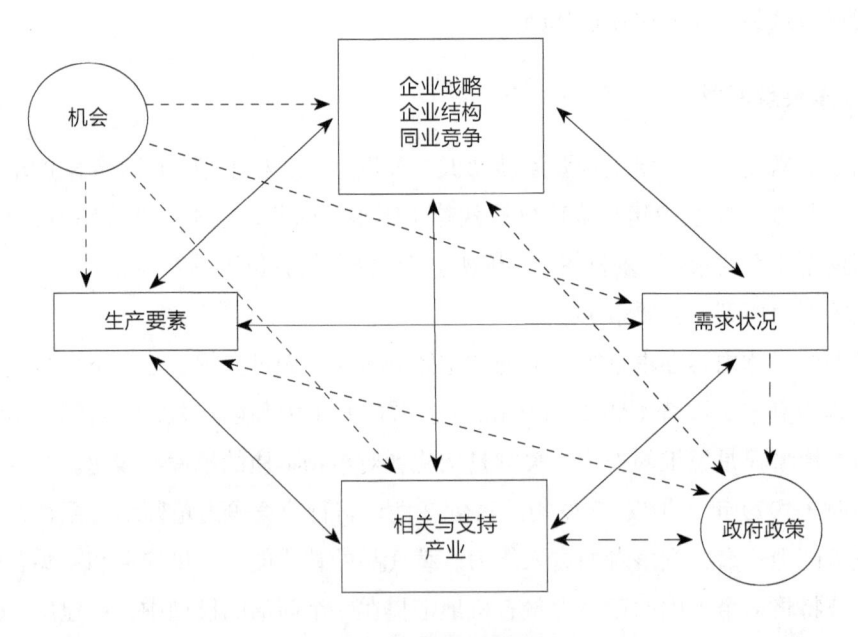

图 4-14　波特钻石模型

3. 麦肯锡 7S 模型

通常而言，六个以上要素的模型构建就变会得非常复杂，而且被人们理解和应用的难度也增大，因此成功的案例并不多，麦肯锡 7S 模型（Mckinsey 7S Model）是个例外。

麦肯锡 7S 模型由托马斯·J. 彼得斯（Thomas J. Peters）和小罗伯特·H. 沃特曼（Robert H. Waterman）联袂提出。在20世纪的七八十年代，美国经济下滑，失业率增加，企业里弥漫着一种悲观的气氛。为了找到适合本国企业振兴的法宝，这两位长期服务麦肯锡公司的学者访问了美国历史悠久、最优秀的62家大公司，又以获利能力和成长速度为准则，挑出了43家杰出的模范公司，并对其进行了深入的调查研究，然后总结了这些成功企业的一些共同特点，写成了《追求卓越——美国企业成功的秘诀》一书。他们在书中提出了著名的企业组织七要素模型，简称为"麦肯锡7S模型"。

7S模型包括结构（Structure）、制度（System）、风格（Style）、员工（Staff）、技能（Skill）、战略（Strategy）、共同的价值观（Shared Value）等七大要素。其中，战略、结构和制度被认为是企业成功的"硬件"，风格、人员、技能和共同价值观被认为是"软件"（见图4-15）。该模型认为，企业仅具有明确的战略和深思熟虑的行动计划是远远不够的，因为企业还可能会在战略执行中出现失误，因此"软件"和"硬件"同样重要。只有在二者协调的前提下，才能确保企业战略的成功实施。

图 4-15　麦肯锡 7S 模型示意

★★★重点回顾与拓展阅读★★★

一、重点回顾

（1）总结策划实践经验，其框架可归纳为"明确一个策划目标、进行两项基础分析、创新三大核心内容、提供四类后续服务"。通过此熟稔策划架构，我们能对策划的要件有整体的把握。

（2）内因是事物发展的根据。策划需对客户（包括个人、企业或机构）进行深入剖析，从个性特点、发展战略、所具资源与面临问题等角度进行"客户画像"。

（3）外因是事物发展变化的条件。策划需要对客户所处的战略宏观环境、行业中观环境和企业微观环境等进行分析。

（4）理念是对人们经过理性思考及实践所形成的思想观念、思维方式、理想追求和哲学信仰等内容的抽象概括。创新内涵丰富，但最核心的是理念创新。它是其他创新活动的灵魂和统帅。

（5）策划人的第一要务即是以创新的角度，运用新思维、新视角、新范式来重新审视现有的发展理念、思维模式、战略定位等，从理念层面上找到问题产生的根源。理念创新包括思维创新、理论创新、思路创新和定位创新。

（6）评估即是对策划方案进行评价、估量和论证，以决定是否采纳。对策划而言，涉及两个层面的评估。其一，策划人对自身所提供方案的评估；其二，决策者根据自身的优势、资源、战略考虑等对策划方案进行评估。

（7）为了让策划方案能够按照预先设计顺利实施，策划人还应有条件地提供后续服务，包括顾问服务、定向培训、资源整合和实施监理等。

（8）策划的思考路径主要有四种：五何策划法、五度策划法、五创统一法、五字箴言法。这四种方法在策划领域中各有侧重。

（9）"五何策划法"，即"3W2H"的简称，具体包括 Who（何人）、Why（为何）、What（何事）、How（如何）、How much（何效）。五何策划法是一种极具启发性和普适性的思考路径。

（10）"五度策划法"，是指思考策划活动的五个维度，即高度（把握大势，高点定位），深度（策略精准、项目支撑），广度（延展链条、跨界融合），亮度（创意设计、创新传播），黏度（打造平台、协同共赢），是一种普适性的思考路径。特别是在前期与客户进行沟通时，是一种屡试不爽的"万能应对框架"。

（11）"五创统一法"，即是创异、创意、创议、创益、创谊等，为大型活动、节庆会展等策划提供了理想的思考框架。

（12）"五字箴言法"，即"道、天、地、将、法"五字，其思想核心来自春秋时期的军事家孙武。这既是一种策划思路，也是评估策划可行性的重要方法。

（13）头脑风暴法是一种应用广泛的集体创新方法。主要形式是围绕某一特定主题组织会议，通过营造自由愉快、畅所欲言的气氛，让所有参加者能够自由地提出想法或点子，并以此相互启发、相互激励，诱发出更多的创意及灵感。

（14）"一律四分法"是一种以事物发展规律为基础，通过分类别、分区域、分阶段、分层级的思考，将研究、创新和策略方案进行细化和深化，从而让策划更具有针对性、创新性和可操作性的方法工具。

（15）框架是一种具有约束性和支撑性的逻辑要素建构，用于解决或处理复杂问题。

通过设计和利用合理的框架，可以强化逻辑思维，导出具有说服力的观点和结论。主要有双轴模型、三角模型、四象矩阵和多要素模型等框架分析工具。

二、拓展阅读

（1）《全球通史》。该书由斯塔夫里阿诺斯所著，主要讲述了世界历史的进化、世界文明的发展，以及其对现代社会的影响。自1970年出版以来，赞誉如潮，被译成多种语言流传于世，可谓经典中的经典。

（2）《竞争优势》。该书是由当今战略权威、竞争战略之父、美国哈佛大学教授迈克尔·波特所著。本书及《竞争战略》《国家竞争优势》等被公认为管理学界的"圣经"。

（3）《孙子兵法》。由孙武所著，是中国最早的兵书。本书列举了大量生动精彩的战争实例与历史典故，是中国古代军事文化遗产中的瑰宝，对中国历代军事家、思想家都产生过非常深远的影响，享有"兵家圣典"的美誉。

（4）《逻辑思维》。该书由日本GLOBIS出版局长兼编辑长嶋田毅所著，是MBA最核心的课程用书，根据作者在大学里的教授讲义编写而成。全书行文简洁，内容深刻。

（5）《5分钟商学院：工具篇》。该书由润米咨询董事长刘润所著，聚焦如何处理复杂的人与人之间的关系，并提供了切实有效的实践管理方法。

（6）《策划原理与实践》（第二版）。该书由策划学者强海涛所著。书中将策划的中国实践与西方管理科学相结合，较为完整、科学地构建了商务策划理论体系，是攻读商务策划、工商管理等相关专业的学生、企业或者其他组织的策划人员的必读书目。

（7）《思考的技术》。该书由日本著名管理学家、经济评论家大前研一所著，主要介绍了逻辑思维能力的提高是需要长期大量训练的，强调了生活中训练思维能力的重要性，并为我们提供了一种全新的可借鉴的思考方式。

（8）《为什么：关于因果关系的新科学》。该书由朱迪亚·珀尔、达纳·麦肯齐所著，建构了因果关系的科学体系，在整个科学界掀起一场"因果革命"，为科学界提供了一套全新的方法论——因果关系模型，重新阐述了人类认知和科学文明的发展史。

第五章　策划的基本流程与文本结构

策划是一种严谨有序的理性行为。

日本策划学者江川郎认为，策划的程序如果要细分其实没有止境，但大体可分为四个步骤。第一步，将焦点对准策划对象（主题），针对明确而重要的主题，进行切题的策划作业；第二步，描绘出策划的大体轮廓，设定策划实现时可期待的成果目标，找到具体创意探求所需的着眼点，将创意酿酝成熟，以便具体纳入策划方案；第三步，将这些构想整理成策划书，并在实际整理的过程中试着预测具体的结果，修正策划内容，刻意润色、表现，对策划案进行取舍选择；第四步，提出策划案，付诸实施，观察结果，作为下一次策划的参考。这时有必要考虑什么样的提案比较合适，如何才能让上司接受等人为因素。❶

策划研究专家万钧认为：策划业务流程一般从"缘起"开始，即接受任务，着手项目；然后到"策划"，即通过搜集、整理、判断、创新、验证等环节，形成商务策划案；再到"决策"，即被"思想采购者"——商务组织接受、认同，形成按照策划方案实施的决策；最后到"实施"，即协同、指导和监督商务组织实施此项策划案。同时，认为策划大体包括七个阶段：动议与判断、整理与创意、提案与谈判、论证与修正、文案与决策、培训与督导、执行和修正等。❷

策划研究专家强海涛认为：以问题为导向，可将策划分为三个主要阶段。首先是发现与界定问题的阶段，理清和找到真正问题，这是策划人创造性解决问题的第一步；其次是对问题进行因果分析的阶段，发掘隐藏在问题背后的根源，这是解决问题的根本；最后是开发和设计有效方案。通过创新思维，策划出既有创意又切实可行的问题解决方案。❸

综上所述，策划是一个发现问题、分析问题和解决问题的过程。结合专家的研究成果

---

❶ 李生校.企业策划学［M］.2版.北京：科学出版社，2012：56-57.
❷ 万钧.商务策划学［M］.3版.北京：清华大学出版社，2017：216-217.
❸ 强海涛.策划原理与实践［M］.2版.北京：机械工业出版社，2015：21-30.

和实践经验的探索，本书将策划分为六大环节，即确定需求、调研分析、理念创新、策略设计、方案评估、动态顾问（见图5-1）。正如美国咨询大师彼得·布洛克（Peter Block）所言，咨询步骤不能随意省略，否则是自找麻烦。策划亦然，即使是一个小型的策划，也应严格遵照程序（只是过程有长短之别）。需要指出的是，策划既可以委托他人，也可自我策划。本章只探讨委托策划。自我策划除了确定需求和动态顾问等两大环节之外，其他与前者大体相同，因此不做赘述。

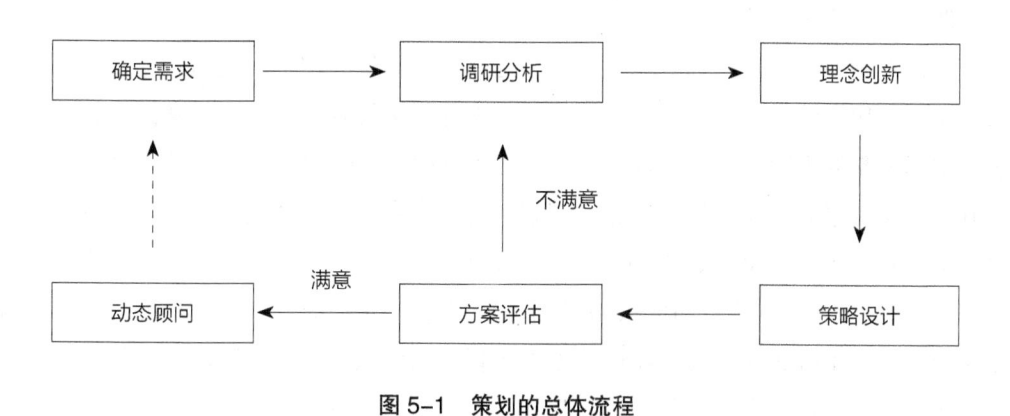

确定需求 → 调研分析 → 理念创新 → 策略设计 → 方案评估 → 动态顾问

方案评估不满意则返回调研分析，满意则进入动态顾问，动态顾问再反馈至确定需求。

图 5-1　策划的总体流程

第一节　确定需求

马克思曾言"没有需要就没有生产"，同样，没有需要就没有策划。策划是以问题为导向的定制化创新创意活动，明确委托方的动机与诉求，是策划的出发点和落脚点。在"确定需求"阶段，策划人的主要工作是与委托方深入交流，就策划内容、目标、时间、费用等达成共识，并通过合同或协议的形式固化，用以指导策划活动和评估策划成果。虽然当前政府类项目多以公开招标为主，中标前一般不与客户接触，但通过各种形式和渠道了解需求（不局限于招标文件所提需求），并在中标后进一步沟通和明确客户需求，仍然是必不可少的步骤。

一、熟悉客户，做好基础准备

机遇总是偏爱那些有准备的人。策划活动亦不例外。正所谓"知己知彼、百战不殆"，与客户的首轮洽谈或沟通无疑是一场"对手戏"，第一印象价值千金。策划人只有树立专业、自信、谦逊的正面形象，才能赢得客户更多的尊重和信赖。因此，最佳办法即是在与客户见面之前，先搜集客户详细资料，了解其发展历史、存在问题和可能的策划需求，并组织内部专家进行头脑风暴，提前准备好应对之策，做到心中有数。实践表明，即使身经百战、阅人无数的资深策划人，以及高度注重"前期功课"，以便能进行更富成效的沟通。

1. 准备工作的内容

准备工作如同课前预习，平时功夫下得越多，课中才会越从容。策划的前期准备应做好如下四个方面（见表5-1）。

其一，熟悉委托客户的基本情况。核心是决策者和核心团队，包括其出生年代、籍贯居所、主要经历、性格特点、思维方式、兴趣喜好、主要观点等。资料掌握得越充分，沟通过程中越能掌握主动权，也体现了对客户的尊重和工作的专业。

其二，掌握策划对象的相关情况。例如，委托内容是城市文旅战略策划，就必须搜集该城市的区位、地形、交通、生态、人口、经济（产业）、社会、文化、政策等资料，并最好形成"三张图（表）"，即区域格局图、发展综合指标表、文旅资源表。如果策划对象是企业，则需掌握企业的成立缘由、发展历程、当前状况、所处阶段、主要问题、社会影响力等，对企业情况有整体研判。

其三，强化专业知识与案例准备。何种策划机构才能赢得客户的信任？答案是认真、专业、成功案例多的。策划人在与客户沟通之前，要针对可能涉及的专业领域补充知识，包括全球发展趋势、前沿研究成果、国内外成功与失败的典型案例等。沟通中，要特别强调本机构策划过的类似案例。

其四，做好理论和应对策略准备。通过前期的资料收集、头脑风暴、思考推理等方式，要能初步判断策划对象所存在的问题，并进行理论观点和策略创新。初次沟通，不一定非要将设想和盘托出。留人念想，未免不是良策。还需强调的是，策略创新应建立在理论（观点）创新之上，这远比个人经验更具有支撑力和说服力。

表 5-1　沟通前基础准备清单（以企业战略策划为例）

准备项目	准备内容
决策者或核心团队	出生年代、籍贯、主要经历、性格特点、思维方式、兴趣喜好、主要观点等
策划对象（企业）	成立缘由、发展历程、当前状况、所处阶段、主要问题、品牌影响、社会公益活动等
专业知识或案例	全球行业发展趋势、前沿最新研究成果、国内外成功与失败典型案例、策划机构类似案例等
理论与应对策略	总结行业规律，形成独特理论（观点）；基于理论就战略定位、重大项目、商业模式等形成初步构想

2.资料收集要点

列宁（Ле́нин）在评价巨著《资本论》（Das Kapital）时说："它是将堆积如山的实际材料总结为几点概括的彼此相联系的思想。"[1] 可见，丰富而可靠的材料是研究的基础。做好前期资料收集可从以下四个方面着手。

第一，端正态度。态度决定行为，不负责的态度必然产生不负责的行为。资料收集亦非小事。策划人要意识到方案的高楼是建立在资料的基石之上的。如果敷衍塞责，草率而为，收集的资料信息不全、质量不高，甚至是未加辨别的错误资料，那么结果很可能是灾难性的。因此，收集资料要遵循三个基本要求：一是全面性，尽可能广泛搜集，积累丰富材料，所谓"多存芝麻好打油"；二是可靠性，原始信息一定要追求真实和准确，通过慧眼去伪存真；三是权威性，尽量从权威渠道获取信息，不要沉迷道听途说。

第二，设计维度。收集资料之前，应根据策划主题，列出资料搜集的框架或清单，全面而不重复地获取材料。例如，策划文化综合体就应从项目本体（区位、面积、地形、气候、生态等），目标消费群体（数量、年龄、学历、收入、消费习惯、生活方式等），综合体发展趋势，相关理论研究成果等维度去搜集材料，做到丰富而不杂乱。

第三，拓展渠道。当前信息获取渠道日渐增多。除了传统的书刊报纸、政府出版物、企业年报（上市公司）、地方志（史）、专家访谈等渠道，还可利用网络媒体（网站），自媒体（微信、微博等），咨询公司报告，证券公司报告等。其中，特别要擅于利用网络渠道，如百度、GOOGLE、中国知网、咨询机构网站、政府官方网站等，进行高效而权威的资料收集（见表5-2）。

第四，收集技巧。在信息时代，搜索能力是策划人的必备技能。实际上，我们碰到的80%以上的问题，前人或别人都已做过研究，关键是我们能否快速搜到。如何提升从"别人给"到"自己拿"的能力？一是要掌握一些搜索技巧，如想将搜索范围限定在标题内，可在关键词后加上"intitle"；想搜集特定格式文献，可在关键词后加上"filetype：doc（或PDF等）"。二是善于设定关键词，通过巧妙地选择、修改或增加关键词的办法，不断接近想要搜索的答案。[2]

表 5-2　沟通前期的资料收集渠道一览（以企业战略策划为例）

资料渠道	主要内容
新媒体渠道	百度（关键词），政府官网，企业官网（微信、微博、客户端），中国知网，行业官网，咨询机构网站等

---

[1] 列宁.列宁选集：第1卷［M］// 中共中央马恩列斯著作编译局.列宁选集.北京：人民出版社，2012：2.

[2] 刘润.5分钟商学院（工具篇）［M］.北京：中信出版社，2018：221.

续表

资料渠道	主要内容
传统渠道	书刊、报纸、文献典籍、论文数据库、档案等
专业信息机构	行业数据报告、定制信息服务、证券公司研究报告等
行业专家渠道	策划机构内部专家、行业专家及其他领域专家等

二、有效沟通，洞悉客户动机

1. 如何做好有效沟通

在策划前期洽谈中，有效的沟通是成功的一半。不仅可增加被委托的概率，亦可为未来的策划工作奠定信任和友谊之基石。

做好策划前期沟通，策划人一般应注意四个问题。

第一，服务意识。策划虽然是具有高度知识性、创新性和价值性的工作，但本质上仍是服务业，让客户满意乃是首要原则。因此策划人没必要自诩为"老师""大师"，高高在上，一种睥睨天下、俯瞰众生的姿态。应树立服务意识，设身处地为客户分析和解决问题。同时，沟通之目的在于达成共识，而非炫耀知识与成就，强势地压服或忽悠客户。与客户沟通时，应保持求同存异的心态，做到相互尊重、平等交流，做到不卑不亢、大气得体。为了提高沟通效率，还应提前制定问题清单，具体可借鉴 P. 杜拉克（P. Drucker）的四个常用问句[1]，即你最想做的事情是什么、你为什么要去做、你现在正在做什么、你为什么这样做，进而帮助客户更好地找到和界定真正的问题。

第二，快速判断。搜集和掌握了客户基本资料，并非就高枕无忧，因为现场沟通与案头工作有着本质差别。这要求策划人必须具备极强的现场反应与调整能力，即时进行判断和策略调整。一是判断客户风格。存在决定意识，举止体现风格。策划人要善于察言观色，从客户的言谈举止和"微表情"中收集信息，快速判断决策者的性格与作风。二是诊断策划问题。策划人要从沟通互动中，把握与论证真实问题之所在，了解企业之"来龙"，评估企业之"去脉"。三是判断策划需求。有些客户会明说需求，有些表达隐晦，有些自己也迷糊，对于后两者，必须加以引导与挖掘，达到明确需求的沟通目的。四是判断客户资源。策划人不是巫婆神汉，策划方案亦非"还魂仙丹"，资源条件才是企业发展的基本面，因此必须对客户的显性与隐性资源进行综合判断。

第三，看人说话。《鬼谷子·权篇》在论述游说之术时说："与智者言依于博，与博者言依于辨，与辨者言依于要，与贵者言依于势，与富者言依于高，与贫者言依于利，与贱

---

[1] 李生校. 企业策划学 [M]. 2 版. 北京：科学出版社，2012：61.

者言依于谦,与勇者言依于敢,与愚者言依于锐。"❶核心观点即是"说话要看对象"。在策划沟通中,说话也要因人而异,根据具体对象调整说话的语气、内容和方式。例如,与决策者交流,应重点沟通目标、方向、模式等宏观战略,重在定性、定调、定方向;与执行者交流,则应侧重沟通战术、策略、时序、组织、资金保障等环节,重在定量、定时、定要点。

第四,倾听、提纯与创见。与客户沟通时,首先,要学会倾听。南朝梁"山中宰相"陶弘景认为:"以静观动,则所见审;因言听辞,则所得明。"❷交谈时,策划人可引导客户多说,并思考其"为何如此说",推理话语背后的内涵与逻辑,并敏锐从中发现信息点和兴奋点。其次,要善于提炼与归纳。沟通中客户一般会谈到他们的一些经验、创意、想法或市场直觉,但通常都较为零散,缺少系统性。这时需要策划人发挥专业经验和聪明才智,将零零星星、支离破碎的设想加以概括提炼,迅速形成系统性思路。最后,要适时地表达"创见"——自认为可触动决策者的观点。一般来说,决策者都是人中精英,如果站位不比他高、观点不比他新,就很难赢得尊重与信任,因此策划人要学会"点穴"功夫,找准决策者之"痛点",一招见功力,才能让客户心悦诚服(见表5-3)。

表5-3 前期洽谈沟通中的主要事项

事项		注意内容
听	要	表现兴趣、全神贯注、注意非语言暗示;有疑问的地方要继续问;该沉默时适当沉默;善于抓重点;有洞见能力
	不要	争辩、打断、做与谈话无关的活动;过快或提前做出判断;草率地给出结论;受别人情绪的影响
问	要	明晰沟通目标、提前准备问题提纲、循序渐进、留意客户的反应和变化;让客户感觉受到尊重;询问客户的困惑与需求。细化主要问题;学会换位思考;可采用杜拉克式的问句
	不要	漫无目的的询问、不尊重客户、涉及公司机密等
思	要	思考客户为何如此说、其观点和构想是否合理、应该怎么提升和完善、国内外有何经验可供借鉴等
	不要	懵懂颟顸、精力不集中、思维游离在会谈之外

2. 洞悉委托动机

动机是一种由目标或对象所引导、激发和维持的个体活动的内在心理过程或内部动力,是人类大部分行为的基础。客户"真金白银"委托策划机构工作,必然有其动机。洞

---

❶ 许富宏. 鬼谷子[M]. 北京:中华书局,2012:103.
❷ 同❶22.

悉和把握委托动机，是提高策划成效的重要保障。

一般而言，客户动机可分为如下几类：

其一，实现个人或组织目标。这通常是委托策划的最基本动机，希望通过引入"外脑"，帮助个人或组织等解决在行业地位、竞争优势、发展绩效、战略定向等方面的问题。其二，解决管理和经营困境。这常是客户委托的最直接动因。在这种情况下，策划人首先需要鉴别、诊断客户的真正问题。其三，鉴别和获取新机会。有时客户难以识别和判断机会，这时就需第三方机构智力支持，寻找新的战略方向和增长点。其四，推动组织学习和制度变革。一些客户希望通过外部驱动的方式打造学习型组织，或以策划为契机，推动制度、组织、人事等改革。不过，就本质而言，动机之根源在于问题，因此以问题为导向把握客户动机，常能够获得更深刻、更本质的答案。

三、明确内容与要求，固化共识

在策划过程中，最可怕的是客户的需求（或要求）模棱两可，像只"泥鳅"让人抓不到重点。如此，策划人即便耗费大量时间与精力，亦难取得预期效果。因此，前期洽谈中必须确定客户的委托需求和具体内容，如果不能确定，就增加沟通次数。同时，策划内容应在协议中逐条列出，通过合同的形式固化下来。

1. 明确内容与要求

第一，明确策划内容。根据策划类型不同，具体内容差异很大。如特色小镇战略策划，包括趋势分析、发展定位、文化特色、产业选择、空间布局、景观设计、重大项目、效益估算等，而企业战略就不涉及空间布局和景观设计等内容，所以策划之前必须将工作内容明确。

需要指出的是，并非所有客户都熟悉策划机构的服务。为了推动彼此了解与深度合作，在双方初步沟通之后，策划机构可根据需要撰写"策划建议书"，系统阐述对策划对象的基本认知、环境判研、发展建议、效益预测，并介绍策划的服务内容、收费标准、人员团队等，同时可附上策划机构的相关案例，以增强说服力。

知识拓展：策划委托建议书怎么写？

策划委托建议书是一种策划前期的沟通交流文本，主要是策划机构为了获得客户的委托，而向客户进行说明和阐释的一种特殊文件。建议书属于内部交流材料，没有固定的格式，但通常包括以下五个部分。

> 第一部分：阐述对策划背景的宏观理解。由于委托建议书一般是在初次沟通后撰写的，所以这部分内容，换而言之，是对客户委托动机的阐释。这部分解说得越透彻、越到位，越能说到客户的心坎里，就越能引起客户继续阅读的兴趣。
>
> 第二部分：论述对未来发展的初步思考。由于尚未进行调研，所以此处宜粗不宜细，宜宏观不宜具体。最佳方式是根据策划思考框架，如"五度分析法"，结合客户基本情况，给出一些"高大上"而又"安全"的建议。如果有把握的话，亦可提一些具体的策划建议和亮点项目，但要十分慎重。
>
> 第三部分：提出工作目标与具体内容。基于第二部分的思考，策划机构可以提出策划期望达到的目标，并依此设计具体的服务内容，如趋势判研、发展定位、商业模式、运营策略等。内容应适可而止，不亦过多过细，给自己"挖坑"。
>
> 第四部分：提出策划成果和费用等细节，如策划成果的表现形式、工作期限、人员安排、进度计划、费用标准及付款方式等。此部分的核心内容是报价。一般而言，在心理价位上再增加30%即可，要留给客户一个讨价还价的空间。
>
> 第五部分：提供一份有说服力的附录，包括机构介绍和成功案例。这部分最好选择与委托内容相关的案例，以显示机构的专业性，获得客户更多信任。

第二，明确策划要求。一是确定成果呈现的要求，如文本、幻灯片、视频和（或）其他方式；二是确定质量和（或）效果的要求，包括确定验收方式与标准，可能的话，应明确具体可衡量的指标；三是确定时间要求，包括策划周期和进度计划，确保策划工作能够按时完成；四是确定人员要求，即明确客户是否需要指定项目经理或邀请特定专家加入，否则策划方将自行组织人员。

第三，明确委托方可提供的工作条件。其中，最重要的是委托费用（包括数额、支付方式等）。此外，还包括提供相关的内部档案、保密数据，以及为策划人员现场考察、问卷调查、深度访谈等提供便利条件。

2. 敲定策划合同

《中华人民共和国合同法》（1999年）中第2条指出，合同是平等主体的自然人、法人、其他组织之间设立、变更、终止民事权利义务关系的协议。合同是保障策划与委托双方权益的法律依据。在策划工作正式开始之前，双方应将共识内容转化为书面合同文本，对策划的主要目标、具体内容、起终时间、费用数额、支付方式、权利义务等进行详细规定，以便为之后的策划工作和成果验收提供依据（见表5-4）。

当然，策划工作是在动态环境下开展的，因而在合同执行过程中难免出现变动。在此情况下，双方可通过协商对相关内容进行调整，如签订补充协议。同时，在中国很多策划合同都属于"君子协议",完全遵照合同执行的案例并不多见,对此策划机构应有足够的心理准备和财务准备。

表 5-4 策划合同需要确定的基本内容

序号	项目	内容
1	策划目标	通过策划需要达到什么目标,包括定性或定量目标
2	具体内容	明确具体条目,针对不同策划类型明确不同内容
3	起终时间	确定策划活动开始与结束时间,以及重要的时间节点
4	成果形式	以何种形式展现成果,如文本、视频或幻灯片等
5	费用数额	明确策划活动的金额总数,以及费用构成说明
6	支付方式	确定经费拨付的总额、次数、比例、相应成果要求等
7	权利义务	明确双方的权利和义务,以及解决纠纷的法律渠道

"确定需求"这一步的重要性是毋庸置疑的。只有在此阶段将功课做足,才能为后续工作创造良好条件。从另一个角度看,策划活动其实在此阶段已经开始了。因为在洽谈过程中,策划人需洞悉客户动机,形成初步构想,达成基本共识,明确策划方向。可以说,这时已经形成了策划的假设与框架。

第二节 调研分析

确定了策划内容与要求,并签订协议之后,策划工作将正式展开。调查和研究越深入,问题剖析越透彻,策划方案也就越具有针对性和可行性。因此,在策划过程中,要开展深入细致的调查活动,找准策划对象的问题、进行鞭辟入里的分析研究,然后才能精准施策。

一、实地调研,掌握原始材料

实地调研是策划人了解事物发展现状、所存问题以及优势劣势的必要步骤。欲开展一次卓有成效的调研(实地调研包括现场考察、深度访谈和问卷调查,这里主要探讨前两者,问卷调查由于工具性较强,将在后面的"研究能力培养"章节中进行论述),应注意几个要点。

（一）设定检验假说

策划方法之精髓在于"大胆假设、小心求证"。由于策划周期较短（即使大型策划一般也不超过三个月，中、小型策划则更短），时间与效率事关策划工作的成败。因此，资深的策划人在实地调研之前，通常会利用阅读资料、召开头脑风暴会等方式，全面收集策划对象的信息，并结合自身经验和方法论，构思出一个或几个可能解决问题和实现目标的假设（即假说，如想法、创意、观点、主意、点子等）。"在此阶段，并不需要一个绝对正确的结论作为假说，可能的话，最好能再加上些别人意想不到的创意。"[1]在这种情况下，实地调研更大的作用是对假设的求证与修正。以策划文化综合体为例，策划人根据综合判断，首先假设以"二次元文化"为综合体主题将是一个不错的创意。有此构想之后，那么在资料收集和调研过程中，就会有一定的指向性，即围绕这个假设进行论证，考察是否具有市场、组织和政策等方面的可行性和支撑力（见图5-2）。

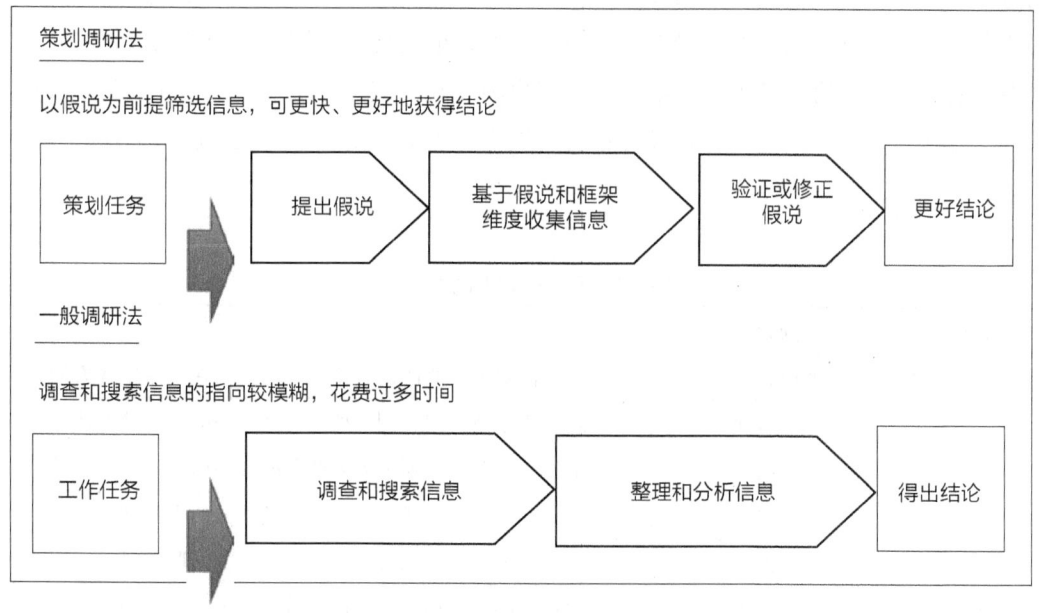

图5-2 策划调研与一般调研的区别

当然，假设导向也是一件非常危险的事情。如果假设从根本上就是错误的，那么会把调研引入"沟里"，意味着所有工作都要推倒重来，策划也就变成了不断"试错"的实验过程。为了提高假设质量，策划人应注意如下几点：

---

[1] 嶋田毅. 逻辑思维［M］. 张雯，译. 北京：北京时代华文书局，2018：69.

第一，慎之又慎。假设是方向，是策划的指挥棒，所以策划人首先要端正态度，认识其重要性，不能在浮皮潦草地阅读基础材料之后，就轻率地做出假设，这种态度将会给之后的工作带来极大麻烦。

第二，思之又思。项目负责人（需是资深策划人）应积极承担主导责任，根据自身经验，结合策划对象的情况，进行反复思考、创意、推演，然后提出策划假设。假设要能自圆其说，没有明显的逻辑漏洞。

第三，议之又议。假说提出之后，应召开一次或多次项目团队的头脑风暴会（特别要运用"反向头脑风暴法"），讨论成熟之后再组织由总监、资深策划人，以及外部专家等组成的头脑风暴会，讨论与完善假说，之后方可进行调研与检验。

（二）制订调研计划

俗话说："做事没计划，盲人骑瞎马。"在实地调研之前，要制定详细的调研计划书，包括调研目的、地点、时间、对象、内容、调研人员（职务）、行程安排、食宿安排、费用预算等。计划书既是己方调研工作的指导文件，也是与客户接待与配合的依据文本。需要强调的是，在调研安排中应尽量提前与客户沟通好细节，一定要争取访谈到最重要的人员、了解到最需要的信息、看到最想看到的地方，否则调研质量与成效就难以保证（见表5-5）。

表5-5　调研计划书的主要内容

序号	项目	内容
1	调研目的	阐释为何要进行调研，其价值和意义何在，希望各方配合
2	调研时间	确定调研始终时间、到达离开时间，一般不要选在休息日
3	调研内容	根据研究假设，列出需要调研的具体内容及问题清单
4	访谈对象	确定需要访谈的对象，以及访谈的主要问题
5	调研人员	确定参与调研的人员及其职务、职称等
6	行程安排	细化每日调研活动安排，包括时间、地点、交通、人员等
7	食宿安排	涉及酒店、餐馆预订等内容，要明确何方解决食宿费用
8	费用预算	根据标准（如级别消费标准等）制订费用预算

（三）开展实地调研

在实地调研过程中，访谈是一种收集信息、沟通观点和论证假说的重要方式。策划人应高度重视访谈，事前对访谈对象有全面的了解，并制订详细的访谈提纲。一个策划人的经验素养和水平高低将在访谈中显露无遗。

从实践来看，策划访谈有三重境界。

第一重境界：我问你答。基本上是策划人根据事前拟好的问题大纲，逐条提问，被访者根据知晓情况逐一作答。这种访谈虽然可获得一些基础信息，但由于双方在经历、识见或关注焦点等方面存在较大差距，导致在访谈过程中缺乏碰撞与互动，很难形成共识意见或新思想。

第二重境界：对话交流。此时，策划人除了信息收集，还能就访谈对象的一些问题进行即时答疑，并就一些观点或想法进行交流探讨，相互启发，话语投机，常常有相见恨晚之感。在这种状态下，策划人不仅能收集信息，还能收获一些建议和达成一些共识，这将为下一步策划奠定良好基础。

第三重境界：启发引领。这要求策划人的识见水平和思想层次很高，纵横捭阖，博大精微，能够牢牢掌握谈话主导权，并根据客户的问题和困惑进行现场咨询和策略设计，给人以醍醐灌顶之感，进而获得客户发自内心的信任与依赖。能达到此境界的策划人寥寥无几，基本都是天赋极高且身经百战的策划大家。

既然如此，普通策划人就只能勤以补拙：一是列好详细的访谈提纲；二是对访谈人和话题尽量熟悉；三是团队协作，发挥团队力量。具体如何提高现场访谈能力将在"第七章研究分析能力"中阐述。策划访谈中的万能问题见表5-6。

表5-6 策划访谈中的万能问题

序号	类型	问题举例
1	情况简介	"你们是谁？" 请简要介绍企业（园区等）的概况，如历程、定位等
2	发展状况	"你们做了什么？" 请简要介绍企业（园区等）目前的发展情况
3	存在问题	"你们面临什么问题？" 请问企业（园区等）目前面临的问题与挑战
4	思考建议	"你们还想做什么？" 请问对企业（园区等）未来发展有何设想
5	具体行动	"你们打算怎么做？" 请问你们具体打算怎么做，如重大项目等
6	其他问题	请问你们还有其他想要补充的吗

除了访谈，实地调研还有一项重要任务是考察现场和标杆性案例。正如俗语所说"真相永远在现场"，优秀的策划人还需要具备良好的现场感，拥有一双极富洞察力的眼睛。

如何更好地开展现场考察呢？是一个非常实用的办法。事前制定一套观察框架，例如，有人在论述如何考察一座城市时，提出了诙谐的"四看法"：一看树（环境）、二看路（交通）、三看姑娘（人才）、四看住（硬件条件）。还有人提出了颇具传统哲理的"五行法"："金"（城市经济实力）、"木"（城市生态环境）、"水"（城市水系与供水问题）、"火"（城市领导与市民精神状态）、"土"（城市文化底蕴、政策与社会条件）。例如，考察特色小镇，有人提出了"三态法"：业态（经济形态）、形态（空间形态）、文态（文化形态）等。每个策划人都可形成自己独特的观察框架。不过还是有些"必选动作"，需要策划人在考察时予以关注（见表5-7）。

表 5-7　现场调研需要注意的情况

序号	事项	内容
1	基地情况	区位、地形、交通、生态、土地性质、功能配比（规划）、航空限高、土地现状、土地价格等
2	周边情况	区域能级、城市能级、消费人群、竞争对手、竞争性项目、拓展潜力（如土地空间）等
3	对比情况	将现场印象与国际、国内或不同历史时期具有类似条件的案例（场景）进行比较，得出方向性的结论
4	其他情况	善于发掘现场中的典型案例、人物和现象等，善于从现场的细节发现有用信息

由于调研过程中的信息是最鲜活的，因此针对白天的访谈和实地考察情况，策划团队应在晚上加以整理，并召开调研总结会，让成员表达一天调研的感受与心得，同时对下一步的调研和策划工作进行头脑风暴。这个时候，因为大家整体处于新鲜和兴奋状态，所以常常能够碰撞出很多有价值的观点和想法。会议中要专门安排人记录与拍照，为下一步工作和未来存档提供材料。

需要注意的是，策划人要遵循"价值中立"的原则❶，即在搜集信息时不要带有主观性的价值判断（特别是预先假设带来的心理定式），否则会妨碍资料和信息收集的客观性，会让策划人按照自己的偏好搜集对已有判断有利的信息，从而忽略现实中的反例。这种倾向是策划人需要特别规避的"职业陷阱"，这也要求策划人在收集信息时具备开阔的视野和批判性的思维。

---

❶ 卢长宝. 项目策划[M]. 3版. 北京：电子工业出版社，2018：45.

（四）撰写调研报告

调研的输出成果即是调研报告，其根本任务是实事求是地反映和分析客观事实，提出有价值的建议。所谓调研报告，有两层含义：一是调查。这意味着报告的基础材料是通过实地考察、深入访谈等形式获得的，其来源于客观实际，不是主观臆测，较为真实可信。二是研究。这意味着报告要在掌握客观材料的基础上，通过科学的分析方法从纷繁复杂的现象中找到事物发展的本质，揭示其内在规律，并据此提供参考性建议。高质量的调研报告是制定具有科学性和可行性策划方案的重要支撑，并通常作为重要附件提供给客户。报告根据不同的调研目的，侧重点各有不同，或重专题探索，或重描述，或重解释，或重行动建议。[1] 从格式上来看，一份完整的调研报告应包括标题、摘要、正文、结尾和附件等内容（见表5-8）。

表 5-8　实地调研报告的基本架构

报告架构	主要内容
标题	这是报告的"题眼"，要有新意，能引发读者的阅读兴趣。通常有描述式、观点式、提问式及正副式等标题
摘要	这是报告浓缩的精华，包括主要事实、核心观点和发展建议等，可让读者快速把握报告要点。文字应洗练，概括性要强
正文	这是报告的主体部分。需要分析和阐释调研对象的现状、问题、成因及对策建议。这部分内容复杂，需要精心谋篇布局，有逻辑、有层次地表现主题，顺理成章地引出建议和调研结论
结尾	结尾是报告的总结性说明。通常有五种写法：一是总结观点，深化主题；二是做出展望，启发探索；三是提出建议，供各方参考；四是写出问题与不足，留待将来完善；五是补充交代一些正文没有提及但重要的事项
附件	报告的辅助材料，包括现场访谈记录、考察照片、调研问卷等

如何才能写出一份高质量的实地调研报告？以下三点值得注意：

第一，尊重客观现实，用事实说话。在调研报告中，特别是非公开的内部报告中，一定要道真情、说真话，数据、图表、图像都要有出处或依据，报告要"见人、见事、见观点"，要注意收集典型人物、事件、观点与数据，失去了真实性和典型性，报告也就失去了赖以存在的价值。

第二，深入本质，观点鲜明。调研报告基于事实，但要超越事实，要在资料占有的基础上提炼独到、鲜明和深刻的见解，提出具有创新性、建设性的建议，这也是报告的灵魂

---

[1] 艾尔·芭比.社会研究方法[M].10版.邱泽奇，译.北京：华夏出版社，2005：479.

和核心价值之所在。

第三，架构完整、逻辑清晰、语言准确而洗练。要遵循实地调研报告的基本写作框架，不能漏项，同时应根据一定的逻辑和论述维度，有条理地阐述问题。例如，可采用"金字塔原理"来组织全文；运用分类别、分阶段、分层级和分区域等方式来分析和诠释问题。调研报告一般要求用语规范，但为了增强可读性，也可适当地引用一些访谈对象的鲜活语言，使用一些浅显生动的比喻。

二、大势研断，把握时代脉搏

"'大势'便是大局的趋势。古今中外，凡成大事者，无不善于把握大势。而大势往往是最需要把握却又最难把握的。"[1]当前，以移动互联网、大数据、云计算和人工智能等为代表的新兴信息技术正喷薄而发，从根本上颠覆了传统的生产和消费模式。面对时代的快速变革，一个企业（或机构等）能否实现持续发展，成为"百年老店"，关键不在于它一时一地的技术领先或市场占有率，而在于它能否审时度势，在一个又一个时代的转折点上及时调整战略航向。

趋势的潜流往往隐藏在现实平静的海面之下，策划人需要敏锐地测定流向，识别时势，帮助客户借助浪潮之伟力，成为时代的"弄潮儿"。一个优秀的策划人应有大胸怀、大气魄、大格局，看问题、做方案、出思路，能够不拘泥于当下与眼前，而是将其放到时代发展大势、产业演变规律、国家政策变迁等宏大的时空坐标中去审视和判研。

那么，应该如何把握时代大势呢？以下维度可供参考。

（一）政策发展大势

政策是国家机关、政党及其他政治团体在特定时期为实现或服务于一定的社会政治、经济、文化目标所采取的政治行为或规定的行为准则，是一系列谋略、法令、措施、办法、方法、条例等总称。[2]政策环境是企业（或园区、产业、机构）等主体生存与发展的第一环境。任何策划——或直接或间接的——都离不开对现有政策的解读和对未来政策的预测，特别是一些受政策影响较大的行业，如影视动漫、网络直播、房地产、金融等。如果策划人不了解国家最新政策，不对相关政策进行梳理与研究，很可能导致战略方向的偏差，造成难以挽回的损失。可以说，时刻关注国家政策的变化，保持较高的政治敏感度，是做好策划尤其是战略性与前沿性策划的基础（见表5-9）。

---

[1] 沈立强.理念和方法：经营管理若干问题研究[M].上海：上海人民出版社，2018：173.
[2] 郑敬高.政策科学[M].济南：山东大学出版社，2005：15.

表 5-9　政策发展大势的分析内容

序号	政策	分析内容
1	国家宏观规划或政策	党中央、国务院的会议与决策；国家五年发展规划；年度工作报告、区域战略规划；国家产业发展政策；国家层面法规、条例等
2	行业专项规划或政策	所在行业的政策、规划及法规条例，如文化政策、房地产政策、战略新兴产业规划、行业法律与法规等
3	区域（省、市）规划或政策	省、市、县等五年发展规划，区域或城市总体规划；地方性产业发展规划与政策；年度工作报告、领导讲话；地方性法规等
4	国际相关政策	各国出台的产业、经济、服务等方面的相关政策

（二）经济发展大势

经济发展形势对各类策划都有深刻影响，直接决定着策划项目是否能顺利实施。对经济发展的分析与预判，一般包括经济增长趋势、产业发展趋势、消费升级趋势、国际贸易趋势等。不同的发展趋势为策划提供了不同的宏观背景。例如，根据党的十九大报告，当前"我国社会主要矛盾已经转化为人民日益增长的美好生活需要和不平衡不充分的发展之间的矛盾"。"美好生活需要"不同于一般的"物质文化需要"，更大程度是"马斯洛需求理论"中提出的社交、尊重和自我实现等高层次的需求，讲求"生活品质"、崇尚"生活美学"、青睐"精神消费"。满足人民过上美好生活的新期待，要求市场必须提供更为丰富的精神食粮。在这种消费升级的背景下，文化体育、教育培训、健康养老、休闲旅游等服务消费比例必然提升，这种消费趋势就为策划设计提供了宏观方向（见表 5-10）。

表 5-10　经济发展大势的分析内容

序号	经济	分析内容
1	经济增长	国际组织发布的各类经济发展报告、国家和地方的历年统计公报、知名智库关于经济的研究报告、金融机构预测等
2	产业发展	国内外产业发展的历年数据分析、产业发展年度报告、专业机构，以及权威专家关于产业发展的预测等
3	消费升级	人均可支配收入与恩格尔系数的历年变化、国际消费发展方面研究报告、市场调查机构对消费发展的预测等
4	国际贸易	国际智库发布的贸易数据、国家商务部发布的历年数据、相关机构对国际贸易的预测等

(三)技术发展大势

科学技术是第一生产力。跨入21世纪,科学技术日新月异。如果策划人对技术变革不敏感,可能策划还未完成,方案就已经落后于时代。例如,互联网、物联网、高速移动通信技术(5G)、人工智能、VR或AR等新技术,催生了大量的新兴业态,推动着经济繁荣的主战场正向数字经济、网络经济、创意经济转移。企业如果跟不上时代,必将会如同史前恐龙般被环境淘汰。摩托罗拉、诺基亚、柯达等企业的陨落就是典型的案例。这种变化还将持续下去。《失控》(*Out of Control: The New Biology of Machines, Social Systems, and the Economic World*)作者凯文·凯利(Kevin Kelly)曾感叹:"互联网的历史才5000天,已经带来了巨大的变化;未来的5000天会发生什么,谁都难以预料。唯一可以肯定的是,互联网带来的改变才刚刚开始,我们才刚刚上路。"因此,在一个技术急剧变化的"升维"时代,策划人如果不关注最新技术的变化、顺势而为,就难以获得成功(见表5-11)。

表 5-11 技术发展大势的分析内容

序号	技术	分析内容
1	最新科技	国际新兴科技研究报告、世界知名科技专业网站、智库组织发布的相关报告等
2	科技影响	新科技技术影响报告、国际科技专家评论、先进国家或市场的应用情况、证券机构的分析报告等
3	科技选择	新兴科技商业应用的难易程度、新兴科技的市场价值与潜力、委托客户可选最佳的科技门类与路径设计等

(四)社会与文化发展大势

社会是共同生活的个体通过各种各样的关系联合起来的集合。文化是包括知识、信仰、艺术、法律、道德、习俗,以及任何其他的人作为一名社会成员而获得的能力和习惯在内的复杂整体。❶社会是文化的基础,文化是社会黏结的内生动力。策划从根本上而言,是对人和人类社会的策划。了解社会与文化的发展趋势可从社会阶层、人口结构、人际关系、社会连接、文化思潮等维度出发,然后得出分析结论并应用于策划创意。例如当前的快速城镇化、社群聚落的出现、社会关系的新连接,以及中产阶级、创意阶层等新力量的出现,深刻改变了传统的社会格局,并催生了一批火爆的电视节目和

---

❶ 殷海光. 中国文化的展望[M]. 北京:商务印书馆,2011:28.

娱乐 IP。可以说，只有准确把握社会与文化的发展趋向，才能真正通过借势引爆策划（见表 5-12）。

表 5-12　社会与文化发展大势的分析内容

序号	社会与文化	分析内容
1	人口结构	国家、省或市的人口统计报告（包括人口数量、年龄结构、男女比例、人口分布、教育层次、职业结构等），以及人口增长率、城市化率等历年变化趋势
2	社会阶层	国家、省或市的社会阶层变迁研究报告，包括中产阶层、创意阶层、世代研究报告等
3	文化思潮	文化思潮研究报告（著作）、重大社会文化事件、社会主流价值观念变迁、社会主流文化与亚文化等
4	区域文化	区域（省、市、乡或村）历史文化，文物遗存，宗教信仰，文化精神特质，民俗文化，非物质文化遗产，文化演进脉络，文化产业，公共文化服务等情况

（五）空间格局发展大势

近代实业家张謇认为："一个人办一县事，要有一省的眼光；办一省事，要有一国之眼光；办一国事，要有世界的眼光。"论及区域、城市、园区等具有空间性质的策划类型，策划人必须将其置于更宏大的空间坐标中去考察，重新发现区域或项目的价值。一般而言，分析空间格局大势，技巧是要往上跃"两级"：产品→企业→产业，项目空间→城市空间→区域空间。例如，研究某个城市，需要站在全国高度；研究某个县，至少要站在省的高度。

为什么必须如此呢？因为小道理要服从大道理，小利益要服从大利益。区域发展是一个紧密互动的大系统，其下的城市、园区或企业都需要借助这个系统的能量实现捆绑发展。以北京、上海、广州、深圳的房价为例，为什么它们的均价高达 5 万以上？如果仅从土地成本、建安成本、市场营销、产品性价比等方面着眼，很难找到原因。然而跳出房地产开发思路，用区域经济、城市发展及城市运营的战略眼光来看，其道理昭然若揭：房地产的价值取决于城市与区域价值。同理，在一个城市做园区、房地产或商业类项目，也需对城市发展空间格局有清晰预判，以便为客户找到最具潜力的价值洼地（见表 5-13）。

表 5-13　空间格局发展大势的分析内容

序号	空间格局	分析内容
1	国际发展格局	国际地缘政治研究报告、国际格局研究白皮书、国际顶级智库相关的研究报告等
2	区域发展格局	区域发展战略规划、空间规划、产业规划，以及各类空间发展研究报告等
3	城市发展格局	城市总体规划，分区规划，城市交通、生态、水系等领域的专项规划，以及城市空间研究报告等

三、系统分析，得出明晰结论

所谓系统分析，就是要根据资料收集和实地调研情况，对策划对象的基本情况、内部条件与外部环境进行全面、系统的分析，将原来对事物片面的、现象的、外部联系的感性认识，跃升到全体的、本质的、内部联系的理性认识，找到事物发展的规律性，据此指导下一步策划工作。这时的策划人正如蜜蜂酿蜜一样，将从花园、树林、田野里采集的花蜜，通过一种特有的转化酶，反复酝酿成为香甜的蜂蜜。

需要指出的是，这里的系统分析，除了上文提到的大势分析之外，还需要综合考虑第四章提出的主体分析（包括现有战略分析、资源分析、问题分析）和环境分析（大势分析属于宏观环境分析，这里主要包括行业竞争分析和消费者分析），在此基础上再通过 SWOT 框架对系统分析进行总结（见图 5-3）。

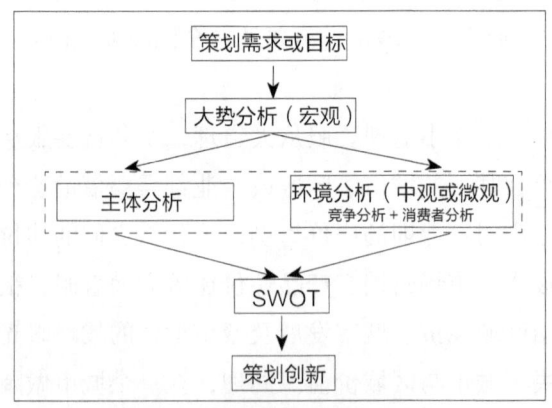

图 5-3　系统分析的要素与流程

策划分析必须要有清晰的结论，形成独到的观点。这里需要注意四个问题。其一，维度的问题。要根据 MECE 原则，选取相互独立、完全覆盖事物性质的几个维度进行问题研究。例如，对于企业存在的问题，可从资金、人才、制度、商业模式等维度出发，并进行问题成因剖析。其二，创新的问题。在策划分析中一定要有创新意识，不能人云亦云，应形成一些独到的见解，作为下一步策划创新的支撑性理论（或理由）。其三，聚焦的问题。在系统分析时，策划人需练就化繁为简的能力，能够识别关键驱动点或关键成功要素（KSF）——在事情中起决定性作用的因素，而不是"眉毛胡子一把抓"。其四，表达的问题。每项分析的结论最好归纳为三条，如果一定要多列几条，也应将自己认为最重要的结论排在前三位。

第三节 理念创新

策划是服务决策的理性行为。如何才能让身经百战、阅历丰富的企业家和政府领导们为策划方案所折服呢？凭借的不仅是高质量的研究文本，更需要的是文本中闪耀出的创新精神和创意亮点。创新是策划的灵魂，策划业最根本的生命力来源于客观规律基础上的创新。正如《追求卓越》（*In Search of Excellence*）的作者汤姆·彼得斯（Tom Peters）所言："要么创新，要么死亡。"创新意识应成为策划人的首要意识，成为一种策划人的条件反射。

理念是思维活动的结果，是上升到理性高度的观念，包括思想、概念、法则等。理念创新是指革除旧有的既定看法和思维定式，以新的视角、方法和思维模式来研究事物，形成新的结论、思想、观点或概念，进而指导新的实践的过程。创新有很多类型，有"源创新"，有"流创新"。理念创新属于"源创新"或说"元创新"，是一切创新之源、一切创新之本，具有战略性、纲领性和引领性作用。历史经验表明，任何一项伟大的创新事业，都是理念与实践创新的生动统一。例如，十八届五中全会提出的"创新、协调、绿色、开放、共享"的新发展理念，是我党和人民勤于探索的智慧结晶，是在继承基础上的重大理论创新，集中体现了我国"十三五"乃至更长时期的发展思路、方向和着力点，具有根本上的指导意义。

理念创新内涵很丰富，就策划领域而言，主要包括思维创新、思路创新和定位创新等具有提纲挈领性的创新行为。

一、思维创新：批判性、辩证性、开放性

决策失误很多时候并不是出在程序上，而是出在思维上。无论是实验室研究还是实地研究都反映出，人们在做出复杂决策的时候不知不觉地采用例行程序，也就是"经验法

则"❶。但时代与科技变化日新月异,今天的成功可能就是明天的失败之母。克服思维固化与僵化,特别是规避一些"思维陷阱",在策划中显得尤为重要。

(一)避免思维陷阱

我们通常会碰到哪些思维陷阱呢?大体有四种:

其一,"锚定陷阱"。根据思维惯性,碰到一个新问题或新事物时,我们习惯于将其放到熟悉的知识体系和认知坐标中,并以此为参考点进行思考与研究。在这种情况下,我们就很难摆脱原有思维的桎梏,很容易让过去的印象(特别是第一印象)、数据或经验锚定了我们的思考和判断。例如,汽车开始出现时,我们只将其看作"更快的马车",但二者有着本质区别,只是传统思维束缚了我们对汽车的全新认识而已。

其二,"封闭思维陷阱"。所谓封闭思维,就是策划时随着研究的深入,陷入具体的项目,不能跳出项目,不能换一种思维方式来考虑问题。这是策划人必须高度警惕与避免的。因为相对于客户,策划人的优势就在于从第三方的角度来审视和研究问题,只有想决策者所不敢想、谋决策者不能谋,策划才能彰显出不可替代的存在价值。

其三,"寻找有力证据陷阱"。前文我们说过策划调研的要义是"大胆假设、小心求证",这里的关键是"小心",不然就会坠入陷阱。因为心理偏好会驱使我们寻找那些支持假设或观点的信息,而回避相抵触的内容。它不仅会影响我们到哪里寻找证据,还会影响我们如何解读搜集到的证据。例如,策划假设某个城市适合发展动漫产业,为了自圆其说,我们会倾向收集有力的证明材料,而忽略一些制约性的客观现实。

其四,"决策取景效应陷阱"。决策取景(Decision framing)是指将各种不同的选择展示给决策者的方式。❷例如,一款1万元的电脑,放到6000元的电脑中间,价格不算突出,但如在2000元的电脑中间,就显得鹤立鸡群。这种决策取景效应是普遍而强大的,因此有时策划人为了说服决策者选取自认为满意的方案,就会有意识地弱化其他方案。严格来说,这种做法是有违职业道德的。

(二)活用三种思维方式

策划是一门复合性、交叉性、边缘性极强的科学,其本质是思维的科学,它的精妙之处在于对思维方式的运用。在策划过程中,要积极避开思维陷阱,将孤立、静止、

---

❶ 强海涛.策划原理与实践[M].2版.北京:机械工业出版社,2015:45.
❷ 菲利普·科特勒,凯文·莱恩·凯勒.营销管理[M].15版.何佳讯,于洪彦,等译.上海:上海人民出版社,2017:166.

封闭的思维转化为批判、发展、开放的思维，让策划思维更具灵活性、解决方案更有创造性。

1. 养成批判性思维

思维程序通常是提出意见、研究判断、做出决定进而形成结论，但受制于未曾预期的心理因素，这种程序并非总是理性与正确的。这时，我们迫切需要批判性思维。"Critical"（批判）一词源于希腊文 kriticos（意为提问、理解某物的意义和有能力分析，即"辨明或判断的能力"）和 kriterion（意为标准）。从语源分析看，该词可理解为"基于标准的有辨识能力的判断"。批判性思维作为一种技能概念可追溯到杜威（John Dewey）的"反省性思维"："能动、持续和细致地思考任何信念或被假定的知识形式，洞悉支持它的理由以及它所进一步指向的结论"❶。批判性思维是对思维展开的思考，以考量我们自己（或他人）的思维是否符合逻辑、是否符合好的标准，其目标在于形成正确的结论，做出明智的决定。❷ 在《中庸》这部儒家经典里，也提倡要"博学之，审问之，慎思之，明辨之，笃行之"，因此，在现代策划中我们更应培育批判精神、理性美德和思维技能，学会利用"批判性思维"这个武器更好地为决策服务。

如何培养批判性思维呢？最简单的方法即是在接受任何一个结论或观点之前，先问"五个W"。

Who？——这是谁说的？是自己、熟人、领导、名人，还是权威人士？谁在说这句话，重要不重要？如果换一个人说，你还相不相信这个结论？

What？——这是在说什么？是一个事实，还是一个论点？论点有没有"逻辑和实证两方面的支持：言之成理，并符合人们对世界的观察"❸？能不能就这个论点举出一个反例？

Where？——这些观点在何种场景表达的？在公共场合，还是私下里？其他人有机会发表不同意见吗？

Why？——为什么这样说？这种思想是从哪里来？说话人的立场公正客观吗？是否受到了其他因素的影响？

What else, what if？——除了这种说法，还有其他观点和可能吗？这种观点能否代表大部分人的想法吗？我们还可以怎样补充和完善它？

2. 养成辩证性思维

辩证法首先是关于世界的一般规律的科学，反过来，用它来指导我们的思维，辩证法

---

❶ 武宏志.论批判性思维[J].广州大学学报（社会科学版），2004，3（11）.
❷ 布鲁克·诺埃尔·摩尔，理查德·帕克.批判性思维[M].10版.朱素梅，译.北京：机械工业出版社，2015：2-22.
❸ 艾尔·芭比.社会研究方法[M].10版.邱泽奇，译.北京：华夏出版社，2005：7.

规律便成为指导思维的规律，即思维方法。[1]唯物辩证法认为，世界是普遍联系的、永恒发展的，内在的矛盾运动是事物发展的根本动力。既然辩证性思维或辩证方法是从唯物主义的辩证法思想中直接脱胎而来的，那它就应处处体现着唯物辩证法的思想观点和精神实质，即要客观地而不是主观地、发展地而不是静止地、全面地而不是片面地、系统地而不是零散地、普遍地而不是孤立地观察和分析事物。最核心的就是要用全面、发展和联系的观点看待问题。

如何在策划实践中运用辩证思维？重点要从三个方面出发。

其一，坚持"两分法"看问题。遵循"凡事要分、凡事必分"的原则，根据一定的标准对问题进行划分，既要看到有利的一面，又要看到不利一面；既要看到自身的优势，又要看到存在的问题；既要看到面临的机遇，又要看到可能的挑战。在此基础上，根据事物矛盾运动的规律，推动事物向期待的方向发展。由于人们的认识在不同的发展阶段上具有不同程度的局限性和片面性，因此，在运用两分法时要力戒片面、力求全面。同时，要抓主要矛盾和矛盾的主要方面。不能不分轻重，"捡到篮子里都是菜"，应抓住最关键因素，集中着力，重点突破。例如，在产业战略策划中，我们需要聚焦一些重点门类，打造一些重大项目，发挥其引擎作用，以点带面地实现快速发展。

其二，坚持"发展"地看问题。在策划活动中，要将策划对象放在其自身发展的连续性进程中加以考察，理清事物产生、发展、变化的来龙去脉，掌握其自身矛盾运动的内在规律性。既要看到当前的问题，又要考虑到未来发展的可能。不能因为眼前受到挫折，就灰心丧气。发展的观点，也即是要坚持继承和创新的有机统一，不能人为地隔断发展历史，要多"添砖加瓦"而少"另起炉灶"。例如，在企业战略策划中，必须充分注重企业的历史积淀、文化基因，在此基础上加速创新，推动企业实现新的跨越。与此同时，要注意量变与质变的问题。事物的发展是在量变的基础上由旧质向新质的飞跃，是阶段性和连续性的统一。在策划过程中，要界定事物当前所处阶段，根据阶段特征来综合施策。

其三，坚持"联系"地看问题。根据辩证法的观点，普遍联系是物质世界固有的本性。事物不但同其周围的事物相互联系、相互作用着，而且其内部的各种要素、部分之间也总是相互联系、相互作用着，这是不以人的意志为转移的客观实在。同时，世界事物存在方式的丰富性决定着事物联系方式的复杂性与多样性，因此，在考察联系时我们要坚决反对简单论和机械论，具体问题具体分析。

3. 养成开放性思维

在数字网络技术和市场经济高度发达的时代背景下，合作共赢、共建共享的思维正成

---

[1] 黄枬森.《哲学笔记》与唯物辩证法［M］.北京：中央编译出版社，2018：71.

为主导。这要求我们抛弃传统的自我为中心的封闭思维，育成平台型、生态型的新思维，主动地"眼睛向外看"，抛弃"短板理论"，拥抱"长板理论"，用更开放的心态去思考问题和寻求答案。

如何在策划中实践开放性思维？可从三个方面着力。

其一，注重联合战略，即是运用商业生态圈的理论❶，形成良好的协同合作关系。在策划思考时，首先要明确自身处于一个什么样的生态系统中，自己处于何种"生态位"，自己如何才能更好地体现在整个系统中的价值。不能采取"孤岛战略"，罔顾他人，逆时代趋势而行。

其二，注重整合战略，即是要坚持"长板理论"。譬如一个木桶中有长板，也有短板，很多人的做法都是取长补短。但按照整合思维，最佳的处理方法是以自己的核心能力，即以最长的桶壁为依据，到市场上去整合其他的资源，是"扬长补短"，而不是"截长补短"，最后保证木桶壁跟最长的板一般高。

其三，注重跨界战略，即是要学会融合思维，积极与其他行业、业态、文态实现融合，换一种思路、换一种策略、换一种打法，催生全新的经营手法、产品品种、品牌形象、市场吸引力，从而在众多竞争者中脱颖而出，实现突破与转型。

案例链接　乐高：分布式共同创造

乐高创意平台（LEGO IDEAS）于2008年在日本推出，2011年推出全球版。在网站上，用户可以方便地注册，提交方案说明（通常提交的方案需要非常详细，包括图片、说明等）。粉丝对业余设计师的新套件创意进行投票。任何获得1万张选票的创意都会进入审核阶段，然后乐高会决定哪些可以进入生产阶段，所以前期的这个方案征集也是产品上市前的用户互动、市场调研、预热工作。到目前为止，该流程已创作出十几个可用的套件，包括由女性科学家组成的模型试验室和大爆炸理论公寓。

乐高也积极和外部合作，如MIT media lab，借助外部研发力量缩短开发时间。而促成更大幅度的开放式创新，则不得不提到"破坏规则者"这个顾客族群。当时乐高公司与MIT合作开发的Mindstorm机器人玩具，一推出没多久，就被这类型的顾客公开程序代码。起初乐高公司暴跳如雷，但后来乐高公司选择开放平台，果然创造出更多更有创意的点子。

自此之后，乐高公司便利用这类顾客进行新点子或机会的探索，同时也成立乐高Mindstorm的交流社群，也积极和教师们共同开发课程。现在Mindstorm已经是许多学校教师教学用教材，以启发学生更

---

❶　熊海峰，林小骥."明日孵化"——构筑创业生态圈的思与行［J］.中国高新区（理论版），2015（3）：20-23.

多的创意。由乐高、MIT和使用者社群共同形成了一个包括供应者、合作伙伴顾问、外围制造商和教授等的完整生态系。而乐高也借由利润共享、智财保护等配套措施完善了开放式创新。

乐高也建立了"design by me"的设计平台，让顾客下载软件使顾客也可将自己的创意上传到乐高的平台上，然后再经过顾客票选，胜出的概念可进入乐高的新产品开发中，最后进行商品化上市贩卖。"design by me"是一个利用群体智慧集结创作的平台，配合开放式创新的政策与相关的知识产权保护，让每个人都有可能是产品设计师。乐高运用开放式的顾客共创平台，成功地缩短产品开发时程，由原来的24个月降至9个月，同时极大地提高了顾客的满意度。

资料来源：开放式创新研习社《关于开放式创新：不得不看的八个案例》，2018-03-02，http://www.sohu.com/a/224688486_464074。

二、思路创新：突出新颖性和有效性

思路就是思考的条理脉络。例如，我们常说的写作思路，就是思考如何对文章进行谋篇布局，以便在未来具体写作中能够做到条理清晰、详略得当，达到预设的写作效果。所谓思路创新，即想问题、出主意时要有创新意识，能走出传统窠臼，摆脱"路径依赖"。明代俞琬纶《答友人书》曾言："凡不得意文，皆思路不开时所作。"

思路决定出路。在策划活动之初，有全盘的思考和整体的思路，并能与客户就其进行沟通、达成共识，如此，策划工作常可事半功倍。相比思维创新，思路创新更为具体，是针对具体事物发展的路径思考，包括总体思路、分析研究思路、策略设计思路等。例如，策划一个旅游景区，我们就必须思考基础条件分析从哪些维度入手、发展定位应怎样确定、建设路径该如何设计等。在一定程度而言，思路创新的水平影响着策划成果的质量。

（一）明确两点创新要求

多数研究者一致认同：创造性可指个体产生新颖且适用的想法或产品的能力。[1]该论点目前仍是关于创造性的"标准定义"。对于策划领域的思路创新而言，也需遵循这两个基础标准。什么是新颖性和有效性？有个权威的解释：新颖性是特定的想法在人群中的稀有性、独特性；有效性是这种想法能够有效地解决当前的问题。

新颖性是思路创新的首要标志。要求策划人想自己过去所未想、思别人所未思，能够思接千载、神游万极、触类旁通，提出极具创建性的思路或想法。领导者通常见多识广，

---

[1] 姜竹卿，刘玲，徐展.创造性思维评价方法的研究综述[J].心理学进展，2019，9（1）：165-170.

要让他心有所感、情有所动，最佳方法无疑是从"新"入手，给他们固有思路或想法以"雷霆一棒"，实现"降维打击"。这要求策划人能够站得更高、看得更广、思路更活。如何评价思路是否具有新颖性呢？我国专利法中对"新颖性"有清晰的规定："指该发明或实用新型不属于现有技术；也没有任何单位或者个人就同样的发明或实用新型在申请日以前向专利局提出过申请，并记载在申请日以后公布的专利申请文件或者公告的专利文件中。"[1] 其中，突出了"未有"和"未公开"两大要素。借鉴专利法的标准，策划中的思路创新也主要强调"思别人所未思"和"说别人所未说"，提出具有原创性和定制化的论断和策略。

麦金农（Mac Kinnon）认为："思想或行动的新颖性，虽然是创造性的必要条件，但不是充分条件，创造性必须在某种程度上对于现实而言是恰当的。"即意味要"有效"。在策划活动中，有效性是指利于完成策划目标的程度。思路创新不能是为了创新而创新，陷入创新主义的迷思。那如何衡量思路创新的有效性呢？通常有三个尺度：第一，在策划前，考察所提出的创新思路是否对客户有所触动，是否得到了认可并推动了协议的签定；第二，在策划中，考察所提出的思路是否经得起调查与分析的检验，是否能引导工作的高效展开；第三，在策划后，考察所提出的思路是否有效地解决了客户的问题，并推动着策划构想成功地转化为现实生产力。

（二）掌握四种创新方法

快速、敏捷、有效的思路并非天赋于人。实践证明，可以通过培训和学习加以提升。策划人应重点掌握如下方法：

第一，框架主义。我们在前文就曾经介绍过框架的作用。通过一些经验性的框架，可以让人快速建立起思考模型。但实施起来有两个难题：其一，如何针对不同的策划个案快速选择合适的思路框架；其二，如何在框架的基础上具体问题具体分析，设计出个性化、定制化的新思路。解决之道，即是强化日常锻炼，通过分析一些现实或假想的问题，不断增长技能，形成自己的框架"武库"。虽然框架主义在新颖性方面有一定欠缺，但在有效性方面却相当突出。

知识拓展：大前研一的思维训练法

大前研一自述如何提升思维能力时曾说：当时我是从横滨出发去公司上班的，所以每天早上就利用从横滨到东京车站的28分钟的通勤时间，给自己一个题目，然后思考如何解决问题。

---

[1] 中华人民共和国专利法，第2章（"授予专利权的条件"）第22条。

> 例如，一眼看到垂吊式的车厢广告，就以这个广告为题目，思考：如果这家广告公司的总裁要我协助他们公司提高业绩，我该怎么做？
>
> 当脑子习惯思考之后，思考速度自然会加快。于是，我从每天一个题目，进步到每隔一个车站都可以思考一个新的题目。看到一个不同的广告，马上就提出假设，"如果这么做一定热卖"，然后思索搜集什么材料、该怎么作分析等，也就是说，我在训练自己的脑子，可以立即将问题的所有过程组合起来。
>
> 资料来源：大前研一.思考的技术：思考力决定竞争力［M］.刘锦秀，谢育容，译.北京：中信出版社，2011：37-38.

第二，改良主义。即是先听取客户、同事或其他人的思路，然后对各类思路进行总结和改良，形成较为完善的策划思路。这种方法要求策划人有极强的吸纳能力、反应能力和归纳能力，能够快速消化他人的"内存"和"精华"，并能举一反三，用自己的思维框架和话语体系对别人的观点或思路进行组织、提升和包装。

第三，跨界主义。创新往往来自跨界。因为从不同的视野或专业来看同一问题，常常能得出不同的观点和结论。策划人要让自己的思路具有创新性，就需要突破自己的专业知识界限，接触不同的知识领域、不同专业的有识之士，然后才能触类旁通，让策划思路更加广阔、更富有张力。

第四，拿来主义。思路创新还可以通过收集不同方面、层次、领域的思考方式或研究成果等，从中汇聚和提炼出解决问题的思路，"拿来"为我所用。例如，我们要做一个特色小镇的策划，最开始大家都没有思路，怎么办？这时候可借鉴别人策划小镇的思路，或者园区、城市、新区等方面的策划思路，依葫芦画瓢。虽然这种方法创新性不足，但可以极大地提高工作效率。

三、定位创新：独特性、支撑性、价值性

定位被称为有史以来对美国营销影响最大的观念（当然此观念现已不限于营销领域，广泛用于战略、管理等领域），其核心要旨是如何能在预期客户的头脑里独树一帜。本书认为，定位是策划的主轴。如果没有准确的定位，各种策略设计就失去了方向与依附。无论是区域战略策划、城市发展策划、企业品牌策划，还是旅游策划、会展策划、影视策划和广告策划，定位始终是策划无法绕开的关键环节。在策划实践中，定位通常是一个以总体定位为核心的有机体系，包括总体定位、功能定位、市场定位、产业或产

品（服务）定位和形象或品牌定位等（见表 5-14）。

表 5-14　定位体系的主要类型与内涵

序号	类型	内涵
1	总体定位	说明"我是谁"
2	功能定位	说明"我能做什么"
3	市场定位	说明"我为谁服务"
4	产业或产品（服务）定位	说明"我发展什么产业，提供什么产品（服务）"
5	形象或品牌定位	说明"我想给别人留下什么印象"

（一）什么是好的定位

从实践经验来看，成功的定位通常要遵循三个基本标准。

其一，独特性。根据心理学家乔治·米勒的"7 品牌定律"，顾客的心智空间有限，需要抢先占据。定位即是为了解决这一问题而生。定位本质上是在对自身、竞争对手、消费者进行深入分析的基础上，确定产品（或服务等）与众不同的优势，并将它们传达给目标消费者的动态过程，其核心要旨是争取在消费心智中占据一个独一无二的有利位置，因此，策划的定位首先要突出独特性，即是要与其他产品或品牌形成有效区隔，不能人云亦云，形象模糊。这种独特性可以来自"第一"，也可以来自"超级文化符号"，或是其他的创新创意。总而言之，就是要"标新立意"，成为"一枝独秀"。当然，最好要有一定的原创性和震撼性，能够让人眼前一亮，心中有一种"就是它了"的激动。

其二，支撑性。如果独特性的定位没有主客观条件的支持，定位就没有"腿"，寸步难行。其中，主观基础是指委托方接不接受、认不认可，是否愿意拿出核心资源来支撑定位；客观基础是该定位有没有权威依据，有没有独特的资源禀赋或优势条件，有没有足够的市场需求，消费心理认不认可这样的定位。例如，某个城市谋划定位为"中华文化典范城市"，这首先即需对支撑性进行评估：有没有足够的历史文化资源、资源有没有足够的代表性？国人与其他城市是不是认可？如果答案是否定的，那么即使定位再精彩、营销推广再高明，最后结果只会适得其反。

其三，价值性。即定位必须能产生预期价值，可以是经济价值、社会价值、战略价值或其他价值。由于定位价值在实施前难以评估，一些策划人为了追求创意、博人眼球，常给出花里胡哨、话语撩人的定位。这种做法是值得商榷的。因为策划的宗旨是提高决策的效率与效益，而不仅仅是为了兜售策划方案，获得委托经费。

知识拓展：21世纪"定位理论"五大新法则

在第二届中国品类创新大会（2018年）上，92岁高龄的"定位之父"艾·里斯及其女儿劳拉·里斯，参加了会议并进行了演讲，系统诠释了21世纪定位理论的五大法则。这是他们最新的研究成果，是对原有定位理论的进一步创新。

1. 全球化

艾·里斯认为，全球化是推动当今企业业务背后的推手，如果不把业务推向全球的话，就会错失很多机会。美国就是通过打造全球化的品牌来致富的，全球最有价值的品牌中有一半都是美国的品牌。他指出目前中国多数的出口都是商品的出口，而不是品牌的出口，很多中国品牌在全球市场上并不出色，而且它们违反了最重要的定位法则，那就是聚焦定律。一旦走向全球，一定要更加狭窄聚焦才行，才能赢得人们的心智资源。

2. 品类

艾·里斯认为，20世纪品牌是一个市场营销计划中最为重要的因素；21世纪，品类是市场营销中最为重要的部分。首先是品类，然后是品牌。艾·里斯认为，现在的业务有两个完全不同的方向，一个叫作定位的思维，即首先进入消费者心智的品牌将会胜出，一个是"更好的"品牌将会胜出。这是两种不同的思维，左边争夺的是心智份额，右边仍然把重点放在市场份额上，真正要获得潜在的机会是要进入潜在客户的心智，让品牌成为品类代表。

3. 互联网品牌

艾·里斯认为，目前的业务在全面往线上发展，6年间亚马逊增长了271%，它是一个新的品牌。现在每一个大的零售商都有了自己的网站，但还是用它们现有的品牌名，没有一家零售商的网站在财务上面可以说是成功的，因此进入互联网的业务已经是一个新的品类，而新的品类必须要有一个新的品牌名，而不是对现有品牌名的延伸。

4. 多品牌

艾·里斯认为，品牌公司主导20世纪，而多品牌的公司将要主导21世纪。要让品牌狭窄而聚焦，推出多个品牌，这样才能让公司得以全面的成长。单品牌公司是没有未来的，未来属于多品牌公司。

5. 视觉锤

劳拉·里斯认为，视觉锤非常重要，视觉形象要比文字更加有力量。很多人认为，一个商标就是一个视觉锤，这是不正确的。当然，每一个品牌都有一个商标，但是很少品牌有视觉锤，只有很少的品牌具有非常强大的视觉锤，这样它才能够对心智进行传播，如可口可乐。怎么样找到和打造视觉锤呢？她提出可以从形状、颜色、产品、动作、创始人、符号、明星、动物等8个角度来展开。

资料来源：艾·里斯，劳拉·里斯《21世纪"定位理论"的五大新法则》，2018-12-12，https：//baijiahao.baidu.com/s?id=1619565767670628190&wfr=spider&for=pc。

（二）如何做好定位

依据《定位》一书的论述，按照"某个品类的消费者心智有无人占据"的区别，寻找定位有三种行之有效的方法，即抢先占位法、关联定位法和对比定位法。

1. 抢先占位法（"争当第一"定位法）

定位行动的终极诉求是要让品牌在消费者大脑中占据领导地位。实践表明，"进军人们大脑的捷径是，争当第一"[1]。因为我们的大脑对"第一"格外钟情，"先入为主"和"首因效应"是大脑记忆和工作的重要规律。第一个占据我们大脑的产品、服务或活动名称，都很难被从记忆里抹掉，但我们对第二就麻木了很多（一些赛场上的"千年老二"除外）。例如，我们能记住世界第一高峰是珠穆朗玛峰，但很少有人知道第二高峰（8611米的乔戈里峰）；我们记得住第一位登陆月球的宇航员是阿姆斯特朗（Neil Alden Armstrong），却很难记得第二位［随后19分钟登月的奥尔德林（Buzz Aldrin）］；我们都知道中国获得第一枚奥运金牌的人是许海峰，但对其他金牌获得者知之甚少。同样，在策划定位时，我们也应通过创造新品类等方式，争取成为品类中的"第一个"。这样可短期内占据"唯一性"，拥有"先入为主"的优势。通常而言，对于区域、城市、园区等具有较深厚文化底蕴与特色的策划对象，采用抢先占位、塑造第一是较为稳妥的做法。在产品品牌塑造方面，抢占第一也有许多成功的案例，如防上火饮料王老吉。

案例链接　"防上火，喝王老吉"

王老吉品牌创立于清道光八年（1828），创始人是广东鹤山人王泽邦。道光年间，广州爆发瘴疠，疫症蔓延。有草药爱好者王泽邦历尽艰辛，寻找良药，最终得一秘方，研制出一种凉茶配方。这种凉茶不仅解除了乡民的病痛，也帮助乡民躲过了天花、疫症等灾难，从此声名大振，被誉为岭南药侠，被道光

---

[1] 劳拉·里斯，杰克·特劳特.定位［M］.王恩冕，于少蔚，译.北京：中国财政经济出版社，2002：21.

皇帝封为太医院院令。

1828年，王泽邦在广州十三行开设第一间"王老吉凉茶铺"（因其乳名为"阿吉"，故将茶铺命名为"王老吉"），深受街坊欢迎，被誉为"凉茶王"。自那以后，虽然时局动荡，但王老吉凉茶的生意却越做越火。1949年以后，在历史洪流的裹挟中，王老吉一分为二。

分家后的王老吉的表现始终差强人意。让它重新焕发光彩的，是东莞商人陈鸿道。20世纪90年代，陈鸿道看到了大商机，决心重新打响"王老吉"这个牌子。他先是获得了香港王氏后人的信任，拿到了正宗王老吉凉茶的祖传配方，后又决定跟握有内地商标权的羊城药业合作，让其授权自己使用"王老吉"商标。

1997年2月，陈鸿道的鸿道集团与羊城药业签定了商标许可合同，期限到2010年5月。合同规定，香港鸿道自当年取得独家使用"王老吉"商标生产销售红色纸包装及红色铁罐装凉茶饮料的使用权。随即鸿道成立加多宝公司负责王老吉在内地的生产和经营。

最初几年，王老吉凉茶还无法走出广东、浙南，销售业绩连续数年维持在1亿元左右。2002年，加多宝对"王老吉"进行了重新定位——明确红罐王老吉是在"饮料"行业中竞争，其独特的价值在于"喝红罐王老吉，能预防上火"。此后几年间，加多宝集团投资10多亿元，强化广告宣传，扩建生产基地，拓宽销售渠道，一句"怕上火，喝王老吉"让红罐王老吉火遍全国。

梳理其成功轨迹，核心是走对了关键的两步。

第一，从凉茶市场走向饮料市场，并开创了"防上火"这一饮料品类。这是一个根本性的大胆的转变。因为凉茶属于药饮，其渠道、目标顾客、产品形态、产品口味、竞争对手等完全不同。更为重要的是，王老吉在竞争激烈的饮料市场，独辟了一个新品类，为自己打开了一片巨大的蓝海。

第二，成为品类第一品牌，并不断做大品类市场需求。对于一个品类的领导品牌，最重要的是扩大品类的市场。为此，王老吉加大了广告的投放力度，拓展了产品的使用场景，如在中央电视台做品牌广告，提示日常生活中易"上火"的情况，宣传凉茶是四季相宜的饮料，演示更多的饮用场合。2011年，其总销量达到160亿，成为中国饮料第一品牌。

资料来源：赵建勋《加多宝，下一个健力宝？》，2018-08-01，https://baijiahao.baidu.com/s?id=1607590430881541417&wfr=spider&for=pc。

2. 关联定位法

根据心理学家的研究，人类大脑如同计算机的存储器，它会给任何一个信息选定一个位置并将其保留在其中。为了应付信息爆炸，人们学会了在脑子里给产品分类，而分类的记忆标签或代表常是该品类的第一品牌，也就是营销专家常说的"人们用品类进行思考，用品牌进行表达"。例如，说到电子商务，我们会想起"淘宝"；说到信息搜索，我们会想起"百度"。

在这种情况下，我们欲将新产品或新品牌跻进现有的品类，就必须与品类第一品牌建立联系，就要站到"巨人的肩膀"上，借助巨人的地位为自己定位，进入消费者的心智。（见图5-4）例如，青花郎酒将自己定位为中国两大酱香型白酒之一，其经典广告语是"云贵高原和四川盆地接壤的赤水河畔，诞生了中国两大酱香白酒，其中一个是青花郎"。其意图非常明显，就是希望借力茅台这一酱香型白酒的头牌，提升自身的地位和影响。异曲同工的案例还有东阿阿胶，将阿胶与人参、鹿茸等传统补品捆绑起来，强调为"滋补三大宝"之一，并搬出了《神农本草经》《本草纲目》等经典作为支撑。

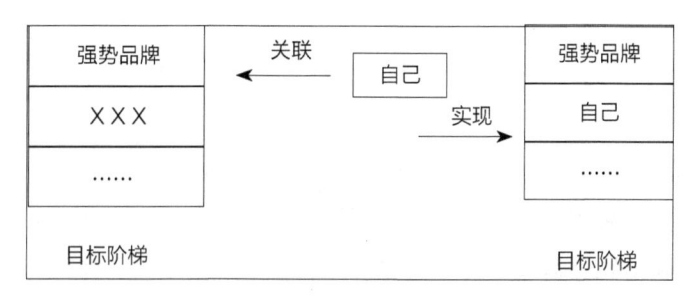

图 5-4 关联定位法

案例链接：东阿阿胶

东阿阿胶，全国最大的滋补养生类中药阿胶生产企业、中国滋补养生第一品牌。多年来，倚靠着质量和创新两大抓手，东阿阿胶从偏远小县城成功走向全国、走向世界。但倘若把时间拨回到12年前，当时的东阿阿胶正陷入巨大的困境。

2006年，阿胶的原料驴皮资源短缺、战略不清、业务多元、资源分散、增长乏力……诸多问题一股脑全扑在了东阿阿胶上。更为致命的是，随着阿胶走向老龄化和低端化，阿胶整个品类都被边缘化了。全国的阿胶企业也从80年代的50多家骤减到只剩2家。

正如杰克·特劳特所说："继续制造更廉价的产品只有死路一条，因为对手会想办法把价格压得更低。"怎么办？如何改变边缘化的现状？现实逼迫着东阿阿胶不得不进行战略选择。在反复推敲之后，东阿阿胶选择了"定位战略"。

首先，东阿阿胶决定聚焦于阿胶主业，培育多个品牌，剥离啤酒、医疗器械、印刷等非阿胶业务。其次，隐去品牌推品类，从而引领阿胶行业发展。做大阿胶这个品类，提升其价值之后，品牌知名度高、产品质量好的企业毫无疑问能够获得最大效益。最后，具体在产品定位方面，东阿阿胶依照"单焦点、多品牌"战略，培育多个品牌。目前东阿阿胶有九朝贡胶、东阿阿胶、复方阿胶浆、桃花姬阿胶糕、真颜小分子阿胶等多个产品和品牌，以满足不同消费者的需求。

但回归根源，我们会问，阿胶是如何改变老龄化、低端化和边缘化形象的？一个非常重要的策略就是关联定位。2006年以秦玉峰为核心的管理团队结合《神农本草经》（"上兽，上品六种"）和《本草纲目》（"阿胶，本经上品，弘景曰：'出东阿，故名阿胶'"）中的论述，将阿胶将与人参、鹿茸等传统补品关联起来，突出强调阿胶是"中药三宝"之一，并将阿胶定位为"滋补上品"，同时通过不断提价来使阿胶回归主流人群，实施文化营销和价值回归工程来打造东阿阿胶的高端品牌形象。

这种定位的成功是巨大的。2006年，整个阿胶品类销售总额不过5个亿，即便东阿阿胶占到70%的份额，也才不到3个亿。但是目前东阿阿胶一个产品的销售额就达到50多个亿，整个阿胶的品类超过了300亿。

资料来源：东阿阿胶《东阿阿胶秦玉峰：定位——企业战略核心》，2019-04-12，http：//news.zhixiaoren.com/2015/1209/1/78694.html。

3. 对比定位法

在较为成熟的市场上，每一种品类都有数以百计的品牌，想要发现空当很难。在这种情况下可以尝试采用对比定位法，即是利用领导品牌与生俱来的弱点，站到其对面进行攻击，或给领导品牌重新定位。换而言之，就是要用一个新概念或新产品将人们头脑里原有的相关概念或产品排挤掉，"其关键在于从根本上动摇现有的观念、产品或人"[1]。例如，百事可乐将自己定位为"年轻人的可乐"，而攻击可口可乐为"老土的可乐"。通过对比定位或者给对手重新定位等方式，积极开创一个新品类，并使其成为消费者心智中这个品类的代表，这是一种非常具有战略价值和意义的市场开拓模式（见图5-5）。

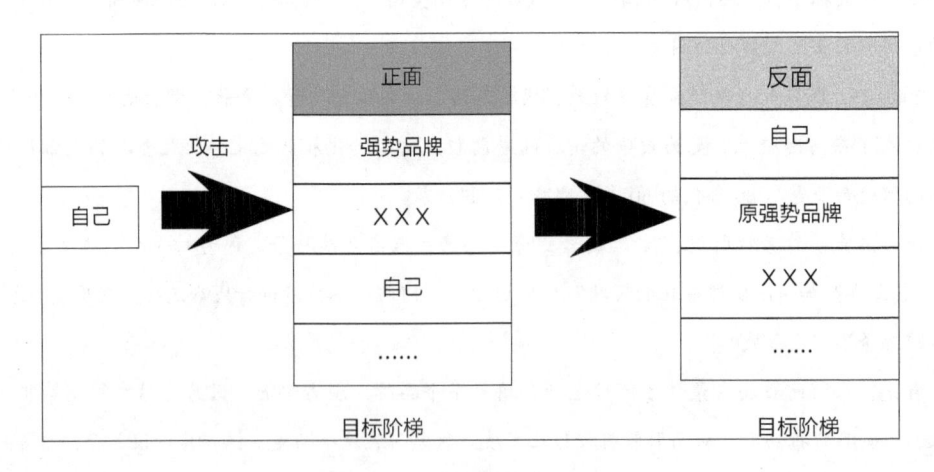

图 5-5　对比定位法

---

[1] 劳拉·里斯，杰克·特劳特.定位[M].王恩冕，于少蔚，译.北京：中国财政经济出版社，2002：84.

在进行对比定位（或给对手重新定位）实践中，通常有四个步骤。

第一步：确立竞争对手。这要求坚持标杆原则，最关键之处即是将消费者心智中的最强者视为竞争对手。只有基于强者界定自己的定位认知，才能够引起消费者的关注和激发新的心智认知。例如，策划一个短视频 APP 的定位，其参照标杆应是抖音等爆款应用，如果找一个无籍籍名的产品，其价值就不大。

第二步：找出竞争对手的强势点。这里要坚持借势原则。对手的强势与知名度是最好的借势基础，其愈强，于我愈有利。例如，可口可乐一直标榜自己是"经典的可乐"，只要一改变口味就引起举国声讨。这是它的最强点，但从辩证法角度而言其反面必是其最弱点。

第三步：针对强势反面进行定位（或重新定位对手）。这里要坚持防范原则，即是对手难以反击。孙武在《孙子兵法·虚实篇》中说，要"攻而必取者，攻其所不守也"。从对比定位角度而言，就是要攻击竞争对手不知道如何防守、无法防守的地方；因为如果要防守，必然会削弱它的最强点，得不偿失。例如，百事可乐就攻击可口可乐的最强点——"经典的可乐"，将其称为"老土的可乐"，这真让可口可乐"哑巴吃黄连，有苦说不出"。

第四步：围绕定位整合资源。这里要坚持战略配称原则，即保持各运营活动或各职能部门与总体定位之间的简单一致性，使每项活动都指向明确的同一方向。只有建立起以定位为核心的战略配称，这种定位才难以被简单复制。例如，百事可乐为了塑造"年轻人的可乐"这一形象，从品牌代言人、LOGO 设计到广告活动等都以年轻化为导向。

案例链接　百事可乐的选择

在企业史上，百事可乐与可口可乐之间的战斗打了 100 余年，但是前面的 70 年可谓是漫漫长夜，百事可乐长期生活在可口可乐的强大压迫之下，也曾三次上门请求可口可乐收购，却遭到了拒绝。因为百事可乐的攻击点即定位不准确，攻击的效率很差，其中最有名的一次攻击是 20 世纪 30 年代。大家知道，美国 20 世纪 30 年代时经济大萧条，大家都没有钱。这时百事可乐推出了一个广告，说"花同样的钱，可买双倍的可乐"。它从价格上打击可口可乐，短时间奏效了，但是当可口可乐也把价格降下来以后，优势又回到了可口可乐手中。也就是说，对手可以复制的战略就不是好的战略，他没有对准对手的战略性弱点。

进入 20 世纪 60 年代末期，当百事可乐定位为"年轻人的可乐"时，才算找准了可口可乐战略上的弱点，因为可口可乐是传统的、经典的、历史悠久的可乐，它的神秘配方至今仍被锁在亚特兰大总部的保险柜中，全世界也只有 7 个人知道保险柜的密码，所以当找出针锋相对的反向策略，把可口可乐重新定位为落伍的、老土的可乐时，百事可乐从此又走上腾飞之路。

围绕"年轻人的可乐"这一定位，百事可乐建立了完善的战略配称。①在城市选择上，区别于可口可乐"无处不在"的打法，百事可乐以大、中型城市为重点，集人、财、物各个方面之力围绕几个重点城市实现大规模立体式广告全面铺开。②在目标受众人群上，百事可乐将其定位为青年学生、年轻白领和层次较高的自由职业者三类。这些人群普遍年龄较低，消费能力较强，喜爱追求新奇，对时尚感知最为敏感。③在产品布局方面，百事可乐同样围绕自己的定位做出了战略考虑。面对当前对碳酸饮料的健康质疑和诸多挑战，百事可乐在旗下生产出了纯果乐、佳得乐、草本乐等非碳酸饮料，同样是将正在致力于健康、精致生活方式的年轻和时尚人群作为主要目标群体。④在外包装和主色调的选择方面，百事同样将体现年轻、精致、创新的标志性颜色——蓝色作为主体。

（三）提炼定位的超级符号

定位是一个抽象概念，必须通过具体形式来表达。帮助一个城市、企业、园区或活动做策划时，要做好定位，通常需要提炼出四个超级定位符号。

第一，好名字。《定位》一书中强调："名字就是把品牌挂在预期客户头脑中产品梯子上的钩子，在定位时代，你能做的唯一重要的营销决策就是给产品起个什么名字"，并认为"必须起一个能启动定位程序的名字，一个能告诉预期客户该产品主要特点的名字"。❶同时，在国际化时代也要注意名字的国际性，如 Anker、Haier、Hisense、XiaoMi 等，对说英语国家的人来说，发音拼不出来，记也记不住，传播效果就不够好。

第二，定位语。在策划中要找到一句话或一个词来"点睛"，说清楚"我是谁"。达·芬奇说："简单是终极的复杂。"定位语要讲究化繁为简，一针见血，直抵人心，如抖音的定位语是"专注年轻人的音乐短视频社区"，简单明确。一个好的定位语（概念）通常要经历很多轮讨论修改，如一家策划机构为一个生态园区定位之时，就经历了从"创造派""中央创造区"到"科技文化融合集聚区""科技青年城"，再到"创客城"的不断寻找过程。

第三，广告语。就是用带有纲领性和鼓动作用的简短句子向用户传达"卖点"。对于园区，就是告诉企业为什么要来入驻；对于企业，就是说明顾客为什么要购买自己的产品。例如，广为人知的 M&M 巧克力广告语"只溶在口，不溶在手"，戴比尔斯公司（De Beers）超级洗脑的钻石广告语"钻石恒久远，一颗永流传"等。需要说明的是，有时定位语和广告语可是一体的。

第四，视觉锤。这是劳拉·里斯新提出的概念。她将"视觉锤"定义为特别有感染力、可占据人们心智的视觉形象，并认为"视觉锤不仅仅是重复你的品牌名，它将一个

---

❶ 劳拉·里斯，杰克·特劳特.定位［M］.王恩冕,于少蔚,译.北京：中国财政经济出版社，2002：97-98.

特定的字眼钉入了顾客的心智"[1]。同时，劳拉·里斯在《视觉锤：视觉时代的定位之道》(*Vision Hammer*：*Positioning in the Vision Ear*)中，提出了打造视觉锤的八个方面，即形状、颜色、产品、动作、创始人、符号、明星和动物等。

知识拓展：劳拉·里斯谈"视觉锤"

劳拉·里斯在第二届中国品类创新大会（2018年）上，就"视觉锤"进行了主题演讲。为什么视觉形象要比文字更有力量？

她认为，如果"baby"用字写现在并没有感情的色彩，但是如果我们放上婴儿的视觉形象，马上就变得完全不一样，所以视觉形象是非常具有情感的，非常容易被记住的，能够获得人们更加广泛的认知。市面上主要的品牌，都有它自己的一些视觉形象，这些为什么会强大，仅仅是因为文字吗？不是的，因为这些主要的领导品牌都有它们的视觉形象。有了视觉锤，就可以把文字的语言钉入人们的心智。

怎样找到和打造视觉锤呢？她从八个角度提出了建议。

（1）形状。沃尔玛大家都耳熟能详，是美国最大的零售商，也是全球最大的零售商，在美国有一个主要的竞争对手是 TARGET。它的标识和沃尔玛不一样。二者的视觉营销是很不一样的。一个是有视觉锤的，TARGET 的视觉形象马上让我们想起来靶子；沃尔玛这个太阳花能让我们想起一个店铺吗？是不能的。

（2）颜色。比如安全标识，我们看到的都是红色，这就是视觉形象的效果。用一个单一的颜色，非常有力地帮你打造视觉锤，好过使用多种颜色。比如金拱门，你看到它的这种标识性是非常强的，有了金拱门，马上就提高了麦当劳在零售市场的标识度，可看到它非常有感染力，汉堡王的标识太不显眼了。

（3）产品。有时候产品本身就可以有非常独特的视觉标识或者形象，劳力士就是一个视觉锤，具有独特的表带。大家都希望你的邻居都知道你开着奔驰、戴着劳力士，因此表带的视觉锤是特别有用的。20世纪50年代大家都想开大车，大众是怎么做的呢？他们做的正好相反，好像也不符合逻辑，但是做定位营销很多就是不符合逻辑的。他们上市了甲壳虫，把它称为小丑但是可靠。这是20世纪最好的一个广告案了。

（4）动作。要打造一个视觉锤，需要聚焦在一个单一的属性上面，多数公司是不愿意放弃多属性的，他们做了很多市场调研，了解消费者想要什么，但是他们忘了要在消费者的心智中搭建这个品牌。一般来说，消费者想要什么呢？他们会说什么都想要，因此他们做广告的时候什么都涵盖。宝马以前也是这么做的，适合所有消费者。后来，他们调整了策略，把焦点聚焦

---

[1] 劳拉·里斯. 视觉锤：视觉时代的定位之道[M]. 王刚, 译. 北京：机械工业出版社, 2017：9.

在一个可驾驶性上,驾驶的舒适性,再配上非常好的视觉形象。

(5)创始人。创始人也可以成为品牌的视觉锤。肯德基是全球最大的连锁店,现在已经成为中国最大的一个食品连锁企业,在中国我们看到超过5000家门店。它的视觉形象就是创始人哈兰·山德士(Colonel Harland Sanders)。

(6)标志或者符号。有时一个简单的符号可以成为一个非常好的视觉锤。大家看到耐克鞋子上的钩,这种标识能够非常好地传播耐克的精髓。

(7)明星。乔丹(Michael Jordan)是全球最著名的篮球运动员。他打篮球已经有很多年了。乔丹的商标是他的形象,其形象被放到气动功能的运动鞋上面。这款鞋销售额已经达到了194亿美元,乔丹的身价达到115亿元人民币,他已经成为全球最富有的运动员。

(8)动物。Ralphlauren是一个好的品牌,放上马球之后成为一个更好的品牌,因为能更好地进行传播,把这样的理念打入客户的心智中。过去一家保险企业叫AFLAC,直到在他们的标识上加入了鸭子之后,他们的业务才开始好起来,潜在客户能够记住它的公司。AFLAC和鸭子的声是非常相似的,这样人们马上进驻了。加入鸭子之前品牌的认知度只有12%,加入鸭子之后达到了94%。

资料来源:劳拉·里斯《21世纪"定位理论"的五大新法则》,2018-12-12,https://baijiahao.baidu.com/s?id=1619565767670628190&wfr=spider&for=pc。

第四节 策略设计

策划的主体部分是策略,即为决策者提供"怎么做"的具体建议。虽然不同类型的策划,其内容相距甚远,但一般而言,应包括项目策略、空间策略、模式策略、传播策略和时序策略等五大方面。

一、项目策略:创造内容与服务

为了推动策划的落地实施,策划方案通常采用"哑铃模式":战略设计+项目设计(或创意内容设计),即是在确定总体战略的前提下,设计引擎性、旗帜性项目,并力争打造成为战略的支撑点或引爆点。例如,策划一个文化旅游特色小镇,就必须要有小镇服务中心、主题乐园和主题酒店等项目支撑。当然,也有些策划,其本身即是项目,如策划一个节日活动或专业论坛等。

那什么是项目呢？我们可以理解为：在一定的约束条件下（主要是限定时间、限定资源），为完成一定的预设目标所进行的一次性努力（见图5-6）。例如，开发一种新的产品或服务，建造一座大楼或一个工厂，举办一次演唱会或拍摄一部电影等。

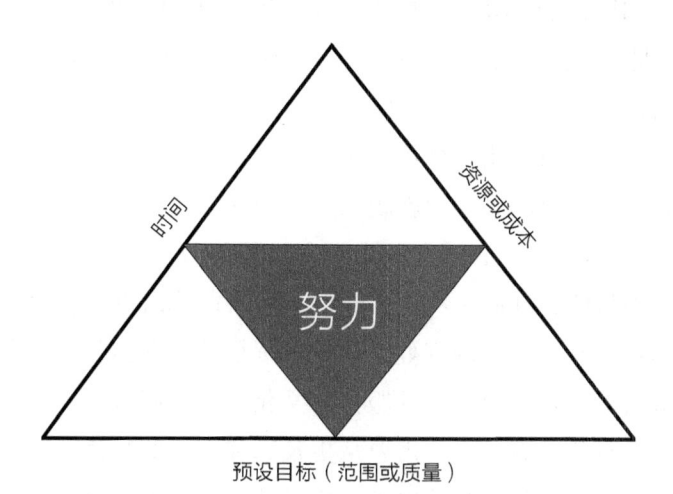

图 5-6　项目要素的关系模型

项目具有三个特征：第一，项目是一项有待完成的任务，有特定的环境与要求。换而言之，项目是一个动态的过程概念，而不是过程结束后的最终成果。例如，我们可以将一家剧院的建设过程称为一个项目，而不能把新剧院本身称为项目。第二，项目需要在一定的组织机构内，利用有限资源（人力、物力、财力等）在规定的时间内完成任务，因此，任何项目的实施都会受到一定的条件约束，这些条件是来自多方面的，包括环境、资源、理念等。第三，项目成果要满足一定的性能、质量、数量和技术等指标要求。项目能否实现、能否交付用户，必须要达到事先规定的目标要求。

（一）项目设计的三个前置思考

在策划活动的项目设计过程中，首先要问自己三个问题。

第一，谁来消费？设计一个项目（或创意内容），首先要考虑到目标对象或者主要客群是谁，罔视需求、闭门造车、自我陶醉，必然难以成功。如何吸引人来消费？先要进行消费群体画像。通过调查分析，明确目标消费群体的人口特征、经济条件、消费习惯、生活方式、主要诉求等，形成清晰的群体画像，然后根据其需求，进行定制化的内容生产或服务。例如，策划一台大型文旅演艺节目，首先就要明确目标对象是谁，市场规模有多大，需求是什么。需要注意的是，市场规模的计算方法为：目标人口规模 × 购买能力 × 购买动机，因为只有购买能力和购买意愿的人才会成为项目的消费者。

第二，谁来投资？一个项目的创意再好，如果没有人愿意投资、建设与运营，那也只是空中楼阁。因此，在项目设计之时，首先，要考虑投资人的问题：是由决策者来投资？还是招引其他主体？如果帮助政府策划项目，最好提前与招商部门沟通，确定意向性投资者之后，再进行定向化设计。其次，要考虑盈利模式和运营模式的问题。如果一个项目自身不能实现收支平衡，除非它是公益性或出于某种特殊目的而设立的项目，否则难以持续发展。

第三，效益何在？效益是企业或政府投资建设的根本动力。在项目策划时，需要进行充分的效益分析。一是财务指标分析，包括项目成本分析、投资收益分析、现金流分析等。分析得越精确，项目的说服力就越强。由于财务分析是非常专业的技能，策划人不一定要自己能准确测算，但必须在脑中绷紧"投资收益"这根弦，并要能够算"大账"——能够把握项目的关键成本和核心收益，粗略地算出投资收益率。二是社会效益分析，即项目实施后为社会带来的好处，如城市规划馆、歌剧院、美术馆、博物馆等就是主要强调社会效益的项目。对于公共服务与文化类项目而言，社会效益是首要的考量因素。三是战略效益分析。有些项目需要从更长远和广阔的视角来考察投资回报。或许当前或单独建设是亏损的，但它是战略性、模具性项目，未来通过规模化复制等方式可实现高额回报。商业地产项目即是典型，如中粮的大悦城、龙湖的长楹天街、太古地产的太古里等。

（二）项目设计的基本思路

如何才能设计出一个优秀的项目呢？有四个要点值得关注。

其一，突出创新性（或原创性）。创新是项目设计的精髓，只有"非新勿扰"，在把握事物发展规律的基础上创造出新内容、新形式和新模式，才能获得投资者和消费者的青睐。

其二，突出独特性。重点在于"在地性"，即是要"接地气"。项目只有植根脚下的土地，吸取当地经济、社会、人文和生态等各方面的滋养，才能实现可持续发展。否则正如瓶插的鲜花，虽然美艳一时，却难免靡顿枯萎。这意味着项目设计要考虑所在地的区位优势、交通条件、城市能级、文化底蕴和民风民俗等。

其三，追求极致化。只有做到极致，才能成为"唯一"与"第一"，引发消费的追捧。在一个竞争激烈的年代，项目设计最大的忌讳是平庸和同质。如何才能做到极致？可以从品质、功能、文化、特色、细节等角度出发，重点在于聚力突破，实现一定时间内无人能出其右。

其四，要有高势能概念。即要善于借用与激活千年文化势能——"超级符号"，如广为人知的历史故事、音乐戏曲、图形符号、绘画书法等，用这些超级符号为项目赋能，快速地塑造影响力。例如，杭州富阳区利用明代画家黄公望在此隐居，创作出山水巨作《富春山居图》的历史故事，提出要打造"现代版富春山居图最美示范区"。

（三）项目设计的主要内容

项目设计一般包括项目背景、项目定位、项目构成、效益分析和案例借鉴等五个方面，一些项目还涉及空间布局（将在空间策略中论述）。

第一，项目背景。这部分主要说明项目设计的来龙去脉，包括为什么要设计这个项目、面临什么样的机遇与挑战、存在什么样的优势和威胁、项目的消费群体在哪里、竞争对手情况如何、项目的突破方向在哪里。由于在总体策划报告中会对整体背景进行详细分析，因此项目层面的背景分析偏向于其本身。例如，在城市战略策划活动中，我们设计了一个引擎项目——文化创新城。这时，我们主要关注的是文化与产业的发展趋势，以及城市资源支撑能力等因素，而非城市所面临的机遇与挑战等宏观内容。

第二，项目定位。定位是项目策划的核心，重点在于差异化——包括目标差异、产品差异、功能差异、主题差异、形象差异和载体差异等，进而实现在消费者心智中的差异化。通常而言，城市、园区和房地产这类实体项目会偏重于功能、产业、产品或服务的差异，广告、会展、活动类的项目会突出文化、市场、形象或主题等方面的差异。上文列举的文化新城案例，即是从功能差异角度来进行定位的。项目定位越精准，越容易实现突破。例如根据国家统计局发布的《文化及相关产业分类（2018）》，文化产业分为9个大类、43个中类、146个小类。由于资源和体量的限制，一个城市的文化发展必然难以面面俱到，因此必须聚焦，如着力发展某一中类或小类，才能集中有限资源，聚力突破。

第三，项目构成。项目是一个集合体的概念。不管是大到曼哈顿计划、登月工程、三峡大坝等体量庞大的公共项目，还是小到"创造101"选秀节目、张学友演唱会、加多宝营销活动等小型商业项目，它们都是由不同环节、不同部分、不同阶段内容所组成的有机整体。因此，在项目策划中，我们需要有一个设计框架——WBS（Work Breakdown Structure，工作分解结构），即是将项目按照一定的维度（如流程、空间等）分成较小的、易于设计与管理的部分，形成一种"树状"或者"金字塔型"的内容结构。如我们可以将一次高端论坛分解为会议主题、拟邀嘉宾、演讲题目、会议历程、会议地址和宣传计划等。

第四，效益分析，即是对策划的项目进行经济、社会、战略和生态等方面的效益评估。由于项目设计的目的不同，评估的标准必然有所差异。在效益分析中，最重要的是明确项目成功的标准为何，然后才能有所取舍。

第五，案例借鉴。"他山之石，可以攻玉。"通过剖析标杆性案例，可以为项目设计提供佐证与参考。例如，在策划文化中心时，我们可以选择六本木新城、香港九龙文化中心、新加坡文化中心、德国蓬皮杜艺术中心等典型案例，总结它们成功的共性因素，发现其存在的各种问题，并将这些研究成果应用到项目策划过程中。如吸收它们的功能组合、业态配比和运营模式等成功经验。

二、空间策略：空间选择与布局

空间是策划构想落地的关键因素，特别在策划城市、产业园区、特色小镇、商业综合体等实体类对象时，必须合理地设定功能板块，以便能让土地价值最大化、运营成本最小化、生活工作便利化。即使是节庆、赛事、论坛等活动类项目，策划人也应积极运用空间思维，以便选择合适的场地、布置合适的场景。

值得注意的是，策划活动中的空间策略与规划中的空间设计不一样。法定的空间规划具有严谨的编制程序和技术规范，是指导项目实施落地的法规文件；策划的空间策略偏向于逻辑性、概念性，重点考察空间各板块之间的功能安排与综合协调，主要用于指导下一步的总体规划或控制性详规。规划强调"空间属性"，策划强调"逻辑属性"——重点论述为何如此布局的理念、理由和内在逻辑。在策划实践中，主要涉及六种布局类型，包括区域战略、城市总体、产业空间、项目空间、活动空间和企业战略等。

（一）区域战略布局

区域（region）是一个普遍化的概念❶，不同学科有不同的理解。政治学认为区域是国家管理的行政单元；社会学家将区域看作具有相同语言、相同信仰和民族特征的人类社会聚落；经济学则认为区域是由人的经济活动所造成的、具有特定地域的经济社会综合体；地理学把区域定义为地球表壳的地域单元，认为是区域特定的地理空间范围，整个地球是由无数不同地域层次和范围的区域组成的，大到整个地球，小到市、县、乡或村。❷在区域战略策划中，区域更多是政治学和经济学意义上所指的内涵。

区域规划是在一定地域范围的国土上进行国民经济建设的总体部署。具体内容包括"划分经济区，明确区域地位和发展方向；合理布局工业建设，正确处理集中与分散的关系；开展农业区域规划，合理安排各项农林生产用地；城镇居民点布局和基础设施布局"❸。对于区域战略策划而言，主要是通过规划不同层级、不同功能、不同类型的空间布局，将区域发展战略和意图在空间上予以落实，推进区域内外协同发展，提升整体发展效率。

---

❶ 崔功豪，魏清泉，等.区域分析与区域规划[M].3版.北京：高等教育出版社，2018：1.
❷ 吴志强，李德华.城市规划原理[M].4版.北京：中国建筑工业出版社，2015：219.
❸ 同❷235.

如何进行战略空间布局？一般需要基于一定的区域经济空间结构理论（如增长极理论、核心—边缘理论、点—轴开发理论、圈层结构理论等），在对区域进行基础分析（包括自然、资源、区位、土地性质等硬性条件，经济、社会、文化、科技实力、投资环境等软性条件）、区域之间相互关系分析，以及产业链分析等基础上，在空间范围内创新性地设计出核心区、辐射区、拓展区，或各种轴带、主题功能区，或各种空间战略节点等，形成层级清晰、功能互补、有机集聚、联动发展的空间格局。

案例链接：京津冀区域空间布局

京津冀是我国重要的经济集中发展区域。多年来，围绕如何形成目标同向、措施一体、优势互补、互利共赢的协同发展新格局，政府与科研机构都进行了大量研究。2015年《京津冀协同发展规划纲要》（以下简称《纲要》）出台，确定了"功能互补、区域联动、轴向集聚、节点支撑"的布局思路，明确了以"一核、双城、三轴、四区、多节点"为骨架，以重要城市为支点，以战略性功能区为载体，以交通干线、生态廊道为纽带的网络型空间格局。

"一核"，即北京。《纲要》将有序疏解非首都功能、优化提升首都核心功能、解决北京"大城市病"问题作为京津冀协同发展的首要任务。

"双城"，指北京、天津。这是京津冀协同发展的主要引擎。《纲要》强调要进一步强化京津联动，全方位拓展合作广度和深度，加快实现同城化发展，共同发挥高端引领和辐射带动作用。

"三轴"，指京津、京保石、京唐秦三个产业发展带和城镇聚集轴，这是支撑京津冀协同发展的主体框架。

"四区"，包括中部核心功能区、东部滨海发展区、南部功能拓展区和西北部生态涵养区。《纲要》对每个功能区都有明确的空间范围和发展重点。

"多节点"，包括石家庄、唐山、保定（2017年提出了雄安新区）、邯郸等区域性中心城市和张家口、承德、廊坊、秦皇岛、沧州、邢台、衡水等节点城市，重点是提高其城市综合承载能力和服务能力，有序推动产业和人口聚集。

（二）城市总体布局

城市是有着较高人口密度、开展一整套密切相关的活动的地区。[1]城市总体布局是城市的社会、经济、环境及工程技术与建筑空间组合的综合反映。确定城市的总体布局是战略策划中的重要内容，其任务是在城市的性质和规模基本确定之后，在城市用地实用性评定的基础

---

[1] 阿瑟·奥沙利文. 城市经济学 [M]. 4版. 苏晓燕，译. 北京：中信出版社，2003：11.

上，根据城市自身的特点和要求，对城市各组成用地进行统一安排，合理布局，使得各得其所，有机联系。❶城市总体布局的合理性，事关城市建设、管理和发展的效率，关系到长远的社会效益和经济效益。良好的城市布局可以有效减少城市运行成本，提升综合效益。

城市空间布局的基本逻辑来源于"集聚"的向心力和离心力。向心力来自关联效应、规模市场、知识溢出和其他外部经济。离心力来自不可流动的生产要素、土地租金/运输成本、拥塞和其他外部经济。❷相应地，城市空间主要有集中式布局和分散式布局。

1. 集中式布局

此种布局即是将城市各项主要用地集中成片布置，各项功能比较集中，便于节约城市建设成本和便利居民生活。集中式布局主要有网状结构和环状结构两种。

网状结构是由纵横的道路交通构成，城市形态规整，易于适应各类建筑物和城市功能的规整布局。中国古代城市营造就是典型的网状格局。《周礼·考工记》提出"匠人营国，方九里，旁三门，国中九经九纬，经涂九轨，左祖右社，前朝后市"❸。这种空间布局形态适合在地貌广阔的平原区域，在丘陵和山区就难以展开。但如果不配以适当的空间组合变化，就容易陷入机械与单调。

环形放射式布局即是我们常说的"摊大饼"模式。这种布局模式的优点是功能集中，容易快速形成高密度、具有活力的城市核心区。不足之处是城市中心功能过于集中，同时职住不平衡，造成潮汐出勤、交通拥堵和居住拥挤等现象。随着城市的发展，需要通过建设卫星城或新城等方式才能优化布局。例如，北京为了疏解非首都核心功能，建设了通州城市副中心和河北雄安新区。

2. 分散式布局

该种布局最主要的特征是城市空间呈现非集聚的分布方式，包括组团状、带状、星状、环状、卫星状、多中心与群组城市等多种形态。❹

组团式布局是指城市被分成一个个功能完整的模块，组团间通过便捷道路进行连通，利用绿带、森林、田园、水系等进行隔离，阻止组团的蔓延生长。这种模式重要的是处理好分散与集中的关系，各个组团间既要合理定位和分工，又要加强联系，同时组团要形成一定的规模，才能大体上实现职住平衡。

带状（线状）城市布局主要是受天然地貌、河流或交通干道的影响，城市空间被限制在一个狭长的地域范围之内生长，如延安老城。这种格局一般不利于城市的大规模生长，

---

❶ 吴志强，李德华.城市规划原理［M］.4版.北京：中国建筑工业出版社，2015：271.

❷ 藤田昌久，保罗·R.克鲁格曼，安东尼·J.维纳布尔斯.空间经济学：城市、区域与国际贸易［M］.梁琦，译.北京：中国人民大学出版社，2013：11.

❸ 李诫.营造法式［M］.赫长旭，兰海，编译.南京：江苏凤凰科学技术出版社，2017：30.

❹ 同❶276.

否则会造成交通压力过大，降低城市运行的效率。在这种城市空间策划中，通常需要沿交通主轴设计一些功能相对完整的组团，形成"冰糖葫芦形"的空间格局，或者直接另外选址建设新城，如延安市按照"依托老城，沿川展开，整流域治理"的原则，在老城北部建设了规划面积78.5平方千米、规划人口40万左右的延安新区（城）。

星状形态的城市格局是从城市的核心地区出发，沿着多条交通走廊定向向外扩张形成的空间形态，发展走廊之间保留大量的非建设用地。❶ 如果要在策划中使用这种模式，就要充分考虑地形条件、大运量交通体系的建立及走廊间非建设用地的控制，进而构建一种"海星状"的城市发展格局，实现城市核心资源的共享及其他资源的有机分散，典型如哥本哈根等城市。

环状分散式的空间格局是指城市围绕山体、湖区、农田等核心要素呈现出环状的发展格局，如浙江台州、杭州富阳区等城市（区）。相比封闭式的环状布局，这种形态不是围绕城市核心功能，而是根据自然地形而构筑的城市形态。一般而言，这些自然要素会成为城市的核心生态景观，可以极大地提升城市的自然生态环境。但是在策划之时，要注意划定自然山体、湖泊的边界，防止城市对自然资源的侵蚀。

卫星状城市主要是基于英国城市学家埃比尼泽·霍华德（Ebenezer Howard）的"田园城市"（Garden City）和建筑师雷蒙德·昂温（Raymond Unwin）的卫星城理论（Satellite City）而提出的城市空间形态。其格局一般是以特大或超大城市为中心，在其周边发展若干小城市。这些相对独立的小城市就是卫星城，它们的主要任务是分散核心城市的非核心功能，如日本东京周边的多摩、筑波、千叶等新城。成功的卫星状城市建设，要充分考虑到主城和卫星城之间的功能划分、地理距离（根据经验，一般要离主城60千米以上），以及卫星城的建设条件、服务水平、城市规模等，不然就难以起到截流和分散主城人口的效果。这种卫星城通常采用TOD模式（Transit Oriented Development，以交通为导向的开发建设模式）进行建设，因为这种模式可以有效发挥铁路（或地铁）等大规模通勤工具的优势，同时各种机构用地和商业用地都是围绕着交通节点向心式排列，这种交通中心所形成的地区性特征，能够保证在邻里社区内部建立某种中心。❷

多中心与组群城市是高速城市化的结果，是不同片区中心城市不断蔓延发展并有机连接的结果，在这种城市格局中，人口、产业、文化等高度集中的多中心组成了网络型的都市圈或城市群的结构，共同形成了具有强大国际竞争力的城市聚合体，如美国东北部大西洋沿岸城市群、日本太平洋沿岸城市群，以及我国的长江三角洲城市群、珠港澳大湾区等

---

❶ 吴志强，李德华.城市规划原理［M］.4版.北京：中国建筑工业出版社，2015：276.
❷ 安德列斯·杜亚尼，伊丽莎白·普拉特·兹贝克，罗伯特·阿尔米纳.新城市规划艺术［M］.杨至德，译.武汉：华中科技大学出版社，2015：95.

世界级城市群。

需要指出的是，在城市空间布局中，还要注意道路、边界、区域、节点、标志物等方面的布局与设计，城市规划专家凯文·林奇（Kevin Lynch）在《城市意象》（*The Image of the City*）一书中认为，这是构建"城市意象"的五种元素[1]：①道路是观察者习惯、偶然或是潜在的移动通道，它可能是机动车道、步行道、高速路、隧道或铁路线，人们沿着移动的线路认知城市，其他环境元素也是沿着道路展开布局的，道路是构成人们城市意象的主导元素；②边界是线性要素，是两个区域的边界线，是连续过程中的线性中断，如城市在水边或城墙边的轮廓线；③区域是城市内中等以上的分区，具有某些共同的能够被识别的特征，是人们构建城市意象的基本元素，如我们常看到的住宅区、商务区等；④节点是人们往来行程的焦点，通常是道路交叉或汇聚点，有些节点甚至成为一个区域的中心和缩影，如街角集散地或围合的广场；⑤标志物是观察者的外部观察参考点，如灯塔、纪念塔、最高建筑等，随着人们对城市的熟悉，对标志物的依赖程度也会越来越高。凯文·林奇继而指出："这些要素仅仅是城市尺度中环境意象的素材，它们只有共同构成图形时才能提供一种令人满意的形式。"[2]这也要求策划人在进行城市空间布局时，充分处理好道路、边界、区域、节点、标志物等相互之间的关系，让城市为居民或者游客留下更深刻、更美好的印象。

案例链接　雄安新区起步区空间布局

2017年4月1日，中共中央、国务院印发通知，决定设立河北雄安新区（Xiongan New Area）。新区规划范围涉及河北省雄县、容城、安新3县及周边部分区域，起步区规划面积约100平方千米，中期发展区面积约200平方千米，远期控制区面积约2000平方千米。通知要求新区坚持世界眼光、国际标准、中国特色、高点定位，建设高水平社会主义现代化城市。随着，新区汇聚国际顶尖规划人才，集思广益、深入论证，编制了《河北雄安新区总体规划（2018—2035年）》（以下简称《总体规划》），并于2019年1月2日获得国务院正式批复。

《总体规划》设计了"一主、五辅、多节点"的新区城乡空间布局（图略）。"一主"即起步区，选择容城、安新两县交界区域作为起步区，是新区的主城区，按组团式布局，先行启动建设。"五辅"即雄县、容城、安新县城及寨里、昝岗五个外围组团，全面提质扩容雄县、容城两个县城，优化调整安新县城，建设寨里、昝岗两个组团，与起步区之间建设生态隔离带。"多节点"即若干特色小城镇和美丽乡村，实行分类特色发展，划定特色小城镇开发边界，严禁大规模开发房地产。

---

[1] 凯文·林奇.城市意象[M].方益萍，何晓军，译.北京：华夏出版社，2017：35-36.
[2] 同[1]64.

其中"起步区"也是城市未来的主城区，其规划和建设质量决定了整个新区的质量。那其起步区如何布局呢？《总体规划》将其设计为"北城、中苑、南淀"："北城"即充分利用地势较高的北部区域，集中布局五个功能相对完整的城市组团，组团之间由绿廊、水系和湿地隔离；"中苑"即利用地势低洼的中部区域，营造湿地与城市和谐共融的特色景观；"南淀"即南部临淀区域，通过对安新县城和淀边村镇改造提升和减量发展，严控临淀建设，利用白洋淀生态资源和燕南长城遗址文化资源，塑造传承文化特色、展现生态景观、保障防洪安全的白洋淀滨水岸线。

《总体规划》同时在城市风貌设计、城市轴线和天际线方面进行了严格规定。在城市风貌设计方面，起步区要融合城水林田淀等特色要素，深化"北城、中苑、南淀"的空间结构设计，形成"一方城、两轴线、五组团、十景苑、百花田、千年林、万顷波"的空间意象。在城市轴线方面，南北中轴线要展示历史文化生态特色，东西轴线要利用交通廊道串联城市组团，集聚创新要素、事业单位、总部企业、金融机构等，展示科技创新特色。横纵轴线贯穿城市，体现出中西合璧、以中为主、古今交融的特色城貌。在城市天际线方面，要严格控制建筑高度，不能到处是水泥森林和玻璃幕墙；高层建筑需在特定范围内规划建设，同时强调建筑顶部设计，美化建筑第五立面。

（三）产业空间布局

在策划活动中，产业空间布局是指产业在一定范围内（如国家、地区、城市或园区等）的空间组合。合理的产业空间布局有利于发挥地区优势，利用资源，取得良好的生态效益、经济效益和社会效益，反之则可能造成巨大的资源浪费，所以产业空间布局是决策者必须面对的重大战略问题。

区位理论是产业布局的理论基础。其产生、发展与社会分工和经济发展紧密相关，已经历了古典（以德国经济学家杜能创立的农业区位论和韦伯创立的工业区位论为代表）、近代（费特的贸易区边界区位理论、克里斯泰勒的中心地理理论和廖什的市场区位理论）和现代（成本 – 市场学派理论、行为学派理论、社会学派理论、历史学派理论、计量学派理论等）三个发展阶段。❶ 其中，区域分工协作理论对产业布局具有直接的指导作用，其又分为古典区域分工协作理论和现代区域分工协作理论。前者主张利用区域资源差异进行专业化生产与贸易，主要代表是亚当·斯密（Adam Smith）的绝对成本理论（Theory of Absolute Costs）和大卫·李嘉图（David Ricardo）的比较成本理论（Theory of Comparative Cost）；后者是以赫克歇尔（Eli F. Heckscher）和俄林（Bertil Ohlin）的生产要素禀赋理论（Factor Endowment Theory）为代表，还有技术差距理论（Technological Gap Theory）、产品生命周期理论（Product Life Cycle）、中心 – 外围理论（Core and Periphery Theory）和协议

---

❶ 李孟刚. 产业经济学［M］. 北京：高等教育出版社，2008：201.

性区域分工理论等。❶

产业布局的总体目标是最大限度地实现产业资源在空间上的有效配置，优化产业发展质量。在策划布局空间时，要深入分析地理区位、自然资源、社会因素、经济基础、科学技术、配套服务水平等要素，得出各地的发展比较优势与面临的问题，然后根据一定原则对空间进行布局。从原则来看，主要有三点：

其一，坚持全域统筹。即要立足规划区域，以及与更大区域之间的关系来审视地区的产业布局。在很多时候，策划人容易陷入自己所在的"一亩三分地"，不能从更高的视角来考察产业空间的布局，这种陷阱是需要避免踏入的。例如，在策划河北廊坊、固安、雄安新区等区域的产业布局时，就要考虑其与北京在产业空间轴带上的对接与承接关系。

其二，坚持比较优势。由于各地的资源禀赋、经济水平、技术发展等因素差异，导致各地在产业发展中具有不同优势。这种优势包括贴近原料产地、消费市场、能源基地、高等院校或技术高地等。这就要求策划人根据各地的资源禀赋与潜在优势，进行产业的空间选择与布局，构建产业发展的最优区位。

其三，坚持全链协同。随着生产专业化的进程，产业分工越来越细已成为必然趋势；相应地，产业链各环节之间的协同与配合就显得愈加重要。因此，在进行产业布局时，需要有全链思维，考虑在一定区域范围内产业选择的协同效应。

案例链接　国家文化产业创新实验区的产业布局

国家文化产业创新实验区（以下简称"实验区"）由文化部于 2014 年 7 月 31 日批复设立，是以文化产业改革探索区、文化经济政策先行区和产业融合发展示范区为建设目标，文化产业政策先行先试的试验田。实验区以"北京商务中心（CBD）—定福庄"一带 78 平方千米为核心承载空间。

根据区域现有的产业布局状况和资源分布格局，在策划与规划过程中，研究规划机构将其产业空间设计为"一廊、两核、多基地"（图略），借以实现整合区域的错位、协同与融合发展。

"一廊"，即 CBD—定福庄国际传媒产业走廊。依托区域高端化资源优势、产业化资本优势、国际化市场优势，聚焦高端产业、高端环节、高端功能，严格产业准入，培育内容原创、技术研发、投资交易等高端环节，完善人才培养、信息传播、文化贸易等高端功能，高水平建设连接首都功能核心区与北京城市副中心的"现代都市景观与产业融合发展廊道"。

"两核"，即国际文化商务核、文化创意创新核。"商务核"以 CBD 区域为空间承载，充分发挥区域的国际商务、国际金融、国际交往、国际传媒等资源丰富及高端商务功能完善的优势，聚焦文化产业投资交易、交流展示、信息传播的高端功能，重点发展文化传媒、文化贸易、文化商务、高端会展等行业；

---

❶ 李孟刚. 产业经济学[M]. 北京：高等教育出版社，2008：202.

"创新核"依托定福庄区域中国传媒大学、北京第二外国语学院等高校智库资源，充分发挥区域在理论创新、技术创新、文化创新方面的优势，不断提升区域在人才培养、内容原创、市场转化、消费体验等产业链及服务链条上的竞争力和影响力，全面提升定福庄区域的创新驱动发展水平和创新创业发展活力。

"多基地"，即沿通惠河沿线、朝阳路、朝阳北路及周边区域，分别打造创意设计产业带、文化传媒产业带、时尚休闲产业带，充分发挥国家广告产业园、国际版权交易中心、国家动画产业基地、莱锦文化创意产业园等一批产业特色鲜明、综合配套服务完善、综合效益显著、示范带动作用强的功能性园区，不断优化园区功能服务，促进文化创意产业的提质增效、升级发展。

资料来源：北京市朝阳区发展和改革委员会《国家文化产业创新实验区"十三五"规划》，2018-05-28，http://www.beijing.gov.cn/zfxxgk/cyq11E002/gh32/2018-05/28/content_4ba0376ede5541db922c8a51ea42ccf2.shtml。

（四）项目空间布局

在策划产业园区、商业综合体和主题乐园等实体类项目时，为了让策划构想能够落地，需要对项目进行空间布局。从内容上而言，主要包括四个方面：

其一，明确布局理念。即是根据策划对象的空间特征，提出布局理念和设计主题。一般而言，首先要坚持以人为本、尺度合宜。空间终究是人的活动空间，其布局和设计关键是要按照最适合人活动的尺度来思考。其次是要主题集聚、协同共生。按照功能主题形成特色功能区域，各区通过内在业态的联系，形成特色分明、协同发展、集约高效的共生系统。最后是绿色低碳，和谐发展。实现项目的生态网络与园林景观、绿色建筑、步行系统、垂直绿化等有机结合，构建人与自然、功能空间和谐发展的生态圈。最后，要力求空间使用价值的最大化，因为不同的功能会产生不同的价值。

其二，进行概念创意。根据项目定位和主题，在空间布局中引入特色的文化元素，为空间注入"文化之魂"。例如，可以将空间布局抽象为某种图形、符号，或具有美好"隐喻"的事物，赋予空间结构一定"意义"，让枯燥的规划术语能以生动和通俗的方式呈现，便于人们进行理解、记忆与传播，并让策划者、建设者和消费者在理念或精神上达到某种契合与共鸣。具体策划时，有两种方法：一是"意形法"，即从概念到布局，先提出具体的符号或概念，再根据其确定项目的空间和形态。❶例如，吉林长春的市花为君子兰，名山是长白山，一家策划机构在长春策划某个商业综合体时，以"君子兰"和"长白山"的形象为意向，构建了综合体的空间布局与建筑形态，形象生动，趣味盎然。二是"形意法"，即先根据项目的地形、地块、用地性质等因素，因地制宜地对空间进行布局，然后再对其形状加以提炼，赋予其一定的"意义"，如我们常说的"掌形城市""海星形空间"等，即是来自对既有空间的归纳。

---

❶ 雷万里. 大型旅游项目策划[M]. 北京：化学工业出版社，2016：117.

> **案例链接**
>
> ### 长春市"四季城"策划
>
> 四季城项目位于长春高新技术产业发展区的北区,属于北区三大板块(商务区、产业区和旅游区)的文化休闲旅游区。高新区政府希望将其打造成为以都市娱乐休闲为核心的活力区,就像华侨城之于深圳一样,不仅成为促进服务业发展的沃土,更成为城市的形象地标。策划公司在充分调研的基础上,以长春的市花"君子兰"及"长白山"为空间设计的主要灵感来源,并产生了喻意美好的"生态山,兰花谷"的创意理念,希望能弘扬长白山的历史自然文脉,以及长春市的城市文化要素,将项目打造成为新的城市名片与新生活的象征。
>
> 在总体规划布局上,策划机构以长春的市花"君子兰"作为灵感元素,以君子兰独特的花脉结构作为规划设计的创意元素。其中,"兰花"的根部为酒店,盛开的花蕊为中央水世界,弧形花叶为四个独立的商业体,北侧的高档住宅区也为叶子造型,成为重要的背景陪衬。各部分相对独立又交织贯通,整体规划格局完美和谐,极具生物学美感,并强有力地体现出新城在发展中对生态与文化的关注与追求。

其三,空间结构。根据空间理念和创意概念,并考虑到各种功能或产业之间的内在逻辑关系,设定合理的空间结构和用地配比(或建面配比)。例如,某机构在为北京蟹岛度假区进行空间布局时,根据蟹岛的战略定位、资源分布、功能需求及各功能之间的协同关系,提出将蟹岛空间布局调整为"一心两轴五区",即"一心:国际运河文化中央广场""两轴:形象主轴与文创主轴""五区:运河风情区、运河游艺区、运河数创区、国际会议区、农科体验区",并明确了用地比例。

其四,分区设计。包括设计分区的总体功能、各类用地规模与配比、物业开发类型、总体建筑体量等。例如,在上文提到的"运河风情区"中,策划机构提出该分区的核心功能是以文化体验、休闲度假、餐饮购物、精品民宿等为主导的大运河民俗文化集中体验区。因此,根据其承载的功能,认为建筑体量应该在20万平方米以上,60%的面积应用于娱乐、餐饮、体验等业态。不过一般而言,策划中的分区设计还主要是概念性的,具体落地实施还需制定详细的空间规划。

(五)活动空间选址

在进行活动策划时,选址何处对活动效果影响巨大。例如,举办一次"年度全国30强文化企业"的颁奖典礼,场地选择人民大会堂、人民日报新媒体中心,还是某家五星级酒店或某所高校,这会给获奖嘉宾带来完全不同的心理感受。活动选址一般需要考虑三个方面。

第一,调性契合。举办什么档次、风格、主题的活动,就应选择与其气质相近的场所,符合人们的心理预期。例如,将一次高大上的学术颁奖活动放到商场,那即使人流量很大,也仍不是最佳选择。但一次创业路演选择在商场、高校或咖啡吧等地进行,则是非常理想的安排。

第二,预算合适。预算是选址的天花板,很多时候需要活动策划者妥协、折中,根据预算来选定最合适的场所。当然,策划者亦可推动租用双方建立合作关系,通过与异业跨界合作,置换资源。例如如可让场地出租方成为活动的承办单位或赞助单位之一。

第三,战略定制,即是为活动量身打造场地。这种活动一般级别比较高,影响力比较大,通过活动可以带动产业集聚发展,例如博鳌亚洲论坛国际会中心即是为博鳌亚洲论坛量身打造,成为其永久会址。

(六)企业战略空间

企业由于受到投资新办、增设分厂、增产扩容、战略性搬迁、政策牵引等因素影响,常常涉及选址。选址是企业战略决策的重要组成部分。因为选址涉及投资规模、成本高低、营商环境等重要内容,而且对于重资产的企业而言,一旦建成投入使用,就难以迁移,因此必须慎之又慎。

企业选址要考量以下六个方面:①地域因素,如选择城市还是乡村,南方还是北方,大城市还是中、小城市,特别是在城市选择上要慎重,因为城市能级深刻影响着企业的辐射范围与服务能力。②基础因素。核心是基础设施的建设水平,包括道路交通、电力、通信、热力等方面的完善程度。近年来,我国制造业向东南亚转移,与其基础设施不断完善有极大关系。③成本因素。包括劳动力的素质、可获性与工资水平,土地售卖或出租的价格高低,能源、水资源等资源的可获性与价格水平,以及政府公关等方面的隐性费用。成本因素也是促使我国制造业向东南亚转移的重要力量。④政治因素。包括政治稳定、法律法规完善,以及政策开放度和优惠程度等,特别是税收减免、贷款贴息、直接补贴等方面的政策优惠,是企业入驻和各地招商引资博弈的核心。⑤社会文化因素。包括地区的历史文化底蕴、文化教育水平、居民文化素养、生活习惯和消费水平(决定了本地市场规模的大小)等。⑥自然环境因素。包括气候条件、水资源、自然环境、空气环境等。例如,金融、科技、商务等精英人才集聚的企业,常常对自然环境有较高的追求。策划机构在帮助企业进行选址时,要对以上因素进行调研、评估,并通过谨慎的综合评比之后,才能做出最后的决定。

在综合评比中,主要有定性分析和定量分析两种方法。

定性分析法包括优缺点比较法和德尔菲法。优缺点比较法是一种最简单的设施选址的定性分析方法,尤其适用于非经济因素的比较。具体做法是罗列出各个方案的优缺点进行分析比较,并按最优、次优、一般、较差、极坏五个等级对各方案方面进行评分,然后将各项得分加总,得分最多的即为最优方案。德尔菲法又名专家意见法,是采用背对背的通信方式征询专家意见,经过几轮征询,使专家意见趋于集中。

定量分析方法包括因素评分法和量本利分析法。因素评分法包括如下步骤：首先决定一组相关的选址决策因素，并根据企业目标为每个因素赋予一个权重，同时设定取值范围（如0~10分），然后对每个备选地址进行评分，之后选择最高得分者。量本利分析法是通过"成本—收入—产量"的变化关系来评价不同的选址方案。首先确定每一个备选地址的固定成本和可变成本，在同一张图表上绘出各地点的总成本线；然后确定在某一预定的产量水平上，哪一地点的成本最少或者哪一地点的利润最高，再进行选择。

当然，所有事情都有例外，选址过程也并非完全理性。很多时候，决策者的个人因素或恋地情结❶（人类对地方之爱，或说人类对物质环境的所有情感纽带）对选址也影响很大，在一些特殊案例中甚至起着决定性作用。

三、模式策略：创造可持续的商业模式

誉为"商业模式理论鼻祖"的克里斯托夫·佐特（Christoph Zott）认为，商业模式即是"为何人，采购何种物品，创造何种价值，最后以何种方式换取等价物"❷；亚历山大·奥斯特瓦德（Alexander Osterwalder）和伊夫·皮尼厄（Yves Pigneur）认为，商业模式是"一个组织创造、传递以及获得价值的基本原理"❸。简而言之，即是设计好价值流程，实现顾客价值和企业利益的统一。事实上，无论是企业、园区、小镇，还是影视、节庆、活动等策划内容，商业模式的设计都是不可回避的策划任务。

（一）成功商业模式的特征

凡是成功的企业（园区、活动等）无不拥有自己的商业模式。例如，苹果公司通过开发ipod数字媒体播放器和建设itunes网上商店，创造了一个全新的商业模式，将公司转变为在线音乐领域的领军力量；"滴滴打车"将城市有车族从单一的车主身份中解脱出来，构建了基于共享经济的租乘模式，极大地方便了客户出行并减少了资源的浪费，已经成为国内最大的一站式出行平台。那何种商业模式才算是较好的？根据相关专家的观点，可总结出三个鲜明特征。

第一，为客户提供独特价值。有时候这个独特价值可能是新的思想，而更多的时候它往往是产品和服务独特性的组合。这种组合要么可以向客户提供额外的价值，要么使得客户能以更低的价格获得同样的利益，或者以同样的价格获得更多的利益。能否为客户提供

---

❶ 段义孚.恋地情结[M].志丞，刘苏，译.北京：商务印书馆，2019：135-136.
❷ 三谷宏治.商业模式全史[M].马云雷，杜君林，译.江苏：江苏凤凰文艺出版社，2016：23.
❸ 亚历山大·奥斯特瓦德，伊夫·皮尼厄.商业模式新生代[M].黄涛，郁婧，译.北京：机械工业出版社，2018：4.

独特价值，也是商业模式的核心竞争力与生命力之所在，如苹果反复强调自己不是科研驱动，而是顾客体验驱动，所以创造了一个又一个商业奇迹。❶

第二，具有排他性。即是企业通过商业模式的打造，确立自己与众不同的地位和方式，如对客户的悉心照顾、无与伦比的实施能力等，以提高行业的进入门槛，让其他组织或机构难以模仿，从而保证利益来源不受侵犯。比如，大家都知道戴尔公司是直销的标杆，但很难复制戴尔的模式，原因在于"直销"的背后是一整套完整的、极难复制的资源和生产流程。

第三，具有可持续性。根据日本学者三谷宏治（Mitani Koji）的观点，好的商业模式要能有效地解决"企业改革创新"与"增强持续竞争优势"两大问题。任何成功的商业模式都不应该是杀鸡取卵式的，应该着眼发展、着眼长远，具有一定的稳定性，同时又能与时俱进。在互联网和金融投资高速发展的时代，一些企业或机构只注重加速上市（以致不惜财务造假），以获得超额回报，而对是否建成百年老店、承担更多的社会责任则考虑甚少，这种商业模式是值得商榷的。

（二）商业模式设计的两个模型

具体的商业模式丰富多彩、五花八门，并不断地推陈出新。设计一个商业模式，是否有一定的模板或框架可供依循呢？这里提出两种分析框架，以供参考。

1. 三谷宏治的四要素模型

三谷宏治在《商业模式全史》（*Rise of 70 Business Modle Innovations*）一书中，提出了商业模式应该包含的四大要素，即顾客、价值提供、盈利模式、战略或资源（竞争力），并据此对70多个商业模式和200家企业进行了深入分析（见图5-7）。

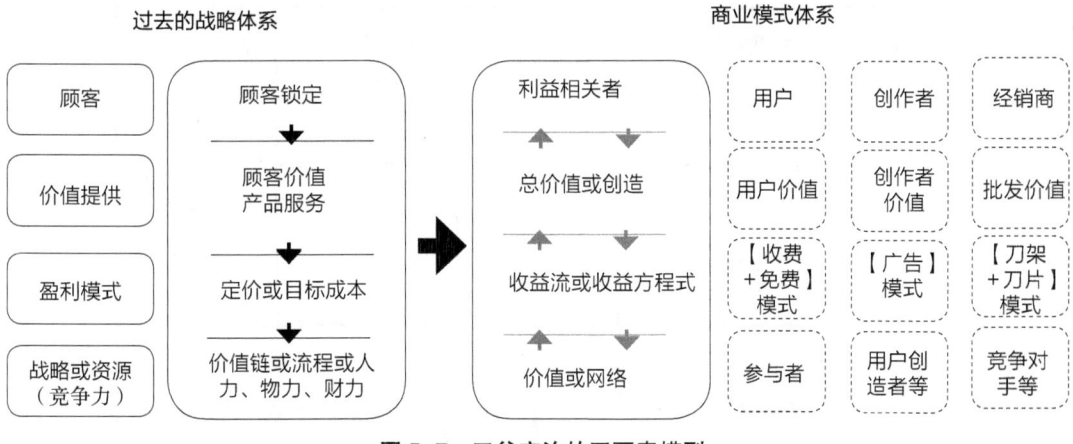

图5-7 三谷宏治的四要素模型

要素一：顾客。顾客的锁定一直被看作经营战略的开端。但三谷宏治认为，从商业模

---

❶ 张立波，王鸿. 文化企业商业模式创新案例［M］. 北京：北京大学出版社，2014：4.

式角度而言，就是要明确利益相关者的整体范围。或者说，凡是参与该商业活动的各方都属于"顾客"的范畴。这点与我们在前文"五何策划法"中提到的"识别利益相关者"异曲同工，都是要扩展对顾客范围的认知。

要素二：价值提供。三谷宏治认为，通常某一公司的收益来自提供给对方价值的回报，但在商业模式范畴中，公司可能获得的最大收益应该包括直接客户在内的所有利益相关者创造出来的价值总和。这意味着价值提供也是一个价值共同创造的过程，不能将二者机械地进行割裂。

要素三：盈利模式。很多人常将盈利模式和商业模式混为一谈，但二者仍有根本区别，应该说，商业模式包含盈利模式，盈利模式是商业模式的重要步骤和关键环节，是商业模式设计的最终目的。三谷宏治认为，将收益流和成本组合在一起就构成了一道复杂的应用题（收益方程式），包含着大大小小的各种问题。这就要求策划人在设计过程中做好各种考虑。

要素四：战略或资源（竞争力）。三谷宏治认为，其重要性不言而喻，但我们不能简单地理解为"自己公司的资金链和经营资源"，而是应该看到"自己公司和其他企业及竞争对手在不断协调的过程中所产生的整体价值"[1]。可见，三谷宏治亦认识到了生态圈的价值，强调各方的协同合作，共创共享价值。

2. 商业模式的画布模型[2]

亚历山大·奥斯特瓦德和伊夫·皮尼厄在《商业模式新生代》（*Business Model Generation*）中提出商业模式的九大模块，或者说"商业模式画布模型"（Business Model Canvas）。他们认为，这些模块可以展示出一家公司寻求利润的逻辑过程，涵盖了一个商业体的四个主要方面，即客户、产品或服务、基础设施及金融能力，并认为商业模式就像一幅战略蓝图，可以通过组织框架、流程和组织系统来实施（见图5-8）。

重要伙伴	关键业务	价值主张	客户关系	客户细分
描绘与其他组织的合作协议关系网络	描述业务与资源的安排	对组织的系列产品和服务给出一个总的看法	描述组织与其客户群体之间所建立的联系	描述组织想要为其提供价值的客户
	核心资源 描述组织执行其商业模式所需资源和能力		渠道通路 描述与客户沟通和联系的渠道	
成本结构 总结运营某一商业模式的经济和货币结果 |||| 收入来源 描述组织通过各种收入流来创造财富的途径		

图5-8 商业模式的画布模型（九大模块）

---

[1] 三谷宏治. 商业模式全史[M]. 马云雷, 杜君林, 译. 江苏: 江苏凤凰文艺出版社, 2016: 26.

[2] 亚历山大·奥斯特瓦德, 伊夫·皮尼厄. 商业模式新生代[M]. 黄涛, 郁婧, 译. 北京: 机械工业出版社, 2018: 5-35.

模块一：客户细分。这一模块描述了一家企业想要获得的和期望服务的不同的目标人群和机构。客户是任何一个商业模式的核心，没有客户，没有哪家公司可以一直存活下去。为了更好地满足客户，企业应按照他们的需求、行为及特征的不同，将客户分成不同的群组，一个商业模式可以服务于一个或多个或大或小的客户群体。但一个组织需要谨慎地选择服务于哪一个客户群体及忽略哪一个客户群体。这一点一旦确定，就要根据对这些客户群体个性化需求的深度理解来设计商业模式。这一模块要重点回答：我们在为谁创造价值，谁才是我们最重要的客户。

模块二：价值主张。这一模块描述的是为某一客户群体提供能为其创造价值的产品和服务。价值主张是客户选择一个公司而放弃另一个公司的原因，解决了客户的问题或满足其需求。每一个价值主张就是一个产品和（或）服务的组合，这一组合迎合了某一客户群体的要求。从这个意义上说，价值主张就是一家公司为客户提供的利益的集合或组合。这种利益既可以是数量上的（如价格、服务响应速度等），也可以是质量上的（如设计、客户体验等）。这一模块要回答：我们要向客户传递怎样的价值；在我们的客户所面对的问题中，我们需要帮助解决哪一个；我们需要满足的是客户的哪些需求；面向不同的客户群体，我们应该提供什么样的产品和服务的组合。

模块三：渠道通路。这一模块描述的是一家企业如何同他的客户群体达成沟通并建立联系，以向对方传递自身的价值主张。沟通、分销和销售这些渠道构成了一个企业与客户的交互体系（界面）。渠道通路是客户接触点，它在客户体验中扮演着重要角色，其包含以下功能：提升公司产品和服务在客户中的认知；帮助客户评估公司的价值主张；协助客户购买特定产品和服务；向客户传递价值主张；提供售后客户支持等。整体而言，要将一种价值主张推向市场，找到正确的渠道组合并以客户喜欢的方式与客户建立联系是至关重要的。这一模块要回答：我们的客户希望以何种渠道与我们建立联系，我们现在如何去建立这种联系，我们的渠道是如何构成的，哪个渠道最管用，哪些渠道更节约成本，我们如何将这些渠道与日常客户工作整合到一起。

模块四：客户关系。这一模块描述的是一家企业针对某一个客户群体所建立的客户关系的类型，具体而言，包括个人助理、专用个人助理、自助服务、自动化服务、社区，以及与客户协作、共同创造等。其驱动力量包括开发新的客户、留住原有客户和增加销售量等。客户关系的维护方式灵活多样，可从依靠人员到利用自动化设备。这一模块要回答：我们的每一个客户群体期待与我们建立并保持何种类型的关系，我们已经建立了哪些类型的关系，这些关系类型的成本如何，这些客户关系类型与我们的商业模式中其他模块是如何整合的。

模块五：收入来源。这一模块代表了企业从每一个客户群体获得现金收益（须从收益中扣除成本得到利润）。如果说客户是一个商业模式的心脏，那么收入来源就是该模式的动脉。一个商业模或可以包含两种不同类型的收入来源：一是通过客户一次性支付获得的交易收入；二是经常性收入，其来自客户为获得价值主张与售后服务而持续支付的费用。这一模块要回答：究竟何种价值是让我们的客户真正愿意为之买单的，客户目前正在为之买单的价值主张是哪些，客户目前使用的支付方式是什么，他们更愿意使用的支付方式是什么，每一个收益来源对总体收益贡献的比例是多少。

模块六：核心资源。这一模块描述的是保证一个商业模式顺利运行所需的最重要的资产。每个商业模式都需要一些核心资源，使得企业组织能够创造和提供价值主张，接触市场、与客户细分群体建立关系并赚取收入。不同的商业模式所需要的核心资源也有所不同。核心资源可以是实体资产、金融资产、知识资产或人力资源。核心资源既可以是自有的，也可以是公司租借的或从重要伙伴那里获得的。这一模块要回答：我们的价值主张需要哪些核心资源，我们的分销渠道需要哪些核心资源，客户关系的维系需要哪些核心资源，收入来源需要哪些核心资源。

模块七：关键业务。这一模块描述的是保障其商业模式正常运行所需要做的最重要的事情。任何商业模式都需要一系列关键业务，这些业务活动是企业得以成功运营所必须实施的最重要的行动。正如核心资源一样，关键业务也是创造和提供价值主张、接触市场、维系客户关系并获取收入的基础。当然，关键业务也会因商业模式的不同而有所区别，如对一个区域而言，还包括产业选择等。这一模块要回答：我们的价值主张需要哪些关键业务，我们的分销渠道需要哪些关键的业务，客户关系的维系需要哪些关键业务，收入来源需要哪些关键业务。

模块八：重要伙伴。这一模块描述的是保证一个商业模式顺利运行所需的供应商和合作伙伴网络。企业会基于多种原因构建合作关系，优化其商业模式，降低风险或获取资源，如在非竞争者之间建立战略联盟、在竞争者之间开展战略合作关系、为开发新业务而建立合资关系等。这一模块要回答：谁是我们的关键合作伙伴，谁是我们的关键供应商，我们从合作伙伴那里获得了哪些核心资源，我们的合作伙伴参与了哪些关键业务。

模块九：成本结构。这一模块描述的是运营一个商业模式所发生的全部成本。创造价值、提供价值、维系客户关系及产生收入都会引发成本。这些成本在确定关键资源、关键业务与重要合作后可以相对容易计算出来。在每一个商业模式中成本都应该被最小化，但是低成本结构对某些商业模式（成本导向型）来说，比另一些商业模式（价值导向型）更重要。这一模块要回答：我们的商业模式中最重要的固有成本是什么，最贵的核心资源是什么，最贵的关键业务是什么。

需要说明的是，"四要素模型"和"画布模型"都系统地论述商业模式的各个要点，但在策划活动过程中，通常不会这样面面俱到，更会聚焦在"盈利模式"或"收入来源"

这些核心环节上，更多讨论收益和成本问题。

四、传播策略：借势借力，传重于播

在高速移动通信技术（5G）及人工智能科技的催动下，传播正在进入一个虚实融合、万物皆媒、加速进化的智媒阶段。在这个"好酒也怕巷子深"的信息爆炸年代，做好传播策略的设计成为策划的重要内容。事实上，传播意识要贯串在策划的全过程。纵观优秀超卓的策划案，基本都是文字优美、说理透彻、极具自我传播能力的方案，特别是活动、会展、论坛等主要目的即是传播的策划，创新传播策略就显得更为重要。正所谓"小会议、大传播"，现场人数可以较少，但是应通过网络、直播等全媒体宣传，获得更大的知晓度和影响力。传播策略主要包括明晰传播方向和设计传播方式两个方面。

（一）明晰传播方向

1. 确定对象

俗话说，看菜吃饭，看人说话。用传播学的术语来说，就是首先要明确传播对象是谁，这是传播活动的起点。不同的传播对象，形成了不同的传播类型（如人内传播、人际传播、群体传播、组织传播、大众传播等），不同的传播类型需要不同的传播技巧。在策划活动中，需要根据用户需求与行为特征进行内容定制与精准推送，根据不同应用场景而生产专属内容，进而满足差异化、多场景的信息消费需求。从具体的传播对象而言，策划主要有内部传播，与委托单位的人际传播或组织传播（如汇报会），对社会的大众传播。其中，后两者的传播设计至关重要。因为只有决策者或决策团队的理解与接受，方案才能顺利执行；只有社会大众的知晓和认可，策划才能产生更大效益。

2. 确定目标

目标指引着传播的方向，是衡量传播效果的准绳。在传播设计之初，即要根据策划对象和传播类型，明确传播欲达成的目标。对于大众传播而言，传播目标可能包括点击率、到达率、观看人数、评论人数，以及由此引发的销售额、成交额、游客量等指标的变化。就组织传播而言，包括城市、企业、园区、节庆、广告等主体，其传播目标亦千差万别，需要具体情况具体分析。例如，某家机构在策划杨凌农业高新技术产业示范区（亦称"杨凌农科城"）时，就提出了三个方面的营销传播目标：一是树立全球品牌，提升杨凌在国际上的知名度，让世界认识杨凌，将杨凌建设成为国际知名的现代田园创新城市；二是吸引国际投资，向世界传递杨凌的政策优势、技术优势和巨大商机，吸引更多的产业投资、商业投资等集聚，打造吸引世界农产业投资的洼地；三是拉动特色旅游，通过城市营销吸引国际游客，成为世界农业展示、休闲和文化体验的目的地。

3. 设计主题

恰如一部宏伟的交响曲需要有一个清晰的主题，传播活动亦如是。策划需要为传播找到一个可持续的主题作为总谱，同时结合不同时期的特色及不同客户的诉求，形成不同的变奏，唯有这样，乐章才能得到完美的演绎。在传播策划的过程中，设计一个合适的主题是传播成功的一半，而一个哗众取宠、不知所云的主题，如某城市宣传主题为"一座叫春的城市"，则难免沦为人们谈论的笑柄，同时极大地影响了城市形象。如何策划一个好的传播主题？有三点值得注意：其一，主题应植根总体定位，是定位的创意表达。其二，要有创新性和想象力。主题要能够让人眼前一亮，但又经得起琢磨，有广阔的想象空间。其三，贴近客户、贴近生活。好的传播主题大都是朴素的，氤氲着人间的烟火气，如碧桂园坚持了30多年的传播主题"给你一个五星级的家"、山东省大力推动的旅游营销主题——"好客山东"。

> **案例链接** "好客山东"
>
> 2008年，山东省开展了以"好客山东"为主题的旅游宣传活动，推出了高度概括山东文化、凝练现代旅游品牌形象的"好客山东"标识，并采取了"联合推介、捆绑营销"等模式，整合了省、市、县、旅游企业的资源和宣传促销资金，在央视、凤凰卫视、山东卫视等主流媒体集中采购宣传板块和时段，集中开展了"好客山东"宣传推介，并将"好客山东"旅游形象标识广泛运用于机场、车站、旅游景区、旅游星级饭店、旅行社等企业和场所，初步形成了完善的地域品牌体系、节事活动品牌体系、旅游要素品牌体系和旅游景区品牌体系。
>
> 整个传播设计以"好客山东"为统领，带动了16个城市和数十个县市区的地域品牌建设，形成了"泉城济南、逍遥潍坊、亲情沂蒙、运河古城、文化济宁、江北水城、好运荣成"等一系列地域品牌，显示出齐鲁地域文化的丰富多彩。同时，围绕"好客山东"主题打造的"贺年会""休闲汇"等两大节事品牌，也成为传承民族文化、拉动综合消费的强大引擎。
>
> 资料来源：百度百科《"好客山东"》，2019-02-22，https: //baike.baidu.com/item/好客山东/1270005?fr=aladdin。

（二）设计传播方式

1. 创新思路

第一，"传"重于"播"。在移动互联网和智能媒体时代，传播主体日趋复杂。专业媒体组织的边界被进一步打破，信息生产者、传播者、消费者之间的隔阂正被科技"消融"。依托微信等社群性传播平台，用户可以自由地从新闻内容的消费者转变为生产者、传播者。在这种背景下，传播的重点不仅仅在第一次"播"，更是在二次的人手（口）相"传"。

第二，内容与创意至上。传播渠道越通畅，内容与创意愈重要。在各种信息争奇斗艳、抢占有限注意力资源的时候，只有契合时代热点、戳中人们泪点或引领潮流沸点的内容或创意，才能引发人们的广泛关注、讨论与转化。例如，"谁是佩奇"的短视频，本来是为《小猪佩奇过大年》电影做的宣传片，但是由于里面讲述的亲情故事生动感人，短时期内被刷屏，成为热点事件，远远超出了影片本身的影响力。

第三，善于借势与造势。借势传播就是借助当前社会的热点、焦点事件，巧妙地将欲传播的信息植入社会传播体系，使之成为其中的有机组成部分。例如，杜蕾斯即是借势的大师，很多案例堪称经典。2011年借势北京大雨，杜蕾斯想出将避孕套套在鞋子上防雨的创意。该微博一经发出，一个小时内转发过万。要做好借势传播，一是要把握好借势时机，二是要找到借势点，三是要与自身品牌或产品形成关联，四是要把握好借势节奏与尺度。需要注意的是，在策划中并不是所有的势都能借的。同时，虽然借势可以达到事半功倍的宣传效果，但也存在短期效应和被动寄生等问题。

造势是基于自身的资源优势与战略意图，结合时代潮流或痛点，主动制造营销活动、热点话题等，引起社会大众关注。相对于借势而言，其更具主动性和控制力。造势的主要手段包括广告战役、主题活动、热点话题、事件营销等。在造势策划中，需要注意两个方面：一是要目标清晰。到底要获得什么效果、达到什么目标，这是造势活动必须明确的。二是要有能力支撑。例如，策划开展一次事件营销，但企业并没有足够的资源和资金，那纵然方案精彩纷呈，亦无实际价值。

2. 活用方式

在传播策划中，主要涉及广告、事件和体验、公共关系和宣传、在线和社交媒体营销、内容营销等传播方式，它们各有优、缺点，需要策划人灵活应用。广告主要作用是介绍新产品、劝说购买及塑造品牌，极具创意的广告能够在短期内提升城市或企业品牌的知名度；相对于广告的"硬推"，事件和体验相对"柔性"，特别是一些高级别、主题性的节事活动，对总体策划目标的实现具有重要意义。例如，北京为打造全国文化中心，从2006年就开始策划举办"中国（北京）国际文化创意产业博览会"。公共关系能够促进公众对组织的认识、理解及支持，达到树立良好组织形象、促进商品销售等目的，其中尤以政府和媒体公关最为重要，前者能争取上级对策划项目的重视，加大资金、政策方面的倾斜力度，后者能有效提高媒体的报道率，吸引各界关注。同时，策划人还可以利用影视与文艺作品等形式，推动传播推广。例如，山西晋中市为了促进旅游发展，拍摄了《乔家大院》；杭州为了推广大运河文化，打造了《遇见运河》舞台剧。

3. 传播平台

策划中可重点考虑打造三类平台，让客户信息得到更广泛的传播。

其一，强化与主流权威媒体合作，打造以大众媒体为中心的新闻播报平台，积极进行新闻内容的研究和策划，加大与国家级、省级主流权威媒体的合作力度，发挥主流媒体的引领作用，同时应利用和发挥好户外广告、景区视屏、车载电视等媒介的传播价值，提升联动叠加的宣传效应。

其二，加快自媒体平台建设，打造以"两微一端"（微博、微信、客户端）为主导的新媒体矩阵，通过精心设计官方网站，运营官方微博、微信等方式，开展自我宣传与推介；同时要注重H5（即HTML5）、"网红"直播、公众号、APP等新媒体平台的应用，形成企业或城市的自媒体传播平台体系。

其三，做好活动营销，打造以品牌活动为重点的体验传播平台。活动营销集广告、公关、促销和体验等宣传手段于一体，通过举办各种主题活动，特别是为项目或品牌而量身定制的大型活动或会展等，能有效地吸引大众参与和媒体报道。

案例链接　"快看啊！这是我的军装"H5传播

2017年是建军90周年。如何能让人民群众一起参与到建军节的互动中呢？

人民日报客户端团队、腾讯天天P图和北京未来应用联合开发了"快看呐！这是我的军装"H5。其将1927—2017年90年的军装全部呈现出来，让用户上传照片，利用人脸识别技术，生成属于用户的不同年代的军装照片。H5从2017年9月29日一上线，就不断在朋友圈进行着核聚变式的传播，最后浏览量超过了8亿，实现了正能量与传播量的双重增长效益。

从话题策划的时机来看，H5发布时正值中国人民解放军建军90周年，阅兵仪式展示出中国军队的钢铁雄狮，全国媒体和人们的关注焦点都在军队、国家强盛上，强大的关注为军装照H5的火爆提供一个舆论基础。

从策划话题的创意来看，H5紧扣八一建军节主题，以相册为载体，从不同年代军装的点切入，选择时间生成那个年代的军装。每一个参与用户通过了解认识不同年代的中国人民解放军军装，体会到中国人民解放军这90年的进步发展与强大。从结构上来说分为三个部分：第一部分，1927—2017年建军相册自动翻页，展现我军军容军貌；第二部分，以相册缺失"你"的照片引导用户参与，选择军装年份（如南昌起义、红军时期、抗日战争、解放战争等）；第三部分，上传照片生成军装照。其实，最后这部分乃是整个H5策划最关键之处，用户通过上传照片，形成军装照，然后分享到朋友圈，形成了极强的参与感和荣誉感，这也成为用户自传播的核心动力。

从策划话题的情感关注来看，当时有关军队、军人的话题成为热点，后有《建军大业》《战狼2》主流影片在文化市场上引起的强烈讨论，社会上一直有着一股从外到内、从上到下的主流宣传在进行着，人们心中一直存在的民族热情、民族自豪感不断攀升。除了这些宣传外，大众也迫切需要一个能够自身深度参与、释放展现爱国情怀、民族自豪感的方式。"军装照"H5活动无疑抓住了人们的痛点。

资料来源：黑毛《"军装照H5"4天8亿，人民日报客户端怎么做到的？》，2017-08-03，http://www.sohu.com/a/161980364_619317；佚名《穿上军装H5，一支2亿PV的H5》，2017-07-31，https://www.rrxiu.net/content-rc0dew。

五、时间策略：推动流程与时序

时间策略是指确保所设计的任务能按时完成的各个过程和时序安排。任何方案都要长计划、短安排。只有时序特别是关键时间节点安排合理，方案才能高效有序地实施。时间策略也是开展过程管理和进度考核的重要依据。时间策略需要从如下三个方面进行设计。

第一，项目单元或活动环节排序。这是识别和记录项目或活动之间逻辑关系的过程。一个策划方案有时候会涉及 10 余个子项目（或环节），这时就需按照一定的标准将项目进行排序，确定建设的优先级。例如，策划一次节庆活动，就需捋清楚活动包括哪些环节，并对开展的顺序进行确定。在活动排序时，有两个工具可供选用。一是节点图法，也称前导图法，是一种通过节点网络图进行活动顺序安排的方法。二是箭

知识拓展：节点图法和箭线图法

节点图法的绘制规则如下：①图中不能出现无头箭线和双头箭线，只允许出现单头箭线；②活动与方框一一对应，相邻方框只需要一条箭线相连；③箭线从一个方框开始到另一方框结束，不能从一条箭线中间引出其他箭线；④网络图中不能有循环回路，不能出现无节点箭线；⑤网络图中只能有一个起始节点和一个终止节点，网络图的箭线要避免交叉。

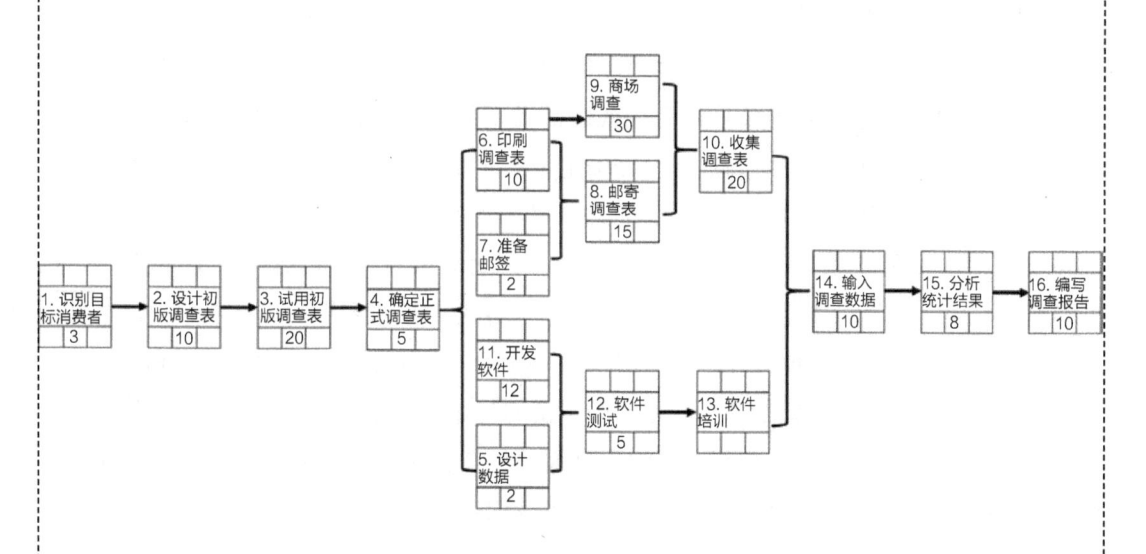

箭线图法的基本原则：①图中每一事件必须有唯一的一个事件号，即箭线网络图中不能有

相同的事件号；②任意两项活动的前置事件和后续事件至少有一个不相同。

其绘制规则：①箭线网络图是有向图，图中不能出现回路；②活动与箭线一一对应，每个活动在网络图中必须用也只能用连接两个节点的一条有向箭线表示；③两个相邻节点之间只允许有一条箭线直接相连，其是为了能够明确地标识各项活动；④箭线必须从一个节点开始到另一个节点结束，引出其他箭线；⑤每个网络图必须也只能有一个开始事件节点和一个结束事件节点。

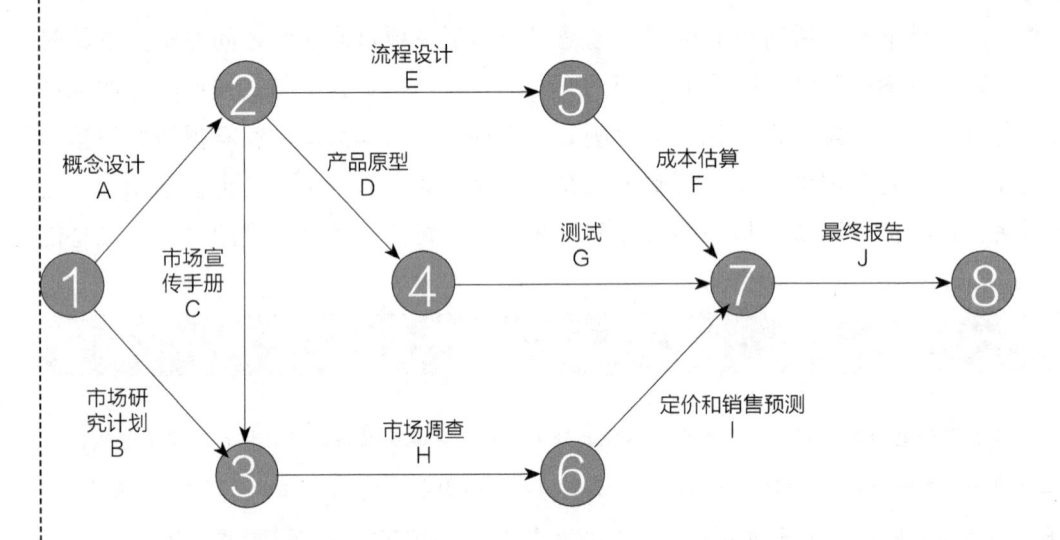

资料来源：百度文库《项目时间管理》（PPT），2018-10-10，https://wenku.baidu.com/view/efb1b48732d4b14e852458fb770bf78a65293adf.html。

线图法，又称双代号网络图，其用箭线代表活动、使用节点代表活动之间的相互关系。

第二，进行时间估算。时间估算是在确定了排序关系后，预计完成各项活动所需的时间长短，以及完成整个项目任务所需要的总时间。项目时间会受到每个项目难易程度、所需资源、工作效率、组织要求、宏观环境等诸多因素的影响。时间估算主要有客户要求、专家判断、类比估算、关键路径估算法等方法。所谓客户要求，即是委托客户提出某件事情必须在某个时间段内完成，在这种情况下策划人的主要任务是合理设计时间和环节，让事情按质按量完成。专家判断即是依赖经验丰富的行业资深专家，让其给出时间建议。类比估算即是参考其他类似规模和投资的项目大概耗费多长时间，从而确定本项目完成时间。关键路径估算法即是按照完成节点图或箭线图中的关键环节所需的时间，加总之后进行估算。

第三，制订进度计划。时间策略最重要的成果就是制订进度计划。在策划过程中，进度计划主要有两种。一是宏观型，即是以较大尺度来规定时间和目标。例如，在编制企业、城市或产业战略策划报告时，通常将 3~5 年作为一个计划实施周期，并制定相应的阶段目标。二是微观型，如广告活动、节事庆典、房地产项目策划等，就涉及非常具体的时间安排，基本上应是一个可以直接执行的时间方案。由于进度计划建立在项目环节、活动排序及时间估算的基础之上，因此前期工作越扎实，进度计划就越容易编制。

第五节　方案评估

决策就是选择。服务决策，理论上来说必须制定多套方案以供选择，但增加一套方案，就意味着要增加大量的人力与物力成本。因此，在实践中一般是一套主方案，外加一些变体方案（变化体现在发展定位、商业模式或者项目设计等方面）。策划方案制定之后，亟须进行评估。从比较中选择，从选择中评优。由于每种备选方案都有一定的合理性和局限性，因此在选优基础上亦可从其他方案中吸收优点和精华，补充和完善所选方案。方案评估过程一般包括制定评估标准、进行方案评估和方案调整修正等三大环节。

一、制定评估标准

根据方案评估的主体（利益）不同，评估的标准或者权重必然有所差异，但我们还是可以确定一个较为宽泛的共性标准。从实践经验来看，可分为定制性、科学性、创新性、可行性、可效益性、可持续性、风险性等七个指标（见表 5-15）。

表 5-15　策划方案的评估指标

序号	指标（权重）	子指标（权重）
1	定制性	问题指向度、对策合宜度、客户满意度
2	科学性	规律把握度、方法科学性、整体和谐度
3	创新性	思维创新性、策略创新性、形式创新性
4	效益性	经济效益、社会效益、战略效益、生态效益
5	可行性	资源支撑性、技术可行性、环境可行性
6	可持续性	机制效果、人才效果、网络效果、品牌效果
7	风险性	政治风险、经济风险、法律风险、运行风险

（一）定制性

策划方案与普通的咨询报告不同，必须是为特定客户量身定制，否则会丧失其根本价值。所谓定制性，是指按委托客户要求，为其提供适合其需求和特点的个性服务。如何评价一个方案是否具有定制性？第一，是否有效地解决了客户所提出的问题或回应了客户委托的初衷。第二，问题解决方式是否适合客户，是否最大限度地发挥了客户的长处和规避了短处。第三，客户对方案的总体满意度如何，是否达到了客户的期望。定制性标准是策划的根本标准，在方案评选中具有一票否决权。正如文中一直强调的，策划之前必须清晰把握委托客户的需求与意图，避免南辕北辙、徒劳无功。

（二）科学性

科学性是判断策划是否符合客观规律的标准。没有科学性的方案，正如一份错误的航海图，难以将船队引向正确的目的地。如何评价方案的科学性？其一，要考察方案是否把握住了所在行业或事物发展的内在规律，对未来趋势的判断是否准确与深刻，策略设计是否具有必然性的逻辑力量；其二，要考察方案是否采用了科学的分析方法，是否以科学理论为指导，客观深入地收集、整理和分析了基础资料，是否经历了去粗取精、去伪存真、由此及彼、由表及里的提炼过程，是否严格按照策划程序，在分析研判的基础上制定创新性解决方案。其三，考察方案整体是否和谐统一，各个环节是否有机连接，而非主线不清、逻辑混乱。

（三）创新性

策划之关键在于创新。方案是否具有创新性，是评估的核心标准。策划创新涵盖概念、内容和策略创新等诸多方面。考察方案的创新性可从如下几点着手：第一，理念层面是否具有创新性，即在思维、思路和定位方面是否创新，能否给人以新的启发，开拓新的思考境界。第二，策略层面是否具有创新性，即在商业模式、空间布局、项目设计、营销传播等方面，是否运用了创新而非传统的方法，让解决问题更有效率和效益。第三，形式层面是否具有创新性。是否通过图形、图像、影视或模型等方式，更加清晰、准确、有效地展示和表达了方案。

（四）效益性

不能带来效益的策划是没有多大价值的。在评价一个策划方案时，也需有相应的效益指标。由于不同类型的客户诉求有所差异，因此每个效益指标应被赋予不同的权重。需要指出的是，一个高质量的策划应该关注政府、企业、民众三者的利益，尽可能实现多方共赢，尤其是那些涉及城市经营和区域开发的项目，其策划方案首先要符合政府的战略意图，急政府之所急、想政府之所想；其次方案要有强大的市场号召力，项目平台搭建之后，相关企业愿意投资跟进；再次要关注民众的诉求与需求，不能损害他们的权益，否则方案必然难以推进。

（五）可行性

可行性是指方案能否被执行并取得预期成效，这是考察方案的基础性指标。一个策划方案文采再斐然，构想再精巧，如果不能落地实施，终究是纸上谈兵、耽人误己。如何评估一个方案的可行性？其一，策划的定位和策略创新，是否有人力、物力和财力等方面的基础支撑，方案对企业资源、城市能级、人才支撑等方面的了解是否充分。其二，方案是否考虑了竞争环境和发展趋势，对市场需求和潜力预测是否准确。其三，方案是否符合通行的法律法规，是否尊重了当地的民风民俗。其四，方案中的重大技术、财务方案是否可行，对投资和成本的估算准确度是否达到了规定要求。

（六）可持续性

理想的策划方案不仅可以有效解决客户当下的问题，同时也有利于城市、企业或活动等主体的可持续发展。具体而言，可以考量如下四个方面的预期效果：第一，机制效果。方案是否推动了更合理的体制、机制的产生，在组织流程、管理制度、网络结构、资本运作等方面是否提出了更好办法。第二，人才效果。通过方案的执行，是否可以帮助客户培育一批适合发展需要的人才。第三，网络效果。方案是否能帮助客户整合各类市场和人脉资源，构建起共同创造价值的生态体系。第四，品牌效果。是否有利于建立或提升品牌，为未来发展带来超级回报。

（七）风险性

风险即是生产目的与劳动成果之间的不确定性。事物发展进程中都会有风险，策划实施也必然面临各种风险。即使一个小型的颁奖典礼或演唱会，也会由于邀请人临时有事或迟到、误机等问题，影响策划执行的成败。因此，策划要考虑到各方面的风险，并进行预警和规避，实现最大的成功可能性。对一个方案的风险评估通常包括政治风险、法律风险、经济风险和运行风险等。

二、进行方案评估

谁来进行策划方案评估？通常有三类主体，按照评估顺序可分为内部评估、客户评估和专家评估。

（一）内部评估

策划方案首先要进行内部评估，以确保方案能够代表机构的正常水准。也有一些机构为了节省时间或成本等，并不设置专门的评估环节，主要地由策划总监来掌握。这极度依赖总监的个人能力，其策划水平决定了方案乃至整个机构的水平。

策划涉及内容非常广泛，总监并非无所不知、无所不能，因此，为了减轻策划总监的压力，增加方案的科学性，非常有必要在向客户汇报之前，机构内部先行开展一次或若干次的方案评估。主要方式是以内部人员为主，并邀请行业专家参与，根据考评指标对方案进行评估与研讨，形成修改意见，然后策划团队进行调整。需要提醒的是，由于方案涉及商业机密，因此专家都应签定保密协议。

（二）客户评估

在内部评估基本满意之后，策划机构就可以根据协议要求，与客户约定时间进行汇报，接受客户的评估。客户是策划方案的委托者、付费者和执行者，获得客户认可是策划评估的最核心环节。需要事无巨细，全力准备。

就经验而言，第一次汇报极为重要，尤其当策划机构与客户之间还是首次合作的时候。如果能够通过科学的方案和精彩的阐述，征服客户的心，建立坚实的信任基础，那么之后的方案调整将会顺利很多，否则"首因效应"将让策划机构付出沉重代价。如何做好第一次汇报呢？以下几点需要注意。

首先，在汇报之前，要做好资料准备、汇报预演和汇报对接三件事情。

一是要根据汇报对象的特点，准备好详细材料，包括PPT、文本和视频等。材料要在内容与形式上下功夫。在内容上，方案要主题突出、观点新颖、详略得当、支撑有力，能够让客户快速把握方案的核心精华；要注意区分"研究报告"与"策划方案"，前者讲究严谨规范，后者追求逻辑力量和话语气势，后者应该基于前者、是为汇报对象量身定制的具有极强传播力和感染力的文本。在形式上，方案文本应该设计得尽量专业美观，封面、图表、纸张、装帧等细节都应一丝不苟，彰显出一家策划机构的专业水准和严肃认真的态度。可以说，这既是对客户的尊重，也是对自身智慧成果的尊重。

二是要在机构内部进行汇报预演。为了让汇报效果更好，主汇报人员（通常是项目经理）应提前预演几次，由组员、领导和专家提出改进建议。这可让汇报人员熟悉材料，清楚汇报的重点、亮点和要点，还可以掌握汇报的时长、节奏、语调和表情，减少汇报中的拖沓沉闷、平铺直叙。同时，预演中也可以对一些突发情况或客户关心的问题进行预测和解答模拟，以便提前准备好说辞和对策，做到未雨绸缪、有备无患。

三是要做好汇报细节的精准对接。策划机构要与客户就汇报目的、汇报时间、汇报地点、汇报人员、参与人员、会议议程等进行仔细的对接，做出细致的汇报安排，特别是要充分了解委托方出席的领导（关键决策者），知晓其发展履历、行事风格，以及听汇报与做决策的习惯，从而调整出最合适的汇报内容与展示风格，并通过前期沟通，力求为汇报营造出严谨、友好、融洽的交流氛围。

其次，在汇报过程中，要注意以下四个方面。

一是方案讲解要简洁清晰、重点突出，节奏要张弛有度，语气要坚定自信。所谓"台下十年功，台上一分钟"，现场汇报是对策划成果的集中展示，是委托方（特别是决策者）消化方案、做出决策的核心场景。一般而言，决策者都较为忙碌，很难有时间详细地阅读厚厚的方案文本，主要是依靠现场汇报内容进行判断和决策。因此，现场汇报关系着客户对方案的认可，关系着策划的成败，所以汇报人要做足功课，拿出浑身解数，争取一击成功。同时，汇报人还要善于随机应变，根据客户的关注度和兴趣点不断调整汇报重点，不能照本宣科。

二是主汇报人讲解完方案之后，策划总监或总经理应对策划背景、思路或一些汇报人没有讲清楚的地方，进行适当的补充说明。主要作用是强调重点、放大亮点、堵住漏点，让客户对方案形成更深刻的印象。接着将进入现场答疑和交流环节，这个环节是对策划人即时咨询能力的严峻考验，非常能体现出一个策划人的经验积累和快速反应能力。为了避免节外生枝，现场问答一般由项目经理或总监来完成。当然，项目团队的其他人也应做好问答准备。

三是要明确委托方（主要是决策者）对方案的基本态度与修改意见。可以通过现场询问、复述话语、多次认证等方式进行明确，切忌不能让客户的态度或意见停留在模棱两可状态，这会让接下来的修改工作难以推进。同时，对于客户的一些修改建议或无理要求，如果策划机构认为有问题，也可以有利有据有节地进行解说或坚持，并不一定要照单全收，让客户觉得没有原则和定力。

四是要做好现场汇报的详细记录，包括影像纪录（主要是照片）、文字记录和语音记录，以便之后的方案修改和结项的资料存档。这个环节很多策划公司都不够重视，但是到后来宣传机构时，却发现"无图无真相"，悔之晚矣。

再次，在汇报结束后，要注意以下几点。

一是要做好会议观点的整理，主要是梳理和提炼决策者的修改意见，并形成正式的会议纪要，并让双方负责人签字确认。这样做的好处是防止客户反复无常，为后面的修改平添变数。二是要继续保持与客户的顺畅沟通，就需要补充的资料、领导想法的改变、公司的重大动态等进行交流，并就下一次汇报事宜做好协商。

还需要说明的一点是，最好为方案准备一个1分钟的简要版，在某些特殊的情况下，它能起到重要的作用。

> **知识拓展：麦肯锡30秒电梯理论**
>
> 　　该理论来自麦肯锡公司的一次沉痛的教训。麦肯锡曾经为一家重要的大客户做咨询。咨询结束时，项目负责人在电梯间里遇见了对方的董事长。该董事长问他："你能不能说一下现在的结果呢？"由于该负责人没有准备，而且即使有准备，也无法在电梯从30层到1层的30秒内把结果说清楚。最终，麦肯锡失去了这一重要客户。此后，麦肯锡要求公司员工凡事要在最短的时间内把结果表达清楚，凡事要直奔主题、直奔结果。麦肯锡认为，一般情况下人们最多记得住一二三，记不住四五六，所以凡事要归纳在3条以内。这就是如今在商界流传甚广的"30秒钟电梯理论"或称"电梯演讲"。
>
> 资料来源：百度百科《电梯法则》，2018-07-02，https：//baike.baidu.com/item/电梯法则/10357255。

（三）专家评估

为了增加策划方案的科学性、可行性和严肃性，有时客户还会邀请若干专家组成评审会，对方案进行评估，特别是当策划对象为区域、城市、园区等政府类项目时。虽然专家不是决策者，但专家意见对决策者的影响很大。因此，策划机构也应高度重视专家评审会，尽量避免出现颠覆性的修改建议。重点要做好如下三项工作：

第一，明确拟邀请专家。邀请什么样的专家，谁来邀请，这是策划机构需要和客户商定的。如果全部是客户邀请的专家，他们在发表意见时难免不具有较强的倾向性，主要替客户发声，甚至有些专家会趁政府领导出席的机会，基于自身利益发表一些不负责的言论。因此，在邀请专家的问题上，一定要争取主动权。

第二，提前将材料寄送给专家。有如下好处：一是让专家感受到尊重。因为直到评审会才将材料发给他们，专家根本没有多少时间消化，然后就要求马上发表意见，未免强人所难。二是利于会前初步沟通。如果专家有颠覆性建议，可让他在会前提出，以免到了评审现场，大家都没有了回旋之余地。

第三，做好专家评审意见汇总。为了节省评审会的时间，应提前拟好专家评审意见，以供专家进行现场修改。通过后的评审意见要让专家签字确认，之后策划机构可以根据汇总意见开展深化修改，使方案臻于完善。

三、方案调整修正

恰似波峰之后必然是波谷一样，方案汇报之后的一段时间，是策划人思维和工作的疲劳期，因此，对方案的修改可以适当缓一缓。这样既可以给团队一个简短的休息与放松时间,又可让修改意见再沉淀一下。因为在此过程中,客户很可能还会有新的意见,过早修改无疑徒增工作量。

如何评价初次汇报是否成功?简而言之,就是客户对策划方向和方案整体认可,没有颠覆性或方向性调整,下一步只需结合客户的修改意见进行深化即可。如果在汇报之后,客户否定了策划方向或核心主张,如战略定位、产业选择、商业模式等,这相当于推翻了方案的"四梁八柱",意味着方案要从头再来,那么这种汇报无疑是失败的,且未来工作也将极难开展。

如何进行汇报之后的修改?有三个注意要点:其一,坚持"应改尽改"的原则。凡是领导者特别关注的修改内容,凡是写入会议纪要的修改意见,必须进行细致的调整与完善。因为在下一次汇报中,这些必是客户关注的焦点。如果没有充分体现,客户心中将萌生出一种不被尊重的感觉。其二,让核心成员进行修改。在此阶段,工作重心已不是"量"之堆砌,而是"质"之提升。为了让策划机构的运作效率更高,可将非核心成员调到他组。其三,把握好修改节奏与周期。速度太快,容易给客户造成不认真、所下功夫不足的印象;太慢,可能会让客户觉得策划机构做事太拖沓、效率不高,而且,客户可能会将第一次的修改意见完全忘记了,临时又有了新想法,这种漫无止境的修改与变动,其过程是令人十分煎熬的。到底多长时间为好呢?从实践来看,一个月左右的修改周期是较为合理的。当然,一些小策划、小项目,两周左右足矣。

第六节 动态顾问

"决策是为了能够执行,而不是追求正确性;或者说决策正确性指的不是决策本身,而是决策得到执行的结果。"[1]这句话表明,决策固然重要,但是如果决策不能落地,都是空头支票,亦于事无补。从理论上来说,一家负责任的策划机构并不是完成方案和收回尾款,就认为策划工作结束了,而是会适当地开展后续服务。后续服务主要包括策划内容培训、实施过程指导、协助资源整合、项目总结复盘(主要针对策划机构内部)等四个方面。

一、策划内容培训

正如培根所说:"即使只想把我提出的东西对人们传授和解说明白,也并不是容易的

---

[1] 陈春华.管理的常识:让管理发挥绩效的8个基本概念[M].北京:机械工业出版社,2017:122.

事；因为人们对于那本身其实是新的事物也总是要参照着旧的事物去领会。"[1]因此，策划机构在进行内容培训时，需要注意如下几点：第一，主讲人最好是项目经理。因为其是整个方案的具体架构者、创新者和撰写者，熟悉和了解整体的情况，同时在前期的工作与客户各层次人员有一定的合作，所以开展项目培训有先天的优势。第二，培训内容基于方案，但不囿于方案。策划方案的核心内容，如大势分析、策划理念、战略定位、策略设计等部分是必讲项目，但优秀的培训者还要能旁证博引，将各种亲历的或者标杆性项目信手拈来，分析其成功或失败的本质原因，提出对本方案的启示和借鉴等。第三，以培训为契机，拓展全面深入合作。策划人应转变思维，将培训作为平台而不是负担，在培训中全面展示策划机构的实力，以探索双方更多的合作可能性。

二、实施过程指导

马克思有句名言："一步实际行动比一打纲领更重要。"[2]对于策划人而言，不仅要善于解释世界，同时也要善于改造世界。一个方案只有落地实施才会给策划人以实在的成就感，给策划机构增加成功案例的积累。因此，给实践以指导也算是策划的应有之义。如何进行合适的指导呢？第一，基于策划方案进行空间规划和实施计划的指导，根据"策划—规划—计划"的推进流程。为了让策划思路能切实体现在空间规划上，策划人通常要代表客户与规划机构进行沟通，指导其进行设计，确保策划的思想、功能和项目能落实到具体空间。在实践中，有些客户在委托时，将策划和规划内容统一打包给策划机构，再由其选择规划单位一起完成工作。第二，在指导实施中，应坚持"顾问身份"，不越俎代庖，只有当客户需要时，才介入并给予中肯的建议；如果发现问题，亦可以对决策者加以提醒，以便其及时采取措施，防患于未然。

三、协助资源整合

很多策划方案的成功并不仅仅依赖客户自身的资源与实力；很多客户选择策划机构，也不仅仅看重其策划能力，还看重其背后所积淀的业缘、人脉，看重策划机构能否发挥平台和桥梁作用，在帮助自己理清方向、提振信心之同时，帮助自己整合各类资源，实现超常规的发展。那么，如何帮助企业整合资源呢？第一，指导客户建立开放的生态圈理念，

---

[1] 培根.新工具[M].许宝骙，译.北京：商务印书馆，2018：17.
[2] 中共中央马克思恩格斯列宁斯大林著作编译局.马克思哥达纲领批判[M].北京：人民出版社，2015：6.

让客户明确自身的核心优势和在生态圈中的位置，然后按照"长板理论"整合各类资源。第二，结合策划方案，对客户需要且可能整合的资源进行分层，确定优先级和主攻方向，同时可利用自身资源和人脉为客户牵线搭桥。

四、项目总结复盘

俗话说："千金难买回头望。"任何一个策划都不可能十全十美，都有必要进行事后反省。借用围棋的术语，可以叫作"复盘"，也称"复局"，是指一次对弈完毕后，复演该盘棋的过程，以检查招法的优劣与策略的得失。套用在策划中，就是指策划人要从过去的案例、经验和工作中学习，从而快速地提升策划能力，晋升到更高的策划境界。

（一）复盘原则

作为一种典型的学习工具，要理解复盘的精髓，需要掌握好三个原则：

一是亲身经历。与案例研究——对他人的策划事件进行回顾与研究——方式不同，复盘的本质"就是每个人从自己亲身经历的事件中进行总结、学习"[1]，因为案例研究不管资料收集得如何详细，但终究不是当事者，其中很多细节或隐情很难从公开的渠道获得，而这些常是策划成功或失败的关键。

二是过去完成。复盘不是中期检查，而是在一个策划活动结束之后所做的结构化回顾与剖析，属于美国教育家大卫·库珀（David Kolb）所提出的"经验学习"。它的优势在于可从整体、逆向的视角来审视策划过程，通过预想与现实的对比，总结成功经验和失败的教训，以待未来策划中改进。

三是能力提升。复盘的最终目的是将策划中的经验转化为能力，因此，复盘并不是明白了"这样做不对""这个当时没有考虑到"就功成圆满了，而是要进一步反思"为什么""应该如何改正"等问题。

（二）复盘流程

复盘流程主要包括回顾目标、评估结果、分析原因和总结经验等四个环节。

首先，回顾目标。清晰、明确、共识性的目标是评估结果、分析差异的基准。复盘之初，项目负责人要复述客户委托策划的初衷，并找出客户的委托协议，具体回顾策划目标、主要内容、时间节点等。

---

[1] 邱昭良. 复盘+：把经验转化为能力[M]. 北京：机械工业出版社，2018：11.

其次，评估结果。回想实际的策划过程，对照目标，主要考察：是否达到了预期成果，方案实施后取得了哪些效益，研究的东西对客户有没有用，客户是否从合作中得到了进步，客户是否获得了意外的收获，是否与客户建立了良好的信任关系，方案中哪些地方做得好、哪些地方有待改进。

再次，分析原因。重点是对比差异，发现策划过程中关键的节点，产生主要作用的策略，并找到"为何如此"的真正根源，方法是多问"为什么"。原因分析是复盘学习中最重要的环节，决定着复盘的深度与效果。

最后，总结经验。基于差异分析，找出利弊得失，形成未来改善建议。重点是要回答：我们从过程中学到了什么新东西；如果有人要采取同样的行动，我们给他什么建议；接下来我们有什么可做的；我们如何才能做得更好。

（三）注意要点

第一，坚持客观公正。分析总结时，要做到实事求是，不争功也不要互相推诿，不应把策划问题简单归咎于个人或外部原因。复盘的目的是要找出成败根源，为之后的工作提供参考，帮助策划人提升个人能力，而不是开"批斗大会"。

第二，坚持全员参与。团队成员负责不同的工作，必然有不同的感悟。通过大家的集体交流，各抒己见，可进行更全面深刻的分析。如果有条件的话，还可邀请相关领域的专家参与，从第三方视角评析整个策划结果与过程。

第三，坚持发展思维。世界万物都在发展变化，当下成功经验亦可成为未来失败的根源，因此复盘时需小心谨慎，具体经验要标注出背景与前提。复盘较高的境界是提炼出具有普适性的方法论，超越一次策划经验之本身（见表5-16）。

表 5-16　复盘规避事项

流程	规避事项
回顾目标	没有目标、目标不清、缺乏共识、目标无分解、与计划脱节
评估结果	报喜不报忧、流水账、纠缠于细节、"罗生门"、盲人摸象
分析原因	浅尝辄止、线性思维、争吵或冲突、归罪于外、听领导的、参与不足、面面俱到、拖沓冗长、只盯着失败或不足
总结经验	就事论事、缺少方法总结、好高骛远、结论草率、缺少行动

第七节　成果呈现

一、呈现类型

策划是思维智慧，成果需要载体呈现。归纳起来，主要有策划文本、演示文稿和主题视频三种类型。

（一）策划文本

策划文本，又称策划书或策划案，是对策划创意和行动方案的书面表达[1]，是根据策划理念和创新成果，提供给客户进行审核，并用来指导实施的策略性文件。正如音乐家要能写乐谱、剧作家要能写剧本、规划师要能作图一样，会写策划案也是策划人安身立命之本。中国历来强调"文以载道"，没有优秀的策划文本，策划智慧必然难以淋漓表达。

不同策划类型可有不同的表达风格，但策划报告一般应是议论文而非说明文或记叙文。议论文是一种剖析事物、论述事理、发表意见、提出主张的文体，强调观点明确、论据充分、逻辑严密、语言精练，能够以理服人。策划文本的任务即是要说服决策者接受某类主张、采取某种行动，因此二者具有高度契合性。

为了便于客户高效了解策划成果，策划文本又经常分为四类。

一是策划主文本。这是策划成果的高度凝练，重点呈现研究结论、核心战略、主要策略，要求视野开阔、观点清晰、言简意赅，可让客户快速掌握策划之精髓，文本内一般只配区位图和空间布局图等核心图示。

二是专项研究报告。作为重要的支撑附件，专项报告应内容翔实，有论点、有论据，图文并茂。由于策划方案涉及定位、空间、产业、文化和市场等多元内容，因此需要多个专项研究来支撑，如城市发展战略策划就涉及历史文化、城市定位、特色产业、空间布局等专项研究。

三是调研访谈报告。将问卷调查、深度访谈等活动所收集的材料进行整理与分析之后，得出支撑策划内容的调查报告。大多策划都涉及深度访谈，有时策划机构会将访谈内容简单提炼后，作为附件提供给客户。

四是策划示意图集。实体类项目策划涉及区位、交通、地形、生态、水系、空间格局

---

[1] 万钧.商务策划学[M].北京：清华大学出版社，2015：175.

等内容，需要通过图示才能表达清晰，图示有时也单独打印成册。

（二）演示文稿

策划成果需要向客户进行汇报和讲解，这里就涉及演示文稿。随着投影仪等设施在会议室的普及，当前演示文稿已经成为商务汇报的标配。演示文稿通常由微软公司编写的 Microsoft Office PowerPoint 软件制作，也就是我们常称的 PPT 或幻灯片。策划人可以根据汇报目的，利用软件自由创作演示文稿。由于其极强的表现能力，有时策划机构直接将 PPT 打印出来，作为正式文本使用。

（三）主题视频

为了更加生动形象地表达出策划思路，描绘出未来蓝图，便于客户招商与宣传，有时策划机构会配合文本制作 5 分钟左右的主题视频。视频以解说词为主线，通过 3D 动画、虚拟仿真、现场取景拍摄等方式，将策划的思路、亮点、重点、引擎项目和整体蓝图等进行形象化展示，有时能达到震撼人心的效果。

二、核心要求

策划表达是衡量策划机构或个人传播能力的重要标尺。为了更好地展示策划成果，策划表达要突出"一化三力"。

（一）定制化

策划是为决策服务的。方案应根据决策者（或团队）的知识层次、行事风格、文化品位等，进行有针对性的准备，让内容与形式体现出定制性。例如，当汇报对象是一名军人出身的领导者时，我们就不能照搬艺术科班出身的方案风格，应倾向阳刚和坚毅的"画风"。

（二）简洁力

决策者重视的是战略和观点，阅读材料的时间亦有限，因此主旨报告必须简洁有力、直抵人心。策划中有个"80-20-4"的说法，即一个报告 80% 的内容是基础性、论证性的；观点性和结论性的只占到 20%；而在这 20% 中，真正称得上创新和战略的，又只是其中的

4%。因此，在主旨报告中应运用"奥卡姆剃刀"❶，凝练和强调这 4% 的精华，让决策者快速了解并形成深刻印象。

（三）逻辑力

策划的力量不仅来自策划人的名气与权威，更来自对规律的把握与符合逻辑的论述。一份策划案只有判断推理严密、结论清晰明确，才能折服人心。雄辩的策划案通常有着一种一往无前的磅礴气势，在一次次矛盾的冲突和解决之中，自然而然地引出令人难以辩驳的结论，形成强大的逻辑说服力。

（四）冲击力

优秀的策划方案需在内容与形式上给客户造成冲击力。一是心理冲击力。策划是要给客户头脑"换芯片"，帮助客户转换思维、打开脑洞，方案应能戳中客户内心深处的最痛点，问题分析与解决方案应给人以醍醐灌顶之感。二是视觉冲击力。在策划案（或PPT）的内容安排、封面设计和文字排版中，应将最核心的观点和最突出的亮点放到最显著的位置上，如将总体定位或广告语作为策划文本的标题（或主标题），快速抓住客户的"眼球"。

三、主要内容

策划成果的呈现结构一般包括三个部分。

（一）前序部分

前序，即进入正文之前的部分，一般包括封面、扉页、目录和序言四项内容。

（1）封面。封面恰如人之脸面，是策划方案给人的第一印象。创意的符号、色彩和图案设计能产生醒目的效果，使阅读者一眼就能看到策划人的创新创意能力，并产生浓厚而强烈的兴趣。❷ 封面的设计风格、形式、要素选择，应视客户与策划的主题而定。封面是方案信息的重要载体，通常要提供如下信息：①策划方案名称（标题）。这是全案之魂。

---

❶ 该定律由 14 世纪英格兰的逻辑学家、圣方济各会修士奥卡姆的威廉（William of Occam）提出。奥卡姆剃刀的出发点就是大自然不做任何多余的事。正如他在《箴言书注》2 卷 15 题所说："切勿浪费较多的东西去做用较少的东西同样可以做好的事情。"后来，其以一种更为广泛的形式为人们所知，即"如无必要，勿增实体"，即"简单有效原理"。例如你有两个原理，它们都能解释观测到的事实，那么应该使用简单的那个。总之，就一句话：把烦琐累赘一刀砍掉，让事情保持简单。

❷ 卢长宝. 项目策划[M]. 3 版. 北京：电子工业出版社，2018：261.

为了让客户快速领会策划的精髓，名字应以"主标题（定位语、广告语、关键词等）+副标题（某某项目、城市、企业策划案）"的格式较为妥帖。例如，"打造国际时尚青年城——天津大悦城商业综合体总体策划方案"，这种格式远比"天津大悦城商业综合体总体策划方案"内涵来得丰富。②策划机构的名称、标识、二维码与联系方式。这也是机构承诺责任、塑造品牌的重要载体。③策划方案的提交时间，凸显报告的时效性。

（2）扉页。此非必选项，不是所有策划方案都需扉页。扉页内容主要有两种：一是引用先贤圣哲的名言、国家领导人的讲话或经典的格言警句等，为策划主题和核心观点进行背书；二是附上策划团队的信息，包括策划总监、项目经理、团队成员及外部顾问等，给人以真实可靠、高度负责的印象。

（3）序言。完整的策划案通常要有一篇序言，介绍策划背景、项目意义、工作进程、创新思路、重要结论等。序言可长可短，讲解清楚即可，但自我要求严格的策划机构，一般都会有一篇高屋建瓴、气势恢宏、开宗明义的高水平序言。该序言既是对整个策划方案的精华凝练，也是对策划思路和内在逻辑的深刻阐述，其内容和文采很多时候可直接用作客户的内外宣传材料。

（4）目录。高质量的目录应是对正文结构和观点的提纲挈领展示。客户通过阅览目录，即可快速地把握方案的逻辑架构和核心观点。这就要求策划人必须对正文的每一层级的每一个标题进行细致的设计，力求每个标题都带有丰富而鲜明的信息，并应强化标题之间的逻辑关联。一般目录只需列到正文的三级标题即可。如果列到四级标题会显得烦琐，反而削弱了标题的吸引力和关联性。

（二）正文部分

正文是策划报告的主体和核心部分，内容因策划类型而异，一般包括基础分析、战略定位、策略设计、效益分析和保障条件等方面。

（1）基础分析，主要包括客观环境分析、主体条件分析。重点是要总结发展的优势、问题及机遇与挑战，并要在分析基础上得出清晰的结论。明确：外部大环境处于什么形势（或发展阶段）；我们当前处于什么阶段（竞争地位）；未来应该走向何处（战略方向）。

（2）战略定位。定位就是确定事物发展的方向，这也是策划之灵魂和轴心，其他内容皆围绕此展开。策划文本一般要描述总体定位、功能定位、产业定位、形象定位等内容，这是策划文本的亮点和难点。

（3）策略设计。策略是方案定位的战略支撑。根据具体策划类别的不同，文本大体包括商业模式、空间布局、产业选择、内容创意、交通体系、园林景观、建设运营、传播策略等方面。如果说定位是头脑的话，那么策略就是躯干和手脚，只有策略扎实，科学得当，才能有效支撑定位，更好地实现策划目标。

（4）效益分析。效益分析是策划方案不可或缺的部分，特别是对投资收益的分析。无论是一个地产项目、产业园区，还是一个会议、展览或影视节目，都需要进行投资回报的分析，为客户做出决策提供依据。文本分析应包括定性和定量两部分。定量就是要算好经济账、微观账，定性是算好社会账、战略账。

（5）基础保障。策划实施需要包括组织、资金、人才、土地、政策等多方面的保障，所以文本保障部分也需围绕这些方面展开，为策划实施提供条件。

（三）附录部分

该部分是策划机构认为能对方案起到支撑作用的辅助材料。作为方案的最后一项组成，附录经常给人可有可无的感觉。但事实上，善用附录不仅可增加策划案的可信度及说服力，也能传达出策划者的严谨态度。具体内容包括但不限于调研报告、专题报告、访谈记录、参考文献、政策文件和资质证明等。

四、注意要点

（一）策划文本写作要点

文本是策划思想和内容的载体。文本表述的方式与技巧对策划成败具有重要影响。在策划实践中，文本撰写通常需要注意如下几点。

（1）坚持问题意识（导向）。策划就是一个发现问题、分析问题、解决问题的过程。在整个方案撰写过程中，要将问题意识贯穿于全报告中，处处考虑到该部分是否围绕着核心问题来写，是否有助于分析和解决问题。

（2）遵循结构思维。即文本要注意谋篇布局，严格按照框架结构和内在逻辑来撰写。具体而言，一是在布局上要遵循金字塔结构（将在第九章"沟通传播能力"中进行具体介绍），先将最重要的、抓总性质的结论（或观点、关键词句）前置，然后按照逻辑层级分点阐述。二是在表述上要有结构性，利用"MECE"原则，多角度、不重复地来阐述观点。

（3）语言准确生动。语言是策划走入客户内心的触媒。准确严谨、简洁洗练是最基本的要求。为了便于传播，还应注重形象、生动、鲜活，特别是要善于运用比喻、对比等修辞手法，将复杂的理论（或观点）深入浅出地表达出来。需要说明的是，策划人需要有较好的文字驾驭能力，但文笔好并不意味着就能成为优秀的策划人。隐藏在优美文字背后的思想和策略，才是策划之精髓。

（4）排版统一规范。排版的根本目的是要让人能够方便、舒适地阅读，并快速地掌握关键信息。因此，文本在排版时，要注意重点突出、字体统一、格式规范，避免花哨浮艳，喧宾夺主。要注意多用恰当的图表来说明问题，增强文本的表现力。

（5）杜绝低级错误。低级错误包括错别字、多字少字、错误符号、错误数据、报告缺页少页、格式混乱，以及显而易见的错误分析方法与结论。低级错误对策划报告的影响是致命的，严重动摇客户对策划内容的信心。因此，在文本提交给客户之前，必须进行细致的检查，最好采用组员之间、人与智能软件之间的交互检查，确保低级错误率降到零。具体而言，一份策划案至少要校对四次：第一次要检查有没有错字、漏字，词汇有无错误；第二次要确认引用的数据和数字有没有问题；第三次要检查是否有语意不清楚之处；第四次要确认整体读起来是否通顺、易读。策划机构要高度重视校对工作，如果因为细节问题而让客户觉得机构不严肃、不负责任、不值得信任，那无疑因小失大。

知识拓展：十大基础校对点

基本校对点虽不能包括所有校对问题，但如果策划人能够将基本校对点谨记于心，就能在文本校对过程中快速地发现可疑之处，并及时地、准确地予以改正。

（1）封面、页眉、目录、页码等所应有的要素是否齐全、正确和规范。

（2）消灭校样上的一切错字、别字、简繁字、缺字、倒字、变形字、坏字、漏字或多余的字。

（3）检查外文字母、物理量、计量单位的字号、字体（粗细正斜）、语种、大小写、上下角标的用法是否正确和规范。

（4）外文单词的转行是否符合语法规则。

（5）检查各级标题所用字号、字体和格式是否统一，正文中的标题内容和相应的页码与目次表的著录是否一致。

（6）改正数字、数码、时间、人名、地名、标点、缩略语等错误或不规范用法。

（7）仔细检查插图、表格、数理公式、化学方程式、化学结构式的图例、符号、数据、格式是否科学、合理，其转排版式是否规范。

（8）脚注与参考文献的著录顺序与正文是否一致，参考文献的著录项目是否齐全，其排序是否规范。

（9）另面、另段、另行、居中、居左、居右、空行、接排、顶格、缩格、正线、反线、双线、曲线、花纹线、注符、上接、下转等版式，是否符合要求。整个版式是否存在统行、统版的问题。

（10）整理校样时，应检查是否有漏段缺页、缺图少表、图歪线斜及页码或图表顺序不连续等现象。

资料来源：百度文库《校对基础知识培训》，2018-07-02，https://wenku.baidu.com/view/8b5fb3fc0242a8956bece47d.html。

（二）演示文稿制作要点

（1）突出焦点。PPT 的本质是 "Power Your Point!"，所以要将关键词、关键句突出，版面设计只能有一个焦点。特别是直接给主要领导汇报的浓缩型 PPT，一般而言不要超过 50 页，汇报时间不要超过 30 分钟，而且必须每页都是观点，简洁凝练，富有语言与视觉的冲击力。

（2）具有冲突。好的 PPT 应跌宕起伏，如同在讲述一个激动人心的故事，是一个不断制造冲突和解决冲突的过程，在矛盾斗争中引人入胜，让决策者不知不觉被方案的观点和内容征服。

（3）要素和谐。一是标题。这是最重要的文案要素，要足够吸引人。有几种方法可以增加吸引力。例如是否承诺了一项利益点、是否包含了具有价值的消息、是否谈到了策划要解决的问题、是否引用了流行元素等。二是画面。这是最重要的冲击要素。要注意图片大小的搭配、内容（与客户相关最好）与类型的选择等。三是内文。这是吸引人继续关注的重要因素，要放弃陈词滥调，创新表达，先让自己激动起来。四是字体。其选取原则是便于客户阅读，同时要与策划主题、基调、传播对象联系起来，要尽量避免奇形怪状的字体和过小的字号。

（三）主题视频制作要点

（1）写好脚本。脚本通常由策划负责人来撰写，因为他对整个策划方案最为熟悉，对方案的重点、亮点和难点最为了解，所以稿子较容易体现出策划的精髓。好的脚本是视频成功的一半，特别是对于说明展示性的策划视频而言。需要注意的是，脚本在交予制作机构之前，一定要与客户（主要负责人）进行沟通，征求客户的意见，确保脚本在后期不会进行大幅度修改。

（2）做好指导。策划人是整个视频的导演，最清楚要表达什么、达到何种目的。策划人在视频制作过程中，要与 3D 建模人员、拍摄人员、剪编人员及委托方（代表）进行深入沟通，不断磨合，达成共识。

第八节　典型案例：南滨路文化产业园战略策划 [1]

一、策划背景

南滨路文化产业园位于重庆市南岸区南滨路，核心区规划面积 9 平方千米，是重庆打

---

[1] 根据委托协议，这次任务是战略规划，这里主要从策划角度论述，阐述规划前的策划环节。

造"两江四岸"风貌的精华地段，更是南岸区滨江经济带隆起的关键引擎。园区创建于21世纪初，成立以来先后投资近100亿元推动园区基础设施建设，吸引了重庆出版集团、默林集团等知名企业入驻，2010年获评为重庆首批市级文化产业示范园区，2011年被国家旅游局评为国家AAA级景区，被国家水利部评为"国家级水利风景区"。

作为我国文化产业发展的重大战略抓手，国家级文化产业示范园区（以下简称"示范园"）在文化和旅游部的指导下，高效、高质、高速发展，为全国文化产业发展树立了标杆、做出了示范。为了贯彻党和国家相关文件指导精神，南岸区提出了以南滨路为核心创建"示范园"的战略构想，谋划探索出一条西部地区文化特色发展、融合发展、开放发展、跨越式发展的新道路。

南岸区委区政府高度重视"示范园"创建申报工作，成立了区委书记、区长双组长制的创建工作领导小组，多次召开专题会议进行研究。为了绘制更科学、更专业、更有高度的战略蓝图，南滨路邀请了中国传媒大学文化发展研究院专家团队进行了战略规划编制（此节主要阐述规划前的策划阶段）。

二、策划流程

（一）前期沟通，确定需求，签订协议

2015年孟夏之际，课题组一行8人赴重庆南岸区进行了首次调研与沟通。这次考察的主要目的是了解园区的实际情况，听取区领导的具体想法与需求，并就合作意向、合同内容进行协商。由于是首次合作，双方还不太熟悉，因此对于课题组而言，通过此次调研和座谈，展现团队的研究能力和专业水平，获得客户的认可与尊重，就成为此行的首要任务。课题组高度重视，在去调研之前进行了细致的资料收集，并专门召开了准备会议（见表5-17）。

表5-17 园区相关资料收集清单

序号	级别	材料
1	重庆市	①《重庆文化产业发展报告》（2012年、2013年、2014年）；②重庆市2014年文化产业总结和2015年工作计划；③重庆市"十三五"文化发展前期研究（初步成果）；④重庆市"十二五"旅游规划和"十三五"发展前期研究；⑤重庆市促进文化产业发展政策文件（包括专项基金）；⑥主要领导关于文化发展的讲话文件等
2	南岸区	①南岸区地方志（区志）；②南岸区城市规划文本（CAD图）；③南岸区"十二五"规划与"十三五"发展思路；④南岸区2013年至2015年政府工作报告；⑤南岸区文化发展2014年总结和2015年工作计划；⑥南岸区"十二五"文化发展、旅游发展规划及"十三五"课题研究；⑦已经出台的南岸区文化产业发展政策文件；⑧主要领导与文化发展相关的讲话等

续表

序号	级别	材料
3	南滨路	①南滨路规划文本（含CAD图）（标出重点文化项目的位置、范围、面积、用地性质等）；②南滨路管委会近三年发展工作总结和发展计划；③南滨路管委会组织构架、管理职责等相关材料；④南滨路重大文化项目资料（包括策划或规划文本CAD图、建设情况、发展问题、可用建筑面积或可用地情况）；⑤南滨路文化企业概况及龙头企业情况；⑥南滨路项目招商情况及近期重点在谈项目；⑦其他相关课题研究成果与总结性材料

入驻南岸区第三天，课题组在充分消化资料的基础上，同时结合实地调研情况，与区领导就"示范园"创建思路进行了友好沟通，获得了区领导的高度认可，并当场就委托需求和工作内容达成了共识，核心任务是帮助编制园区发展战略规划（包括主文本、重大项目策划文本、专题研究报告、展示宣传片四个部分）。随后，通过近一个月的深入沟通，双方正式签订了合作协议，对主要任务、工作内容、合作期限、合作金额和权利义务等进行了明确的规定（见表5-18）。

表5-18　合作协议的主要内容

序号	条目	具体内容
1	主要任务	结合重庆市南岸区实际，编制符合国家级文化产业示范园区文件要求的产业园发展战略规划
2	工作内容	提供主规划文本（包括发展基础、发展定位、空间布局、产业布局、效益估算、保障策略等）
		重大项目策划文本（包括项目定位、规模、内容、功能、效益估算、参考案例、建设运营策略等）
		重大专题研究（包括现有国家级园区研究、南滨路文化资源梳理、同类型园区比较研究、滨江文化产业带发展案例）
		展示宣传片（介绍战略规划成果的6分钟宣传片）
3	合作期限	120天（甲方汇款之日算起）
4	合作金额	按照双方协商的总额度执行，并分前（50%）、中（30%）、后（20%）三次进行支付
5	权利义务	合同就资料保密、成果版权、违约责任、争议解决办法等进行了详细的规定

（二）实地调研，系统分析，形成基本结论

合同签订之后的第二周，课题组即赴重庆开展了正式调研。如果说前一次调研主要目的是为了沟通，那么此次则是为编制规划，为客户解决实质性问题。因此，调研必须更加细致与深入。课题组先后访谈了市级、区级的文化相关部门负责人，园区内的重点企业，

考察了正在实施或规划的重大项目,并邀请了当地文化专家召开专题会议。同时,为了吸收创建的成功经验,课题组还到西安、成都、广州、曲阜等地进行了考察与学习(见表5-19)。

表 5-19 调研对象和主要内容

序号	对象	主要内容
深度访谈		
1	市文化委	①重庆市文化产业发展现状与问题;②重庆市文化产业发展构想;③重庆市公共文化服务体系建设基本情况;④对南岸区文化产业、南滨路文化产业园区发展的建议
2	区发改委	①南岸区域发展格局、城市战略定位、"十三五"富阳整体战略部署;②对南岸区文化、旅游产业发展的重大项目介绍;③对南岸区文化产业未来发展的构想和建议
3	区文化委	①南岸区文化产业发展现状与问题;②南岸区文化产业发展构想;③南岸区传统文化、非物质文化遗产等文化资源情况;④南岸区公共文化服务体系建设基本情况
4	区规划分局	①全区空间功能布局和规划建设情况;②南滨路规划建设用地整理、利用和储备情况;③农村集体土地利用方面的探索与政策
5	区旅游委	①南岸区旅游现状、规模及发展规划;②对文化与旅游融合发展的思考;③对"示范园"创建的建议
6	区体育局	①南滨路体育活动开展情况;②重庆乐视体育落户南岸区情况;③重庆马拉松公园建设思路
7	重点项目/企业	①基本情况介绍;②重大项目规划思路(发展定位、建设内容、空间规划、投资规模、运营模式、重点服务或产品、预期目标等);③企业发展战略思路(发展定位、建设内容、投资规模、运营模式、重点服务或产品、预期目标等);④发展面临问题和所需支持(如人才、资金、优惠政策、创新环境、公共技术平台等)
8	文化专家	邀请8~10位对南岸历史文化(特别是对开埠文化)有研究的本地学者,开"南岸文化特色"小型专题会
实地调研		
1	区范围	重点文化产业、旅游业等相关的园区与重大项目
2	市范围	全市范围内具有竞争性或可借鉴的园区与重大项目
3	全国范围	已创建成功的代表性国家级文化产业园区
资料收集		
1	补充资料	前期园区相关资料收集清单中还未收集到的资料
2	新需资料	随着策划活动深入所需要的新材料

深度调研之后，课题组召开了多次头脑风暴会，集思广益，列出了策划大纲。在随后的一个月内，课题组又赴南岸区进行了补充调研。在收集和梳理材料的基础上，课题组借助SWOT工具，对园区进行了全面剖析（见表5-20）。

表5-20　南滨路文化产业园SWOT分析

S：发展优势	W：发展劣势
①战略区位优越。西濒长江，背倚南山，是重庆发展高端商务、文化创意的战略重地，展示城市文化魅力的窗口之地 ②内外交通畅达。南滨路拥有水、陆、空立体交通体系，内外交通十分畅达。距离江北国际机场仅需30分钟 ③文化底蕴深厚。大禹文化、巴渝文化、开埠文化、抗战文化等多元共生，开埠文化遗址占整个重庆的80%以上 ④重大项目相继建设，如弹子石老街、施光南大剧院、国家文物保护装备产业基地等	①发展高度有待提升。立足重庆与全国的层面来看，园区发展还缺少高度，示范、辐射和带动作用尚不明显 ②发展特色亟须突出。主导文化不突出，未培育出特色文化发展体系 ③业态文化内涵待增。业态大多以普通的商业、餐饮、住宿功能为主，文化内涵丰富、文化附加值高的业态不多 ④产业服务需强化。公共服务平台仍需完善，特别是还需利用市场手段增强文化金融创新和企业服务能力
O：发展机遇	T：存在威胁
①国家政策，指明产业新方向。加快发展网络视听、移动多媒体等新兴行业等政策出台，可助力园区现有产业壮大 ②融合发展，开创产业新格局。通过推进文化与信息、科技、旅游、体育、餐饮等产业融合，形成融合新业态 ③协同发展，增加产业新动力。在国家经济推动区域协同、要素协同、产业协同的大背景下，可借力协同共进 ④开放发展，扩大产业新空间。强化文化领域的开发与开放，打造内陆开放高地、区域链接全球资源的战略平台	①发展竞争加剧。随着周边城市和区域对文化产业的重视，各类文化园区正在崛起，争夺招商和创建资源 ②人才短缺困扰。文化产业本质是人的产业，高素质文化产业人才的短缺，仍然是制约园区发展的重要因素 ③支持资金不足。随着经济发展下行压力增大，政府财政收入缩减，扶持企业创新创业资金不足

在全面剖析了园区的内在条件和外部环境之后，课题组结合国内外类似园区的发展经验，通过采取头脑风暴法、德尔菲法等，将分析不断引向深入，并在此基础上进行了策划创新。

（三）创新理念，明确定位

1. 创新园区发展思路

课题组认为，园区应该从发展视野、文化特色、跨界融合、环境优化、重点突破五个方面进行创新。

第一，拓宽发展视野，提升战略高度。南滨路被誉为"重庆外滩"，是重庆开埠之地，近代城市建设之源。迈向大国崛起的新时期，南滨路应像伦敦南岸区、巴黎左岸区等著名城区一样，敞开胸怀，成为融汇国内外顶尖艺术、演出、时尚、创意、创新、创业、活跃的国际性滨水文化区，成为重庆向世界展示文化魅力的重要窗口。同时，拉开空间距离，我们可以发现重庆地处丝绸之路经济带、中国－中南半岛经济走廊（连接21世纪海上丝绸之路）与长江经济带"Y"字形大通道的联络点上，具有承东启西、连接南北的独特区位优势，南滨路作为重庆核心城区的核心组成，应充分借助重庆战略区位和资源集聚优势，强化文化领域辐射和带动作用，成为区域链接国际乃至世界的战略枢纽。

第二，建构文化体系，塑造园区特色。南滨路作为引领重庆乃至西部近代风气之先、开埠遗存丰富之区域（开埠文化遗址占重庆市的85%以上），相比其他文化类型，开埠文化在西部与全国都具有更大知名度。南滨路应加快对开埠文化的现代化阐释，打造以"开放文化"为主导，大禹文化、巴渝文化、抗战文化、山水文化、时尚休闲文化等多元文化共生共融的特色文化体系，通过物质、制度和精神层面的演绎，铸就园区大气、包容、进取的城市文化灵魂（见图5-9）。

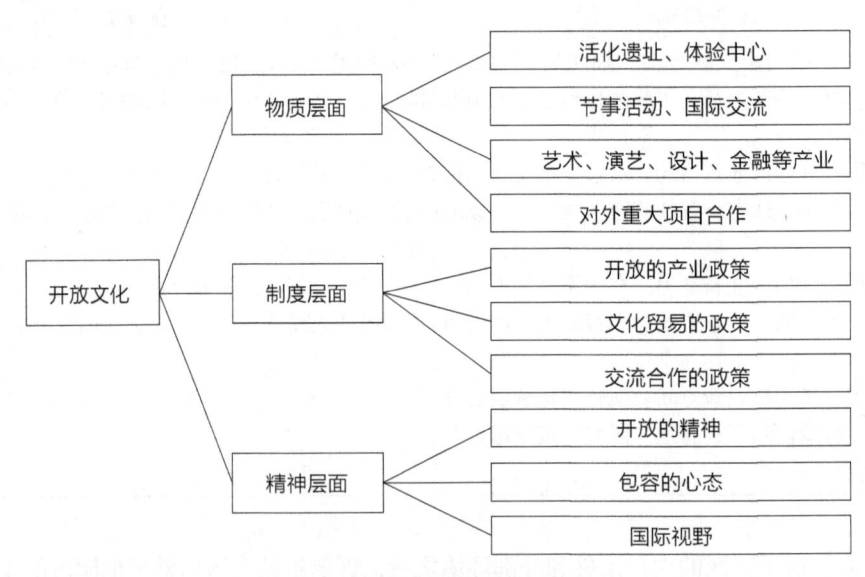

```
                          ┌── 活化遗址、体验中心
              ┌─物质层面─┼── 节事活动、国际交流
              │          ├── 艺术、演艺、设计、金融等产业
              │          └── 对外重大项目合作
              │          ┌── 开放的产业政策
  开放文化 ───┼─制度层面─┼── 文化贸易的政策
              │          └── 交流合作的政策
              │          ┌── 开放的精神
              └─精神层面─┼── 包容的心态
                          └── 国际视野
```

图5-9 开放文化演绎的三个层面

第三，推进跨界融合，构筑大文化格局。南滨路文化产业发展应突破自我循环，以开放文化为特色，融合南岸区其他各种文化类型，大力推动文化与装备制造、休闲娱乐、信息科技、金融服务及商业贸易等产业的深度融合，在此基础上逐步构建文化产业的新业态、新产品与新服务，形成"文化＋"的大文化格局，成为推动南岸区经济转型升级的强大动力（见图5-10）。

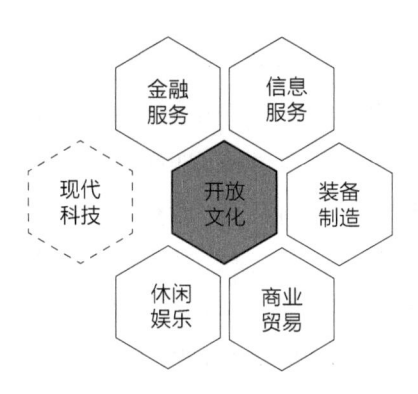

图 5-10　构筑 "文化 +" 的大文化格局

第四，优化发展环境，构建生态系统。互联网时代是一个共享经济的时代，是一个发展模式从价值链到生态圈的变革时代。园区必须顺应新趋势，以文化创新源（文化创客、创新主体等）为核心，协同和整合最广泛的外部资源（包括金融机构、大型企业、媒体中介等），共同参与为文化创新创业者服务的过程，构建"O2O 载体平台 + 研究机构 + 产业联盟 + 金融投资 + 政策支持"的创新创业圈和价值共享的生态系统，营造"大众创业、万众创新"的良好氛围（见图 5-11）。

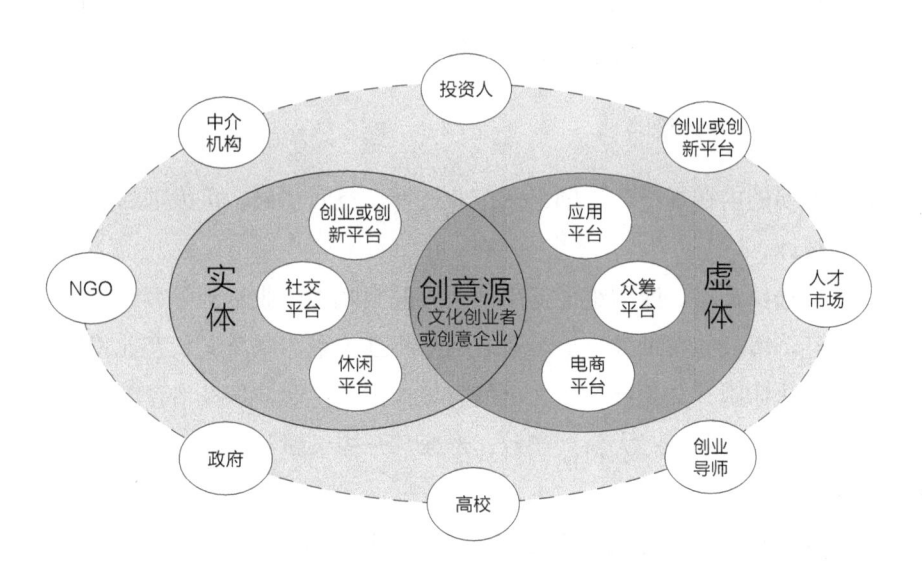

图 5-11　文化创新创业生态系统示意

第五，聚焦重点突破，加速品牌崛起。重大文化项目是促进文化产业转型升级的突破口。加快南滨路建设，应创新设计系列重大项目，集中精力，重点突破，打造一系列具有南岸文化特色和重大影响力的文化产业品牌，实现园区快速崛起，提升在西部乃至全国的影响力。

2. 创新园区发展定位

根据南滨路战略区位、文化资源，以及重庆城市能级和我国文化产业园发展要求和趋势，课题组在策划中将园区发展定位为"两区四高地"。

"两区"，即"国家文化产业开放合作示范区"——以开放文化为特色，借助丝绸之路经济带、长江经济发展带建设的契机，大力建设内外联动、东西双向开放的合作交流平台，将园区建成为立足重庆、服务西部、面向国际的文化开放合作中心；"国际化都市滨水文化活力区"——以文化、艺术、生态为主题，以开埠文化为特色，吸引国内外顶级艺术、演出、娱乐、餐饮和酒店等机构与品牌入驻，将南滨路打造成传统与时尚共生、文化与经济共荣、本土特色与国际风范并耀的国际性文化娱乐休闲区、生活美学体验区。

"四高地"，即"西部文旅融合发展示范高地"——推动文化产业与"互联网+"、旅游休闲等相关产业融合，不断催生出新产品、新业态、新模式，打造文旅融合发展的示范区；"西部文化金融创新高地"——大力发展文化金融，探索开展天使投资、私募、众筹、互联网金融等新型金融模式，争取创建国家文化金融合作试验区；"西部文化创客发展高地"——以数字内容（特别是手机应用类软件、游戏、视频），创意设计，文化艺术等产业为主导方向，打造"创客基地+产业基金+创新联盟（政产学研）"的创业服务高地；"西部文化消费体验高地"——以开放文化、生活美学及新兴业态为主导方向，不断创新文化消费产品和服务，打造西部文化消费的新空间。

（四）系统思考，设计策略

根据园区发展的内在规律，课题组从产业选择、空间布局、重大项目、基础保障等方面进行了策略设计。

第一，产业选择策略。课题组根据南滨路资源禀赋、产业基础等客观条件，综合考虑各产业对区域经济增长的贡献大小、产业之间的相互关系，以及文化产业发展趋势，建议园区着力推进文化休闲、文化装备、文化信息三大主导产业，积极培育艺术品产业、演艺娱乐业、文化生产服务业等三大新兴产业，形成"三主三新"的活力产业体系，构筑南岸文化产业发展新格局。

第二，空间布局策略。课题组根据园区现有项目和资源分布情况，按照"核心集聚，多点支撑；轴线串联，组团布局；功能混合，产城一体"的布局理念，构筑"一核两区多点"的空间发展格局，辐射带动全域文化产业发展。

第三，重大项目设计。课题组根据园区的战略区位、资源禀赋和发展定位，建议园区重点打造十大项目，即瀛寰之窗、开埠长街、世界欢乐汇、"绿丝带"世界生活美学公园、西部文化金融创新示范基地、国家文物保护装备产业基地、水墨滨江、东原1891（二期），以及"南岸长歌"大型灯光秀、国际开埠文化节等系列节事活动。

同时，课题组对项目效益进行了大体的估算。课题组认为，根据项目所涉及的建设内容，"十大项目"的规划面积将达到330万平方米，建筑面积180余万平方米，总投资约为110亿元。从经济效益上看，预计到2025年增加值约100亿元，带来税收约9亿元。从社会效益看，项目建设将快速提升园区的知名度和影响力，促动南岸区滨江文化经济带隆起，在西部乃至全国形成示范和样板效应。

第四，发展保障策略。课题组建议从创新发展政策（产业发展、文化金融、土地利用和交流合作等），充实发展基础（完善公共服务体系、建设智慧文化园区、提升基础设施水平、打造园区传播体系），强化人才支撑（引进高端人才、创建合作方式、定制培训、健全激励方式），完善发展机制（组织机构、工作机制）和加强组织实施（运行管理、监督检查、绩效考核）等方面，强化发展保障。

（五）方案评估，修改调整

课题组对方案进行了充分的内部讨论，以及与南岸区政府进行了初步沟通并达成基本共识之后，课题组联合区政府，邀请了业内知名专家召开了论证会。与会专家对策划方案进行了高度评价，认为站位很高，从整体策划到分步实施，有比较强的前瞻性、战略性和实操性。同时，专家提出：一是要加强保障机制研究，如通过建设信用评价体系、产权体系等，为园区构建一个适合生存与竞争的生态环境；二是要阐释好"开埠文化"，因为它让人首先联想的是侵略与耻辱，这需要在新时代做好新阐释；三是要注重文化消费，研究文化的有效供给，探索文化金融如何支持文化消费；四是要有跨界融合思路，实现互联网、文化、人才、文化创投基金等要素的融通；五是注重发展新型业态，如直播、网红经济、虚拟现实、人工智能等产业，与南岸区手机制造业的优势结合起来。

三、后续服务

（一）策划成果转化为规划

根据专家在论证会上的观点，课题组对策划方案进行了细致的调整，并配合方案讲解视频，一并提交给了南岸区政府。区政府组织召开了领导小组会议，会上主要领导对方案表示了高度认可，并获得了全体成员的表决通过。在此基础上，课题组对策划方案的成果进行了转化，即按照标准的规划格式，对策划方案进行了重新的组织和语句的调整，使其更符合规划语言。那么，这两种语言有何区别呢？

策划语言强调的是"为什么要做""建议怎么做"，带有一种说理和建议式语气；但规划语言则完全不同，强调的是"做什么""达到什么效果"，是一种命令式语气，没有商榷之余地，语言也相对简洁，大都由动宾结构组成。

（二）帮助制订实施计划

"战略规划"完成之后，园区继续聘请课题组做"发展计划"。课题组结合战略规划、文旅部"示范园"建设的指导意见，以及"示范园"验收要求，为园区编制了"示范园区创建方案"，帮助园区在2017年10月以西部第一的成绩获得了国家级园区创建的资格，又帮助园区编制了"示范园"创建三年行动计划。该计划旨在引导园区在2020年能够顺利通过文旅部的验收，获得正式授牌。该行动计划包括2018—2020年园区总体发展思路与策略，以及每一年的发展目标、重点任务与具体工作等。

（三）提供专家指导服务

"行动计划"制订之后，园区聘请了课题组作为专家团队，对创建"示范园"进行指导。具体形式为课题组每年到南岸区指导创建工作3次，就文旅部最新政策进行讲解，为创建中的问题提供对策，并通过专题会、座谈会等形式对相关人员进行培训。在2018年的指导服务中，专家组通过调研，撰写了《南滨路文化产业园发展的六大问题与对策》，指出了园区缺少集中展示空间、龙头型企业、公共服务平台、特色模式等问题，并提出了相应的对策与建议。

（四）创建日常指导服务

由于专家组难以深入指导日常的创建工作，因此2019年初南岸区创建领导小组一行12人回访了中国传媒大学，并提出了建立长效合作机制的设想。为此，文化发展研究院派出了原课题组的负责人，到南岸区进行为期一年的挂职，帮助完成创建工作。挂职人员到岗后，通过完善创建班子、提炼特色模式（见表5-21）、塑造园区形象、组建企业联盟等活动，推动创建工作有序展开。同时，结合"两个示范区"创建（南岸区是西部唯一一个同时创建"国家公共文化服务体系示范区"和"国家级文化产业示范园区"的城区），推动文化产业与公共文化服务的融合发展，取得了良好成效。

表5-21 南滨路文化产业园发展模式提炼

维度	内容
一个特色	开放文化
两大动力	政府引导、企业主体
三大产业	文化娱乐休闲、数字内容创意、文化装备制造
四个融合	文化和旅游融合、传统与时尚融合、本土与国际融合、生态与经济融合

续表

维度	内容
五大载体	南滨路历史文化街区、文化演艺与内容创意集聚区、南山生态文旅休闲区、国家文物保护装备产业基地、世界欢乐汇
六大支撑	组织机制、服务平台、促进政策、队伍建设、全域协同、开放合作

（五）宣传平台构建服务

文化发展研究院充分利用学术平台优势，如"海峡两岸文化创意产业高校研究联盟白马湖论坛""中国文化产业学院奖"等活动，帮助园区对外传播推广，树立园区品牌；借助研究院在文化领域的影响力，以及丰富的信息与人脉资源，通过搭桥牵线等多种形式，帮助南滨路介绍优质文化企业。同时，发挥中国传媒大学的传媒影视优势，帮助园区制作了《千年南滨路，文旅新境地》宣传片，助推园区形象建设。

四、复盘总结

从2015年夏初赴南岸区考察伊始，课题组与南岸区的深度合作已愈五年。总结五年的合作，可以说成果丰硕，园区获得了快速发展，课题组也不断实现了成长。

第一，主要成绩。在国家文化和旅游部领导的关怀指导下，在课题组与南岸区的努力下，园区立足优势、瞄准示范、特色发展，基本形成了以文化消费为引领，以文化传承创新为主线，以旅游休闲、数字创意、演艺娱乐为重点的，生态型、融合型、开放型的国际性文化活力区，为滨江文化带带来新的风景与活力，提升着整座城市的"颜值"和"气质"，基本上实现当时的策划构想和规划目标。截至2018年年底，已经有3300家文化企业在这里入驻，28万人在这里从事文化创新、创意与创业工作，一条城市文化发展主轴正在崛起。在这里，可以逛一逛"慈云寺—米市街—龙门浩"老街，享受一段古朴而悠闲的时光；可以到弹子石老街，感受一种传统与现代交错的魔幻；可以到施光南大剧院，观看一场精彩的话剧；还可以到重庆国际马戏城，体验一番艺术的盛宴……

第二，主要经验。从课题组与南岸区合作历程来看，主要有如下经验：一是要植地深耕。根据经验数据，获取一个新客户的成本是维护一个老客户成本的7倍，一个科研与咨询策划机构必须要打造几片根据地、培养几家"堡垒户"、树立几个业务标杆，"星星之火，可以燎原"，如此才能"手中有粮，心中不慌"，沉下心来扎实做好研究和策划工作。二是要真诚服务。将客户作为事业上的伙伴、感情上的朋友，想客户所想，急客户所急。例如，在"示范园"创建资格申报与"国家公共文化服务体系示范区"中期评估中，课题组深度介入，帮助撰写材料、指导汇报过程，为园区提供了全面而专业的服务，赢得了客户的认可与信赖。三是要做好桥梁与枢纽，即应充分利用好策划机构的资源、人脉等优势，帮助园区构建共同创造和分享价值的有机生态圈，整合各方力量促进园区发展壮大。

但凡过往，皆为序章。奋斗是奋斗者的信仰。面向未来，南滨路文化产业园区正立志于建设成为一个彰显魅力的文化窗口之区、传承创新的文化活力之区、开放包容的文化共享之区、追求卓越的文明典范之区。这是园区的"梦"，也是研究策划机构的"梦"，期待园区早日成就自己的光荣与梦想。

★★★重点回顾与拓展阅读★★★

一、重点回顾

（1）策划是一种严谨有序的理性行为，是一个发现问题、分析问题和解决问题的过程。策划既可委托他人，也可自我策划。

（2）策划是以问题为导向的定制化创新创意活动，明确委托方的动机与诉求，是策划的出发点和落脚点。而"确定需求"需要策划人做好基础准备以熟悉客户，通过有效的沟通来洞悉客户动机，并在策划过程中明确客户需求的内容与要求，固化共识，敲定策划合同，形成策划框架。

（3）在策划过程中需要制订调研计划进行实地调研，掌握原始材料，在尊重客观现实的基础上撰写深入本质、架构完整的调研报告。此外，需把握政治发展、经济发展、技术发展、社会与文化发展及空间格局发展的大势，对策划对象的基本情况、内部条件与外部环境进行全面、系统的分析，并利用SWOT进行总结得出明晰结论。

（4）创新意识应成为策划人的首要意识，成为一种策划人的条件反射。理念创新内涵很丰富，就策划领域而言，主要包括思维创新、思路创新和定位创新等具有提纲挈领性的创新行为。

（5）思维创新需要避免思维陷阱，养成批判性、辩证性、开放性的思维。思路创新影响策划成果的质量，应突出新颖性与有效性，掌握框架主义、改良主义、跨界主义、拿来主义等四种创新方法。定位创新须遵循独特性、支撑性与价值性三个基本标准，可采用抢先占位法、关联定位法、对比定位法来制定。定位的超级符号包括好名字、定位语、广告语和视觉锤。

（6）策略创新应该包括项目、空间、模式、传播和时序等方面。项目策略应坚持创造新的内容与服务。空间策略要明确对象的空间选择与布局。模式策略重点是探索可持续发展的商业模式。传播策略要点在于借势借力，传重于播。时间策略即要注意建设的流程与时序。

（7）城市空间主要有两种布局：集中式布局（主要有网状结构和环状结构两种）、分散式布局（包括组团状、带状、星状、环状、卫星状、多中心与群组城市等多种形态）。

（8）策划方案制定之后，需进行评估。方案评估过程一般包括制定评估标准、进行方案评估和方案调整修正三大环节。方案的评估标准可分为定制性、科学性、创新性、可行性、效益性、可持续性、风险性七个指标。

（9）策划应适当地提供后续服务，包括策划内容培训、实施过程指导、协助资源整合、项目总结复盘（主要针对策划机构内部）等四个方面。

（10）策划成果需要载体呈现，如策划文本（策划主文本、专项研究报告、调研访谈报告、策划示意图集）、演示文稿及主题视频。策划表达须突出定制化、简洁力、逻辑力、冲击力。其文本成果呈现结构包括前序、正文、附录三部分。

二、拓展阅读

（1）《需求：缔造伟大商业传奇的根本力量》。该书由亚德里安·斯莱沃斯基（Adrian J. Slywotzky）和卡尔·韦伯（Karl Weber）合著，论述了人们无法拒绝、竞争对手无法复制的需求创造的六大关键，同时深度剖析，富有智慧的需求创造者，解读了他们如何将消费者的痛点变成了产品开发的机会。

（2）《失控：全人类的最终命运和结局》。该书由凯文·凯利（Kevin Kelly）所著，是作者对科技、社会和经济最前沿的一次漫游，以及借此所窥得的未来图景。书中提到并且今天正在兴起或大热的概念包括大众智慧、云计算、物联网、虚拟现实、敏捷开发、协作、双赢、共生、共同进化、网络社区、网络经济等。

（3）《商业模式新生代》。该书由亚历山大·奥斯特瓦德 与伊夫·皮尼厄所著。书中利用商业模式画布分析了瑞士银行等跨国企业，列举了有趣的分析方法与工具，让商业模式创新这项艰深复杂的工作变得有章可寻。

（4）《商业模式全史》。该书由三谷宏治所著。本书的书名蕴含了两层含义：一是关于商业术语及经营战略术语的历史；二是商业模式变革的历史。本书共涉及70个商业模式、200家公司、140位改革先驱和商业领袖，读者可以从中品读和挖掘商业模式作为改革创新源泉的真正要义。

（5）《批判性思维》（原书第10版）。该书由美国学者布鲁克·诺埃尔·摩尔（Brooke Noel Moore）和理查德·帕克（Richard Parker）合著，从批判性思维的重要性和必要性说起，对批判性思维进行了全面的论述，旨在帮助读者全面了解和掌握合理而正确思维的基本原则、规则、要求、技巧和训练方法。

（6）《视觉锤：视觉时代的定位之道》。该书由劳拉·里斯所著。本书将定位比喻为钉子，将视觉形象比喻为锤子，认为定位就是在消费者心智中找到一个空位，然后植入一颗钉子，并提出了颜色、产品、包装、创始人等塑造视觉锤的方法。

（7）《新城市规划艺术》。该书由美国学者安德列斯·杜亚尼（Andres Duany）、伊丽莎白·普拉特-兹贝克（Elizabeth Plater-zyberk）、罗伯特·阿尔米纳（Robert Alminana）合著，包含700多个规划项目、1200多幅规划设计图，详细介绍分析了众多世界级大师的经典规划实例，是城市规划与城市设计方面的百科书。

第六章　策划人的素养与能力

赵襄主学御于王于期，俄而与于期逐，三易马而三后。襄主曰："子之教我御术未尽也。"对曰："术已尽，用之则过也。凡御之所贵，马体安于车，人心调于马，而后可以进速致远。今君后则欲逮臣，先则恐逮于臣。夫诱道争远，非先则后也。而先后皆在于臣，上何以调于马？此君之所以后也。"《韩非子·喻老》中的这个故事启示我们：御马如是，做一个策划人也一样。不是要跟别人去比，关键是要做好自己，不断领悟与进取，才能不断超越，成为一名优秀的策划人。

第一节　策划人的三重境界

咨询研究专家彼得·布洛克（Peter Block）有句名言："在服务业，人是一种产品。"[1]这服务业的品质，在根本上取决于人的素质，策划业也不例外。

当前，策划人的概念所指非常宽泛，可以是有着奇思妙想的广告人、引起舆论轰动的新闻记者、解救公司于危难的公关人士，也可以是善于出谋划策的管理人员、从事软科学的研究人员，不一而足。但不管策划人以何种身份出现，他们都具有一个共同的特点：强烈的创新意识和丰富的想象力。不过，要成为一名专业策划人——以策划为生的人，还应具备更加全面和专业的素养。

《论语·雍也》中说："知之者不如好之者，好之者不如乐之者。"孔子在此讨论了学习的三重境界：知道、爱好和以之为乐。推而广之到策划业，也有三种境界之别。第一重

---

[1] 彼得·布洛克.咨询顾问的圣经：完美咨询指导手册[M].周怡，译.北京：机械工业出版社，2016：7.

境界："知之者"——策划领域的求知者，其求知的行为主要是为了生存，将策划作为一种职业技能和谋生的手段；第二重境界："好之者"——策划领域的钟爱者，不只是将策划当作养家糊口的工具，更是对策划有着发自内心的热爱，在工作中迸发出一种强烈的责任感和使命感；第三重境界："乐之者"——策划领域的弘道者，他们将策划与自己的人生目的、人生价值和人生幸福融合为一体，在策划本身中寻找幸福、体味人生、感悟神圣，获得社会的认可和自我价值的实现。换言之，策划人素养的提升过程，也是一个将自己的人生观、价值观与策划思想、专业能力、艺术技巧等内容不断融合的过程，是一个从职业境界、事业境界到志业境界的不断跃升过程（见表6-1）。

表6-1 策划人素养提升的三种境界的差异

项目	职业境界	事业境界	志业境界
驱动力	外在	外在或内在	内在
约束力	他律	他律或自律	自律
核心能力	技能	思想	理论
基本态度	普通情感	热爱	快乐源泉
工作导向	经济报酬导向	社会价值导向	自我价值导向

一、职业境界

此为策划生涯的初级阶段。在此阶段，策划人将工作视为一种谋生的手段，在心理感受上与其他职业没有多大区别。在考核机制与管理制度的约束下，尽职做好自己的本职工作，获得职业带来的报酬与安全感。从经验来看，策划人最初选择这个职业，动机乃是多元的，有天生爱好型、投奔革命型、生活所迫型，也有他人建议型、无可奈何型、无所谓型等，但不管初衷如何，选择了策划，就需履行职业所赋予的责任。那种身在岗位，心思却被其他事务占据，忙"自留地"，打"小算盘"，对工作本身却交差了事、敷衍塞责的做法是不足取的。

（一）职业的概念

职业的英文为 Occupation，从词源学角度来看，"职业"一词由"职"与"业"两个字合成。所谓"职"，包含着社会职责、天职、权利与义务等含义；所谓"业"，包含着从事、业务、事业、事情、独特性工作的含义。[1]根据相关学者的研究成果，人们对

---

[1] 邢永富，吕秋芳.高等学校教师职业道德修养［M］.北京：首都师范大学出版社，2016：15.

职业的理解有如下几点。

第一，职业是劳动者从事的有报酬的工作。也即是说，职业是劳动者谋生的手段，但未必是发展和享受的手段。第二，职业是劳动者能稳定地从事的工作，即有时间限度，是一种相对稳定的、非中断的劳动，一般规定为全部正规劳动时间的 1/3 或 1/2 以上，否则就成为副业。第三，职业是劳动模式化的一种人群关系及相应的行为规范，不是个别行为，而是群体化和社会化的行为，有着模式化的人群关系和行为规范。说到底，职业是劳动者为了谋取物质生活及其他社会生活所需，并通过发挥个人智力和体力及人格的力量，在社会分工体系中从事的相对稳定的、有报酬的、专门类别的工作。❶

策划在我们身边无处不在，与策划相关的职业主要有三类：❷

其一，职务策划。即在商务与经营管理活动中，领导者自我主动发起的策划。其职务角色决定了策划、决策和实施的一体化。事实上，出于费用等因素考虑，很多领导者并不邀请外部机构，而是组织内部成员自行策划，如一位大学校长组织教师策划了一场"30周年校庆文艺晚会"，这就属于职务策划。

其二，专业策划。即在企事业单位中专门负责策划事务的专业人员。随着竞争的激烈和领导者对策划的重视，许多机构和组织都设置了策划岗位，招聘专业人员担任，如在会展企业中负责活动策划的人员、在媒体机构中负责选题策划的人员、在广告营销公司中负责创意策划的人员。

其三，职业策划。即面向思想、建议或创意采购者，以销售各种定制化策划成果为生的从业人员，如咨询策划公司的专职人员。这也是本书要讨论的核心人群。策划人的职业价值属性决定了他们必须进行创造性、创新性和创意性生产，为决策提供各类参考服务。

从严格意义而言，只有专业策划者和职业策划人，才能说自己从事的是策划。职务策划更多是一种副业，一种由职务衍生出来的策划行为。

（二）增强策划职业素养

在职业阶段，我们难以要求所有从业者都热爱策划，全身心投入策划，但要求对工作尽职尽责，不断地提高专业水平和策划能力，则是应有之义的。

所谓职业素养，是指个体在从业过程中表现出来的综合职业素质，主要包括职业信念、职业技能和行为习惯三大内容。对于策划的新手而言，应从以下三个方面着力突破，让自己更像一个"策划人"。

第一，坚定职业信念。信念是职业素养的灵魂，没有信念就难以唤起职业的自觉。良

---

❶ 邢永富，吕秋芳.高等学校教师职业道德修养［M］.北京：首都师范大学出版社，2016：15.

❷ 万钧.商务策划学［M］.北京：清华大学出版社，2015：239-240.

好的职业信念应该涵盖高尚的职业道德、积极的职业心态和正确的职业价值观，认识到职业在社会分工体系中承担的责任和存在的价值，产生职业的自信心和自豪感。虽然策划行业在改革开放之初，由于缺乏规范化和法制化，给人大吹大擂、坑蒙拐骗的印象，但是随着行业的成熟和时代的发展，策划变得越来越普遍和重要。因为"在这个瞬息万变的时代，对那些需要开展'系统思考或价值创造'的事件、活动或项目来说，无论它们是一般性的还是极其重要的，都需要借助前瞻性的策划以支撑未来的决策。实践已经表明，在当今充满变化的环境中，优秀的策划已成为各类组织或个人获得成功的必要条件之一"❶。今天，我们可喜地看到，社会正在重新定义和认可策划，策划人的地位亦不断提高。相应地，策划人也应将职业信念调向爱岗、敬业、乐观、开放等积极向上的一面。

第二，提升知识技能。正如教师需上好课、律师要打好官司一样，作为策划人必须锻炼和提升自己的专业知识和技能，否则难以成为合格的策划人。因此，策划人需用审慎的态度去对待工作，一边实践，一边学习与反思。值得注意的是，相较其他能力，策划人需特别强化创新意识、创新思维和创造能力，学习和掌握好策划的方法和工具，能在发现、分析和解决问题中体现出一名策划人的专业性、严谨性和效率性。

第三，养成行为习惯。古罗马著名哲学家马库斯·图留斯·西塞罗（Marcus Tullius Cicero）曾说："习惯能造就第二天性。"每个行业都有基本的行为习惯，如银行、律师等金融法律行业，永远都是西装革履、皮鞋锃亮，显得沉稳、干练、富足，如果衣着邋遢、举止浮夸，就不会被客户信任。策划这个职业，虽然还未形成一套严谨的行为规范，但不管策划业如何特殊，尊重客户、严格守时、严守秘密等习惯应牢固树立。

二、事业境界

该阶段是每一位有事业心、有责任感、有理想和抱负的策划人，在经历了策划生涯初期的磨砺之后，慢慢成长而达到的。在此阶段，随着对策划规律和价值的深入认识，策划人对工作有了发自内心的热爱，愿意全身心投入，认真钻研，并取得了相应的理论和实践成果，受到领导、同事和客户的认可与尊重，获得了策划工作的满足感与荣誉感。

在此阶段，策划人将不汲汲于短暂的经济利益，常心怀大格局，着眼长远，追求更高更持久的物质与精神回报。虽然也有策划热爱者甫一入职，即对策划抱有极大热情，积极进取，甚至不在乎工作本身的报酬，但这并不意味着就达到了事业境界。因为他们尚未经历过实践的艰苦磨炼，知识和技能也有待提升，对策划的认识和理解还有待深化。事业境界应是一种激情沉淀后的平静心态，是一种遍尝策划之苦后的甘之如饴，是一种勇于攀登和探索的奉献

---

❶ 卢长宝. 项目策划［M］. 3版. 北京：电子工业出版社，2018：7.

精神。到了这个阶段,策划人已经将事业心、责任感、自己的聪明才智与策划工作紧密融为一体,心无旁骛地潜心钻研策划技能和规律,已成为客户眼中的策划大行家。

(一)事业的概念

事业是指人们所从事的,具有一定目标、规模和系统的对社会发展有影响的经常性活动。《周易·系辞》中说:"举而措之天下之民,谓之事业。"意思是说,所谓事业,一定是要能够惠及人民、推动整个社会进步的。一项事业应该有如下特点:

其一,具有崇高意义。平时我们找个工作养家糊口,这是职业,不能算作事业。一个人选择职业,主要考虑的是收入、地位、能力要求、发展潜力等,追求的是成本最小化、时间最短化、回报最大化。而投身事业,则更关心事业本身的价值与意义,"只问耕耘不问收获",如马克思、恩格斯等知识分子义无反顾地投身于无产阶级革命事业。职业是社会分工的产物,而事业是价值评估的产物。

其二,需要艰辛努力。国学大师南怀瑾先生曾说:"真正成功的事业,没有不经过困难来的。"宏大如中国特色社会主义建设事业,微小如某一科技领域的攻关,都需要坚定执着,需要积极、主动、创造性的劳动。例如,"国之重器"(核武器、核潜艇等高精尖武器)研发领域,无一不是前辈革命者隐姓埋名、抛家舍业,几十年如一日,克服重重困难所取得的。

其三,获得高峰体验。将工作当作事业,意味着心无旁骛,去坚持、去拼搏、去登攀,让生命之舟无悔地驶向那浩瀚而神秘的海洋,去探索未知的航线,成为一生的追求和奋斗目标。正因如此,事业一旦有成,将带来极大的成就感和幸福感。

当然,职业和事业亦不能截然分开。职业是事业的基础,事业是职业的升华。很多人能达到事业的境界,得益于对职业价值、技能与情感的不断提升。一方面只有对自己的职业知之深,才能爱之切,产生深厚绵长的感情;另一方面只有体验了职业过程中的酸甜苦辣,领悟到事业的价值与真义,才能坚定所选。

(二)投身策划事业

相比职业境界,事业境界对策划人的要求更高,不仅要有才、有学,还要有识见、有格局、有定力。

一是要有识见。《围炉夜话·第一六二则》中说:"有真性情,须有真涵养;有大识见,乃有大文章。"事业之要旨是对社会有益。怎样的策划才能对社会有益?这需要策划人对历史、世界、社会、人性等有着深刻的洞察,能够平衡好经济效益与社会效益,将策划业推向一个更高的境界。正如人类学家玛格丽特·米德所言:"永远不要怀疑一小群有思想、肯付出的人能改变世界,事实上世界正是这样被改变。"策划人应立志做这么一小群人。

二是要有格局。一个人格局越大，他所看到的世界也就越大，所思考的范围也就越广。策划是为决策者服务的理性行为，要给其建议和引导，就应胸中有丘壑，站在"月球看地球"，能够不断地突破认知与思想的局限，用大格局、大智慧去帮助客户解决问题和成就理想。

三是要有定力。伟大是"熬"出来的。苏轼在《留侯论》中说："古之所谓豪杰之士者，必有过人之节。人情有所不能忍者，匹夫见辱，拔剑而起，挺身而斗，此不足为勇也。天下有大勇者，卒然临之而不惊，无故加之而不怒。此其所挟持者甚大，而其志甚远也。"作为一个优秀的策划人，欲成就自己的策划事业，没有百折不挠的定力是难以实现的。

但事业境界亦非策划的最高境界。因为此时策划人的自豪感和幸福感，还主要来自有形和无形的外部激励，其内心世界还会受到来自策划之外的世俗社会的干扰与诱惑，达不到"不以物喜，不以己悲"的思想高度。只有当对策划的爱融入血液，从他律世界走向自律的自由王国，不溺于物欲、屈于环境、痴于声名之时，才能真正达到策划的最高境界。

三、志业境界

志业境界是一种实现人生价值的精神状态，相对职业和事业境界而言，能达到这个境界的人少之又少，一般都堪称宗师级人物。在志业境界，其基调是"乐业"。梁启超在《敬业与乐业》中说："敬业即是责任心，乐业即是趣味。"对于策划人而言，只有"乐之者"，乐在其中，才能淡泊名利、不忘初心、上下求索，为策划事业贡献毕生精力，成就光辉的自我人生。

在志业境界，必然是知行合一的。《大学》中提倡学习要"博学之、审问之、慎思之、明辨之、笃行之"。策划也贵在知行合一。从实践中得出理论，用理论沉淀思想，用思想影响社会，如此反复不断提升。志业阶段的策划人应能够从自身的实践出发，归纳、总结出策划的内在规律，形成完整的原创方法论和工具体系，为策划行业及社会发展提供具有普遍价值的指导。

在志业境界，真正实现了"策划即生活"。一个热爱策划的人应是热爱生活的人，拥有敏感的触角，能从生活的点滴中窥探到大千世界的奇妙，发掘出策划的灵感，时刻享受着策划的乐趣。也只有真正到了志业境界，策划人才能成为"策划玩家"，才有底蕴和机缘将策划和生活完美融合为一体，做到"策划即生活，生活即策划"。譬如剑道圣手，人剑合一，羚羊挂角，大道无形。泉上之明月、林间之清风，皆能信手拈来，成为策划之妙品，达到道法自然的境界。

第二节 策划人的基本素养

素养是由训练和实践而获得的一种综合性修养，涵盖学识修养、人格品位、审美理想等方面的综合素质。策划人是整个策划过程的主体，其素养决定了策划方案及策划行业的质量和水平。策划人必须不断提升自己，不仅应具备与时代相适应的思想素质（包括正确的价值观、先进的文化观以及与时俱进的思维方式和开放心态等），还应具备策划所需要的专业素养（包括合理的知识结构、良好的心理素质、熟稔的技能和方法）。有专家认为策划人的基本素养应包括"丰富的阅历、深厚的理论、睿智的头脑、灵敏的感官、锐利的眼光、奇特的联想和悬河的口才"❶，也有人认为应具备"5Q"："智商（IQ）、情商（EQ）、逆商（AQ）、胆商（DQ）和财商（FQ）"❷。

虽然不同专家对策划人基本素养的理解有一定差异，但整体而言一个优秀的策划人的基本素养应该包括"六项全能"：正直的心性、敏锐的感知、广博的识见、独立的思考、通融的智慧、合宜的表达。简而言之，欲做一个优秀的策划人，即要正于性、敏于感、勤于思、富于识、悟于道、精于传。

一、正直的心性

做事先做人。策划亦是如此。什么是正直的心性？就是正派、正道、正气的心灵与秉性，意味着有勇气坚持自己的信念，恪守自己的底线，自觉抵制假恶丑，追求真善美。策划沿承古代之谋略，有精华亦有糟粕。例如，那些不顾原则与道义，只讲利益与权力、出招阴损的"马基雅维利式"的谋划，显然有违于时代精神，亦会让策划由"阳谋"变成了阴谋，腐蚀行业健康成长的社会根基。坚持正直的心性，关键要做到"致良知、讲操守、谋正道"。

（一）致良知

"致良知"是王阳明哲学中的核心主旨。"良知"最早语出《孟子·尽心上》，其中有："人之所不学而能者，其良能也；所不虑而知者，其良知也。"这意味着一种"天生本

---

❶ 王志纲. 财智论语[M]. 北京：人民出版社，2007：153.
❷ 万钧. 商务策划学[M]. 北京：清华大学出版社，2015：238.

然，不学而得"的智慧。后来，王阳明将其引入心学体系，并成为重要的哲学概念，提出"良知，心之本体，即所谓性善也，未发之中也，寂然不动之体也，廓然大公也"❶。"良知之在心，无间于圣愚，天下古今之所同也"，但是"后世良知之学不明，天下之人用其私智以相比轧，是以人各有心，而偏琐僻陋之见，狡伪阴邪之术，至于不可胜说；外假仁义之名，而内以行其自私自利之实，诡辞以阿俗，矫行以干誉"，因此，"世之君子惟务致其良知，则自能公是非，同好恶，视人犹己，视国犹家，而以天地万物为一体。求天下无治，不可得矣"❷。对策划人而言，其服务对象广泛，上至国家、区域和城市的重大战略，下至企业、节事活动、公共服务、民生项目无不涉及。虽然策划人不直接做决策，但深刻地影响着决策的制定。因此，在策划过程之中，策划人是否心存善念，拥有良知，于人于事于己都是至关重要的。日本著名实业家稻盛和夫奉行"敬天爱人"的经营与管理思想，其认为领导者的选拔标准是"德"要高于"才"，人格第一，勇气第二，能力第三。对于策划而言，才高、勇足而德薄之人亦是不足取的。要想成为一个优秀的策划人，首先就要不断砥砺自己的良知，知善知恶，为善去恶，培育良好的精神品格，这是做人的根本，也是做好策划的根本。

（二）有操守

职业操守是指人们在从事职业活动中必须遵守的最低道德底线和行业规范。它具有"基础性"和"约束性"特点。策划行业尚未形成统一的行为规范，亦无专门法律法规。但是从行业特性出发，有如下几点必须遵循：其一，为人谋者，忠人之事。做策划首先要端正态度，一旦接受了委托，就应全力以赴，让成果达到机构的优秀基准之上。一个项目对策划人而言，其意义可能只是众多项目中的一个，但是对委托客户而言，依此决策，也许就决定了企业的兴衰、事业的成败，因此，既然接受了委托，就应不管金额大小，都要严肃对待，尽心做好。其二，坚持"量身定制、手工打造"。有些策划机构为了效率与效益最大化，常常将为甲家做的东西改个名字又转手卖给乙家，一个概念卖好几遍。策划的根本价值是定制化，这种复制自己的做法，短时间可能不出问题，但长此以往，无论是对客户的利益，还是对策划人的创造力和策划机构的美誉度，都是一种致命的伤害。其三，保守秘密。无论何时何地，都应高度重视客户的保密要求，不能因任何缘由透露秘密，造成客户的损失。策划中要减少"一锤子买卖的思维"，应有"钉子精神"，通过一次策划深耕一个地域、结交一群朋友，获得更多的专业与人格信赖。

---

❶ 王守仁. 王阳明全集：第1册[M]. 北京：中国书店，2015：85.
❷ 同❶99.

（三）谋正道

策划宜谋正道。此处有两层含义。第一，选择要慎。所谓"道不同，不相与谋"，并不是所有的客户都值得服务，所有的钱都可以赚。孔子也曾说："富而可求也，虽执鞭之士，吾亦为之。如不可求，从吾所好。"[1] 客户在说明来意与目的之后，策划人应有一个基本判断：此事是否为正道。例如，某客户只谋求弄垮另一家企业，并不是关心如何做好自己的产品。面对此种诉求，策划人就需特别警惕。第二，方法要正，即不搞歪门邪道，教唆客户违法乱纪。有时客户对策划人特别是"策划大师"盲目信任，希望其指点高招。策划人出于各种目的，大打法律和政策的"擦边球"，认为"撑死胆大的，饿死胆小的"。如果说在改革开放初期法制不健全的情况下，这种做法还情有可原，那么到了今天，这样的侥幸心理只会搬起石头砸自己的脚。

二、敏锐的感知

超乎常人的洞察力，是策划人的看家本领。策划人本质上就是一群发现问题更敏锐、分析问题更深刻、解决问题更有效的脑力劳动者。在策划实践中，策划人需要充分调动自己的感知器官——眼、耳、鼻、舌、身，多角度去感知与体会色、声、香、味、触，最大限度地收集和掌握外部信息，迅速抓住委托客户的需求点、事物发展的关键点、潜在价值的最高点、社会舆论的引爆点。同时，要关注事物发展的新趋势、新现象，保持对时代变迁的敏锐感知。

（一）眼观

眼睛是人类最重要的信息器官，大脑中80%～90%的信息都来自视觉系统。我们读书识字、看图赏景、观演观影，都需要通过眼睛。随着"全球社会可视化"[2]的推进和读图时代的来临，眼睛在信息收集中的作用也愈加明显。但对于职业策划人而言，不仅要眼见，还要心观。《说文解字》中说"观，谛视也"，就要集中精力、用心地去看，要"仰则观象于天，俯则观法于地"，力求周详地了解事物背后的道理，见人所未见，发人所未发。例如与客户谈话，通过观察其"微表情"，就可把握其内心的波动与真实的意图；考察一个商业综合体，不仅要看到商品，还可看到业态布局、租户结构、动线设计、顾客层次、整体氛围等；考察一个园区，能够看到园区规划、业态设计、配套服

---

[1] 杨伯峻.论语译注［M］.北京：中华书局，2015：97.
[2] 尼古拉斯·米尔佐夫.如何观看世界［M］.徐达艳，译.上海：上海文艺出版社，2017：7.

务、整体风格、人员素养、发展潜力、主要问题及症结之所在。如果"生活不是缺少美,而是缺少发现",那么在策划中不是缺少信息与线索,而是缺少探幽发微的观察能力。

(二)耳听

学会倾听,是策划人的必修课。苏格拉底曾说:"自然赋予我们人类一张嘴,两只耳朵,也就是让我们多听少说。"管理大师吉姆·柯林斯(Jim Collins)在《从优秀到卓越》(Good to Great)一书中,提到一条法则:"不要逢人就讲自己的趣事,多听听别人的看法,听听他人的心声。"在策划过程中,为了获得更多的信息,更深入了解客户的委托意图,必须掌握好倾听这门艺术。

如何才能做好倾听呢?首先,端正心态。繁体字中的"聽",左边一个"耳"、下面一个"王"字,即要以听为王;右边十个"目"一个"心",就是讲倾听时眼睛要看着对方,一心一意地听讲。策划在与人交流时,要时刻保持一种开放、包容和赞赏的态度,虚心聆听,不要为了证明自己见多识广而口若悬河,向客户卖弄学识。事实上,客户在阐述其发展状况与困惑时,也为策划人提供了纯度极高的信息,因为这是他们思考很久、碰壁多次仍然无法解决的问题。其次,善于临场总结、反馈和引导。能够快速地从客户的表述中抓到关键问题,以提问、复述等形式进行互动,抽丝剥茧地把握对方的核心观点,引导客户阐述更深、更本质的问题与想法。例如,有时可就同一件事情从不同角度进行提问,让客户难以掩藏真实想法。最后,注意言外之意、弦外之音。所谓"打雷听声,听话听音",在倾听时不仅要听客户"说什么",而且要思考其"为什么这么说",以便更精准地做出判断。

【案例链接】 "推销之王"的故事

美国汽车"推销之王"乔·吉拉德刚开始卖车的时候,曾有过失败的深刻体验。在一次推销中,某位名人来向他买车,他推荐了一种最好的车型给他。那人对车很满意,并掏出1万美元现钞,眼看就要成交了,对方却突然变卦而去。

乔为此事懊恼了一下午,百思不得其解。到了晚上11点,他忍不住打电话给那人:"您好!我是乔·吉拉德,今天下午我曾经向您介绍一部新车,眼看您就要买下,却突然走了。"

"喂,你知道现在是什么时候吗?"

"非常抱歉,我知道现在已经是晚上11点钟了,但是我检讨了一下午,实在想不出自己错在哪里了,因此特地打电话向您讨教。"

"真的吗?"

"肺腑之言。"

"很好！你用心在听我说话吗？"

"非常用心。"

"可是今天下午你根本没有用心听我说话。就在签字之前，我提到犬子吉米即将进入密执安大学念医科，我还提到犬子的学科成绩、运动能力及他将来的抱负，我以他为荣，但是你毫无反应。"

乔不记得对方曾说过这些事，因为他当时根本没有注意。乔认为已经谈妥那笔生意了，不但无心听对方说什么，而且在听办公室内另一位推销员讲笑话。这就是乔失败的原因：那人除了买车，更需要得到对一个优秀儿子的称赞。

此番话重重提醒了乔·吉拉德，使他领悟到"听"的重要性，让他认识到如果不能自始至终倾听对方讲话的内容，认同顾客的心理感受，难免会失去自己的顾客。以后再面对顾客时，他就非常注意倾听他们的话，无论是否和他的交易有关，都给予充分重视，收到了意想不到的效果。

资料来源：尹威《美国汽车推销之王乔·吉拉德：认真聆听才能成功》，2012-04-07，http://blog.sina.com.cn/s/blog_9ffdbe050100yb4f.html?tj=1。

（三）鼻闻

鼻子是人类的嗅觉器官，《荀子·荣辱》中说"口辨酸咸甘苦，鼻辨芬芳腥臊"[1]。由于人们主要通过视觉和听觉系统接受外界信息来认识世界，因此我们通常会忽略鼻子在信息获取中的作用。事实上，人们能够辨识和记忆近5000种气味，训练有素的香水品评师甚至能分辨10000种气味。例如《闻香识女人》中，由艾尔·帕西诺（Al Pacino）主演的退伍军人史法兰中校，由于在一次意外事故中双眼被炸瞎，长期的失明生活让他拥有了异常敏感的嗅觉。他凭借女人使用的香水味道，不仅能说出香水的牌子，甚至能道出对方的外形，甚至头发、眼睛的颜色及嘴唇的细节。虽然我们训练不出如此灵敏的嗅觉，但在策划调研过程中，如果有意识地强化鼻子的作用，可能会带给我们一些其他感官不易察觉的信息。例如，可用鼻子感受某个地方的空气是否清新，特别是雾霾笼罩下的中国，用鼻子即可评估一地的生态环境。再如考察一家生产企业，根据厂房散发的气味，即可简单评估该企业的卫生条件和生产质量等。

案例链接　策划有香味的广播广告

品牌专家马丁·林斯壮（Martin Lindstrom）的研究指出："人的情绪有75%是由嗅觉产生。人对照

---

[1] 方勇，李波. 荀子[M]. 北京：中华书局，2011：45.

片的记忆,在三个月后只剩下50%,但回忆气味的准确度高达65%。"

首尔被称作"咖啡之城",首尔人对于咖啡的热情更是难以言喻,但是在首尔人心目中Dunkin Donuts的甜甜圈远远比其咖啡更加有名。为了鼓励人们更多地到Dunkin购买咖啡,公司策划了一则充分利用人们嗅觉的特殊广告。每当公交车的广播中响起Dunkin Donuts的广告时,车上的声音识别机器会分辨出其广告中独特的叮当声,随之散发出咖啡的香味。顾客每当听到这个广告就会闻到香味,不知不觉中建立起了对Dunkin和咖啡的微妙联想,并且在他们的上班途中光临Dunkin Donuts买咖啡。在这次活动中,有35万人体验了这则广告,设在汽车站的Dunkin Donuts店面的顾客增长了16%,而销量增长了29%。人们表示,体验过这则广告之后,他们更倾向于认为Dunkin Donuts是咖啡制作的行家里手。

资料来源:钛媒体《Dunkin Donuts:广播咖啡的香味》,2012-05-09, https://www.tmtpost.com/497825.html。

(四)舌尝

《汉书·郦食其传》中说:"王者以民为天,而民以食为天。"尘世烟火中的众生,食是永恒的主题。《礼记·礼运》中说"夫礼之初,始诸饮食",孔子要求"食不厌精,脍不厌细",俄国作家冈察洛夫无奈表示"人无疑是大地的主人,但又是胃肠的奴隶"。随着时代的发展,吃不仅仅是"果腹",更衍生出了绚烂的文化。

中国地大物博,同时由于各地气候、地理、历史、物产及风俗的差异,饮食文化也逐渐演绎得丰富多彩、博大精深,体现出不同地域的性格与风情。有策划人说"市场是尝出来的"。确实,没有比品尝各地美食更能体验当地的文化与特色,更能激发策划人的灵感与幸福感了。

我们常说"策划即生活",美食无疑是连接策划与生活的最短桥梁。一位优秀的策划人,也应是一位美食家。每到一地,首先要品尝当地的特色美食。所谓美食,并不一定非要到五星级酒店,讲究名厨掌勺、山珍海味,更应走进普通民众生活,根据当地人的推荐与指引,到美食街、大排档、老字号、小吃店去品味,主动融入当地的生活场景,感受当地的风土人情。其次,不要为吃而吃,要观察、要询问,思考饮食背后蕴藏的地域文化。例如,为什么"南甜北咸东酸西辣";为什么一块豆腐、一只鸡,各地做法差异那么大;为什么山东要陪酒、河南讲端酒、苗家山寨要喝入门酒。只有多思考和多询问,发现饮食后面的深层次原因和文化内涵,一顿饭才算吃出了"味"。

(五)体感

身体是人类获得触觉的媒介,如触压觉、冷觉、温觉、痛觉和振动觉等。在策划过程中,我们亦需要利用触觉器官来收集资料。例如,在策划服装企业战略时,需要通过触觉才能对布料的质感有切身的体会；在考察星级酒店、精品民宿时，需要入住体验才感受其舒适程度。同样，我们也需通过身体才能感受到南北气温之差异，然后在建筑规划与设计时才更有地域意识。

三、广博的识见

学如弓弩，才如箭镞。前人在评论谋略大师诸葛亮时曾说：上知天文，下知地理，中晓人和，明阴阳，懂八卦，晓奇门，知遁甲，运筹帷幄之中，决胜千里之外。虽然对策划人不必要求如此神乎其神，"多智而近妖"❶，但知识渊博、见多识广、阅历丰富，仍然是一个优秀策划人的底蕴之所在。所谓"博观而约取，厚积而薄发"，没有生活的积累与沉淀，策划就成为无源之水、无本之木。

识见，这里包括知识、经验、阅历和见识四个层面。有识见的人，能够化繁为简，直抵事物的本质与项目之核心。正如阅人无数的老中医，无须烦琐的化验程序，只要望闻问切，病灶便能了然于胸。

（一）知识

知识是人类从各个途径中获得的、经过提升总结与凝练的系统认识。丰富的知识是策划人最基础也最宝贵的财富。没有足够的专业知识，就无法认清事物的本质，设计出创新性解决方案。即便通常认为主要依赖灵感的创意，也无非是各种已有知识的新组合；离开了知识，大脑就没有可以加工与创造的材料。

世界经济合作组织（Organization for Economic Co-operation and Development，OECD）在1996年的年度报告《以知识为基础的经济》中，将知识分为四大类：知道是什么的知识（Know-what），主要是叙述事实方面的知识；知道为什么的知识（Know-why），主要是自然原理和规律方面的知识；知道怎么做的知识（Know-how），主要是指对某些事物的技能和能力；知道是谁的知识（Know-who），涉及谁知道和谁知道如何做某些事的知识。在策划中，关于认知规律和解决问题的知识是需要重点掌握的，即是说，策划人要多看原理类和方法论类书籍。

当然，在策划实践中学习知识的方式，与在校学习有所不同。学校主要凭兴趣，只要不"挂科"即可。策划不同，必须学以致用，将知识转化为指导工作的理论或方法。也正因为这样，策划学习的目的性更强、压力更大，当然也就更有效率，所以在研究生阶段，学生跟随导师做些项目，以项目带动学习，这种方式是极为有效的，可以帮助学生快速掌

---

❶ 鲁迅.中国小说史略［M］.北京：商务印书馆，2011：121.

握专业知识，推动知行合一，提升分析和处理问题的能力。如此毕业之后，即可较自信地应对职场挑战。

（二）经验

美国有句俗语："有经验的渔民，总能对付风暴。"对于策划人而言，经验特别重要。我们知道，能传授的一定是知识，自己积累的才算经验。打个比方说，看懂了教科书和科普文，会知道水温100°C很烫，但你不去摸，就没有"哎哟，烫死我了"的感觉，这感觉就是经验。

策划人需要有丰富的临床经验。所谓临床经验，即是个案研究。策划人面对的都是各异的个案。例如没有两位企业家是完全一样的，南派、北派、国有、民营、国内、国外；有的处于原始积累期，有的处于鼎盛发展期，有的处于衰亡重生期；有的长于公关，有的长于整合，有的长于管理。只有处理过大量的案例，积累了丰富的实践经验，才能对问题更加敏感，更能对症下药。

（三）阅历

策划人经常强调"读万卷书，行万里路，历万端事"。只有走过不同的城市，感受过不同的地域风情，才能厚积薄发，拥有与众不同的视野。例如这个"家"字，是个会意字，根据甲骨文字形，上面是"宀"，表示与房屋有关；下面是"豕"，表示猪，有房屋有猪就成了家，那为什么不是人呢？有祭祀说、有财富说、有生殖说，这些都有道理。但到底何种理解更有道理呢？如果策划人看了汉代墓葬出土的陶屋，可能对"家"就会有自己的理解。广西北海市出土了一批陶屋，展陈在"合浦汉代文化博物馆"里。其房子是干廊式建筑，上面是人住，下面是猪圈，同时猪也是财富的象征。从他们的陪葬品来看，嘴里含玉蝉，双手握着一对玉猪。在重视厚葬的汉代，手握玉猪，无疑代表了猪在财富中的地位，所以古人可能认为，有房子、有财富，才能算是一个完整而富足的家。

当然，行万里路，历万端事，还要高人指路，要争取更多机会与高层次、有思想的人交流，不断提升自己的识见和人生格局。伟大的物理学牛顿曾说："我之所以看得远，是因为我站在巨人的肩膀上。"策划人要永立潮头，作为时代的冲浪者，必须善于向各界学习，通过"吸星大法"将他人的功力化为己用，这样日积月累，博采众家之长，方可笑傲策划之"江湖"。

（四）见识

什么是见识？就是如钱穆在《中国历史学研究法》中所言：须"能见其全、能见其大、能见其远、能见其深，能见人所不见之处"，具有明智地、正确地作出判断及认知的能力。这是在知识、经验和阅历积累之上，形成的一种人生格局和智慧，也是一种策划的高级能力。有见识的策划人，面对各类客户和疑难问题，能够"乱云飞渡仍从容"；在与客户交流和问题解答中，能够随心所欲而不逾矩，自然生发一种气度和气场，体现出极高的学养和格局，让人油然生出敬意与信赖。

四、独立的思考

笛卡尔在《谈谈方法》（*Discours de la Méthode*）中写道："我想，所以我是。"❶ 爱因斯坦曾说："发展独立思考和独立判断的一般能力，应当始终放在首位，而不应当把获得专业知识放在首位。如果一个人掌握了他的学科的基础理论，并且学会了独立地思考和工作，他必定会找到他自己的道路，而且比起那种主要以获得细节知识为其培训内容的人来，他一定会更好地适应进步和变化。"国学大师陈寅恪1927年在《清华大学王观堂先生纪念碑铭》中也提出了"独立之精神，自由之思想"，并自此成为学者们的至高追求。其实，策划人也一样，最重要的是要有独立见解，而这来源于独立思考。在策划实践中，所谓"独立思考"，是指尽管策划以满足客户需求为导向，但这并不意味着对客户的所有诉求和意见都要全盘接受，而是应采取独立的立场和客观的态度，杜绝简单迎合和附和客户。策划人不唯上、不唯书、不唯客户，只与规律和真理为伍，否则策划就会矮化为客户的"传声筒""打字员"，失去了职业的尊严和应得的尊重。可以说，缺少独立见解的策划，必定是失败的策划。

（一）勤于动脑

策划人最吸引客户的是其发现问题、分析问题及表述问题、归纳问题的独到能力。更进一步说，即是对一个地方或一个项目能够快速地抓到关键与根本，创造性地提出定位、概念或策略。这种功夫依靠的不是神秘的天赋，而是勤奋刻苦、善于动脑。策划人欲增强独立思考的能力，首先要不断训练大脑。例如当我们看书看报时，随时保持发问状态，不停地问为什么，并作出自己的解答；在乘坐地铁时，给自己一个现实问题，然后快速思考，给出解决方案。做策划人什么都可以懒，就是思想不能懒，不能停下思考的脚步。

（二）怀疑精神

南宋心学大师陆九渊曾言："为学患无疑，疑则有进，小疑则小进，大疑则大进。"怀

---

❶ 笛卡尔. 谈谈方法［M］. 北京：商务印书馆，2016：27.

疑精神是独立思考的重要内容。所谓"尽信书不如无书",策划人员不能迷信权威、盲从舆论,而是要从无疑处生疑,通过常识与推理,对事物发展做出独立判断。即使是大家信以为真、书中已有定论的事件或观点,仍然要运用怀疑精神进行检验,如国学大师钱穆分析"烽火戏诸侯"之真伪。

案例链接 "烽火戏诸侯"

根据司马迁所著的《史记》记载,褒姒不爱笑,周幽王想尽万般办法,却依然无法博褒姒一笑。于是,周幽王就点燃了烽火,各地诸侯以为敌寇进犯,就匆匆带兵赶到,却发现没有敌人。褒姒见此情景,竟然哈哈大笑。周幽王为褒姒终于笑了而高兴,后来又多次点燃烽火,但诸侯因受戏要便不再来。后来,申国联合缯国、西夷犬戎攻打周幽王,周幽王再点燃烽火召集援兵,但是诸侯却都没来。于是,犬戎斩杀了周幽王,西周因此灭亡。

这个"烽火戏诸侯"的故事流传很广,被大家认为是史实,但对此一些史学家就提出了质疑。史学大家钱穆在《国史大纲》中认为:"此委巷小人之谈。诸侯并不能见烽同至,至而闻无寇,亦必休兵信宿而去,此有何可笑?举烽传警,乃汉人备匈奴事耳。骊山一役,由幽王举兵讨申,更无需举烽。"❶ 据钱穆的分析,诸侯在各地,有远有近,就算周幽王点烽火,也不可能同时赶到,而且古代军队行军都有哨骑,前方探路的侦察兵如果发现没有敌人自然会报告后方的大军,必然不会慌慌张张、狼狈不堪,而且骊山战役是周幽王自己发起的,没有点烽火的必要。

随着后来史学家的深入研究,以及出土文物的证明,发现所谓"烽火戏诸侯"的故事,只不过是子虚乌有的虚构之说。

(三)中西结合

中西思维各有侧重,各有优势。一般而言,西方思维侧重分析,强调数理与逻辑;东方思维侧重综合,强调直觉和悟性。西方人秉持科学主义,认为一件事必须经过"假设—证明"的过程才能得出结论;东方人更注重道法自然、直抵本心。这也造成了西方咨询和东方策划之间的差异。然而,一次高质量的策划应该是东西方思维结合的产物。既要有严谨的分析,也要有在此之上的综合与顿悟,实现科学与艺术(创意)的有机统一。

(四)重视交流

独立思考并不意味着闭门造车。弗朗斯·约翰松(Frans Johansson)曾提出"美第奇

---

❶ 钱穆. 国史大纲(修订本)[M]. 北京:商务印书馆,1996:48.

效应"：在思想、观念和文化的交汇点上，常常爆发出灵感；许多新奇的想法结合在一起，创造出惊人的新事物。作为策划人，在保持独立思考之同时，亦需不断叩问自己：是否渴望沟通、渴望表达、渴望分享。因为思想只有在沟通与激荡中，才能不断充实与完善，人也才能变得更加睿智与成熟。

五、融通的智慧

策划人专业技能的最高层面是能够体悟和归纳策划的内在规律，形成自己完整的价值哲学、思想理论和方法体系。其中，获得融通的智慧是达到这种境界的重要桥梁与必经路径。

（一）打通学术道

从策划的角度而言，所谓"学"，即在学校和书本里习得的知识，是学院派、常规性的知识，可称为"认知"阶段；所谓"术"，是将"学"与实践相结合，丰富了许多感性的、经验性的东西之后，形成的专业性能力与技巧，称为"感知"阶段；所谓"道"，是在"学"和"术"积累的基础上产生的质的飞跃，经"顿悟"形成的知识新境界，体现为"学"与"术"的贯通无碍，具备超常的洞察力、直觉力和创造力，是"悟知"阶段。一个策划人，只有从"学"入"术"再晋"道"之阶段，实现思想、理论、实践的三位一体，才算达到了智慧圆融的境界。

（二）纵横官产学

在中国特色市场经济体制下，策划也是一门政治经济学。要成为一名优秀的策划人，应该熟悉官场规则、产业规律和学术前沿，与政界、产业界和学术界形成紧密联系。通常，官员主政一方，视野开阔，情况熟悉，但公务浩繁，对很多问题难免缺少系统研究；企业家重在经营，实战经验丰富，但受自我利益所驱，很难从经济社会发展全面和整体利益出发考虑问题；学者以治学为业，学有专攻，追求自成体系，虽严谨深刻，但局限是难免片面，并与实际有相当距离，尤其是缺乏市场意识。因此，策划人应力求兼具三家之长：官员的广度、企业的深度、学者的高度，承理论之上，启实操之下。

（三）融合实与虚

对于策划人而言，既要务实，也要务虚。务实，就是要在大量实践磨炼的基础上，能够在时（历史）空（空间）视角关照下，用变量、系统和创新的方式，观察问题、分析问题和解决问题，不断提升执行能力，提高客户满意度；务虚，即要善于发现事物的内在规律,从现象看到本质、从现在看到未来,善于归纳总结和概念化,构建起自己的策划哲学和方法论体系,为策划行业贡献智慧与力量。换一种角度而言,如果说策划的研究、分析、推理等逻辑思维是策划人的左脑,是"实",那么策划中的想象、灵感、顿悟等直觉思维则是策划人的右脑,是"虚"。只有虚实融合,才能将策划的科学与艺术完美结合。

六、合宜的表达

表达是指一个人把自己的思想、情感、想法和意图等,用语言、文字、图形、表情和动作等清晰明确地展示出来,并善于让他人理解、体会和掌握。口齿不清、语义含糊固然不是好的策划表达,但也不是口若悬河、巧舌如簧则佳。关键在于合宜,即是在合适的场合、合适的时机将合适的内容传递给合适的人。

(一)口头表达

谋略大师鬼谷子曾言:"口者,心之门户,智谋皆从之出。"[1] 口头表达是策划人最基本的能力之一,贯穿在策划的全过程。在策划前期,需要与客户沟通,表达机构的优势和对问题的见解;在调研过程中,需要与访谈对象深入交流,全面掌握信息与想法;在策划创意中,要与同事协同研究,进行头脑风暴;在方案汇报中,要用最简洁的方式让客户快速抓住重点,获得认可。可见,说话结巴、言语不清、逻辑混乱的人,必然难以胜任策划工作。策划人应通过多朗读、多辩论、多交流等形式,不断锻炼和提升自己的表达技巧和能力。

知识拓展:关于咨询策划表达的四种场合

作为一名策划人,我们在做咨询策划项目时经常会遇到四类需要表达的场合,这四类场合说话的感觉和说话对象各不相同。这四种场合分别是调研、项目组内部讨论、头脑风暴和汇报。

第一种就是调研。调研中最重要的是向客户调研,咨询师在调研中要有很好的洞察力。去调研之前必须要做好功课,功课做得好,调研才有可能取得好的效果,这是咨询师调研功夫的体现。咨询工作是一个渐进过程,初期时要学会听其他有经验的同事是怎么提问的。这是听和说的关系。在调研中,调研的目的是听,说的目的是引导对方说我们想听的内容。

---

[1] 许富宏. 鬼谷子·捭阖第一[M]. 北京:中华书局,2012:11.

> 第二种场合,是项目组内部的讨论。对于咨询师而言,你要下功夫阅读很多资料,你要把自己的研究成果在项目组内部讨论会中很好地表达出来,这是你展现魅力、见证水平的好时机,这点对于咨询新手尤为重要。如果说调研要有很好的洞察力,那么项目组内部讨论就要有很好的表达力。
>
> 第三种场合,是我们经常强调的头脑风暴。头脑风暴是集体智慧的结晶,每一个咨询师在会上都要尽量往前冲,这样才能发挥组织的最大价值。头脑风暴主要锻炼的是项目经理的逻辑性和归纳力。对于普通咨询师而言,就要做到谨言慎行。
>
> 最后一个场合,是汇报。如果说头脑风暴讲的是亮点,那么汇报就是要结构清晰,有逻辑,有严整性。你前面介绍的再好,也不如客户最终的认可。在汇报中,主要是项目经理在向客户讲报告。一次汇报的成功与否,取决于两个方面:写报告和汇报能力。
>
> 资源来源:王德禄《咨询师的说与听》,2012-10-09,http://blog.sina.com.cn/s/blog_5f6641a80101cgbl.html。

(二)书面表达

对于绝大多数人而言,必不可少的是口头表达能力;但对于一些抱负远大的策划人而言,书面表达能力则显得更为重要。《左传·襄公二十五年》中说:"言之无文,行而不远。"一名优秀的策划人不但要有良好的口才,还要有生动的文笔,力争达到"信、达、雅"的境界。❶"信",就是言而由衷,准确地表达出自己的真实观点;"达"就是让对方清晰地理解自己的想法;"雅"就是表达的内容与形式更加完美,能够让人欣然接受。需要注意的是,写文章一定要大气,切忌就事论事,要有"襟三江而带五湖""谁持彩练当空舞"的宏大气魄,才能纵横挥洒、圆融无碍,让人读来欲罢不能、印象深刻。

第三节 策划人的能力要求

运势易改,能力可依。能力是指完成一项目标或者任务所体现出来的综合素质,是我们唯一可以依赖的东西。大前研一认为:"在新经济的世界里,如果不具备洞悉问题本质的能力、凭一己之力解决问题的能力、构思创意挑战新事业的能力、研究打败竞争对手的

---

❶ 万钧.商务策划学[M].北京:清华大学出版社,2015:235.

企业战略的能力，就会被所属的企业驱离职场。"[1]对于策划人而言，知识、人脉、经验固然重要，但超卓的能力才是王道。

不同职业、不同岗位对能力有不同的要求。策划机构一般有策划师、项目经理和总监（创始人）三个岗位层次，各层次对策划人的能力要求有所差异。策划师重点是要掌握研究能力、创新能力和传播能力，项目经理还要在此基础上提升架构能力、管理能力和商务能力；而对于总监（创始人）级别的策划人，还要强化方向引领能力、孵化领导者能力和社会影响能力。总体而言，研究能力、创新能力、传播能力是策划人的内核能力，如果没有这三者作为"硬核"，策划人的能力体系将无法构建（见图6-1）。

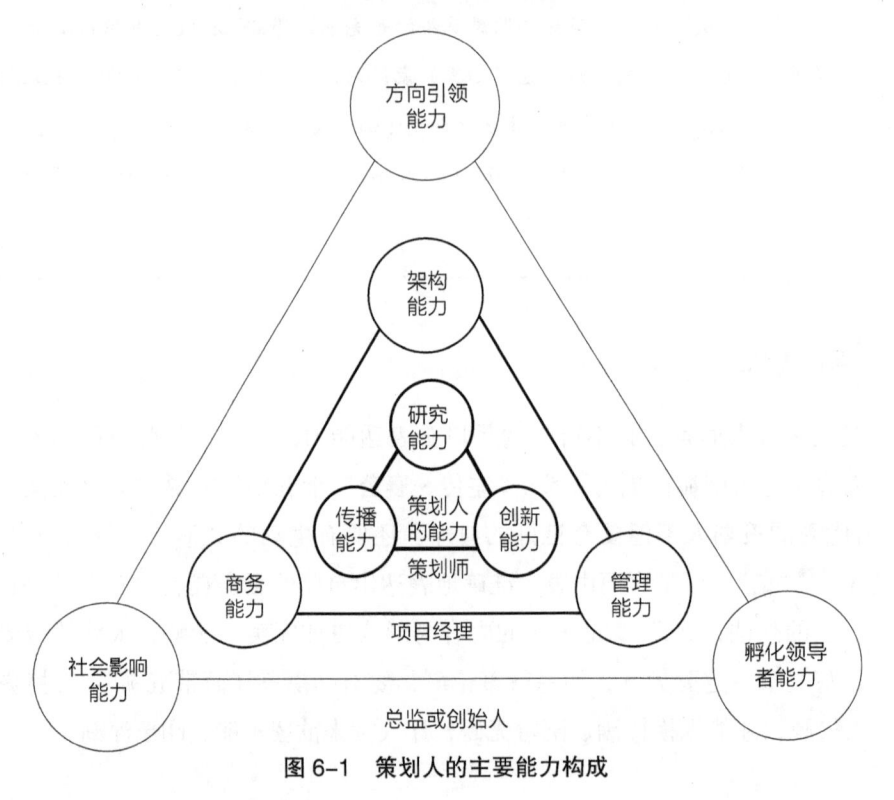

图 6-1 策划人的主要能力构成

一、策划师：掌握三种核心能力

策划目前没有形成职业资格体系，只要从事策划工作或担当策划任务，即可称为策划师。在策划师阶段，重点是磨炼和提升研究、创新和传播三大核心能力。其中，研究能力是基础，创新能力是关键，传播能力是支撑。三者共同构筑了策划人的立身之本。

---

[1] 大前研一. 思考的技术：思考力决定竞争力［M］. 刘锦秀，谢育容，译. 北京：中信出版社，2011：9.

（一）研究能力

"研"本义是用石头磨物；"究"本义是穷尽之意。延伸到现代意义，即是围绕某一特殊主题，利用有计划和有系统的资料收集、分析和解释的方法，获得问题解决的过程。刘易斯·A.科瑟（Lewis A. Coser）在《社会学思想名家》（*Masters of Sociological Thought*）中指出："自然科学已成功地确定了自然现象的规律性，发现了从自由落体到行星运动等一系列现象，认为这些现象都遵从有秩序的过程……逐渐缩小了从表面上看是不规律的、偶然的现象所赖以存在的领域。现阶段应开始在社会研究中下同样的功夫。"现代实证主义认为，社会现象或许比自然现象复杂，但在本质上是一样的，即存在一个"不变的规律"。可以说，研究之根本目标，就是追根究底，寻找必然。

广义来说，我们每个人都在做研究：我们都在搜集资料，回答问题以解决难题。❶研究一般涉及三大要素：一是问题。没有问题，研究就没有方向和动力。研究伊始，即要明确问题的内容、范围、性质等，对问题的内涵与外延进行限定。二是答案，或说结论。任何研究最后都要对问题有所回应，不能没有说法，不了了之。即便证伪了假设，仍然是有益答案。三是方法。研究需要科学的方法，如归纳、演绎等。很多时候，我们将研究视为冷冰冰的过程，但事实上，"研究是有血有肉的，是一个情感和生命投入的过程，是有灵魂的，是需要有反省力的，是一种对话过程，是一个严谨的逻辑推理过程，是要建立一个尊重别人，别人也尊重你的风范的努力，是对人类福祉和命运的深刻关怀的行动"❷。

研究主要有两种类型：当一个研究难题的解决方案对世上的实际难题没有明显的适用性，而只和研究者团队的学术兴趣有关时，称为理论性研究；而当一个研究难题的解决方案的确具有实际上的重要效果时，称为应用研究。❸或者说，应用性研究是侧重于认识现实社会问题并有针对性地提出特定解决方案的研究活动。策划研究属于后者，是一种以应用性为核心价值的研究。

与普通的研究不同，策划研究具有四个鲜明特点：其一，时效性。由于策划有一定的期限，因此研究也必须在一定时间内完成；如果超出了时限，即使研究再深入、结论再深刻，也失去了策划上的意义。其二，实效性。策划研究是为了解决特定的问题，如果研究不聚焦，不能就具体问题给出可供参考的结论或建议，再多的研究亦是徒劳。策划工作中，从来都是推崇功劳，不相信苦劳的。其三，集成性。策划并不强

---

❶ 韦恩·C.布斯，等.研究是门艺术[M].陈美霞，等译.北京：新华出版社，2016：9.
❷ 同❶1.
❸ 同❶58.

调基础性研究,由于其成果通常是以保密的形式交付客户,所以并不特别强调原创性,更多是集成性——拿来主义——综合各类现成研究报告和材料,只需标注出处,即可直接应用。其四,预设性。与一般市场调研不同,为了节省时间,策划研究通常会有基本假设,然后"顺瓜摸藤",印证已有假设,所谓"大胆假设、小心求证",可谓是策划研究的核心要义。

研究能力是一个人利用系统的资料收集、分析和解释的方法,透过现象发现事物的本质,找到问题解决路径的能力。通常要求对研究思维、方法、工具和流程的具有深刻的理解与把握。研究能力需要通过反复训练才能不断提升。对于策划人而言,还需结合策划特点,形成满足策划工作需要的研究能力素养。具体而言,包括问题发现与方案设计能力、信息获取与整理能力、资料挖掘与分析能力、成果阐述与应用能力。如何培养这些能力将在第七章"研究分析能力"中具体阐述。

(二) 创新能力

创新是所有进步的源泉。2010 年,IBM 公司采访了 1500 名来自 60 个国家的首席执行官,问他们未来成功的企业领导者最重要的技能是什么。他们的答案不是经济知识、管理技能、正直诚信或者个人自律,而是创新能力。策划人也是如此。

"创",《唐韵》中说是"始也,造也";"新",《博雅》中说是"初也"。从字面意思看,"创新"就是创造新的东西;是"提出有别于常规或常人思路的见解为导向,利用现有的知识、技术和物质,在特定的环境中,本着理想化需要或为满足社会需求,而改进或创造新的事物(包括产品、方法、元素、路径、环境),并能获得一定有益效果的行为"[1]。可见,所谓创新能力,即是在各种实践领域中不断提供具有经济价值、社会价值或生态价值的新思想、新理论、新方法和新发明的能力。

创新意味着突破。策划就是通过资源、信息等各种要素的综合运用,谋求一种对现状的突破。创新能力在整个策划过程中起着核心的作用。从思维的创新、概念的创意到策略的设计,从方案的表现到现场的汇报,创新贯穿在策划的每一个阶段和环节,是策划人的最核心能力之一。对于策划人而言,创新能力具体包括如下方面:一是思维创新能力。"我们所做出的决策和判断都取决于我们看待和解释这个世界的方式。"[2]策划创新的关键在于能否打破固有的思维模式,跳出传统的思维定式,超越常规、超越克隆、超越行业。思路决定出路,只有率先从思维出发,才能实现突破。二是概念创新能力。在策划实践中,

---

[1] 吴怀宇,等. 高校学生创新能力培养途径探索[J]. 武汉科技大学学报(社会科学版),2012:334-336.

[2] 斯科特·普劳斯. 决策与判断[M]. 施俊琦,等译. 北京:人民邮电出版社,2017:13.

通过概念创新，能够为对象进行定位，对性质进行说明，进而让人们更容易接受、理解与传播。三是策略创新能力。策划人不能满足于"知道分子"，像个书橱，只有存储功能，而要像蚕吃的是桑叶，吐出的是蚕丝。要善于吸收有益资料与信息，输出创新策略，帮助客户完成目标和达成理想。四是创意生产能力。在策划过程中，特别是文化、艺术和活动类等领域的策划，成功的关键即是创意。一个精彩的创意足够让策划活动熠熠生辉。创意能力在很大程度上考量着策划人对要素的整合与衍生能力，"好创意并非是凭空出现的，他们是由一些现存部件加以组合和拼接而成"[1]。如何培养这些能力将在第八章"创新创意能力"中具体阐述。

（三）传播能力

在信息爆炸的时代，"酒香也怕巷子深"，如何做好传播成为策划的重要内容。传播能力，简而言之，是传播主体运用各种手段，实现有效传播的能力，包括传播的精度与效度。所谓精度，就是精确地将信息传播到了特定的目标人群；所谓效度，就是对传播客体造成的影响。有效地传播策划内容，是策划落地实施的基本前提。

从策划角度看，传播能力主要包括三个方面：一是表达能力，包括语言表达和书面表达能力。只有良好的表达能力，才能将自己的思考和方案内容准确地传递给他人。二是沟通能力。这里主要指人际沟通能力，是指一个人与他人有效地进行沟通信息的能力。需要对沟通主体、沟通客体、沟通介体、沟通环境、沟通渠道和沟通技巧有系统的理解与把握。三是宣传能力。即是通过大众媒介或自媒体对外宣传，实现策划效果的最大化。核心是要提升借势造势能力和媒体公关能力。如何培养这些能力将在第九章"沟通传播能力"中具体阐述。

知识拓展：你的沟通能力如何？

请您就以下问题认真地问问自己：
（1）你真心相信沟通在组织中的重要性吗？
（2）在日常生活中，你在寻求沟通的机会吗？
（3）在公开场合，你能很清晰地表达自己的观点吗？
（4）在会议中，你善于发表自己的观点吗？
（5）你是否经常与朋友保持联系？

---

[1] 史蒂文·约翰逊.伟大创意的诞生：创新自然史［M］.盛杨燕，译.杭州：浙江人民出版社，2014：32.

> （6）在休闲时间，你经常阅读书籍和报纸吗？
>
> （7）你能自行构思，写出一份报告吗？
>
> （8）对于一篇文章，你能很快区分其优劣吗？
>
> （9）在与别人沟通的过程中，你都能清楚地传达想要表达的意思吗？
>
> （10）你觉得你的每一次沟通都是成功的吗？
>
> （11）你觉得自己的沟通能力对工作有很大帮助吗？
>
> （12）喜欢与你的同事一起进餐吗？
>
> （13）在一般情况下，经常是你主动与别人沟通，还是别人主动与你沟通？
>
> （14）在与别人沟通的过程中，你会处于主导地位吗？
>
> （15）你觉得别人适应你的沟通方式吗？
>
> 这是一个非常简单的小测试，回答"是"得1分，回答"否"不得分。得分为10～15分，说明你是一个善于沟通的人；得分为6～10分，说明你协调、沟通能力比较好，但是有待改进；得分为1～6分，说明你的沟通能力有些差，你与团队之间的关系有些危险。
>
> 资料来源：问卷星《沟通能力小测试》，2019-01-12，https：//www.wjx.cn/jq/35290518.aspx。

二、项目经理：提升三大拓展能力

策划活动主要以项目形式存在。项目经理是领导策划团队完成项目的人，在项目管理中起着决定性的作用，其能力、素质、理念关乎项目成败。在策划过程中，项目经理担当着领导者和决策者、协调人和促进者、资源分配者、项目谈判者、项目危机管理者等多个角色。他承担六个方面的职能：①确保项目目标的实现，保证项目客户满意。这是检查和衡量项目经理水平高低的基本标志。②制订阶段性目标和总体控制计划。③组织精干的项目组成员。④及时决策，包括资源调配、人员变更和物料采购等。⑤争取项目所需的资源。⑥履行合同义务，监督合同执行，处理合同变更。相对于普通策划师，项目经理要求掌握更多能力，其中最重要的是架构能力、管理能力和商务能力。

（一）架构能力

在软件工程中，架构是指有关软件整体结构与组件的抽象描述，用于指导大型软件系统各个方面的设计。系统架构师是一个最终确认和评估系统需求，给出开发规范，搭建系统实现的核心构架，并澄清技术细节、扫清主要难点的技术人员。在策划过程中，项目经理首先要做的是架构师的工作，系统架构能力是项目经理的首要能力。什么是架构能力？主要包括如下几点。

第一，全局把握能力。相对普通策划师，项目经理需要有全局视野，有对项目整体把握与设计的能力。简单而言，项目经理要能看到整头"大象"，而不只是大腿或大耳朵。他们需要熟悉一个项目的全部流程和各环节的关键要点，熟悉项目所涉及的专业领域，不能外行指导内行。这意味着项目经理要经历过策划各个环节的训练，并具备特定领域的专业知识和快速学习能力。也正因此，项目经理的培养是较为艰难的。即便具备一定的策划天赋，也需要三年五载，有些策划师可能终其一生也难以成为项目经理。全局把握能力体现在策划中，最具体事项即是"出框架、列提纲"的能力，即根据客户需求，列出策划框架与提纲，包括核心思路、定位创新、空间布局、策略设计等，进而为组员工作指明方向。

第二，任务分解能力。策划活动通常不是一个人能够完成的，需要借助不同专业背景的组员的智慧。任务分解即是将项目分解成为较小的、更易于执行的模块。例如，一次活动策划，项目经理需要按照"MECE原则"，将其分为市场分析、活动定位、活动内容、活动流程、投资估算、效益分析等模块，然后布置给不同组员。如何将任务进行合理的无遗漏的分解，并具体落实到合适的组员身上，这就体现出了项目经理的任务分解能力。

第三，组合调整能力。策划成果最后都要以一个完整的方案或报告形式存在。这意味着项目经理需要将各部分有机组合在一起，也就是常说的"统稿"。由于每个组员的策划能力、写作风格等方面都存在差异，因此，要将组员的工作成果整合成一个逻辑严密、风格统一的完整报告，就考验着项目经理的能力。优秀的项目经理可以实现"整体大于个体之和"，他们通过去粗取精、化繁为简、概念提纯等办法，可让一份原本平庸、零乱的策划方案变得光彩夺目、激动人心。

（二）管理能力

此处的管理主要指项目管理，即"是将知识、技能、工具与技术应用于项目活动，以满足项目的需求"❶。具体而言，是项目管理者根据项目运作的客观规律，系统运用相关理论和方法，对项目生命周期的各个阶段进行计划、组织、控制、沟通和激励，以满足或超越项目各方对项目的要求和期望的各项管理活动的总称。项目管理一般包括五个环节：①启动环节。核心是发起、构想与决策，包括可行性论证、项目决策与立项，以及制定项目章程（批准项目、反映需求、任命项目经理）。②规划环节。定义与细化目标，并为实现目标而计划必要的行动路线。③执行环节。根据项目管理计划，集合人力与其他资源，有序实施项目。④控制环节。测量与监视进程，检查是否有偏离计划之处，必要时采取纠正措施。⑤收尾环节。完结所有项目管理活动，并进行评估与复盘（见图6-2）。

---

❶ 项目管理协会.项目管理知识体系指南（PMBOK指南）[M].5版.北京：电子工业出版社，2018：5.

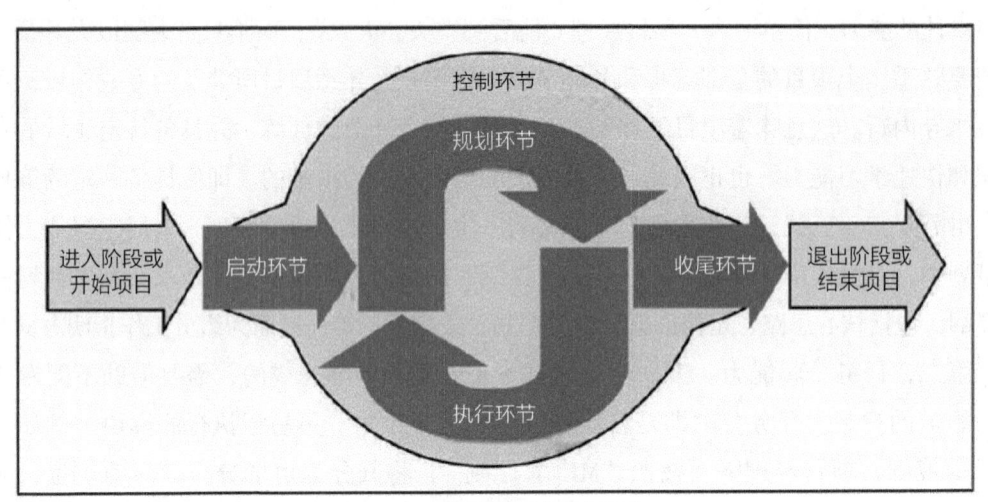

图 6-2　项目管理的五大环节

　　较于普通的管理工作，项目管理重点强调三要素：资源、目标和时间，即用多少资源在多长时间内达到何种目标。由于策划是一种智力服务，人力资源是策划机构的第一资源，70%以上的成本都发生在策划人员身上。策划目标来源于客户要求，获得客户认可（一些有专家评审环节）即算达成目标，因此其目标具有一定的主观性，特别是战略性策划，与决策者的认识、个性、意志和理想密切相关。策划时间具有极强的约束性，在瞬息万变的时代背景下，稍一拖延，时过境迁，精彩的方案就可能变得不合时宜；而且时间拖延，意味着策划机构的服务时间变长，修改次数变多，消耗的资源也更多。

　　在策划项目管理中，项目经理要重点锻炼好三大能力。

　　一是组织领导能力。策划是一项集体活动，最大的资源是人，所以如何最大化地激发项目组内部各个成员的积极性、潜能和合作意识，是项目经理首要考虑的问题。一个项目经理的组织领导能力越强，内部合力就会越大，完成项目也就越轻松。该能力又可分为人格魅力、冲突处理能力、激励下属能力等。项目经理需要不断提升组织领导能力，并逐渐形成自己的管理风格，才能创造更多成功。

　　二是时间把控能力。时间因素是项目管理的重要约束变量，过早或超过时限都不是理想结果。提升时间把控能力，首先要强化计划编制能力，项目经理需要通过分析活动顺序、持续时间、资源需求和进度约束等条件，建立项目进度计划表，并据此展开执行和控制工作。在时间管理过程中，一定要注意各个组员之间进度的协同，一个组员的掉队就可能导致整个工作的延迟。项目经理要关注每个组员的进度，必要时给予帮助。

　　三是质量控制能力。质量是策划的生命。对于策划人或机构而言，如果没有成功的案例，没有良好的业内口碑，就意味着难以继续获得策划委托，业务萎缩、生存艰难。策划质量高度依赖项目经理的经验积累和业务水平。虽然项目最后"把关人"是策划总监、机构创始人或联合专家组,但项目经理是质量的第一道关口,也是质量提升的执行负责人,决定着项目的"下限",合格的项目经理应确保方案质量在机构的基准水平以上。

(三) 商务能力

社会分工促进了商务的产生。所谓商务,从广义而言,泛指人际间的一切经营行为或经营活动。此处指策划人或机构为实现生产经营目的而从事的各类有关资源、知识、信息交易等活动的总称。简而言之,商务能力是一种交换与交易能力。在策划过程中,一名普通的策划师认真完成自己的策划任务即可,但对项目经理而言,除了推动组织内部的分工与合作,还需要加强与外部单位的沟通与协调,特别是要维护与深化客户关系,为项目结项和后续合作创造良好条件。就项目经理的商务能力而言,重点包括如下方面:

一是商务谈判能力。商务谈判是买卖双方为了促成交易而进行的活动,或是为了解决争端,并取得各自的经济利益的一种方法和手段。谈判大师罗杰·道森(Roger Dawson)说:"如果你不懂谈判,你就无法开创一个双赢的局面。"[1]项目经理是一个项目的全程负责人,包括从前期沟通、商务谈判、签订合同,到展开调研、概念创意、报告撰写,到方案汇报和成果验收等各个环节。其中,商务谈判的重要内容:①关于合同条款的谈判,如客户需求、工作内容、策划周期、委托费用、成果方式等都需进行细致的确定;②策划过程中的谈判,包括调研人员安排、接待规格、汇报时间、地点、双方出席人员、专家邀请及会后如何调整和修改等;③策划收款的谈判。就行业经验而言,收费一般分为三期:首款(50%),第一次汇报原则认可之后收第二笔款(30%),验收结项之后收尾款(20%)。首笔款通常是较为容易收回的,是"开工费",但第二笔款和尾款就较为艰难,因此,项目经理就必须有灵活的谈判技巧,推进项目回款。如可加大首款比例、控制每次汇报内容的详略程度等。

二是外部合作能力。在项目策划过程中,不仅需要内部精诚合作,很多时候还需要与外部力量协作,包括政府部门、企事业单位、外包业务团队等。例如在做空间类载体项目时,策划机构通常要与专业规划公司合作,前者负责出概念、定位、布局和运营模式,后者负责出空间概念图、空间落地方案等。此时就涉及双方合作的任务对接、工作主导权、时间统筹等。如何才能与外部合作得更加顺畅和更有效率,这是项目经理必须提升的商务能力。

三是关系维护与业务拓展能力。策划事业是关于人的事业,通过一次策划结交一批朋友,培育良好的战略伙伴关系,拓宽更大的业务空间,这是策划非常重要的衍生成果。如

---

[1] 罗杰·道森.优势谈判:一位王牌谈判大师的制作秘诀(致中国企业精英的信)[M].刘祥亚,译.重庆:重庆出版社,2018:1.

何培养这种能力呢？首先要提升自身素质。这个素质不仅指专业素质，更指综合素质。一个优秀的项目经理必须时刻留心自己的一言一行，注重与客户交流时的每个细节，经得起客户挑剔的眼光，要给客户留下专业、谦虚、友善、自信的良好印象。其次要善于在策划方案中预设足够的业务接口，如策划一个文化产业园，可适度嵌入重大项目、专业培训、专家智库、营销传播等内容，使其成为后续合作的重要切入点。

三、总监或创始人：培育三大高阶能力

在策划机构中，总监或创始人是策划质量的最终把控者，他们的水平决定了一家策划机构的专业层次和"江湖地位"，因此对他们的能力要求则更高。具体而言，应具备方向引领能力、整合孵化能力和社会影响能力。

（一）方向引领能力

策划是超前预测的艺术、系统谋划的艺术、灵活机变的艺术、抓主要矛盾的艺术。策划即是要给决策者以方向、信心与决心。在这种背景下，策划人需要根据决策者的诉求，创新思维主动影响客户、引导客户。同时，策划机构自身也面临着因时代变迁而调整航向的问题，创始人作为机构的"掌舵者"，需要及时应变，带领机构顺应发展潮流，享受时代变迁红利。

如何在策划中形成方向引领能力？第一，坚持全球视野、中国特色。优秀的策划人要"上下五千年，纵横八万里"，能从国际最前沿的发展趋势看问题。但中国的政治、经济、社会环境和文化传统同其他国家和地区都不相同，没有现成模式可"按葫芦画瓢"。尽管西方理论常标榜具有普世价值，但实质上它们也只是特定文化和生活实践的产物，我们不能盲从，言必称希腊。第二，奉行"第三方"立场，客观、超脱、批判与独立。既不屈服于甲方强势，也不固守己方执见；既不攀附于"官"，又不附庸于"商"，能够根据自己的策划哲学与独特的方法论形成经得起时代考验的见解和趋势判断。第三，坚持"非新勿扰"，追求卓越。俗话说"只有更好，没有最好"，作为与趋势为伍的策划人，意味着应永远站在时代的最前沿，不断追求创新，引领思想潮流，不能有丝毫懈怠。可以说，这是策划人的宿命，是悬在策划人头上的"达摩克利斯之剑"。

（二）整合孵化能力

这里的整合是指资源整合，是指推动各种优势资源的集中与互补，各种市场要素的协调配置与有机重组。推进资源整合是策划人能量的体现。策划人应是社会资源的动员者、社会情绪的回应者、社会对话的设计者。

这里的孵化是指孵化领导者。一是作为导师孵化创业者。即利用提供信息、搭建平台、定制服务等形式，帮助创业者实现梦想。在这个过程中，策划人通过思想与技术等形式入股，实现策划收益。二是孵化新一代机构领军人。策划机构要实现可持续发展，最核心的是要形成"策划师—项目经理—项目总监或合伙人"的人才成长梯队。对于创始人而言，特别要注重培育出德才兼备的接班人。因为在一些策划机构，由于创始人太强势，常常导致"大树底下不长草"，造成人才青黄不接的情况，这是必须警惕的。

（三）社会影响能力

兰德公司创始人弗兰克·科尔博莫（Frank Collbohm）认为，智库就是一个"思想工厂"，一个敢于超越一切现有智慧、敢于挑战和蔑视现有权威的"战略思想中心"。从世界主要智库来看，不管其职能如何拓展，创新思想、教育公众、影响决策，推动社会进步，是其永远不变的主旨。对于服务决策的策划机构而言，也应如此。创新与传播思想、影响社会舆论、咨辅高层决策，应该成为策划机构特别是其创始人活动的关键词。

很多策划机构的创始人也是知名的社会活动家，所谓"水涨船高"，一个策划人在社会上越有影响力，其策划事业也越可能获得成功。事实上，他们绝大部分是知识分子，饱经家、国、天下理想之熏陶，虽然长期冲浪商海，但血管里面流淌的始终是传统的教化。出世也罢，入世也罢，著书立说、授业育人、用自己的思想去影响和推动社会进步，始终是他们不懈的追求。而其最核心、最有效的途径，无疑是深入实践前沿、提炼时代思想、广泛传播主张，用思想去武装公众和决策者的头脑，进而让思想成为改造现实的巨大生产力。

第四节　策划人的成长路径

著名设计师山本耀司（Yohji Yamamoto）曾说："我从来不相信什么懒洋洋的自由，我向往的自由是通过勤奋和努力实现的广阔人生，那样的自由才是珍贵的、有价值的；我相信一万小时定律，我从来不相信天上掉馅饼的灵感和坐等的成就。做一个自由又自律的人，靠势必实现的决心认真地活着。"欲取得策划的成就，同样需付出艰苦的努力。有人说做策划其实很简单，拍拍脑袋，胆子大一点，有吹破天来脸不红心不跳的本事即可，但这只是杀鸡取卵的短期行为。要将策划事业做长做久，如果没有"吾日三省吾身"的精神，没有经历过"苦其心志，劳其筋骨，饿其体肤，空乏其身"的炼狱，恐怕难以实现。

法无顿渐，人有利钝。策划正如修行，是个不断成长与精进的过程。第一阶段：初入策划行业，懵懂茫然，面对项目无从下手。这时候在策划前辈的引领下，鹦鹉学舌，亦步亦趋。经过一段时间的历练后，初窥咨询之理，获得了感性认知，但这时对策划规律还把握不深，缺乏高屋建瓴的视野与乱云飞渡的从容，可谓之"见道"。第二阶段：通过较长时间的实践与体悟，能融会贯通并掌握策划之理，若能勇猛精进，便可开智悟理，豁然开朗，可谓之"悟道"。第三阶段：经过长期的知行合一，深谙策划规律，思想与技法臻于成熟，挥洒自如，大道圆融，可谓之"得道"。

一个策划人如何才能实现进阶？可从筑基（夯实职业基础）、优术（提升策划技能）、突破（注重知行合一）、精进（不断追求卓越）等四个方面努力（见图6-3）。

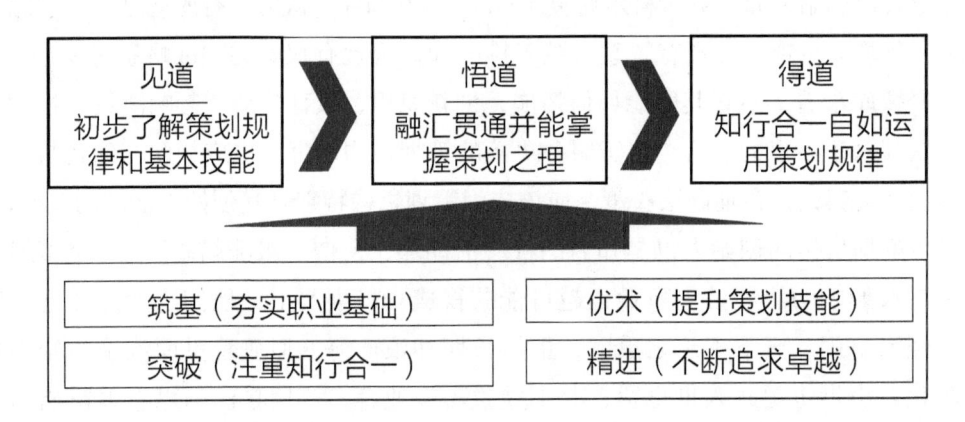

图 6-3 策划人的成长之路

一、筑基：夯实职业基础

（一）知识：构建动态的"T"形知识结构

文艺复兴时期，理想的知识结构是复合型的，如典型的"文艺复兴人"达·芬奇，既是绘画大师，也是一个博学者，在音乐、建筑、数学、解剖学、生理学、动物学、物理学、光学、土木工程等领域都取得了显著成就，但是随着工业革命兴起，开始了知识与专业的大分工，人们走进了专业主义时代。

我们可将当前人们的知识结构分为三类：一类是线性知识结构，就是在某个领域浸淫数十年，有精深的专业知识，但对其他领域知识了解甚少，我们称之为"专才"；一类是面性知识结构，即常说的"百事通"，什么都知道一点，但都是蜻蜓点水，浮在表面，我们称之为"通才"；还有一类，即是纵横知识结构，也称为"T"形知识结构，这里的"一横"表示知识的跨度和广度，"一竖"表示某一领域专业知识的深度，这是一种较为理想的知识结构，我们称之为"一专多能"的人才。需要强调的是，在知识快速迭代的新时代，如果缺少时间变量，不加快知识的更新频率，仍然难以满足现代事业的发展需求，因此，具有动态生长性的知识结构才是较为理想的。

策划是一项集信息、知识、智慧及现代高新技术等内容于一体的服务事业。策划人不仅应是某个领域的专家，还应拥有多学科、多门类的不断更新的知识。一个优秀的策划人应具有动态的"T"形知识结构，在专业的基础上具有广泛的视野、系统的思维，具备跨行业、跨领域的思考与分析能力。

策划人如何构建自己的知识结构？可从如下四个方面努力：

一是具备必要的通识性知识。包括历史、政治、文化、哲学、逻辑、地理、数学、自然等知识，这是人类最基本的智慧财富，是所有人类活动的前进阶梯。例如文化知识，只有了解文化发展历史、规律和特征，才能更好地借助文化力量做好策划；如果不学习逻辑学，就会在策划中前后矛盾、逻辑混乱，难以自圆其说，那必然很难获得客户的赞同与认可。

二是要精通某领域的专业知识。这是构筑策划人"一专"的基石。例如，某个策划人聚焦企业战略策划领域，就需要掌握与企业经营管理的有关理论，包括管理学、行为科学、市场营销学、广告学，以及与企业有关的社会科学知识、法律政策知识（如广告法、反不正当竞争法）等。

三是要学习策划的原理与方法知识。这是提高策划能力的核心，包括策划基本原理、主要概念、基本技能、基本原则和工作程序等。只有熟练掌握这些知识，并推动理论和实践结合，才能快速强化策划能力。

四是要具备相关的辅助知识。即是一些对策划工作具有助益的知识，包括逻辑思考方法、创新创意方法和人际沟通方法等。正所谓"汝果欲学诗，功夫在诗外"，在策划中很多精彩的创意与灵感往往来自策划之外。

知识拓展：如何快速掌握一门专业知识

当你准备学透一门课程时，你将如何安排学习进阶？如何才能炼成一套过硬的科班功底？在此，提供一个"四知"模型。如果按此模型来学习，你必将练就一套过硬的科班功底。下面以企业管理领域为例。

A. 知识：熟读教科书，如管理学、战略管理、营销学等，熟悉大家认可的行业基础理论，掌握行业发展的规律。

B. 知史：梳理学说演变史。以组织理论为例，你可以从马克斯·韦伯和泰勒开始，梳理到德鲁克，以理清其演变过程。

C. 知人：熟悉主流理论流派和代表人物，如巴纳德、西蒙、马克斯·韦伯。

D. 知事：了解大量实案和行业鲜活信息，如研读大量相关案例，从专业杂志、行业报告、公司年报等获得最新的行业资讯。

（二）养成良好的职业习惯

英国哲学家弗兰西斯·培根（Francis Bacon）说，习惯真是一种顽强而巨大的力量，它可以主宰人生。因此，人自幼就应该通过完美的教育，去建立一种良好的习惯。对于策划人而言，也应将良好的习惯当作事关策划事业成败的关键因素来考量。具体而言，有如下几种习惯值得培育。

第一，读书的习惯。这是策划人修炼内功的一个必不可少的过程。在这个过程中，不仅能够知道新的概念、新的创意，还可以掌握基本的原理知识，同时可以通过阅读补充自己的科学知识和人文知识。严格来讲，一个策划人必须规定自己一天阅读两个小时的书，同时要做好读书笔记；特别是可以摘出"金句"，记录在小本上或手机上，随身携带。空暇之时熟读熟记，用时信手拈来。

知识拓展：如何读好一本书？

读书通常有三个层次，即"读完、读通、读透"。所谓"读完"，就是从头到尾看完了，但具体理解和消化多少就很难说；"读通"，就是不仅读完，还能把握全书的主题和结构，知道前后逻辑关系，能对书有整体的理解。"读透"，是在前两者的基础上，能够深入发掘全书的意涵，明晰作者深层次的写作背景和意图，能跟作者产生共鸣，能够将书中的核心观点和知识化为己有。

要达到高层次的读书境界，需要注意三大要点：首先要把握好"语境"，即了解作者的写作意图、创作时代背景、该领域现有观点、作者经历；其次要把握好"文本"，包括书籍标题、逻辑结构（目录大纲）、核心观点、写作技巧；再次要把握好"思辨"，即要了解作者观点的学术谱系位置、实践检验情况、学会向书籍提问、拓展主题阅读。

第二，勤写的习惯。土耳其的谚语："闲散如酸醋，会软化精神的钙质；勤奋如烈酒，能燃烧起智慧的火焰。"正如习武之人要"闻鸡起舞"一样，策划人也需勤练手中的一支笔，能够写得一手好文章。一是要养成写日记的习惯。每天睡前留出半小时，将一天内的工作、学习、生活、阅读或交流中有价值的思想、观点、感悟、创意、心得等记录下来，既作为成长的经历，也可为策划工作提供灵感。二是要养成写调研随记的习惯。一山有一山的风光，一地有一地的风情，在实地调研中一定会心有所感。这个时候，应该将鲜活的感受仔细写出来，这样既能激发自己的观察、深化自己的思考，也能给同事以启示，同时通过网站、公众号等自媒体刊载，还能扩大传播。三是对策划成果进行学术提升。在项目结束后，应积极对成果进行归纳总结，概括出普遍意义，提升理论高度，争取在学术刊物上发表，成为策划人的理论成果。

案例链接：雄安新区调研随记

雄安新区设立迄今已一月有余（2017年4月1日成立），大家讨论了很多，畅想了很多，但新区建设基础到底如何，三县管理现状如何，当地人的态度和状态如何，我们没有切身感受。作为研究人员，坐而论道，不如起而行之！这次调研虽然只有短暂的三天，但通过实地考察走访、与领导乡贤座谈、与乡亲们攀谈，让我深刻体会了燕赵大地的风土人情，对雄安三县有了更深的印象与了解，同时也激发了我的一些新思考。

1. 四个最深刻的印象

这次调研，路程匆匆、安排满满，但整体而言，有四个方面给我留下了最深刻的印象。

首先是人。在三天的接触中，在我眼里，这里的干部是一群朴实无华、充满激情和满怀憧憬的人。也许他们的行政级别和知识水平并不是很高，但是他们那股子韧劲、负责的精神和对这片土地的热爱，让人深受感动。一个县的组织部长说，从4月1日消息公布开始，全县干部至今一日未休；通常是24小时待命，加班到凌晨两点更是家常便饭。确实，一个战略决策提出不易，但是执行与落实更为艰辛，需要大量默默的基层人员付出更多的心血与精力。看着他们那朴实而略带憨厚的脸，我觉得他们很值得敬重。这里的人们，是一群洋溢着幸福感、自豪感又略带一丝忧郁与不安的人。走在大街上，会有人好奇地打量着你，或者热情地招呼你，他们开口闭口谈的都是雄安，目光与语气中充满着自信和荣光。正如一位老乡所言，这辈子什么梦都做过，就没做过这样的梦。这种幸福感和自豪感洋溢在新区的每个人的脸上。但我们仍可从他们的眉间感到隐隐的不安，毕竟现在户口、房产等都处于冻结状态，未来政策会怎样，工作生活会怎样，谁的心里也没有实底。

其次是雄安三县的文化。深入了解雄县、容城、安新，恰如同阅读一本包装现代的古籍，在现代城区的外在形态下，三县拥有的文化底蕴超乎想象。雄县，燕南赵北，"三古"之地（古战道、古乐、古玩），有两次建都史（燕与三国时期），两次为边贸边关重镇。容城，历史悠久，人杰地灵，诞生了刘因、杨继盛、孙奇逢等一批名家大儒，乡贤文化影响深远。安新县，华北明珠——366平方千米白洋淀的所在地，孕育了在近代文学史中具有重要地位的白洋淀派、白洋淀诗歌群落，充满着水乡独有的秀美与灵气。泛游在白洋淀的碧波里，我曾不禁感叹，需要何等雄美的新城，才配将这清新灵动的华北明珠拥抱入怀啊！而仔细去品，雄安新区之名，也是意味深长。雄者，雄性、勇健之意也；安者，表女子在屋，平安之意也；正好一男一女、一刚一柔、一阴一阳，我想这应该不只是简单的巧合吧。谈到文化，这里大量的文化遗址、非物质文化遗产，如何在新城建设中得到良好的保护与传承，让现代的雄安新区也能记得住乡愁，我想，早谋划、早抢救而不是事后追悔，这也是极为重要的。

再次是新区建设的复杂。也许有人认为，新区有国家财政的巨额投资，有大型央企的产业支撑，新区建设易如反掌。但我们必须认识到，雄安新区建设涉及100多万生于斯、长于斯的三县人民；即使30平方千米的核心区建设，也涉及10万人！这些村民祖祖辈辈生活在这里，他们住着农家大院，做着手工作坊，生活滋润富足，并不是我们印象中的拮据潦倒落后的农民农村形象。设立新区的消息公布后，他们开始兴奋、激动，但随之而来是各种担忧，如搬迁安置到哪里、拆迁补偿怎么补、工作机会有没有、生活来源在哪里、社会保障怎么办等。我们入村的时候，政府已经规定村里房屋一律停建，不能动一砖一瓦、一草一木，并派工作组驻村，一家一户给群众做思想工作。同时，从产业发展与升级来看，目前三县都是较为低端的加工制造业，如容城的服装、毛绒玩具，雄县的塑料包装、乳胶制品，安新的有色金属加工、制鞋，都是未来必须淘汰的产业，但这也涉及近100万人的生计。因此，新城建设中，民生保障问题、产业承接升级问题、劳动者素质提升等问题，复杂烦琐，都需要有策略、有步骤地解决，才能加快建设的进程。

还有就是生态治理的艰巨。目前受到京津冀整个气候环境的影响，雄安三县的空气质量并不算好，虽然我们去的当日是蓝莹莹的天空，晚上还能看见星星。不过当前最大的任务还是白洋淀的治理。我们在白洋淀调研的时候，大体上看，芦苇摇曳、白墙黛瓦、水天相接，甚是美丽。但如果仔细注意一下，浑浊的水体、漂浮的垃圾、密布的渔网、散发着柴油气味的游船，会让人感觉环境确实存在极大的问题。在与白洋淀老人攀谈时，他们用缅怀的语气跟我们讲述着白洋淀没有污染的过去。正如康熙诗中所言：遥看白洋水，流平波不动，帆开远树丛，翠色满湖中。未来，这里将是雄安新区的内陆湖，这样一座500万人口的大城，如何才能控制好污染，实现城水共生、蓝绿交织，这考验着政府的魄力和市民的素质。

2. 五个方面的战略思考

结合这三天的实地调研，对雄安新区，我有几点思考：

第一，雄安之基——制定城市根本大法。雄安新区作为"国家大事、千年大计"，必须有千年发展之基。不仅要有牢固现代的基础设施，更需要有可供遵循的根本规则。从管束效力来说，制定城市根本大法，无疑是保障新区发展有序性与持续性的最重要措施。在国际上，通过立法推动新城建设也是重要经验。例如英国政府颁布了大伦敦建设的《新城法》(1946)，日本政府制定了《首都圈整备法》(1956)，韩国先后颁布了《首都圈管理法》(1982)、《新行政首都特别法》(2003)、《关于世宗市设置等的特别法》(2010)等。对于雄安而言，也亟须加快新区法律或条例的制定，从法律上确定新区的基本定位、发展方向和重大任务等，强化新区建设的法律基础，用良法推动善治，用善治实现千年雄都之梦想。

第二，文化之魂——铸就融通古今的新文化。文章千古事。能够跨越千年时空与世道人心的，唯有文化。它是一个城市的灵魂与精神之所系，魅力与竞争力之所依。纵观全球，但凡名城，无不与其独特的文化魅力联系在一起。以前我们做城规不太关注文化，核心研究的是定位、产业、空间、交通、景观等内容，但实际上，一个新区发展水平越高，对文化的追求也越饥渴，深圳如此，浦东也是如此，所以我认为，对雄安新区而言，文化是底蕴，文化是引领，文化是使命，文化是生生不息的精神动力。雄安新区的文化，必须不忘本来、吸收外来、面向将来，融通形成一种新文化，一种以五大发展理念为内核，以彰显中华民族伟大复兴中国梦为表征的具有时代特点的新文化。

第三，产业之柱——承接与发展高端高新产业。雄安新区首要定位即是北京非首都功能疏解集中承载地，是否能有效承接北京功能疏解是雄安建设成功的首要标准，因此对雄安新区的产业而言，首先是北京疏解过来的产业，包括高新科技、高端制造、金融经贸等，但承接是基础，发展才是根本落脚点。特别是雄安三县目前主要是加工制造等低端产业或低端环节，劳动力也主要是技术层次较低的工人，因此，如何处理好原有在地产业和劳动要素的转型转岗问题，这涉及百万人的日常生计。现在看，三县依靠自身转型难度大、速度慢，我想，由中央统筹，选择相关产业的龙头企业，通过对口支援，对三县产业进行帮扶带，让三县挂上最先进的产业列车，这不失为实现产业转型、工人转岗的有效推动路径。

第四，模式之新——着力探索六大发展新模式。作为一个贯彻落实新发展理念的创新发展示范区，其必然要探索新的城市建设和发展模式。我认为，可以从以下六个方面着力：一是要探索基于信息时代的智慧城市营建模式。通过千兆光网、下一代物联网和5G网的提前布局，推动智能交通、电网、建筑、医疗、教育等智慧应用，构建智慧生活的全球示范城市。二是要探索土地开发与市政基础设施建设的PPP模式，充分调动各方面的力量，减少政府财政负担，提升设施的建设与运营效率。三是要探索基于交通导向（TOD）的空间布局模式，吸收东京、首尔大都市圈等地新城建设的经验，发挥交通的带动作用。四是要探索基于产业链的区域协同模式，在京津冀形成分工合理、协同发展的新格局。五是探索基于经济与生态和谐共进的发展模式，以科技创新为核心驱动力，着力发展大数据、物联网、云计算、文化创意等高端高新产业。六是要探索新型的公共治理模式，建立"小政府、大市场、大社会"的基本格局，激发多元力量。

第五，政策之要——推动五个方面的政策创新。深圳特区和浦东新区的发展，离不开建立初期制定的优惠政策，雄安新区欲实现超常规发展，也应该加快政策创新。我认为，可以从五个方面着力：一是在土地政策上，可以推动土地制度改革，实现城市建设模式从土地财政转向以人为本，实现多方共赢。二是在财税政策上，可以通过税收杠杆来调整功能与产业布局。例如韩国政府对首都圈迁出的企业实行减免税，而对新建和扩张的企业征以3~5倍的重税。三是在人才政策上，可以加大创新力度，集中全国最好的人才，广泛吸收国际优秀人才。四是在金融政策上，可以鼓励土地信托、私募基金，以及各类新型金融工具发展，为新城建设提供金融支撑。五是在房产政策上，可以探索推进廉租房、公租房，以及房产税等，稳定市场预期，减少炒房投机，为新区建设提供更好的大环境。

3. 结语

雄安新区的未来会怎样？我想，这不是简单的理论探讨和蓝图描绘就可以实现的，而是需要无数建设者脚踏实地、艰苦卓绝的细致努力。汉代思想家刘安在《淮南子·主术训》中说，"积力之所举，则无不胜也；众智之所为，则无不成也"，相信雄安新区一定会如深圳、浦东一样，开创一个属于自己的新时代，不负"国家大事、千年大计"的宏伟使命！

第三，商务的习惯。这里是指如何开展工作和维护客户关系的习惯。一是会见客户之前，要做好充足准备的习惯，如查找和阅读客户的背景资料，检点着装和仪表，携带名片（虽然有微信，为了庄重，有时还需名片）和笔记本，查看机构数据库（了解做过的类似客户案例），还可与相关人士通电话，沟通客户情况。二是会见客户之后，养成做好后续工作的习惯。例如离开时给客户发送信息，对接待表示感谢，并邀请回访；逢年过节和客户生日时，进行得体的祝福与问候；出差去客户单位可带一些"伴手礼"；从异地回来给同事带一些土特产。❶

第四，提高效能的习惯。2002年福布斯杂志将《高效能人士的七个习惯》(*The 7 Habits of Highly Effective People*) 评为有史以来最具影响力的10大管理类书籍之一。史蒂芬·柯维（Stephen Richards Covey）在书中提出了"积极主动、以终为始、要事第一、双赢思维、知彼解己、统合综效、不断更新"七个习惯（见表6-2），特别是"要事第一"的原则，对事务繁忙的策划人而言具有极大的指导意义。不过也正如美国作家弗格森（Marilyn Ferguson）所说："谁也无法说服他人改变，因为我们每个人都守着一扇只能从内开启的改变之门，不论动之以情或说之以理，我们都不能替别人开门。"因此，养成提高效能的习惯，最终还是要靠我们自己坚持不懈的努力。

---

❶ 王明夫. 三度修炼[M]. 北京：机械工业出版社，2017：7.

表 6-2　高效能人士与低效能人士的习惯对比 [1]

高效能人士	低效能人士
习惯 1	
习惯 1：积极主动。积极主动的人绝不浅尝即止。他们知道要为自己的抉择负责，做出的选择总是基于原则和价值观，而不是基于情绪或受限于周围条件。积极的人是变化的催生者	消极被动。消极的人不愿为自己的抉择负责，他们总是觉得自己是受害者——受到周围环境、自己的过去和他人的拖累。他们不把自己看作生活的主人
习惯 2	
习惯 2：以终为始（先定目标后有行动）。个人、家庭、团队、组织通过创造性的构思来设计自己的未来，他们对于任何项目，无论大小，也不管是个人的还是团队的，都下决心完成。他们标识并献身于自己生活中最重要的原则、人际关系和目标	不定目标就行动。他们缺乏个人愿景，没有目标。他们不思考生活的意义，也不愿制定使命宣言。他们的生活总是遵循社会流行的、而不是自己选择的价值观
习惯 3	
习惯 3：要事第一。以要事为先的人总是按照事务重要性的顺序来安排生活并付诸实践。无论情势如何，他们的生活总是遵循自己最珍视的原则	不重要的事先做。总是在应付各种危机。他们之所以无法关注最重要的事务，是因为他们总是纠缠于周围环境、过去的事情或人间是非。他们陷入成堆的琐事，被紧迫的事务弄得团团转
习惯 4	
习惯 4：双赢思维。有双赢思维的人能在交往中寻求双方获利、互相尊重。他们基于到处是机遇和富足的心态，基于"我们"而不是"我"来进行思考。他们总是通过向感情账户存款来建立与他人的互信关系	非赢即输。他们抱的是匮乏心态，把生活看作一场零和游戏。他们不善与他人沟通，总是从感情账户提款，结果是时时提防他人，陷入对抗心理
习惯 5	
习惯 5：知彼解己（先理解别人，再争取别人的理解）。当我们怀着理解对方的想法，而不是为了回答对方的问题去聆听时，我们就能进行真正的沟通并建立友谊。理解别人需要的是体谅，而争取别人理解需要的是勇气。效能在于这二者的平衡或适当结合	先寻求别人的理解。他们并未理解对方就先讲述自己的观点，完全基于自己的经验或动机。他们不先对问题做出诊断，就盲目开出处方
习惯 6	
习惯 6：统合综效。积极与对方合作，寻求第三变通方案。不是我的，也不是你的，而是第三种更好的解决方案。统合综效的基础是尊重、赞赏，甚至庆贺彼此之间的差异。它是某种创造性的合作，1+1=3，11，111 或者更多	妥协、争斗或逃避。低效能人士相信总体小于与部分之和。他们试图在自己的形象中克隆他人。他们把自己与他人的差异看作威胁

---

[1] 史蒂芬·柯维. 高效能人士的七个习惯［M］. 北京：中国青年出版社，2008：73.

续表

高效能人士	低效能人士
习惯 7	
习惯7：不断更新（磨刀不误砍柴工）。高效能人士不断在生活的四个方面（身体、社会或情感、智力、精神）更新自己。这将增加他们实践其他有效习惯的能力	把自己累得筋疲力尽。低效能人士没有自我更新、自我改善的规划，最终失去了过去所拥有的锋利刀刃（竞争力）

二、优术：提升策划技能

人生境遇无常，须自谋吃饭之本领；人生光阴易逝，要早定成器之日期。❶ 技能就是"吃饭之本领"，是个体运用已有的知识与经验，通过练习而形成的一定的动作方式或智力活动方式。它包括初级技能和技巧性技能。前者是借助于有关的知识和过去的经验，经过练习和模仿而达到"会做"某事或"能够"完成某种工作的水平；后者则要经过反复练习，完成一套操作系统以达到自动化的程度。对策划人而言，应该逐渐培养自己的策划意识，强化自动策划的能力，即面对一个策划项目，只要有启动命令，就能够迅速开动头脑机器，科学地搜集资料、精密地进行分析，高效地给出策划方案。如何快速地提高策划技能？对策划人而言，可从思维、方法、工具三个层面着手。

（一）思维练习

策划的精妙之处在于不同思维方式的运用，在于哲学层面上对策划规律的把握，在于经过大量实践磨炼之后形成的观察问题、分析问题和解决问题的能力。策划思维包含多种思维形式，如逻辑思维、辩证思维和发散思维等。如何培育策划思维呢？

一是培养策划意识。即是能以策划的角度看待这个世界，求新、求变，不受具体繁杂的事务及错综复杂的矛盾冲突所困，能打破思维定式，跳出企业、行业的局限，以客观、中立和超脱的立场思考问题，为决策者提供有益的外部刺激乃至导入全新的思维方式。

二是掌握思维特征。逻辑思维、辩证思维、发散思维等各种思维，都有各种不同的特征和应用场景，策划人要能学会在不同思维方式之间进行切换，找到最好的问题破解之道。对于策划人而言，没有不能解决的问题，只有待解决的问题。

三是熟练思维程序。策划的思维程序大体可以归纳为 8 个字：搜集、整理、判断和创

---

❶ 王永彬.围炉夜话[M].北京：中华书局，2011：87.

新。❶搜索，即利用各种手段，最大限度地将需要解决的问题的资料进行完整的"打捞"；整理，即对搜集到的全部资料进行有序排列，实事求是地反映客观实际，不能掺杂任何情况因素；判断，即是在整理的基础上，对问题做出定性判断；创新，即是基于现有条件，形成新思想、新思路，为问题解决寻找新的方案。从整体来看，搜集和整理重在认识问题，判断重在分析问题，创新重在解决问题。

（二）方法练习

法国著名生理学家贝尔纳（Claud Bernard）说："良好的方法能使我们更好地发挥天赋的才能，而拙劣的方法则可能妨碍才能的发挥。"策划亦有法，不然就摸不着门径，不能高效有序展开。"方法"，在《现代汉语词典》的解释是"关于解决思想、说话、行动等问题的门路、程序等"。进一步解释，方法就是人们为了达到一定的目的而进行的认识活动和实践活动所采取的方式、技巧、手段或遵循的路径。❷在策划中，方法有三个层次，需要勤加总结与练习。

第一，掌握策划的方法论。方法论是关于认识世界和改造世界的根本方法。策划方法论是在一定世界观指导下从事策划活动的方法、手段和路径。实践证明，方法论对策划工作具有极其重要的指导作用，错误的方法论可能让策划功亏一篑，如我们用主观主义、唯心主义、本本主义的方法论去指导策划实践，其结果可想而知。通常而言，一个策划机构的特色方法论由其创始人建立，是机构安身立命之本，也是培养新员工的必修课程。这也意味着策划人需要不断增强自己的科学理论和哲学知识，不断提升在方法论方面的修养。

第二，掌握策划的基本方法。因为策划涉及领域众多，基本方法是适用于各个领域的一般方法，是策划领域的"元方法"。一些学者经过研究，总结出了一些策划方法，如"超级策划18法""和田创造12技法"，还有系统分析法、综合分析法、逻辑分析法等。对于一个策划人，需要在实践中先学习一些基础的策划方法，然后根据自己的兴趣与长处，选择和打造出符合自身特点的方法体系。

第三，掌握特色领域的策划方法。策划领域包括城市战略策划、企业战略策划、节事活动策划、营销策划、广告策划、文案策划、影视策划、节目策划、项目策划等诸多类别。这些策划领域有自己的发展规律和专业特点，因此也就衍生了一些专门的策划方法，它们能解决一般方法难以解决的问题，如"营销策划36法""广告策划8法"等。前文曾说过，策划需要的是"一专多能"的人才，掌握特色领域的策划方法，是增强自己专业核心竞争力的重要内容。

---

❶ 周培玉. 策划思维与创意方法［M］. 北京：中国经济出版社，2007：85.

❷ 万钧. 商务策划学［M］. 北京：清华大学出版社，2015：25.

（三）工具操练

孔子在《论语·魏灵公》中说"工欲善其事，必先利其器"，意思是工匠要把工作做好，首先要把工具磨得锋利。对于策划而言，就是熟练和掌握一些必要的策划工具。具体而言，包括战略分析工具、创新工具、沟通工具、决策工具和管理工具等。通过这些工具，可将那些看似飘忽不定、难以言说的"道"，变成可执行的"术"，提高策划结果的确定性和品质的稳定性。当然，策划人也不能成为"装备派"，见一个工具，收集一个工具，但都不深入了解其原理与精髓，结果变成了浑身都是刀，没有一把能割肉，所以聪明的做法是根据自身喜好，重点选择几样工具，精心操练，实现"人剑合一"（见表6-3）。

表 6-3 策划工具一览[1]

序号	工具类型	基本工具
1	分析工具	MECE 法则、波特五力模型、波士顿矩阵、SCQA 架构（情境—冲突—问题—答案）、通用电气矩阵、正态分布和幂律分布、PEST 模型、平衡计分卡、SWOT 分析法
2	思考工具	头脑风暴、思维导图、5W2H 法、5WHY 法、二象四象限、一律四分法、六顶思维帽、奥斯本检核表法、卡片整理法
3	沟通工具	罗伯特议事规则、1∶1 会议、视觉会议、作战指挥室、Scrum 法、电梯法则、金字塔表达法
4	管理工具	SMART 原则、PDCA 循环、复盘、甘特图等
5	决策工具	决策树、德尔菲法、KT 法、麦穗理论、大数据决策等
6	技术工具	WORD、PPT、EXCEL、Photoshop 等

三、突破：注重知行合一

明代心学大师王阳明提出了"知行合一说"，认为"知中有行，行中有知""以知为行，知决定行"，强调知行二者不能割裂。策划师的职业特性决定其必须"知行合一"，推动理论和实践结合，不断提升策划能力。如何做到知行合一？就是要抓住每次机会，做好每个项目，做好每次复盘。

（一）抓住每次机会

"知行合一"需要契机与平台。策划人要抓住每次机会，视其为一次修炼。一是要做好准备。机会只会青睐有准备的人，这里的准备包括思想准备、知识准备、实践准

---

[1] 刘润.5分钟商学院·工具篇 [M]. 北京：中信出版集团，2018：41-46.

备。特别是初入策划职场的人，由于上面有项目经理、总监等多个层级，很难得到独立策划和表现的机会，这时就需要做好本职，积累知识，善于等待。二是勤于学习。要向机构的案例库、策划的前辈学习，学会"站在巨人的肩膀上"，汲取他们的经验与教训，避免走过多的弯路。三是积极主动。机会有时需要主动去争取，要有"初生牛犊不怕虎"的精神，勇于担当，主动给自己加任务，承担越多，就有越多理论与实践结合的机会。

（二）从项目上突破

项目是知行合一的最佳载体。要成为一个成熟的策划人，必须经过各类项目的历练。正如需要过手大量的物件才能成为眼光"毒辣"的古玩鉴定家一样，评估一个策划人的最重要指标即是他独立带队完成了多少个项目，其专业品质和落地效果如何。行业有句俗话："优秀的策划人是项目喂出来的。"策划人必须从一个一个的项目中学习，全力以赴做好每一个项目。

一是通过一个项目熟悉一个领域。以项目为契机，切入专业领域，然后快速学习，在短时间内掌握行业的基本理论、内在规律、发展现状、存在问题和未来趋势，形成系统的知识框架，并通过融入策划技法，快速找到问题的解决方案。这样经过几个项目，就可掌握几个不同领域的知识，为之后触类旁通打下基础。

二是做好每次复盘。在项目策划结束之后，要回过头来，思考在策划过程中做对了哪些，还有哪些需要改进。这种复盘应随着项目的落地实施，不断开展。例如，策划一个文化旅游景区的项目，不仅要在策划验收后马上进行复盘工作，而且要在景区运行并有精确数据之后，再次进行复盘，看运营的实际情况与当初的策划有何出入，成功在哪里，失误在哪里，应该如何改进等。最理想的做法是与客户签订长期战略协议，参与策划、建设、运营、调整的全过程，这样将极大提升策划人的知行合一能力。

四、精进：不断追求卓越

功崇惟志，业广惟勤。斯坦福大学商学院院长加思·塞隆纳（Garth Saloner）教授曾说，关键是不仅仅要在一两年之内给他们（学生）管理的工具，而且给他一种思维的框架，能够使得他们继续学习，随着我们的世界在不断地发生变化，他们可以持续学习，因为世界的变化是我们现在所无法预期的。策划亦然，在这个快速变化的世界，没有一劳永逸的事情。策划人要立志高远，明晰己之优势，对工作充满热情；要保持好奇心，敢于提问，敢于质疑，勇于探索未知；要有追求卓越之精神，终身学习，不断超越自己。具体而言，即要保持"三心"。

（一）初心：以终为始

不忘初心，方得始终。初心，是指做某件事最初的发心、最初的动机。人们总善于遗忘，随着时间的消逝，人们会陷入各种诱惑与迷思，忘记了来时的路。对于策划人而言，不忘初心，即是保持最初的理想。如果将策划当作一生的职业，就要不断回想和巩固自己的从业初衷。即便有朝一日，功成名就，仍需保持警惕，坚持最初的工作热情和态度，才能善始善终。不忘初心，也意味着在策划人的职业生涯中，必须经得起诱惑，对自己所从事的行业始终坚守。

（二）匠心：精益求精

"欲多则心散，心散则志衰，志衰则思不达。"[1] 匠心是一种不断追求的执着心。真正的匠者一定要在某个领域做到虚心、恒心、细心，才能完成真正意义上的创新。欲成为一个名优秀的策划人，必须要拥有一颗纯粹的匠心。例如，日本的"职人精神"就值得我们深入学习，类似于"寿司之神"这样几十年专注于一件事情的百年老店在日本俯拾皆是。人生是一场马拉松，比的不是前几百米的速度，比的是持之以恒的意志。如果策划人能沉下心来，不断寻找成功背后的必然之道，同时对事业心怀虔诚，那么必然能取得极高成就。

（三）童心：保持好奇

清华大学经济管理学院院长钱颖一说："中国的学生或者中国的教师在学知识和传授知识方面，都是学得很快也很到位，但是如果我们认为将来的世纪领导力和创新是最重要的话，那么你就会发现只是传授知识是不够的。领导力的培养需要不仅仅从书本上读书，创造力、创新能力非常重要一点取决于好奇心。"事实上，许多著名科学家都是充满好奇心的人。牛顿（Isaac Newton）对一个苹果产生好奇，于是发现了万有引力；瓦特（James Watt）对烧水壶上冒出的蒸汽也是十分好奇，最后改良了蒸汽机。策划的灵魂是创新。作为策划人，需要有一颗儿童般的好奇心，察人所未察，想人所未想，经常以一种"归零"的心态来审视我们熟悉的世界。

策划人的成长过程，亦可谓"策划智商"（PQ, Planning Quotient）不断提升的过程，通过筑基、优术、突破、精进等方面的努力，让自己的PQ值越来越高。面对杂乱信息之时，能快速地筛选出有用信息；面对复杂问题之时，能思虑清晰，直抵问题本质；面对刁难的客户之时，能够心平气和地得体处理；面对社会传播之时，能够不断扩大影响力和引导力。

---

[1] 许富宏. 鬼谷子·本经阴符第七 [M]. 北京：中华书局，2012：148.

第五节 决策者的策划修养

决策是一种技能。[1]我们的决策塑造了我们的生活。无论是有意还是无意，我们都在各种不确定性中做出影响未来的决策，特别是对于城市或企业的领导者而言，决策的影响就更大。兰德公司认为："世界上每100家破产倒闭的大企业中，85%是因为企业管理者的决策不慎造成的。"诺贝尔经济学获得者、著名的管理大师赫伯特·西蒙（Herbert A. Simon）更是认为管理的首要职能是做决策。

南宋辛弃疾在《议练民兵淮疏》中写道："事不前定不可以猝，兵不预谋不可以制胜。"意思是说，事情不提前考虑定夺，就难以应对突然的变化；行军作战如果不在战前谋划，就很难克敌制胜。由此可见，先谋划、策划，而后才决策，是提高决策质量的根本保障。需要注意的是，策划与咨询不同，决策者也可为自己策划，关于策划的基本规律和要点上文已经进行了详细的论述，下面更多讨论决策者如何选择和委托策划机构，以便获得优质的策划方案，进而提高决策质量。

一、理解策划的功用与本质

（一）策划的功用

策划，是以服务决策或自我决策为导向，以研究为基础，以定位为核心，以创新为路径，形成定制性、系统性、实效性问题解决方案的理性行为。策划对决策者而言，有什么样的功用呢？概括起来主要有三点：

其一，提供备选方案。这是策划的首要功能。克莱斯勒汽车公司总裁李·艾柯卡（Lee Iacocca）曾说："绝不能在没有选择的情况下，做出重大决策。"赫伯特·西蒙（Herbert A. Simon）在《管理行为》（*Administrative Behavior：A Study of Decision-Making Processes in Administrative Organization*）一书中认为，决策或抉择，指的是在某个时刻选择将要执行的其中一种行为备选方案的过程，并将决策的任务分为三步：列举所有备选策略；确定执行每个备选策略所产生的所有结果；对多个结果序列进行比较评价。[2]约翰·S.

---

[1] 雷德·海斯蒂, 罗宾·道斯. 不确定世界的理性选择——判断与决策心理学 [M]. 2版. 谢晓非, 李纾, 等译. 北京: 人民邮电出版社, 2018: 1.

[2] 赫伯特·西蒙. 管理行为 [M]. 詹正茂, 译. 北京: 机械工业出版社, 2017: 75.

哈蒙德（John S. Hammond）等撰写的《决策的艺术》（*Smart Choices: A Practical Guide to Making Better Decisions*）一书中，提出了决策的"POACT法"，即决策的五个要素：问题（Problem）、目标（Objectives）、备选方案（Alternatives）、结果（Consequences）和取舍（Tradeoff）。❶可见，制定备选方案是决策的核心环节和要素之一。俗话说"当局者迷，旁观者清"，由于策划机构是外部的专业智库，拥有丰富的行业经验和广阔的视野，城市或企业的决策者非常有必要委托策划机构进行工作，提供创新和优质的问题解决方案，实现在更高水平上做出决策。

其二，增强决策信心。事实上，在决策之前，决策者心中通常已经有了一个大略构想或者问题解决方案，但由于没有精力细化分析、科学论证，或者其他原因，他们对是否这样决策心中还没有"谱"。此时，如果策划机构的问题解决方案或细化方案与决策者的思路不谋而合，就会极大地增强决策者的信心。特别当这家机构具有良好的声誉和大量成功案例之时，这种作用愈加明显。同时对决策者而言，借助策划之契机，引入外部专家团队，用专家的口与笔，来体现和表达自己的想法，无疑更具有说服力和影响力。

其三，创造整合平台。在社会深度分工的时代，一个城市、企业或者机构，不可能拥有每种需要的资源，即使能拥有成本也会太高，因此，奉行"长板理论"，合作共赢是最好的选择。但是资源整合需要信息、人脉、业缘和时间，并不是每个决策者都有精力。策划机构在这方面具有天然的优势，他们在策划过程中积累了各行各业的资源，可以从资源库中为客户寻找配对。因此，决策者可以在策划协议中提出资源整合条款，争取策划机构提供相关服务。

（二）策划的局限

策划不是万应灵丹，对于决策者而言，策划也有自己的局限。

第一，策划只能提供选项，不负责决策。俗话说"能谋善断"，策划是谋，决策是断，策划是研究、寻找规律，给出选择方案，而不是越俎代庖进行决断。这就意味着最后承担责任与风险的还是决策者。如果策划机构提供的选项都不是最佳选择，这将使决策者陷入危险境地，因此，选择靠谱的策划机构或策划人是决策者的首要决策。

第二，策划基于预测性，难以保障必然性。策划是基于未来判断作出的当下解决方案。但预测是一件危险的事情，正如我们开展房地产项目的策划，虽然也进行市场和价格

---

❶ 约翰 S.哈蒙德，等.决策的艺术［M］.王正林，译.北京：机械工业出版社，2016：6.他们同时在书中提出了不确定（Uncertainty）、风险承受力（Risk tolerance）和相关联的决策（Linked decisions）等辅助决策的要素。

预测，然而这都是基于特定情境和条件的，我们很难预测所有影响因素，如政府突然出台收紧房贷政策，如突如其来的席卷全球的新冠肺炎疫情等。策划人并不是"趋势预报员"，没有什么特异功能，其预测水平未必就比决策者高。

第三，策划因人而异，方案千差万别。策划没有固定公式，不是输入数据就能得出固定的结论。策划是具有高度创意性和个性化的活动，策划水平取决于项目核心负责人的水准。同样委托给一个机构，委任不同的项目经理，获得的方案可能完全不一样，因此对于决策者而言，面临着策划质量不确定的风险。

二、熟悉策划的评估和选择

（一）策划机构的评估与选择

委托哪家策划机构为自己提供服务，是决策者首先要做出的选择。瑞·达利欧（Ray Dalio）在《原则》（*Principles*）中说："你能做的最重要的决定之一是决定问谁。确保他们是可信的人，对情况的了解全面。无论你想理解什么，找到负责这方面的人，问他们。"❶ 但目前市场上的策划咨询机构，门类众多，数量庞大，良莠不齐，价格和价值差异巨大。如何选择合适的策划机构，就考验着决策者的慧眼。

首先，决策者（或助手）要根据问题的性质，搜索相关策划机构，然后选择几家比较心仪的机构，进行拜访和初步沟通，就决策问题探寻各家的见解和建议，并进行询价。其次，就前期沟通情况进行综合评估，包括见解的深刻性、建议的创新性、工作的专业性及策划的费用额等，然后选定一到两家再进行深入的沟通。必要时，决策者应亲自与策划机构负责人见面沟通，明确具体的策划任务和需解决的问题。最后，根据评估结果选择策划机构，并签订策划协议，将策划目标、任务、内容、款项和时间等确定下来，并依此推进工作。需要说明的是，虽然同一家策划机构，但是其下有较多的策划总监和项目经理，如果有必要，可以在合同中指定策划负责人，如此策划质量将更有保障。

（二）策划方案的评估与选择

策划机构的成果通常以 PPT 和文本形式展现，此时就涉及决策者对成果的评估、调整与选择。如何对方案进行评估？

作为决策者，可以设置三道门槛：一是部属门槛，即先让部下初步评估方案，提出修改意见，让方案更接地气和更具操作性。二是专家门槛。通过专家评审会或菲尔德法等方

---

❶ 瑞·达利欧. 原则［M］. 刘波，等译. 北京：中信出版集团，2018：233-234.

式，让不同领域的专家对方案提出修改建议，然后要求策划机构依照意见进行调整。三是决策者门槛。方案最终要决策者来拍板，所以决策者要设立自己的评估标准，如从定制性、科学性、创新性、可行性、效益性、持续性、风险性等维度进行考量，整体评估各种方案。

有时候策划机构只提供一个策划方案，在这种情况下，就必须给出明确意见，不管是颠覆性的还是修改性的，都需要有鲜明的态度和清晰的指向，不然策划机构不理解决策者的意图，很容易走偏。在必要的情况下，决策者可与策划团队再次进行深入沟通，就策划意图、修改建议等进行阐释，力争双方达成共识。经过多轮修改，方案基本达到预期，即可准备最终汇报。这类汇报可扩大参与者范围，将其作为一个阐释报告、统一思想、传播方案的有利契机。

三、实施与调整策划方案

（一）方案类型

一旦策划方案确定，决策者应尽可能地付诸实践，但也需清楚，策划有着不同类型，并不能强求每种方案都具备极强的落地性和实操性。具体而言，策划有以下三大类型，对它们的要求也应有差异。

一是概念性策划或战略性策划。这类策划只为决策者服务，核心是分析大势、明确方向、提炼概念，或者帮助企业说服政府。其追求的是高屋建瓴、大开大阖、守正创新，从宏观上给人思路与方向，通常不涉及具体的操作细节。如果要进一步落地实施，需要制订相应的规划或计划。

二是操作性或实施性策划。这类策划一般为活动、宣传、广告、文案等较为具体的事情而制定，通常包括时间、地点、主题、时序等操作细节，有时候甚至是一份详细的工作方案，实施人员可以直接用来指导实践。

三是融合型或复合性策划。此类方案通常采取"战略策划＋项目策划"的协议形式，形成两个策划报告。其中，战略策划方案强调宏观视野、大势把握、方向确定，并提出重大支撑性项目，为项目策划报告留下线索。重大项目策划方案则相对具体，当然弹性也很大，既可止步于概念、定位、内容和效益分析等中观层面，也可以细化到具体的操作环节，甚至达到工作计划书的深度。

（二）动态调整

策划方案一锤定音之后，并不意味着如铁水凝固。决策者有对策划方案进行二次创作的权利与义务，因为客观环境在不断发展变化，有时甚至发生着颠覆性改变。此种背景下，决策者必须如高明的滑冰运动员一样，根据实际情况对策划方案进行动态调整，以便更好地指导前行。如此也给策划机构提出了新要求：策划，不仅要授人以鱼，更要授人以渔。虽然俗语说"教会徒弟，饿死师傅"，但这也激励着策划人不断创新，持续提升自身能力，以达到更高的策划境界。

★★★ 重点回顾与拓展阅读 ★★★

一、重点回顾

（1）策划人有三重境界，分别是职业境界、事业境界和志业境界。策划人素养的提升过程，便是这三重境界不断跃升的过程。

（2）策划人是整个策划过程的主体，其素养决定了策划方案及策划行业的质量和水平。一个优秀的策划人，基本素养应该包括"六项全能"：正直的心性、敏锐的感知、广博的识见、独立的思考、融通的智慧、合宜的表达。

（3）策划机构主要有策划师、项目经理和总监（或创始人）三个岗位层次，各层次对策划人的能力要求有所差异。

（4）在策划师阶段，重点是磨炼和提升研究、创新和传播三大核心能力。其中，研究能力是基础，创新能力是关键，传播能力是支撑，三者共同构筑了策划人的立身之本。

（5）项目经理是领导策划团队完成项目的人，在项目管理中起着决定性的作用。相对于普通策划师，项目经理要求掌握更多能力，其中最重要的是架构能力、管理能力和商务能力。

（6）在策划机构中，总监或创始人是策划质量的最终把控者，因此对他们的能力要求则更高，应具备方向引领能力、整合孵化能力和社会影响能力这三大高阶能力。

（7）一个优秀的策划人应具有动态的"T"形知识结构，在专业的基础上，具有广阔的视野、系统的思维，具备跨行业、跨领域的思考与分析能力。

（8）策划是需要不断成长，可从筑基（夯实职业基础）、优术（提升策划技能）、突破（注重知行合一）、精进（不断追求卓越）等四个方面努力实现进阶。

（9）先策划，后决策，是提高决策质量的根本保障。策划不仅要授人以鱼，更要授人以渔。要通过策划，让客户学会不断提升自我策划的能力。

二、拓展阅读

（1）《咨询顾问的圣经：完美咨询指导手册》。该书由美国知名咨询师彼得·布洛克著，是畅销书《完美咨询》的指导手册，书中有大量的案例和操作指南，可帮助读者掌握管理咨询的必备技能。

（2）《谈谈方法》。该书由法国哲学家笛卡尔所著。《谈谈方法》是笛卡尔的一部代表作，也是他的处女作，原题为《谈谈正确运用自己的理性在各门学问里寻求真理的方法》，还包含了笛卡尔的思想自传。

（3）《思考的技术：思考力决定竞争力》。该书由"日本战略之父"大前研一所著。该书探讨了新经济的意义与来龙去脉，提出逻辑的、非线性的全新思考方式，为商务人士指明了在新世界生存下去的商业思考方法。

（4）《研究是门艺术》。该书由韦恩·C. 布斯（Wayne C. Booth）等著，介绍了一种环形研究过程：思考—写作—修订—重新思考，并提出了在寻找话题、制订计划、收集资料、组织论据、起草初稿、修改润色等各个环节中贯彻以读者为中心原则的具体方法。

（5）《如何阅读一本书》。该书由莫提默·J. 艾德勒、查尔斯·范多伦著。本书主要论述如何通过阅读增进理解力，并将阅读分为四个层次：基础阅读、检视阅读、分析阅读、主题阅读，是提升阅读效率的必读书目。

（6）《高效能人士的七个习惯》。该书由美国著名管理学大师史蒂芬·柯维所著。作者在书中提出"全面成功才是真正成功"的新思想，并提出了积极主动、以始为终、要事第一等七项高效人士的习惯，对人们提高工作效率具有极大启发。

（7）《不确定世界的理性选择——判断与决策心理学》（第2版）。该书由雷德·海斯蒂（Reid Hastie）、罗宾·道斯（Robyn M. Dawes）著。在书中作者用生活化的语言与现实事例，全面介绍了判断和决策领域中的基础理论，同时选择了大量最新的研究成果和研究发现，并做出适当的评价和分析。

（8）《管理行为》。该书由决策理论学派的代表人物赫伯特 A. 西蒙所著。本书主要包含两方面的内容："有限理性"和"满意解"，现实生活中的决策判断取决于有限理性，在这种条件下，人们寻求的是满意解，而非最优解。

（9）《原则》。该书由瑞·达利欧（Ray Dalio）著。本书记录了 Bridgewater 创始人瑞·达利欧对自己人生成功过程的反思，试图提供一套能通用的理念，帮助人们在生活中做出正确的选择。

链接阅读：一个策划人的成长心语

从2010年到2014年，我（本书作者）在国内一家知名策划机构就职，期间通过随笔的形式记录了当时的所思所想，现在原汁原味摘录出来，希望能给初入或将入策划行业的读者一些启示。整个历程分为七篇随笔，分别是：入门之艰、半年思考、一年总结、一年半思考、两年总结、三年总结和四年总结。

随笔1. 入门之艰

第一次走进工作室任职机构，正值阳春三月，草长莺飞。那时庭院里的桃李绚烂，仿若绯云。如今，那些美丽的花儿已经结成青涩小果，摇曳枝头。每当我走过庭院，望着枝头的果实，常常在想，从花儿到果实，他们是不经意间就转换的，还是历经许多艰辛？如果我是一株果树，在工作室这家果园里，又处于什么阶段呢？三个月的时光一晃而过，期间有总监的教诲、学习的快乐、朋友的真情，但我最想与大家分享的还是入门阶段所感受的艰辛——那难迈的三道槛。因为我相信很多新手也一定和我一样，在模仿、在探索、在调整、在奋勇前进。

第一道槛："清零"之艰难。

在刚进入工作室不久，创始人就跟我说，不管以前做过什么事，或有过什么辉煌，进工作室首先必须"清零"。当时点头称是，但内心茫然：什么是"清零"，为什么要"清零"，怎样才能"清零"，一无所知。三个月过去了，我深感这是工作室的第一道槛，过不了它就永远徘徊在工作室的门外。

"清零"并不是要将以前的知识和经验彻底忘记或抛弃，其本质上是一种思维方法的转换和提升，就是要站在全新的高度和视野去俯瞰以前学过的知识，从原有的"场域"中抽离出来去思考原有的东西，然后融合工作室的思考方式和智慧积淀，从更高层次去打通与重构自己的知识体系。

转换和提升思维方式是一件困难的事情。特别是对那些来工作室之前就参与过实践、对原有知识抱有很大自信的人。因为自信会形成一种惯性，它抵触改变以避免损伤。因此，在"清零"的时候，就面临一种博弈：如何"清零"而不迷失、如何改变而不丧失自信。这需要很强的平衡和适应能力。同时，也需要一位道行高深、循循善诱的导师，以便在"清零"过程中不致走火入魔，失去自我。

要过这道槛，我觉得有效的策略之一是强化对"必然性"的理解和追求。因为工作室在思维方式上很大的一个特点就是大局观、历史观和系统观，在此基础上再讲求因人、因时、因地、因势制宜，达到发展的"必然性"，如此，思维也就有一种纵横万里、贯穿古今的豪雄气势和逻辑力量。当然，这需要漫长的知识积累和思维修炼，正如十尺之冰非一日之寒。我说这是第一道门槛，是针对思想意识而言，要真正走进必然王国，可谓路漫漫其修远兮。

第二道槛："相似"之艰难。

"相似"就是经常说的在客户看来"像不像工作室的人"。作为一个拥有较长历史的策划公司，必然有自己的独特文化和做事风格。对于新手而言，如何适应工作室的文化，特别是独特的表现风格，将是第二道门槛。

与其他工作室不同，这里很注重文字功夫，强调文以载道，从以前的案例、网站文章和面试之前的文稿要求就可以看出。但是，文字好并不一定就能写出工作室需要的东西，工作室对文字有自己的独特要求和表现方式。

从前言到态势，我一路写来，那种感觉真是一次次炼狱的过程，当然其中收获也非常多。俗话说，绝知此事要躬行。翻看以前案例PPT时，常被其中的气势和逻辑所感染，但其中精微之处并没有留心，其实也没有意识去留心，就像小学生读古诗，感觉很美而已。当自己真正要写文章并去模仿时，发现总是得其形而没有其神。在总监的一次次指导下，我才慢慢意识到那些文字中暗含的特点和精要。比如前言，如何谋篇布局才能雷霆千钧、气势迫人；PPT中，如何遣词造句才能简洁精准而又紧扣人心。

要过这一道门槛，我觉得可能需要锻炼一种以财经记者笔法写策划文章的能力。因为工作室的前言和态势基本上都是财经性文章，通常要求作者放眼中外，俯瞰古今，跳出项目看项目，不仅要告人以事、晓人以理，更要迪人以意。

第三道门槛："定位"之艰难。

"定位"从营销角度而言就是"如何在预期顾客的头脑里独树一帜"，用工作室的话说就是"离不开你的问题"。到工作室一段时间后，这个问题就会凸显出来。我觉得这是入门的第三道槛。

每个人都怀抱一个目的来到工作室，或为学习，或为事业，或为稻粱谋，或兼而有之。开始时，多涉猎是件好事，但是半年或更久以后，如果还没有在工作室找到自己的位置，没有体现出领导认可的核心能力，这就存在很大问题。因为没有专注和聚焦，很难取得累积效果，最后变得是一身是刀但没有一把能割肉。

要想迈过这道门槛，我觉得可能需要找到自己喜欢而又有积累、又与工作室的知识结构要求契合的专业。工作室讲"长板理论"，对个人来说，就是把某一专业做到极致，至少其他成员取代不了你或者很难达到你的高度。工作室强调一专多长，对新手来说，一定要有一专再追求多长，因为人的精力有限，过多的追求会失去效率。

当然这里面有个权衡，不能走极端，不能不是专业范围内的事情就满腹抱怨。世上无难事，只怕有心人。真正的有心人，会充分利用领导给的每一次机会，会如饥似渴地从每一次任务中去学习。我觉得能力虽有高下，但是态度决定一切。

随笔 2. 半年杂思

半年过去了，现在回想起来，那时候真是激情满怀、信心满满，总怕自己的能力领导看不到，总怕英雄没有用武之地。如今闲暇时，思考更多的倒是：我能给领导和同事做些什么？我能否达到工作室的要求？我能否给公司增加价值？

刚进工作室时，对于其价值其实不是很明了，总在想工作室的报告为什么值那么多钱？因为策划卖的是方向、是信心、是平台，是给领导者换芯片，但当时对此并没有太多的感触。真正震撼心灵、让我深切体验到工作室价值的是的两次咨询经历。一次是随总监去大兴榆垡与镇委书记交流如何依托首都第二机场建设、打造航空城的问题；一次是与华夏幸福置业讨论廊坊项目如何定位找魂的问题。这两次经历让我真正见识了策划的价值。策划就是要有战略眼光，能纵横八万里，前后五千年，找准价值点，发现动力源；能从时代大势和区域格局出发，准确发现城市（或项目）的核心价值和未来方向，并能依此从众多的资源和机遇中迅速找到驱动未来发展的核心要素和最佳路径，进而做出定制化的策划，推动区域或城市跨越式发展。

然而，并不是每个策划人都能有那样的高度。对我而言，有时候就觉得压力很大。一是因为工作室的要求高，拿出去的东西都要代表工作室的最高水准，因此需要下很大的功夫进行扎实的研究；二是自己知识有限，阅历尚浅，很难从多、繁、杂、乱的信息里迅速地抓到关键。我觉得要想在工作室干好，可能有两种能力需要着重锻炼。一种是思维能力，包括创造性思维和逻辑性思维。创造性思维是你结出"瓜"的能力，创意人人都有，但是做到让人拍案叫绝而又恰到好处不容易，甚至是可遇不可求，这个需要厚积薄发；逻辑性思维是你顺瓜摸藤拉到根的能力，这藤就是你思维的主线，只有牢牢抓住它，才能纲举目张、血脉相连。还有一种是表达能力，包括语言和文字表达能力，对于新人来说，更重要的是后者。因为工作室有自己的语言体系和表达方式，我觉得它是以创造性的理念为灵魂、以缜密的逻辑为骨架、以准确而又极富感染力的文字和图片为血肉、以高山滚石行云流水般的文脉为气韵的一种表达体系。如果整体汇报完后，能让人心头豁朗、心中澎湃、心底踏实，文字表达能力才算基本到家。

虽然在工作室有时觉得压力很大，但我从未想过放弃。我信奉一句话：走自己的路，让别人走的更好。我特别希望我的工作能帮助到别人。我体验过从政从商，最后还是选择了做咨询甚而做专家，所以现在是痛并快乐着。我有种体会，就是从事策划越久，就越觉得对策划本身的热爱非常重要。因为对一般策划人而言，不仅是策划即生活，更是生活即策划，做项目时你需全身投入，时刻学习，因为工作性质决定了你必须不断吸收新信息、新知识，必须不断思考新创意、新问题。很多功夫是要下在 8 小时之外的。同时，领导的评价、同事的能力，也会让你倍感压力，所以如果你不爱这份工作，就不能享受策划本身带来的快乐。

怎样才能更好地享受策划本身的快乐呢？我想除了热爱之外，可能还需要一种"只问耕耘、不问收获"的心境，认认真真做事，踏踏实实做人，关注事情本身的意义，关注自己成长了多少，而不要把此外的一些要素看得太重。我一直觉得，策划是一份很崇高的职业，需要很强烈的人文精神（或贡献精神），你的方案（特别是区域战略类）不仅要对公司负责、对客户负责，更重要的是对社会负责，所以你也不仅仅为公司和客户服务，也在为整个社会贡献力量。而后者我认为才是人生的终极意义，才能收获人生的至善至美至乐。我想一个怀抱这种信念的策划人，一定会是个快乐的策划人。一切的压力对他而言，将更多的是一种鞭策和动力。

随笔3. 一年总结："失之东隅，收之桑榆"

从读研开始，我就打心眼里喜欢做项目，因为它不枯燥，让你不断接触新事物，不断面对新挑战，将你的生命和思想搅得很鲜活。同时，从整个人生历程来看，考博和工作，也只不过是实现理想的不同路径而已。一年来的工作倒是让我觉得，后面一条路走起来或许更踏实和便捷。为什么这么说呢？因为这期间的工作，让我收获了两样宝贵的东西：一是增加了智识，二是增强了自信。

智识，我将它分为三个层面：知识、经验和识见。在工作室和在学校学习知识不同，学校凭兴趣，工作室讲求学以致用，而后者因为有目标所以更有效率。就我而言，今年先后参与了海南陵水、河北廊坊、西安紫薇、大兴榆垡、北京对口支援和区域合作等诸多项目，最后三个是全程跟进的。这让我阅读了大量书籍，收集了大量资料，进行了大量思考。可以说，通过这种高强度的学习，我比较全面地掌握了世界城市、临空产业、区域合作等相关知识。通常在学校很难这样有目的、有效率地学习，而且在这个过程中有不少前辈毫无保留的指导与不厌其烦的解答，真是不是导师胜似导师。

我一直觉得人生的经验特别重要，而能否予人经验，我想这也是工作室和学校在人才培养上的本质差别。通常能传达教授的一定是知识，自己积累的才算是经验；而通常可以教授的，价值都很有限，只有自己辛苦积累的，才能迸发出巨大能量。这一年以来我积累的经验还真是不少。一是丰富了体验，我长到这么大，去的地方、吃的风味、访谈的人，都赶不上这几个月多。看多了、听多了，心里自然有不少感触和积累。二是深入了实践。自己动手去做，与在学校看论文、在工作室研读案例PPT完全不同。

识见，我觉得是在渊博知识、丰富经验和自创理论体系基础上的高观阔视，一种能谋善断的条件反射。例如，一眼就能发现事物的症结所在，一眼就能看出项目的核心价值。在这方面，我虽然有所意识但还差得很远，基本还处于夹生阶段。工作室的理论和方法体系、自己的知识和经验，以及一些朦胧理论思考还都在脑子里翻滚窜跳，远没有融合成一体。总监说我具备独立做项目的"潜力",这看得很精准,因为至少在识见这一块,我还有很长的路要走。

说到自信,我以前基本属于无知者无畏型,现在感觉开始向厚积薄发型迈进了。表现自信是一门学问。多次面对客户,我深有感触。我想体现自信至少应注意两个方面。一是要注意积累,尽量拥有渊博、准确、深刻的知识和经验。比如别人说2010年国家GDP是40万亿左右,你要能精准到39.79万亿;别人对科举制泛泛而谈,你要说得出中国人才选拔方式的变迁、科举制的来龙去脉、其历史价值及与国外相关制度的异同,并指出产生异同的根源等。要能进行纵向和横向之研究,阐发事物存在发展之机理,这才算是水平。二是注意表达方式,充分运用分类、分阶段、分主次这种思维方法,讲出个一二三,君子不言,言必有中。同时,一个观点尽量在3分钟内讲完。当然不够自信的时候,可以少说话,多思考,宁愿被人看作沉默寡言,也不能被人听出了浅薄。因为策划的学问中有很大一部分是社会学,涉及很多感情和主观等方面的因素。我觉得经过一年来的积累,自信心稍微增强了,但路还漫长,还需要慢慢地熬。

从另一个角度讲,到工作室以来还有个收获,就是暴露了很多短板,如知识结构不全面,因为学文科出生,对历史文化、文章辞赋比较敏感,而对区域经济、城市空间、道路交通就显得较为迟钝;性格上比较冷淡和被动,很少主动向客户敬酒、攀谈,很多话语和观点能不说就不说,很多问题能不提就不提。这一方面因为自信心还不够强大,同时也有依赖心理。还有就是商务能力,过去在学校没有这方面培训,但这是策划人重要的生存技能,我还要努力地学习。

下一步有什么打算呢?我想核心是增强做策划人的意识与素质。一是要养成关注最新信息的良好习惯。坚持每天路过报亭时浏览完各报大标题、收看每天新闻联播、早晚手机报、每周买一份经济观察,当然还有即时的网络信息。二是加快知识积累。除了阅读与项目有关的书籍,要坚持每周阅读一本具有较强知识性或者理论性的书,如历史书、收藏鉴赏等。前段时间我看了一些关于家具鉴赏的书,感触特深。很多司空见惯的东西,如果你了解个中缘由,就会发现他们无不蕴含着深厚的文化,彰显着独特的审美情趣。如果你跟客户聊天,目光所及处不经意那么一提,人家心里可能会说,饱学之士、深邃之人啊!敬意油然而生。三是希望自己能慢慢整合出一套观察事物和分析问题的方法,这个很难但非常需要,不然承担项目就有局限,做再多的项目也算不上独挡一面的干将。四是增强自己的职业精神和人文精神。努力做一个对工作认真、对客户负责、对社会有益的策划人。

随笔4.一年半感悟:成长漫谈

什么是成长?我想每个人都有自己的思索和感悟。就我一年半以来的体会,我觉得成长离不开三个往复上升的阶段,把它总结为"沉得下""稳得住"和"上得来"。

"沉得下",就是要抛弃浮躁心理、畏难心理、侥幸心理,以谦虚、谨慎、敬畏的态度,深入对事物发展规律的研究,深入地区或项目的实际情况调研,深入了解实操过程中的点点滴滴,而不是不明所以，说些大而空洞的套话，做些没有根、没有腿的创意。特别是要避免在态势分析和写作中将"顺藤"作为目标，只追求逻辑推演和行文顺畅的需要，而不顾或不循事物内在发展的主线与机理，为了态势而态势。

对一个初投革命、满怀浪漫理想的策划人来说，我觉得"沉得下"尤其重要。为什么呢？因为工作室的成功之源即扎根于实践、扎根于对规律的把握。就我的体会，在工作室做的虽然是策划，但是不懂得谋划、规划和计划（操作指导）的关键和窍要，再炫的策划也会变成太监报告，想象美好，再往下执行不了。现在许多客户，不仅需要概念创新、战略定位、空间规划，而且需要告诉如何操作、如何落实。例如你提出一个新的概念，人家会问是否有具体指标、怎么建设运营，要是引进运营商，哪些企业是谈判对象，在谈判中抓住哪些战略要点等。回答这些问题，无一不需要广博的知识、深刻的见解和对细节的把握。

那怎么才能"沉得下"？我想"沉得下"首先是一种心态，然后才是具体的方法。关于方法，我现在总结的是"一律三分"。"一律"就是凡事都要注重规律，看到一个现象，第一反应是思考背后的规律是什么，是偶然的还是必然的；设计一个项目，不是凭空臆想，而是要问，这符合规律吗？"三分"就是分类别、分阶段、分层级的思考。一个事情难以把握，一个研究深入不下去，我想那是因为没有去解剖，没有去条分缕析。如果用三分法，追根究底，就会慢慢"沉下去"。

但仅仅能"沉得下"还是不够的，还需向"稳得住"。什么是"稳得住"？我觉得涉及忍耐、自信、执着三层含义。一是要能忍耐，因为策划是"下地狱的活"，帮着洗菜、切菜、配菜还好，当自己要学着炒点小菜时，什么压力都来了，有时客户催得紧，灵感又不帮忙，如果你是项目组长，该怎么办？只能扛着，所以心理素质很重要，要能忍得住火气，耐得住折磨。二是要能保持自信，这个很重要，我甚至认为自信是策划人成功的基石，失去了自信，再高耸入云的理想都会轰然倒塌，灰飞烟灭。但保持自信很难，两三个项目思路不对、领导客户不认可没有关系，还可自我安慰，如果再三而四而五，我想再坚挺的自信也会疲软吧。怎样才能保持自信呢？最好办法是不唯领导、不唯客户，只以规律和事实为师。做一个项目，就研究透一个项目，要有"人一我十"的努力精神，尽可能去了解关于项目的点点滴滴，然后吃完嚼碎消化尽，做到规律在握、全局在胸，不畏浮云遮望眼，信心自然就有了。从这个角度讲，自信就是汗水、心血及一点点天赋的"化合物"。不过，由于阅历等因素，领导对规律和全局的把握往往更深刻，做出的判断也更正确，所以要有开放、谦虚、包容的心态，为了自信而自信，可能会适得其反。

"稳得住"还有一层含义是要能执着，能拒绝金钱和各种利好的诱惑，在工作室"猫"上几年。为什么呢？为了改造思想。现代知识体系是舶来品，从小学到大学我们的思维就被这种知识体系塑造着、束缚着，所以很难突破、进而形成新的思维范式。但中国很多事情用西方的思维体系是行不通的，怎么办？还好工作室提供了一些新的思维方法，但是吃完用透，将工作室的方法论融入血液，炼化为潜意识，可也不是件容易的事情。

虽然说"沉得下、稳得住"很重要，但是如果不能"上得来"，那么这样的成长还是失败的。这样的策划师也只能是大蛇，成不了腾云驾雾的蛟龙。所谓"上得来"，我认为至少包括三个方面。一是由前两个阶段的"分"上升到"总"，上升到全局，形成良好的战略素养，外在表现就是一种战略思考、战略判断和战略创新的能力，没有培育和形成这种能力，做多少项目都只是数量的积累；二是要找到一种"一以贯之"的东西，可以是理论、观点或者思维方式。因为只有有了这个东西，知识和经验才会有轴心，才会实现有机的积累，在做事上也才会有主心骨。比如读书，如果没有一个"一以贯之"的东西，可能一直都在读故事、读知识，却上升不到更高的层次。三是要逐渐有自己的特色风格、语言体系和外在气场，这个可能需要很多很多年的有意识的历练了。

随笔5. 二年总结："沉下来"

在工作室的时间过得似乎特别的快，晃眼又是一年总结时。

如果总结今年的收获，我想用三个字概括，就是"沉下来"。所谓"沉下来"，就是要抛弃浮躁心理、畏难心理、侥幸心理，以谦虚、谨慎、敬畏的态度，深入对事物发展规律的研究，深入地区或项目的实际情况调研，深入了解实操过程中的点点滴滴，真正把握事物的本质、使自己的思想和策划符合客观外界的规律性。我觉得，其首要要求就是尽自己最大能力、扎扎实实地将项目一个一个地做好，练好兵法与剑法融合。

今年我主要做了四个项目。第一个是大学科技园，这是我独立负责的首个项目。从最开始不知道科技园为何物，到比较深入地了解其规律，后来报告得到客户较好评价，这确实是一个"痛并快乐"的过程。现在看来，这个项目最大的收获其实是经受住了炼狱的洗礼、锻炼了坚强的意志，所以现在碰到困难，我就有了份"除却巫山不是云"的自信。这个项目还有个特点是直接和对方负责人演对手戏，在与其切磋和交流中，我真正理解了客户的问题、需求和关注点。我觉得，这推进了我从一个学生到策划人的成长速度，开始从"纸上谈兵"到关注"沙场用兵"。

第二个项目是经开区的前期策划，这也是我独立负责的。我感觉这个项目主要锻炼了如何撰写报告的能力。我的体会是：写报告，要打直拳，一针见血；好语言，一定是"三力"结合，即"冲击力、简洁力、逻辑力"，要让客户心头兴奋、心中舒畅、心底有谱。

第三个项目是首都经济圈合作战略研究。这是一个大课题，涉及两市（北京、天津），四省（山西、内蒙古、河北、陕西），耗时近四个月。我大概阅读了2米厚的文本资料，包括国内外区域合作规律及案例研究、首都圈战略研究,以及北京18个区县、河北省14县6市和天津、山西等省市情况,而且实地调研了大部分相关省市,最后写出了7万字左右的报告。这个项目给了三个方面的收获,也就是"三者"结合研究法。一是要做领导者,把握全局。思维和行文要思路开阔,有大格局、大境界,这样文章才能纵横捭阖、气脉贯通。二是要做学者,把握规律。要对区域合作的阶段性、产业合作的节点、载体合作的要点,有清晰、本质、规律性的认识,策略设计要有其内在依据。三是要做记者,要深入实践,了解现实中最鲜活的情况。我阅读了很多研究资料,但感觉大部分都停留在说理阶段,飘在云端,往下落就遇到了瓶颈。因为没有调查就没有发言权,而调查是需要花费大量时间、精力、金钱的,因此大家就说一些绝对正确、但绝对废话的言语。我很庆幸今年能有这样一个研究机会,这让我受益颇多。

第四个项目就是正在进行的百家重点企业战略策划建议。这个项目从协议就开始参与。这个项目进展到现在,已经能看到黎明的曙光了。我觉得这个项目对我的锻炼是全方位的。首先是体验了办公室主任的角色,因为其中涉及与高新区、合作机构、园区企业等各方协调,以及访谈安排、问卷调查、食宿安排等,这是个"不求有功、但求无过"的活,做坏容易,做好却难,练的是眼快、心细、腿勤,做好需要经验。其次是锻炼了一些商务能力,如何有技巧地催款,如何有意识地学会敬酒、说些得体的场面话,以及有意识地维护客户关系。当然,最重要的还是比较深刻地了解什么是企业战略、怎样做企业战略、应注意哪些要点等。这是一个系统而庞杂的体系,我觉得自己才开始入门,离登堂入室还有很长的路要走。还有一个重大收获就是如何组织、协调好团队,通过大家的合力把项目做好。这次工作室采取的是"蜂群战术",倾巢出动,同时还有合作伙伴的外援,但毕竟大家的专业背景、工作方法、能力水平、日程安排等各有差异,所以如何协调好、统筹好,这里面还是有很多技巧和讲究的。几个月来我也有些心得,算是收获颇丰。

策划即生活,因此这一年来,我觉得"沉下来"不仅体现在项目实践中,也体现在生活和学习中。一是养成了关注最新信息的习惯。一年来,坚持收看每天新闻联播、早晚手机报、每周买一份经济观察,当然还有即时的网络信息。二是增加了知识的积累。业务时间,除了阅读与项目有关的书籍,还保持每周阅读一本具有较强知识性或者理论性的书,如斯塔夫里阿诺斯的《全球通史》、《毛泽东选集》(四卷)、《鲁迅全集》等。策划要思接千载、纵横万里,如果不多读书,怎么能做到呢。三是坚持诵读经典,这是半年前新加的功课,即每天早、晚各朗诵半小时的经典文章,如《财智论语》、唐诗宋词、《中华文典》等。四是开始关注社会这本大书,有意识地从日常生活、旅游休闲、言语交谈中去感受策划、学习策划。

整体来说,无论从项目上,还是从生活学习上,我的2011年都是一个"沉下来"的过程。但是在这个过程中,我也遇到不少迷惑的问题,主要有:一是在不断下沉中,怎样能够从细节中不断抽离出来，时刻保持一种宏观和战略的视野？二是如何迅速提升现场咨询能力？三是如何平衡繁忙的项目工作与日常学习的时间，因为很多时候仅与项目相关的知识与工作，就让自己疲于奔命，如何才能腾出更多"功夫在诗外"的时间？

带着对这些问题的思考，我迎来了2012年。那么有什么新打算呢？我设定的主题还是"沉下去"，给自己制订了一个"213"计划。"2"就是深耕两个领域，一个是文化产业，一个企业战略，这个两个方向是热点，也是我比较有基础的领域，因此我想聚焦精力、集中攻坚，通过巨量的案例研究、尽可能多的实地调研，以及适时向别人学习等方法，逐渐将这两块打造成我的杀手级武器。"1"就是探索一套方法或思考体系。在消化工作室理论精髓的基础上，结合自己的思考，有意识地去探索一个具有良好伸缩能力的思考和策划框架，打造自己的卫星定位系统，因此，我想在学习中还加上一项，就是每天要有半个小时的"冥思时间"，总结和思考一天所学，或仅用于天马行空般的想象，让紧绷的思想有飞一会儿的时间。"3"即强化三种能力：一是商务能力，希望有机会参与项目的前端，包括合同撰写、项目招标、前期访谈、催款要钱等环节，强化商务洽谈、现场咨询等方面的能力；二是表达能力，这是我弱项。如何加强？在思路上总结三点：主题先行（概念抓总）、分点阐述、简洁形象；在练习上，还是每天早晚半小时朗诵，同时多观察、多发言、多总结；体能体力。总监说策划需要"三力"齐上，脑力、嘴力、体力，一个也不能少，所以我希望能把现在每周打球的习惯坚持下去，风雨无阻。

随笔6. 三年总结："深水潜行"

从事策划是一生的修行，是一个不断"开窍、出窍、归窍"循环上升的过程。就我的体悟而言，我将它归结为"沉下来、稳得住、上得来"三个阶段。进入工作室三年来，经历了第一年的懵懂探索，第二年的逐渐"沉下来"，总结第三年，核心体悟是"稳得住"，实践历程是"深水潜行"。

首先体现在项目上。虽然今年做的项目不多，但相对深入和踏实。

在项目流程上，从项目前期的协议起草，到中期的组织调研、报告撰写、项目汇报，以及后期的收款、顾问监理等，经历了完整的项目锻炼。在项目运作上，从战略策划，到概念规划、引擎设计，再到后期的动画表现，经历了从创意概念到模拟现实的整个过程，特别是动画表现的参与，让我对策划的创意性、合理性和可操作性有了更深的认识，在策划表达上的镜头感觉更强。在报告撰写上，基本突破了传统写作报告的束缚，开始按照文章和宣传稿来写，追求更加简洁、形象，行文流水，直奔本质。

其次体现在方法里。一是初步总结出自己的策划思路，即"创新引领、需求导向、系统研究、引擎突破、完美表达"，系统研究上的创新，这是工作室的本质和核心竞争力，也是咨询行业的价值所在。二是在研究方法上，涉及一个陌生行业，我首先想到的是要把握其行业本质和规律，然后在此指导下才去关注现象，解读案例，这样大体方向才不会出错。对策划师而言，"做对"是原则问题，"做好"是水平问题，快速认准本质、把握规律是对策划师的根本要求。三是在管理方式上，深感作为一个项目经理，管理的核心在于方向、节奏和合适的灰度，如何让组员充分发挥能动性和创造力，而又不偏离主导方向，是能力的关键。

再次体现在学习中。今年，初步形成了良好的读书习惯，坚持每天早上或者下班后，读半小时的名篇警句；坚持每天业余时间看一小时的智慧类或文学类图书。相对去年，今年更加成为一种习惯，一天不看，就觉得心里发慌。同时，信息的敏锐度增加，在坚持看新闻联播、经济观察报、第一财经周刊等基础上，更加关注博客、微博等新媒体，及时了解社会和专业动向。我觉得，作为一个策划人，首先是一个社会人，不懂社会、不懂时局，很难有所成就。

展望2013年，目标是"上得来"，关键是培养广阔的视野和"找魂"的能力。而实践路径，我归纳为"书宜杂读、业宜精钻"。娇艳的"创意之花"必须植根于肥沃的知识土壤，吸天地之灵气、集日月之精华，才能有根系庞大，茁壮成长。这需要策划人要有广博的知识、丰富的阅历和对策划对象精准的把握。

这注定是一个艰辛的过程。我觉得最快的突破办法：一是多读书，特别是多读古书，从中国传统智慧中吸收营养。我希望2013年，能够做点古今结合、中外结合的事情，使自己的策划思想和战略智慧更上一个层次。二是聚焦专业。作为年轻的策划师，只能将"全局的劣势转化为局部的优势"，集中力量打歼灭战，从一个领域突破，树立信心，触类旁通。我选择的是文化产业，希望终有所成。

随笔7. 四年总结："熬"

今年的经历和感悟很多，但总结起来核心就一个"熬"字。伟大是熬出来的，我想一个优秀的策划人或一个理想的人生也是熬出来的。"熬"字面意思是"文火久煮"；引申义为"忍受耐苦"。我认为：熬是一个积累精进的学习过程，是一种安定平和的心理状态，也是一种活在当下的生命智慧。

今年我做了四个项目，整体而言，都是"半拉子工程"。我想这种不成功的原因主要是策划能力不够。在策划行业从概念走向具体、粗放走向精细、从前端走向全程的大背景下，项目对策划人的要求更高，不仅要大势把握、理念创新，更要资源整合、操作监理，最终开花结果。这就暴露出了学生兵出身的短板，而弥补这个短板需要时间和机缘。我想，研究是策划之根，创意是策划之魂，当前比较好的办法是多研究、多借鉴。因此，今年我扎实做了很多的研究，如土地流转、金融服务、新型孵化等。虽然项目由于种种原因不温不火、停停走走，但经过这些研究，我慢慢完善了自己的知识结构，逐渐提升了跨界融合的能力，当然策划项目时也越来越有了自信和底气。我想，能力有大小，悟性有高低，但能熬、能坚持终将会有收获。

今年是我进入工作室的第四个年头，相对初入者，我觉得"熬"这种心态特别重要。当初面试时，公司创始人对我说，"你不要急，但是也不能不急"，那时我体会不到。现在觉得，这说的就是一种"熬"的状态。不浮躁，也不消极，不跃进，也不停滞；看长线，踏实走。拉长人生的视野，我们需要用广角看人生，只要方向和路径明确，慢慢来。经过一些起伏，现在我的心态变得比较安定，因为事业方向和路径已经比较明确了。我希望今年能在前四年多方面知识的积累上，以文化产业为轴心，推动知识的跨界和融合，逐渐让自己成为一个"丁"字形人才。笨鸟先飞，如果我用20年、30年坚持走这一条路，文火慢熬，我相信功夫不负苦心人，一定会有些许成就。

由于项目的机缘最近学习佛法。如果我们将其作为一种修心的文化，就可以很好地从中吸收生命的智慧和营养。佛法的核心是教我们"治心"，"治心"的核心是放下，放下的核心是活在当下。就像熬，关心眼前的这把火，不要去懊悔过去，也不要担心于未来，做好和享受当下每一刻。我们总是老得太快，却聪明得太迟，为了所谓的未来牺牲太多现在。所以除了工作，现在我也试图提高生命的质量和品位，更多关心家人。我觉得这与金钱不一定正相关。相由心生。看一本书、听一首歌、品一杯茶、喝一壶酒，三五好友畅谈一室，或关注春花秋月，或领略松竹清风，只要保持一颗安定、清澈和珍惜的心，我们就能处处感到人生的美好，所以我想需要好好珍惜人生，需要增长生命的智慧，特别是如何用好30岁到40岁这人生最黄金、最精华、最具有爆发力的时光。

策划最终比的是境界和思想。纵观人生，恰如熬一锅老汤。人体为鼎炉，精气神为火候，各种因缘外物为汤料。如果我们能把握火候，用好外物，随着时间的慢慢过去，我们一定能熬出色味纯正、飘香四溢的生命之汤。

第七章　研究分析能力

▶策划故事：日本三菱重工集团揭开大庆油田的秘密

1959年9月26日，位于大庆市大同镇附近的松基3井（松辽盆地第三口基准井）喷出具有工业价值的油流，经过试采，产油稳定可靠，能够较长期保持稳定，标志着大庆油田的诞生。日本三菱重工集团为了售卖采油设施，也高度关注大庆油田的建设进程，但当时油田开发还处于保密状态，那么三菱集团如何进行研究呢？他们通过收集当时公开的信息，通过仔细分析，得出了系列结论。

《人民画报》封面刊有王铁人的照片，身穿大棉袄、头戴皮棉帽，天上下着鹅毛大雪。研究认为：这表明油田在东北地区。

《人民日报》报道王进喜到了马家窑，说一声好大的油海啊，我要把中国石油落后的帽子扔到太平洋里去。研究认为：油田的中心就在马家窑。

《人民中国》报道中国工人发扬"一不怕苦，二不怕死"的革命精神，油田的设备完全是人拉肩扛到井上的。结论认为：油田有铁路或公路，或离铁路、公路不远。

1966年，许多报刊报道：王铁人光荣地参加了全国人大。研究认为：油田出油了，不出油，王铁人当不上人大代表。

《人民日报》上刊登了一幅石油钻塔照片。三菱据此测算出油井直径，又根据《政府工作报告》的有关资料，算出油井的产量和油田的规模。

然后，三菱生产出了相应的油田装备，果然得到了采购与应用。

这就是分析能力，或者说是洞见能力。美国硅谷孵化器（GSV实验室）负责人马龙·伊万斯（Marlon Evans）说，硅谷孵化器最重要的工作就是帮助创业者培养洞见能力。有洞见能力的创业者才能获得天使投资。这对策划人也一样，只有锻炼出较强的研究能力，对事物发展拥有洞见，才能为职业生涯奠定基石。上文提到了策划研究除了一般共性，还存在时效性、实效性、集成性和预设性等特点，本章也会将这些特点融入研究阐述。

第一节　研究能力构成要素

任何事物的出现和发展都有其内在逻辑和必然规律。研究即是"收集、分析和解释数据的系统化过程"[1]，目的是寻找必然，按照规律解决问题。尽管策划强调求新求变、灵活创意、不受拘束，但是策划也绝不能违背规律，所有创新创意必须基于规律。培养策划人的研究能力，即是要培养通过现象找到本质的能力。

从实践来看，研究一般包括四个步骤：①以问题来明确研究者探求的目标；②设置可以解决问题的假设；③收集与假设有关的数据；④分析和解释数据，判断其是否支持假设，是否解决了最初的研究课题。[2]因此，根据研究的步骤和环节，策划人要掌握问题发现与聚焦能力、信息获取与甄别能力、资料挖掘与分析能力、观点提炼与阐述能力四个方面的能力（见表7-1）。

表7-1　策划研究能力

序号	能力	具体内容
1	问题发现与聚焦	找到"真正的问题"、聚焦"关键的因素"、设计研究方案（包括提出假设）
2	信息获取与甄别	信息获取、信息选择、信息整理
3	资料挖掘与分析	数据挖掘、综合分析
4	观点提炼与阐述	观点提炼、报告撰写、成果应用

一、问题发现与聚焦能力

（一）找到"真正的问题"

提出正确的问题，往往等于成功解决问题的一半。正如爱因斯坦曾说，"如果我有1小时拯救世界，我会花55分钟想问题，用5分钟想解答"，并认为"发现一个问题往往比解决一个问题更重要，因为解决一个问题也许仅是一个数学上的或实验上的技能而已，而提出新的问题、新的可能性，从新的角度去看旧的问题，却需要有创造性的想象力，而

---

[1] 保罗D.利迪，珍妮·埃利斯·奥姆罗德.实证研究：计划与设计[M].10版.吴瑞林，等译.北京：机械工业出版社，2015：3.

[2] 同[1]17.

这正标志着科学的真正进步"。[1] 不思考真正的问题是什么、只着急找答案，是很多人的通病。因此，对于极度强调时效性和效率性的策划研究，首当其冲的任务应该是发现"真正的问题"，避免耗时费力，结果却南辕北辙。没有效果的付出，对策划人而言，是最不可原谅的浪费与失误。

思维锻炼　什么才是真正的问题？

小明与小欢两人面前有一个蛋糕，想把蛋糕分成彼此都能接受的二等分，怎么分才好？

如果你将问题界定为"如何均分蛋糕"，解题方式自然会聚焦在"如何精准地将蛋糕切成二等分"。不过，真正的问题其实是"两人都能接受的二等分"，所以更好的解决方法是"小明尽可能公平地将蛋糕切成两块，请小欢先挑走一块，剩下那一块是小明的"。

这样做的原因是，蛋糕是小明切的，小欢无论选哪一块，小明都能接受；而小欢选了对自己有利的一块，也能心满意足。

可见，找到真正的问题，才能有效地解决问题。

资料来源：蓝狮子数字出版中心《从零开始学策划》，2018-11-15，https://yuedu.baidu.com/ebook/0b50fccaa6c30c2258019e13？pn=1。

《真正的问题是什么？你想通了吗？》（Are Your Lights on？ How to Figure out What the Problem Really is？）是唐纳德·高斯（Donald C. Gause）和杰拉尔德·温伯格（Gerald M. Weinberg）撰写的问题解决领域的经典之作。书中探讨了解决问题时经常遇到的思考盲点，以及处理问题的关键思维。他们认为面对问题时，最重要的是：首先，确定真正的问题是什么；其次，找到谁是问题的拥有者；再次，认清问题从何而来；最后，决定是否真的需要解决这个问题。该书并就如何清楚界定问题，提出了六大要点。

第一，问题是什么？所谓"问题"，指的是"期望"（应有的景象）与"感受"（现状）之间出现"落差"。这种落差就是问题的根源所在。

第二，这是什么问题？即如何正确定义当前遇到的问题。如果你很轻易就解决了别人的问题，他们不会相信你解决了他们的真正问题。

第三，真正的问题是什么？如果以你目前对于问题的了解，你想不出至少3个可能出错的地方，就不算"真正"理解问题。

第四，这是谁的问题？确认谁是问题的拥有者，以免弄错对象却不自知。找到问题的

---

[1] 爱因斯坦. 物理学的进化 [M]. 上海：上海科学技术出版社，1962：65.

拥有者，才能掌握对方需求，进而对症下药解决问题。

第五，问题是从哪来的？如果找出问题"起于某人→进行某个行动→导致的后果"，就能拥有解决问题的立足点，进而有机会解决真正的问题。

第六，真的想解决它吗？虽然很多问题都急着解决，不过还是必须考察客户是出于真心诚意想要解决这个问题，否则很容易敷衍了事。

通常经过以上六个步骤，我们可对策划要解决的问题进行较好限定。而在麦肯锡公司解决问题的流程中，则更强调回到原点、"从零开始"的原则。

日本学者大岛祥誉在《麦肯锡工作法》(*The McKinsey Way*)中提到，客户通常会对麦肯锡顾问提出这样的请求：本公司某项业务连续两年出现赤字，找不到挽回的方法，问题究竟出现在哪里？怎么解决为好？这时候，顾问们一般不会先"思考如何将某业务变成黑字（盈利）"的方法。为什么呢？大岛祥誉解释说，因为这种方法不是"从零开始"，这只是根据顾客提出的问题给出的相应意见，并不是从"原点"出发的观点。"从零开始"的思考方法，要考虑什么才是真正的问题，考虑这项业务今后还有没有继续的必要。如果没有什么发展的话，彻底放弃或许是最好的选择。那么，真正的问题就不是解决这项业务的赤字，而是在放弃了这项业务之后，如何提高其他业务的利润。❶麦肯锡顾问认为，从零开始的思考方法更接近问题的本质，才能抓住真正的问题点，从而找出线索，更有效率地解决问题。

为了强化寻找真正问题的能力，我们可以进一步学习日本学者齐藤嘉则的"4P思考架构"。

一是目的轴（Purpose）。即是检视目的，究竟"为了什么"而行动、"为了什么"而朝向那个方向、"为了什么"要下决定。例如，"为了健康"养成每周1次的游泳习惯，后来却演变成以"每周游泳1次"为目的，即使身体不舒服仍坚持去游泳，与"为了健康"的目的背道而驰，误将眼前的行动或手段视为目的，所以发现问题的第一步是确定目的。

二是空间轴（Perspective）。即是以不同视角分析问题。例如，从高处俯瞰时问题会随着视野的扩大而不同。问题愈复杂，愈需要广阔的视野，否则无法发现问题的本质。例如，在一个部门最重要的问题，放到全企业或机构的高度，也许就不是主要问题。

三是立场轴（Position）。即是了解"究竟对谁而言是问题"。策划人是从哪个位置观看事情的场所或立场，是从经营者的观点，还是员工的观点。例如，房价下滑是好消息，还是坏消息。答案因人而异。对于拥有房产的人可能是坏消息，但对于想要购房的人而

---

❶ 大岛祥誉. 麦肯锡工作法［M］. 朱悦玮，译. 北京：北京时代华文书局，2017：5-6.

言，却是好消息。

四是时间轴（Period）。即根据过去、现在、未来等不同时间点掌握问题。如果不先弄清楚是以哪个"时间点"来解决问题，很可能造成鸡同鸭讲，每个人讨论的时间点不同，危机感自然不一样。

齐藤嘉则强调，"问题发现的4P"并非各自独立，而是互相影响，只要改变"目的"，空间轴、立场轴、时间轴也会跟着改变。4P思考架构给策划人寻找问题提供了有益启示。我们可以将问题置于这四个轴线来考量，想想看"应有景象"是什么样子，真正的问题究竟是什么，策划到底要解决什么问题。

（二）聚焦"关键的因素"

意大利经济学家维尔弗雷多·帕累托（Vilfredo Pareto）曾提出了一个大家所熟知的法则——二八法则（又称帕累托法则，Pareto's Principle），主要意思是在一切特定的群体中，只有少数占有重要因素，而绝大多数是不重要因素。也就是说，80%的价值来源于20%的因素，剩下20%的价值来源于80%的因素。❶例如，一个企业80%的收入通常来源于20%的客户，80%的业绩由20%的员工完成。"二八法则"要求人们在工作中要抓"关键少数"，如关键人员、关键环节、关键项目等。对于策划而言，在寻找问题时，也应削枝去叶，抓住主要矛盾和矛盾的主要方面。

在策划中，我们需要学会运用矛盾的方法，聚焦关键性因素，从而也就抓住了"牛鼻子"，掌握了全局。

如何确定关键性因素？逻辑树分析法是一个非常有益的工具（具体内容将在"分析洞见工具"一节中讲解），即是"在界定真正问题之后，列出问题的结构、各种因素之间的联系以及可能出现的结果，然后去掉次要因素，只保留对解决问题有关键性影响的因素，并且只关注于这些关键因素"❷。需要注意的是，在这个过程中，由于信息不全，所以对关键性因素的考量还是处于一种假设状态，因此，还需要不断收集更多的论证信息与事实，进行动态调整。

同时，通过重要程度、紧急程度、扩大趋势三个指标，也非常有利于我们集中精力解决当前最关键的问题。

---

❶ 洛威茨. 麦肯锡思维[M]. 北京：企业管理出版社，2016：23.
❷ 同❶71.

知识拓展：集中解决重点问题

凡事都有轻重缓急。我们可能同一时间面对多个很重要的问题，但基本上还是该坚持"集中解决重点问题"的原则，否则容易分散力量，导致"什么问题都想解决，却什么问题都没有解决"的局面。那如何确定优先解决哪个问题呢？通常有重要程度、紧急程度和扩大趋势3个指标。

第一，重要程度。指的是"如果不及时解决，问题影响的范围有多大"。

第二，紧急程度。指的是"如果不及时处理，会造成什么样的影响"。

第三，扩大趋势。指的是"如果置之不理，问题会扩大到什么的程度"。

一般而言，在判断问题的优先级别时，通常从"重要性"和"紧急性"两个指标入手，自然是重要而且紧急的问题要优先解决。但有时候，难以区分重要程度和紧急程度，这时可以运用图表法进行综合评估。

表1：综合3个指标评估优先级

问题描述	重要程度	紧急程度	扩大趋势	优先级别
问题1	高	高	高	1
问题2	高	中	低	3
问题3	高	高	中	2

资料来源：作者根据网络资料综合整理。

（三）设计研究方案

问题确定之后开展研究，就需设计研究方案，主要明确以下问题（见图7-1）。

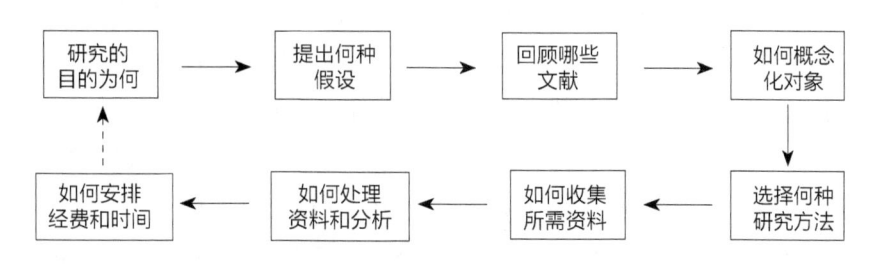

图7-1 研究方案内容设计示意

第一，研究目的为何？这是设计方案首先需要明确的。从普遍的角度上讲，研究目的有探索、描述和解释三类。所谓探索，即是探索某个议题，并提出该议题的初步认识，如我们想研究房产税征收到底会引发怎样的社会反应、经济下滑与结婚率上升之间是否有关系；所谓描述，即是精确地测量并报告研究总体或现象的特征，如人口普查、市场调查等；所谓解释，就是探讨并报告研究现象各层面之间的关系，如果说描述性研究要回答"是什么"，那么解释性研究则试图回答"为什么"。与其他的研究工作相比，策划研究更加注重研究目的和问题导向。由于策划不是简单的科学研究，而是要快速满足客户需求，找到解决问题的答案，因此，必须首先明确研究目的（见表7-2）。

表7-2 三种不同目的的研究类型的特征 ❶

项目	探索性研究	描述性研究	解释性研究
对象规模	小样本	大样本	中样本
抽样方法	非随机选取	简单随机、按比例分层	不按比例分层
研究方式	观察、无结构访问	问卷调查、结构式访问	调查、实验等
分析方法	主观的、定性的	定量的描述统计	相关与因果分析
主要目的	形成概念和初步印象	描述总体状况和分布特征	变量关系和理论检验
基本特征	设计简单、形式自由	内容广泛、规模很大	设计复杂、理论性强

第二，提出何种假设？为了提高研究效率，在方案设计中，通常需要先提出"基本假设"。例如我们在研究文化消费群体与产品关系时，可假设"大部分亲子家庭都对文化旅游综合体感兴趣"，然后对此进行论证。社会学家威廉·古德（William J. Goode）等人提出，假设必须满足以下几个条件：①以明确的概念为基础；②具有经验的统一性（即被经验检验）；③对假设的适用范围要有所界定；④与有效的观测技术相联系；⑤与一般理论相关联。❷ 这些条件亦适用于策划假设。

第三，回顾哪些文献？收集与研究主题相关的文献（如通过期刊论文、学术专著、论文数据库、经典案例集、会议论文集、研究报告、政府与其他机构报告、历史记载、统计手册、新闻媒体报道等），考察其他人是如何看待这个问题的，具有代表性的观点是什么，是否存在缺点或是否有改进的地方。费尔森定律说："窃取一个人的观点是剽窃，窃取许多人的观点就是研究。"❸ 对于策划研究而言，"拿来主义"和"集成性"是其重要特征。因为策划研究毕竟不是做学术，其主要目的是为决策服务，一般不涉及公开发表，所以别人的成果可以直接借用为研究观点或佐证材料（标明引用的出处即可）。

第四，如何概念化研究对象？就是界定和细化所有要研究的概念与变量的意义。如果大家对概念的内涵与外延难以达成共识，其研究结论必然受到质疑。例如，当我们研究一

---

❶ 风笑天.社会研究方法[M].北京：中国人民大学出版社，2018：66.
❷ 福武直，等.社会调查方法[M].长沙：湖南大学出版社，1986：23.
❸ 阿瑟·布洛赫.墨菲定律[M].曾晓涛，译.太原：山西人民出版社，2014：79.

个文化旅游综合体时,在方案设计中必须对"文化旅游""综合体"等概念进行规定,并达成共识。同时,概念还要具体化,就是一步步从抽象层次下降到经验层次,使概念具体化为可以观测的事物,如我们对"剥夺"这一抽象概念的具体化(见图7-2)。

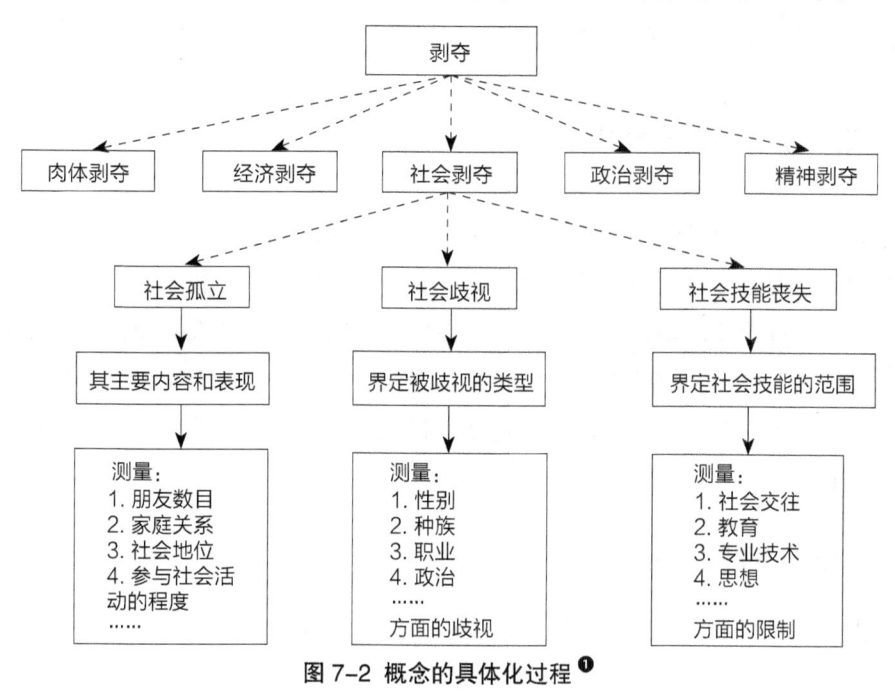

```
                          剥夺
          ┌────────┬──────┼──────┬────────┐
       肉体剥夺  经济剥夺  社会剥夺  政治剥夺  精神剥夺
                    ┌──────┼──────┐
                 社会孤立  社会歧视  社会技能丧失
                    │       │        │
              其主要内容  界定被歧视  界定社会技能
                和表现     的类型       的范围
                    │       │        │
                  测量:    测量:     测量:
                1. 朋友数目 1. 性别    1. 社会交往
                2. 家庭关系 2. 种族    2. 教育
                3. 社会地位 3. 职业    3. 专业技术
                4. 参与社会 4. 政治    4. 思想
                   活动的程度 ……        ……
                   ……      方面的歧视  方面的限制
```

图 7-2 概念的具体化过程 [1]

第五,选择何种研究方法?这里的研究方法是指在研究中发现新现象、新事物,或提出新理论、新观点,揭示事物内在规律的工具和手段。一般包括实验法、调查法、实地研究法、内容分析法、个案分析法、比较研究法和历史研究法等。策划人员需要根据问题选择一种或多种研究方法展开工作。

第六,如何收集所需资料?厘清了概念、确定了研究方法之后,就要在方案中决定如何收集所需要的资料,如实地调研、深度访谈、阅览文件、使用调查问卷或其他技术。总体而言,资料收集方法主要受到研究方法与经费的影响,只要能获得策划研究所需要的信息,各种合法的途径和渠道皆可。

第七,如何进行资料处理和分析?收集的资料通常需要经过整理才能使用,如大量的访谈材料、调查问卷及图片材料等,都需要分门别类整理好。然后依据材料,我们进行深入的分析,以验证调查之初的想法、观点或理论。策划研究最后的观点或结论要尽量清晰。例如,兰德公司曾给美国国防部的研究报告就一句话:中国将出兵朝鲜。

第八,如何安排经费和时间。研究经费是影响研究方案设计的重要因素,直接限制了

---

[1] 袁方.社会研究方法教程[M].北京:北京大学出版社,2016:130.

研究范围和调查方法的选择。研究经费主要包括调研人员的差旅费、写作人员的劳务费、课题资料费、问卷设计与印刷费、资料处理费用等。在研究方案设计中，这些都要有合理的安排与规划。同时，由于策划项目一般有严格的时间周期，所以必须根据策划总体工作进程，控制好研究工作的时间和节奏。

二、信息获取与甄别能力

策划服务决策，决策依赖信息。在信息大爆炸时代，信息量并不匮乏，困难的是如何快速获取自己想要的信息。对于策划人而言，比一般人更快速地获取与甄别具有信度和效度的信息，是一种重要的职业素养。因此，在信息获取时，策划人必须将"想搜集什么信息"和"什么是非解决不可的事情"两大前提谨记于心，精确搜索到想要的数据。然后依照相关性、权威性、时效性等标准逐一过滤，找出有效的信息与数据来佐证论点，增强策划方案的说服力。

（一）如何提升信息获取能力

策划人可以从设计好信息收集的"维度"和利用好收集的渠道等两个方面，强化信息获取能力。

首先，要设计好信息收集的"维度"。现有资料、信息或知识通常都是碎片化的，如何来整合这些碎片化的信息，就需要进行建构，即围绕某一个研究主题，谋划从几个"维度"（或组成要素）进行资料收集。所谓"维度"，从广义上而言，是事物"有联系"的抽象概念的数量；从哲学角度来看，是人们观察、思考与表述某事物的"思维角度"，如"不明飞行物"这个事物，人们可以从其"内容、时间、空间"等三个思维角度去描述，也可以从其"载体、能量、信息"三个思维角度去描述。在策划的资料收集中，维度设计具有很大的灵活性，既可从时间、空间，亦可从属性、类型等角度，但维度架构应遵循"MECE 原则"，尽可能全面、完整地收集资料。以产业研究资料收集为例，我们可以从产业属性、产业发展演进、产业支撑条件等角度来展开（见表 7-3）。

表 7-3　产业研究资料收集角度举例

序号	角度	细分角度
1	产业属性	产业形成原因或存在价值
		产业概念、内涵与基本分类
		产业链结构与各环节价值
		产业发展的基本规律、关键驱动要素等

续表

序号	角度	细分角度
2	产业发展演进	历史：发展脉络、里程碑事件、生命周期演进等
		现状：产业规模、发展速度、市场结构、产品类型、竞争状况、区域分布与水平、产业所处生命周期等
		趋势：规模、速度、结构、技术、分布、竞争趋势等
3	产业支撑条件	自然地理：自然环境、地理区位、资源禀赋、交通条件等
		经济基础：GDP规模、三次产业比例、投融资规模、产业政策、固定资产投资额、基尼指数、恩格尔系数等
		社会人文：历史文化、人口数量与结构、人口流动情况、民风民俗等
		政策条件：专业性政策、税收政策、土地政策、人才政策等
		产业技术：当前核心技术、最新技术影响等
		国际因素：进出口额、产业转移、产业链分布、比较优势等

其次，要利用好收集的渠道。一是"二手信息渠道"，如由专业权威机构所发布的数据或报告，包含政府单位的统计数据、上市公司财务报表等，这种信息收集方式成本低，但缺点是数据时效性可能较差，也未必恰好契合策划研究的需要。对于这种信息获取方式，策划人应根据研究需求，快速明确相关信息或数据在哪里可以获取，权威源头在何处，而非仅靠"关键字"搜索。当然，这也要求策划人平常要多积累，在脑海中形成一个信息权威来源的索引地图，如要查询国家的经济数据，可以罗列国家统计局、中国人民银行官网和财政局官网等网站，逐渐完善形成一张国家经济数据的权威渠道索引表（见表7-4）。二是"一手信息渠道"，即是通过观察法、问卷调查法、深度访谈法等方式获得第一手资料。优秀的策划人都非常强调一手资料的重要性，都会勤去"现场"，以亲身观察、访谈和切身体会来获取信息，做到心中有"谱"。

表7-4 国家经济数据来源的权威渠道举例

序号	数据类型	数据来源	具体数据指标
1	综合数据	国家统计局、各级统计局官网、年度统计公报	国民生产总值、固定资产投资、人均可支配收入、工业发展、消费数据等
2	金融数据	中国人民银行官网、分行官网、银保监会官网、中国债券信息网	存贷款数据、外汇数据、央行资产数据、国债与企业债信息等
3	财政数据	财政部、财政局官网	财政收支数据、国企经营数据和地方债数据、专项结算报告等
4	外汇数据	海关官网、外汇管理局官网、商务部官网	货物贸易、服务贸易、外汇储备增减等

续表

序号	数据类型	数据来源	具体数据指标
5	房地产数据	国家统计局、中介机构	商品房销售数据、房价数据等
6	部门经济数据	政府部门网站	人社部农民工数据、中国互联网络信息中心互联网报告等
7	行业经济数据	行业协会官网	乘用车市场信息联席会汽车销量数据、中国黄金协会黄金销售数据等

（二）如何提高信息的甄别能力

资料收集之后并不意味着万事大吉，此时就开始考验策划人的信息甄别和选择能力。因为搜集的原始资料通常粗糙、庞杂、真假难辨，策划人需要"去粗取精、去伪存真、由此及彼、由表及里"，对搜集到的资料进行审核，并通过分类、分组和编辑汇总等形式，使其条理化和系统化。如何提高资料选择能力呢？通常可参考四个指标，对资料进行遴选。

一是相关性，即是判断所搜集到的"资料"与策划"主题"之间是否存在密切的关联性。例如我们研究主题是"文化旅游综合体"，但是关于文化和体育融合的资料很多，这时我们就需做出取舍，重点选择文化旅游资料。

二是时效性。市场瞬息万变，资料一般越新越好。例如，五年前的手机或网络用户数据，对当前数字产品策划就没多大参考价值，甚至会将人引入歧途。因此，如果研究中必须要使用旧数据，就要高度警惕数据与当前的时间差。

三是权威性，即应分析这些资料产生过程的科学性和严谨性，考察资料发布单位与渠道的专业性与公信力。例如，政府官网上公布的统计数据、知名咨询机构发布的调查报告，这些相对于来路不明的网络数据就更有权威性。

四是客观性。由于策划研究通常"假设在先"，所以选择信息一定要避免主观性，不要为了论证而论证。正如风险投资人王煜全所言："最初假设的作用只是帮助我们深化思维、找到问题的可行方向，事实才是我们解决问题的基础。做分析研究，最忌讳的就是把自己的假设当成答案。在搜集资料的过程中，你会看到越来越多的事实，要不断地根据事实调整你的假设，而不是只去搜集能够支撑你的假设的论据。"❶

（三）如何提高信息的整理能力

在审查完资料的准确性、相关性、权威性等要素之后，还需要进行加工整理，使其条理化和系统化，以便于深入分析。其中，重点是对资料分门别类。分类既是"分"又是

---

❶ 王煜全.学会洞察行业［M］.北京：北京联合出版公司，2018：46.

"合"的过程。"分"是将杂糅在一起的资料按照一定的标准分离开来,"合"是将相同或相近的资料合成一类。分类的关键在于选择和确定分类的标准,分类标准的选择往往是基于某种假设或理论,其本身就是对所研究问题的一种分析和认识。❶ 分类标准有所谓的性质标准(主要是属性差异)、数量标准(主要是数量差异),以及现象标准(外部特征与联系)和本质标准(本质特征或内部联系),但不管依据何种分类标准,都需坚持如下四个基本原则。

第一,有效性原则。这里有两层含义。首先,这一分类方式对于研究目的是有效的,如果不是按照研究目的分类,研究问题就无法得到恰当的解释。例如我们要研究城市发展潜力,就应从区位、交通、资源、人才等角度对资料进行分类,而非从社保、医疗、城建等角度。其次,这一分类能够有效地反映社会现象的真实情形,能够抓住本质特征,如根据人群代际来区分消费行为,这种分类从我们的观察与经验来说,是真实有效的。

第二,互斥性原则。这是指分类标准应相互排斥,以使同一条信息只能归于一类,不能骑墙,既属于此类又属于彼类。如将消费者分为男人、女人、白领和自由职业者,这种分法就会有大量重叠。

第三,完备性原则,是指分类标注应当使每一份资料都有归属,分类结果要使得所有资料全部包容进去,无一遗漏。❷ 例如,我们只将书按照用途分为教科书、科普书、工具书等三大类型,那么还有很多书就会无类可归。

第四,各类别必须处于同一分类层级,不能将微观、中观和宏观等不同层级的资料混在一块,如我们不能将国家、区域、城市都放到一个分类标准里。

通过对资料的分类,我们就可将资料归类,并按照一定的逻辑进行编排和整理,为后面的分析提供基础条件。

三、资料挖掘与分析能力

(一)数据挖掘能力

近年来,数据被广泛地运用于人类社会的生产、生活、管理和社会治理,成为并列于资本、劳动和自然资源的新的要素禀赋。❸ 数据挖掘(Data Mining)又译为资料探勘、数据采矿,是利用数据库知识、数据存储技术及统计分析方法,从海量数据中寻找

---

❶ 袁方. 社会研究方法教程(重排本)[M]. 北京:北京大学出版社,2004:322.
❷ 同❶.
❸ 徐子沛. 数文明:大数据如何重塑人类文明、商业形态和个人世界[M]. 北京:中信出版集团,2018:5.

隐藏在其中的模式、趋势和相关性的过程。通过数据挖掘，可将数据转换成为有价值的信息。在大数据时代，如何收集、存储、挖掘和利用数据，成为策划人必须了解和熟悉的知识。如果能够掌握数据建模、预测技术、分类技术、关联技术、序列技术等专业技术，则更有助益。

当然，决策的时效性使得管理者不可能等掌握了所有需要的信息后才做决策，决策总是存在这样或那样的不确定因素。[1]因此，对策划人而言，能够从有限的数据中发现有价值的信息，是一种更为实用的数据挖掘能力。从认知规律上来讲，数据只给了我们一堆可分析的素材，能不能形成富有洞见的结论，关键还在于策划人的知识、素养和创新能力。一名优秀的策划人应该对数据保持足够的敏感度，能够从一些非正常的数据中找到问题关键所在。这也要求策划人平常就养成良好的数据收集习惯，对各类数据保持质疑态度。这样当异常数据出现时，就能快速发现，并能从中提炼出重要信息。

（二）分析能力

分析能力是研究能力的核心。所谓分析，就是将事物"分解成简单要素"来研究，"通过对资料所包含的被研究事物的各个部分、各个阶段和属性的考察，对本质与非本质、偶然与必然因素的区分，把握事物的本质特征、属性、功能、结构与规律性，进而对所研究的事物做出正确的解释和结论"[2]。通过分析，策划人可以将认知从具体提高到抽象、从个别提高到一般，并可以从中发现新的问题、提出新的假设，将研究推向深化。

可以说，一个策划人的分析能力决定了他的研究能力。从研究类型来说，有定量和定性两大类。定量研究更多是以描述总体的分布、结构、趋势及其相关特征，揭示变量之间的关系，验证已有理论假设等为目标；而定性研究则更多的是以揭示现象变化过程、现象内在联系、研究对象的主观认知，诠释行为意义，发展和构建新的理论假设为主要目标。[3]因此，分析主要有定量分析和定性分析两大类，二者是统一和相互补充的。定性分析是定量分析的基本前提，为后者指明方向；定量分析是定性分析的核心支撑，让后者更加科学准确。欲成为一个优秀的策划人，应该提高两种分析能力，掌握其逻辑与技术（见表7-5）。

---

[1] 朱书堂.从卜筮到大数据：预测与决策的智慧［M］.北京：清华大学出版社，2017：253.
[2] 袁方.社会研究方法教程（重排本）［M］.北京：北京大学出版社，2004：317.
[3] 风笑天.社会研究方法［M］.北京：中国人民大学出版社，2018：322.

表7-5 定量分析与定性分析的区别[1]

问题	量化方法	质性方法
本研究的目的是什么	·解释与预测 ·明确与验证 ·检验理论	·描述与说明 ·探索与解释 ·建立理论
本研究的实质是什么	·局部的 ·已知变量 ·明确的标准 ·预定的方法 ·与情境关系不大 ·旁观者视角	·整体的 ·未知变量 ·即兴的标准 ·即兴的方法 ·受到情境限制 ·个人视角
数据是什么类型 及如何收集数据	·数值型数据 ·有代表性的大样本 ·标准化工具	·文字或者图形数据 ·信息丰富的小样本 ·结构松散或者非标准化的观察和访谈
如何分析数据 来确定其中的意义	·统计分析 ·强调客观性 ·演绎推理	·搜索主题和目录 ·了解分析是非观，并且具有潜在偏差 ·归纳推理
如何交流结果	·数字 ·统计信息，聚合数据 ·正式口吻，科学语体	·文字 ·叙事，个人语言 ·个人口吻，文艺语体

1.定量分析能力

定量分析（Quantitative Analysis）是为了描述和解释观察所反映的现象而使用的数值表示和处理方法，或者说是研究者将资料转化成数值形式并进行统计分析的技术。[2]对于定量分析，策划人应熟练掌握单变量分析，同时熟悉双变量和多变量分析。

（1）单变量分析是一次只检验一个变量的分布情形，尤其是其属性分布。[3]例如，统计了商品消费者的信息之后，我们就想知道这些消费者的年龄结构、性别比例、收入水平和区域分布等。单变量分析主要用于描述的目的，它是最简单也是最基本的统计，是对某一变量大量数据的统计概括。主要分析手段包括频次分布、频率分析、集中趋势和离散趋势预测。

频次分布，就是对一样本中变量的不同属性出现次数的描述。例如，策划调研组对北京1000户家庭进行了调查，统计出"二孩家庭"有100户，这就对"二孩家庭"这个

---

[1] 保罗D.利迪，珍妮·埃利斯·奥姆罗德.实证研究：计划与设计[M].10版.吴瑞林，等译.北京：机械工业出版社，2015：81.

[2] 艾尔·芭比.社会研究方法[M].10版.邱泽奇，译.北京：华夏出版社，2005：386.

[3] 同[2]391.

变量的频次进行了统计。频次分布可以将原始资料进行初步的简化，但是由于是具体的次数，所以不能与不同样本量的调查比较，如对北京 1000 户家庭调研的结果不能直接与 500 户进行对比，这时候就需要频率分布分析。

频率分布，是用变量每一取值的频次数除以总个案数，是一个相对指标，排除了样本规模的影响，所以可以在不同规模样本之间进行对比。例如对北京 1000 户家庭调研中，"二孩家庭"占比是 10%，当样本量减少到 500 户时，"二孩家庭"占比是 9%，这种频率分布变化就会反映出有用的信息。

集中趋势是从一组数据中抽象出的一个代表值，以代表现象的共性和一般水平。除了可说明某一社会现象在一定条件下数量的一般水平外，还可以对不同空间的同类现象或同一现象在不同时间的状态进行比较，以及分析某些社会现象之间的依存关系。常用的集中趋势测量指标有众数、中位数和平均数。❶众数就是样本中频次（率）出现最多的变量值，如对北京 1000 户家庭调查中，"一孩家庭"出现了 700 次，占 70%，其众数就是"一孩家庭"。中位数即是在观察属性排列中位于"中间"的那个个案的值，或者说是将观察总数一分为二的变量值。例如，5 个人的年龄分别是 7、11、23、45、67，那么中位数就是 23。平均数是加总全部观察值，然后除以观察单位总数，从而得到的一个数值。平均数是策划统计分析最经常用到的代表集中趋势的数值。但需要注意的是，平均数受极端值影响很大，因此通常要去掉最大值和最小值，同时参考众数和中位数。

离散趋势也称为"离中趋势"，指的是测量值围绕中心值（如平均数）的分布。❷如果集中趋势描述的是现象的共性，告诉我们如何去估计和预测总体，那么离散趋势则体现的是差异性，告诉我们这一估计和预测的误差大小，可以说，集中趋势和离散趋势是一个硬币的正反两面，二者互为补充。常用的离中趋势测量指标有异众比率、极差、四分互差、方差与标准差。异众比率，即非众数的各变量值的总频数在观察总数中的比例，其比率越大，说明众数的代表性越差，反之代表性越好。极差是最简单的离散测量指标，是最大观察值与最小观察值之间的差值，极差越小表示样本分布越集中，但需要注意的是，极差也受个别远离群体的极值影响，有时候并不能真实地反映样本的分散程度。为此，我们可以引入四分互差来克服极差中极值对样本分散程度的干扰。四分互差即是把一组数据按序排列，然后分成四个数据数目相等的段落，各段分界点上的数叫四分位数，第三个四分位数减去第一个四分位数，其值就是四分互差，差值越小，表示分布越集中。方差与标准差比较特殊，只适用于定距变量。方差等于每一观察值与其平均数的差的平方和再除以观察总数；标准差则是它的正平方根，高的标准差意味着样本离散程度比较高，反之则较低。

---

❶ 袁方. 社会研究方法教程（重排本）[M]. 北京：北京大学出版社，2004：346.
❷ 艾尔·巴比. 社会研究方法[M]. 10 版. 邱泽奇，译. 北京：华夏出版社，2005：395.

（2）双变量分析是为了决定变量之间的经验关系而同时对两个变量进行分析。相比单变量分析纯粹是为了描述，双变量分析更加侧重在解释变量的相互关系上。双变量统计分析常用的有列联表、相关分析和回归分析。

列联表又称交互分类表，指同时依据两个变量的值，将所研究的个案分类。其目的是将两变量分组，然后比较各组的分布情况，以寻找变量之间的关系，即自变量如何影响因变量。为了便于各变量之间的比较，列联表一般采用百分比分布来表示变量关系。在策划研究中，列联表的使用非常普遍，因为它可以简明地体现出双变量之间的因果或相关关系。例如，我们可以清楚地从下表看到家庭所在地区与户主从事产业之间的关系（见表7-6）。

表 7-6　家庭所在地区与户主从事的产业之间的关系（样本量 =1000）[1]

户主从事的产业	家庭所在地区		
	东部	中部	西部
农业	9.3%	7.1%	5.0%
工业	82.7%	78.7%	43.6%
商业服务业	6.7%	13.3%	46.4%
建筑业	1.3%	0.7%	2.5%
运输业	0	0.2%	2.5%
总数	（300）	（420）	（280）

制作列联表没有一定之规，但通常需要遵守以下原则：①表格必须要有表头或标题，以简洁地描述表中的内容；②变量原来的内容必须说清楚，如果可能的话，可以呈现在表格中；③每一个变量的属性必须清楚地说明，其含义应清楚；④在表格中使用百分比时，必须要说明计算基准；⑤如果有不合格的样本必须剔除，并将其数量标示出来。

相关分析是判断两个变量之间连带关系的分析，通常用一个统计值表示变量与变量之间的关系，这个统计值称为相关系数。一般而言，这个值在0和正负1之间，绝对值越大，表示越相关，正负号表明相关的方向。但需要注意的是，虽然统计值可以表示变量之间关系的有无、大小和方向，但是数值多大时，才意味着变量间有必然的、规律性的联系，这还需要定性分析来辅助。

回归分析是对相关分析的进一步深化。不仅要了解变量之间关系的有无、大小和方

---

[1] 袁方主.社会研究方法教程（重排本）[M].北京：北京大学出版社，2004：353.

向，还要考察两个变量具体以什么方式发生关系的。它通常根据两个变量之间关系的具体形态，以等式（也称回归方程式）的形式来表示变量之间的关系，因此，它除了具有描述和说明这种关系的功能之外，还具有预测变化的功能。回归分析根据自变量的数目，又可以分为一元回归、二元回归和多元回归等。用回归分析做统计推论的时候，它的假设前提是简单随机抽样、抽样误差的存在及连续性的定距资料，但社会研究很少能够完全满足这些条件，所以在使用回归结果的时候必须要谨慎。

（3）多变量分析是对几个变量之间的关系的同时分析，可以看作双变量分析的扩展。例如，我们可以分析年龄、文化水平对文化消费态度的影响（见表7-7）。其制表的步骤与双变量表格基本相同，但表格不是一个因变量和一个自变量，而是多个自变量。在现实社会中，一种现象的发生常常有多重原因，因此多变量分析更能反映实际情况，但由于多变量分析涉及内容过于专业，对普通策划人而言，大体了解其原理即可，专业工作可交由统计人员完成。

表7-7　年龄、文化水平对文化消费态度的影响（样本量=1500）

	你们多久去一次影院?			
	小于40岁		40岁及以上	
	高中以下（%）	大学及以上（%）	高中以下（%）	大学及以上（%）
大约一月	35	75	20	30
不常	65	25	80	70
100%	(325)	(383)	(340)	(452)

注："大约一月"＝"一月超过一次""每月""几乎每月"。

在统计领域，最常用的专业软件是"Statistical Product and Service Solutions"，简称"SPSS"，中文翻译为"统计产品与服务解决方案"，其集分析运算、数据挖掘和预测分析等功能于一体，因功能强大、使用方面、绘图美观等优点而广受好评，但掌握起来难度较大，因此对一般策划人而言，能够熟练操作 Microsoft Excel 软件，即算是合格了。

2.定性分析能力

如果说定量研究主要目标是"描述总体的分布、结构、趋势及其相关特征，揭示变量之间的关系，验证已有理论假设等"，那么定性研究则旨在"揭示现象变化过程、现象内在联系、研究对象的主观感知、诠释行为意义、发展和建构新的理论假设"[1]。换而言之，定量研究主要关注和回答有关整体的、相对宏观的、相对普遍的、侧重客观事实的，特别是有关变量之间关系的问题；而定性研究主要关注和回答的是有关个体的、相对微观的、

---

[1] 风笑天.社会研究方法［M］.北京：中国人民大学出版社，2018：322.

相对特殊的、侧重主观意义的，特别是有关具体情境中的互动问题。

与定量分析相比，定性分析有自身特性。具体如下：

第一，定性分析通常不能证明某种普遍的法则，而是力图发现或提出某种模型、观点或理论。由于实地调研接触的毕竟是少量个体，收集的是少量个体的详细资料，因此即使资料的数量很多，但在逻辑上少量的、非随机的样本不能代表全体，所以定性分析得出的结论，不能上升到全体。

第二，定性分析方式和工具主要是主观的、顿悟式和感知式的。与定量分析借助统计法则与工具，从大量数据资料中寻找各种变量关系与变化规律不同，定性分析是从研究者自身的经验、积累的理论出发，对庞杂的资料进行梳理、分析和思考，希望归纳总结出一种与具体资料和背景紧密相连的概括或理论解释。例如，在企业发展战略策划的调研中，我们掌握了现有企业资源状况、盈亏状况、人心动向，以及行业趋向等材料后，通过综合分析与提炼，我们可以得出企业必须要转型升级的结论。在定性资料分析中，如何从庞杂的资料中梳理出共性因素，并实现向"归纳性或总结性观点与理论"的"一跃"，这是需要极强创造能力的。

第三，定性分析难以提供有力证据说明事物之间的因果关系。由于定性资料更多是一些描述性质、状态、特征等方面的抽象资料，很难按照定量分析那样，采用统一、严格、明确的测量技术，通过收集大量样本对各种变量进行测量，并利用统计分析手段考察变量之间的相互关系，因此，定性分析更多是尝试提供某种可能的关系并进行解释。当然，这并不是说定性分析就没有价值，在策划等商业活动中，一些基于深刻洞见的关系与解释，同样具有巨大的参考意义。正如日本嶋田毅教授所言："商业活动需要在对未来的预测中做出决策，而未来在眼下无法通过数字数据来体现，在不少情况下反倒仅存在于有识之士和业内专家等关键人物的脑海中。虽说那也不过是关键人物的预测而非事实，但他们却能比繁多的客观数据描绘出更为正确的未来。"[1]

第四，定性分析通过类似定量分析技术、描述分析过程和列举例证等方式，在简化信息的同时保证论据的说服力。类似定量分析技术是一种较为简单的数据统计与分析，如为说明某一现象的频繁，可以统计现象在观察中出现的频次，以增强说服力；描述分析过程就是为读者展示研究结论是通过何种方式产生的，特别是其中的主要思想或关键概念。要描述过程中经历了哪些思考，有哪些支持或反对证据，研究者是如何处理这些证据的；列举例证是在研究报告中举出支持概括和观点的具体案例，以增加论证的鲜活性和说服力。

整体而言，定性分析是一个开放式的结构，核心是要扎根原始材料，在此基础上发展理论。相比定量分析，定性分析更多考验研究者的经验、直觉、洞察力和创造力，是一种

---

[1] 嶋田毅. 逻辑思维[M]. 张雯, 译. 北京：北京时代华文书局，2018：26.

更加抽象的分析能力，也是更具有东方特色的分析能力（见表7-8）。

表 7-8　选择研究方法的判断依据[1]

使用方法的条件	量化	质性
1. 你相信	存在一个能够被测量的客观实体	存在由许多个体构建的、多种可能的实体
2. 你的受众是	熟悉或支持量化研究	熟悉或支持质性研究
3. 你的研究课题	证实性的、预测性的	探索性的、解释性的
4. 可获取的文献是	相当丰富	有限的
5. 你的研究关注	涉猎广泛	深入研究
6. 你可用的时间	比较短	比较长
7. 你与他人打交道的能力/渴望	中低水平	高水平
8. 你对结构性的要求	高	低
9. 你所拥有的技能	演绎推理和统计学	归纳推理和对细节的观察力
10. 你所擅长的写作技巧领域	技术性、科学性写作	文学性、叙事性写作

知识拓展：如何从经验概括升华为理论？

现代科学已经抛弃了由经验事实中可以逻辑推导出理论的观念。当代西方著名哲学家卡尔·波普（Sir Karl Raimund Popper）指出："不存在任何获得新思想的逻辑方法或逻辑改建过程，任何科学发现都包含非理性或创造性的想象。"正如爱因斯坦所说，没有任何逻辑途径可以直接导致定律的发现，只有依靠直觉、依靠研究者的专业酷爱才能得到定律。这意味着从具体的经验事实中抽象出社会现象的普遍意义或本质特征，需要一种创造性的想象力。

那如何强化这种能力，推动经验上升到理论认知呢？这里有五种策略：

第一，列举共同因素。在经验研究中，如果发现许多不同的事物都导致相同的结果，那么就要探问，是什么共同因素使它们的结果相同的。这种策略可以帮助我们辨认出经验事实所表示的更普遍的意义。

第二，利用现有的理论和抽象概念做出解释。事实上，大多数研究都利用现有理论来概括，只有当观察到新的现象，以致现有理论无法概括新的事实时，才需要修正旧理论，发展新理论。

第三，探询背景联系。从经验现象中发现普遍意义时，应注意具体事件的社会、历史背景

---

[1] 保罗 D. 利迪，珍妮·埃利斯·奥姆罗德. 实证研究：计划与设计 [M]. 10版. 吴瑞林，等译. 北京：机械工业出版社，2015：83.

及事件之间的联系，特别是对行为、态度等属性抽象时更要注意。

第四，询问。在许多情况下，询问人们为什么要采取某种行为或态度可得到许多有益的启示。它能提供行为动机的线索，并有助于发现某种行为或态度对于某一类型的人来说意味着什么。

第五，内省。当研究者对某种具体情景比较熟悉时，他可以尝试使自己置于他人的位置上，以他人的观点来理解其行为的意义。

资料来源：袁方.社会研究方法教程（重排本）[M].北京：北京大学出版社，1997：75-77.

四、观点提炼与阐述能力

（一）观点提炼能力

我们知道，任何策划都是建立在一定的观点、判断或理论的基础之上，研究到最后是要向客户传达一组特定的判断或结论，因此必须把分析成果以观点的形式表达出来，同时提供足够的细节，以便客户审慎评估。在这个过程中，观点提炼的角度、高度、深度、创新度等各方面，都考验着策划人的能力。那么，如何提高观点的归纳能力？可从以下方面努力。

第一，提升综合能力。综合能力是指把事务的各个部分、各个方面、各种特征和属性结合起来，了解它们之间的联系和关系，形成一个整体判断。综合的作用在于依据对象各要素的关系，进行组合、联合或结合，从而"察人之所未察，见人之所未见"。如果说分析强调的是"分"，综合即是"合"，强调集成。即是说，在对各变量分析之后，需有一个集成过程，提炼出新的观点。

第二，处理好资料和观点之间的关系。观点是从资源中提炼出的精华，一般通过标题、结论、对策或建议等形式表现出来。观点应源于资料，但高于资料。观点需要从全局和整体的高度，概括出资料与分析中最本质、最核心和最鲜明的因素。这里有三点需要注意：①策划人切忌先入为主，围绕预设和先前观点来找支撑素材，这样难免掉入主观主义的陷阱；②要避免以偏概全，如观点只能覆盖部分资料，并没有提炼出全部或绝大部分资料的本质和共性；③资料与观点要水乳交融，资料能够为观点提供切实有力的论据，同时策划人也要考虑到有无其他反例。

第三，观点提炼要深刻、新颖，具有独创性。所谓"深刻"，就是观点抽取的是各种对象和现象的共同的、本质的特征，舍弃了个别的、表面的特征，反映了一种本质性和规律性的东西，如对古代城市设计的思想，我们可以概括为天人合一、等级观念、借山用水等特征；所谓"新颖"，就是新鲜、别致，有创新感，即使观点的内容已有人表述过，但亦可从阐释角度、表述方式等方面出发，让人读来耳目一新，富有冲击力。"独创性"则对观点提炼提出了更高要求。策划人要能够吃透资料，同时结合自身的经验和理论素养，凝练出可以服务策划主题、具有洞见性的观点，如归纳我国土地权属改革的进程，可以尝试概括为土地市场化→土地资本化→土地社会化三大历史阶段。

第四，观点要前后一致，避免相互矛盾。虽然这是非常简单的要求，但在实践中很多策划人容易犯这种低级的错误。例如，将观点整合到SWOT框架中时，前面分析还是优势，到后面却成为挑战，前后矛盾，让人无所适从。策划本质上是一门说服的艺术，只有让客户认同了你的观点，然后才可能考虑你的建议和问题解决方案，因此必须避免低级错误，以免让人对整体方案丧失信心。

知识拓展：人类推理中的七大常见问题

人类的推理能力存在一些天生的不足，作为研究人员，以下七种常见的问题需要特别留意。

第一，不能区分逻辑正确和观察正确（逻辑推理的困难）。在逻辑推理过程中，我们常常遇到的困难是不能从日常体验中分离出道理。

第二，将某个子类中发生的情况推广于该类别中所有情况（归纳法的困难）。归纳法的一个主要不足就在于，虽然你对某个子集中所有事件或物体的观察都正确，但当推广到更大范围的时候则可能发生错误。当收集数据的样本量小或样本局限性强的时候，犯这种错误的可能性就更大了。

第三，只寻找支持自己假设的证据，而不去寻找那些与假设不符的证据。我们有时会倾向于关注那些可以证明假设的证据，而没有寻找与假设不符的证据，这被称为确认偏误。

第四，明知证据与预期相矛盾，依然坚持自己的观点。确认偏误的另一种表现形式是，忽略掉那些与预期不符的证据。

第五，教条主义错误。尽管我们倾向于用质疑、批判的视角看待不同的信息来源，但我们有时仍然会不加质疑地接受他人的观点。我们习惯于认为德高望重的研究者、学术书籍或其他权威来源说的都正确。

第六，情绪战胜理智和客观。人是情绪化的动物，情绪经常渗入推理和思考过程中。在处理没有强烈感情的事情时，我们能够客观、合理地思考，但对于那些引起我们紧张、愤怒或感到个人威胁的问题时，我们的思考方式往往变得十分荒谬。

第七，误把相关当作因果。人类在理解世界的过程中，非常倾向于寻找因果关系。在我们努力探寻因果关系时，某些时候只是两件事恰巧发生在了同一时间、同一地点。即便是两件事情同时被观察到，也只能表明两者存在相关，并非其中一个影响另一个。区分相关还是因果，是研究人员必备的关键能力。

资料来源：保罗 D. 利迪，珍妮·埃利斯·奥姆罗德. 实证研究：计划与设计［M］. 10 版. 吴瑞林，等译. 北京：机械工业出版社，2015：19-20.

（二）报告撰写能力

"文以载道"，研究成果需通过报告准确地表达出来，否则之前的努力将大打折扣，甚至付之东流。如何提高研究报告的撰写能力呢？可从以下方面着手：

第一，明确写作对象和目的。韦恩·C. 布斯（Wayne C. Booth）在《研究是一门艺术》（*The Craft of Research*）中说，"撰写研究报告是以一种书面的方式思考，不过是以读者的角度思考""从读者的角度以书面形式思考，会比其他形式的思考更仔细、更能持续、更能调和不同的观点"。[1]对策划研究报告而言，其读者主要是委托客户，因此在报告写作时，就要对客户进行了解，明确其关注要点、阅读习惯等，让报告可以更好地发挥说服与论证效果。

第二，掌握报告撰写的组织逻辑与内容架构。通过"总—分—总"的形式来组织撰写研究报告是较为合理的。正如一句法庭上的老生常谈："先告诉人们你要说什么；然后说你要说的；最后再说你刚刚说过的。"[2]一篇完整的策划研究报告通常包括导言或摘要（开宗明义地道出研究问题、目的和主要结论），研究方法（资料收集、整理和分析的方式），研究结论（表述和论证在研究中的一些发现、对事物发展一些判断，以及结论所依赖的条件或限制等），策略建议（根据研究结论，针对具体策划项目提出参考性建议），研究总结（对研究过程、结论和建议进行简要回顾，并就未来研究做出展望），参考文献（列出报告中所参考的书籍和论文等）和附录（包括问卷原件、支撑材料及计算公式等）内容。

第三，语言准确、简洁和生动。一是要准确。准确是研究语言的第一标准，忌用一些自己生造的、歧义较多的及模棱两可的词汇，如大概、大约、差不多等。二是要尽量简洁。大道至简，简单而直抵本质的语言，是研究语言的高级境界。对于研究报告，能够一句话说清楚就不要两句，能用一个词说明白就不要用一个句子。三是生动。形象生动的语言提高研究报告的可读性和传播力。例如，一位知名策划人在形容我国区域发展不平衡时说："古老的中国则像一条正在穿越时空隧道的巨龙，尽管龙头已经开始和世界对接，探向知识经济时代，而龙身还在完成工业化的过程中，龙尾则尚处在落后的农业时代。"这

---

[1] 韦恩·C. 布斯，等. 研究是一门艺术［M］. 陈美霞，等译. 北京：新华出版社，2016：14.

[2] 艾尔·芭比. 社会研究方法［M］. 10 版. 邱泽奇，译. 北京：华夏出版社，2005：478.

种生动的比喻就容易让人理解和接受。

（三）成果应用能力

第一，成为方案的基础支撑。笼统而言，策划核心就是三大环节：研究—创新—传播。首先是研究问题，找到问题的根源，以及解决类似问题的规律与经验；然后是创新方案，在普遍经验的指导下，具体问题具体分析，通过思维、理念、策略等方面的创新，找到问题解决方案；随后将方案通过文字或语言的形式阐述出来，传播给客户，以供客户进行决策。由此可见，研究是策划的基础和前提。需要注意的是，在研究之初就要明确：研究的目的是为后面的问题解决和创新提供条件。因此，所有的研究工作都要围绕策划主题展开，任何远离主题的工作，即使再有创见和社会价值，对策划本身而言都是浪费精力和成本。

第二，成为说服的力量源泉。前文已经说过，策划是一门说服的艺术。再精彩绝伦的策划，如果客户不认可，不能落地执行，那就是纸上谈兵。对于策划人而言，耗费心血的策划方案，只有得到了实践，从构想变成了现实生产力，才真正实现了自我价值。如何让客户认可方案？重要的筹码就是研究成果。要看研究是不是发现了真问题，找到了客户的真"痛点"，提炼的观点是不是真知灼见，提出建议是不是切实可行。因此，必须提高研究质量，让研究为策划说话。

第三，适当转化为学术成果。虽然研究主要为策划服务，但有些共性的研究或结论也应视为策划机构对整体科学知识做出的贡献。通过理论高度提升、学术话语改造和过滤掉商业机密信息之后，变成可以在公开期刊上发表的学术文章。这样，可以让策划成果得到多元利用，有效提升机构在学术界的影响力，特别是一些具有智库性质的策划机构，这种转化可谓一举多得。

案例链接　兰德公司——高质量研究和分析的标准

兰德公司是一家致力通过研究与分析来改善政策和决策的非营利性研究机构。兰德公司专注研究至关重要的政策问题，如卫生、教育、国家安全、国际事务、法律和商业、环境等。兰德公司的高质量研究及其对客户和资助单位，乃至公共利益的重要贡献，让兰德公司声誉斐然。

成立60多年以来，兰德公司的工作情况发生了许多变化：政策问题日益复杂和棘手；公司的研究范围逐步扩大；客户和资助单位，连同他们所需要的研究产品和服务也变得更加多元化；研究方法和技术不断进步；数据和信息成倍增加。然而，经历60年的变迁，兰德公司研究工作中的一个元素却从未改变——那就是对高质量和客观性的孜孜以求。兰德公司的每一份报告、文章、数据库和简报，在公开发表前都经过审慎的同行评审。兰德公司还定期安排外部和内部人士对其研究产品进行整体评审。

为了确保研究的客观与高质量，兰德公司制定了如下标准：

第一，合理界定问题，明确研究目的。界定问题是兰德公司研究风格中的一大长处，旨在解决实际问题的研究必须尽可能全面地界定有关问题，以避免得出不理想、不成熟或不可行的答案。只要问题是可以解决的，更加周全的研究可能更有益、更有价值，或许更经得住检验。

第二，精心设计和执行研究方法。研究方法的选择必须要适合所研究的问题和目的。对某些类型的研究而言，既有的正规方法是适用的，如回归分析、模型验证、或问卷调查方案。如果没有明显的正规方法可用，则应对所采用的分析方法做出仔细描述；这样一来，若分析方法过于新颖或引发争议，就可以有理有据。

第三，研究者应了解其他相关的研究项目。高质量研究在知识结构上是无法孤立存在的：它必定以大量的研究和分析为基础，其本身也需要做大量的研究和分析。当前研究应该与过往研究形成紧密而清晰的关系。

第四，使用最优的可得数据和信息。数据和其他信息是研究和分析的关键投入要素。数据生成方法和数据集应有明确规定，而有关数据应经过适当筛选和处理。

第五，假设应做到明确且合理。研究假设可以掩盖影响研究结果有效性和建议可行性的各种不确定因素。研究所基于的主要假设必须明确认定，并加以论证。

第六，研究结果应推动知识进步，针对重要的政策问题有的放矢。研究结果代表了必须与现有知识相结合的新知识。对于分析师而言，研究结果具有科学价值，丰富了已知知识。研究结果可能会揭示研究方法的局限性或表明适用范围，也可能指出某个理论的可信度增加，或者需要改进，甚或是完全不成立。

第七，研究团队根据其研究结果提出相关的启示意义和建议。高质量研究会深入探讨其研究结果的启示意义，检验新知识与旧知识在哪些方面是一致的或不一致的，说明现有理论和概念框架是否得到加强，还是必须加以修改。

第八，研究文献应当表达准确、通俗易读、结构清晰、语调平和。质量标准也适用于研究的记载方式。研究文献包括纸质文件、口头报告，以及网络文档。文献标准适用于文字和图形元素。准确性作为衡量研究质量和可信度的初步指标，尤为重要。对于存在颇多变数或不确定性的情况，研究要表明所陈述内容准确性的置信水平，这一点非常重要。

资料来源：RAND《高质量研究和分析的标准》，2019-03-01，https://www.rand.org/zh-hans/quality.html。

第二节 研究思维锻炼

认识事物必须经过思维的作用。思维是大脑通过各种感知方式对输入的客观事物的信息进行主动加工，并最终在大脑中形成认识并表达出来的一种过程。强化思维锻炼是提高研究能力的重要手段。此节重点强调逻辑思维和系统思维等两种方法。如果说逻辑思维源于西方的分析传统，那么系统思维则深刻体现着东方智慧。

一、逻辑思维

（一）什么是逻辑思维

逻辑思维（Logical Thinking），直译就是"有逻辑的思考"，是指人们在认识事物的过程中借助于概念、判断、推理等思维形式能动地反映客观现实的理性认识过程。逻辑思维不仅能让策划人的思维更加具有条理，也能提升观点和建议的说服力，让客户能更好地认可方案。

知识拓展：逻辑思维"四项基本原则"

日本 GLOBIS 经营研究生院教授嶋田毅认为，逻辑思维就如电脑的 CPU，一旦 CPU 的处理能力低下，其他软硬件再好，到头来仍然无法提升整台计算机的能力，并就逻辑思维提出四条最基本的原则。

一是将结论明确为"是 / 否"。也可以替换为"YES/NO""做 / 不做""往左 / 往右"等词汇，其重点在于结论必须明确，不能模棱两可。使用逻辑思维的好处在于被问及"为什么"的时候，你能够以所有人都能理解并具有说服力的方式，来清晰阐明得出结论的原因，或许可以说，让别人去接纳你所断定的结论，正是逻辑思维的职责所在。

二是通过"因为""所以"来思考。在逻辑思维中，不能从最初的假设直接跳到结论，应当以事实前提为基础，通过一系列的判断积累，形成思考的条理。简而言之，就是将根据和结论用"因为"和"所以"连接起来。无论看似多么复杂的逻辑展开，都只不过是"根据—所以→结论"和"结论—因为→根据"这两种积木的不断累积，而连接根据和结论的方法有两种，即逻辑法和演绎法。

三是结合事实。逻辑思维必须以事实为基础。开始论证时，需要从所有人都认可的事实起步，即"根据（事实 1）—所以→结论 1"和"结论 1—因为→根据（事实 1）"。什么是"事实"，这里指现实情况和大众普遍接受的道理、原理和原则。其中，真实而准确的数据无疑是最有说服力的事实。当然，有些现象或预测无法通过数据表达出来，业内专家等关键人物的观点和看法也具有很好的说服力，特别是通过归纳提炼出的大量关键人物的共性观点。

> 四是切中论点，顾及整体平衡。逻辑思维过程中，首先就是要明确主要论点是什么，不然就如射箭没有靶子，技艺和工具再好也是徒劳。所谓整体平衡，即是在逻辑思维中不能仅局限于片面的情况，关键在于必须通过通观全局，在没有遗漏重要事项的情况下做出判断。如果为了论证论点，只选择支持性事实，而罔顾其他相悖之事项，则必然有违于逻辑思维的初衷。
>
> 资料来源：嶋田毅. 逻辑思维［M］. 张雯，译. 北京：北京时代华文书局，2018：1-12.

逻辑思维是产生新认识的重要方式。在策划过程中，策划人要掌握归纳和演绎等两种方法，借以提升逻辑思维能力。

归纳法和演绎法与人们的知识论密切相关。到目前为止，人类的知识论主要经历了以下阶段：①以亚里士多德（Aristotle）和笛卡尔为代表的理性主义，认为一切知识都来源于人的理性，人的认知能力是与生俱来的，他们强调用演绎法来产生知识，其标志性著作是亚里士多德写的《工具论》（Organum），该书详细地研究了演绎法；②以培根为代表的经验主义，他们抨击了理性主义这种先天论的思想，认为知识主要依靠后天的经验积累，人们的先天知识是一块"白板"，因此他们主张用归纳法获得知识，经典著作是培根的《新工具》（Novum Organum）；③以康德（Immanuel Kant）为代表的批判主义，其中和了以上二者的观点，认为理性主义和经验主义都有价值，知识就是归纳法与演绎法共同产生的；④以杜威（John Dewey）为代表的批判实验主义和实证实验主义，其中和了理性主义和经验主义，并提出应通过反复的经验和严谨的实验来论证假设，获得新知识。整体而言，归纳法和演绎法是将原始资料（或经验）与新知识（理论、思想、观点等）连接的桥梁，是获取新知识、新判断必须掌握的思维方法。

（二）演绎法

演绎法是从一般原理推演出个别结论，即从普遍性的理论知识出发，去认识个别的、特殊的现象的一种逻辑推理方法。演绎推理主要形式是三段论，有大前提（已知的一般原理或一般性假设）、小前提（关于所研究的特殊场合或个别事实的判断，小前提应与大前提有关）和结论（从一般已知的原理或假设推出的，对于特殊场合或个别事实作出的新判断）等三部分组成。

大前提：所有的 M 都是 P，
小前提：所有的 S 都是 M，
_____

结论：所以，所有的 S 都是 P。

例如，所有的旅游城市都有便利的交通，三亚是旅游城市，所以三亚有便利的交通。其中，大前提——所有的旅游城市都有便利的交通，小前提——三亚是旅游城市，结论——三亚有便利的交通。演绎法结论的正确，主要取决于大前提的正确和推理是否符合逻辑。正如恩格斯（Friedrich Engels）所言："如果我们有正确的前提，并且把思维规律正确地运用于这些前提，那么结果必定与现实相符。"因此，在策划的研究推论中，需要注意大前提和推论形式的正确，才能确保结论的合理。

演绎法主要作用有三个：一是检验假设和理论。演绎法对假说作出推论，同时利用观察和实验来检验假设。二是逻辑论证的工具，为科学知识的合理性提供逻辑证明。三是科学预见的手段，将一个原理运用到具体场合，作出正确的推理。

（三）归纳法

培根提出："三段论式为命题所组成，而字则是概念的符号，所以假如概念本身（这是这事情的根子）是混乱的以及是过于草率地从事实抽出来的，那么其上层建筑物就不可能牢固，所以我们的唯一希望乃在一个真正的归纳法。"[1]

归纳，又称归纳思维，其"出发点不是预设的事实或前提条件，而是来自观察"[2]，是根据一类事物的部分对象具有某种性质，推出这类事物的所有对象都具有这种性质的推理，叫作归纳推理（简称归纳）。归纳是从特殊到一般的过程，属于合情推理。由于归纳是以个别或特殊性知识为前提，推出一般性的知识推理，其结论所断定的范围超出了前提所断定的，因此归纳推理在前提与结论之间的联系（完全归纳推理除外）仍然具有或然性。

归纳法的主要作用如下：一是科学实验的指导方法。为了寻找因果关系而利用归纳法来安排可重复性的实验。二是整理经验材料的方法。利用归纳法从材料中找出普遍性或共性，从而总结出定律和公式。

传统上，根据前提所考察对象范围的不同，将归纳推理分为完全归纳推理和不完全归纳推理。完全归纳推理考察了某类事物的全部对象；不完全归纳推理则仅仅考察了某类事物的部分对象，同时根据前提是否揭示了对象与其属性之间的因果联系，又将不完全归纳推理分为简单枚举归纳推理和科学归纳推理。

（四）演绎与归纳互动：假设检验法

从上文可知，归纳法是从经验观察出发，通过对大量现象的观察来概括出具有普遍性

---

[1] 培根. 新工具[M]. 北京：商务印书馆，2018：11.
[2] 保罗 D. 利迪，珍妮·埃利斯·奥姆罗德. 实证研究：计划与设计[M]. 10版. 吴瑞林，等译. 北京：机械工业出版社，2015：16.

或一般性的结论；演绎法则是从一般原理或理论出发，通过逻辑推理来解释具体的事物和现象。即是说，归纳推理是从特殊到一般、从个性到共性、从具体到抽象、从经验到理论的过程，而演绎推理则正好相反。

但是单纯的归纳或演绎推理都有其局限性。归纳法是一种或然性推理方法，不可能做到完全归纳，总有许多对象没有包含在内，因此，结论不一定可靠，很有可能被其他未观察到的事例推翻。同时，归纳不能逻辑地推论出一般原理，因为归纳得到的结论只是对一些具体的、个别的经验现象的概括，只适合一定的时间、地点、场合、范围，仍停留在经验层次。由感官上升到理性，即由观察结论上升到理论命题实际上是经历了一个认识的"飞跃"，这一过程需要依靠猜测、想象、洞察或思辨，并非靠归纳完成的，所以逻辑归纳的主要作用是发现经验事实之间的联系，而不是发现一般原理。而演绎法推理的结论的可靠性受到前提（归纳的结论）的制约，如果大前提是错的，那么它推演的结论必然是错误的，而事实上前提是否正确在演绎范围内是无法解决的，只能依靠归纳。❶

因此，归纳法和演绎法是辩证统一关系，相互联结、相互渗透、相互转化。其中，演绎必须以归纳为基础，以归纳所得出的结论为前提，没有归纳就没有演绎；同时归纳需要以演绎为指导，即人们在为归纳做准备而收集经验材料时，必须有一定的理论原则，才能按照确定的方向，有目的地进行搜索，否则会迷失方向。这里的"一定的理论原则"，是指已经发展出的有系统的知识，我们在写学术论文时经常说的理论基础，即是为了方便下文的归纳和立论。

社会学家华莱士（Ruth A. Wallace）1971年提出了社会研究的逻辑模型——"科学环"（见图7-3），将归纳法和演绎法进行融合。

在这一模型中，华莱士用方框表示五个知识部分：①理论；②假设；③经验观察；④经验概括；⑤被检验过的假设接受或拒绝做。用椭圆表示研究各阶段中使用的六套方法：①逻辑演绎方法；②操作化方法，包括研究设计、概念的具体化和操作化、测量方法、抽样方法和调查方法等；③量度、测定与分析方法，是指观察的记录，以及资料的整理、分类、评定、统计及分析的方法；④检验假设的方法，如统计检验；⑤逻辑推理方法，如统计推论；⑥建立概念、命题和理论的方法。各个知识部分通过各种方法转换为其他形式。箭头表示知识形式转换的阶段。中心线的右边是理论演绎的过程，即把理论应用到现实中，在这一过程中是运用演绎法。中心线的左边是理论建构的过程，首先是运用归纳法由经验观察概括出研究结论，然后再上升到抽象的概念和理论。在横剖线的上方属于理论研究，它们处于抽象层次，横剖线的下方则属于经验研究。❷

---

❶ 袁方. 社会研究方法教程（重排本）[M]. 北京：北京大学出版社，2004：71.
❷ 同❶70-71.

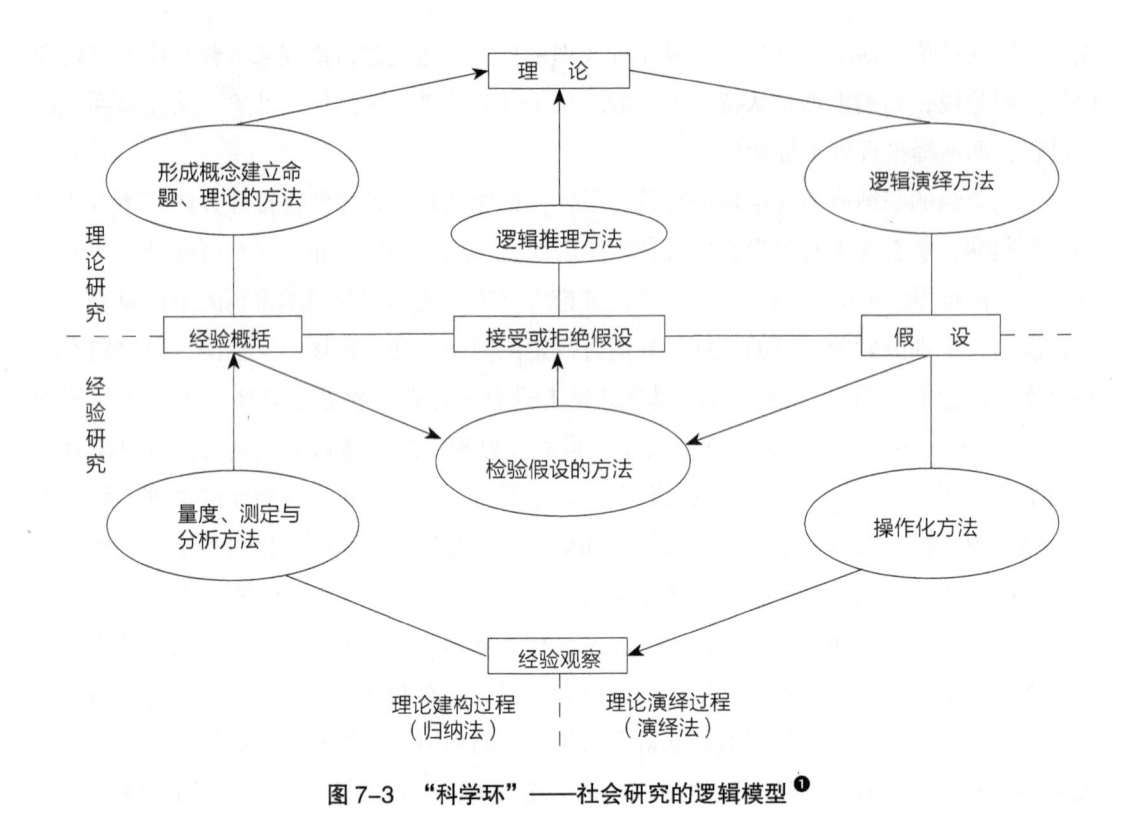

图 7-3 "科学环"——社会研究的逻辑模型[1]

假设检验法来自"科学环"。所谓假设检验法，是从理论推导出研究假设，然后通过观察来检验假设，如果假设被证实，就可以对被观察到的具体现象做出有效的理论解释；假设如果被证伪，就需要修正或推翻原有假设。对于策划而言，假设检验法是一种具有极高效率的研究方法，并提高了策划的科学性。

1.假设检验法与单纯归纳法和演绎法的区别

假设检验法通过假设与检验，将演绎法与归纳法有机地结合起来。例如我们在策划中要研究经济条件与文化消费之间的关系。首先，我们可以从某种理论或习得经验出发，提出有待论证的假设，如从马克思经典的理论"经济基础决定上层建筑"出发，推导出"经济条件好的人们会更倾向于消费更多的文化精神产品"，然后再转变为可以测量（或观察）的变量语言"收入水平越高的人每个月文化消费支出越高"。构建了这样的假设指导，策划人即可通过观察或调查来检验，然后将其结果与预先的假设进行对比，最后决定接受还是拒绝假设。

从上例可看出，相对于单纯的演绎或归纳法，假设检验法将二者有机联系起来。首先是运用演绎法，从普遍理论中推导出特定的假设，然后通过归纳法对假设进行检验。相比

---

[1] WALLACE W.The logic of science in sociology [M].Chicago: Transaction Publishers, 1971: 18, 23.

培根等人的经典归纳法，假设检验法多了一个理论演绎的过程，它的优势：一是有了假设的指导，观察或调查就有了方向性和目的性，提高了调研工作的效率；二是单纯的归纳法得出的只能是经验的概括，如果没有理论或假设的比较，难以判别真伪。因此，目前假设检验法也是社会研究广泛应用的研究方法。但需要指出的是，如何从理论或经验中推导出合理的假设，并在观察与检验中避免先入为主——"将观点当作结论"——的主观主义陷阱，这是在假设检验法的运用中需要高度警醒的。

2. 假设检验法的展开步骤

虽然假设检验法应用在各种具体策划案例中有很大差别，但一般来说假设检验法应包括如下几个步骤。

第一步：运用逻辑推演出策划假设。对于策划研究的假设与纯理论研究不同，它本质上是以应用为导向的，因此，策划假设检验法的起点是策划假设基于一定的经验或理论，为了解决特定问题的假设。例如，在策划一场电子竞技赛事活动时，我们根据年轻人大都好玩好动的普遍理论，可提出这样的假设：青年人很喜欢电竞并愿意参与其中。

第二步：将策划假设转述为具体的研究假设。这是一个操作化过程，即是界定策划假设中的概念，并具体化为可以观测的变量和指标，然后用变量语言重新表述，以便能够进行具体、科学和系统的测量。只有经过这个转化过程，策划假设才能变成具体可执行的研究方案或调查设计。例如在上面列举的电子竞技案例中，可将假设转化为 18～34 岁（国家统计局所指的青年人年龄范围）的人对电子竞技的喜好程度与参与意愿程度。

第三步：根据设计方案收集资料。假设检验法的重要优势是能极大地提高资料收集的效率。这一步骤主要是根据假设与方案，收集相关的案例资料和统计资料，但需要注意的是，该阶段应根据主题尽量多收集客观信息，不能回避与假设相反的信息与资料，如我们在收集电子竞技资料中，就不能排除一些年轻人不喜欢电子竞技的这种情况。

第四步：整理与分析资料。将收集到的各种资料整理、分析，归纳出特定的经验或理论，并将之与研究假设进行比较，考察二者差异。资料分析并不简单，因为"资料分析并不像通常所认为的只涉及统计分析和计算机运算，它还涉及逻辑推理、理论思索和创造性的想象"[1]。即是说，这个阶段需要数据的挖掘、现象的洞察与本质的解读等分析能力。例如一些分析能力较强的人，能够从搜集到的电子竞技信息中，分析出其产业市场规模和发展潜力。

第五步：检验与评判策划假设。就策划而言，这是研究的最重要价值所在。只有得出明确结论，研究才有意义。如果模棱两可，就不能给人以信心，不能让人做出决策。当然，研究结果并不一定完全符合假设，甚至有时会彼此矛盾。此时即需进一步分析矛盾存

---

[1] 袁方. 社会研究方法教程（重排本）[M]. 北京：北京大学出版社，2004：87.

在的原因，考量原先假设的合理性、有效性和适用范围。有些研究也可能会产生出乎意料或难以解释的结果，这又为新的策划假设提供了契机。事实上，在策划过程中，一个假设被证伪并不意味着研究毫无价值，相反，有时候能够发挥极重要的作用，让人们不往错误的方向越行越远。需要强调的是，在假设检验法的全过程中，要始终注意不要将"假设"当作"结论"。

二、系统思维

相对于逻辑思维，系统思维体现着鲜明的东方特色。刘长林在《中国系统思维》一书中指出，中国人骨子里的思维模式是一种"圜道观"和"整体论"，强调对事物的系统性思考与把握。例如，我们会嘲笑一个医生"头痛医头，脚痛医脚"，认为他不懂得系统思维，不懂得生命是有机联系的整体。

什么是系统？按照普通系统论（General System Theory）创始人贝塔朗菲（Ludwig Von Bertalanffy）的观点，即是由一组元素通过它们之间的相互联系而构成的有机整体。系统经济学家昝廷全认为："这里面有两个关键：一是一组元素，成为系统的硬部；二是这些元素之间的相互联系，成为系统的软部。对于系统来讲，不同元素之间的关系具有决定性作用，对于同一组元素而言，如果这些元素之间的关系不同，则构成不同的系统。"❶具体而言，系统具有三个基本特性：其一，系统是由若干要素（实体）组成的，这些要素可能是单个事物，也可能是一群事物组成的子系统；其二，这些要素（实体）之间存在着相互作用的反馈与联系，这是系统与一群彼此无关的事物组合（"堆"）的重要区别；其三，要素（实体）之间的反馈与相互作用，使得系统作为一个整体，具有特定的功能，这些功能是由系统的结构所决定的，往往与其构成要素的特性和功能不同。❷也就是说，系统是由实体、结构和功能构成的有机整体。

因此，所谓系统思维，就是当我们思考问题与研究事物时，不仅要关注系统的各个元素，更要考量它们之间的相互关系，以及系统与外部环境的关系。用美国管理学大师彼得·圣吉（Peter Senge）话说，系统思考是观察整体的修炼，是"心灵的转变"：看清各种相互关联结构，而不是线性的因果链；看清各种变化的过程模式，而不是静态的"快照图像"。❸

1. 推动思维三个维度的转换

要锻炼系统思考的能力，需要转换思考的深度、广度和长度（见表7-9）。

---

❶ 昝廷全. 系统思维[M]. 北京：科学出版社，2017：5.
❷ 丹尼斯·舍伍德. 系统思考[M]. 邱昭良，等译. 北京：机械工业出版社，2018：47.
❸ 彼得·圣吉. 第五项修炼[M]. 张成林，译. 北京：中信出版集团，2018：82.

表 7-9　系统思考要求的思维转换 ❶

	传统思维	系统思维
思考的深度	关注个别事件	透过事物表象，认清系统的动态及驱动系统行为变化背后潜在的"结构"
思考的广度	局限于本位	看到全局与系统整体
思考的长度	以静态方法观察线性的因果链	以动态方法分析因果之间的相互关系，看清事物的来龙去脉与发展动态

具体而言，重点要培养三种思考方式。

第一，动态化思考：从线性链走向因果环。彼得·圣吉认为，现实存在是由种种循环所组成的，但我们只看到线性，这是妨碍我们成为系统思考者的初始障碍，因此我们首先要学会系统地看待事物。例如往杯子里灌水，乍一看不是什么系统，但仔细思考，其实也是系统。因为在这个过程中，我们一边灌水会一边留意水位的上升，监视实际水位与我们心中目标水位之间的差距，但快达到预期水位后，我们会关闭水龙头。可见，一个简单的灌水过程，实际是由五个变量组成的水位监测系统：目标水位、实际水位、两者之间的差距值、水龙头开关位置及水流量。这些变量通过"反馈"的过程组成了一个因果环。

第二，结构化思考：从专注个别事件到洞悉系统的潜在结构。结构是事物的各个组成部分之间的有序搭配或排序，无论是自然界还是人类社会，结构都发挥着关键作用，有时候甚至对事物发挥着决定性作用，如钻石与石墨都是由碳原子构成，但是由于排列组合不一样，结果在性质上就天壤之别。❷ 结构化思考，是指人们在认识世界的过程中，从结构的角度出发，利用整体和部分的关系，有序地思考，从而更清晰地表达、更有效地解决问题的方式。

第三，全面思考：从局限本位到关注全局。宋代文学家苏轼曾说"不识庐山真面目，只缘身在此山中"，在思考过程中，很多人局限于"本位主义"，主要从岗位或利益出发，缺乏全局意识。在研究过程中，也往往专注一隅，犯"盲人摸象"的错误，难以从具体情境中抽离出来，用"局外人"的眼光来审视研究，所以系统思维就是要提升策划人的全面思考能力。

2. 如何绘制系统循环图

转变线性思维，一个关键方法即是学会绘制"系统循环图"，这是以因果关系链路的形式来描述影响系统行为的结构，是捕获系统本质的有力工具。通过绘制这些图形，"我们可以仔细考察我们所感兴趣的系统，并对其内部高度联系的本质进行全面分析，把握每

---

❶ 丹尼斯·舍伍德. 系统思考 [M]. 邱昭良, 等译. 北京：机械工业出版社，2018：47.
❷ 王琳，朱文浩. 结构性思维 [M]. 北京：中信出版集团，2016：18.

项事物和其他事物的连接,从而反映出复杂事物之间的因果关系"❶。那如何绘制系统循环图呢?

首先,要掌握循环图的符号体系。具体包括箭头、它们的方向、S型连接和O型连接。其中,S型连接表示两个变量向同一方向变动的因果关系,有时也用"+"表示;O型连接表示两个变量向相反方向变动的因果关系,有时也用"-"表示。

其次,可以按照四个步骤找出图形要素与关系。①找问题。就是找出要分析和研究的对象,如"公司内勤处理能力不足"。②找原因。列出产生这个问题的各种原因,并用箭头以S型或O型的方式分别连接到问题上,即从原因指向问题。如果原因过多,可以提炼最关键的三个因素。③找结果。从研究的问题出发,找出这个问题可能产生的结果,并用箭头以S型或O型的方式分别连接到结果上,即从问题指向结果。④找回路。思考在问题产生的原因和问题导致的结果之间,是否存在直接或必然的联系。需要注意的是,原因和结果之间可能存在"时滞"问题,这就需要研究人员具有一定的前瞻和预测能力。

再次,根据要素以及相互关系,绘制出系统循环图。本质上而言,循环图只能反映客观的现实,可能并不能带来令人意外的东西。其根本价值在于,让人们能够跳出岗位的局限,主动地从整体上去关注整个系统及运行情况(见图7-4)。

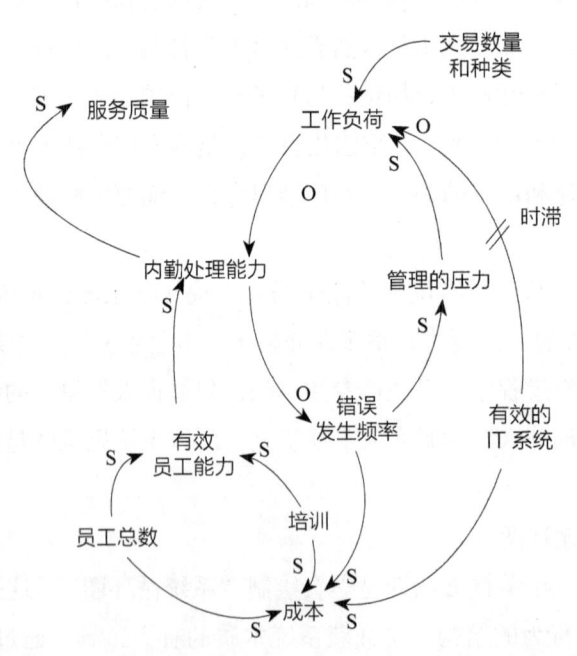

图7-4 系统循环图示意(以公司内勤处理能力为例)❷

---

❶ 丹尼斯·舍伍德. 系统思考[M]. 邱昭良,等译. 北京:机械工业出版社,2018:49.

❷ 同❶34.

第三节 策划研究方法

策划虽然法无定法，但就研究环节而言，必须遵循一定的方法和步骤，以保证结论的科学性与准确性，为创新创意奠定坚实的基础。常用的策划研究方法包括实地调研法、调查研究法、文献研究法、案例研究法、比较研究法等（见表7-10）。

表 7-10 各种研究方法的主要功能与资料收集方法

研究方法	主要功能	资料收集方法
实地调研法	了解策划对象的真实状况，掌握第一资料，获得感性认识，通过资料整理和思维加工，归纳得出观点和判断，检验策划假设	现场考察、集体座谈、深度访谈
调查研究法	通过问卷等形式收集资料和进行统计分析，描述研究对象的一般状态及对现象之间的关系，进行因果分析，并检验策划假设	问卷调查、结构性访谈
文献研究法	利用现存的二手资料（如论文、数据库等），从中发掘事实、观点和论据，为策划假设提供参考与论据	既有统计资料、文献论著、历史材料
案例研究法	深入分析标杆性或警示性案例，提炼出核心信息与观点，为策划假设或观点提供支撑	案例材料、深度访谈、现场观察
比较研究法	通过纵向发展趋势与横向不同主体之间的对比，找到事物发展的个性与共性	既有资料、历史文献、深度访谈

策划实践中，在决定采用何种研究方法之前，必须考虑三个约束条件：①该研究所要回答的问题类型是什么；②研究者对研究对象及事件的控制程度如何；③研究的重心是当前发生的事，还是过去发生的事。根据条件的不同，酌情选择最合适的研究方法（见表7-11）。

表 7-11 不同研究方法的适用条件

研究方法	研究问题类型	研究过程控制	集中当前问题
实地调研法	什么人、什么事、在哪里、怎么样、为什么	不需要	是
调查研究法	什么人、什么事、在哪里、有多少	不需要	是
文献研究法	什么人、什么事、在哪里、有多少	不需要	是/否
比较研究法	怎么样、为什么	不需要	是/否
案例研究法	怎么样、为什么	不需要	是

资料来源：COSMOS 公司[1]。

---

[1] 罗伯特·K.殷.案例研究：设计与方法[M].周海涛，等译.重庆：重庆大学出版社，2010：7.

一、实地调研法

实地调研是策划研究中最重要的方法，是策划过程中不可或缺的环节。它通常以现场考察、项目座谈、决策者深度访谈等形式存在。与普通的调研不同，策划调研需要根据预先假设，全面细致地收集材料，并进行整理和加工，归纳出理性认识，进而考察其与假设的差异，是一个"顺瓜摸藤"的研究过程。

实地调研法包括研究假设、资料收集和整理分析三大核心内容。研究假设主要是基于策划主题进行的构想与思考，更多是策划人根据经验和普遍性理论提出的论断，前文已有介绍，此处补做赘述，在此重点介绍资料收集与整理分析两大环节。

（一）资料收集方法

在策划的实地调查法中，收集资料主要包括现场考察、深度访谈和集体座谈等三种主要方法。

1. 现场考察

现场考察是为了策划研究的需要，策划人进入现场，如企业、地块、工厂、商场等，按照一定的程序和方法，进行详细的观察与资料收集。这是策划人掌握实际情况和第一手资料的最重要方式，特别是对实体类策划而言，"纸上得来终觉浅"，再资深的策划人也需到现场"找感觉"——找到灵感激发点或假设支撑点。如何做好现场考察呢？需要注意如下几点。

（1）目的明确，做好功课（见表7-12）。策划的现场考察具有极强目的性，重点是要收集策划所需的各种资料和论据，因此在考察之前应制定调研目标和收集资料的框架。所谓框架，就是设计不同维度来收集所需的资料，避免漏项。例如，考察一个文化产业园区的选址，就需考虑区位、地形、面积、现状、交通、土地性质、容积率、建筑限高、周边关系等诸多要素，才能对地块进行全面评估。需要说明的是，这种框架是一种经验性框架（具体框架构建已经在"第五章第二节"中有所论述），在实地考察中可根据实际情况，进行灵活修正，不能"刻舟求剑"。同时，在现场考察之前，要提前收集和熟悉二手材料，了解考察对象，并最好形成一定的预判和假设，以便在现场考察、收集信息时更具有针对性。

表 7-12　现场考察需要做的功课

序号	项目	内容
1	明确目标	根据策划协议或客户需求，设定现场考察的目标
2	预先假设	根据经验和相关资料，对预调研对象有个初步判断或假设，以便提高资料收集效率
3	制定框架	制定资料收集的维度，尽可能全面收集所需资料
4	熟悉资料	通过文献、网络等方式，搜集与熟悉二手资料，了解各界对相关问题的观点与意见

（2）根据框架，细致观察。在现场资料的收集过程中，一定要带着问题，利用预设框架，充分调动各种知觉器官。要学会用眼用心观察，否则我们将失去大量的有价值信息。例如到一个城市，发现此城市东北菜馆特别多，我们就要思考，为什么会这样，是不是这边东北人多，为什么他们会集聚在这里。同时，我们亦要开启耳朵、鼻子、舌头等多种感觉器官，获取立体的现场信息。

（3）倾听解说，适时询问。策划调研过程中，客户通常会系统地讲解项目和现场的情况，让策划人能够在短时间内掌握最真实和最丰富的信息，因此要认真倾听介绍，并结合前期掌握的材料，进行迅速的思考与判断。同时，还要利用原先设定的框架，针对自己想了解但没有介绍到的问题进行询问。询问之时，要把握好时机、问题和方式，注意提问的"忌讳"：①忌提问无目的，为提问而提问；②忌问题幼稚，让人啼笑皆非；③忌随意提问，打断讲解思路；④忌打探商业机密，场面尴尬；⑤忌所问非人，难以得到回应；⑥忌懵懂茫然，没有提问意识。策划人始终需要记住：询问是为了收集特定信息，而非在"刷存在感"。

（4）勤于记录，及时总结。俗话说："好记性不如烂笔头。"现场丰富的信息、精彩的对话及即时的灵感，如果不快速记下来，等回头再去回忆追溯，一般很难还原。因此，调研前一定要检查是否带了本和笔（当然也可以是手机、录音笔记录），以便能随时记录考察中的要点。

知识拓展：现场访谈记录的"四个注意要点"

访谈的目的是收集某类现象的资料，访谈记录则是关系到访谈资料的客观性、准确性和全面性程度的重要因素。在实践中通常采用两种方式进行无结构访谈的记录工作。一种叫当场记录，一种叫事后记录。

事后记录是在访谈结束后，靠回忆进行追记的方法。它的优点是既不会影响访谈时访谈员与被访者之间的互动，又有较好的消除被访者心理压力和紧张感的作用，但其缺点是所追记的资料往往很不全面，遗漏之处很多，且所录内容也不确切。当场记录，即边访谈边记录，是访谈员采用得较多的一种形式，要想把被访者说的每一句话、每一个字都记下来，不仅是不可能的，也是不必要的，因此，应该有重点、有选择地进行记录。现场记录主要做法如下：

第一，对被访者讲述的事件、列举的实例，特别是事件或实例中的时间、地点、人物、状况、性质等，要尽量完整地记录；对被访者关于某一问题的主要态度、主要见解等，要准确地记录，并且最好能记下他的原话，而不要用自己的话去"概括"或"归纳"被访者的话。对于被访者在回答中的一些过渡性语言、承接性语言、重复性语言、口头语等，则不要记。

第二，记录时，对不同问题的回答，以及对不同的事件、不同的方面、不同的内容等的回答，都要在形式上明显地分开，各自形成单独的一段，而不要不分层次、不分段落、不留空隙地从头记到尾。

第三，当场记录的最理想方法当然是进行访谈录音，但这一定要事先征集被访者的同意。如果被访者不介意，访谈最好能使用录音机。这样，研究者在访谈时就可以全身心关注被访者的回答，而不用分心去记录。

第四，访谈结束后，要及时根据录音对资料进行整理，因为此时整理还可以回想起访谈时的情景，特别是研究者当时的感受和认识。如果时间一长，研究者的自我感受可能就会被淡忘。

资料来源：风笑天. 社会研究方法［M］. 北京：中国人民大学出版社，2018：354.

在现场考察之时，还应注意影像记录。很多策划人在考察时，不注意留下影像资料，造成了不少遗憾。那应留下哪些影像呢？一是策划对象的照片，如旅游策划中的秀美风光、城市策划中的建筑景象；二是工作场景的照片，这既是策划人生的宝贵记录，也是机构宣传的重要素材，有图有真相，有时一张珍贵的历史照片具有语言无可替代的价值，特别要有意识地抓拍一些策划负责人的特写；三是合影留念的照片，在一些标志性的景点、地点等，可以适当拍个大合影，作为考察的纪念，也利于建立合作双方的长期关系。

知识拓展：手机抓拍的几点技巧

随着手机摄影功能的日趋强大，仅用手机就可以拍出高质量的照片。对于策划调研而言，简单轻便的手机无疑是摄影的极佳工具。如何才能用手机拍出符合策划的照片呢？需要注意如下几点：第一，明确拍摄的目的和要求。第二，拍出现场感（有场景特点）。第三，拍好策划负责人的考察照片。第四，拍好地形和环境等资料照片。第五，留下合作双方的纪念照片。第六，注意抓住有趣的调研瞬间。第七，景别尽量多样，有远景、近景、特写等。

2. 深度访谈

深度访谈，又称自由访谈或无结构访谈。它跟结构性访谈相反，并不依据事先设定好的问卷或固定程序，而是只有一个访谈的主题或范围，由访谈员与被访者围绕这个主题或范围进行比较自由的交谈。❶深度访谈非常适用于实地调查。研究者通过围绕一定的策划主题，与被访者进行深入细致的交流，可以较为全面地掌握对方的所思所想。同时，通过近距离观察，可感受其"微表情"、品位和气场等，对其想法和能力形成判断，这也是深度访谈的重要目的。

由于深度访谈没有预设的固定问题与程序，主要围绕主题进行交流与互动，具有极大的灵活性和创新性，因此也对策划人的访谈技巧、反应能力和专业水平提出更高要求。在访谈过程中，为了获得理想效果，应注意如下几点。

（1）做好访谈前的准备工作。根据实践经验，访谈前应做好如下方面：

第一，明确访谈目的与主要内容。只有事先做到心中有数，才能在访谈中进行有效的话题引导，掌握交流的主动权。通常而言，深度访谈对象主要是委托方的负责人或重要关系人，因此其访谈的目的：一是收集鲜活的一手资料，了解被访者的真实想法；二是论证预先的策划假设，并可就此进行交流，确定是否符合被访者的实际需求；三是通过近距离接触被访者，对其形象和能力形成清晰认识。在准备阶段，为了保证访谈能够覆盖想了解的全部内容，可提前准备一份"问题清单"，以指导提问和查漏补缺。如果对提问内容把握不准，还可向领导与同事请教，以让问题臻于完善。当然，深度访谈的优势是互动性和灵活性，重点是要激发被访者的表达欲望，因此也不能被清单局限，可以适当调整和发挥。

第二，掌握访谈对象的详细信息。如果被访谈的是委托方的主要领导，这项工作就需做得更加细致。一方面，有利于策划人根据被访者的实际情况制定访谈方案，让提出的问题和提问的方式更具有针对性，进而建立起共同的话语体系，缩小策划人和被访者间的陌生感和距离感；另一方面，有利于策划人从被访者的利益立场和岗位背景出发，对被访者提到的各种情况、所表达的观点有更为准确和客观的理解，不仅能明白其"说了什么"，还能知道其"为什么这么说"。应该收集被访者的哪些信息呢？大体而言，一是人口统计类信息，如年龄（出生年代）、性别、籍贯、文化程度（毕业学校）、职业经历（现任职务）、家庭背景和兴趣爱好等，掌握这些信息，有利于找到共同的话题和兴趣点；二是观点类信息。通过网站、媒体等公开平台和一些私人渠道，了解其基本的人生观、世界观与价值观，以及对一些特定问题的看法，以便在交流中能够有所准备和回应，形成"英雄所见略同"之感。

---

❶ 风笑天. 社会研究方法［M］. 北京：中国人民大学出版社，2018：351.

第三，提前约好时间、地点和访谈主题。为了实现更有效率的沟通，事前应就访谈的因由、主要目的、内容框架，以及具体地点、访谈时长、参与人员等与被访方进行沟通和确定，以便其能提前安排时间和进行思考，减少访谈过程中不必要的节外话题。如果对方是企业或政府领导，这些工作通常会由秘书或助理完成，此时最好有书面沟通材料，确保信息能够及时准确地传递。

第四，组建访谈小组并做好分工。策划访谈一般通过团队合作进行。理想的工作小组应该有三人：一人负责主要提问，其是整个访谈的灵魂人物，应由具有深厚专业知识、丰富访谈和策划经验的人来承担；一人主要负责记录，可以是手写、打字（笔记本或手机）或录音笔（通常作为辅助记录，有些场合不能录音），应尽可能完整记录，特别是一些核心观点或者典型语言，必须原汁原味地记录下来；还有一人负责辅助提问与拍照，现场记录照片很重要，但也无须多，有全景、近景、被访人特写三张即可，关键是要抓得准、拍得快，不能总是举着相机，干扰访谈进程。

（2）访谈中要随机应变。深度访谈的质量取决于策划人对话题的引导、节奏的控制和观点的激发，重点是要做到随机应变，根据谈话进程不断调整。

第一，树立良好的第一印象。根据日常经验，第一印象的形成通常就是最开始的3分钟。如果在前3分钟内不能给人留下好的印象，后面的工作开展将受到影响。如何才能形成好的第一印象？①注意外表，包括容颜的干净、精神的饱满、着装的合宜等。例如，男性要整理好胡子和头发，不要牙齿有异物、口腔有异味；女性可以化点淡妆。着装应适合访谈的环境，如在商务办公室进行访谈，身穿T恤和牛仔裤就不太适合。②举止得体。所谓得体，就是适当、自信和自然，既不应拘谨局促，也不能目中无人，应彬彬有礼、谦虚谨慎、专业自信。要注意举止中的细节，特别是一些不雅的小动作，应尽量避免。③态度积极。态度影响行为。如果因为兴趣、利益、情感等各种原因，心中抱怨或态度消极，那最好不要承担访谈任务，这必然会影响被访谈人对策划机构的好感。④言语合宜。说话显露了策划人的内在学识与修养，如果语言混乱，让人不知所云的话，策划人在被访者心中的形象无疑会大打折扣。

第二，精心设计寒暄和开场白。通常在访谈之前会有一个短小的寒暄时间，这是营造访谈氛围的良好时机。此时，除了对访谈对象表示感谢之外，还可谈一些双方都关心的天气、吐槽话题（如堵车、雾霾等）、热点事件等，交流一下毕业学校、籍贯、个人爱好（主要通过现场观察，如办公室摆满了各类相机，大体可以判断其为摄影发烧友）等，从而逐步消除距离感，并巧妙地将话题引向访谈内容。寒暄之后，便是正式的开场白。"万事开头难"，精彩的开场白是成功访谈的一半。那什么是好的开场白？基本标准是"简明扼要、意图明确、重点突出"[1]。①简要地介绍访谈背景与来意，特别是要提到一些双方都

---

[1] 风笑天.社会研究方法[M].北京：中国人民大学出版社，2018：353.

熟悉的领导或者政府文件等，以减少被访者的戒备心理。②简要提出访谈的主要问题。需要注意的是，这里不能将所有问题一股脑抛出，然后期待被访者逐个回答。正确的做法是将所有问题归结为三个具有逻辑关系的大问题，让被访者有个整体的概念。例如开展产业新城策划项目，被访者是城市发改委领导，我们先提三个大问题：我们城市当前有哪些主导产业、发展情况如何、应该如何提升并培育新的产业。③要注意表达的语气、语速和神态。在此阶段，主要目的还是营造轻松、融洽访谈的氛围，因此，语气要尽量谦和、语速稍微偏慢，尽量保持微笑和友好的表情。

第三，引导与控制访谈过程。这是访谈艺术的精髓部分，也是策划人访谈能力的体现。主要有两种引导与控制方式：①适时地提出问题。通过问题引导被访者将谈话内容回归到核心主题上。如果策划人觉得访谈者的观点很有价值，亦可通过提问、追问、重述等方式，肯定其观点，激发其思考。②表情和动作。可通过释放一些面部表情和肢体语言暗示被访者跑题了。如果还不行的话，可采取"硬干预"，如递水、掉笔、瞟手表等动作。这种方法通常被用在被访者谈性极浓、但又答非所问的情况下。一般而言，策划人出于礼貌，要尽量倾听，流露出虚心、诚恳和耐心的表情。

第四，保持专注与做好记录。深度访谈是一次思想的交流与碰撞，因为没有结构化的问题作为主线，一切都需要访谈者随机应变，因此只有心无旁骛，大脑高速运转，才能快速消化被访人的说话内容，提炼出核心要点，并敏捷抓住谈话中的亮点，进行进一步激发。同时，专心听被访者回答问题时，可以适当做记录（因为主问者重点是问，所以记要点即可），除了利于巩固要点，也可给被访者一种仪式感与尊重感。在这一过程中，最关键的是要有恰当的眼光交流。所谓恰当，就是既不能长时间将目光停留在被访者身上，给人以压抑和不自在感，又不能眼睛望向别处（如笔记本上），没有眼神接触，而是要让视线在笔记本和被访者之间自然往来。访谈之目的在于收集信息，而访谈记录则关系到信息的客观性、准确性和全面性，因此要做好现场记录，正如上节所言，要有文字、图像和声音记录（需征得被访者同意）。为了便于未参加访谈的人也可充分掌握内容，在条件许可的情况下，最好能够做到一字一句地记录，给人一种现场感。如果不能这样，也应该记录核心要点和关键话语。

（3）做好深度访谈的后续工作。

首先，在访谈结束时，要再次对被访人表示诚挚的感谢。一是感谢其牺牲工作或休息时间接受访谈；二是感谢其为策划提供了大量信息和创新思想。

其次，在征求对方的同意后，留下彼此联系方式，如手机号、微信号等，以便策划过程中遇到相关问题时，可以再行请教；也方便被访方在需要时，能够联系上策划人。所谓"多个朋友多条路"，策划人要有长远眼光，通过一次访谈，认识一位官员、企业家或业内专家，建立人脉也是一种重要收获。

再次，要做好访谈资料的整理。主问者要回顾整个访谈过程，梳理被访者提供的主要信息和核心观点，并结合前期资料、现场观察，对被访者观点的真实意图进行分析，归纳总结得出基本结论，并与预先研究假设进行对比分析，找出异同，对假设进行修正和调整。主记录者需要根据记忆和录音，整理出一份完整的访谈记录，如果有需要，可提炼一份访谈概要。拍摄者要整理好现场照片，以备后期汇报或宣传之用。

最后，访谈小组应进行深度访谈的复盘，对访谈工作进行总结，发表各自意见，谈一谈收获、启示、问题，以及对未来开展类似访谈应该注意的要点等，进而加速将感性认识上升到经验和能力。

3. 集体座谈

顾名思义，集体座谈就是将多个被访者召集起来，同时进行访谈。相比个人访谈，集体座谈具有两个突出特征：其一，它不仅有策划人与被访者之间，还有被访者互相之间的多层次交流。因此，获得的信息相对更加全面、多样，因为被访者之间也可相互激发，形成许多新的观点和见解。其二，能够极大地节省时间与经费。这对追求时效性和效益性的商业策划具有重要的意义。因此，除了对委托方的主要领导进行深访之外，其他人都可采取座谈方式。当然，座谈中也会存在群体压力和从众心理等现象，让部分人不能畅所欲言，表达真实意见。为了获得更好的集体座谈效果，要注意如下方面：

其一，确定合理的座谈参与人数、结构和时长。在人数上，以 7~10 人为宜，最多不要超过 15 个，否则发言难以深入；在结构上，最好避免上下级同时参加，因为下级要么不敢发表意见，要么揣摩上级心意来发言，或者直接等领导一锤定音。在时间上，3 个小时是极限，否则让与会者厌倦，效果适得其反。

其二，要有熟练的引导和控制技巧。开好座谈会不仅要让每个人发言，还要能够让发言者之间有效互动、相互启发，这对策划人是一种考验；而且多人的座谈涉及与不同部门、岗位或专业的人打交道，这对策划人的知识储备、反应能力是极大的挑战。因此，组织座谈会之时，除了有资深的策划人坐镇主问外，最好还有 2~3 位不同领域的专家参加，以便及时回应被访者。

其三，做好访谈资料的记录和整理。座谈会同样需要做好文字、影像和声音的记录，文字要有完整版和简版，影像要全景、近景和每个发言人的特写（主要是半身像）。整理完成后，要进行存档，成为重要的历史材料。

（二）资料分析方法

实地调研法收集的主要是定性资料。所谓定性资料，是研究者从实地调研中所得到的各种以文字、符号表示的观察记录、访谈笔记，以及其他类似的记录材料。与定量资料分析不同，定性资料分析的主要目标是将大量的、特定的细节组织成一幅清晰的图画、一种概括的模式，或一组相互连接的概念。此外，定性资料分析还可以帮助说明事件的顺序，或者一种社会过程的阶段性特征。❶ 在策划研究过程中，这种定性分析是体现策划人研究能力的重要标尺。

1. 定性资料分析的过程

定性资料分析的过程是一个对资料进行分类、描述、综合、归纳的过程。其基本逻辑是归纳法，即是从具体的、个别的、经验的事例中逐步概括、抽象到概念和理论，其主要工作任务是对信息的组织、归纳和对信息内涵的提取。❷ 因此，策划人在实地调研收集大量资料后，重点是要结合调研目的、预先假设、专业经验、创新思维等因素，对资料进行研读、思考与总结，得出观点、概念或理论。具体而言，分析过程大体包括三个步骤：

第一步：资料浏览。将前期各类调研资料综合汇总之后，对所有资料进行粗略浏览，并且结合对调研情况的回想，全面地掌握资料状况。这个步骤主要目的是让研究者对下一步如何处理资料做到心中有数。

第二步：阅读编码。在初步浏览全部资料后，接下来就要对重点的资料进行详细的阅读，逐字逐句进行细致分析，并在阅读中对资料进行编码，即研究者根据分析目的和自己的理解，在材料上做出标记，然后根据标记对资料进行编码和归类整理，形成具有清晰逻辑框架的资料集合。

对定性材料的编码主要有三种类型：开放式编码、轴心式编码和选择式编码。①开放式编码是不带主题进行的资料编码，研究者关注资料本身，不断为资料中呈现出的主题分配编码标签，并随着阅读的深入和对资料的熟悉可以对资料进行重新编码与归类。在这种编码里，研究者一般不关心主题间的关系，也不解析主题所代表的概念。②轴心式编码是预先设定主题的编码。在这种方式中，研究者更为注重主题，是头脑中带着主题去看待和阅读资料，其重点是发现和建立类别之间的各种联系，包括因果关系、时间关系等，同时也可以论证策划预设，即通过汇集不同的观点和例子，为策划的假设提供经验证据和案例支撑。③选择式编码是在开放式或轴心式编码工作的基础上，有选择地查找那些说明主题的个案，或者说在所有主题中选择一个可以统领其他一些相关主题的核心主题，并将所有的研究成果统一在这个核心主题的范围之内。❸ 经过编码处理，资料成为可供分析和抽象的材料。

第三步：分析与抽象。在对资料进行分类处理之后，需要回过头来，对主题、分类和具体内容再次深入思考，发现其中隐藏的共性特征（如哪些现象或观点反复出现）或差异特征，并抽象出解释这些特征的主要变量、关系、模式或判断，进而为策划假设或创新创意提供论据支撑。

---

❶ 风笑天. 社会研究方法 [M]. 北京：中国人民大学出版社，2018：365.
❷ 同❶374.
❸ 同❶372.

2. 定性资料分析的主要方法

实地研究收集的资料是丰富、鲜活和具体的，要将其转化为能够具有说服力的概念、观点或模式，需要依靠策划人良好的组织、分析、抽象和创新能力。由于定性分析非常依赖于研究者的主观因素，因此其分析方法也较为丰富多样。但一般而言，其分析路径主要有两条：一是寻找资料中的相似性；二是寻找资料中的差异性。❶ 其常用的有四种方法，包括连续接近法、举例说明法、比较分析法和流程图法（Flow chart）❷。

连续接近法即是通过不断反复和循环的步骤，使得研究者从开始的一个比较含糊的观念及杂乱、具体的资料细节，到达一个具有概括性的综合分析的结果。❸ 具体而言，就是研究者从所研究的问题和概念与假设出发，寻找各类资料和证据以解决问题和论证假设，与此同时，也通过对各类经验资料归纳，修改事前的假设或提炼出新的概念与假设。经过几次这样理论与论证之间的相互塑造——"连续接近"，让概念、假设和证据无限接近，最后达到高度的统一。

举例说明法即是用经验证据来说明某种理论，这是定性资料分析中最为普遍的一种方法。在具体操作上有两种方式：一种是表明理论模型是如何说明或解释了某个特定的个案或现象的，这时候研究者会列举一些典型的案例或现象作为证据；另一种是研究者平行列举多个不同的个案，如不同时期、不同主体等，然后说明这种理论模型也适合这些不同的案例情况。

比较分析法中，研究者"从先前已有的理论或从归纳中发展出相关的规律或关系模型的思想开始，然后将注意力集中在少数规律上，用其他替换的解释与之进行比较。在此基础上，进一步考察那些不限于某一特定背景（如特定时间、地点等）的规律性"❹。比较研究法包括一致性比较法和差异性比较法。一致性比较法将注意力集中于各个不同个案中所具有的共性特性上，并通过运用一种排除的过程来比较分析，其基本思想是研究者先找出不同个案所具有的某种共同的结果特性，然后再比较各种可能的作为原因的特性，假如某些原因不是案例所共有则被排除，而留下的所有个案具有共性特性则为共同的原因。差异性研究法是研究者先找出那些在许多方面都十分相同，但是在少数方面不同的个案，然后找出使个案具有相同的原因或结果的那些特性，同时找出另一组在这种结果上与此不同的个案，这样研究者就可以通过比较两组案例，查找出那些导致不同结果的特别原因。

流程图法，指的是以历史和现实发展过程为标准，对定性资料所进行的描述。这种方式的最大好处是能够很好地展现事物发展变化的过程，如我们研究城市产业定位，即可通过流程图的方法，描述其变迁过程。

---

❶ 风笑天. 社会研究方法 [M]. 北京：中国人民大学出版社，2018：375.
❷ NEUMAN WL. Social rearch methods [M]. 4th ed. Allyn and Bacon，1997：427-429.
❸ 同 ❶ 376.
❹ 同 ❶ 377.

二、调查研究法

调查研究是一项非常古老而常见的研究方法，由于其强大的解释力和说服力，因此在策划研究中也经常使用，特别是一些基于市场调查结果的商业策划。调查研究指的是一种采用自填问卷或结构式访问的方法，系统地、直接地从一个取自总体的样本那里收集资料，并通过对资料的统计分析来认识社会现象及其规律的社会研究方式。❶ 从这个定义中，我们可以看到调查研究法的三个基本特征：①通过样本反映全体，即是从调研总体中随机抽选出一定规模的样本，通过考察样本特征来推导全体特征。②调研问卷是资料收集的特定工具。其具有严格、系统的程序要求，以确保资料收集的完整性和准确性。③统计分析是调查研究最核心的分析方法。调查研究法通过对大量的资料与数据进行分析，找出变量间的相互关系和规律，为策划假设或问题解决方案提供了具有说服力的支撑。

根据资料收集工具的差异，调查研究又可分为问卷调查法和结构访谈法。

（一）问卷调查法

问卷是策划研究者通过精心设计的问题表格来收集资料的一种工具，主要用于测量人们的行为、态度和社会特征。问卷调查法即是以问卷为核心工具收集资料和进行分析的一种方法。在策划研究过程中，开展一次问卷调查，应做好如下几个步骤的工作：

1. 明确问卷调查目的

调查目的是问卷设计的灵魂，决定着问卷的内容与形式。❷ 与通常的社会调查不一样，策划本质上是为决策服务的，因此，策划研究也必须与决策紧密联系在一起。在进行问卷调研之前，要深入思考决策者"希望知道什么"和"应该知道什么"，并在此基础上明确调研目的和主要内容，因此问卷调研之前，要充分了解决策的真正动机是什么、决策需要什么信息支撑、决策依据什么样的标准、决策的时限与后果、制定决策有哪些成员。只有充分了解了这些背景内容，才能为决策提供更具针对性的调研服务。

2. 设计好调查问卷

问卷通常是由一组有机联系的提问所构成的标准化表格。虽然根据策划研究目的不同，问题千差万别，但一份好的问卷通常遵循一定的结构与原则。

（1）问卷结构。问卷通常包括封面信、指导语、问题与答案，以及其他资料等。

封面信主要用于向被调查者介绍调查的目的（包括背景）、调查单位或调查者的身份、

---

❶ 风笑天. 社会研究方法［M］. 北京：中国人民大学出版社，2018：179.
❷ 袁方. 社会研究方法教程（重排本）［M］. 北京：北京大学出版社，2004：181.

调查的大概内容、调查对象的选取办法、调研信息的保密承诺等。封面信虽然短小，但具有非常重要的作用。因为是否能让被调研者产生兴趣、愉快地填写问卷，在很大程度上取决于封面信的效果。一般而言，封面信应该态度真诚、用语准确、简明易懂，并尽可能激发被调研者的兴趣。

指导语主要用于告诉被调查者如何正确填写问卷，以减少出现无效问卷或难以处理的问卷。指导语一般以"填写说明"的形式放到封面信之后，正式问题之前，具体说明填表的要求、方法、注意事项等。

问题与答案是问卷的主体，被调查者的各种信息即是通过问卷和答案进行收集的，因此，问题和答案设计的质量直接决定着信息收集的质量。

其他资料是指除了以上的内容之外，问卷还应包括问卷名称、编号、页码、发放和回收日期、调查员、审核员等信息。

（2）设计原则。问卷千差万别，但为了达到良好的调查效果，问卷设计者必须遵从一定的基本原则。具体而言，主要有三个方面：

第一，更多从填写者的角度考虑问卷设计。虽然不同的研究者会按照自己的研究目的和意图设计不同的问卷，用以收集各种特定的资料，但这不是一厢情愿的事情，如果被调研者拒绝回答或者难以回答，必然难以收到预期效果。因此，在设计问卷之时，首先要描绘调研对象特征，心中对其有清晰的"画像"，不能只将注意力放在设计什么问题之上，而是要立足于填写者的角度，方便他们进行填答，如问卷不能设计得太长、问题太多，填答的量不能太大，或者需要长时间的计算或回忆才能答题。

第二，预测阻碍问卷调查的主客观因素。调查的结果和质量取决于调查者和填答者的互动与合作。从实践来看，影响合作因素主要有主观和客观两方面：一方面是主观障碍，如填答者的畏难情绪（如问卷太厚、没有时间和精力）、顾虑重重（如担心如实填写会带来不利影响、害怕泄露个人信息等）、漫不经心（如为了费用或礼品、随意填写等），毫无兴趣（如离被调研者的生活太远、引不起他们的填写兴趣等）；另一方面是客观障碍，主要是受填答者自身能力、条件等方面的限制所形成的障碍；主要包括阅读能力、理解能力、表达能力、记忆能力和计算能力的限制。如果问卷设计不考虑这些要素，很可能降低问卷调查的回收率，影响到调研的质量。

第三，全面考虑影响问卷设计的各类因素。一份问卷表面上只是一组问题和答案所组成的调查表格，但其设计却涉及许多问卷上看不到的因素，并受到这些因素的制约，如调查目的（如描述性、探索性、论证性等研究目的），调查内容，样本性质（即样本的构成情况，或说被调查者是什么样的人群），资料处理方法（如定量还是定性），问卷使用方式（如自填问卷或访问问卷），调研经费和时间等。只有综合考虑到这些要素，问卷调查工作才能顺利展开。对于策划工作而言，调研经费和时间是非常关键的影响要素。

（3）问题设计是决定问卷质量的关键因素之一，需要策划人综合考虑研究目的与影响等因素，进行细致斟酌，以便列出最合适的问题。

第一，问题形式的选择。可以分为封闭式和开放式问题，封闭式问题是在提出问题的同时给出若干可供选择的答案；开放式问题是只提问题不给答案。两种问题形式各有优、缺点。封闭式问题答案明确、填写容易，也便于后期的统计处理和定量分析，但缺点是限制了被调查者的回答范围、内容与方式，限制了其表达的自由度，也因此损失了获得预设答案之外信息的机会。开放式问题的优、缺点正好与之相反。其允许回答者不受限制地自由发表意见，可获得很多丰富鲜活的资料，但其缺点是要求回答者的知识水平和文字表达能力较高，投入精力较大，而且因为回答往往千差万别，后期处理问卷也较为麻烦、费神费力。鉴于二者的优、缺点，通常一份问卷会同时采用两种问题方式，如90%的问题用封闭式，同时10%用开放式，以获得两种问题的优势，并将处理难度降到最低。

第二，问题内容的选择。问卷问题一般包括三个基本方面：一是关于行为方面的问题，即具体做了什么，如"您是否买了某个品牌的汽车"；二是关于态度或评价方面的问题，如"您觉得这车性价比如何"；三是有关回答者个人信息的问题，例如年龄、性别、居住地区、文化程度、家庭结构、收入情况等。因为个人背景与其行为和态度密切相关，因此，对个人信息要根据后期分析的需要，充分收集。需要注意的是，在设计选项之时，尽量使用范围数据（如年龄15~34岁），太具体容易引起填答者的反感和拒绝。

第三，问题类型的选择。主要有填空式、是否式、单项选择式、多项选择式、表格式五大类型。填空式一般只用于那些对回答者来说特别简单而又容易填写的问题，如年龄、收入、学历等。是否式的答案只有肯定形式和否定形式两种，主要用于行为和态度的测验中，其优点是结论明确，弱点是信息量太少。单项选择即给出两个以上的答案（选项的分类应该穷尽所有的可能性，并且各分类之间互斥），回答者根据自己的情况选择其中之一，这是各种调查问卷所采用最多的一种问题形式。多项选择即从给出的答案中选出两个及以上的答案。表格式就是将同一类型的若干问题集中在一起，组成一个问题表格。虽然表格比较整洁和醒目，但一份问卷中使用过多也会造成呆板、单调的感觉。

第四，问题语言的选择。在问题设计中，需要注意提问语言和提问方式，应遵循几个基本原则：①尽量使用简单的语言，避免使用不易理解的专业术语和抽象概念。②问题要尽量简短、清晰，不能让人产生歧义或感觉模棱两可。③避免双重（多重）含义问题，即策划人问了填答者一个实际上具有多重内容的问题，但又期待单一答案。④问题不能带有倾向性，即避免让填答者感觉研究者提出该问题是想得到某种特定的回答，或是在引导他、期待他做出某种回答。⑤不要用否定形式提问，即不要带有"不"等否定词语或意义的句子。⑥不要询问回答者所不知道的问题。如果填答者没有这个方面的知识，其必然难以答题或随意答题。⑦不要直接问敏感问题，如询问他人对上司的评价等，这种问题很难获得真实的回答。如果实在要问这些问题，可以采取间接方式并用语委婉。

第五，问题数目的选择。在一份问卷内，问题的数目和顺序也应精心考虑，一般不宜太多，让人产生畏惧感，以能在 15 分钟内答完为宜。当然，如果经费充足或问卷对被访者较为重要，稍长也无妨。

第六，问题顺序的选择。在顺序方面，一般有如下规则：①先易后难。被调查者熟悉的、简单易懂的问题放在前面，比较生疏、较难回答的问题放在后面。②先松后紧。将能够引起被调研者兴趣的问题放在前面，把容易引起被访谈者紧张和顾忌的问题放在后面。③把开放式问题放在问卷的结尾部分。因为开放问题需要一定时间的思考和书写，如果放在前面会影响后面的答题。④先问行为问题，然后问态度问题，最后才问个人背景资料，当然这也不绝对，可以根据具体情况调整。⑤按照一定的逻辑顺序排列问题，如时间顺序、空间顺序或事物发展顺序等，否则会破坏问题的连贯性，影响答题者的思路和注意力。

（4）答案设计。答案是影响问卷质量的另一半。罗列什么样的答案，不仅关系到回答者是否能够回答，还关系到问卷所收集资料的价值。问卷的答案设计是一个策划研究者需要掌握的重要能力。在设计答案时，要注意如下几点：

首先，答案要保证穷尽性和互斥性，即坚持"MECE"原则。从本质上看，问卷的每一个问题都是在测量一个变量（其基本特征是穷尽性和互斥性），而答案则是变量的取值，因此，答案也应是穷尽与互斥的，即答案要包括所有可能的回答，同时答案之间不能相互重叠或包含。

其次，由于有时候答案难以罗列完，策划人可增加一个"其他"的选项，以便尽量覆盖全体情况。但需要注意的是，如果选择"其他"的回答者占比太大，就意味着罗列的选项分类还不恰当，一些重要类别没有被单独列出来，从而让回答者归入了"其他"选项。

最后，要根据研究的需要确定变量测量层次。在设计问题时，要看问题需要细化到哪个层次，如定类、定序，还是定距，然后答案需要根据问题的要求来设计具体形式。例如，策划人想知道回答者的性别时，答案设男女两类就好；但如果想知道年龄范围，则需要定序的答案设计。

知识拓展：问卷构建的"十二条指南"

问卷看起来似乎很简单，但是根据我们的经验，问卷的构建也是需要技巧的。一个失误就足以导致无法解释数据或者回收率极低。下面的 12 条指南可以帮助你构建一份能够鼓励人们合作，且你能使用和解释的问卷。

（1）保持简洁。你的问卷应该尽量简明扼要，并且只收集那些对研究成果必要的信息。

（2）保证回复者的任务简单而具体。确保题目尽可能地易于阅读和回复。

（3）提供直接明确的指导。明确表达你想让人们如何回答问题。

（4）使用简单、明确、无歧义的语言，直截了当地写下你想知道的问题。

（5）对每个目的不明确的题目进行合理解释。

（6）检查在你问题中隐藏的无根据假设。

（7）表达问题的语言应该不带有任何偏好或者与答案相关的提示。

（8）预先决定你将如何对答案进行编码。

（9）检查一致性。

（10）设计一次或者更多的试题来确定你问卷的效度。

（11）再次仔细检查即将完成的问卷，以确保它们提出了你需要的问题。

（12）把问卷外观做得既吸引人又专业。

资料来源：保罗 D. 利迪，珍妮·埃利斯·奥姆罗德．实证研究：计划与设计［M］.10 版．吴瑞林，等译．北京：机械工业出版社，2015：170-173．

案例链接 "高新区百家重点企业创新发展助推计划"问卷设计

1. 封面信

尊敬的企业负责人：

为了推动高新区重点企业创新发展，推动高新区主导产业与企业战略有效对接，高新区管委会联合知名策划机构开展了"高新技术产业开发区百家重点企业创新发展助推计划"（以下简称"助推计划"）。

本次问卷调查是"助推计划"的重要组成部分，旨在能客观评价高新区企业成长和发展状况，为制定"100家重点企业创新助推计划"提供决策参考依据，为后期进行重点企业战略咨询建议提供有效的基础信息。本次调查是一项涉及面广、专业性强、工作量大的政策调研活动，殷切期待贵企业根据公司的实际情况认真填写，这将对我们制订助推计划具有重要意义。

2. 填写说明

（1）本问卷请贵企业董事长或总经理亲自填写，为了确保问卷的有效性，填写问卷时请实事求是，并耐心填写问卷中的选择题和空格（如果您所在的行业不涉及问卷的问题和选项，请跳过）。

（2）非排序类选择题请在相应位置填上"序号"，排序类选择题请按照重要性顺序进行排列。

（3）除特别注明外，问卷中所有的选择题均为单项选择；如果单项选择题中有多个选项均符合您的判断，可以多选，但请将最重要的选项排在最前面。

（4）为保证课题组能够更加深入地了解企业，请根据企业的实际情况，尽量翔实地填写信息统计表，回答文字说明题。

（5）填写数字时，请注意后面的单位。一般情况下，出口值的单位为"万美元"，其他经济指标的单位为"万元"，员工人数单位为"人"，比重用"%"。

（6）填写问卷如有疑问，可以咨询。

联系人：

问卷回收：

所收集资料仅作为调研报告分析之用，我们都将予以保密。资料准备完毕后，请各相关企业于2018年11月5日前直接递交或通过电子邮件方式传给高新区管委会产业推进组。感谢您在百忙之中的填答和对本次调研的支持与配合！

一、基本情况

1. 企业名称：

2. 企业所在地：＿＿＿；邮编：＿＿＿；联系电话：＿＿＿

3. 企业成立年份：

4. 企业的创立属于：

（1）在高新区创立的企业　（2）在高新区建立的子公司

（3）从外迁入高新区的企业　（4）其他（请注明）

5. 企业的创办属于以下哪种情况：

（1）高校创办企业　（2）留学人员创办企业　（3）本地人员创办企业

（4）院所、艺团整体转制企业　（5）从国企分离的企业　（6）其他（请注明）

6. 企业的登记注册类型是：

（1）国有企业　（2）集体企业　（3）股份合作企业　（4）联营企业

（5）有限责任公司　（6）股份有限公司　（7）中国港、澳、台地区投资企业

（8）外商投资企业　（9）其他类型企业（请注明）

7. 企业的行业类型是：

（1）化工　（2）石油石化装备　（3）农机装备　（4）农牧产品精深加工

（5）新材料　（6）商业　（7）服务外包　（8）金融　（9）旅游　（10）汽车

（11）生物医药　（12）文化创意　（13）物流　（14）IT　（15）房地产

（16）能源　（17）咨询　（18）其他（请注明）。

二、定位与战略

1. 企业定位于：

（1）制造　（2）服务　（3）研发　（4）贸易　（5）以上均有

（6）不明确　（7）其他（请注明）

2. 企业目前处于以下哪个发展阶段：

（1）创业期 （2）成长期 （3）成熟期 （4）衰落期 （5）持续发展期

3. 以下哪组关键词最能概括企业目前的发展模式：

（1）连锁经营 （2）资源整合 （3）政府合作 （4）大客户跟随

（5）技术诀窍 （6）规模经济 （7）深度营销 （8）服务外包

（9）联盟合作 （10）收购兼并 （11）品牌加盟 （12）其他（请注明）

4. 现阶段企业成长的主要驱动力为：

（1）通过深耕市场实现扩大市场份额　　　（2）通过专业管理提高经营效率

（3）通过充分授权提高积极性　　　　　　（4）通过内部资源整合高效运作

（5）通过创新实现快速成长

5. 作为企业最高决策者，您现阶段最关注的问题：

（1）产品的研发和质量　　（2）管理效率　　（3）快速扩张市场　　（4）组织再造

（5）保持领先

6. 企业是否有明确的愿景和目标：

（1）无 （2）有（请描述）

三、业务与产品

1. 企业的业务种类数量是：

（1）1个 （2）2个 （3）3个 （4）4个 （5）5个及以上

如选择2个及以上，那么企业从事业务的相关性程度：

（1）行业内相关 （2）跨行业相关 （3）跨行业不相关

2. 公司近三年主营业务收入平均增长率为：

（1）低于0% （2）0%~10% （3）10%~30% （4）30%~50% （5）50%以上

3. 企业产品生产或服务的主要形式为：

（1）自产 （2）委托加工 （3）部分外包 （4）全部外包

4. 企业主导产品或服务的技术来源是（可多选，按重要性排序）：

（1）自主开发 （2）仿制 （3）受让 （4）合作开发 （5）购买

（6）并购企业 （7）其他（请注明）

四、市场与客户

1. 企业目前所在行业的竞争程度：

（1）非常激烈 （2）比较激烈 （3）一般 （4）竞争不大 （5）没有竞争

2. 本行业的进入门槛包括（可多选）：

（1）资金壁垒 （2）资源壁垒 （3）技术壁垒 （4）政策壁垒 （5）市场垄断

3. 企业所在行业中前三大企业的市场份额总额约为：

（1）20%及以下 （2）21%~30% （3）31%~50% （4）51%~70%

(5)70%以上 (6)不太清楚

4.企业在行业中的地位是：

(1)初进入者 (2)跟随者 (3)领先者 (4)垄断者

五、盈利模式

1.企业收入来源（可多选）：

(1)销售商品收入 (2)劳务收入 (3)让渡固定资产使用权收入
(4)专利和品牌输出 (5)利息收入 (6)股利收入 (7)转让资产收入
(8)政府补贴收入 (9)广告收入 (10)其他（请注明）

2.企业主营业务收入主要来源于：

(1)销售商品收入 (2)劳务收入 (3)让渡固定资产使用权收入
(4)专利和品牌输出 (5)利息收入 (6)股利收入 (7)转让资产收入
(8)政府补贴收入 (9)广告收入 (10)其他（请注明）

3.企业的成本控制方法为：

(1)基于个人经验 (2)基于历史数据 (3)基于预算目标 (4)基于标杆企业
(5)基于价值增值

六、核心优势

1.企业的核心优势突出表现在（可多选）：

(1)技术 (2)品牌 (3)人才 (4)资金 (5)渠道 (6)政府关系 (7)客户资源
(8)供应商资源 (9)治理结构 (10)成本控制 (11)土地资源 (12)区位优势
(13)领导团队 (14)先进设备 (15)专利与知识产权 (16)产品或服务质量
(17)消费者认同 (18)资源整合 (19)其他（请注明）

2.企业主导产品或服务的技术水平属于：

(1)国际先进 (2)国内先进 (3)国内一般 (4)国内落后

3.企业拥有以下哪些优势性资源（可多选）：

(1)土地资源 (2)经营许可 (3)专利 (4)原材料
(5)其他（请注明）

七、管理与运营

1.企业的组织形式为：

(1)集团公司 (2)单体企业 (3)子公司 (4)分公司

2.企业在异地设立分支机构情况：

(1)子公司 (2)分公司 (3)项目部 (4)制造厂 (5)办事处
(6)研发中心 (7)营销中心 (8)物流配送中心 (9)客服中心
(10)其他（请注明）

3. 中、高层管理人员的薪酬结构（可多选）：

（1）工资 （2）年薪制 （3）工资加提成 （4）工资加分红 （5）股票或期权奖励

4. 企业重大决策的主要形式是：

（1）董事长或总经理 （2）管理层集体 （3）股东大会或者董事会

（4）职工代表大会参与 （5）其他（请注明）

八、投资与融资

1. 企业资本金主要来源是（可多选）：

（1）企业间资金拆借 （2）信用担保 （3）银行借贷 （4）风险投资

（5）政府创新基金 （6）资本市场 （7）自有资金

（8）其他（请注明）

2. 企业的主要融资方式（请选出最主要的两项）：

（1）银行贷款 （2）发行股票或股东集资 （3）发行企业债券

（4）企业自有资金积累 （5）申请国债或其他国家或地方财政投入

（6）与国内企业合资、联营 （7）引进外资或与国外企业合作

（8）引进战略投资（包括风险投资、天使投资） （9）债权转股权

（10）其他方式（私人融资、私人借贷等）

3. 企业融资中所遇到的主要困难（请选出最重要的三项）：

（1）企业规模太小 （2）负债率过高 （3）缺乏可靠信誉 （4）利率太高 （5）没有足够抵押物

（6）缺乏还贷能力 （7）缺乏融资渠道 （8）缺乏有效担保 （9）政府扶持政策缺失

（10）中、小银行数量太少 （11）缺乏与银行良好的私人关系 （12）私募股权投资不活跃

（13）其他（请说明）

九、企业发展环境

1. 影响企业发展的主要环境因素是（请选出最重要的三项）：

（1）法制环境 （2）社会环境 （3）信用环境 （4）空间与资源环境

（5）市场环境 （6）资金环境 （7）人才环境 （8）其他

2. 企业选择高新区的主要原因是（可多选）：

（1）政府优惠政策 （2）产业集聚效应 （3）高校、科研院所聚集 （4）获取各种生产性服务

（5）有利于获取所需人才 （6）良好的基础设施 （7）信息灵通 （8）其他（请注明）

3. 企业在发展过程中，得到了哪些方面的服务（可多选），还需要哪些方面的服务（可多选），最需要哪些方面的服务（选两项）：

（1）政府财政资金支持 （2）专项贷款支持（担保贷款、贴息贷款、低息贷款等）

（3）税收减免等财政支持 （4）完善技术创新的金融服务体系

（5）完善的中介服务体系（如信息咨询、人才培训、技术指导、贷款担保等）

（6）完善的法律法规体系 （7）提高政府办事效率 （8）土地使用支持政策 （9）融资扶持政策 （10）人才引进优惠政策 （11）环保政策 （12）管理咨询服务 （13）其他（请注明）

谢谢您对以上问题的耐心回答，请您继续填写。

十、开放式问题

（1）请简要概括企业的核心优势。

（2）请描述企业的经营特点与商业模式。

3. 进行科学的抽样

抽样（Sampling）是选择观察对象的过程。[①]个体情况千差万别，如果能对全体进行普查，当然最能反映总体特征，但受到时间、成本等因素的限制，这种整体调查很难实现。因此，在调查研究过程中，通常从研究对象的全部单位中抽取一部分进行考察和分析，并用这部分单位的数量特征去推断总体的数量特征。这个选取的过程就是抽样，所选取的部分就叫样本。

（1）抽样的基本程序。抽样的基本程序包括界定研究总体和调查总体、设计和抽取样本、评估样本并对总体进行评估三个步骤。

第一，界定研究总体和调查总体。研究总体就是研究所涉及的构成单位，以及所包含的内容、空间与时间的范围等。从理论上来说，研究总体应等同于调研总体，但由于研究者有时候并不清楚研究总体应该涉及的范围，这就会导致调研总体出现偏差，在这种情况下，从调研总体来推断研究总体就会出现错误，这是问卷设计者要高度注意的。当确定了调研总体后，就需要编制抽样框，即将总体按照一定的标准划分为互斥的部分，然后毫无遗漏地编号排列成表。

第二，设计和抽取样本。在这个阶段，一是要确定样本所含个体的数量，二是要确定抽样的具体方法。当样本大小和抽样方法确定后，便可以开始抽样。

第三，评估样本并对总体进行评估。样本是为了反映总体情况，因此样本对于总体的代表性一直是抽样中应重点关注的问题。评价样本质量主要有两个指标：准确度和精确度。前者衡量样本的偏差，后者衡量抽样误差的大小。一个好的抽样应该同时具备较高的精确度和准确度。

案例链接 大样本调查为何会失败？

1936年美国总统的竞选是民主党罗斯福（Franklin Delano Roosevelt）和共和党兰登（Alfred Alf Mossman Landon）之争。

[①] 艾尔·芭比. 社会研究方法[M]. 10版. 邱泽奇，译. 北京：华夏出版社，2005：174.

《文学摘要》(The Literary Digest)以铺天盖地之势发出了1000万份问卷,覆盖了美国1/4的选民人口。如此之高的样本量至今罕见。经过认真的统计,《文学摘要》宣布,兰登将以57%对43%的比例获胜,当选总统。实际的选举结果却和预测大相径庭:罗斯福以62%对38%的明显的优势获胜。从此《文学摘要》杂志社一蹶不振,不久只得关门停刊。如此大样本的调查为何会失败?从统计学角度来看,失败的原因是抽样方法不正确。

《文学摘要》为了寄送调查问卷,随机抽取了电话黄页和车辆注册系统的地址。可是在1936年的美国,富裕的家庭才有私人电话和汽车。为了挽救大萧条造成的经济打击,当时的罗斯福政府强行干预市场经济,从而在富人中普遍缺乏好感。因此,《文学摘要》的调查样本不是从总体(全体美国选民)中随机地抽取,而是主要从富人中抽取,这样的调查结果当然不够科学。

与此同时,另一个统计学家盖洛普(Gallup George Horace),却用一个样本小得多的民意调查,预测罗斯福会获胜。

盖洛普的民意调查仅有5万个样本,数量是《文学摘要》1000万个样本的1/200。然而他对调查做了精细的规划,样本中白人和黑人的比例、富人和穷人的比例,都要能反映全体选民的比例。因此,运用正确的统计学抽样方法,即使样本不是很大,只要能良好地反映总体,也能对总体进行准确的推测。

资料来源:《总统大选预测!一千万份问卷的调查,竟阴沟翻船?》,2016-10-25,http://m.sohu.com/a/117094602_352501。

(2)抽样的两大类型。根据选取样本的差别,我们可以将抽样分为概率抽样和非概率抽样。概率抽样就是使总体中的每一个体都有被选为样本的机会。如果每个样本被选中的机会均等,又称等概率抽样或随机抽样,否则称为不等概率抽样,如统筹加权的办法让一些样本被选中的概率相对要高。随机抽样包括简单随机抽样、分层抽样、系统抽样、整群抽样和多阶段抽样等类型。非概率抽样不是按照机会均等的原则,而是根据人们的主观经验或其他条件来抽取样本,包括偶遇抽样、主观抽样、定额抽样、滚雪球抽样等。由于非概率抽样带有极强的主观性,其样本可能难以反映全体,因此一般用于探索性的调研中。

(3)样本的容量确定。样本容量也称为样本规模,是指样本中所含个案的多少。样本容量影响着调查结论的质量。影响样本容量的因素主要有四个方面:一是研究总体的规模,规模越大,样本量也相应要增加;二是推断的准确性与精确性要求,随着对误差范围和精确程度的要求不一样,样本的数量也相应发生变化;三是总体异质性程度,即构成个体之间的差异,差异越大需要的样本就越多;四是经费、人力和时间的约束。在理论上,样本量增大,误差会减少,但研究者也需要量力而行,尽可能在理论性与可行性之间取得平衡。

4. 问卷的发放与回收

问卷大多通过邮寄、网络平台等渠道进行发送。在填写问卷时候,主要有自填问卷法和结构访谈法。自填问卷法就是让被调查者自己阅读和填写,然后再回邮(或网络提交)

问卷，其又包括个别发送、集体发送、邮寄填答、网络调查等方法；结构访谈法是由访谈员严格按照问卷提出的问题和顺序，对被调研者进行访谈的方法，通常有当面访谈、电话访谈、视频连线访谈等方式。需要注意的是，回收率也是影响调研质量的一个重要指标，如果回收率过低，就会严重影响调研结论的可信度。

5. 问卷的分析与结论

调查问卷收集到的资料，经过录入整理，可以转化定量的资料，进行定量的分析。在前面"资料挖掘与分析能力"章节中，已经对定量分析进行了较多的解说，这里不再赘述。

虽然问卷调查法是策划中经常运用的方法，但问卷调查法也有自身的局限。随着信息技术革命的深化，社会发展与变化的速度与节奏越来越快，不确定性、不稳定性和不可预见性日益增多，产品与企业的生命周期日益变短，工业文明时代的长周期与稳定性正在消失，消费需求日益分化且模糊不定。在这种情况下，静态的、定量的、模式化的市场调查结果往往只能反映现实状况，难以预测未来市场变化。以此为依据来制定方案，难免会犯刻舟求剑的错误。因此策划人在问卷调查的分析上，还需通过其他研究与预测方法，动态地把握市场需求趋势，适度超前地引导和创造市场，才能更好地掌握竞争的主动权。

（二）结构性访谈法

结构性访谈法又称标准化访问，与前面提到的深度访谈和座谈会不一样，这是一种对访问过程进行高度控制的访问。其被访对象必须按照统一的标准和方法选取，通常采用概率抽样。其问题也是事先统一设计、有一定结构的问卷。在访谈中，访问者必须严格按照问卷的问题和顺序发问，当被访者不明白时，访问者只能重复一遍问题或按照统一的口径进行解释，因此，在一定程度上，结构性访谈法是问卷填写和资料收集的一种方法，其后期的分析和处理与问卷调查基本一致，因此结构性访谈法在这里不做赘述。

三、文献研究法

文献指的是包含我们希望加以研究的现象的任何信息形式。[1]文献分析法就是通过收集和分析现存的，以文字、数字、符号、画面、视频等信息形式出现的文献资料，来探讨和分析各种社会行为、社会关系及其他社会现象的研究方式。正如考古学家通过化石和文物来了解远古社会，策划人则通过收集各种已有的文献资料深入研究与分析，为策划观点或假设提供支撑。例如，我们通过收集和分析近10年来国内外有关公共文化服务社会化研究的相关文献，就基本可以了解这个领域的学者观点、演进情况和最新研究成果。

---

[1] 袁方. 社会研究方法教程（重排本）[M]. 北京：北京大学出版社，2004：314.

作为一种非介入性研究，文献研究具有自身独特的优点：①文献研究法无反应性。因为它收集的是已经存在的信息资料，不需要借助观察、问卷填写、访谈等形式，不需要与调研对象接触而获得信息，因此在整个研究过程中，研究对象都不会受研究者的影响而发生变化。②费用比较低，省钱省时。文献法所需资料主要通过借阅、复印、网络抓取等方式获得，不需大量调研人员，也不需特定的实验设备或仪器，因此成本相对较低。也因为这个优点，文献研究法是策划机构较为青睐的研究方法之一。③可以研究那些无法接触的对象，如我们要研究某一特定历史时期的事件，但当时的人已经离世，此时观察、问卷、实验等方式皆不可行，这就需借助文献法来研究。④文献法非常适合做纵贯分析。由于各时期的经济社会现象都会或多或少地以文献形式被记录下来，因此，我们研究不同时期的发展特点和趋势，最佳方法即是利用文献资料进行分析。当然，文献法亦有短处，如文献质量难以保证、文献资料不易获取等。

（一）文献的类别及来源

文献类别多样，根据文献发布主体的不同，可分为个人文献、官方文献和大众媒体文献三大类。个人文献主要指个人的自传、日记和回忆录等，官方文献主要指政府机构和有关组织的记录、报告、统计、计划等，大众媒体文献主要指报纸杂志、广播电视、网络信息、电影等媒介中的各种文字、画面和音像等。根据文献来源的不同，可分为原始文献（或称第一手文献、初级文献）和二次文献（也称为第二手文献、次级文献）；原始文献是指由亲身经历某一事件或行为的人所写的资料，二次文献是指利用别人的原始文献编写或产生的新文献资料（见表 7-13）。

表 7-13 文献的类型、来源及特点

文献类型	文献来源	文献特点
个人文献	日记、回忆录和自传等	当事人亲自所写的第一手文献，具有较大的可信度和分析价值
	信件	利用被调研者的信件提供的资料进行分析，但信件内容受特定角度和目的影响
官方文献	文件、报告	政府部门出台的各类政策文件和官方报告，是权威可靠的资料来源
	统计资料	政府部门提供的统计数据资料，是较为可靠和高质量的文献资料来源
大众媒体文献	传统媒体	包括报纸、广播、电视、电影等媒体上的各种类型资料，形式多样
	网络媒体	是目前研究最大的资料来源，不仅可以进行内容分析，还可以进行大数据等分析

（二）内容分析

内容分析（Content Analysis）是"一种对传播所显示出来的内容进行客观的、系统的、定量的描述的研究技术"[1]，或是对各种信息交流形式的明显内容进行客观的、系统的、定量的描述与分析。所谓"各种信息交流形式"，是指诸如书籍、报刊、信件、文件、照片和视频等；所谓"明显内容"，是指这些形式的外在东西，如文字、照片本身，而不是这些形式所蕴含的深层意义；所谓"客观的、系统的"描述，是指内容分析是一种规范的方法，需要按照一定的规则和步骤进行；而"定量的"描述则说明内容分析法的基本性质，意味着其主要目标是将非定量的文献材料转化为定量的数据，并依据这些数据对文献内容做出定量分析（如确定内容中某一项目的频数，或者确定某一类别在整个内容中所占的比例等），做出关于事实的判断和推论。早期的内容分析源于社会科学借用自然科学研究的方法，进行历史文献内容的量化分析。第二次世界大战后，新闻传播学、政治学、图书馆学、社会学等领域的专家学者与军事情报机构一起，对内容分析进行了多学科研究，使其应用范围大为拓展。

从整体来看，内容分析与问卷分析的许多程序基本相同。内容分析主要包括四个步骤：①确定研究的目的。这是指引内容分析的"灯塔"，在分析前就需要明确，以免走弯路。②确定研究总体和选择样本。因为文献资料众多，很多时候不可能全部进行分析，因此也需要进行抽样，其具体方法与问卷样本抽样基本一致。③信息编录，即根据特定的概念框架或分析维度对信息做分类记录，将定性的文献资料进行量化。④进行内容分析并得出结论。根据研究目的和信息形式的不同，内容分析又分为计词法、概念组分析法和语义强度分析法。

计词法是内容分析中最简单和最常用的方法。首先确定与研究问题有关的关键词（记录单位），然后逐个统计样本中出现这些关键词的频率和百分比，并进行比较。例如我们在产业策划实践中，要对产业政策进行分析，可以将科技、金融、人才、土地等词语作为关键词，分析其在政策中出现的频率，然后推断政策关注的要点。

概念组分析是将研究有关的关键词分成小组。因为有时使用个别单词会让分析过于简单化，因此将若干个关键词组成一个概念组，当作一个变量，然后收集相关资料。此时，虽然我们收集的仍是单词，但变量却已是概念组。例如，我们认为产业政策与"价值""体制""经济"有关，可将其设定为三个概念组，如"价值"包括"道德、传统、权威、家庭等"，"体制"包括"政治制度、政策出台机制、管理体制等"，"经济"包括"通货膨胀、经济衰退、货币贬值等"，然后选取一段时期内（如3年）的政策文件进行分析，考察这些关键词出现的次数，并按照概念组的统计情况进行分析。

---

[1] 彼得·阿特斯兰德.经验性社会研究方法［M］.李路路，林克雷，译.北京：中央文献出版社，1995：186.

语义强度分析。如果说计词方法只注意了数量方面的差别，那么语义强度分析则从质的方面对关键词进行解释。进行语义强度分析时，首先要给出词汇的"强度权重"，以显示它们之间在使用上的区别，如"爱"比"喜欢"程度要深，这时候"爱"的加权数就要比"喜欢"高。通过这种加权，可以更好地测量某些态度和行为的"质"的一面。

（三）第二手资料分析

第二手资料分析也称二次分析，指的是对那些由其他人原先用于别的目的收集和分析过的资料所进行的新的分析。❶策划研究奉行"拿来主义"和"集成主义"，善于利用他人的二手资料，可以极大地提升策划效率。

该分析方法主要有两种形式：一是将同一种资料（已有的、别人的研究所收集的资料）用于对不同问题的分析和研究；二是用不同的分析方法处理同一种资料，考察其是否能得出同样的结论。二次分析具有省时、省钱和省力的优点，同时也特别适用于比较研究和趋势研究。例如，我们可以对比不同研究人员在同一地区收集的资料，发现其异同，找到启示。当然，二次分析也有缺点，即资料的准确性或适用性不足，有时难免削足适履。

二次分析主要包括四个步骤：①确定研究目的和选题。需要注意的是，二次分析经常要求主题去适应材料，因为数据资料是已经确定的、无法变动的，研究者只能在处理和分析资料的方法上、技术上或解读角度上进行调整。②寻找合适的资料。这需要策划人下大力气挖掘，最好找到分析报告的原始数据，或从文献的引用目录出发，按图索骥，找到最初资料。③对资料再创造。从资料中寻找或重新定义变量，考察资料是否支撑变量；亦可选取部分资料作为分析对象，但此时就需考虑原文献的抽样设计。④进行资料分析，即根据定量或定性方法，对二手资料进行重新分析，获得研究结论或检验假设。

四、案例研究法

案例研究法（Case Study）是策划研究的重要方法之一。案例研究具有双重定义。就研究范式而言，它是一种实证研究，重点研究在现实生活环境中正在发生的现象（即"案例"）从资料的收集与分析来看，它需要事先提出理论假设，以指导资料收集和分析，通过多种渠道收集资料，并把所有资料汇合在一起进行交叉分析，最后得出一致结论。❷简而言之，案例研究就是广泛地收集个案资料并进行全面深入剖析的研究方法。需注意的

---

❶ 风笑天.社会研究方法［M］.北京：中国人民大学出版社，2018：231.
❷ 罗伯特·K.殷.案例研究：设计与方法［M］.5版.周海涛，史少杰，译.重庆：重庆大学出版社，2017：22.

是，策划人要将案例研究法与案例论述法区分开来。前者强调理论的探索，规律的挖掘和假设的检验；后者更多就案例说案例，通过列举相关成功（标杆性）或失败（警示性）的案例，描述其规模、模式等，并分析其成功与成败的原因等，策划项目以佐证或启示。

不同的研究主题需要不同的研究方法。案例研究法最适合如下情境：①研究的问题类型是"怎么样"和"为什么"；②研究的对象是目前正在发生的事件；③研究者对于当前正在发生的事件不能进行控制或仅能进行极低程度的控制。[1]同时，根据研究目的，案例研究又可以分为"解释性""探究性"和"描述性"三大类型。解释性研究通过分析案例，对抽象问题进行说明，并进一步精练和解释理论。探究性研究是通过深入了解个例的特殊性，提出理论假设。描述性研究是深入阐述案例的脉络和细节，提供描述性的素材，从而得出某些结论。这三种研究类型都经常在策划中使用。例如，在策划公共文化设施社会化运营项目时，可选取国内外典型案例，"解剖麻雀"，分析其做法和原因，从中获得启示与借鉴。

一般而言，案例研究具有利于创建新理论、更容易证伪假说、结论更具现实意义等优势，因此在研究初始阶段，当我们对所研究问题知之甚少或试图从一个全新角度切入时，案例研究是较好的选择，不过其局限性策划人也需了解。案例并不是一个统计意义上的"样本"，因此其理论发展是一种"分析式概化"，并非"统计式概化"，难以上升为一般或普遍性的结论，更多是一种探索性的理论假设或启示。

从案例研究的具体实施来看，一般包括四个步骤：研究设计、资料收集、资料分析和撰写报告（见图7-5）。

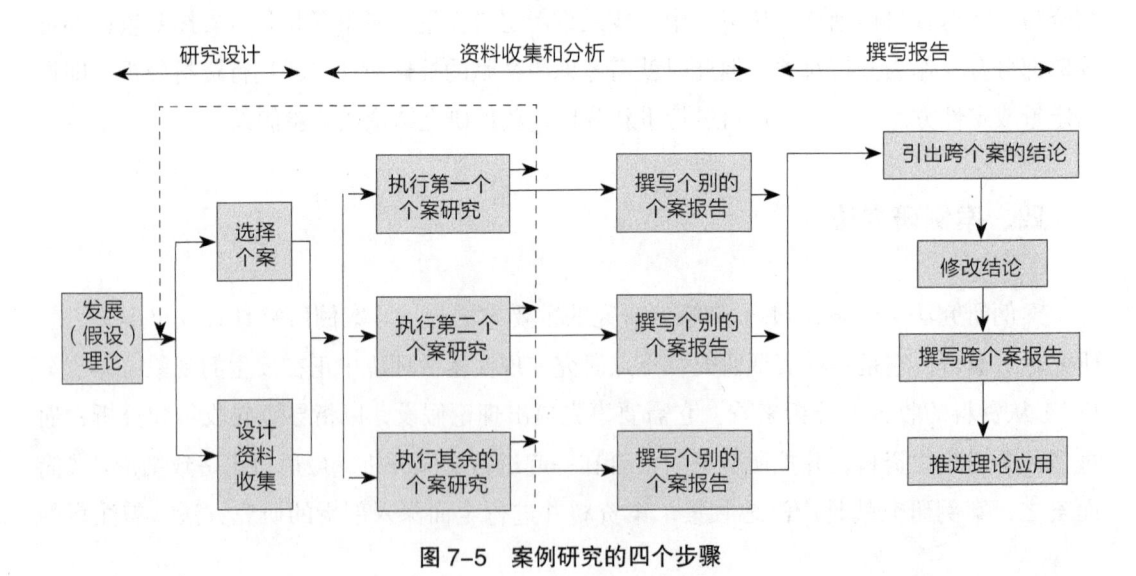

图 7-5 案例研究的四个步骤

---

[1] 罗伯特·K.殷.案例研究：设计与方法[M].5版.周海涛，史少杰，译.重庆：重庆大学出版社，2017：19.

（一）研究设计

每一类实证研究都有明确的或隐含的研究设计，其本质意义是用实证资料把需要研究的问题与最终结论连接起来的逻辑程序。简而言之，就是研究从"这里"（需要回答的一系列问题）到"那里"（得出的结论）的逻辑步骤。研究设计不同于工作计划，其处理的是逻辑问题，主要目的是避免出现证据与研究问题无关之情形。就策划中案例研究法而言，在研究设计时需要特别注意五个要素：研究的问题，研究的假设或命题（如果有），分析单位，连接材料与假设的逻辑，解释研究结果的标准。❶

1. 分析要研究的问题

对任何实证研究来讲，在开始阶段明确研究问题都是最为重要的步骤之一。案例研究最适合"怎么样"和"为什么"两类问题。确定了问题的性质，接下来需要明确研究的基本内容。如何找准内容？可以采用"三步法"：首先，检索文献，缩小研究范围，聚焦到一个或两个关键话题；其次，查看和剖析话题的已有研究，找出可能的新问题；最后，阅读相同主题的研究成果，让问题更加清晰。在问题确定阶段，要注意如下事项：一是问题表述不能过于宽泛，要能明确地用"怎么样"和"为什么"的问题形式来表述；二是后续研究并没有按照研究问题展开，即后面的数据和结论不能用来回答提出的问题。

2. 提出研究假设（或命题）

明确了"怎么样"和"为什么"的问题，还不足以指导我们如何进行研究。只有当明确提出了某种具体的假设之后，研究才会有正确的方向。通常这一假设除了反映出重要的理论问题之外，还能告诉到哪里寻找相关的证据。即使事先不需要理论框架约束的扎根理论方法，他们也认为既有的理论可以作为进一步研究分析的参照。当然，也有些研究我们无法提出假设，如探索性研究，这就要求阐明研究目的，并提出判定研究是否成功的标准。

3. 界定分析单位"案例"

案例可以是一个或多个人、事件、企业、家庭、机构、族群和社团等。对分析单位（或者案例）的尝试性界定是与所要研究问题的界定联系在一起的，也就是说分析单元（案例和范围）由研究问题决定，从而让研究更具针对性和效率性。例如，我们想要研究美国在全球经济中扮演的角色，分析单元可以是一个国家的经济、全球市场中的一个产业、国家之间贸易或资金的流动等，具体如何选择，取决于研究者对具体问题的界定。

当然，为减少在界定分析单位时可能出现的混淆和模糊不清，可以与相关专家讨论案例，吸收其他人的建议。当研究案例确定后，就需要划分案例边界——对分析单位进行更

---

❶ 罗伯特·K.殷.案例研究：设计与方法［M］.5版.周海涛，史少杰，译.重庆：重庆大学出版社，2017：37-38.

细致、明确的界定，包括界定研究的直接主题与背景、案例的开始和结束时间。研究中，到底是选择一个案例好，还是多个好，主要看研究的需求。但我们知道，多案例选择遵从的不是抽样法则，而是复制法则（要么能产生相同结论，即"逐项复制"；要么由于可预知的原因产生与前一个案例不同的结果，即"差别复制"），因此纵然有多个案例，也不得出一般化结论，其意义更多是参考与借鉴（见表7-14）。

表7-14 单个案例和多个案例的研究对比

研究活动		方法	
		多个案例、一般研究	单个案例、深入研究
证据收集	效率	相对高；关注证据收集；一般有标准化的访谈提纲	相对低；存在证据过载危险；可能会产生太多不能用的数据
	客观性	可能被偏见和态度影响，而研究者本身觉察不到	存在卷入太深风险；没有意识到的；偏见可能会进一步蔓延
	模式识别	在过程中确认总体的模式	对过程细节、变量之间的关系能够像显微镜一样分辨清楚
有效性保证	外部有效性	相对较高的一般性；能够适应不同情况和维度	相对较低的一般性
	内部有效性	相对较低；对因果关系的分析可能存在潜在的混乱	相对较高；有更多、更好的机会建立正确的因果关系
	构建的有效性	有机会在不同情况下验证构建的稳定性	用时间检验构建措施的敏感性

通常而言，选择单一案例比较适用于以下五种情况：①批判性的（Cirtical）研究。这里理论确定了一系列的具体情境，并且在这些情境中研究的理论假设被认为是正确的，然后用单个案例研究来判断这个假设是否正确，或者是否有比这个理论更好的解释。②不同寻常的（Unusual）研究。个案可以呈现出某一极端案例或独一无二的案例，这个案例与理论规范或日常事件相背离。③典型性的（Common）研究。该研究的目的是了解某一日常事件出现的环境与条件——因为该事件反映的社会进程经验可能与某种理论相关。④启示性的（Revelatory）研究。当研究者有机会观察和揭示先前无法研究的现象时，这种单个案例也具有极强的启示意义。⑤纵向性的（Longitudinal）研究。对两个或多个不同时间点上的同一案例进行研究，在时间的间隔上最好能反映出各阶段的变化。

4. 连接材料与假设

在研究的设计阶段，策划人就需要注意选择主要资料，并确定所选择的资料是否适合案例研究。在研究过程中，我们经常会碰到两种情况：一是收集了太多资料，却在后期分析中毫无用途；二是收集资料太少，以至于无法运用理想的分析工具，在分析阶段还需要补充原始材料。❶ 如何才能做好连接材料与假设？重要的是在实际研究中不断积累经验，并参考其他人已经做的相关研究。

5. 解释案例研究的标准

当分析材料是否与结论相关时，通常需要确定一个解释标准。例如，量化研究认为 P 值小于 0.05 表明可观测的差别是"统计学意义上为显著水平"，然后据此可以推出更重要的结果，但是案例研究不基于统计分析，因此策划人需要确定自己的解释标准。在这里有一个策略就是找到尽可能多的"竞争性解释"，并可确立如下标准：竞争性解释越多，研究发现也就越重要。

还需要指出的是，在案例研究的设计阶段，策划人需要考虑到建构效度、内部效度、外部效度和信度等四个方面的检验质量，并采取相应的策略（见表 7-15）。

表 7-15　适用于不同方面检验质量的不同研究策略

检验	定义	研究策略	发生阶段
建构效度	对所研究的概念形成一套正确的、具有操作性且成体系的研究指标	采用多元证据来源、形成证据链、要求证据的主要提供者对案例研究报告草案进行检查与核实	资料收集、撰写报告
内部效度	从各种纷乱的假象中找出因果关系（仅适用于解释性或因果性研究）	进行模式匹配、尝试进行某种解释、分析与之对立的竞争性解释、使用逻辑模型	证据分析
外部效度	确定一个研究发现或结论可以推广的范围	用理论指导单案例研究，通过重复、复制的方案进行多案例研究	研究设计
信度	证明一个研究的操作（如资料收集过程）有可重复性	采用案例研究草案、建立案例研究资料库	资料收集

（二）资料收集

1. 资料收集前的准备

案例研究资料的收集过程是一个十分复杂、极不易操作的过程，做好充分的准备工作十分重要。准备工作始于策划人具备研究所需的技能和价值观，还包括参加有关特定案例研究的培训、制定研究草案、筛选研究个案等。

第一，提升策划人的研究技巧和价值观。案例研究对研究者的智慧、耐心等要求远高于其他的研究方法，因为目前资料收集并未常规化、程序化，没有像其他研究方法那样有固定的模式可依。策划人需要在理论假设和所收集的资料之间不断地调整，同时还有处理好道德困境，如暴露其他公司商业机密等。因此，研究者需要在实践中不断积累和锤炼自己的技巧，提升案例研究能力。

---

❶ 罗伯特·K.殷.案例研究：设计与方法 [M].5 版．周海涛，史少杰，译．重庆：重庆大学出版社，2017：44.

> **知识拓展：从事案例研究必备的基本能力**
>
> 目前还没有相关的资格考试来判断某人是否具有从事研究的技能和价值观，但从实践来看，从事案例研究应该具备以下基本能力：
> 第一，优秀的案例研究者能够提出好的问题，并合理解释答案。
> 第二，优秀的研究者应该是一个好的倾听者，不会被自己的思维方式和先入为主之见束缚。
> 第三，研究者应该具有适应性、弹性，这样在遇到新问题时，才能化问题为机遇。
> 第四，即使是探索性研究，研究者也能够时刻牢牢抓住所研究问题的本质。
> 第五，对矛盾论据保持敏感，避免偏见，并知道如何合理地实施研究。

第二，为某一特定的案例研究而接受培训。培训的内容应该涵盖案例研究的全部阶段。通过培训，每个研究者都应该知道：①完成这一研究的目的是什么；②为完成这一研究需要收集哪些证据；③可能会出现哪些变动，如果变动该如何应对；④哪些证据能够证实或证伪某一特定的理论假设。

第三，制定案例研究草案。首先，通过制定草案，能够让研究活动聚焦在研究对象上，而不是漫无目标；其次，制定草案的过程也会倒逼研究者对分析方法、读者对象等相关问题进行思考，有效地避免在研究过程中出现重大错误。研究草案应包括四个部分：①案例研究概述，包括研究目的及前景、需要研究的问题、有关研究问题的研究成果；②实地调研程序，包括受试保护程序、潜在资源的鉴别、后勤备忘事项等；③研究问题，包括收集资料过程中必须牢记的特定问题，可提供问题答案的渠道等；④研究报告撰写指南索引，包括研究大纲、资料呈现方式、其他记录材料的使用和呈现等。

第四，为研究筛选案例。筛选案例的目的是确保在进行资料收集之前，能够确定合适的案例，否则在收集了大量资料之后，发现选择的案例并不具备可行性，或不能支持预先的假设，这无疑是非常没有效率的事情。筛选案例有两种方式：一种是一阶段筛选方式，一种是两阶段筛选方式。当可供选择的案例不超过12个时，可以通过制定一套具有可操作性的标准，以区分哪些案例适合作为研究对象，也可以向熟悉这些案例的人求教，请他们帮助筛选；如果可供选择的案例超过12个，就需要先按照一定的标准，对候选案例进行分类分层或压缩案例，当案例大致压缩到12个或更少以后，再启动前面第一种筛选过程。

第五，进行实验性案例研究。通过选择一个或多个案例作为实验进行研究，有助于研究者从不同角度、采用不同的方法观察试验对象的各个方面，了解可能出现的各种现象，进而优化资料收集的内容和步骤。通常而言，在选择实验案例时，便利性、可接近性和地理上的相近，是选取实验性案例的主要标准。

2. 资料收集渠道

案例研究的资料可以从不同的渠道获得。从实践来看，主要有六个渠道：文件、档案记录、访谈、直接观察、参与性观察和实物。当我们在做某个案例研究时，并不一定要穷尽所有六个方面的资料，但每个完整的案例资料收集都应该考虑到这几种渠道，并明确它们各自的优、缺点（见表7-16）。需要说明的是，对于策划而言，通过访谈和直接观察等方式得到的资料，是不可或缺的。

表7-16 六种资料来源渠道的优点与缺点[1]

资料来源	优点	缺点
文件	·稳定：可以反复阅读 ·自然真实：不是为该案例研究的结果而创建的 ·确切：包含事件中出现的确切名称、参考资料和细节 ·覆盖面广：时间跨度长，涵盖多个事件、多个场景	·检索性：低（难找到） ·如果收集的文件不完整，资料的误差会比较大 ·报道误差：作者无意的偏见可能造成偏差 ·获取：一些人为因素会影响文件资料的获取
档案记录	·同上（同文件） ·精确、量化	·同上（同文件） ·档案的隐私性和保密性影响着某些资料的使用
访谈	·针对性：直接针对案例研究课题 ·见解深刻：呈现观察中的因果推断过程和个人观点（如理解、态度和意义）	·设计不当的提问会造成误差 ·回答误差 ·记录不当影响精确度 ·内省：被访者有意识地按照采访人的意图回答
直接观察	·真实性：涵盖实际生活中发生的事情 ·联系性：涵盖事件发生的上、下文背景	·费时耗力 ·选择时易出现偏差：如果没有一个团队，观察的范围就不够开阔 ·内省：受观察者察觉有人在观察时，会调整、掩饰自己的行为
参与性观察	·同上（同直接观察） ·能深入理解个人行动与动机	·同上（同直接观察） ·由于调查者的控制造成的误差
实物	·对文化特征的见证 ·对技术操作的见证	·选择误差 ·获取困难

3. 资料收集遵循的原则

为了提升案例研究资料来源的信度和效度，在资料收集阶段应遵守如下四条基本

---

[1] 罗伯特·K.殷.案例研究：设计与方法［M］.5版.周海涛，史少杰，译.重庆：重庆大学出版社，2017：128-129.

原则。

原则一：使用多种证据来源。即对于同一案例，策划研究者应可能通过多种渠道进行信息采集。这样做的好处是有利于研究者全方位地考察问题，让不同途径的资料相互印证，形成"证据三角"，这样研究结果或结论就更准确，更有说服力和解释力。但如果使用了多种来源，却对每种来源的资料都单独进行分析，那也不能形成"证据三角"。

原则二：建立案例研究数据库。过去很多时候，案例研究的资料主要嵌入研究报告的正文中，因此如果决策者或客户希望对推出结论的原始材料进行检验，就难以追索，因为资料的陈述与作者的分析融合在了一起。随着电脑等工具的发展，策划人可以对原始资料进行整理，形成资料库，如此其他人除了可以阅读研究报告之外，亦可查阅整个资料库，可极大地提升研究的可信度。因此，每一个案例研究计划应该努力发展出一个正式、可以呈现的资料库，使其他研究者可以直接查阅这些证据。通常而言，构建资料库包括四个方面内容：①记录（包括访谈、观察、分析、录音文件等），要根据计划书所列大纲将记录依主题分类保存。②目录。要给文件编写注释性的目录，以便后来研究者检索。③图表材料，包括调查材料和其他量化材料，要整理、保存，以供日后使用。④新描述材料的汇编，即研究者把自己所做的描述进行汇编，纳入资料库，包括研究者自己拟写案例研究草案中各项开放性问题的答案等。

原则三：形成一系列证据链。即是要让案例研究的外部观察者能够从一开始的研究问题跟随着相关证据的引导，一直追踪到最后的研究结论。同时，还要能双向地进行逐个推导工作（从问题推出结论，或从结论反推出问题）。建立证据链，需要做到四点：①报告应对资料库中相关的部分有足够的引证，包括引用访谈或观察记录等；②需要检验时，资料库应该能显示出真实的证据，并且能指出这些证据是在什么情况下收集的；③这些情况也应与计划书中的具体步骤和问题一致；④研究方案需充分体现相关内容与最初问题之间的联系。

原则四：谨慎使用电子资料。随着网络与数字技术的发展，当前很多资料都以电子资源呈现，这虽然方便了研究，但策划人需要对这些资料保持小心谨慎的态度。有四个方面的问题值得注意：①针对丰富的电子资料，要设置限制条件，如设定优先浏览事项、列出资料收集清单等；②交叉检查所用资料源及所获得的资料，这是了解潜在意向、不完整观点或偏见的重要途径；③注意研究中使用的网站，要对网站上资料的准确性保持高度的警觉；④如果策划研究报告要公开发表，策划人要获得使用网络资料（特别是照片）的许可权。

（三）资料分析

与统计分析不同，案例研究尚无固定的公式给策划人以指导。根据前驱者的探索与积累，有四种分析策略和五种分析技巧可以参考。

1. 分析策略

分析策略的目的是建立案例研究资料与一些相关概念的联系，然后从这些概念中找到分析资料的方向。通常有"利用理论假设、整合原始资料、进行案例描述、检验竞争分析"等四个策略。

（1）利用理论假设。案例研究的初衷和方案设计都是以理论假设为基础，而该理论假设反过来会帮助研究者提出一系列问题、检索文献，以及提出新的假设和理论。[1]因此，策划人通常会根据理论假设来制定资料收集方案，并依此选择合适的证据分析策略。采取这种分析策略有助于组织整理案例研究和界定待检测的备择解释，对回答"怎么样"和"为什么"这类问题的假说非常有用。但是，由于这种研究设计是建立在理论假说的基础之上的，因此它会限制策划人收集资料的范围和方式，使策划人会有意识或无意识地忽略一些资料。

（2）整合原始资料。与利用理论假设完全相反，该策略不考虑任何假设，策划人通过梳理和阅读材料逐渐形成一个到两个概念，然后以此为分析路径的开端，不断深入挖掘资料，归纳出观点或结论。资料梳理技巧包括把信息整理成不同的序列、构造一个类别矩阵（把资料归到不同的类别）、编制不同事件出现的频率图、按照时间先后或其他顺序对信息资料进行排序等。

（3）进行案例描述。如果研究没有理论假设，而且在研读资料中也没有发现有用的概念，这时可以选择进行案例描述，即策划人通过对案例的详细了解和掌握，发展出一个描述的框架，从而组织案例研究。如果其最初目的是描述性的，那么这种策略毫无疑问是适用的。其实，这种策略在策划研究中经常见到，因为没有经过太多加工的案例描述对决策者而言也极有参考价值。特别是在案例的作用只是提供事实佐证的时候。例如当我们筹划一个科技园区是，标杆园区的案例内容（如面积、投资额、运营模式等）就很有启示价值。

（4）检验与之相反的竞争性解释。即是在资料分析中确立和检验竞争性假设，这种策略可以与前三种策略配合使用。例如，评估研究中的一个典型假设：观察到的状况是计划干预的结果。为了论证这个假设，我们可以提出一个直接的竞争性解释：除了这些干预外，还有其他重要的原因。这样在收集资料时，我们会关注能够体现这个竞争性解释的材料。如果分析时能够考虑到更多的竞争性解释，并且逐个验证与排除，那么结论将更有说服力和解释力。

---

[1] 罗伯特·K. 殷. 案例研究：设计与方法［M］.5 版. 周海涛，史少杰，译. 重庆：重庆大学出版社，2017：161.

2. 分析技巧

案例研究具体的分析技术需要大量训练才能掌握。目前主要有模式匹配、建构性解释、时序分析、逻辑模型和跨案例聚类分析等五种分析技术。

（1）模式匹配。这种逻辑是将建立在实证基础上的模式（即建立在研究发现基础上的模式）与建立在预设基础上的模式相匹配（或说对比），如果这些模式之间达成一致，说明研究结论具有很好的内在效度。如果是解释性的案例研究，这些模式可能会与研究的自变量或因变量有关（或是两者）。如果是描述性的案例研究，只要在收集资料之前就先定义好特定变量之间所预期的模式，模式对比仍然具有说服力。但需要说明的是，当前所预测的和真正模式之间的对比，并不包含数量的或统计的标准，因此无法进行精确的比较，这也就留下了策划人诠释结果的空间（见图7-6）。

理论或假说 → 由理论预测到的模式 ⇔ 模式对比 ⇔ 由实证观察到的模式 ← 资料收集数据处理

图 7-6　模式匹配示意

（2）建构性解释。该分析技术的目的在于通过构建一种关于案例的解释来分析案例研究的资料。"解释"一个现象，就是要提出一套关于这一现象的因果连结。与模式对比不同，建构性解释并不是在研究一开始就完全规定好的，而是不断修改与完善的循环过程。其典型的过程是提出初始理论观点或命题→将原始案例的研究结果与上述理论或观点对比→修改理论或命题→修订后的内容与案例的其他细节比较→再次修订理论或命题→用更多案例的事实与修订版比较。根据需要，可将上述过程重复数次。

（3）时序分析。该分析技术主要是寻找一个变量的当前值与其过去值之间的关系。其内在逻辑是把资料的趋势与如下两个趋势对比：一是在调查开始之前就明确下来的某种理论性趋势；二是前期确定的某种相反趋势。该研究是要检视在一段时间中，相关事件之间一些关于"如何"及"为什么"的问题，而不仅仅是观察时间的趋势。也就是说，时序分析技术的基本特征就是找出特定的指标，划分合适的时间段，提出几个事件之间假定存在的因果关系。

（4）逻辑模型。逻辑模型是一定时期内各个事件之间复杂而精确的链条。其是模式对比和时间序列分析两种策略的结合。模式对比的结果，会得到自变量和因变量之间的因果模式。逻辑模型刻意假定了这个自变量与因变量之间的关系，是发生在一段时间中（时间序列）的一连串复杂事件（模式）。逻辑模型包括个人、公司或组织层面、项目层面三种类型，都可利用质化或量化资料研究。

（5）跨案例聚类分析。此种模型专门用于多案例研究分析。此项技术与其他的综合性研究一样，都是对一系列单个研究的结果进行综合。该技术一个通常的办法是编制文档表格，构建一个总框架来呈现单案例资料。运用聚类分析主要注意的是分析跨案例表格的关键是辨别和解释，而不是罗列数字。

3.确保高质量分析的原则

要保障高质量的分析，策划人在研究中不管采取何种策略或技巧，都应该遵守以下四个基本的原则：

其一，分析应该以所有的相关证据（资料）为基础。分析策略包括建立的竞争性假设都应当详尽地概括所有的关键性研究问题，分析时应尽可能地获得所有可能得到的资料，解释过程也应利用所有的资料，不能有纰漏。

其二，分析应包括所有合理的对立性解释。如果其他人对研究结果的一点或几点持有不同解释，就应把这种解释作为竞争性解释进行分析。看是否能找出资料，能得出什么结论；如果找不到资料，也可将其作为当前研究的不足之处。

其三，要清楚地说明案例研究中最有意义的方面。在案例分析中，要从一开始就明确研究的核心与重点，这样才能做到主次分明、重点突出。

其四，应合理运用原有的专业知识。案例研究需要良好的专业素养和丰富的实践经验，因此能在自己熟悉的领域开展研究无疑是最佳的。同时，策划人应充分了解和借用他人的研究成果，减少重复性劳动。

（四）撰写报告

撰写报告是案例研究中最有价值的环节之一。因为假如研究成果不以一定的形式呈现出来，不被人了解，就难以达到传播的价值。通常而言，不管报告的具体形式如何，都需要注意处理好三个环节。

首先，要确定报告的读者。开始撰写研究报告的时候，最好考虑一下会有哪些读者。案例研究报告要以主要读者的需求为导向，切忌以自我为中心创作研究报告。对于策划的案例研究而言，主要是决策或项目资助者，因此，报告的撰写形式、内容与语言风格，应该契合他们的需求。

其次，确定报告的写作格式。案例研究报告主要包括四种类型：①经典的单案例研究，用表格、图表和图片等说明形式，用一篇文章描述和分析一个个案。②多案例研究报告。这种报告主要包括三种叙述方式：通常用的是将每个案例的内容作为专章或独立部分呈现，还用一个章节作综合分析，得出跨案例的分析或结论；另一种形式是跨案例材料占据整个报告的一大部分，每个个案则放在一组附录中；更为复杂的形式是，要求安排几个章节用于案例综合分析，这几个章节组成一卷，然后单独一卷介绍每个个案。③问答格式报告。这种写作方式可用于多案例，也可用于单案例。它不包含传统的陈述，而是将每一案例报告遵照一系列问题与答案来编写。这种"问题—答案"的形式不能全面反映研究者的创造力，但通过问答形式可以有效地帮助研究者完成写作。④仅适用于多案例研究的报告。这种格式中，整个报告由跨案例分析组成，无论这一报告是纯描述性的还是解释性的问题，每一个案例可能没有独立的章或部分。在这种报告中，每个章节讨论的却是某一跨案例分析的问题，而每个案例的信息都分散在各章节里。

再次，确定研究写作的陈述结构。案例写作的陈述结构大体有六种：①线性分析式结构。这是一种撰写研究报告的标准方法。标题顺序遵照研究的问题或项目的顺序，且以对相关文献资料的综述开头。具体而言，一般按照以下顺序来组织：研究问题、文献述评、研究方法、资料分析，以及从资料分析中得出的结论和启示。这一结构同时适用于解释性、描述性或探究性的案例研究。②比较式结构。该结构将同一案例重复两次以上，比较对相同案例的不同陈述或解释。这种结构也可以运用在解释性、描述性或探究性研究中。例如可以将同一案例从不同观点、角度或运用不同描述模式加以重复，以便确定该案例如何依据描述目的采取最佳分类。③时间顺序结构。即按时间顺序排列案例资料，章节的排列可能遵循案例发展的早、中、晚期的时间顺序来安排。同时，无论对于解释性还是描述性的案例研究，时间顺序方法都要注意避开一个陷阱：对开始事件往往给予过分关注，而对后面的事件关注不够。这一方式适用于解释性和描述性案例研究。④理论建构式结构。即章节顺序依照一些理论建构的逻辑展开。所谓逻辑，取决于特定题目或理论，但每一章节或每一节都应揭示出理论论证的新颖部分。这一方式适用于解释性和探究性案例研究。⑤悬念式结构。这种结构与线性分析相反，直接将"答案"或结论在开头章节中加以阐明。剩余部分则用于解释这种结果的形成，并采用各种阐释方法。这一类方法主要适用于解释性案例研究。⑥无序（混合）结构，即章或节顺序的呈现没有特别重要性。这种结构对描述性案例研究经常是很有效的。人们可以更改书中的章节顺序，而不会影响它们的描述价值（见表7-17）。

表7-17 六种结构及其在不同案例研究目的中的适用性[1]

结构类型	案例研究的目的（单案例或多案例）		
	阐释性	描述性	探索性
线性分析式	√	√	√
比较式	√	√	√
时间顺序	√	√	√

---

[1] 罗伯特·K.殷.案例研究：设计与方法 [M].5版.周海涛,史少杰,译.重庆：重庆大学出版社,2017：219.

续表

结构类型	案例研究的目的（单案例或多案例）		
	阐释性	描述性	探索性
理论建构式	√		√
悬念式	√		
无序式		√	

第四节　分析洞见工具

在研究方法的大体系下，还有一些更为具体的研究工具。通过学习和掌握这些工具（或说分析框架），可以快速地提高策划人的分析能力。研究分析工具不胜枚举，这里主要介绍在策划过程中较为常用的四种分析工具。

一、斯沃特分析工具

斯沃特分析工具也称为SWOT分析模型，在20世纪80年代初期由美国旧金山大学管理学教授海因茨·韦里克（Heinz Weihrich）提出。该工具是战略分析的重要框架，也是策划人最喜欢运用的分析模型之一。

（一）内涵解析

任何组织或机构在作出决策之前，对其当前状况进行全面分析是必要而明智的。SWOT模型就是理想的分析工具。其以"内部要因或外部要因"和"积极或消极"两条轴线为切入点，将当前状况概括为内部自身的优势（Strength）和劣势（Weakness），以及外部环境的机会（Opportunity）和威胁（Threat），进而形成综合判断，让企业或组织的发展战略变得明朗（见表7-18）。

表7-18　SWOT矩阵结构

因素	积极	消极
内部因素	S 优势（Strengths）	W 劣势 （Weaknesses）
外部因素	O 机会（Opportunities）	T 威胁（Threats）

在 SWOT 矩阵中，优势（Strengths）是指一个主体（如区域、企业、组织等）超越其竞争对手的能力，或者指主体所特有的能提升竞争力的东西；劣势（Weaknesses）是指一个主体与其竞争对手相比，做得不好或没有做到的东西；机遇（Opportunities）是对一个主体有利的外部环境，主体应当积极发现、评估和抓住每一个机遇，加速自身成长；威胁（Threats）是指环境中存在的挑战性因素或趋势，可能会对主体造成不利影响。为了通过分析获得对未来发展战略的启发，在 SWOT 矩阵的基础上，又衍生出了交叉 SWOT 象阵，形成了增长型战略（SO）、扭转型战略（OW）、防御型战略（OT）和多样化战略（ST）等四种战略。策划人可根据对形势的分析与判断，选择最合适的战略以供决策者参考（见表7–19）。

表 7–19 交叉 SWOT 象阵结构

	机会	威胁
优势	SO 增长型战略 （以优势为武器，最大限度地活用机会的战略）	ST 多样化战略 （利用强项应对威胁的战略）
劣势	OW 扭转型战略 （改善劣势，最大限度地运用机会的战略）	OT 防御型战略 （防止因劣势和威胁造成情况恶化的战略）

（二）分析程序

SWOT 模型为策划人提供了一个清晰简明、具有很好平衡性的思考框架。一般而言，SWOT 分析主要包括三大步骤：

1. 第一步：因素分析

在 SWOT 象阵中，包括优势、劣势、机遇、威胁四个因素。研究者首先要根据主体面临的内外状况，对象阵进行填写。虽然表格对积极因素和消极因素进行了清楚的划分，但是不同人对二者的看法难免有差异，这考验着研究者的经验和洞察能力。需要说明的是，在填写要素内容时，要有清晰的思考维度，即每点内容都应是基于一个描述角度，不能相互重叠或重复。

一是外部环境因素分析（OT，即机遇与威胁），主要包括宏观环境、行业环境和微观消费环境分析。宏观环境分析维度包括人口、生态、政治、经济、社会文化、技术六个方面，行业环境包括市场环境分析（市场规模、结构、阶段与趋势）和行业竞争分析（现有竞争对手、供应商、购买者、潜在进入者和替代者），微观消费环境分析包括消费者行为、态度等。第四章中的"环境分析"里已作介绍，此处不再赘述。

二是内部发展因素分析（SW，即优势与劣势）。内因是事物发展变化的根本。外部环境再优越，如果没有抓住机遇的能力，一个区域、组织或企业仍然难以借势发展。虽然说"站在风口上猪也会飞"，但猪毕竟是猪，飞得越高，摔得越惨。进行SWOT分析时，应尽量全面而深刻地分析自身的优、劣势。由于对象不同，分析的侧重点上也略有差异。以空间类主体和非空间类主体为例，前者主要考虑区位、交通、产业基础、政策、团队等要素，而后者更多关注品质、品牌、技术、创意、团队和资源等（见表7-20）。

表7-20　内部发展因素的分析维度

主体类型	维度
空间类（区域、园区、地产项目）	①地理区位；②交通条件；③历史文化；④周边关系；⑤建筑面积（用地面积、性质、容积率、限高等）；⑥未来拓展空间；⑦建设基础；⑧政策条件；⑨团队能力；⑩隐性资源（如社会资源等）
非空间类（产品、活动、品牌等）	①品质，如安全性、稳定性、可靠性、美观性、适用性、耐久性、经济性等；②成本，如同样等级产品的生产成本、销售成本、服务成本和销售价格等；③产量、效率、交付能力，如生产总量、生产能力、综合效率、人均产量、人均附加值、交付按量准时；④产品研发或生产技术，如产品技术和制造技术、新产品设计开发能力、开发周期、专利技术、专有技术、技术创新能力等；⑤创意能力，如人力资源、创意案例；⑥品牌影响，如知名度和美誉度等；⑦隐性资源（如社会资源等）

在内部分析时，还要注意三点：其一，所谓优劣势是相对而言的，要选定标杆企业或行业标准作为参考，不能闭门造车，孤芳自赏。其二，了解行业的关键成功要素，如此才能在分析时对优、劣势的权重有所评估。其三，注意因素的动态分析。在快速变化的经济技术和社会环境下，每个主体都要定期检查自己的优势与劣势，以便顺势而为、顺时而行。

2. 第二步：构造分析象阵

分析之后需将相关内容按照轻重缓急或影响程度等方式排序，并填入SWOT象阵。对主体发展有直接的、重要的、迫切的、长远的影响因素优先排列出来，将间接的、次要的、不急的、短暂的影响因素排列在后面。每个象阵的因素列举不要超过三项，否则难以突出重点，影响判断与决策（见表7-21）。

表7-21　SWOT分析的因素内容排序

因素	内容	优先顺序				因素	内容	优先顺序			
		重要度	紧急度	影响度	NO.			重要度	紧急度	影响度	NO.
S						W					

续表

因素	内容	优先顺序				因素	内容	优先顺序			
		重要度	紧急度	影响度	NO.			重要度	紧急度	影响度	NO.
O						T					

注：重要度、紧急度、影响度可以分为5个层级进行赋值，然后加总，如重要度可以分为非常重要5分、很重要4分、重要3分、不重要2分、很不重要1分等5个评分等级。

3. 第三步：制定发展战略

基于SWOT分析来制定发展战略的基本思路是"扬长避短"（发挥优势、克服劣势）和"兴利去害"（利用机会、规避威胁）。通过交叉匹配的办法，得出系列可供选择的战略方向（见表7-22）。

表7-22 基于SWOT分析的战略选择（以企业为例）

内部因素 外部因素	优势 ·优势1 ·优势2 ……	劣势 ·劣势1 ·劣势2 ……
机遇 ·机遇1 ·机遇2 ……	SO（增长型战略） 发挥企业内部优势而利用企业外部机会的战略。 例如：利用5G手机市场爆炸性增长，生产出具有独家专利的高质低价产品	WO（扭转型战略） 通过利用外部机会来弥补内部弱点的战略。 例如：市场对新能源汽车有着巨大需求（机会），但汽车制造商缺少电池和电控技术（弱点）
风险 ·风险1 ·风险2 ……	ST（多样化战略） 利用本企业的优势回避或减轻外部威胁的影响战略。 例如：依靠出色的公关部门（优势）拯救了公司危机，挽回了巨大损失	WT（防御型战略） 旨在减少内部弱点同时回避外部环境威胁的防御性战略。 例如：正面临着被并购、收缩、宣告破产或结业清算的公司，谋划生存之机

（三）注意要点

斯沃特分析适用范围广泛，但要用好这个工具，需注意如下几点：

第一，进行SWOT分析时，必须对主体的优势与劣势有客观认识；在分析机会与威胁时，要视野开阔，能够从宏大的时代进程中找到发展机遇，也要预见到跨界带来的威胁。

第二，要广泛地进行访谈和资料收集。搜集不同人的意见，其意图在于找出简洁的、大家都认可的显著因素，同时观点和论断要有详实的数据支撑。第三，因素分析应设置权重，如优势和劣势、机遇与挑战，四者在一定时期孰轻孰重，应该做出基本的判断，设置不同权重，以便进行战略选择。第四，SWOT 分析只是战略分析的基础，具体策略还需与主体的定位、愿景与使命等分析结合起来，不能将 SWOT 等同于战略。

案例链接　"隆中对"的 SWOT 分析

公元 207 年冬至 208 年春，当时驻军新野的刘备在徐庶的建议下，三次到襄阳隆中拜访诸葛亮，但直到第三次方得见。刘备问："君谓计将安出？"诸葛亮通过 SWOT 分析，提出传颂千古的"隆中对"，为刘备制定了先取荆州为家、再取益州成鼎足之势、继而图取中原的战略构想。

1.SWOT 要素分析

（1）优势："将军（刘备）既帝室之胄，信义著于四海，总揽英雄，思贤如渴"。

（2）劣势："智术浅短，遂用猖蹶，至于今日"（刘备语）。

（3）机遇："荆州北据汉、沔，利尽南海，东连吴会，西通巴、蜀，此用武之国，而其主不能守，此殆天所以资将军，将军岂有意乎？益州险塞，沃野千里，天府之土，高祖因之以成帝业。刘璋暗弱，张鲁在北，民殷国富而不知存恤，智能之士思得明君"。

（4）威胁："今操已拥百万之众，挟天子而令诸侯，此诚不可与争锋。孙权据有江东，已历三世，国险而民附，贤能为之用，此可以为援而不可图也"。

2.发展战略选择

机遇优势战略（OS）："若跨有荆、益，保其岩阻，西和诸戎，南抚夷越，外结好孙权，内修政理；天下有变，则命一上将将荆州之军以向宛、洛，将军身率益州之众出于秦川，百姓孰敢不箪食壶浆以迎将军者乎？诚如是，则霸业可成，汉室可兴矣。此亮所以为将军谋者也。惟将军图之"。

二、逻辑树分析法

逻辑树（Logic Tree），又称问题树、演绎树或分解树等。逻辑树的优势是将复杂的问题通过树形图解形式简明化、结构化地呈现出来，使人能够对问题分析形成整体印象，避免重复性工作和无关的思考，同时分析如果有遗漏，也较容易发觉。

（一）内涵解析

逻辑树的具体分析办法是将一个问题的所有子问题分层罗列，从最高层开始，并逐步向下扩展。通常以一个已知的问题作为逻辑树的树干，然后开始考虑这个问题和哪些相关问题或者子任务有关；每想到一点，就给这个问题（也就是树干）加一个"树枝"，并标明这个"树枝"代表什么问题;一个大的"树枝"上还可以有小的"树枝",依此类推,逐步找出问题的所有关联项目。在逻辑树分析时,应坚持"MECE原则",每个树枝之间不能相互重叠,所有树枝共同构成了一个完整的问题体系。

根据麦肯锡公司的研究,有三种最典型、最常用的逻辑树类型,分别为议题树(分析"What"或"How")、假设树(分析"Why")、是否树(见表7-23)。

表7-23 逻辑树的三种类型与功能[1]

类型	描述	作用	适用情况
议题树	将一项事物细分为有内在逻辑联系的副议题	将问题分解为可以分别处理的利于操作的小块	在解决问题过程的早期,还没有足够形成假设的基础
假设树	假设一种解决方案,并确认足够必须的及足够的论据来证明或否定这种假设	较早聚焦于潜在的解决方案,加快解决问题的进程	当对情况有足够多的了解,能提出合理的假设时
是否树	说明可能的决策和相关的决策标准之间的联系	确认对目前要做的决定有关键意义的问题	当对事物及其结构有良好的理解,并可以将此作为沟通工具时

(二)分析步骤

构建一棵问题分析的逻辑树,一般需要五个步骤:

第一步:确定分析目的和主题(或问题)。此环节的不同将使构建的逻辑树大相径庭。例如,研究主题是讨论"文化和旅游为什么会走向融合",其与"文化与旅游融合中有哪些难点",二者的逻辑树必定迥然不同。

第二步:按照一定维度或标准建立逻辑树的第一层分支。这是至关重要的一层分支,因为后面的分支都是基于此生长。切分维度由研究目的和思路而定。一般而言,有时间(事前、事中、事后),方向(内因、外因),层次(宏观、中观、微观),性质(是、否)等分析维度。

---

[1] 洛威茨.麦肯锡思维[M].北京:企业管理出版社,2016:71.

第三步：根据问题的结构与相互关系，往下将二、三、四层的"子概念"放置在逻辑树上，直到分析穷尽或满足需要。

第四步：检查逻辑树，评估与去掉次要因素，只保留对解决问题有关键性影响的因素，将研究的重心集中于关键因素。

第五步：针对关键要素进行分析（如通过头脑风暴法），得出研究结论，提出解决对策。

（三）注意事项

构建高质量的逻辑树应注意如下要点：

第一，满足 MECE 原则。将问题细分为明确的、没有重叠的子问题，同时确保所有相关问题都已考虑在内，即每个概念的外延要等于其下一层若干概念的外延之和，否则说明下一层概念有交叉、有遗漏或有些概念划分和定义不准确。

第二，每一层各分支具有一致性，与更高一级的内容具有相关性，即每一层的各个分支具有内在的逻辑联系，不是随意拼凑，并且与更高一层具有密切的联系，是其问题或概念的逻辑延展。

第三，问题不能超出主题设计，即一次只能分析一个主问题，否则将降低分析的效率，达不到通过逻辑树尽快梳理清楚问题的目的。同时，在逻辑树构建过程中应多参考相关文献或专家建议，集思广益才能分析透彻。

三、5WHY-5SO 分析法

5WHY-5SO 分析法是延长逻辑思维链条、不断将思考引向深入的一种分析工具，用俗话说就是"打破砂锅问到底"。5WHY-5SO 分析法能将知识点串连成逻辑线条，帮助研究者理清思路，寻找最根本原因。

（一）内涵解析

5WHY-5SO 分析法又分为 5WHY 分析法和 5SO 分析法两部分。5WHY 分析法发源于日本丰田汽车，是指对一个问题连续多次地追问"为什么"，直到找出问题的根本原因。[1] 需要说明的是，这里的"5"是一个概数，分析时不必拘泥于此，可根据实际情况灵活调整，不断追问，直到问题变得没有意义为止。5WHY 分析法的本质是鼓励策划人努力避开主观或自负的假设陷阱，强调从结果着手，沿着因果关系链条穿越不同的抽象层面，直至找到问题的根源。

---

[1] 叶修. 深度思维 [M]. 北京：天地出版社，2018：10.

> **知识拓展：大野耐一提出的"5WHY 分析法"**
>
> 日本丰田前副社长大野耐一（Taiichi Ohno）总是爱在车间走来走去，不时停下来向工人发问。他反复地问一个问题——"为什么？"，直到回答令他满意，而且被他问的人也明白为止。这就是著名的"五个为什么"（5WHY）。
>
> 有一次，大野耐一在生产线上发现机器总是停转，虽然修过多次，但情况仍不见改善。于是，大野耐一与工人进行了如下问答：
>
> 一问（WHY）：为什么机器停了？
>
> 答：因为超过了负荷，保险丝就断了。
>
> 二问（WHY）：为什么超负荷呢？
>
> 答：因为轴承的润滑不够。
>
> 三问（WHY）：为什么润滑不够？
>
> 答：因为润滑泵吸不上油来。
>
> 四问（WHY）：为什么吸不上油来？
>
> 答：因为油泵轴磨损、松动了。
>
> 五问（WHY）：为什么磨损呢？
>
> 答：因为没有安装过滤器，混进了铁屑等杂质。
>
> 经过连续五次不停地问"为什么"，找到了问题的真正原因和解决方法，后来工人们在油泵上安装了过滤器，情况就得到了改善。
>
> 资料来源：《思维模型：5WHY 分析法——丰田的问题分析法》，2019-11-26，https://new.qq.com/omn/20191126/20191126A0F70W00.html。

如果说 5WHY 分析法主要目的是找到问题的根本原因，那么 5SO 分析法主要用于洞悉事物未来的发展趋势。也即是说，如果我们将某个事实现象视为"分析原点"，那么由这点可开展一个思维逻辑链条，其有两大方向：一个是向前追溯原因，一个是向后追溯结果。❶ 前者是 5WHY 分析法，后者则为 5SO 分析法（见图 7-7）。

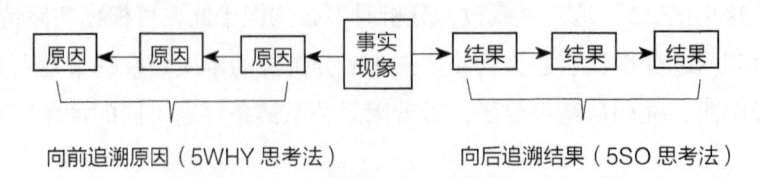

原因 ← 原因 ← 原因 ← 事实现象 → 结果 → 结果 → 结果

向前追溯原因（5WHY 思考法）　　　向后追溯结果（5SO 思考法）

图 7-7　5WHY-5SO 分析法的逻辑关系

---

❶ 叶修. 深度思维［M］. 北京：天地出版社，2018：19.

因此，5SO分析法是对一个现象连续追问其产生的结果，以探求它对未来可能造成的深远影响。虽然我们也经常探索事情的发展，但常浅尝辄止，缺乏深入推演。正如下棋，只有能够思考和预测到五步之后的人，才算是棋中高手。

知识拓展："5SO分析法"分析上海自贸区成立的影响

2013年9月29日中国（上海）自由贸易试验区正式成立，面积28.78平方千米，主要任务是要探索中国对外开放的新路径和新模式，培育中国面向全球的竞争新优势，构建与各国合作发展的新平台，拓展经济增长的新空间，打造中国经济"升级版"。

事实现象：上海自贸区要成立了。

一问（SO）：那么又会怎么样呢？

答：上海本地的贸易公司业务会繁荣。

二问（SO）：那么又会怎么样呢？

答：贸易业繁荣，对应的物流业务也会繁荣。

三问（SO）：那么又会怎么样呢？

答：贸易与物流繁荣，港口肯定繁荣。

四问（SO）：那么又会怎么样呢？

答：既然港口繁荣，那么港口周边的土地就会大幅度增值。

五问（SO）：那么又会怎么样呢？

答：既然土地会增值，提前获取土地肯定有商机。

（二）分析步骤

1. 5WHY分析法

实施5WHY分析法，主要有三大步骤，具体如下：

第一步：识别问题并描述相关信息。首先要识别问题，此时问题可能是笼统、含糊或者复杂的，可能有一些信息，但是没有详细的事实，这要求策划人能够快速抓住关键问题；其次是阐明问题，即将问题讲述清楚，用简单的话语表述明白；再次是分解问题，如果问题还比较复杂，可分解为更小的问题，直到问题明确。

第二步：问"为什么"，直至找出根本原因，即使用"5WHY"分析方法来建立一个通向根本原因的"原因或效果关系链"。这里对询问（包括策划人自我询问）的具体次数没有限制，但应注意提问的角度，能够将问题引向深入。

第三步：评估分析结果并依此制定对策。如何评估分析结果？可通过问题形式来推进。例如，可以问：已经找到问题的根本原因了吗？通过处理这个原因可以防止再发生吗？这个原因能用"原因或效果关系链"与问题联系起来吗？这个链通过了"因此"（即5SO分析法）检验了吗？如果答案都是肯定的，我们就可以针对这个原因制定具体的应对策略。

2. 5SO分析法

与5WHY分析法对应，实施5SO分析法也包括三大步骤：

第一步：确定要推论的主题，即就什么现象或问题进行推导。俗话说"差之毫厘、谬以千里"，不同的主题，推论结果迥异，因此，只有明确了主题才能展开推论。例如，我们可就"自贸区建设是否影响相关股票"为主线，进行5SO分析。

第二步：反复提问"所以呢"直到得出满意答案。围绕主题按照因果关系链进行推论，如"所以呢""那又怎么样""会产生什么影响"等。与5WHY分析法不同，5WHY分析法是找到了根本原因就停止，但5SO分析法没有一个推论的"根本结果"，可以根据策划人的需要一直推论下去。

第三步：评估推论结果并依此制定对策。结合文献资料或专家观点，对推论观点进行评估和论证，然后针对推论结果采取相应措施。

（三）注意要点

在实施5WHY分析法时，有如下几点需要注意：

其一，在总体原则上。一是要坚持创新性思维，不受思维定式限制；二是坚持客观原则，确认所描述的状态为事实，而非主观臆测。如果策划人对事实不熟悉，可以组建一个分析小组来共同开展工作。

其二，在追问过程中，如果面对一个答案，无论怎样继续追问"为什么"，所提出的问题都没有意义时，就应停止追问。同时，提问要朝有意义的方向发问，不能偏离主线，为了提问而提问。

其三，在回答过程中，最核心的原则是要在可控制的事项上回答，避免出现不可控制的内容，如我们难以控制别人的喜好，指向这样的答案于事无补。

在实施5SO分析法时，亦有如下注意要点：

其一，要区分绝对推论和概率推论。绝对推论是持续不错的推论，但概率推论则不然，其遵循"逻辑链条概率传导定律"，即"当一个漫长的逻辑链条中有很多概率推论时，会发生逻辑损耗，其推论的威力和准确度会逐渐降低"[1]，因此虽然逻辑链条越长，代表对

---

[1] 叶修. 深度思维[M]. 北京：天地出版社，2018：26.

问题的思考越深刻，但这并不意味着效用就越高。

其二，在推论过程中要客观理性，即分析中不能带有个人喜好或情绪倾向，应按照发展规律结合多方观点和事实来推论和验证。

5WHY分析法和5SO分析法可综合运用，通过"SO-WHY"或"WHY-SO"形式，能实现条分缕析，直抵问题本源。当然，二者实质只是一种思维工具，结论或答案水平之高低，最终还是取决于策划人的知识积累和分析能力。

四、德尔斐法

德尔斐为古希腊太阳神阿波罗的神殿所在地。阿波罗以尊重他人智慧及预言灵验而著称。德尔斐法（Delphi Method）在20世纪40年代由赫尔默（Helmer）和戈登（Gordon）首创，由兰德公司进一步发展。由于它突破了传统的定量分析限制，可以有效地征求和提炼不同专家的意见，能够对未来各种"可能出现"和"期待出现"的前景作出概率评估，因此也广泛用于客观材料和数据缺少情况下的问题分析与发展预测。

（一）内涵解析

德尔斐法又称专家调查法或规定程序调查法。该方法是由研究者制定调查表（或问题清单），按规定程序单独发给各个专家，并多次征求专家意见，使其意见逐渐趋于一致，进而提升结论可靠性的研究与预测办法。

德尔斐法有三个主要特点：①资源利用的充分性。该方法通过吸收不同专家的观点与预测结论，可以借用各领域专家的经验和学识。②专家判断的独立性。由于采用匿名或背靠背的方式，能使每一位专家独立地做出自己的判断。③最终结论的统一性。研究过程必须按照"专家意见征询→回收整理→专家意见再征询→再回收整理"的反复过程，使专家的意见逐渐趋同。

为了更有效率地开展德尔斐法，需要遵循以下原则：①选择专家首先要获得专家和决策者的同意；②向专家说明德尔斐法程序，专家彼此之间不能就问题进行接触与讨论；③调查表要简明扼要，所提问题不能模棱两可，便于专家明确回答；④每名专家至少有一次修改自己主观意见的机会；⑤保证反馈意见的客观性，切忌研究者在整理观点时，主观修改专家的意见。

（二）分析步骤

德尔斐法的具体实施可以分为"四轮九步"：

1. 第一轮：首次收集整理

第一步：提出问题，即提出要进行研究或预测的中心问题。

第二步：选择和确定专家组成员，最好邀请业内的权威专家。

第三步：制定第一个调查表，并将它发送给专家。调查表只提出问题和要达到的目标，由专家自由填写实现目标的各种建议。

第四步：策划人回收、整理和分析第一个调查表，对提出的建议进行筛选、分类、归纳和整理，合并那些相似的，删除那些对特定目标不重要的，理清建议与问题之间的关系，以准确的语言和简洁的方式形成意见（或方案）汇总表。

2. 第二轮：再次收集整理

第五步：制定第二个调查表并发放给专家。同时，附上第一轮意见（或方案）汇总表。此轮调查除了要求专家补充或修改意见外，还要进行评估，请专家选择最佳方案，或对所有方案进行排序。

第六步：收集第二个调查表，并对意见或方案排序进行统计与分析，并对专家的不同意见进行说明，同时制定第三个调查表。

3. 第三轮：再次收集整理

第七步：策划人发放第三个调查表，要求专家审阅统计和排序结果，了解意见分歧和相应理由，然后再次对方案或事件作出新的评估。

第八步：策划人回收第三个调查表，并处理收集到的意见和方案，对成员之间的辩论作出小结，至此完成德尔斐法的第三轮。

4. 第四轮

第九步：进行第四轮咨询，这只是第三轮的重复。在第四轮之末收集和整理第四个调查表的结果，并得出分析与预测的最终结论。

（三）注意要点

在运用德尔斐法时要注意如下三个方面：

第一，对专家成员的要求。①要有广泛的代表性，在策划活动中一般要包括策划专家、行业专家、技术专家等。②专家需要熟悉分析主题，有较丰富的经验和较高的权威。③对问题充满兴趣，并有能力参加德尔斐法的全过程。④人数要适当，10人以上将会极大地提升处理和分析难度。

第二，对调查表的要求。调查表没有统一的格式，应根据问题来设计，通常需符合以下原则：①表格中的每个问题都要紧扣研究目标，但又不限制专家的思考；②表格应当简明扼要，利于专家思考和判断；③填表方式尽量简单，尽可能用英文字母或数字表示成员的评估意见。

第三，对策划人的要求。在整理专家意见时，无论任何情况，研究者都不能将自己的想法掺入专家意见。如果策划人认为收集到的意见忽略了某些有价值的重要方面，群体判断不能采纳，在这种情况下可重新挑选专家开展活动。

德尔斐法的优点在于集体性、匿名性和客观性，可以集思广益进行预测，辅助决策。但其缺点：一是主观性。德尔斐法基本上是主观预测法，在很大程度上受到专家个人观念、知识和经验等条件制约。二是缺乏严格考证。由于讨论结果不是激烈辩论得来的，因而论证往往不充分，并容易排除掉少数人的正确意见。针对德尔斐法的弱点，研究中产生了一种派生的德尔斐法，其重要方法是部分取消匿名，将匿名询问与口头讨论相结合，增加辩论与论证环节。

第五节　可行性研究报告

可行性研究是当前经济社会建设决策中普遍应用的基本方法之一，是降低投资风险、提高决策质量的重要措施。20世纪30年代美国在开发田纳西河流域时，首次采用了可行性研究方法，取得了满意的效果。在第二次世界大战后，该方法得到广泛的应用与推广。策划研究的核心输出即是可行性报告，这是策划方案可付诸实践的基础和前提。

一、概念内涵

可行性研究又称为可行性分析，是在决策之前对拟实施项目（或其他事项）在技术、财务、社会、环境、法律及组织上的可行性进行全面的调查研究和综合论证，提出是否值得推动的意见与建议。它既包括对市场需求和潜力的调查与预测，也要求从经济、技术、组织等角度做出论证，提出是否可行的结论。

（一）主要作用

其一，决策的重要依据。由于前期项目（或其他事项）还未实施，所以存在极多的不确定性。可行性研究通过对市场需求、资源供应、建设规模、环境影响、资金筹措、盈利能力等方面进行详细的调查研究，作出明确的预测，可为决策者最终判断提供科学依据。

其二，项目审批和申请贷款的重要依据。时至今日，政府在审批项目时，可行性研究报告仍然是评审要件。同时，大部分企业在投资项目时，往往存在资金不足等困难，可行性研究报告是银行"是否给予贷款"和"给予多少贷款"的重要参考依据。

其三，洽谈合作和签订协议的重要依据。可行性研究报告构建了项目的基本轮廓，包括市场、财务、组织、社会、经济等方面的可行性分析，为未来的合作伙伴提供具有说服力的文件，可以有效地提升共识和促成合作。

其四，投资建设和后期评估的重要依据。可行性报告是项目建设中，开展工程设计、设备订货、采用技术、工业性试验等工作的依据，是项目投产后对经理人员提出目标要求的依据，也是后期项目评估和效果考核的重要依据。

（二）研究阶段

可行性研究报告根据内容的深化程度，可以分为三个阶段。

第一阶段：机会可行性研究（项目建议书阶段），主要是从经济、社会、技术、产业、地区等大方面挖掘潜在的投资机会，鉴别投资方向，进行粗略、意向性的初步评估；大体包括市场需求调查、生产能力、投资费用估算、生产费用、管理费用、实施进度时间表、资金来源、财务评价及国民经济评价等，对投资额和成本的估算精度要求在 ±30% 范围内，通常形成概略性的项目建议书。

第二阶段：预可行性研究，处于项目论证的中间阶段。研究目的是初步判断项目是否有前途、生命力，能否盈利，从而决定是否应该深入调查研究；内容大体包括市场需求、生产或经营能力、设备工具与材料投入、地址选择、合作对象、各项费用、技术方向、进度规划、财务状况与投资概算等。对投资额和成本的估算精度要在 ±20% 范围内。初步可行性研究处于项目建议书与详细可行性研究之间，只是一个过渡阶段，并非必经阶段。一些不太复杂的项目往往在立项批准后，就可以直接进入详细可行性研究。

第三阶段：详细可行性研究（正式可行性研究）。可行性研究通常指这一阶段。这个阶段需要详细研究，具体论证。在项目决策前对项目有关的工程、技术、经济等各方面条件和情况进行详尽、系统、全面的调查、研究、分析。它是项目进行评估和决策的依据，其对投资额和成本的估算精度要求在 ±10% 范围内。

二、基本要求

第一，研究的客观性。客观性是可行性研究报告的基础。研究者必须站在客观公正的立场进行调查分析，做好基础资料的收集，报告应内容全面、科学、翔实，数据准确，论据充分，结论明确，能够满足项目决策者确定项目方案的需求。不应为了项目能获得上级部门批准或者领导认可，主观随意地夸大论证中的有利因素，而隐去或缩小不利因素，对有关数据、指标采用弹性模糊的写法，特别是对市场、效益、技术和风险的关键要素的分析，一定要客观公正，数字准确。

第二，内容的专业性。可行性研究报告是一种专业性较强的文种。其内容不仅要求精确、详细、完整，而且涉及工程、技术、财务、环境、法律等多方面的专业知识，因而在编制可行性研究报告时，一定要精心挑选懂工程、懂技术、懂经济、懂业务的各方面人才组成，以保证可行性研究报告具有综合的专业性。例如，报告确定的融资方案应能满足项目对投资数额和时间的要求，并能够满足银行等金融机构信贷决策要求；报告中的项目重大技术、财务方案，应该有两个以上方案备选。

第三，表述的周密性。可行性研究报告是以叙述和说明为主，议论为辅的方式，从各方面、各层次来表述对项目的看法和意见。这要求在表述时，提出的观点要明确，列举的事实要可靠，分析的方法要辩证，得出的结论要正确，使全文层次清楚、严谨周密。同时，在可行性研究中要列出某些重大分歧及不采纳的理由，以供决策者权衡利弊和决定取舍。

三、报告格式

可行性研究报告主要包括报告标题、正文和附件三部分。

（一）报告标题

可行性研究报告标题的写法相对固定，一般为"事由＋文种"，如《文化影视城可行性研究报告》。有时为了避免冗长，也可省写为可行性论证，如《涞水高新技术科技园项目可行性论证》。同时，要附上承担研究工作的编制单位（资质）、法人代表及具体参与人员。

（二）报告正文

正文一般由总论、专题论证、结尾组成（具体内容见表7-24）。

总论又称为概论或总说明。它是对整个报告的简要说明，包括交代项目概况（项目名称、建设主体、建设地点、建设规模和总体投入等），编制依据，指导思想和研究过程，主要技术经济指标及综合评价结论等。

专题论证部分是报告的主体，是运用定性与定量分析的方法，对所指定项目的技术、市场、财务、风险等方面进行阐述、论证和评价，要具体回答项目的建设背景、必要性（宏观、中观、微观或政治、经济、社会等维度）及在工艺技术、投资预算、经济效益、生态环境等方面的可行性,并要分析项目风险和提出规避策略。专题论证部分即是要清晰说明"为什么要建设这个项目""能不能建设这个项目""怎么建设这个项目""建设这个项目会有什么效益与风险,如何规避"等内容。

结尾是依据正文的阐述与分析,对项目作出的评估判定。一些可行性研究报告还会在结论部分提出"研究建议",以供决策者参考。

表 7-24 可行性研究报告的正文内容

组成	功能		内容
总论部分	说明可行性研究的总体情况,给出清晰结论	1. 总论	1.1 项目概况(名称、建设主体、建设地点、建设规模、总体投入等) 1.2 编制依据、指导思想和研究过程 1.3 综合评价结论 1.4 主要技术经济指标
专题论证部分	说明"为什么要建设这个项目"	2. 项目建设的背景和必要性	2.1 项目提出的背景(政策、行业、主体战略意图等) 2.2 项目建设的必要性(宏观、中观、微观或政治、经济、社会等维度)
		3. 项目选址和建设条件	3.1 建设选址依据(区位、交通、开发难度、周边配套、自然环境、拓展空间等) 3.2 场地评价与选址 3.3 建设条件分析(自然地理条件、场地现状条件、基础配套条件、技术条件、周边协同发展条件)
		4. 建设主体的基本情况	4.1 主体概述(成立时间、性质、使命、业务、规模等) 4.2 资源与能力(显性隐性资源、核心竞争力、专利与技术储备等)
	说明"能不能建设这个项目"	5. 需求与竞争分析	5.1 市场需求分析(国内、国外) 5.2 市场前景预测(规模、趋势等) 5.3 竞争力量分析(现有、潜在竞争者等) 5.4 市场分析总体评价

续表

组成	功能		内容
专题论证部分	说明"怎么建设这个项目"	6. 项目建设方案	6.1 建设内容（空间类：总体定位、空间布局、子项目设计等；非空间类：发展定位、产品方案、活动流程等） 6.2 建设规模（测算依据、方法等） 6.3 工程技术方案（建筑方案、总平面布置、公用辅助工程、绿化工程、消防工程、节能降耗、专业设施购置方案） 6.4 生产技术方案（产品标准、生产方法、技术参数和工艺流程、主要工艺设备选择等）
		7. 项目建设与管理	7.1 组织结构 7.2 管理形式 7.3 团队建设 7.4 进度安排（阶段设计、时间进度）
		8. 环境影响评价与对策	8.1 编制依据和标准 8.2 建设期环境影响及对策 8.3 运营期环境影响及对策 8.4 生产劳动安全与消防
		9. 投资估算及资金筹措	9.1 投资估算内容 9.2 投资估算依据 9.3 投资估算（总投资、各分项投资） 9.4 投资使用计划（资金流量分析、资金使用计划） 9.5 资金筹措方案（金额、渠道、比例） 9.6 资金偿还方案
	说明"建设这个项目会有什么效益与风险、如何进行规避"	10. 项目效益分析	10.1 经济效益评价的依据 10.2 运营收入（主营业务、其他收入等） 10.3 成本分析（前期成本、生产或建设成本、运营成本，包括税收和固定资产折旧等） 10.4 静态和动态投资收益 10.5 社会效益分析（带动就业、增加税收、外汇创收、履行社会责任等） 10.6 战略效益分析（模具示范效应、资源或关系维护效应等）
		11. 风险评估与规避	11.1 政治变革风险 11.2 经济变化风险 11.3 市场需求风险 11.4 社会与文化风险 11.5 其他不可预知风险等 11.6 风险控制与规避建议
结尾部分	对可研究报告进行总结，提出明确结论与建议	12. 可行性研究结论与建议	12.1 结论（对推荐方案的条件要求、产品方案、工艺技术、经济效益、社会效益、环境影响等方面给出结论性意见） 12.2 建议（对规避风险和落地实施等方面提出合理建议，以供决策者参考）

（三）报告附件

附件主要是为了证明正文中有关材料与数据的可靠性，提高报告的可信度。如土地使用相关文书、勘察设计、地理位置及平面设计图、物料供应协议、投资估算表和对比方案说明等。

★★★重点回顾与拓展阅读★★★

一、重点回顾

（1）培养策划人的研究能力，核心是要掌握问题发现与方案设计能力、信息获取与整理能力、资料挖掘与分析能力、成果阐述与应用能力四个方面的能力。

（2）提出正确的问题，往往等于成功解决问题的一半。对于极度强调时效性和效率性的策划研究，首当其冲的任务应该是发现"真正的问题"。

（3）分析能力是研究能力的核心。分析主要有定量分析和定性分析两大类，二者是统一和相互补充的。一个优秀策划人应该对这两种分析能力都加以培育，掌握其逻辑与技术。

（4）强化思维锻炼是提高策划人研究能力的重要手段研究思维主要有逻辑思维和系统思维，如果说逻辑思维源于西方的分析传统，那么系统思维则深刻体现着东方智慧。

（5）逻辑思维是产生新认识的重要方式。在策划过程中，策划人要掌握归纳和演绎两种方法，借以提升逻辑思维能力。

（6）单纯的归纳或演绎推理都有其局限性，而来自华莱士提出的"科学环"模型的假设检验法是二者的有机结合。对于策划而言，假设检验法是一种具有较高效率的研究方法，并能提高策划的科学性。

（7）常用的策划研究方法有实地调研法、统计调查法、文献分析法、个案分析法、比较研究法等，在策划实践中必须考虑研究问题类型、研究过程控制程度及研究的重心分别是什么，来选择最合适的研究方法。

（8）实地调研是策划研究中最重要的方法，是策划过程中不可或缺的环节。它通常以现场考察、项目座谈、深度访谈等形式存在，包括研究假设、资料收集和整理分析三大核心内容。

（9）策划过程中较为常用的分析工具主要有斯沃特分析工具、逻辑树分析法、5WHY-5SO分析法、德尔斐法等。通过学习和掌握这些工具，可以快速地提高策划人的分析能力。

（10）可行性研究是当前经济社会建设决策中普遍应用的基本方法之一。可行性研究报告是策划研究的核心输出，也是策划方案可付诸实践的基础和前提。可行性研究报告根据内容的深化程度，可以分为三个阶段：机会可行性研究、预可行性研究、详细可行性研究。

二、拓展阅读

（1）《新工具》。该书由英国哲学家弗朗西斯·培根所著。原名《新工具或解释自然的一些指导》，全书分为两卷：第一卷着重批判经院哲学的观点，提出了著名的四假象说，主张人应该是自然的解释者，只有认识并发现了自然的规律，才能征服自然，变自然的王国为人的王国；第二卷论述了归纳方法，为归纳逻辑奠定了基础。

（2）《社会研究方法教程》。该书由北京大学社会学系教授袁方所著。书中对社会研究的方法和理论做了系统全面的介绍。全书围绕社会研究的原理、逻辑策略和科学程序，从方法论、研究方式和具体研究方法及技术三个层次，定性研究和定量研究两个方面，详细阐述了资料的收集、整理、分析、解释与评估的各种方法、技术及其应用。

（3）《社会研究方法》。该书由风笑天著。书中结合国内、外社会研究方法的发展趋势和高等学校社会研究方法课程教学的实际，对社会研究方法的基本概念、基本原理和基本方式进行了通俗、简明的介绍。在内容安排上，既兼顾到实际研究的逻辑程序，又兼顾到定量及定性研究方式和各种不同的资料收集方法及技术。

（4）《第五项修炼》。该书由美国麻省理工大学教授彼得·圣吉著。书中明确提出了"学习型组织"的管理理念，描述了公司如何通过采用学习型组织的战略和行动对策，来排除威胁组织效率和事业成功的"学习障碍"，以及如何通过五项修炼来打造有超强学习力的学习型组织，强调从事一项修炼就意味着成为一个终身学习者。

（5）《如何系统思考》。该书由丹尼斯·舍伍德所著。全书以"思考的魔方"为框架，形象生动地阐述了系统思考的基本原理、原则和精髓，提出"环形思考图""思考的罗盘""冰山模型"和"行为模式图"等"支架式"辅助工具，帮助读者实现思维的三重转变，学会动态思考、深入思考和全面思考，并以数十个案例深入浅出地讲解了系统思考的基本方法与工具"因果回路图"和"系统基模"。

（6）《案例研究：设计与方法（原书第5版）》。该书由罗伯特·K.殷著。全书全面而深入地介绍了案例研究方法，从研究规划的角度将案例研究分为六个相对独立的环节，即研究计划、研究设计、研究准备、材料收集、研究分析和报告分享。

（7）《社会研究方法（第10版）》。该书由美国著名社会学家艾尔·芭比著。该书是美国大学的通用社会学教材，讨论范围广泛，论述严密，从社会理论基本范式到学科报告撰写，从社会研究的基本概念到各种复杂技术方法，深入浅出，循序渐进。

第八章　创新创意能力

▶策划故事:"中国锦鲤"活动

"中国锦鲤"活动是支付宝于2018年9月推出的一个微博转发活动,即鼓励用户转发指定微博,支付宝会在转发用户中随机抽取一位"集万千宠爱于一身"的"中国锦鲤"送出"中国锦鲤全球免单大礼包"。奖品大致包括鞋包服饰、化妆品、手机、电影票、SPA券、旅游免单、机票、酒店、美食券等,领奖时间跨度长达一年。2018年10月7日,支付宝通过官方微博抽奖平台,从近302万个转发者中抽取了唯一的"中国锦鲤",即网友"信小呆",开奖当天"信小呆"的粉丝激增至90万,成为网红。

本次活动中支付宝利用网络化的信息传播,使其抽奖信息在营销期间共获得255万次转发、302万人参与抽奖、36万点赞、84万多条热评,曝光量达亿级。而极具吸引力的"大礼包"实则为"折扣优惠"或"众筹"奖品,支付宝只需提供媒介平台。在自媒体造势烘托与素人"锦鲤"天然亲民的背景下,支付宝通过这种方式挑选幸运儿,极大调动了手机网民的转发与参与热情。一人中奖,全民狂欢,支付宝成为"中国锦鲤"活动中的最大赢家。

这就是创新创意的神奇力量。

通过创新创意,苹果公司的Ipod播放器打败了索尼的随身听,星巴克凭借咖啡豆和氛围击溃了传统的咖啡店,全球性互联网电话公司Skype运用"免费"策略赢过了美国电话电报公司(AT & T)和英国电信,滴滴(DIDI)通过"共享模式"抢占了传统出租车的大部分市场[1],抖音(Douyin)利用音乐短视频社区平台掀起了一场全民的娱乐和城市的"网红"营销。

对于策划而言,创新创意即是灵魂。没有创新创意,策划失去了存在之根基、价值之源泉。在策划过程中,从最初的构思(假设)、研究的开展,到策略的选择、方案的

---

[1] 杰夫·戴尔,赫尔·葛瑞格森,克莱顿·克里斯坦森.创新者的基因[M].曾佳宁,译.北京:中信出版社,2013:5.

阐释，再到决策之后的落地执行，每个阶段都离不开创新。当然，在策划中最艰难最痛苦的事情也是创新，有人说"策划是下地狱的活儿"，那么创新过程就是"炼狱"，不经此环节，策划人无法抵达策划的"天堂"。创新创意能力，是策划人必须不断淬炼与精进的核心能力。

知识拓展：创新能力小测试

1. 我不人云亦云
①无 ②偶尔 ③时有 ④经常 ⑤总是

2. 我对很多事情喜欢问为什么
①无 ②偶尔 ③时有 ④经常 ⑤总是

3. 我的思维常常无拘无束，没有框框
①无 ②偶尔 ③时有 ④经常 ⑤总是

4. 我能摆脱习惯思维的束缚
①无 ②偶尔 ③时有 ④经常 ⑤总是

5. 我常从别人的谈话中和书本中发现问题
①无 ②偶尔 ③时有 ④经常 ⑤总是

6. 我勇于提出新想法、新建议
①无 ②偶尔 ③时有 ④经常 ⑤总是

7. 我观察事物敏感
①无 ②偶尔 ③时有 ④经常 ⑤总是

8. 我的创新欲望强
①无 ②偶尔 ③时有 ④经常 ⑤总是

9. 我头脑中记住的东西用时能及时提出来
①无 ②偶尔 ③时有 ④经常 ⑤总是

10. 我的求知欲望强
①无 ②偶尔 ③时有 ④经常 ⑤总是

11. 我不迷信权威
①无 ②偶尔 ③时有 ④经常 ⑤总是

12. 我头脑灵活
①无 ②偶尔 ③时有 ④经常 ⑤总是

13. 我的想象力丰富

①无 ②偶尔 ③时有 ④经常 ⑤总是

14. 我相信自己的创造潜力能充分发挥出来

①无 ②偶尔 ③时有 ④经常 ⑤总是

15. 我不迷信书本

①无 ②偶尔 ③时有 ④经常 ⑤总是

16. 我从创新性工作中获得乐趣

①无 ②偶尔 ③时有 ④经常 ⑤总是

17. 我看重事业的成功

①无 ②偶尔 ③时有 ④经常 ⑤总是

18. 我的联想能力强

①无 ②偶尔 ③时有 ④经常 ⑤总是

19. 我有远大的工作目标

①无 ②偶尔 ③时有 ④经常 ⑤总是

20. 我喜欢幻想

①无 ②偶尔 ③时有 ④经常 ⑤总是

计分方法："无"记1分，"偶尔"记2分，"时有"记3分，"经常"记4分，"总是"记5分。把20个题目的记分加在一起，就是总分。

总分在80分以上，表现为创新能力水平程度高；总分在70～79分，表现为创新能力水平程度中等偏高；总分在60～69分，表现为创新能力水平程度中等偏低；总分在60分以下，表现为创新能力水平程度低。

资料来源：问卷星《创意水平测试》，2019-10-16，https://www.wjx.cn/jq/8988212.aspx。

第一节　创新能力构成要素

　　广义的创新是指通过创造或引入新的技术、知识、观念或创意，创造出新的产品、服务、组织、制度等新事物，并将之应用于社会以实现其价值的过程。策划中取创新的广义概念，包括创意行为。创意即创造新的主意或点子，它既是人们在经济、文化活动中产生的思想、观点、想象等新成果，也是一种创造新事物、新形象的思维方式和行为。在一定程度上，创意是创新的重要内容与形式。

创新能力亦可称为创造力，是指每个人或群体在特色的环境下，运用已知的信息发现新问题，并对问题寻求答案，以及产生出某种新颖而独特、有社会价值或个人价值的物质或精神产品的能力，通俗而言就是发现新问题、提出新设想、创造新事物的能力。[1] 那策划人的创新能力具体包括哪些呢？本书认为，一个策划人只有具备求新求异的意识、丰富的知识阅历、熟练的创新方法、精准的价值判断，在此基础上才能形成强大的创新能力。

一、求新求异的意识

意识是人脑对客观事物间接的和概括的主观反映。创新意识是指"人们根据社会和个体生活的需要，引起创造前所未有的事物或观念的动机，并在创造活动中表现出的意向、愿望和设想，自觉或自发进行创造活动的一种心理准备状态。创新意识表现为一种内在的创新欲望，表现为在创新活动中有高度的热情、足够的自信心、独立思考和勇于探索的品质，是人类意识活动中一种积极的、富有成果性的表现形式，是人们进行创新活动的出发点和内在动力"[2]。简而言之，创新意识是人们进行创新的积极欲望和主观能动性，但正如积极心理学大师米哈里·希斯赞特米哈伊（Mihaly Csikszentmihalyi）在《创造力：心流与创新心理学》（Creativity: Flow and the Psychology of Discovery and Invention）中所言："每个人生来都会受到两套相互对立的指令的影响：一种是保守的倾向，由自我保护、自我夸耀和节省能量的本能构成；另一种是扩张的倾向，由探索、喜欢新奇和冒险的本能构成。"[3] 对于策划而言，重要的是激活后一种本能。因为任何一个人，如果无意于创新，那纵使天赋超卓、满腹经纶，也难以形成自发的创新成果。优秀的策划人必须具备强烈的创新意识，思维活跃、勇于挑战、乐于创造。从实践经验来看，培育策划人的创新意识可从两方面努力：一是求新意识，一是求异意识。

所谓求新意识，即强调"无中生有"、从"0"到"1"的原创性。面对一个问题时，不桎梏于思维定式，对习以为常的处理方式持怀疑和批判的态度，积极思考和寻找新路径与新方法。例如，2009 年澳大利亚旅游局策划的"世界最好的工作"推广活动，没有走传统的"媒体轰炸"道路，而是在营销内容与形式上下功夫。由于活动新颖、有趣，引发了全球性关注，获得极好的宣传效果。

---

[1] 谭贞. 创新创意基础教程 [M]. 北京：机械工业出版社，2015：25.
[2] 同[1] 35.
[3] 米哈里·希斯赞特米哈伊. 创造力：心流与创新心理学 [M]. 黄珏苹，译. 杭州：浙江人民出版社，2015：10.

所谓求异意识，就是要追求差异化、特色化，独树一帜。需要指出的是，此处之"异"是针对"同"而言的，"异"以"同"为基础，是尊重行业共同规律的"异"，不是为了因"异"而"异"。换而言之，在策划活动中，即是要首先找到已经存在的、与策划对象具有类似性质的标杆事物或创新做法，然后归纳总结，发掘其相同（规律性）与相异（特殊性）之处，进而做好相同、突出相异。例如，百事可乐的创新战略，面对强大的对手可口可乐，其核心突出"年轻"，与可口可乐的"经典"形成强烈反差。

从创新意识培养角度而言，策划人最根本的还是要形成创新人格。所谓创新人格，就是具有创新活动倾向的各种心理品质的总和，反映的是创新主体良好的思想面貌和精神状态。❶吉尔福特（J. P. Guilford）、斯腾伯格（Robert Jeffrey Sternberg）等学者在人格心理学研究的基础上，归纳了系列的人格特征。就创新人格而言，他们认为应具备强烈的兴趣与好奇心、不断进取的自信心、独立的判断精神、胸怀社会的责任心、百折不挠的意志力、开放的心态及团队协作的精神，这些也应成为策划人的优良品质。

二、丰富的知识阅历

"伟大的想法总是出现在文化和经验交错的十字路口"❷，创新能力需要知识和阅历作为基础。虽然他们不能完全决定创新能力之高低，但创新者只有站在巨人的肩膀上，才能拥有更广阔的视野，展开更光辉的想象翅膀，所以策划人强调读万卷书、行万里路和历万端事。

人类知识浩如烟海，策划人需要知晓的知识主要有三类：一是通识性知识，如历史、文学、经济、地理、政治等基本知识。这些知识奠定了策划人创新能力"金字塔"的最底层。二是策划理论知识，包括策划的原理、原则、方法和工具等，这些是策划人的职业技能与看家法宝，区别于非专业人士的根本所在。三是专业性知识。因为各领域都涉及策划，如会议策划、活动策划等，不同领域都有自己的专业知识和独特规律。因此，为了让策划创新更具有合宜性和价值感，策划人还需要掌握专业领域的知识。但正如威廉·伯恩巴克（William Bernbach）所言："知识，仅仅是激发优秀创意性思考的基础，它们必须被消化吸收，才能形成新的组合或者新的关系，以新鲜的方式问世，从而

---

❶ 谭贞. 创新创意基础教程［M］. 北京：机械工业出版社，2015：37.
❷ 杰夫·戴尔，赫尔·葛瑞格森，克莱顿·克里斯坦森. 创新者的基因［M］. 曾佳宁，译. 北京：中信出版社，2013：30.

才能产生出真正让人惊叹的创意。"❶ 这要求策划人，有了知识，还要活学活用，不能变成"书橱"。

阅历随着年龄而增长。策划人要让阅历成为创新的底蕴而不是绊脚石。这要求策划人做生活中的有心人，从身边发现创新的要素。在生活中提升创新能力的一种有效方法是做笔记，随身携带小笔记本（更方便的是用手机备忘录），将灵光乍现的想法记录下来，逐渐形成自己的创新创意资料库，以备未来之用。同时，要培育敏锐的洞察力，善于观察和体悟生活，从生活中挖掘创意源泉。

知识拓展：创意回想

根据你的个人经历，回想自己某个曾经非常得意的创意或创新。

问自己：它是从哪里来的？来自教育、经验，还是灵感？我已经多久没有那样的创意了？我需要做些什么才能获得更多的创意呢？

三、熟练的创新方法

有效率的创新依赖于正确的创新方法。它是人们根据创新思维规律总结出来的关于创新发明的一些原理和技巧。此处包括两层含义：一是创新思维；一是创新工具。提升创新能力，最重要的不是去寻找某种特别的灵感，而是学会如何掌握训练思维，活用创新工具，领悟创新背后的内在逻辑与规律。

创新思维是人们提升创新能力的核心与关键。思维创新培育，首先是要突破思维定式。很多伟大的创新都是因为敢于打破常规，主动地去解开知识链的环扣，提出大胆的新假设。其次要刻意训练发散思维（包括横向思维、纵向思维、逆向思维、质疑思维、求异思维等），聚合思维（求同思维、复合思维、聚焦思维等），想象思维等多种思维方式，在"山重水复疑无路"之际，通过思维转换，常会"柳暗花明又一村"，形成新的思路和创意。

创新工具更像是一种思维创新的程序或框架，具体指导人们如何进行创新，如经常采取的六项思维帽、奥斯本检核表法、卡片整理法等。策划人需要熟练掌握这些工具，才能在避免碰到创新任务时手足无措。

---

❶ 詹姆斯·韦伯·扬. 创意的生成［M］. 祝士伟, 译. 北京：中国人民大学出版社, 2014：8.

> **知识拓展：提高创造性的"十大步骤"**
>
> （1）多看别人的创意。
>
> （2）无论你是单独思考，还是参与团体思考，多用头脑风暴。
>
> （3）随身携带笔记本和纸，以便随时记下突然闯入大脑的灵感。
>
> （4）如果你被一个问题困住，打开字典，胡乱选择几个单词，然后进行随机组合，可以帮助你的思维进入未知的新方向。
>
> （5）确保自己认清问题本质，因为这将帮你更加容易想出创意和解决方案。
>
> （6）散步或淋浴。
>
> （7）如果想放松一下自己，可以散散步、听听轻松的音乐或观察美丽的大自然（如海洋、大山和树木）。如果想启动创造性思维，建议读读书，猜猜谜语，自娱自乐是个好办法。
>
> （8）每天做一些从来没有做过的新鲜事情，如吃奇怪的食物、穿新的衣服、选择不同的上班路线、向陌生人介绍一下自己等。
>
> （9）读书，读书，再读书。
>
> （10）通过涂鸦、写作、做谜语、辩论或做任何能让自己形成新想法的事情来锻炼大脑。
>
> 资料来源：托马斯·沃格尔.创新思维法：打破思维定式，生成有效创意［M］.陶尚芸，译.北京：电子工业出版社，2016：60.

四、精准的价值判断

创新能力还需包括对创新成果的判断能力。在创新过程中，我们的头脑中通常会涌现出许多的想法或主意，但哪些创意才有实际价值，才值得进一步延展和完善，这就考验着策划人的判断能力。一般而言，策划人需要为自己树立一个创新的价值评估体系，如询问自己：这个创新能解决客户的问题吗？创意新颖独特吗？具备较好的可靠性和持续性吗？客户的组织和资源能支撑吗？从而对各种脑海中的创意进行评估，然后逐渐聚焦其中三个左右的创意继续深化。

第二节 创新的过程与要点

任何事物的发展都有一个过程,创新亦如是。

不同领域的专家对创新阶段有不同的理解。英国心理学家华莱士(G. Wallas)将创新分为四个阶段:准备阶段(发现问题和界定问题),酝酿阶段(提出假设、发挥构想),顿悟阶段和验证阶段。苏联创造心理学家亚历山大·纳乌英维奇·鲁克将其分为提出问题、搜集相关信息、酝酿、顿悟和检验等五个阶段。美国广告人詹姆斯·韦伯·扬(James Webb Young)提出了创意生成的五个阶段:收集原始资料、研究素材、整合孵化、创意诞生和修正阶段。美国创造学家亚历克斯·奥斯本(Alex Faickney Osborn)将创新分为强调某个问题、收集相关资料、有关资料分类、用观念进行各种组合、松弛促使启迪、将各部分结合、判断所得思想成果七个阶段。

结合以上各领域专家的论述,本书认为创新包括五个鲜明的阶段,即问题界定阶段、资料收集阶段、分析酝酿阶段、顿悟突破阶段和检验创新阶段。

一、问题界定阶段

管理大师彼得·德鲁克曾说:"最重要、最艰难的工作从来不是找到对的答案,而是问出正确的问题。因为世界上最无用,甚至最危险的情况,就是虽然答对了,但是一开始就问错了。"[1] 问题(或者矛盾)是激发创新的源头。具体而言,创新需求是由原有的或旧有的事物客体(包括物质客体和精神客体)不能满足或不能很好地满足创新主体的愿望所激发的。要解决这一矛盾,策划人就需要通过创新的方式来实现,即通过创新变革原有的客体,使其发生变化,进而在主体与客体、主观与客观之间建立起新的协调统一关系。

问题界定阶段就是要多角度、全方位、立体式地分析和思考问题,确定问题的焦点、解决的方向与目标等。只有明确真正的问题为何,才能为创新指明方向。至于如何明确问题,在前几章已有详细阐述,此处不做赘述。

---

[1] DRUCKER P.The practice of management [M].New York:Wiley,1954:352-353.

二、资料收集阶段

俗话说"巧妇难为无米之炊",创新同样需要素材与资料。在创新过程中,要围绕问题和解决的方向,对资料进行广泛的收集。其中有三个基本的原则:其一,问题导向原则。收集资料切忌漫无目的,漫天撒网。如在影视营销策划时,需首先弄清楚影片故事、主题和亮点所在,才能设计搜索关键词,通过各种途径进行资料收集。其二,完备原则。根据一定的维度,尽量收集主题所涉及的全部资料,以便全面地掌握信息,如楼盘营销策划,就需解析楼盘各种参数、周边竞争者信息、居民购买能力和城市房产政策等,然后找到核心卖点,进行创新创意。其三,效用原则。收集资料要精准有效。由于策划追求实效性,切忌贪多嚼不烂,浪费宝贵的时间和精力,因此,收集资料应围绕问题核心,按照重要程度依次收集,如楼盘营销首先应收集楼盘自身的信息,了解预售产品,这是基础,然后才是收集竞争者和其他相关的信息材料。

三、分析酝酿阶段

进入此阶段,在问题的引导下,策划人需要对资料进行阅读,将资料熟记于心,并酝酿创新思路和创意点子。创新的法门是旧要素的新组合。因此,此阶段的根本任务是打破要素之间的旧连接,形成新连接。大脑要积极地对各种思维材料、只言片语、记忆片段、抽象概念、声音节奏等进行不断排列、连接、组合、重构,进行深入的加工与组织。

具体而言,首先,要熟悉资料,只有将各种资料烂熟于心,大脑才有加工的素材。其次,要分析资料,即掌握每份资料中蕴藏的核心信息(观点)、思维逻辑和内在精髓。为了更有效率,可先粗略地将所有资料浏览一遍,然后再择选其中最重要或富有创见的资料,进行细致的分析,吸取其思想精华。再次,在充分掌握资料的情况下,打破定式、大胆想象,酝酿创新。此阶段需要注意的是要积极探索各种要素的不同组合,假想"如果……会怎样"。同时,应松弛有度,在经过一段时间的高强度思考之后,可以散步、听音乐、喝咖啡、聊天,或者干脆睡觉,让大脑充分放松。最后,再次进行高强度思考,探索各种可能的组合形式,形成不同的创新点子和创意。在这个过程中,如果个人脑力不够用,有效的办法是组织几个人进行头脑风暴,通过大家的相互激荡激发出新思路和创意。

四、顿悟突破阶段

创新的根本目的是实现突破。在分析与酝酿过程中,会不时地闪现出一些创意亮点，它们就像黑暗莽原中的星星之火，闪烁着魅惑的光芒。但真正的创新一定是让自己都兴奋的创新，有一种"就是它了，我终于找到了"的高峰心理体验，恰如阿基米德（Archimedes）发现浮力原理后的兴奋情形。此时，策划人要敏锐地捕捉到创意点，并进行深入细致的修改、补充、锤炼、提高，最后形成具体的创意思路，让创新从一个点变成一个系统性的思维成果。例如在城市战略策划中，不仅要明确城市发展定位，还要创造宣传语，设计系列创意项目或活动，形成以定位为核心的系统配称。如果单独一个点子或创意，还不足以完成创新重任。

美国广告大师詹姆斯·韦伯·扬（James Webb Young）曾提出著名的"创意魔岛效应"（The Magic Island Effect）：古代传说中水手会看到有些南太平洋的岛屿会突然出现，但科学家知道，那些岛屿并非凭空出现，而是海面下数以万计的珊瑚礁经年累月所形成的，只是在最后一刻才突然出现在海面上。策划创新亦然。一切有价值的创新都是经过反复酝酿、艰苦思索、厚积薄发而来，绝非灵光一现、妙手偶得。

五、检验创新阶段

创新思路或创意初步形成之后，就需要结合实际情况进行检验。检验创新通常有三个原则：一是独特性，或者与主题的契合度与贴近性。也许一个创意具有震撼性、新奇性，但如果不能准确地反映主题，那么这种创意就是没有效度的。二是新颖性，即创意能够在意料之外、又在情理之中，不是抄袭别人的创意，具有较好的原创度和个性。三是可行性。如果一个策划的创意或创新方案没有可行性，那么基本没有多大价值。因为策划的指向是落地实施，不是纯粹的理论探索。在检验之后，即需对创新创意方案（或观点）进行不断的调整与完善，直到贴近实际，具有很强的实践指导价值。

知识拓展：创意生成的"两大原则"和"五个阶段"

詹姆斯·韦伯·扬是美国著名的广告人，曾任智威汤逊广告公司（J. Walter Thompson）的创意总监。他是通才杂学的广告大师，广告创意魔岛理论的集大成者，建立了智威汤逊的国际网络。他的一生著作甚多，其中最有影响的当属《怎么成为广告人》《创意的生成》，尤其后者，虽然创作时间较早，却流传甚广，时至今日仍被广告界奉为经典之作，是美国广告学科系学生的必读书之一。

韦伯·扬在谈论具体创意步骤前，特别强调了广告创意的两项重要原则。

> 第一个原则：创意其实并不深奥，不过是旧要素的新组合。
>
> 第二个原则：要将旧要素构建成新组合，主要依赖以下这项能力，即能洞察不同事物之间的相关性。
>
> 在此基础上，他提出了创意生成的五个步骤：
>
> 步骤1：收集原始资料。原始资料分一般资料和特定资料。一般资料是指人们日常生活中所见所闻的令人感兴趣的事实；特定资料是与产品或服务有关的各种资料。旧要素即从这些资料中获得，因此要获得有效的、理想的创意，原始资料必须丰富。
>
> 步骤2：内心消化过程。在头脑中反复研究这些素材，这一步骤就像吃饭一样，将对所收集的资料不断进行咀嚼、消化和吸收。
>
> 步骤3：创意孵化阶段。将不同素材交给你的潜意识去整合。酝酿在这一阶段，创作者不要做任何努力，尽量不要去思考有关问题，一切顺乎自然，简而言之，就是将问题置于潜意识之中。
>
> 步骤4：创意的诞生。韦伯·扬认为，如果上述三个步骤创意人都认真踏实，尽心尽力去做，那么几乎可以肯定地说，第四步会自然而然地出现，创意会在没有任何先兆的情况下突然之间灵光闪现，换言之，创意往往是在竭尽心力，停止有意识的思考后，经过一段停止搜寻的休息与放松后出现。
>
> 步骤5：修正创意。一个新的构想不一定很成熟、很完善，它通常需要经过加工或改造才能适合现实的情况。
>
> 资料来源：詹姆斯·韦伯·扬.创意的生成[M].祝士伟,译.北京：中国人民大学出版社,2014：77.

第三节　创新思维方法

　　创新思维是人类思维的高级和积极形态，是人在一定知识、经验和智力基础上，为解决某种问题，突破旧的思维模式，产生新设想、新方案或新路径的创造性思考方式。创新思维是策划活动创造性的基础，是策划生命力的源泉。提高策划人的创新能力，从根本上而言，就要从培养创新思维入手。创新思维类型多样，本节主要介绍发散思维、聚合思维和想象思维三种。需要说明的是，正如《吕氏春秋·察今》所言："良剑期乎断，不期乎莫邪。"在这些方法中，没有最好的方法，只有最合适的方法。

一、发散思维

发散思维又称扩散思维、辐射思维等，是根据某一点信息（或称信息源、思维基点、出发点），应用已有的知识、经验，通过观察、实验、推测和想象，并沿着不同的方向去思考、重组已有的信息，进而产生新的信息的方法。❶它最大的特点是由一点向四面八方扩散，从不同的方向、途径和角度思考同一个信息或问题。我们以水杯为例，要求运用发散思维说出其尽可能多的用途，如喝水、漱口、笔筒、花盆、打击乐器、装饰品和魔术道具等。按照这种思路，我们还可列举出水杯大量的新用途。"发散思维的重点不是努力找到具体的答案，而是尽量想出各种可能的解决方案。"❷很多科学发明就得益于发散思维的启示。

所谓发散思维能力，就是以一个问题或信息点作为思维的出发点或中心，从多层面、多方位探求不同的、富有创新性答案的能力。我们常说的"举一反三""触类旁通"，即是发散思维能力的典型体现。在创新实践中，运用发散思维，通常可以有效地开拓思路，摆脱传统习惯的束缚和禁锢，创造出多种解决问题的新办法。根据思维发散的方向、大小和程度的不同，又可以细分为横向思维、逆向思维、侧向思维、颠倒思维等多种具体形式。

知识拓展：发散思维能力训练

（1）想要了解中国女排最新的赛事信息有多少种途径？
（2）司马光除了砸缸，还有多少种办法？
（3）曹冲除了用大船称象，还可以用什么方法？
（4）一个塑料袋除了装东西，我们还可以用来做什么？
（5）一支粉笔除了写字，还有哪些用途？
（6）5G时代将会对媒介使用产生什么影响？
（7）选择身边的任意一件物品，想象一下它有多少种用途？

---

❶ 张浩，张志宇. 文化创意方法与技巧［M］. 北京：中国经济出版社，2010：27.
❷ 托马斯·沃格尔. 创新思维法：打破思维定式，生成有效创意［M］. 陶尚芸，译. 北京：电子工业出版社，2016：23.

（一）横向思维法

横向思维（Lateral Thinking）是英国剑桥大学教授爱德华·德博诺（Edward de Bono）针对纵向思维（Vertical Thinking，即传统逻辑思维）提出的一种看问题的新程式与新方法。他认为，人们在生活中碰到常规办法无法解决的问题时，应尝试换个角度，使用新的思考方式来寻求解决问题的方法。

所谓横向思维，是指突破问题的结构范围，从其他领域的事物、事实中得到启示而产生新设想的思维方式。由于改变了解决问题的一般思路，试图从其他方面、方向入手，其思维广度大大增加，有可能从其他领域中得到解决问题的启示。有个形象的比喻非常贴切：一条被困在竹节里的虫子想看到外面的世界，一种方法是打通竹节逐步往上爬，也就是纵向思维；还有一种是穿透竹壁，也就是运用横向思维，结果显而易见，横向破壁无疑可在更短时间内到达外面世界。随着信息时代行业交织、领域交叉、知识交融程度的不断加深，横向思维在创新方面也越来越彰显独特的价值。

如何才能形成良好的横向思维？

一是突破逻辑定式。逻辑强调前因后果，时间上的线性和行业上的垂直性，因此，横向思维首先就要摆脱线性和垂直性逻辑的束缚，用横向和跨界的思维来思考问题。因为从哲学层面而言，任何事物都不是孤立存在而是相互联系的，通过触类旁通，可以发现许多创新的切入口。也即是说，可以利用某个行业或学科已经形成的经验创造性地解决另一行业或学科中出现的问题，如苹果手机的成功主要源于横向跨界思维。

二是夯实"T"形知识结构。横向跨界的前提是拥有开阔的视野、广博的知识、丰富的阅历，能够旁征博引，超脱专业的桎梏。对于策划人而言，不仅应具备策划领域知识，还需熟知经济学、管理学、营销学、历史学和社会学等多学科知识，做到兼收并蓄、取长补短、融会贯通。只有如此，才能为横向思维提供肥沃的土壤和坚实的基础。

三是加强与不同领域专家交流。知识积累是一个漫长的过程，为了提高工作效率，我们可以借助别人的专业知识为自己服务，如经常就某个问题，与不同领域的专家进行探讨，听取和整合他们的建议，从而形成创新的想法与方案。其中，头脑风暴会、专题座谈会和深度访谈等，都是有效的交流方式。

知识拓展：横向思维的七条箴言

横向思维的提出者爱德华·德波诺（Edward de Bono）教授提出了培养这种思维的七条箴言。

第一，要养成寻求尽可能多的不同探讨问题方法的习惯，而不要死抱住显得好像最有希望解决问题的那种办法不放。人们可以给自己提出一个可供选择的方法的定额，它可以起一种刺激作用，以期头脑不断地寻求观察问题的其他办法，寻求类比和可能的联系。

第二，要对各种假定提出诘难。通常情况下，人们在思考某件事情时，总可作出几种假定——它们往往看来是如此明显，以致我们会无意识地把它们视作当然。但是，当抱着怀疑的态度仔细追究时，它们可能被证明是不可能的或不恰当的，并因此将思想上的障碍扫清。

第三，不要急于对头脑中涌现出的想法加以判断。众所周知，许多科学发现常以假线索作为先导，因此在没有探究某种想法会引导出什么之前，不要将其放弃，它也许能孕育出更进一步的想法，目的是发现一种新的有意义的思想组合，而不问是通过何种途径实现的。

第四，使问题具体化，使之在头脑中形成一幅图像。这幅图像可以通过改变各个部分，或对它们进行重排而予以重新构思。要能注意到分歧点，发现相互的关联，考虑到各部分的功能，以及怀疑的限度。

第五，要把问题分成独立的几部分。这不同于传统的分析法，传统的分析法是一种系统的分解法，其目的在于对问题作出解释。与此不同，目的是对各部分作出鉴别，以便将它们重新排列，重新构成问题。这种新组合切忌把各部分放回到它们原来的位置上，那样只会把你引到最初的死胡同里，应该尽量使各部分颠倒和混合。

第六，要从问题之外寻求偶然的刺激。有几种办法可做到这一点，如逛逛大百货商店，或者小型的玩具商店，只是随便看看，或者也可以随便从字典里查一个词。偶然碰到的对象，或来自字典中的一个词，都可能引出一批有关的想法，而其中之一也许由于一个幸运的机遇，以致使该问题迎刃而解。

第七，要参加那种新观念的启发性集会。通过集会与交流，特别是头脑风暴会等形式，不断拓展思维的广度。

资料来源：《关于横向思维的七条箴言》，2011-04-11，http：//www.360doc.com/content/11/0410/17/3114071_108632820.shtml。

（二）逆向思维法

逆向思维，顾名思义，即是一种反常规、反传统、反顺向的思考方法，集中体现了创新思维的独特性、批判性和反常规性。其基本原理是事物都有矛盾的正反两面，并且二者可以相互转化，其基本思路是从事物的矛盾性出发，找准事物的对立面，并以此为基点展开构思。

事实上，在我们寻求创新时，往往会受到习惯思维的影响，陷入一种既定的或先入为主的方向，常常苦思无果。这时，如果能调过头来，从事情的反面思考，也许能够产生意想不到的结果。例如，由外燃机到内燃机，从固定电话到移动电话，从凸透镜到凹透镜等案例。著名的"岛上无鞋"的寓言故事，也是逆向思维的典型运用。故事说的是两个人到岛上去卖鞋，却发现岛上没有人穿鞋，于是一个人认为这里没有市场，另一个人认为潜在市场很大，最后成功的自然是后者。因为他通过逆向思维，从"无"中洞察到了"有"。

如何才能培养逆向思维能力？

第一，熟悉事物矛盾辩证统一的内在规律。"反者道之动，弱者道之用。天下万物生于有，有生于无。"❶事物的矛盾和对立转化是永恒不变的规律。逆向思维不是哗众取宠，刻意跟人唱反调，而是在正面难以攻克难题的情况下，以正向思维为参照，从逆向出发进行突破，进而获得与众不同或新颖独特的创意方案。这要求在创新中，要熟悉事物的矛盾方面，具有辩证的思考能力，能够从对立的、颠倒的、相反的角度去思考问题。例如，我们在营销策划中常说的"需求痛点就是创新热点"，从需求端视为难解的问题，对于供给端而言即是难得的机会。

第二，在生活、工作中锻炼"反"的意识，即凡事我们都可以从相反的方向想一想：变肯定为否定，或变否定为肯定；变正面为反面，或变反面为正面。也就是说，不仅要看到事物的正面，还要考察其反面；不仅要看到正面的效果，也要预计可能出现的反面情况。正如汉弗莱·B.尼尔（Humphrey B. Neill）在《逆向思考的艺术》（*The Art of Contrary Thinking*）中所说，逆向思考让我们考虑到所有的可能性，而不至于一条路走到黑。但需要注意的是，我们强调"反"的意识，并不是说所有的逆向思维都优于正向，而是要具体问题具体分析，根据二者相互比较的结果来制定具体策略。

第三，掌握逆向思维的切入技法。这里主要介绍常用的两种：一是反转型逆向思维，即是从已知事物的功能、结构、状态、因果关系等方面做反向的思考，如由外燃机发明出内燃机，就是利用结构反转的创新成果；二是缺点逆向思维，即是将某一事物的缺点通过场景、目的、功能等方面的改变，让缺点变成可以利用的东西，变被动为主动、化不利为有利。例如著名作家张贤亮提出了"出卖荒凉"的概念，将荒凉的大西北沙漠、古堡变成了极具地域特色和文化风情的影视城，影星周星驰和朱茵主演的古装喜剧片《大话西游之大圣娶亲》就选景于此。

---

❶ 老子. 道德经[M]. 陈默, 译. 长春：吉林美术出版社，2017：120.

> **案例链接**
>
> ## 贝佐斯的逆向思维
>
> 亚马逊（Amazon）在贝佐斯（Jeff Bezos）的带领下，在2017年6月初亚马逊股价突破1000美元，成为这个世界上最值钱的五家公司之一。谈到亚马逊的成功，贝佐斯说："我自己常被问一个问题：'在接下来的10年里，会有什么样的变化？'但我很少被问到'在接下来的10年里，有什么是不变的？'我认为第二个问题比第一个问题更加重要，因为你需要将你的战略建立在不变的事物上。"把战略建立在不变的事物上是贝佐斯管理哲学中的"逆向工作法"。每当他不得不做出重大决策时，他常常会以这种方式来思考问题。
>
> "逆向工作法"给亚马逊和贝佐斯以极大的帮助。贝佐斯认为，亚马逊网站设计的总体哲学是对客户友好，应该将注意力放在顾客身上，而不是网站上。他的目标不仅是让浏览书籍变得更容易，而且要让这成为一种愉快的体验。正是在这种哲学之下，亚马逊发明了"一键下单"功能以方便顾客购买，还有"书内阅读""书内搜索"功能，获得了广大顾客的喜爱和追捧。
>
> 资料来源：前瞻产业研究院《亚马逊贝佐斯的"逆向工作法"》，2017-06-29，http://m.sohu.com/a/153011956_473133。

（三）侧向思维法

侧向思维是正向思维的有益补充。当正向思维遇到瓶颈时，侧向思维避开问题的锋芒，从侧面去想，从问题的次要方面或者不那么重要的地方去突破。在这些地方多做创新，把它挖掘出来，并把它的价值扩大，如此往往会获得意想不到的效果。与横向思维强调跨界不同，侧向思维着力从正向的次要方面去找突破口，这在回答或者处理两难问题时常常能出新出奇。

如何锻炼侧向思维能力？以下经验值得借鉴：

一是不要忽略事物的次要部分。我们知道矛盾着的两方面是相互转化的，次要方面在一定的条件下也能变成主要。这要求我们观察事物和处理问题时，要充分注意次要因素，特别是位于第二位或"腰部"的要素，因为它们非常有潜力成为首要因素，或者成为搅动一个鱼塘的活跃的"鲇鱼"，如中央电视台曾经开展的"腰部启动战略"。

二是学会侧翼出击的借势策略。侧向思维有时候是从侧面借势，经由常人始料不及的思路达到预定的目标。例如，经典的出租汽车公司广告，"我们是老二，所以更努力"，青花郎提出的"两大酱香白酒之一"。我们经常说的第三代产业园、发展的第三极等，都是从侧翼出击。

案例链接："腰部启动战略"

2003年11月18日，近千人把能容纳700多人的梅地亚宾馆二楼会议厅挤得水泄不通。在央视黄金段位广告招标大会抛出的标的物共有224个，报名参与招标的企业有156家，比往年增长了25%，其中新客户增长了50%以上。

长期以来，央视作为我国的媒介之王，因其资源的独占性而无人可以匹敌，但面对日益泛滥的资讯和多样化的传播途径，央视开始了锐意的改革以应对挑战。其中，非常引人注目的就是大力开发"腰部"品牌，顺利启动大客户市场。

"腰部启动战略"是央视营销策略中的重要组成部分。2003年，统一润滑油一举成名，销售额同比增长了300%，短短一年，就从一个不为人知的品牌成为人们心目中的"润滑油第一品牌"。业内人士分析，选择统一润滑油这种在业界处于"腰部"地位的品牌正是央视的杀手锏。当"央视支持统一"的说法在坊间盛行之时，业界的领先者坐不住了。中石油旗下的昆仑润滑油不仅在央视的黄金时段大举投放广告，还在"标王"之争中投下血本。业内人士透露，乳业中的完达山、酒中的宁夏红和奥康皮鞋都是央视"腰部启动战略"的一部分，他们扮演黑马刺激了同行业的领导品牌，也为新的黑马树立榜样。

资料来源：《央视广告：从坐商到行商》，2010-06-21，http://zaizhi.eol.cn/bschool_jdal_10030/20100621/t20100621_487946.shtml。

（四）分解思维法

墨子有句很有哲理的名言："一尺之棰，日截其半，万世不竭。"这告诉我们事物是可以进行无限细分的。所谓分解思维法，即是将某一整体事物（或原理、结构、功能、用途等）按照一定的标准分成有机联系的若干部分，以求得发明与创造的方法。分解思维法通常可以快速地切入问题的本质，找到最佳的内在联系，实现局部突破，进而带动问题的整体解决。

如何才能培养分解思维能力？

其一，有根据地"分"。分解事物不能机械地为"分"而"分"，而是要依据其内在逻辑联系。例如，可以将企业的内外事务分解成"产、供、销、存"，是因为这四者之间具有内在的产业链关系，因此，策划人先要把握整体，然后再分解。要学习"庖丁解牛"，"牛"是整体，各个身体部位是局部，只有掌握了整体与部分、部分与部分之间的关系，分解起来才能游刃有余。

其二，有效用地"分"。分解的作用即是要将复杂的问题简单化，便于突破与解决。例如，企业不细化评估指标，就无法将任务与员工的岗位责任联系起来，就无从考核员工、激励员工，但这种细化并不是越小越好，管理和考核得过细，不仅会增加考核成本，也会严重地束缚员工的积极性。

其三,"分"是为了更好地"合"。没有分析,就没有综合;没有分解,就没有整体。分析是为了更好地综合;分解是为了更透彻地认识整体,促进整体。正如《三国演义》的开篇名言:"天下大势,分久必合,合久必分。"这也道出了思维发展的普遍规律,"分"孕育着"合"力,"合"孕育着"分"力,分合互动才能将事物不断推向前进。

案例链接 希尔顿饭店创始背后的"套路"

著名的希尔顿酒店(Hilton Hotels Corp)产业创始于20世纪20年代。当初,创始人希尔顿(Konrad N. Hilton)在达拉斯商业街上漫步,发现这里竟然没有一家像样的酒店,而不久这里即将建成的服务设施势将吸引大量游客,于是他萌生了建一家高级酒店的想法。

希尔顿是一个创造力与行动力都很强的人,想到就去做。他很快就看中一块"风水宝地"。酒店属于典型的服务业,对这个产业影响最大的因素就是位置,选择一个好的位置,即使初始投资较大,也会很快在后续的有利经营中收回,所以希尔顿决心一定要拿下这块风水宝地。

这块地的出让价格为30万美元,而他眼下可支付的资金仅仅5000美元!况且,解决地皮之后,还要筹集大量的建设资金,所以表面上看这个项目显然不可行,但他没有放弃,他把这个难题进行了分解。首先,他把30万美元的地皮费用分解到了每年每月。他对土地所有者说:"我租用你的土地,首期90年,每年给你3万美元,按月支付,90年共支付270万美元,一旦我支付不起,你可以拍卖酒店……"对方感到占了个大便宜。签订了土地租赁协议后,希尔顿马不停蹄,将自己开酒店的方案及诱人的经营远景讲给投资商听,很快与一个大投资商达成了协议,合股建设酒店。酒店如期建成,经营效益超出先期预料,获得了巨大成功。从此,希尔顿走上世界级酒店的王者之路,一度跻身全球十大富豪之列。

资料来源:史宪文《希尔顿饭店创始背后的门道》,2011-01-25,http://blog.sina.com.cn/s/blog_4c61dd140100ordk.html。

(五)质疑思维法

质疑思维是指策划人在原有事物的条件下,通过"为什么"(可否或假设)的提问,综合应用多种思维改变原有条件而产生新事物(新观念、新方法)的思维。也就是说,质疑思维方法的主要特征是在原有事物的基础上进行"假设性"的提问,所以这种方法又称为"设问法"。

质疑思维的主要武器是疑问——充分体现在问"为什么"上。这是探索问题的切入点,表达了一种开发、开掘的欲望,是发现和提出问题的钥匙。其最鲜明的特征是敢于突破权威、突破定论，在思考和解决问题的过程中，坚定独立、坚韧执着、穷追不舍，有一种不达目的不罢休的探索精神。质疑思维的重要价值在于它的怀疑性、求实性、求真性。通过不断的提问，逐步逼近事物的本质与真相。

如何培养质疑思维能力？

其一，起疑思维，即以"为什么"为关键词，以疑问句作为思考的起始点，探究事物的起因和本质属性。要有"怀疑一切"的探索精神，通过对现有的理论、观点、创意、方案或事件的真实性发起质疑，不轻易相信别人的论断。

其二，提问习惯。心中要有"十万个为什么"。在策划实践中，即是要把相关问题以提问的形式列举出来，制成一个问题表。通过问题，以启发创造性设想。例如，我们要进行一次产业更新的策划，就可以列出"为什么要更新、有更新的资源支撑吗、现有的产业更新思路对吗"等系列问题。

其三，不断追问。围绕创新主题，用第一个"为什么"引出问题，并追问"为什么"。在此过程中，逐渐产生独特、新颖、有价值的观点或见解，并将其不断完善，形成创新的建议或方案等。

（六）求异思维法

求异思维法也称差异化思维法，即是以一定的知识、事实或竞争者为参照坐标，深入分析其特点，然后寻找与之不同的特色，进而实现创新突破的思维方式。其核心要点是对比参照物，刻意追求差异化、刻意标新立异。与逆向思维不同，求异思维的主要策略是寻找不同，而不是相反与相逆。

如何才能提升求异思维能力？

其一，同中寻异。这是求异思维法最常见的使用场景。从看起来相同的事物中发现不同点，这是一种十分重要的思辨能力。这种思维往往借助分析和比较，从更细微、更深入的层次和角度对事物的差异性和独特性进行考量，从中获得新认知。例如，儒家文化底蕴同样深厚的两座城市，如何进行差异化的定位与发展，这就需要策划人深入研究对比，从同中找到差异。

其二，异中寻异。简而言之，就是从不同的事物中找出为何不同的原因，进而通过类比、模拟等多种方式实现创新。例如，策划一家文化产业园区，此时我们可以同时分析科技产业园区，归纳总结它们各自的特征，然后总结出科技园区策划、建设和运营成功的经验，因地制宜，融入文化产业园区设计。

二、聚合思维

与发散思维相比，聚合思维是一种收敛型的思维方式。其特点是在思维过程中，将两个或者两个以上独立的事物或因素通过巧妙的整合、重组或聚变，进而获得具有创新性的观点、方法或方案。根据聚合的具体形式不同，又可分为捆绑连接法、组合思维法、重点聚焦法、求同思维法和弱点聚焦法。

（一）捆绑连接法

所谓"捆绑连接法"，就是将两个或多个事物通过某种纽带或内在逻辑联系起来，进而使一事物能够借助于其他事物，增加自身发展速度和价值，正如御敌需要"统一战线"、竞争需要"战略联盟"、团队需要"合作伙伴"一样。在遇到问题时，通过探索运用捆绑连接之法，亦可实现创新突破。

知识拓展："齿轮理论"

智纲智库认为，在策划城市定位时，不能局限于自己的"一亩三分地"。如果游离于大的经济环境和分工协作的格局之外，按照自给自足的眼光进行简单的城市规划，往往事与愿违。如果说城市定位有窍门和捷径可言，那就是紧密结合周边环境和经济形态的变化，把自身变成一个齿轮，死死地咬住区域中心城市这个大齿轮，大齿轮转一圈，自己跟着转十圈。

例如，在2000年智库为廊坊市制定发展战略时，提出了"金钩战略"，即借助廊坊紧邻北京这一世界级城市的巨大辐射力，将自己的发展挂靠在北京的发展战略上，主动服务北京、对接北京，借势北京实现自身发展。从近20年的实践来看，这一战略基本是成功的，有力地促进了廊坊的建设。

资料来源：王志纲工作室.找魂：王志纲工作室战略策划10年实录[M].北京：东方出版社，2007：39.

如何才能提升捆绑连接能力？

一是捆绑嫁接，也可以称为"移花接木"，就是将本来为甲事物的东西嫁接或挪用到乙事物，通过这种张冠李戴的技巧，有时候可以产生意想不到的效果。当然，其前提是策划人要知识广博、思维活跃，才能旁征博引、信手拈来，否则生搬硬套、贻笑大方。

二是谐音连接，即是通过汉语的谐音现象将两个本来毫无共同属性的事物连接在一起，特别是当一些新兴品牌的名字与大家所熟悉的字词捆绑之后，前者通常可以借助后者的势能快速地实现广泛传播。有时候谐音也会引发误解，但如果利用得好，这种误解也是一种重要的创新手段。

案例链接：诸葛亮巧说"二乔"

面对曹操大军压境，周瑜本是主战派，但他在诸葛亮面前偏偏声言不敢战，实际上是想在诸葛亮面前卖关子，让其难堪。

诸葛亮为了激起周瑜的主战情绪，灵机一动，说：曹操本来不是想取江东土地，而是要两个美女，一个是大乔，一个是小乔。周瑜问有何依据，诸葛亮就引用了曹操之子曹植的诗："……揽'二乔'于东南兮，乐朝夕之与共，瞰云霞之浮动，俯皇都之宏丽兮，休矣，美矣……"这样一首听似极具侮辱性的淫诗，立刻惹得周瑜勃然大怒，因为小乔就是周瑜心爱的夫人，他要与曹操势不两立，卖关子没卖成。其实，这里的"二乔"不是指两个美女，而是指铜雀台前的两座过桥，被诸葛亮故意篡改了诗意。诗歌与曹操的战争动机没有丝毫关系，诸葛亮利用谐音，巧妙篡改诗意，就使诗歌与战争动机紧密地联系在了一起。

资料来源：史宪文.现代企划：原理、案例、技术[M].北京：清华大学出版社，2010：141.

三是捆绑借势。正如荀子所言："君子性异也，善假于物也。""假"通"借"，是捆绑连接的目的，"势"是捆绑连接的对象。在这种思维中，关键是要找到"合适借"和"能够借"的对象。至于具体如何借，需要因时因地因人制宜，才能借得"巧"、借得"自然"，否则硬性捆绑、蓄意炒作、适得其反。

案例链接：借总统之名宣传畅销书

某出版商有一批滞销书急于出售，便给总统寄去一部，并三番五次地要总统提意见。出于应付，总统随便回了个便条："这书不错。"出版商如获至宝，大肆宣扬："总统喜欢的书！"于是，支持总统的选民把书抢购一空。

不久，出版商又出了一本书，如法炮制。总统吃一堑长一智，不再上当了，便批了一句"这书糟糕透了"。没想到，出版商又一轮广告刊登出来："这是总统讨厌的书！"猎奇的读者把这本书抢购一空。

出版商第三次给总统寄书，总统干脆一言不发。没想到，出版商又利用了总统——"这是总统难以下结论的书"。一批研究者把书买走了。

在这个案例中，读者对"总统喜欢读的书"有利益感，是利益性切入；而把总统不理会的书说成是"总统难以下结论的书"，抓住了读者的好奇心，是信息性切入。根据总统的态度变化，接连三次捆绑借势总统，获得了商业成功。

资料来源：史宪文.现代企划：原理、案例、技术［M］.北京：清华大学出版社，2010：146.

（二）组合思维法

组合思维法即是将原本不相关的因素或资源按照一定的规则或方式组合在一起，产生新的功能与效果。例如，最开始的手机只能打电话，后来增加了喇叭、照相机后就有了播放音乐与照相的功能。随着数字网络技术的进步，更多的功能被整合进来，现在几乎是"一机在手，走遍天下无忧"。

组合思维法是创造发明的重要方法，也是策划思维的重要特征。策划人是整合大师，是将文化与商业、知识与利润有机结合起来的人。组合思维要求策划人通过全新的理念和思路，对貌似无关的各种要素、资源重新整合，使之产生"1+1>2"的经济和社会效益。这些要素包括生态的、经济的、政治的、社会的、及其他显性或隐性的要素。所谓"山间之明月，水上之清风"，只要思路巧妙，运用得当，都可以纳入策划。

如何强化策划人的组合思维能力？

第一，掌握组合的四种类型。万事万物都有其特定的内容（Contect）与形式（Form）。如果以内容和形式为组合的维度，就可得到四个组合象阵：①CC组合，即不同内容之间组合而成新内容，如古登堡印刷机，即是约翰内斯·古登堡（Johannes Gutenberg）将活字印刷术、油墨、纸张和印刷机本身与螺旋压榨技术（用于制造葡萄酒）结合起来产生的颠覆式创新。②FF组合。不同形式之间组合而成新形式，如音乐与舞蹈两种表现形式相结合，就产生了歌舞剧。③CF组合。相同的内容与不同的形式组合而成新事物。我们常说的"新瓶装旧酒"就是典型体现。这种方法在产品策划中经常运用，如一些企业通过更换包装、LOGO等方式，给消费者造成耳目一新的感觉。④FC组合。相同的形式与不同的内容组合而成新事物。例如，汽车最开始只是交通工具，随着多元的内容组合，逐渐变成了移动智能型的综合服务平台。整体而言，在策划创新时，我们可以围绕这四种类型展开思考，实现思维突破（见表8-1）。

表8-1　创新组合的四种类型

	B内容（C）	B形式（F）
A形式（F）	FC组合法 （相同形式与不同内容组合而成新事物）	FF组合法 （不同形式之间组合而成新形式）
A内容（C）	CC组合法 （不同内容之间组合而成新内容）	CF组合法 （相同内容与不同形式是组合而成新事物）

第二，强化组合思维锻炼。新想法经常是旧要素的新组合，所以平时要敢于尝试各种各样的新组合，进行思维锻炼。例如，随意选择任何东西，如一种颜色、一种动物、一个产品或一个行业，然后思考各种可能的组合，当脑子灵光乍现时要及时记录下来。同时，要注意组合结构或内在关系问题，同样是碳元素，可以组合成石墨，也可成为金刚石。当然，组合思维亦非万应灵丹。组合只是手段，增值才是目的。

（三）重点聚焦法

重点聚焦法亦可称为极致思维法，即是从多要素中寻找和确定具有全局性、战略性的关键性要素，然后集中精力、重点突破，以点带面解决整体问题。谚语说："伤其十指，不如断其一指。"重点聚焦法要求我们在创新时，必须敏锐找出关键点，以点实现突破。

策划人应如何提升聚焦思维能力？

首先，锻炼抓关键要点的能力。事物或现象通常错综复杂，策划人在面对问题时，头脑中要浮现"关键少数"一词，看哪个要素与其他要素关联度最高、关联线索最多，在全局中处于"牵一发而动全身"的地位，然后将其找出来。一旦找出这个"关键"要素之后，再反思：如何利用这个"关键"要素去带动其他要素，反复思考"关键"与"带动"，重点就会浮现出来。当然，事物是发展变化的，重点和非重点之间也可能相互转化。这就要求我们用动态的思维来考察当下的重点要素，注意灵活性，避免"刻舟求剑"的错误。

其次，掌握关键词提炼能力，即能够将核心要素用关键词（名词概念、动词等）的形式表达出来，也可以称其为"词核"。它能够聚焦我们的思考精力，指引思维导向，引发相关的创意或联想。可以说，关键词是开启我们聚焦思维之门的钥匙，但具体选择什么词语作为关键词，这跟策划人的知识结构、思想观点和策划主题等密切相关。这也是不同人策划同一事物，但方案有所差异的原因之一。

最后，关键要素做到极致的能力。找到关键点或关键词，才是策划的起点。一个完整的策划方案还需要围绕这些关键要素，最大限度地配置资源，如资金、人才、土地和政策等，快速实现"点"上的突破。特别是在策划一些资源较少的企业或城市发展战略时，必须围绕自身特色，以"咬定青山不放松"的精神，集中优势资源构筑核心竞争力，在一个"点"上实现引爆。如果奉行平均主义或中途放弃，最后难免做得不痛不痒，陷入平庸无为的被动境地。

案例链接　　袁家村为什么能快速崛起？

号称"关中第一村"的袁家村位于中国陕西关中平原腹地，地势西北高、东南低，是乡村休闲旅游的杰出代表之一。袁家村有着丰富的历史文化资源，但最丰富的还是关中美食。

为充分发挥美食这一优势，袁家村将村落主要聚集区全部改造为西北小吃店面。其采用第一年全免租的方式，将西北各类小吃店招商至村内，然后采用以营业额为核心兼顾口碑与特色的店面排名系统进行每个月提名，对排名靠后的10%进行强制的末位淘汰，对排名靠前的给予租金减免奖励措施，迫使各店面不断创新、坚持不懈地提高品质与服务。

如此一来，西北美食成为袁家村的核心吸引物，一个村单日游客量就超过20万人次。现如今，袁家村的关中美食已成为袁家村关中文化体验区的重要组成部分，美食名片的形成也提升了关中文化体验区的吸引力，促进了整个地区的发展。

资料来源：《当舌尖遇上美色：旅游与美食如何携手共塑区域品牌形象》，2018-06-18，http：//www.sohu.com/a/234671629_173266。

（四）求同思维法

求同思维是指在思维过程中对信息进行抽象、概括，使之朝着一个方向集中、聚敛，从而找出事物的共同点，形成一种答案和结论。换而言之，在创新过程中将所感知的对象、收集到的信息依据一定的标准"聚集"起来，探索其共性和本质特征。[1]在这个过程中，策划人首先面对的是各种处于混沌状态的信息和素材，可能杂乱无序，特征也不甚明显；随着策划人思维活动（如分析、思辨、判断等）的介入，思考主线日渐清晰，事物或信息的共性也逐渐显现。策划人适时抽象出其中的共性因素，形成创新的观点或方案。

案例链接　凯文·凯利的"进化共同体"

石头、虫子、雄狮、人，它们之间有什么共性？

凯文·凯利（Kevin Kelly）认为，整个世界的物质都是可以打通的。从一块石头，到青蛙、人类、机器、国家、互联网，都是打通的。大家都是遵守同一个游戏规则，在同一个序列里进化的东西。在书里，凯文·凯利给这些东西起了一个名字，叫进化体，进化体的演化过程就是整个地球的主题曲。

凯文·凯利认为，如果让我们把所有地球上的物体按照复杂度做一个从简单到复杂的排列的话，我们能得到一个大斜坡。有点像手机信号的那个标志，左边低，代表简单，右边高，代表复杂。斜坡的最左边，也是最简单的东西，是一颗氢原子。假设氢原子就是最简单的，那排在氢原子右边的，在斜坡上稍微靠上一点的，是各种元素。再往右边，就是一些无机物，如石头，石头就是碳酸钙，是由钙、碳、氧三种元素组合成的物质。再往后是有机物，如氨基酸，然后就是我们平时所说的生命，从最简单的病毒到细菌，再到我们人类。其实，人类就是一个各种元素和进化体的群团。人体有90多种元素，还有好

---

[1] 张浩，张志宇. 文化创意方法与技巧［M］. 北京：中国经济出版社，2010：58.

多细菌，我们身上还穿着各种布料，戴着各种金属，每个人都是一个混合体。而在人类的上面，是由人类和各种设备组成的群团，如家庭、公司和国家。

在凯文·凯利眼里，这个斜坡上的所有物体，其实都是一种东西——进化体，而这些进化体一共有四个共同特点。《失控》（Out of Control）这本书主要就是在帮我们分析这四个特点：第一，进化体之间的分界是模糊的；第二，进化体有一个变复杂的意愿；第三，进化体是失控的；第四，进化体是一个整体，下层无法理解上层。

资料来源：怀沙《解读〈失控〉》，2018-07-03，http：//www.doc88.com/p-3055043011514.html。

如何才能提升求同思维能力？

其一，锻炼提炼共性特征的能力。在思维创新过程中，策划人不要被事物的外在差异性所迷惑，而应多做细致的观察与细心的思考，努力从差异中寻找事物的共同本质，一旦找到了共性，就是对思想的一种突破和深化。在策划实践中，求同思维非常适用于多案例分析，通过从多个案例中抽出共性，就可以为类似案例提供有益的参考。例如，我们发现在多个文化产业园区发展中，对公共空间和公共服务越来越重视，就意味着策划新园区时必须考虑这些共性因素。

其二，不断提升借鉴基础上的创新能力。求同思维还有一种表现就是"向标杆事物趋同"，如丰田公司采取质量管理法取得了重大的成绩，那么作为后起的汽车生产公司，可以采取借鉴丰田的质量管理法，让自己一开始就站在较高的水平和起点。需要注意的是，这种趋同不应是简单的抄袭，而是一种模仿性创新，模仿只是手段，最根本的目标是超越标杆。

（五）弱点聚焦法

弱点聚焦法也可称克弱思维法，是指从研究事物的弱点入手，攻克其弱点而取得创新的思维方法。弱点聚焦法还可以直接运用于对某一方法或某种产品弱点的克服上。世界上没有十全十美的方法，也没有十全十美的产品，总是有这样或那样的不足。弱点聚焦法引导人们自觉地去克服这些不足。弱点克服之时，便是创新成功之日。该方法是古今中外创造发明中运用最多、最行之有效的方法之一，也是创造性思维的重要类型之一。

如何才能培养出克弱思维能力？

第一，善于发现事物的弱点。弱点就是改进的机会。在策划实践中，策划人需要敏锐地捕捉到一个城市、企业或项目的弱点，然后主动去克服弱点。例如，西部城市在发展文化产业时，面临文化人才匮乏的弱势，这时就需要策划人通过各种方式克服此弱点。还有印刷术的改进，也是克弱思维的典型体现。

> **案例链接：印刷术的演进**
>
> 秦代之前，除秦始皇的"玉玺"外，不论官方或民间，人们都只知道用手抄书。汉朝，为了克服手抄书太费事的弱点，有人把文章刻在石板上，再涂上墨，然后在上面用纸一拓，印成书。显然，石板坚硬，刻字艰难。隋朝，有人克服了石板坚硬不易刻写的弱点，想到了在木板上刻字印书，称为雕版印刷术。不过雕版印刷术还有石板上刻字的弱点，倘若刻错一个字，则整板字前功尽弃。北宋，毕昇克服了雕版印刷术"死"的弱点，创造发明了活字印刷术，成为中国古代的"四大发明"之一。

第二，找到改正弱点的方法。克弱思维法创新的核心体现在方法上，如何能够出奇招克服弱点，推动事物不断向前发展，体现了策划人的创新能力。例如"背景转换技巧"，即是通过改变背景（或场景），从而改观形象、提升价值，克服自身的弱点。

> **案例链接：摩根手里的鸡蛋**
>
> 美国著名商人摩根年轻的时候生活很艰难，主要靠卖鸡蛋谋生。每天早出晚归，用他那双大手握着鸡蛋，见人就叫卖，但是生意一直不好。自己家的鸡蛋一点儿也不比邻居家的鸡蛋小，但顾客就是不买自己的鸡蛋。
>
> 一天，他鼓足勇气拉住一位顾客想问个究竟。顾客说："你的鸡蛋太小了！"可是，自己的鸡蛋不小呀！原来，他的手太大，握着鸡蛋，显得鸡蛋太小。于是，他把妻子叫来，妻子的手比邻居家主妇的手还小。妻子负责前台，自己负责后台，从这以后，他的鸡蛋就好卖了。后来，他们有了孩子，干脆让孩子卖！
>
> 手是鸡蛋的背景，鸡蛋的大小是比较出来的。在与顾客见第一面的时刻，鸡蛋首先要与背景——手来比较，手能发出鸡蛋大小的第一条信息，卖货员的手是鸡蛋的第一背景。摩根通过背景的变化，提高鸡蛋在顾客心中的形象。
>
> 资料来源：史宪文.现代企划：原理、案例、技术[M].北京：清华大学出版社，2010：137.

三、想象思维

想象是一种特殊的思维形式，是人们在头脑里对已储存的表象进行加工改造形成新形象的心理过程。想象力是创造力的源泉。法国启蒙思想家让·雅克·卢梭（Jean Jacques Rousseau）曾说："现实的世界是有限度的，想象的世界是无涯际的。"爱因斯坦写道:"当我检验我自身和我的思想方法时,我得出的结论是,对我来说,幻想的天赋比我的吸收积极知识的能力更有意义。"可见,想象力是人类发展中一种至关重要的能力。所谓想象思维法,即是运用想象能力在头脑中创造新事物、新思想的方法。根据想象的类型,又可分为原型启发法、类比移植法、超序联想法、模仿改良法和文化赋能法五种。

(一)原型启发法

原型启发法的要义是从某种业已存在事物的性能或特性中得到创造性启发,从而发明新事物或解决实际问题。日本创造学专家高桥浩说:"从构造相似的或形象上相似的东西中求得思想上的启发,我们称这种做法为类比思考,人类从远古起就有意无意地用这种方法完成了许多发明。"例如,鲁班通过观察割伤他手指的茅草,发现受伤的原因是草叶上细密整齐的小齿,由此受到启发,发明了木工用的锯子,这种茅草上的小齿就是锯子的"原型"。此种思维在创新活动中非常普遍,从蝙蝠到雷达、从开水壶到蒸汽机,无不留下它的痕迹。

如何才能强化原型启发思维能力?

其一,培养敏锐的观察能力。原型启发是一个"具体—抽象—具体"的思维过程。这要求策划人首先要做个生活的有心人,善于留心和观察生活中的事物,发现其运行的奥秘(或特点),为创造性思维提供素材。例如,一家策划机构从电脑主板中获得启发,将其运用在城市设计中,并将该片区命名为"硅谷"。

其二,锻炼丰富的联想能力。在原型启发中,最大的难题是针对要解决的问题或需要创新的事物,究竟应该选择什么原型,利用这个原型哪些方面的特征。这就需要策划人丰富的想象力,需要找到生活中的原型与思维改造对象之间的联系以此启发进而创造新事物。

案例链接　　　　　　　　"不知道诊所"

就像身体上有了问题我们会去医院挂号看医生一样,生活中有了问题,我们也会用知乎搜索得到回答,满足各种好奇心。

知乎联合北京青年人聚集的潮流地标三里屯太古里,面向青年人群打造了一间"知乎创意体验馆"——不知道诊所。基于当代年轻人关心的"时尚""美食""心理""电影""摄影""学习"六大领域,知乎通过线下创意诊所的形式,在"不知道诊所"里设置了六大科室(外科、口腔科、心理科、五官科、放射科、内科),把知乎上专业多元的内容以有趣的互动方式展示出来。

在这个模拟真实的诊所场景下,大家可以在挂号台现场提出问题,后被分配至对应的六大科室,与现场坐诊的数十位知乎优秀回答者组成的"专家门诊"进行面对面的沟通交流，最后前往"取药台"完成"诊疗"。

知乎通过开设"不知道诊所"，将"专业、有趣、多元"的品牌形象进行了场景化展示，将知识做场景化的内容输出，力求让"专业"的知识变得"有趣"、让"有趣"的话题展现"多元"。用体验式的场景，让知识摆脱了教科书式的刻板印象，触达好奇心的多个层次，增加了人们对知乎品牌的好感。

资料来源：eNet&Ciweek《让知识看得见摸得着 知乎"不知道诊所"火爆三里屯》，2017-11-13，http：//www.enet.com.cn/article/2017/1113/A20171113039345.html。

（二）类比移植法

类比移植法是分析不同类事物对象，将其中一个对象的系列属性同另一个对象进行比较，发现它们的相似之处，并把其中一个对象的某种属性移植到另一个对象上，从而构成新的事物对象的思维方法。[1]类比移植亦是当前创新的重要手段。类比移植不仅包括学习模仿过程，还包括集成创造的过程。

案例链接：深圳民俗村"锦绣中华"

香港中旅集团有限公司总经理赴欧洲考察，发现荷兰"小人国"旅游项目很好，它的市场是国界分割严重的欧洲，时间紧张的游人可以在这里一眼看罢欧洲的风土人情。于是，其考察回来之后，将荷兰的"小人国"的微缩处理方法移植到深圳，融华夏的自然风光、人文景观于一体，并取名为"锦绣中华"。建成之后，游人如织，成为全国的文化窗口型项目。

如何才能提升类比移植思维能力？

第一，善于发现事物之间的联系。任何成功的策划都有自我经验复制的成分，都有学习与复制别人经验的成分。运用类比移植法，是创造新事物的一条捷径，它要求我们善于把握事物之间的联系，学会"打比方"——通过比较内在规律而寻求解决方法。正如中国古人所云"治国如同烹小鲜"，小事见理，大事得法，但是"相似"不等于"是"，不能过分照搬其他领域或地区的成功做法，而要根据具体情况有所选择、有所创新。

第二，掌握类比移植的类型。在策划实践中，主要有原理类移植（即把某一学科的原理用于解释其他学科）、技术类移植（将某一领域的技术运用于解决其他领域的问题）、

---

[1] 张浩，张志宇. 文化创意方法与技巧［M］. 北京：中国经济出版社，2010：88.

方法类移植（把某一领域中的方法应用于解决其他领域的问题）、结构类移植（将某种事物的结构形式或特征，部分或整体地运用到其他产品的设计）、功能类移植（使某一事物的功能让另一事物也具有，从而解决某个问题）等。策划人要掌握并合理运用这些移植方法，提高创新速度和效能。

（三）超序联想法

超序联想法也称强制联想法，就是强制人们运用联想思维，充分激发大脑的想象力，打破所有的物质和事实的时间序、空间序和功能序的界限，发现两个或两个以上不相关事物的联系，从而产生创造性设想的方法。超序联想法鼓励人们突破思维桎梏、异想天开，去思考那些平时根本联想不到的事物，进而产生许多新奇怪异的设想，而有价值的创意就孕育其中。

超序联想法具有如下特点：①创造一切条件，打开想象的大门；②提倡海阔天空，抛弃陈规戒律；③由此及彼传导，发散无限空间。虽然从方法层次上看，其尚属于初级层次，但它打开了因循守旧堡垒的第一个突破口，因此也极为重要。"头脑风暴法"是实现超序联想的重要路径。它所倡导的自由思考、禁止批判和谋求数量等原则，都为实现超序联想创造了优越条件。

如何才能提高超序联想能力？

其一，刻意摒弃经验和常识。我们日常思考通常遵循一定的知识经验和思维逻辑，在超序联想法中首先就要打破这方面的束缚，将大脑"放空"，事实上许多颠覆性的创新都来源于此，如哥白尼（Nikolaj Kopernik）的日心说（Heliocentrism）、爱因斯坦的相对论（Theory of Relativity）、玻尔（Niels Henrik David Bohr）的量子力学（Quantum Mechanics）等。在策划创新的初级阶段，就是需要放飞思维，任想象驰骋。当然，为了提高效率，超序联想也应围绕特定主题和目的展开，不能漫无边际地遐想。

其二，强化超序联想锻炼。具体而言，可尝试将两个以上的一般情况下彼此无关的产品或想法强行联想在一起，从而获得独特的创意。在此过程中，联想跨度越大、情节越离奇，就越具有冲击力，给人留下深刻印象。正如"狗咬人不是新闻，人咬狗是新闻一样"，求新、求奇，是超序联想锻炼的重要方向。

其三，掌握四类联想方式。联想可以天马行空，但为了提高思维效率，我们可以从形态（在看似相差甚远的形态之间寻找一种可使它们连接的共性因素）、功能（找到两个不相关事物之间的功能联系）、关系（寻找事物之间对比、因果或相似等关系）、通感（将人的听觉、视觉、嗅觉、味觉、触觉等不同感觉互相沟通、交错，彼此挪移转换形成新意）等四类联想开始。例如，通感联想的案例——德芙巧克力广告，其广告词为"牛奶香浓，丝般感受"，这里即是用丝绸的触感与巧克力的口感进行了类比。

> **知识拓展：超序联想思维锻炼**
>
> 1.提高联想速度
> 要求：给定两个词或两个物，然后通过联想在最短的时间里由一个词或物想到另一个词或物。
> （1）请分析鸡蛋和宇宙有哪些联系？（至少10个）
> （2）请分析管理和绘画有哪些相同之处？（至少10个）
> （3）"如果大风吹起来，玩具店就会赚钱。"解释其中可能的联系。
>
> 2.提高联想数量
> 要求：给定一个词或物，然后由这个词或物联想到其他更多的词或物，在规定的时间内想得越多越好。
> （1）请在1分钟内说出"花"的多种象征意义。
> （2）请在1分钟内尽可能多地说出形容"美"的词。
> （3）请在1分钟内举出"黑洞照片"（形象）的多种用途。
>
> 3.提高联想新奇度
> 要求：通过形状、功能、通感等方法，将两个以上的事物组成一个完整的联想思维过程。
> （1）通过联想，在石头、互联网、人工智能、古猿、乞丐等之间建立联系。
> （2）从钢材、橡皮、水、豆腐等四样物品中找联想点，依此设计新款沙发。
> （3）建立压路机与黑板之间的联系，联想链不少于5步。

（四）模仿改良法

模仿改良法即是在模仿原有产品、科技、创意或方案的基础上，通过想象力的激发，实现对原有事物不断修正和完善的方法。相比颠覆式创新，模仿改良法是一种渐进式的"微创新"。沃尔玛（WalMart Inc.）的创始人山姆·沃尔顿（Sam Walton）说："我做的事多半都是模仿别人。"事实上，所有的科技产品或创意方案，除了第一代是发明外，之后大都是"改良"的结果。日本可谓是精通改良创新法的国度，其称霸国际市场的产品，如汽车、电视、照相机，全都从模仿起步，而后逐渐改良而来。

如何才能提高模仿改良思维能力？

第一，模仿改良法重在提升"改良"能力。创新始于模仿，但我们不能一味模仿，最终陷在模仿的泥沼中不能自拔。这里"改良"的概念类似哈佛大学教授李维特（Theodore Levitt）所说的"创造性模仿"（Creative Imitation）。创造性模仿绝非仿冒，它的基本精神是创新的、积极的，经过对旧产品的改良或重组后，产生另一种全新的产品。对策划人而言，针对一些标杆案例，需要创造性模仿，使其具备新功能、新形象和新体验。

第二，掌握推动改良的联想路径。通常而言，改良可以从外观形象、内在功能、沟通表达、运营流程等多方面着手。策划人要在研究原有事物的基础上，找到合适的切入点，并通过创新创意推动事物向更好的方向发展。

（五）文化赋能法

"文化"这一概念的内涵极为丰富。英国人类学家泰勒（Edward Burnett Tylor）的经典定义：文化即是包括知识、信仰、艺术、道德、法律、习俗，以及任何其他的人（作为一名社会成员）所获得的才能和习惯。❶ 文化是一个国家、一个民族的灵魂。《易经》贲卦的卦辞中说："观乎天文，以察时变。关乎人文，以化成天下。"文化深刻地塑造了一个民族的性格与特征，极大地影响了我们的经济、社会和生活。同样，文化在策划思维过程中也发挥着重要作用。

所谓文化赋能法，就是通过文化内容（或创意）的设计与植入，为事物赋予全新的意义与价值，特别是充分利用好超级文化符号（或 IP）的势能及各地孕育千年的特色文化底蕴，这是实现快速创新创意的重要方法。

如何才能提高文化赋能的能力？

其一，对文化保持高度的敏感。达尔文写道"人类在文化和意识方面的歧异远较其生物衍发上的歧异为大"，我国也有"十里不同风，百里不同俗"的说法。策划人要充分增强文化修养，增加对文化要素的敏感，灵活借助各类文化势能促发展。与此同时，也要认识到各地文化之间的差异，避免因为触犯了文化忌讳，而让赋能思维适得其反。

其二，善于挖掘文化的独特价值。中国是世界上唯一一个没有中断文化传承的文明古国。在持续5000多年的文明发展进程中，中华民族创造了博大精深的灿烂文化，铸就了世界文化史上最雄伟的高峰，为国人铺排了强健的精神底色和强大的文化自信。我国文化领域大师迭出、大作炳耀，诸子经典、楚辞汉赋、唐诗宋词元曲、明清小说，还有无数的工程、建筑、工艺奇观，无数的非物质文化遗产。这些文化资源为创新活动，提供了取之不尽、用之不竭的创意源泉。策划人要善于将传统文化与当代潮流有机结合起来，实现创新性传承和创造性发展，让文化为策划提供最丰厚的滋养。

其三，注意社会效益与经济效益"双统一"。因为文化具有物质和精神的双重属

---

❶ 殷海光.中国文化的展望［M］.北京：商务印书馆，2011：28.

性，涉及文化导向与文化安全问题，所以在采用文化赋能法时，要考虑文化的正向影响，要做好取其精华、去其糟粕的提纯工作，以先进健康的文化引领发展，赋予策划活动更多的正能量。

第四节　五种创新工具

"工欲善其事，必先利其器"，意思是说工匠要想将工作做好，一定先要让工具变得锋利。创新工作亦如是。策划人只有熟练掌握创新工具（或说分析框架），才能快速地提高创新能力。思维创新工具种类繁多，在前几章已经介绍过了头脑风暴法、一律四分法、框架分析法等。这里主要介绍奥斯本检核法、思维导图、亲和图、流程图、命名八法等常用工具。

一、奥斯本检核法

（一）内涵解析

奥斯本检核表是头脑风暴法发明者亚历克斯·奥斯本（Alex Faickney Osborn）提出来的一种创造工具。其要旨是以提问的方式，对现有产品或服务从"有无其他用途、能否借用、能否改变、能否扩大、能否缩小、能否代用、能否调整、能否颠倒、能否组合"等九个维度加以审核，以便启迪思路、开拓想象空间。奥斯本检核法通过提问方式，有意识地将个人头脑中的信息引出来，可以提升策划人的创新创意能力，在策划活动中具有广泛的应用价值。

（二）主要步骤

奥斯本检核表见表8-2。

表8-2　奥斯本检核表

序号	问题	内容
1	是否有其他用途	①现有的产品是否有新的使用方法？②可否改变现有的使用方法？③现有产品保持原状不变能否扩大用途？④稍加改变有无别的用途？⑤把现有产品、技术或服务搬到别的地方，还能有别的用途吗？⑥现有的东西（如产品、想法、经验、道理、技术等）是否可以直接用于新的用途？⑦现有产品、方案或技术的原理、结构、方法等能否用于其他领域，扩大用途

续表

序号	问题	内容
2	是否可以引入或借用	①过去有无类似的产品？②有什么产品或事物可以让自己模仿、学习一下吗？能否将此产品引入其他产品中，或者将别的产品引入这个产品中？模仿它的形状、颜色和结构会有什么结果呢？③能否从别处得到启发？能否借用别处的经验或发明？④能否从其他领域、产品、方案中引入新的元素（如造型、原理、工艺）以改进现有的产品或方案？⑤利用类比能否产生新观念，来改进我们的产品或服务
3	是否可以改变或改进	①现有的产品是否可以做某些改变？改变一下会怎么样？②可否改变现有产品的性质、结构、样式、模具、意义等？改变后效果如何？③可否改变现有产品的形状、颜色、尺寸、大小、花色、密度、浓度、强度、气味、味道、声音等？④可否改变现有产品的功能、速度、运动形式等？现有产品是否还有其他改变的可能性？⑤现有产品还存在什么缺点、不足之处需要加以改进吗？现有产品在使用时是不是给人带来不便和麻烦？有解决这些问题的办法吗
4	是否可以增加或扩大	①现有的产品可否增大些或扩大些？如果把它加大、加多、加倍、扩展加长、加宽、加高、加厚、加强一些或若干倍，行不行？②可否在现有的产品上增加些什么？是否能够增加一些新的元素、新的材料、新的成分、新的色彩、新的部件等？③现有的产品能加大数量、增加价格、提高价值、提高性能、提高功效吗？④现有的产品在功能上能扩大吗？可否使这件东西延长使用寿命、提高频率、提高速度、增大强度、增加次数、增加时间、加快转速等？⑤现有的产品能否扩大使用范围？可否附加些什么新的功能
5	是否可以替代	①是否能够用别的东西替代现有的产品、方案？②是否可以替代其中现有产品或方案中的某一部分？③可否用别的材料、成分、部件、结构、工艺、排列来替代？④现有产品有什么地方能够被代替？如形状、颜色、声音、照明。⑤现有的管理中有什么方法、理论、过程、表格、流程、步骤能够被替代？⑥现有的流程中，哪些步骤可以由别人代替
6	是否可以减少或缩小	①现在的产品、服务和流程中，可否减少些、减去些、去掉些、省略些、取消些什么？②能否将现有的产品微型化？可否减小、减少、缩短、减短、变窄、变低、降低、压缩、变薄、缩小体积、减少容量、降低高度等？③现有的产品可否压缩、折叠？能否浓缩化、省力化、方便化？④现有的产品可以降低成本吗？产品可以减少某些成分、去掉某些元器件、减少某些功能、简化某些功能吗？产品可以减次、减慢、减序、减时吗？⑤现有的产品或服务可否分割、化小、拆分、进一步细分
7	是否可以重组	①现有产品中是否有可互换的成分？②现有的产品能否做适当的调整，如改变布局、调整规格、变换模式等。③现有产品或流程中能否变换先后顺序、位置、时间、速度、型号？④可否变换速度或频率？可否变换布置顺序？可否变换因果关系？可否改成另一种安排方式？能否变换一下日程
8	是否可以颠倒	①现有的产品或服务中，哪些部分是可以颠倒的？②可否将现有产品颠倒？如果正反、上下、左右、前后、头尾、横竖、里外、正负颠倒一下，会有什么结果？③产品能否在程序、结构、方向、方位、主次等方面逆反，以实现更好的效果？④现有的事物能否从相反的角度重新考虑？换个角度考虑会如何？可否用否定代替肯定
9	是否可以与什么组合或结合	①可否把现有产品和其他产品合并？可否把现有产品和其他产品组合起来？②能否把现有的产品或方案，与其他产品或方案组合起来，以形成新的思路？能否将各种想法综合起来？③可否把两个方案中的目的、原理、观念组合起来？④现有的产品能否进行适当的组合？如原理组合、特性组合、材料组合、部件组合、形状组合、功能组合、目的组合等。⑤现有的产品中，可否结合别的产品的优点、优势、利益？现有的产品或服务可否尝试配套？⑥现有的产品或服务可否尝试混合？现有的服务、流程可否尝试配合、协调

(三)注意要点

如何才能使用好奥斯本检核表呢?

其一,根据检核表问题次序,逐条进行检核,不要有遗漏。因为每个问题都分别对应着事物的用途、性质、规模等内容,通过检验不同的维度,可以给策划人不同方面的启示,找到最合适的创新切入点。

其二,根据创新需要,进行多遍核检。由于策划人最初对事物和问题了解不够深入等原因,第一遍核检之时也许不能形成有价值的创新。通常的办法是随着信息掌握的增多和理解的加深,多次利用检核表,以实现更好的创新。

其三,在检核每项内容时,尽可能发挥想象力和创造力。核检方式可根据策划的实际需要,一人核检或多人共同核检都可以。一般而言,多个人集体核检可以互相激励,产生脑力激荡,创新效率通常会更高。

二、思维导图

思维导图(Mind Map),又称脑图、心智地图、树状图、思维地图等,由被誉为英国的"记忆力之父"托尼·巴赞(Tony Buzan)开创,是一种利用图文辅导思维的工具。它结合了全脑的概念,包括左脑的逻辑、顺序、条理、文字、数字,以及右脑的图像、想象、颜色、空间、整体等。通过绘制思维导图,不但可以增强思维能力,提升注意力与记忆力,还能够启发我们的联想力与创造力。

(一)内涵解析

思维导图本质上是用一个中央关键词(或想法)以辐射线形连接所有的代表字词、想法、任务或其他关联项目的图解方式,其特点是模仿了大脑的思维方式。众所周知,每一种进入大脑的资料,不论是感觉、记忆或是想法——包括文字、数字、符码、香气等,都可成为一个思考中心(触突),并由此中心向外发散出(通过神经元)成千上万的关节点,每一个关节点代表与中心主题的一个连结,而每一个连结又可以成为另一个中心主题,再向外发散出成千上万的关节点,呈现出放射性立体结构。

思维导图法有三个非常重要的概念。一是主题。这是思维导图最顶层的内容,是导图中被关注的核心焦点,所有其他内容围绕其展开。例如我们将主题设置为"活动目的",那么线条发散就必须围绕此主题。二是分枝,主题延展开来的内容都可称为分枝,其中包括主要分枝和次级分枝,前者是从主题中直接发展出来的分枝。例如"活动目的"可分为"社会效益""经济效益"和"战略效益"等。后者是主要分枝的分枝,如"社会效益"又可分为"提供就业岗位"和"满足人们消费需求"等分枝。有时还会有一些相对独立的分枝，如注释框分枝等。三是层次或级，表示分枝与主题直接或间接关联的程度。其中，主要分枝是第一级分枝，与主要分枝直接相关联的是第二级分枝，依此类推。

一张完整的思维导图通常有四个基本特征：①关注焦点清晰地集中在中央图形上；②主题的主干作为分枝从中央图形向四周放射；③分枝由一个关键的图形或关键词句构成，较不重要的话题也可以分枝形式表现出来，附在较高层次的分枝上；④各分枝形成一个连接的节点结构。

（二）主要步骤

绘制思维导图需要四个步骤：

第一步：在纸张中心画一个图像、符号或写一个关键词、一句话等，代表事件、观点或问题的主题，这也是整个思维导图的焦点。

第二步：从中心绘制出主要分枝，然后从分枝绘制出更细的枝条，依此类推，每个分枝代表着不同的层次。绘制过程中，可用不同颜色、粗细的线条、不同的图画表现不同的内容，体现不同层次不同的重要度。

第三步：在每条线上注明一个关键词（句）。关键词的优点是能够聚焦思考内容，避免思维混乱，让思维导图的逻辑结构更加清晰。

第四步：运用思考和想象力，不断改进思维导图。思维导图并非一蹴而就，一次就能臻于完美，需要一个不断调整和完善的过程。同时，这个过程也是思考不断深化、创新方案不断完善的过程。

（三）注意事项

在绘制思维导图之时，有四个方面值得注意（见图8-1）。

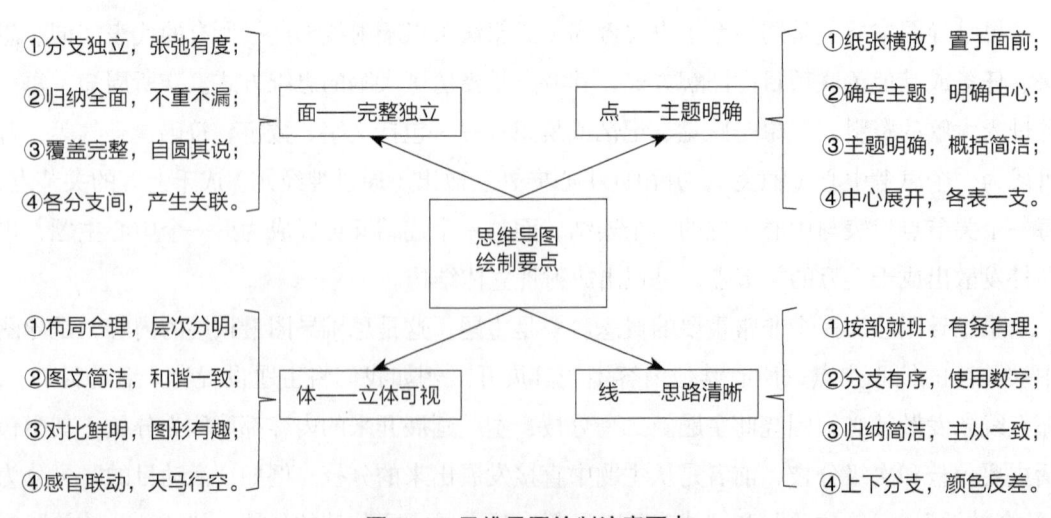

图8-1 思维导图绘制注意要点

一是要主题明确。在绘制思维导图中，首先要明确中心问题，即到底要分析什么或创新什么。主题界定越清楚，后面分析越顺畅。通常而言，一幅思维导图只能有一个中心主题或一个关键词，不能模棱两可，语意杂糅。

二是要思路清晰。从中心词出发，其辐射的分枝要有条理、有层次、有逻辑。严格根据具有内在联系的分析维度，简洁概括出各分枝要义，做到有序延展。

三是要完整独立。按照"MECE"原则，做到分枝之间相互独立，整体完全穷尽，如此才能避免逻辑混乱、表述不清，进而有利于针对具体问题提出对策。

四是要立体可观。通过美观的布局、多样的色彩、有趣的图像等，让整个思维导图形象生动，使其本身就成为一件充满创造力的艺术作品。

三、亲和图

（一）内涵解析

亲和图法（Affinity Diagram）是由日本创造学会名誉会长川喜田二郎（Kawakita Jiro）发明，用于创造性解决问题的方法，因此又称为KJ法。其实质是一种通过集体讨论或个人调查收集信息或设想，借助于卡片整理，发现信息或设想之间的有机联系（亲和性），形成规律性认识和系统解决方案的过程。

KJ法能够将人们的不同意见、想法和经验，不加取舍与选择地统统收集起来，并利用这些资料之间的相互关系（亲和性）予以归类整理。这种方法有利于打破现状，进行思维创新，求得问题的解决。KJ法对于问题复杂、起初情况混淆不清、牵涉部门众多的研究和创新情况特别适用。

（二）主要步骤

KJ法是通过资料整理而获得创新启示的有效方法，可用在解决问题和创新方案的各阶段中。实施KJ法主要包括五个步骤：

第一步：确定主题。主题是材料收集与研究创新的方向，否则策划人就如无头苍蝇到处乱撞。开始实施KJ法之时，可能没有如何创新的清晰思路，但研究主题必须明确。例如以KJ法研究一次会展策划，虽然会展具体什么定位和创意可以不清晰，但是举办何种行业的会展、希望达到什么目标，这些应当清晰。

第二步：收集语言资料。可以通过调研、观察等取得直接的第一手资料，倾听别人意见或阅读文献取得第二手材料，以及通过个人思考、集体讨论等形式取得研究资料。

第三步：资料卡片化。准备一些名片大小的卡片或3厘米×5厘米的纸片，将收集到的资料按内容逐个分类，并分别用独立的意义、确切的词语或短语扼要地描述卡片。原则上是一张卡片（便笺纸）上只写一个要素（或者单一概念）。

第四步：汇合资料卡片。将同一类或内容相近（如有关联的想法或信息等）的卡片归在一类，进行编号和取一个类别名，并将该类的本质内容用简单的语言归纳出来，并记录在封面的卡片上。无法归类的孤立卡片，自成一组。

第五步：综合分析与创新。将最终汇集好的卡片，按照比较容易寻找相互关系的位置展开排列，用适当的记号勾画出其相互关系。此时，各卡片（标题）的相互关系逐渐清晰，创新创意的灵感也会自然浮现。

（三）注意要点

在实施 KJ 法时，有如下几点值得注意：

第一，在多人参与的情况下，人员选择要尽量多元化。因为不同专业或领域的人对同一件事情可以能有不同的理解，因此，除了让项目策划的关键人员一起参与这个过程，还应邀请一些相关的专家参与进来。

第二，所谓亲和图，其意义是将各类卡片根据内容的相似性，由具体逐步向抽象统合，并以图解的方式显示其内在的结构性意义，进行获得创新启示。这就要求策划人要有极强的统合能力，能够从分散的信息中找到内在的共同特征或规律，以及不同内容单元之间的关系。

第三，KJ 法可以反复地实施，直到达到理想的目的。因此在实施过程中，我们也需要避免一劳永逸的惰性思维，而是应根据实践需要不断地反复与修正，最后实现内在逻辑与相互关系的亲和，产生各方满意的创新性问题解决方案。

四、流程图

（一）内涵解析

流程图全称为"创造思考的流程图"（Flow Chart），是由千叶大学名誉教授多湖辉（Tago Akia）提出的一种"头脑体操"的思考系统。其核心是通过流程图的形式，将思考框架和思考技巧有机融合，得出创新性的问题解决方案。

（二）主要步骤

"创造思考的流程图"在实施上大体可以分为确定思考主题、提出思考框架、运用思考技巧、得出解决办法并评价四个过程（见图 8-2）。

第一步：确定要创新的主题，即是我们要创新什么，是创新设计一种产品，还是一次主题活动。确定了主题，就明晰了创新的方向。

图 8-2　创造思考的流程

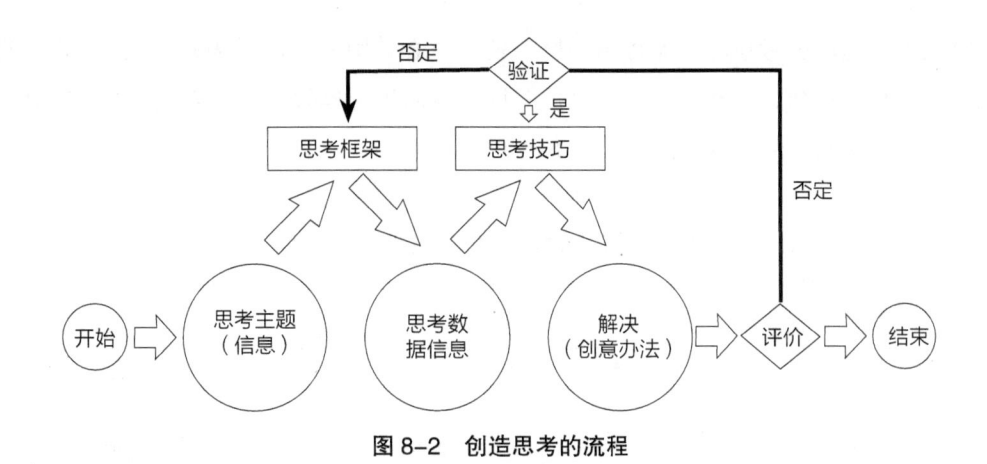

第二步：思考框架中罗列"所有的要素"。流程图法有两根支柱："思考框架"和"思考技巧"。思考框架即是写出所有可以作为思考材料的要素。例如思考一件事物，我们可以从空间（物理的次元、阶层、空间感），时间（单位、历程、时间感），知觉属性，运动属性等维度出发，构建一个思考框架（见表 8-3）。

表 8-3　创新思考的框架

空间	单位	……毫米、厘米、千米、光年……
	物理的次元	异次元（线）：直线、曲线、圆周 二次元（面）：平面、曲面、三角形、四角形、多角形、圆、椭圆 三次元（体）：立方体、长方体…… 多次元：多元宇宙 无限次元：量子力学…… 高次元：克莱因群……
	阶层	身体、家、组、村、区市省…… 外国、世界、地球、太阳系……
	空间感觉	上、中、下、斜…… 远、近、高、低、深……
时间	单位	秒、分、时、日、月……
	过去—现在—未来	宇宙大爆炸—地球诞生—寒武纪—古生代—中生代—新生代—原始时代—先史时代—古代—近代—现代—近未来—未来
	圆环的相立	朝、昼、夕、夜、深夜、春、夏、秋、冬
	人的一生	诞生—入学—成人—毕业—就职—结婚—生子—壮年—中年—老年—临终
	时间感觉	长、短、瞬间、速、迟……
知觉属性		视觉、看觉、听觉、嗅觉、味觉、触觉
运动属性		走、跑、移动、飞、游泳、停止……
知的属性		知道、学习、记忆……
对立 - 比较项目		物理的—生理的—心理的、抽象的—具体的、现实的—非现实的、演绎—归纳……

第三步：运用思考技巧。流程图的思考技巧核心是用好"15个发想的关键词"，即运用堆积、补充、联结、分开、除去、错位等词汇，对思考框架中的要素进行思维操作，然后输出能够解决问题的创意想法（见表8-4）。

表 8-4　创新思考的 15 个发想的关键词

1. 堆积起来	6. 分开	11. 调换、替代、代用
2. 补充、附加	7. 除去	12. 扩展、展开
3. 归纳整理	8. 挤入、筛选	13. 绕远
4. 联结	9. 逆向	14. 玩耍
5. 交织、组合、配合	10. 挪一下、错位	15. 返回根本

第四步：评估创新想法。通过思考框架和发想关键词，能够得出大量的创新想法，但是这些想法并不一定都有价值，因此就需要一个去粗取精、去伪存真的筛选过程。策划人需要设定指标，综合评估后择优选择。

五、命名八法

古谚有云："赐子千金，不如授子一艺；授子一艺，不如赐子一名。"命名是策划创新的重要内容，特别是在产品、园区、楼盘等项目策划中，一个好名字能够让人产生联想，引起好感，形成巨大的无形资产。美国品牌专家菲利普琼斯（Philip Jones）认为：品牌附加值是以某种形式存在于它的名称之中的。

好的名字，通常简单大气、寓意深远、朗朗上口，如宝马、金利来、奔驰等经典译名，真可谓是一字千金。如何才能取好名字呢？总结策划实践中的取名策略，主要有如下八种基本命名方法。

其一，案例借鉴法。参考目前社会上比较受欢迎的产品、项目或活动的案名，取类似的名字。需要说明的是，这里的借鉴不是模仿，不是模仿"皮尔卡丹"取名"皮尔王子"、模仿"报喜鸟"取名"富贵鸟"，而是要研究标杆案例的命名方法与规律，吸取其精华和创意为我所用。

其二，中英合璧法，就是将功能性名字的中文全称翻译成英文，然后利用英文字母的简写来命名，如我们熟知的CBD，即中央商务区（Central Business District）的英文缩写。同理延伸，也有人创造了RBD，即休闲商务区（Recreation Business District）。

其三，文化寻根法，也可以称为"文化底蕴法"，即借助地区历史、民俗或故事等文化特色，利用其文化势能，找到项目的文化之根，然后进行命名或口号的提炼，如陕西旅游集团以《长恨歌》为蓝本，打造的大型实景历史舞剧即命名为"长恨歌"。

其四，经典取用法。即是从历史典籍、文学名著、古谚格言等中选取经典的字词，借助其意义来命名。例如"中粮·大悦城"来自《论语》"近者悦，远者来"，百度来源于"众里寻他千百度。蓦然回首，那人却在，灯火阑珊处"，阿里巴巴来源于《一千零一夜》里的故事《阿里巴巴与四十大盗》。当然，还有很多人从《易经》中择字取名，最著名的如元朝（其国号来自"大哉乾元"）。

其五，战略借势法亦可称为比附命名法，如我们常说的"第二极""第三极"或者某某之一等，都算是借势。策划取名之时，还可借助商品产地名、名人、名胜等进行命名，如"仲景六味地黄丸"，通过借助"医圣"张仲景的光环效益，让人对药品产生信赖。

其六，特殊组合法，即利用汉字与特定数字、字母等要素进行组合，产生具有独特内涵的名字。例如，"国窖1573"，强调其源于建造于明朝万历年间（公元1573年）的"国宝窖池"；"南京1912街区"寓意是1912年孙中山先生于南京就任临时大总统。

其七，内涵衍生法，即通过挖掘产品、项目或活动的功能、利益或意涵等内容，然后再据此组织词汇命名，如飘柔洗发水就突出了其可以柔顺和滋养头发的功能。

其八，文字谐音法，即通过谐音方式获得名字上的创新。但是在运用谐音的时候应做到健康有趣，不能低俗与庸俗，并侵犯名誉权。

知识拓展：起名小训练

一位中医爱好者想做一个中医 APP，主要内容是中医课程、养生操带练。前期拟面向妈妈们，教大家用中医按摩的方法给孩子治疗一些常见病，之后会有针对其他人群的定制课程。

制作 APP 之时，运营方在社群中征集了"自主健康""小主吉祥""医道健康""安养堂"等名字。如果是你，你会给医馆起什么名字呢？

★★★重点回顾与拓展阅读★★★

一、重点回顾

（1）创新创意是策划之灵魂、存在之根基、价值之源泉。策划过程中，从最初构思、研究的开展，策略的选择、方案的阐释，再到决策后的落地执行都离不开创新。创新创意能力，也是策划人的核心能力。

（2）广义的创新是指通过创造或引入新的技术、知识、观念或创意，创造出新的产品、服务、组织、制度等新事物，并将之应用于社会以实现其价值的过程。策划中取创新的广义概念，包括创意行为。

（3）一个策划人只有具备求新求异的意识、丰富的知识阅历、熟练的创新方法、精准的价值判断，在此基础上才能形成强大的创新能力。

（4）创新意识是人们进行创新的积极欲望和主观能动性。培育策划人的创新意识可从两方面努力：一是强调"无中生有"的求新意识，一是追求差异化、特色化的求异意识。

（5）有效率的创新依赖于正确的创新方法，此处包括两层含义：一是创新思维；一是创新工具。创新思维是提升创新能力的核心与关键。培育创新思维首先要打破思维定式，其次要刻意训练多种思维方式。

（6）不同领域的专家对创新阶段有不同的理解。本书认为创新包括五个鲜明的阶段，即问题界定阶段、资料收集阶段、分析酝酿阶段、顿悟突破阶段和检验创新阶段。

（7）创新思维是人类思维的高级和积极形态，主要分为发散思维、聚合思维、想象思维三种。但这些方法中没有最好的，只有最合适的。

（8）发散思维又称扩散思维、辐射思维等，是根据某一点信息（或称信息源、思维基点、出发点），运用已有的知识、经验，通过观察、实验、推测和想象，并沿着不同的方向去思考、重组已有的信息，进而产生新的信息的方法。其又可以细分为横向思维、逆向思维、侧向思维、分解思维、质疑思维、求异思维等多种具体形式。

（9）聚合思维是一种收敛型的思维方式。其特点是在思维过程中，将两个或者两个以上独立的事物或因素通过巧妙的整合、重组或聚变，进而获得具有创新性的观点、方法或方案。其又可分为捆绑连接法、组合思维法、重点聚焦法、求同思维法和弱点聚焦法等多种具体形式。

（10）想象思维法，即是运用想象能力，在头脑中创造新事物、新思想的方法。根据想象的类型，可划分为原型启发法、类比移植法、超序联想法、模仿改良法和文化赋能法等五种。

（11）除头脑风暴法、一律四分法、框架分析法之外，创新工具还有奥斯本检核法、思维导图、亲和图、流程图、命名八法等常用工具。

二、拓展阅读

（1）《伟大创意的诞生：创新自然史》。该书由史蒂文·约翰逊（Steven Johnson）所著，涉猎多重领域，从神经生物学、都市研究到网络文化，找出了独特创新背后的7大关键模式，深入研究了人类600年重要发明的创新自然史。

（2）《创新创意基础教程》。该书由谭贞所著，重点讲解创新创意基本理论及创新创意方法、技能，主要包括创新概述、创新思维、创新能力、创新应用等内容。全书注重实践性和应用性，以翔实的案例折射出创新过程的逻辑和规律。

（3）《创意的生成》。该书由詹姆斯·韦伯·扬所著。该书回答了系列当下依然还在困扰很多人的重要问题，包括创意是如何产生的、创意的经验法则等。

（4）《赖声川的创意学》。该书由赖声川所著。作者认为："创意是可以'练'的！"他相信，创意固然神秘，却是有法可学、可管理的。本书通过系统化的架构，提出实用的"创意金字塔"，期待为读者找到"学会"创意的道路。

（5）《创新者的基因——掌握五种发现技能》。该书由克莱顿·克里斯坦森（Clayton M. Christensen）、杰夫·戴尔（Jeff Dyer）、赫尔·葛瑞格森（Hal Gregersen）合著。本书研究了创新者职业生涯中最有价值的创新性商业构想的产生过程，并在此基础上总结出了五项发现技能：联想、发问、观察、实验、建立人脉。

（6）《创造力：心流与创新心理学》。该书由米哈里·希斯赞特米哈伊（Mihaly Csikszentmihalyi）所著。作者访谈了包括14位诺贝尔奖得主在内的91名创新者，分析他们的人格特征，以及他们在创新过程中的"心流"体验，总结出创造力产生的运作方式。

第九章　沟通传播能力

▶ **策划故事：凡说之难**

昔者郑武公欲伐胡，故先以其女妻胡君以娱其意。因问于群臣："吾欲用兵，谁可伐者？"大夫关其思对曰："胡可伐。"武公怒而戮之，曰："胡，兄弟之国也。子言伐之，何也？"胡君闻之，以郑为亲己，遂不备郑。郑人袭胡，取之。宋有富人，天雨墙坏。其子曰："不筑，必将有盗。"其邻人之父亦云。暮而果大亡其财。其家甚智其子，而疑邻人之父。此二人说者皆当矣，厚者为戮，薄者见疑，则非知之难也，处知则难也。故绕朝之言当矣，其为圣人于晋，而为戮于秦也，此不可不察。❶

韩非子在这里分析了说服君主过程中要遭遇的种种困难和危险，并认为进说的根本困难在于难以弄清君主的真实心理，从而以适当的话去适应他（"凡说之难：在知所说之心，可以吾说当之"❷）。策划沟通传播的首要对象是决策者，首要目的是让其接受策划方案。虽然不必再遵循"凡说之务，在知饰所说之所矜而灭其所耻"（大凡进说的要领，在于懂得美化进说的对象自以为得意的事情而掩盖他认为羞耻的事情❸），但充分把握决策者的心理与需求，不断学习沟通传播方法与工具，提升沟通传播的能力与效率，这是优秀策划人的必修课。

---

❶ 韩非子.诸子集成：第5卷·韩非子集解[M].北京：中华书局，2006：120-121.
❷ 韩非子.韩非子·说难[M].北京：中华书局，2019：115.
❸ 同❷118.

第一节 传播能力构成要素

培根曾说:"知识的力量不仅取决于其本身价值的大小,更取决于它是否被传播,以及传播的深度和广度。"同理,没有沟通传播能力,再精彩的策划也只能埋没于冷寂。就策划而言,沟通传播能力重点是在了解决策者心理和需求的基础上,积极提升概念创造能力、塔式阐述能力、整合传播能力和形象塑造能力。

一、概念创造能力

(一)什么是概念创造能力

"概,平斗斛者"❶,是古代量米粟时刮平斗斛(古代量具)用的木板。量米粟时,用以在斗斛上刮平,不使过满,后来引申为限量、权衡之意。"念,常思也",本义是思念、惦念,后又引申出"思考、考虑"之意。"概"和"念"组合成为词之后,表示将所感知事物的共同本质特点抽象出来,加以概括,形成最基本的思维单位。在数字网络与商业活动的助推下,概念正成为一种事物或文化的表征。新颖独特的概念代表着时代和产品的特征,能够激发顾客极大的兴趣,并能与竞争对手形成差异化。美国知名广告撰稿人约瑟夫·休格曼(Joseph Sugarman)曾劝诫说:"永远不要推销一种产品或服务,而是推销一种概念。"❷

概念能够反映思维对象的特有属性(一类事物都有并且独有的某种属性)或本质属性(决定一事物之所以成为该事物并区别于其他事物的属性),是思维活动的结果和产物。概念也是思维活动与传播沟通借以进行的基本单元。在策划过程中,如何从纷杂的感性材料中萃取出创造性的概念,是策划的核心工作之一。信息爆炸的数字时代,如果没有"硬核"的概念,就难以在海量信息中获得关注。概念类似创意传播的"沟通元",是"一种基于内容的文化单元,凝聚了生活者最感兴趣的内容和最容易引起讨论和关注的话题,一旦投入数字生活空间,就会迅速引起关注,激发生活者热烈的分享、讨论和参与,并且在传播者和生活者的积极互动过程中,沟通元不断地丰富与再

---

❶ 原文为"(仲春之月)日夜分,则同度量,钧衡石,角斗甬,正权概"。
❷ 约瑟夫·休格曼.文案训练手册[M].杨紫苏,张晓丽,译.北京:中信出版社,2019:69.

造,并不断地延续传播"[1]。概念,可以说也是策划传播的核心要素,是实现复制和延展的"创意元点"。

(二) 如何进行概念创造

如何才能形成精彩的策划概念呢?

第一,需求导向。此处的需求包括两层含义:一是决策者的关注点,其对概念提炼有何要求与期望。因为策划是为决策者服务的,因此首先要明确决策者的意图。二是挖掘与分析市场需求。任何决策都要依托一定的规律,特别是市场规律,因此,要通过市场调研等方式,对相应的市场(或行业)需求信息进行收集、整理,不仅要关注当下需求,亦要梳理演变、预测需求。

第二,抽象提炼。强化思维活动,推动感性认识跃升到理性概念。这要求策划人能从纷繁复杂的资料中,找到事物的本质属性或特有属性,并运用准确、生动、创造性词汇凝练地表达出来,如"有机食品""田园综合体""IP"等。通过创造这些新概念,拓展了人们的认知,激发了新的消费热点。

第三,选择与完善。在抽象和表达过程中,一般会形成较多的可选择概念。这时需要设置一定的评估标准,如相关性、新颖性、延展性等,通过得分排序的方式,选择出最佳概念。当名称确定之后,需按照预设目的,丰富和深化概念内涵,构建出一个含义明确、外延清晰、指称独特的新概念。

案例链接 一个概念如何提炼?

20世纪70年代末,上海市除了国有集体的企业,还有150多种其他的经济形式,如裁缝店、刺绣店、农村有自留地和自留畜、修鞋、补锅、修自行车、杂货店、饮食摊等形式。如果将这150多种都列出来,估计大家看了都会头晕。那怎么能更快、更明确地去理解这种经济形式呢?这就需要进行概念提炼。

---

[1] 陈刚,沈虹,等.创意传播管理——数字时代的营销革命[M].北京:机械工业出版社,2014:124.

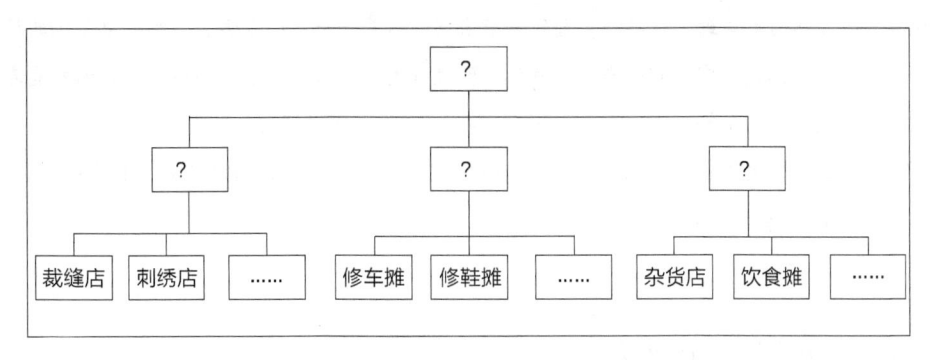

```
                        ?
          ┌─────────────┼─────────────┐
          ?             ?             ?
        ┌─┼─┐         ┌─┼─┐         ┌─┼─┐
      裁缝店 刺绣店 …… 修车摊 修鞋摊 …… 杂货店 饮食摊 ……
```

未提炼整理的经济形式概念

裁缝店和刺绣店、农村的自留地有什么共性的东西呢？它们都属于"个体手工业"；修车、补锅、修鞋的共同点是什么呢？它们都属于服务性的手工业，一般不是为自己做。手工艺人用自己的技能为他人服务；杂货店和饮食摊更多的是一种商业的买卖行为等。如是就绘制下图：

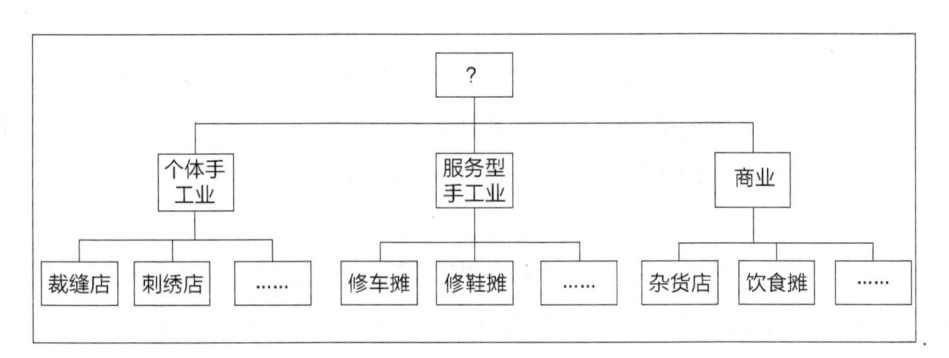

```
                        ?
          ┌─────────────┼─────────────┐
      个体手工业      服务型手工业      商业
        ┌─┼─┐         ┌─┼─┐         ┌─┼─┐
      裁缝店 刺绣店 …… 修车摊 修鞋摊 …… 杂货店 饮食摊 ……
```

初步提炼后的经济形式概念

在这个过程中，我们将第三级的经济形式进行了分类，并归纳出了各类的特性：个体、服务、商业，这是一个层面的概念化。那这150多种合起来该叫什么呢？更进一步的概念化，其实它们都属于城乡劳动者的个体经济形式。如是就可以绘制下图：

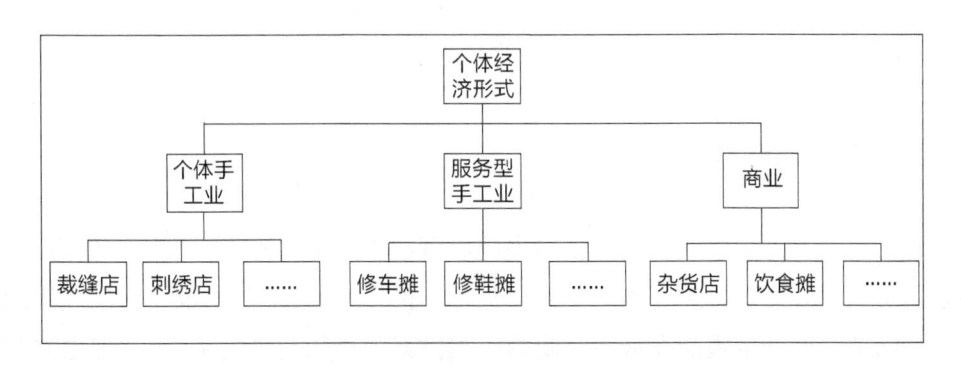

```
                  个体经济形式
          ┌─────────────┼─────────────┐
      个体手工业      服务型手工业      商业
        ┌─┼─┐         ┌─┼─┐         ┌─┼─┐
      裁缝店 刺绣店 …… 修车摊 修鞋摊 …… 杂货店 饮食摊 ……
```

深度提炼后的经济形式概念

从150多种具体的形式到三种类型，再到一个名词，这是一个不断分类、归纳和概念化的过程。从理解的角度看，现象总是丰富多彩而杂乱无章的，经过分类归纳成相应层级的概念，我们就能真正看清楚事情的本质，把握其内在的规律。同时，经过这样概念化，也更容易记忆和传播。

资料来源：《只有那些具备很强概念能力的人，才能真正做到深度思考并洞察本质》，2017-12-08，http://www.kmcenter.org/gainiannengli-sikaobenzhidongcha/。

（三）如何提升概念创造能力

在概念生成过程中，抽象与提炼能力是最核心的能力。我们从小就接触各种概念，通过概念认识这个世界，但从烦琐的事件、事物、现象中抽象出反映本质特征的概念，或者在分析和解决问题之时，能够从更抽象层面出发，主动忽略各类现象和干扰，直指问题本源，这是需要反复淬炼的思维技能。那么，作为一个策划人，该如何不断提升自己的概念创造能力呢？

首先，培养自己的洞察力。概念是对事物本质属性的归纳，策划人需要有快速抓住事物本质、洞察行业规律的能力。所谓观察用眼，洞察用心。观察只是记录人们所做的事情，而洞察则需回答人们为什么要那样做。只有真正做到了洞察，才能从根本上透析因果与动机，得出富有见地的结论。

其次，提升归纳总结能力。事物发展的共性需要通过创新思维进行提炼，核心是要做好相同点和差异点的分析。例如，昔时乾隆下江南，望见江上百舸争流，一时兴起，便刁难纪晓岚："江上有多少只船？"这显然是无法回答的问题。纪晓岚却另辟蹊径，回答说"天下熙熙、皆为利来，天下攘攘、皆为名往"，从动机角度将纷繁复杂的现象高度概括为"名"与"利"。

最后，创意表达能力，即将事物的共性或产品的精髓以令人印象深刻的形式表现出来。例如，我们在策划中要提出一个"产品概念"——企业想要注入顾客脑中关于产品的一种主观意念，它是用消费者的语言来表达的产品构想，这就需要综合考虑顾客需求、产品功能、价值承诺等，用凝练和精准的词汇概括出来。

二、塔式阐述能力

策划方案绝不是制定后就放到档案夹内收藏起来，束之高阁，而是要给客户阐释，指导创新实践。决策者职务越高，每天需决策的事项就越多。他们没有时间通篇阅读策划，了解细节，而是希望能在最短时间内掌握方案的思想与创新精髓。"理想的文章应该是让读者 30 秒内理解作者的整体思维构架。"❶策划人需要具备这种简约的阐释技巧，其中塔式阐述能力应重点锻炼。

（一）什么是塔式阐述能力

塔式阐述法，亦可称为金字塔结构阐述法，即是"将自己的思想组织成金字塔结构，并按照逻辑关系的有关规则进行检查和修改"❷。这种阐释法的精髓是"由一个总的思想统领多组思想"，在金字塔结构中，任何一个层次上的思想都是对其下面一个层次上思想的总结。通过这种方法，可以让策划方案的主题突出、逻辑严密、层级分明，简明清晰地表达出策划人的思想和意图，让客户快速地把握其中要义与精华。所谓塔式阐述能力，即是借助金字塔结构来辅助思考，将无逻辑、碎片化的信息和观点进行系统化的处理与表述。

（二）如何进行塔式阐述？

利用塔式阐述法展示策划方案，需要注意以下要点或规则（见图 9-1）。

其一，结论先行。大脑的短期记忆极其有限，容易记住的是 3 个项目，最容易记住的是 1 个。因此，最好一次仅表达一个思想，而且最好开门见山，一开篇就让客户知道要表达的内容，形成一个整体概念。所以金字塔结构的表述法，通常从金字塔的最顶端出发，沿各个分支向下展开。即最先提出总体性思想，然后再提出被总结的具体思想。这是一种非常具有实用价值的策划表达方法。因为如果客户没有时间了解细节，那么只需阅读标题即可掌握报告的核心内容。

其二，以上统下。即塔式结构中任一层次上的思想都必须是其下一层次思想的总结概括，直到最后一个层级的内容是客观事实或数据为止。这种上下对应关系，通常表现为上一层是果，下一层是因，这样上、下层就形成了紧密内在的逻辑联系。因为只要出观点、出结果、出结论，就必须跟事实、跟因果、跟论据。在策划报告中，这种严谨的内在逻辑会提高报告的可信度，形成强大的说服力。

其三，归类分组。这里包含两层意思：一是每一组的思想都必须属于同一范畴。例如，某组思想中的第一个思想是做某件事情的原因，那么该组中的其他思想也必须是做同一件事情的其他原因，不能是结果或问题。二是分组中的各类思想必须是明确清晰的、没有相互重叠，否则会造成逻辑混乱。

---

❶ 芭芭拉·明托.金字塔原理：思考、写作和解决问题的逻辑［M］.王德忠，译.北京：民主和建设出版社，2008：189.

❷ 同❶1.

其四，逻辑排序，即是每一组中的思想都必须按照一定的标准进行排序，也就是说，孰前孰后、孰轻孰重，都必须有明确的理由。一般而言，可以按照论证顺序、时间顺序、结构顺序、重要性顺序等进行排列。在策划报告中，由于通常涉及的多是因果分析，按照原因的重要性和影响力程度进行排序，是较为合理的。

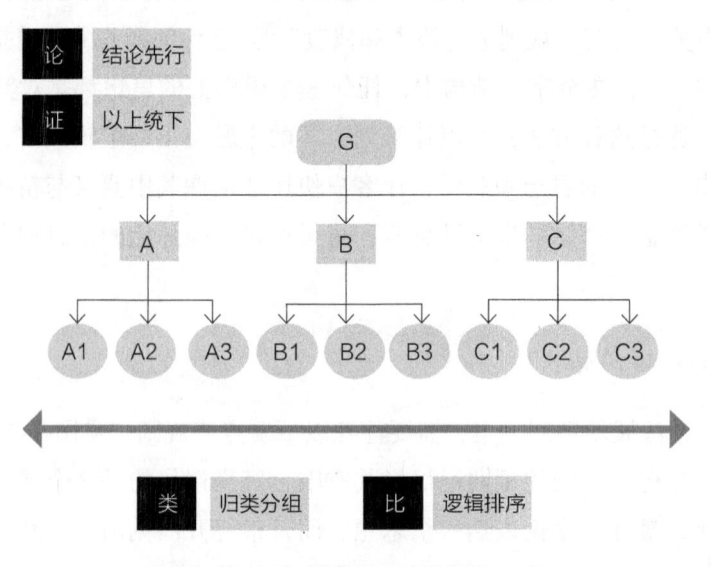

图 9-1 塔式阐述法的要点

（三）如何提升塔式阐述能力

第一，培养塔式思维。写出条理清晰的策划报告，首先是策划人自己要清楚想表达什么，并在写作之前，先将思想放入金字塔结构，接受其检验，看是否符合所有的规则。其中，最重要的原则是"位于金字塔结构每一个层次上的思想都必须是对其下一层次的思想的概括，因为上一个层次的思想实际上都是从下一个层次的思想中衍生出来的"。[1]

第二，掌握分类方法，即按照"MECE 原则"，通过空间维度（根据事物所处空间或地理位置进行分类）、过程维度（将事情发展的时间、流程、程序，对信息进行逐一分类）、要素维度（如优秀员工的 7 种品质、公司的组织架构图等）、二分法（把信息分成 A 和非 A 两个部分）、矩阵法（如把工作分成重要紧急、重要不紧急、不重要但紧急、不重要也不紧急等四类）等方式，对问题或现象进行逻辑解构，通过分类实现思维金字塔顺利构建。

---

[1] 芭芭拉·明托. 金字塔原理：思考、写作和解决问题的逻辑 [M]. 王德忠，译. 北京：民主和建设出版社，2008：106.

第三,坚持"三点论"。学会将要表述的内容浓缩为"三点"。在策划金字塔构建中,可以首先给出一个结论,然后再给出支撑结论的三点理由,如此会让客户觉得表述特别有逻辑、重点突出。在现场咨询和即兴发言之时,这都是一种很实用的表达技巧。

三、整合传播能力

所谓整合,就是将相关联或不相关联的事物联系起来,创造出新的价值绩效。策划人并不是比别人更高明,只是善于将各种资源要素整合在一起,形成合力,达到策划目的。整合传播能力是整合能力中的重要组成。在信息爆炸的时代,策划人需要熟悉各类传播手段,提升统筹运用能力,以实现最佳传播效果。

(一)什么是整合传播能力

整合传播,顾名思义,就是统筹广告、促销、公关、直销、包装、新闻媒体等一切传播活动,将想要表达的信息有效地传递给目标客户。它通常有三个特征:一是传播要以目标顾客为导向,围绕一个信息或观点,以其为核心展开,从不同角度说"同一句话",发出"同样的声音";二是整合要实现"一加一大于二"的效果,通过科学的媒介组合,充分发挥各类媒介的特性、优势和长处,以最低的成本实现最大的传播效果;三是必须对目标顾客采取360度全景视角,掌握传播影响其日常行为的不同方式。

所谓整合传播能力,即是策划人在充分熟悉目标客户的基础上,将离散信息进行无缝整合,然后科学运用各种媒体方式,面向客户传达清晰一致的信息,实现低成本高效率的传播。需要说明的是,对于策划人而言,整合传播包括两个层次:一是对策划方案的传播。为了获得决策者认可,应利用各种传播方式和工具,诠释策划方案,与决策者进行沟通交流。二是在策划方案中,因为项目或品牌建设的需要,在方案中设计整合传播策略,或者客户直接委托策划机构进行营销传播方案的设计。本节主要介绍第二种情况。

(二)如何进行整合传播

整合传播是一个系统过程,重点需要关注三个方面:①特定的沟通对象;②有吸引力、说服力的信息;③适当的沟通方式。就具体过程而言,包括识别传播对象、确定传播目标、设计传播信息、选择传播渠道、确定传播预算、决定媒体组合、衡量传播效果和管理整合传播等八个必要步骤(见图9-2)。

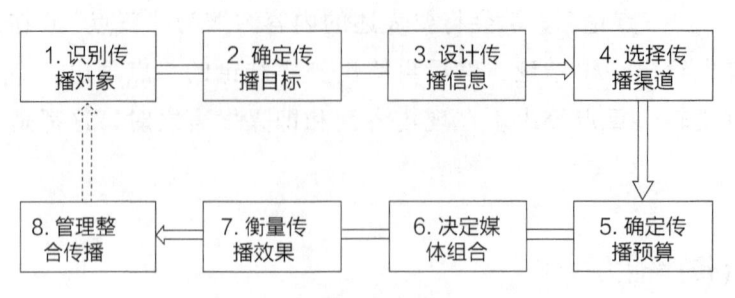

```
┌─────────┐   ┌─────────┐   ┌─────────┐   ┌─────────┐
│1.识别传  │──▶│2.确定传 │──▶│3.设计传 │──▶│4.选择传 │
│  播对象  │   │  播目标  │   │  播信息  │   │  播渠道  │
└─────────┘   └─────────┘   └─────────┘   └─────────┘
     ▲                                          │
     │                                          ▼
┌─────────┐   ┌─────────┐   ┌─────────┐   ┌─────────┐
│8.管理整 │◀──│7.衡量传 │◀──│6.决定媒 │◀──│5.确定传 │
│  合传播  │   │  播效果  │   │  体组合  │   │  播预算  │
└─────────┘   └─────────┘   └─────────┘   └─────────┘
```

图 9-2　整合传播的八个步骤

第一步：识别传播对象。有的才能放矢。策划人必须在传播之始就确定好目标对象。其可能是潜在购买者、目前使用者、购买决策者和影响者，也可能是意见领袖或一般公众。目标受众将会极大地影响信息传播者的决策：准备说什么、打算如何说、什么时候说、在什么地方说、最好谁来说等，因此，是否能够清晰识别和了解目标对象，是决定整合传播成败的根本。

第二步：确定传播目标。确认了目标对象及其特点后，策划人必须确定传播中要寻求什么样的反应，即是传播要达到的预期目标。例如，策划一次学术高峰论坛，目标也许就是在短期内提高某个学术机构的知名度和影响力；进行一次城市营销策划，目标可能是打造城市特色品牌。根据实践，传播目标大体有创造品类需求、扩大品牌知名度、增强品牌美誉度、影响消费者购买意愿等类型。

知识拓展：传播的三个层次目标

正如英国谚语所言：无目标的努力，有如在黑暗中远征。对于策划人而言，利用大众传播的时候，首先要明确传播的目的，即为什么要进行传播。通常而言，策划传播主要有三个方面的目的。

第一，扩大知名度。知名度指一个企业、产品或城市被公众知晓、了解的程度，是评价名气大小的客观尺度，侧重于"量"的评价，即是组织对社会公众影响的广度和深度。在我们策划一个全新的活动或者项目的时候，首先需要做的是扩大知名度，让大家对活动有所了解。例如，在草莓音乐节策划中，通过大众传播，让更多人知晓，是其传播的首要目标。

第二，提升美誉度。这是指一个企业、产品或城市获得公众信任、好感、接纳和欢迎的程度，是评价声誉好坏的社会指标，侧重于"质"的评价，即公众的信任和赞美程度。拥有知名度只是策划传播的基础。在新媒体时代，所谓"好事不出门，坏事传千里"，策划传播中要形成正向的评价。当存在负面评价之时，可通过公共关系等方式，改变固有形象，塑造新的形象。

> 第三，形成文化认同。商战最高境界是哲学的把握。注重文化背景。营销一种产品就是营销一种文化。例如，苹果手机的策划传播，乔布斯已经将苹果手机变成了追求简洁的"禅文化"载体，使用苹果手机成为一种潮流和文化现象，因此对于策划传播而言，如何将策划传播与文化认同、文化共鸣结合起来，传播更大的目的和更高的传播境界。

第三步：设计传播信息。目标明确之后，策划人就需开始设计和制定有效的信息：①"说什么"，即信息策略，想要告诉目标对象什么事实、观点或构思；②"如何说"，即创意策略，包括理性诉求、感性诉求、道义诉求，以及是单面还是双面诉求等；③"谁来说"，即信息源策略，通常有影响力的信息源发出的信息往往可获得更大的注意与回忆，拥有更高的可信度。

第四步：选择传播渠道。传播者必须选择有效的渠道来传递信息。渠道可分为两大类：一是人员传播，指包括两个或更多人相互之间直接进行信息传播。在此过程中，要注意影响"关键少数"，即意见领袖或最终决策者。二是非人员传播，即传递信息无须通过人员接触，如依托媒体、活动和事件等。这种渠道具有覆盖面广、传播速度快等优势，是快速扩大品牌知名度和影响力的重要方式。

第五步：确定传播预算。"兵马未动，粮草先行。"传播活动必然涉及费用问题，那么确定多少传播预算为好，通常有四种方式来考量。①量入为出法，在估量企业或机构的承担能力之后再安排预算；②销售百分比法，以一个特定的销售或销售（现行或预测）百分比来安排费用；③竞争对等法，按照竞争对手的费用来决定支出；④目标和任务法，根据特定目标，计算完成任务所需费用。

第六步：决定媒体组合。这里需将总预算分摊到广告、销售促进、直接营销、公共关系和销售队伍等传播工具上。在设计媒体组合时，要对各媒体的特点和优势熟谙于心，特别要对社交媒体等新兴媒体高度关注。

第七步：衡量传播效果。传播计划贯彻执行后，策划人必须考察是否达到了预期目标。同时，要主动"复盘"，分析做对了什么、做错了什么、未来如何改正等，这样才能不断提高整合传播能力。

第八步：管理整合传播。此处是指对传播过程、要素、模式等方面的管理，确保向目标对象提供清晰、一致的信息。在此环节，策划人主要发挥指导或监理作用，一般不介入具体的管理工作。

（三）如何提升整合传播能力

第一，强化整合意识。意识是行动的先导，做好整合传播首先要培养整合意识，在设计传播之初，就要明确目标，拓宽视野，充分考虑各种传播方式、形式、手段和工具，探索各种传播组合的可能性。

第二，掌握传播规律。传播规律是支配传播活动的内在要求的集合。根据拉斯韦尔著名的 5W 理论，策划人应开展传播主体的"控制分析"、传播内容的"内容分析"、传播媒介的"媒介分析"、传播对象的"受众分析"、传播效果的"效果分析"，全面把握传播流程，做到传播中有规律可依。

第三，熟悉传播工具。传播有广告、促销、公关、直销、新闻媒体等多种工具，但正如"十八般武器"一样，每种传播工具都有自己独特的优势和弱点。在传播设计过程中，策划人需要找到最佳组合方式，发挥各种传播工具之所长。

四、形象塑造能力

形象价值百万。虽然策划人的形象并不能说明一切，但他的衣着打扮、言谈举止、气质风度等，都会影响客户的印象与评价。策划人需要逐渐树立起自己良好的职业形象，给客户以专业、严谨、睿智的观感。

（一）什么是形象塑造能力

《礼记·乐记》中说："在天成象，在地成形。"形象不能简单地理解为衣着外貌、言谈举止等，它更是一个综合性概念，包括一个人的内在修养、性格素质、气质个性等，展现的是一个人的综合素养。

所谓形象塑造，是人们根据时代的价值观和审美观，主动去挖掘和培育个人或组织独特魅力与印象的行为。形象塑造已成为策划人必须掌握的能力，只有顺应时代所认可的审美意识和行业想象，根据个人特征、性格、地位等因素，确立形象主基调和主风格，并持之以恒，才能逐步确立与众不同的形象。整体而言，策划人塑造形象的能力，不仅包括在衣着妆容方面的打扮能力，还有包括在表情、谈吐、仪态和涵养等方面的塑造能力。

（二）如何进行形象塑造

形象塑造的核心要求是"得体"。美国心理学家奥伯特·麦拉比安对印象形成因素进行了研究，认为：55% 取决于外表，包括衣着、容貌、体形、发型等；38% 取决于如何自我表现，包括语气、语调、手势、站姿等；只有 7% 才是讲话内容。策划人的形象塑造也应从这三方面努力。

其一，注重仪表装扮。具体而言：①要衣着得体。西方服装设计大师认为"服装不能造出完人，但是第一印象的80%来自着装"。得体的着装体现了一个策划人良好的修养和独到的品位。着装应遵循最基本的"TPO原则"（TPO是英文Time、Place、Object的缩写）："T"代表时间、季节、时令、时代；"P"代表地点、场合、职位；"O"代表目的、对象。简而言之，着装要因人、因场所、因时间而制宜，要结合自己的身材、爱好、情趣、个性和审美观，穿出自己独特的风格和魅力。②要容颜整洁。整洁是最基本的要求。我们不能要求每个策划师都相貌端庄、风度翩翩，但干净、清爽是每个人都可以做到的。这要求策划师与客户见面之前，应检查好衣物是否清洁、皮鞋是否锃亮、面容与头发是否干净、身体是否散发异味等，特别是有抽烟习惯的策划师，一定要注意清新口气，不能张嘴就一股令人讨厌的烟味。③要精神饱满。萎靡颓废的状态必然难以赢得客户的好感。策划师需要做好时间管理，经常运动健身，保证充足的睡眠，工作中给人以精力充沛、智慧充盈的印象。④要塑造个性。可以从穿着打扮上适当地打造出个人的标志性特征，如王家卫导演的墨镜、叶茂中的五星帽等，通过长期的坚持与展示，可以逐渐塑造出鲜明的个性形象。

其二，注意行为举止。①要保持微笑。微笑是真正的世界语言，能超越文化而传播，成为世界通用的"沟通货币"。微笑是策划人对客户表示欢迎、尊重和理解的有效手段，能够营造良好的交流氛围。因此，在会见客户之前，可以照照镜子，对自己微笑几次，调节一下面部肌肉，让表情丰富起来。如果碰到心情状况不佳时，也要给自己积极的暗示，调动好情绪，以积极的姿态与客户交流。②要用好身体语言。见面握手时，一定要坚定有力，不能用"死鱼"方式握手；站立时，不能塌胸驼背，一般应做到抬头、挺胸、直背，保持自信笃定的姿态；交谈时，要保持与客户目光的接触，既不能长久直视客户，也不能闪烁回避，通常以看到对方鼻尖较为适宜；还要注意保持合适的人际交往距离，在双方还不熟稔的情况，不能随意跟客户"咬耳朵"、拍客户的肩膀，让人觉得轻浮。③注意商务礼节，包括接待规格、座位安排、名片交换、互刷微信、礼物赠送等环节，都应做到规范、得体，让人感受到热情与尊重。

其三，注意讲话发言。①事先要做充分的准备。对客户的需求和特点有全面的了解，对客户的问题有深入的思考分析，形成基本的判断或观点，以便在交流过程中能够有的放矢。虽然一些资深的策划人能够随机应变，快速消化客户的"内存"，并提出创新的对策建议，但对绝大多数的策划人而言，有备无患，事先做足功课总比脑袋"空空如也"要好。②合宜的讲话内容。发言要根据客户的需求和特点，做到主题明确，观点鲜明，语句简练、不重复、不啰唆，言之有据，实事求是，给以专业、干练的感觉。最好能够运用"金字塔"式的发言结构，开宗明义，然后逐条阐释，条理清晰地表达要沟通的内容。如果能够语言生动、比喻精辟、表述有趣，无疑更能赢得客户好感。③合适的讲话语调，讲话时的语气、声调、语速、音质等传递着信息符号，发音不准、声调失常、音色欠佳、语气烦人等毛病都会影响沟通的效果。一般而言，语调应该铿锵有力、起伏有序，不能从头到尾一个语调，让人听了寡淡乏味，恹恹欲睡。

> **案例链接　发言的时机问题**
>
> 刘向在《战国策》中写过一个故事。卫人迎新妇，妇上车，问："骖马，谁马也？"御曰："借之。"新妇谓仆曰："拊骖，无笞服。"车至门，扶，教送母："灭灶，将失火。"入室见臼，曰："徙之牖下，妨往来者。"主人笑之。此三言者，皆要言也，然而不免为笑者，蚤晚之时失也。
>
> 资料来源：刘向．战国策·宋卫·卫人迎新妇［M］．沈阳：万卷出版公司，2009：637．

其四，注意端正态度。对人对事的态度，深刻影响着个人形象的塑造。俗话说"路遥知马力，日久见人心"，态度虽然可以一时伪装，但最终会影响别人的看法。因此，从长远而言，态度是一个策划人形象的底色。什么样的态度算是良好的？简单而言即是"对人真诚，对事负责"。俗话说"以诚学习则无事不克，以诚立业则无业不兴"，真诚应该成为策划人心中的第一原则，即要做到保持本色不做作，能够设身处地为客户着想，不危言耸听，不动歪心思、耍小伎俩，欺瞒客户。交流之时，能够理解对方、尊重对方，不要带着"战斗心态"去面对客户，要试着从客户角度出发，探求他们的真实意图。"对事负责"就是要以"主人翁"态度服务好客户，能够保持"以终为始"的热情，在专业上做到精益求精，真正为客户提供具有参考价值的问题解决方案。在策划中，最忌讳的事情即是收取客户首款后，落袋为安，不认真履行合同，敷衍了事。这种做法无论是对策划本人还是机构的整体形象，都是难以挽回的巨大伤害。

（三）如何提升形象塑造能力

第一，提升内在修养。正所谓"神于内，才能形于外"，一个人的气质与风度，从根本上来自内在的学识与修养。策划人要提高形象塑造能力，从根本上而言，需要从内部入手，时刻保持一颗谦逊的心，海纳百川，不懈追求。只有拥有广阔的胸怀、远大的志向和丰富的学识，才能真正树立起优质的形象。

第二，学习形象塑造技能。形象设计有章可循，市面上有《你的形象价值百万》等书籍可供参考。通过阅读专业书籍，可以系统地掌握形象塑造方法，有力地提高形象塑造能力。当然，也不应太过刻意，否则适得其反。

第三，注重"首因效应"。形象心理学提出过"首因效应"：第一印象的形成只需30秒钟，在见面的最初30秒钟内，人们对你已有定论，因此，要注意形象塑造的"关键30秒"。如何有效利用好这30秒，是对形象塑造能力的重要考验。

> **知识拓展：自信的形象塑造要点**
>
> （1）列出自己的优势，并相信这是你的财富。
>
> （2）只穿让你自信的服装。
>
> （3）要敢于说"不"。
>
> （4）坦然地接受别人的赞扬。
>
> （5）眼睛能与别人直视。
>
> （6）保持头部直立，走路和坐立都不要让自己松懈。
>
> （7）用坚定、果断、热情的语气说话。
>
> （8）在出席商业会议、媒体采访、与商家签合同、首次与客户见面时，无论是周五、周六、周日，一定要穿西装，打领带。
>
> （9）不要以穿着不规范的顶级成功人士为榜样。
>
> （10）宁可保守也不要过度追求时尚，时尚只能保守地反映在你的休闲装中。
>
> （11）面带微笑，表示友好、热情。
>
> （12）保持与别人的目光接触，表示你的专注和对别人的重视。
>
> （13）要有力紧握别人的手，一定不要用"死鱼"方式握手。
>
> （14）保持上身挺立，展示出自信的态度。
>
> （15）把你的注意力给予别人，做一个专注的听众，不要夸夸其谈，要考虑到别人正在观察你。
>
> 资料来源：英格丽·张.你的形象价值百万（12周年增补版）[M].北京：长江文艺出版社，2015：31—43.

第二节 创新传播思维

传播创新首先需要思维创新。概括而言，有三种思维创新方向：一是借势思维。借助现有的或将来的新闻热点或重大事件，利用各种形式或方法，将欲宣传的信息与外部重大事件进行嫁接，找到结合点，顺势而为，提高吸引力。二是造势思维。通过发挥主观能动性，制造活动、事件、话题等爆点，形成利于传播推广的态势。三要内容思维，即通过精彩的内容创意，实现内容自我传播，特别是在社交媒体时代，"传"胜于"播"，爆款内容已成为传播的超级利器。

一、借势传播

《孙子兵法·兵势篇》中说:"故善战人之势,如转圆石于千仞之山者,势也。"所谓借势传播,就是借助他人或他物所积蓄的势能,快速达成自己的传播目标。策划人要懂得"巧借东风",善于借历史文化、重大事件、名人明星,甚至名山大川之势,让策划传播实现事半功倍的效果。

(一)借历史人文

历史文化积蓄了千年的文化势能,在人们心目中有极高的知名度和识别度,因此如何挖掘历史文化内涵与特色,让策划项目与其有效连接,就成为做好借势传播的重要突破口。借历史文化之势,具体而言可从三个方面入手。

一是神话传说、历史故事等。这是目前利用最多的方式,如各地托古改名,湖北襄樊市改襄阳市、河南新郑市欲更名为轩辕市等。还有很多地方利用历史故事或场地作为景区的核心吸引物,如西安临潼区的华清池景区等。

二是借助特色文化、民俗民风等。这种方式偏向于少数民族地区,他们依托特色的节日和活动来扩大影响,如云南傣族的泼水节、南宁壮族的"三月三"民歌节,都具有极高的知名度。因此,在进行产品或活动策划之时,也可充分借助特色文化要素,如策划丝绸之路高峰论坛、大运河文化国际论坛等。

三是超级文化符号。"超级符号是人们本来记得、熟悉、喜欢的符号,并且还会听它的指挥;超级符号是蕴藏在人类文化里的'原力',是隐藏在人类大脑深处的集体潜意识。"[1]在我们五千年的文化传播中,积淀了非常多的超级符号,如广为人知的龙、太极图、八卦图、玉如意等。符号"向我们传递的是一种可以进行瞬间知觉检索的简单信息"[2],通过符号可以快速激活我们的集体潜意识,让人形成判断、联想等,实现瞬间理解与传播。

> **案例链接** **河北固安工业园广告语**
>
> 华与华为公司帮助固安工业园制定的广告策划案,其核心宣传语是"我爱天安门正南50公里"。这句广告语让工业园名声大噪。虽然整个广告策划案的文本很厚,研究很多,但精髓就体现在"这一句话"上。

---

[1] 华杉,华楠.超级符号就是超级创意[M].天津:天津人民出版社,2014:1.
[2] 米兰达·布鲁斯·米特福德,菲利普·威尔金森.符号与象征[M]周继岚,译.北京:三联书店,2014:6.

它为什么精彩？第一，借用了"天安门"这个超级话语，将河北固安这个籍籍无名的小县城同地球人都知道的"天安门"捆绑在了一起，让人可以迅速判断其方位。第二，巧妙嫁接了"我爱北京天安门"这首家喻户晓的歌曲，让大家在阅读广告语的时候，产生熟悉感，迅速拉近距离。这种对超级符号和话语体系的借用，让华与华为的广告策划脱颖而出，并取得了良好的市场效果，如今固安工业园已经成为产业新城建设的示范与标杆。

（二）借名人名物

名人名物是自带流量和关注度的超级载体。傍上名人名物，如附"骥尾"，可以借助其知名度，快速提升影响力。

首先是借势名人。一是借助本地名人。俗话说"钟灵毓秀"，一方水土滋养一方人物；反之，能诞生优秀名人之地，大多数是世间佳处。所以，名人就是一个地方宝贵的传播资源。本地名人包括历史名人和当代名人。借势历史名人较为便利与安全，因为不涉及侵权和名声损毁，可以大力挖掘与弘扬，这种方式国内外案例很多，如"孔子故里""黄帝故里""墨子故里"等。二是借势人气明星。邀请当红明星代言，借助其粉丝群和社会影响力，快速提升产品或品牌知名度。不过邀请明星代言，也要注意其"人设"和形象与产品的匹配度，否则难以获得理想效果。

其次是借助名胜。所谓"靠山吃山，靠水吃水"，一些地方天赋异禀，拥有名山大川，其知名度远播国内外。因此，依托名山大川，亦可让产品或项目横空出世，获得极大的传播知名度。例如云南迪庆的中甸县，通过改名借势，让名胜与城市融为一体，形成了整体性的品牌效应。

最后是借助特产。特产是一个地方特有的产出，通常代表着地道与品质，是经过时间检验和获得大众认可的品牌。一些地方特产的影响力遍布全球。这时可借助特产的势能，快速地扩大城市或项目的知名度，如云南思茅市更名为普洱市等，这些都是非常有益的创新探索。

（三）借时事热点

借势热点是策划传播经常使用的手法，俗称"蹭热点"。热点是指受广大群众关注或者欢迎的新闻或者信息，或指某时期引人注目的地方、事件或问题。由于热点集聚了巨大的关注势能，如果与之结合较好，可取得巨大的传播效果。

一是借势国家国际大事。这类事件由于涉及重大战略性问题，能对国家形势或国际格局产生巨大影响，因而受到广泛关注。如果借势得当，可以迅速打造知名度，快速树立品牌形象。例如，农夫山泉借助北京申办2008年奥运会，策划了"喝农夫山泉，为申奥捐一分钱"的活动。在央视广告中,提出"再小的力量也是一种支持。从现在起,你买一瓶农夫山泉,你就为申奥捐出一分钱"。经过半年的多时间,"农夫山泉奥运装"在全国销售近5亿瓶,比上年同期翻一番,为北京申奥贡献近500万元人民币,可谓寓营销于无形中,取得了"多赢"的借势效果。还有昆仑润滑油的"多一点润滑、少一点摩擦"广告,也是经典的借势行为。

二是借助社会热点事件。这类事件算不上国家大事,但是由于与人们的生活密切相关,因此也受到广泛关注,如疫苗造假事件、名人明星的八卦事件等。在这些事件中,如果找准切入点,巧妙嫁接,亦可获得极佳的传播效果,如杜蕾斯即是个中高手,有些文案让人拍案叫绝。

案例链接 杜蕾斯借势

杜蕾斯是全球知名的两性健康品牌,其每年生产约10亿只避孕套,占据了世界市场份额的26%。其在中国市场借势宣传手法隐而不露、内涵十足,令人回味与叹服。下面就是杜蕾斯借势的一些生动例子。

(1) 2011年,北京一场大雨淹没京城。杜蕾斯想出将避孕套套在鞋子上防雨的创意。该微博一经发出,一个小时内转发过万,成为当年经典的营销案例。

(2) 2012年奥运会,刘翔旧伤复发,跨栏摔倒,但坚持走完全程。杜蕾斯对此发出如下微博:最快的男人并不是最好的,坚持到底才是真正强大的男人!

(3) 2013年,光大银行出了一则"乌龙事件"(策略投资部门自营业务在使用其独立的套利系统时出现问题)。杜蕾斯借势发挥,天才般创作了"光大是不行的"。

三是借助热门话题。热门话题指一定时间和一定范围内,社会最为关心的热点问题,如教育、社保、医疗、楼市、股市和就业等。热点问题经常是寒暄与讨论的中心话题,具有极强的生活贴近性。在一个信息分享的时代,人人都有"麦克风",如何将产品或品牌植入话题,考验着策划人的敏感度和创造力。

案例链接 故宫文创借势营销

北京故宫博物院建立于1925年,是在明朝、清朝两代皇宫及其收藏的基础上建立起来的中国综合性博物馆。近年来,故宫借助精心设计与出售文创商品来传播传统历史文化。截至2018年年底,故宫文创产品已经突破11000件,文创产品销售收入超过15亿元。在故宫文创产品的宣传中,借助网络热点事件或话题,增加社会关注度和年轻群体渗透力,已经成为这些年故宫屡试不爽的网络营销方法。

2015年1月，吴奇隆和刘诗诗领结婚证的消息登上了热门微博榜首，一周后故宫淘宝微信号推出了文章《她比四爷还忙》，迅速引发了10万+的阅读量和网友的大量转发，还获得了《人民日报》的转载。

2015年3月，《超能陆战队》电影中的大白引发大众关注，故宫随即推出了故宫版的大白"皇帝妃嫔"高清插画壁纸。

2016年，热门的动画电影《大鱼海棠》上映时，故宫淘宝联合《大鱼海棠》电影推出了定制产品。

2017年，《舌尖上的中国》大火，故宫食品瞄准人们的味蕾，联手天猫在故宫开了一场发布会，宣布"朕的心意"旗舰店入驻天猫，开始独家首发"清代古方膳食"。

当前，"蹭热点"已经成为策划人必须掌握的传播技能。如何才能更好地借势热点呢？首先要对热点进行判断，即判断事件或话题的属性（如话题性、传播性，是否有趣、简单和值得分享），时效性（即事件的热度能够持续多久），影响力（即话题的普遍热度和行业内的热度），以及实效性（即成本、收益、风险的综合评估），然后才能决定是否要"蹭热点"。需要指出的是，并非什么热点都可以"蹭"，如果尺度把握不好，反沦为笑柄。高明的借势行为，不仅应能让产品获得曝光量，同时也能彰显产品的优势与特点，体现出其背后的精神内涵。

案例链接　失败的热点借势

2018年9月16日17时前后，"山竹"台风在广东台山沿海登陆（强台风级，45米/秒），几乎整个粤、港、澳地区都受到了狂风暴雨的肆虐，珠三角地区阵风强度高达14～17级，广东大部分地区发布了停工、停产、停课的"三停"要求。

同时，东风风行于2018年9月16日在深圳举行了全新SUV风行T5的上市活动。海报中明确表述："不畏风雨，最强SUV强势登陆！""神同步！史上最强台风，史上最强SUV，今日狂飙上市！"营销本身没有罪，但如果把品牌同造成69人死亡、百万人受灾的"山竹"台风联系起来，还有意借助这个热门标签到处吆喝，就是另外一回事了。

任何灾难或者公共事件的发生都是不可预知的，不过品牌需要一点远见，应该意识到不能借灾难叫卖自己的产品，要考虑受灾人民的情感诉求。

资料来源：《借灾难营销，底线何在？》，2018-09-19，https://baijiahao.baidu.com/s?id=1612044330109188052&wfr=spider&for=pc。

（四）借对手之势

爱尔兰哲学家埃德蒙·伯克（Edmund Burke）曾说："同我们角斗的对手强健了我们的筋骨，磨炼了我们的技巧，我们的对手就是我的帮手。"在策划传播过程中，找到合适的对手或标杆，借势传播，也是一种非常有效的方法。不过借势之时需要注意三点：①要充分认识到自身优势与特点，要做到"知己"；②要寻找行业内旗帜性品牌或产品，将人们心智中最强者作为竞争对手，细致研究，做到"知彼"，因为只有与巨人同行，才能引发关注，进入顾客心智；③要寻找合适角度，可以同向借势，如青花郎"中国两大酱香白酒之一"的广告，亦可反向借势，如大众甲壳虫汽车的"Think Small"广告。

二、造势传播

如果说"借"需要一定的客体对象，那么"造"则更多是基于自身能力的主动行为。正所谓"无势者造势"。在传播策划中，通过制造话题、事件、悬念等形式，大张旗鼓地进行宣传，也是获得良好传播效果的重要方式。

（一）造话题

话题传播是策划人洞悉时代潮流或痛点，制造话题，运用媒体力量及大众的参与，进行话题炒作，引起社会广泛关注。随着发布话题的免费平台越来越多，如微博、知乎、各类公众号等，话题炒作已经成为传播的重要手段之一。如果创意精巧，媒介利用得当，可实现低成本、高回报的特效。

话题炒作的核心是要找到一个目标对象都喜欢、乐于发表观点和转发的话题。例如，百度贴吧、知乎和天涯论坛上，通常会有网友提出各种可供探讨的话题，然后引发广泛参与。需要强调的是，话题营销是一把双刃剑，应当谨慎使用，注意三个基本要点：①要遵守法律法规和道德规范，不能为了炒作而凭空捏造事实，或用危言耸听的标题吓唬人，对于"恶搞"这种形式一定要慎用。②要有利于塑造正面形象，至少不能产生负面效应。如果制造的话题影响很大，但是失去了控制，违背了设计初心，那话题操作无疑是失败的。③话题要能引出言论，即大家都能有话可说。例如，"请你用一百字说一个'不凡背后的故事'"，这种话题门槛就较低，不是专家也能说上几句。当然，为了炒热和引导话题，安排一些网友做"托"，亦是可探索的选择。

（二）造事件

事件是指比较重大、对一定的人群会产生一定影响的事情。造事件又可分为制造营销事件和策划大型节事。前者主要是通过事件传播，实现以小博大；而后者通常需要付出较大成本，但比事件可控。

一是营销事件，即是通过策划、组织、制造出具有新闻价值、社会影响的事件，快速吸引媒体、消费者的兴趣与关注，进以提高企业或产品的知名度、美誉度。事件营销集新闻效应、广告效应、形象传播、客户关系等功能于一体，是当前较为受欢迎的一种传播形式。如何才能通过造事件做好传播？首先要判断事件价值，即事件是不是契合人们关注的焦点或能引发参与兴趣，是不是与品牌的调性一致；其次要做好媒体议程设计，掌握传播规律，营造出良好的舆论氛围，才能达到借势或造势的目的；最后要做到安全可控，否则一着不慎，结果难以收场。

二是大型活动，即通过举办大型体育、节事、庆典等活动，邀请和引发媒体的广泛报道，进而提高区域、城市、企业或产品的知名度。此为政府较为青睐的造势方式之一。从国家层面来看，我国通过举办2008年奥运会、2010年世博会、2022年冬奥会等，宣扬了大国崛起，向世界展示了新形象；从地方层面来看，一些城市通过举办国际牡丹节、音乐节、马拉松赛事等，扩大了知名度和美誉度，带动了地方经济的繁荣发展。

> **案例链接**　"双十一"十年巅峰，给营销者带来什么启发
>
> 2009年秋天，当时的淘宝商城计划在平台上组织品牌商做一场促销活动，定在了传统商业淡季的11月。淘宝方面和品牌商积极沟通，但是效果不佳，参与的商家寥寥无几，最终大概27个品牌参加了这次活动。尽管淘宝团队对预期效果并无多大把握，第一届"双十一"还是以"全场五折、全国包邮"为主题，在零点如期拉开了帷幕。所有人在那一刻都没有想到，这将成为中国电商史，甚至是商业史上一个赫赫有名的购物节。这一天卖了5200万元，其中杰克·琼斯单店突破500万元。
>
> 这就是后来的"双十一购物狂欢节""双十一全球狂欢节"。在以后每年的运作中，一届比一届火爆，到2018年商品品牌达到14万种，销售额突破1600亿元。不仅是阿里的淘宝、天猫，京东等电商平台也纷纷举办"双十一"购物狂欢节。
>
> 节庆营销是商业促销的重要手段。一年中，元旦、春节、中秋、国庆等重大节日，很多企业都会依据不同的行业特征集中开展促销活动。营销专家认为，真正凭空创造出一个节日，还是需要相当的胆识和创意。例如小米手机2011年8月16日诞生，为此小米将每年8月16日定为米粉节，推出丰富的活动，线下的很多商场也会把店庆日作为一年中的大促节点回馈消费者。

造节需要很好的营销策划，从节庆活动定位、大数据运用、货品组织、资源调集、氛围营造等多方面细致规划、扎实推进，增加消费者的互动性、参与感，从而达到提升品牌、促进销售的目的。想要造节还需要坚持，每年如期举行，让顾客形成期待、养成习惯。

资料来源：郑峰《"双十一"十年巅峰，给营销者带来什么启发》，2018-11-14，http：//www.sohu.com/a/274658748_785756。

（三）造悬念

"悬念"是小说、戏曲、影视等艺术作品的一种表现技法，是激发社会关注的重要艺术手段，也是传播造势的重要方式，通过设疑、推疑、解疑，一步一步将消费者引入企业或机构预设的"剧情"里。在策划中，精彩的主题和悬念设计，常常可以吊足目标受众的胃口，让其欲罢不能。

案例链接　如何让用户12天蹲守一个广告？

2018年4月20日，中国首部悬疑MINI剧《ARE U OK》在网易上线，每天更新一集，每集15秒，刷新了中国网剧的新"短"度！但是在最后一集，大家才发现这是健力宝的最新宣传广告。当很多人迫不及待想让LOGO一大再大，让品牌植入无处不在的时候，网易和健力宝沉住气憋乎大招，开创了悬念营销新玩法，让人眼前一亮。编剧通过对网友兴奋点的精准把握，用独特的解读把网友一步一步带入剧中，使其不能自拔，而网友的推理热情和精彩跟帖更是把这部剧的发展推向高潮。"栏目原创内容力"+"网友互动UGC力"，为健力宝MINI剧打造了独一无二的专属传播阵地，把15秒的剧情延伸15×N秒的内容，引发全民追剧热情。而大结局的"出其不意"更让网友惊喜不已——谁能想到自己用了整整12天来蹲守一个广告呢？一针见血的品牌植入，远比没有记忆点的漫天露出来得更深入人心。

资料来源：《网易悬念营销新招式：如何让用户12天蹲守一个广告？》，2018-07-11，http：//jiankang.163.com/18/0711/16/DMES7MNE0038980J.html。

三、内容创意传播

虽然借势和造势都需要创新，但在一个"传"更胜于"播"的时代，通过内容创意实现大众主动转发，即信息的自我传播，则是传播策划所应追求的理想境界。其关键是内容要好，包括品牌故事、文艺作品和创意文案等类型。

（一）品牌故事

品牌是对产品想象的集合。通过设计、讲述和传播一个品牌故事，可以增强品牌想象的丰富性、文化性和人情味，形成情感的共鸣。喜欢"听故事"是人的天性。一个成功的品牌，一定是一个有故事且会讲故事的品牌。例如，有了故事，原本只是块坚硬的石头，却变成了坚贞不渝的爱情象征；原本只是一家卖糖浆水的小作坊，却变成了全球巨无霸饮料企业；原本只是质量和设计稍好的皮包，却卖出了常人难以企及的天价。事实上，一份优秀的策划案本身也应在讲述一个好故事，有起承转合、有矛盾冲突、有问题化解，让决策者在不知不觉中认可策划的理念、观点与策略。

如何才能讲好一个品牌故事？①要研究透彻产品或品牌的特征与传播对象，然后据此量身定制一个精彩的故事，其可以是关于产品的，也可以是关于创始人或生产团队的，最重要的是，故事要与众不同、打动人心。如果故事有真实原型，则更具有感染力。②要选好故事"母题"，即大主题，一般而言，奋斗、爱、生命、美德、尊重等普世感情类的主题更能引发共鸣，但不能陷入俗套，应聚焦在某个小点上，以小见大。③要有足够的冲突。故事本质上就是一个不断制造冲突和解决冲突的过程，只有精彩的冲突才能引人入胜，记忆深刻。④要利用有效的传播途径。不仅要关注电视、报纸等主流媒体，更要用好微信、微博、头条号、公众号、直播、抖音等新兴媒体，让故事传播更有效率。

（二）文艺作品

通过创造文学、影视、动漫等文艺作品，借助其艺术影响推动传播，亦是经常采取的方式。具体而言，包括专题片、影视剧、文化演艺和短视频等。

一是专题片。它是运用现在时或过去时的纪实，对社会生活的某一领域或某一方面给予集中的、深入的报道，内容较为专一，形式多样。既有新闻的真实性，又具备艺术的审美性。在策划传播中，可以通过拍摄专题宣传片，生动、系统地介绍产品或区域的优势、特点和发展历史等，让人们对其有全面的了解；也可以拍摄探索发现性质的专题片，通过悬念、寻疑、解答等形式，引发受众的兴趣；还可以拍摄知识性专题片，介绍产品或文化的起源与发展，特别是一些复杂的产品，通过生动的阐述可更好地为人所了解。例如，由中央电视台创建、央视纪录国际传媒有限公司制作的文博探索节目《国家宝藏》，以文化的内核、综艺的外壳、纪录的气质，创造了一种全新的表达方式，让中华文物瑰宝在新时代有了新的生命，获得了广泛好评。

二是影视剧。影视传播是内容创意传播的重要方式，通过影视剧的形式，植入产品或品牌想要传递的内容，同时融入爱恨情仇、聚散离合、侠骨柔情、英雄救美等故事元素，可以形成激烈的戏剧冲突和艺术魅力，获得受众的喜爱与广泛传播。在这种形式下，植入的内容"随风潜入夜，润物细无声"，可以获得良好的传播效应。韩国是影视传播的佼佼者，无论是《冬季恋歌》《大长今》，还是《来自星星的你》《太阳的后裔》等影视剧，都让拍摄地成为旅游热点，也极大地提升了韩国的文化软实力。

三是文化演艺。其具体形态包括音乐、歌舞、戏剧、戏曲、芭蕾、曲艺、杂技等各类型演出，特别近年来兴起的旅游演艺。从实践来看，一部优秀的旅游演艺作品，不仅自身可以获利，还可获得较好的传播效果，如《印象刘三姐》《长恨歌》《又见平遥》等演艺作品，都取得了良好的经济效益和传播效应。

四是短视频。随着网络传输速度不断迭代，短视频快速兴起。短视频是指在各种新媒体平台上播放的、适合在移动状态和短时休闲状态下观看的、高频推送的视频内容，从几秒到几分钟不等。不同于微电影和直播，短视频制作并没有像微电影一样具有特定的表达形式和团队配置要求，具有生产流程简单、制作门槛低、参与性强等特点，同时又比直播更具再次传播属性，特别是随着快手、抖音等平台爆发，短视频已经成为营销传播的利器。例如，重庆通过短视频，让洪崖洞、弹子石老街等地成为"网红打卡地"，带火了重庆旅游。

案例链接：抖音短视频与城市形象传播

谁是抖音上最火的城市？答案是重庆，意外吗？

2018年9月，抖音、头条指数与清华大学城市品牌研究室联合发布了《短视频与城市形象研究白皮书》（以下简称"白皮书"）。这是国内首份全面解读短视频时代城市形象建设的白皮书。"白皮书"显示，重庆、西安等新一线城市形象视频播放总量领先全国。其中，又以美食美景、公共服务的视频最受欢迎。

在抖音平台，一段15秒的视频就可让一座城市为大众所知。"白皮书"分析了近8000万条城市形象视频，发现从播放总量来看，重庆跃居榜首，城市形象相关视频总播放量达113.6亿。其后的西安、成都均超北上广深，新一线城市在城市形象视频播放量上领先，是受欢迎的"抖音之城"。将排行前10的城市形象视频累加，总播放量超600亿次。

"白皮书"发现，城市爆款短视频的内容和形式虽各有特色，但也有迹可循。"白皮书"给出了一套城市形象视频拍摄的方法——"BEST法则"，即BGM（城市音乐）、Eating（本地饮食）、Scenery（景观景色）、Technology（科技感的设施）。这四类要素通过融入城市生活毛细血管的符号，组成了立体的城市形象，让城市符号更具有辨识度。

资料来源：头条指数《短视频与城市形象研究白皮书》，2018-09-18，https://www.sohu.com/a/254628329_152615。

（三）创意文案

融媒体时代内容为王。一篇富有洞见、观点创新和表达有趣的精彩文案，在得到读者高度认可的情况下，通过转发可以形成"指数级"传播，带来极高的阅读量和曝光度。例如，六神磊磊撰写的文案，让读者享受阅读的最后一刻，来一个意料之外而又情理之中的"彩蛋"——商业广告，让人莞尔而又回味无穷。

如何才能创作出优秀文案？

第一，明确文案创作的目的。创意虽好，但如果弄错了方向，难免南辕北辙。在实践案例中，很多广告传播之后，人们记住了创意，却忘记了产品本身。因此，在文案创作之前，要先确定目标，强化文案与产品或品牌的关联。文案只是手段，塑造品牌、推广产品才是根本目的，二者不能颠倒。

第二，洞见传播对象痛点。洞见，就是深入窥察，发现目标对象心中的秘密。好文案能够戳中对象的痛点和泪点，引起情感的共鸣。例如，公众号"樱桃画报"发表了一篇《如何假装成一个好妈妈？》的文章，通过诙谐的图像和话语，将女性成为母亲前后的状况进行了对比，轻松调侃之间道出了母亲的艰辛与不易，引起了广泛的共鸣与转发，获得巨量点击，让公众号迅速成为大号。

第三，注重文本内容与表达。①要有惊鸿一瞥的标题，让人挪不开眼睛。"题好一半文。"在信息大爆炸时代，读者被海量信息包围着，标题是让文案从万千信息脱颖而出、抓取读者注意力的最有力武器。有数据显示，标题的好坏决定着80%的读者会不会点开阅读。②要有让人欲罢不能的开头。写作中流行一句话"龙头、猪肚、凤尾"，好的开头才会让人有愿意读下去的兴趣。具体方法有悬念式、提问式、开门见山式等，但"运用之妙，存乎一心"，终究还看作者的才思与修为。③文案主体要有"冲突"。充满故事性和趣味性，善于利用各种修饰手法和图标、图像等，增加内容的可读性。④要有精彩结尾。所谓"编筐编篓，全在收口"，文案结尾也是其精华之处，要尽量做到"余音绕梁"，让人意犹未尽。

第四，要选择合适的传播载体。当前文案推广媒体有网络、户外、电视广播、报纸杂志等。文案在撰写时还要考虑到不同媒体的特点和优势，如针对网络媒体，就需要考虑其互动性、转发率等特征，语言要有"网感"和场景感，增强趣味性和可读性，以便可以获得最大的传播效果。

知识拓展：标题——"给一个非看不可的理由"

标题是传播的核心内容，其功能在于电石火花间，给人惊鸿一瞥，给人一个非看不可的理由。耍噱头、卖弄文句或夸张吹捧，都不是构成出色标题的要件。一个设计精妙的标题，关键之处在于能够抓住读者内心的迫切需求，与他们的利益或关注点密切结合。美国传奇文案人罗伯特·布莱（Robert W. Bly），列出了创作精彩标题的多种诀窍。

（1）疑问式标题，如"日本主管有哪些美国主管没有的优点"。

（2）结合时事的标题，如"和玛莎·史都华一样掌握市场先机，且不必像她那样做内线非法交易"。

（3）创造新名词的标题，如"'强化隔离润滑油'在金属表面形成保护膜，让机械工具寿命延长六倍"。

（4）传递新消息。加入"新推出""引进""宣布"之类的词汇，如"国防部已宣布一项轻松降低预算计划"。

（5）给读者建议。告诉读者可以采取哪些行动，如"点火烧烧看这张防火材质优惠券"。

（6）运用数字和数据，如"前所未闻，一棵树开出17000朵花"。

（7）承诺会提供对读者有用的信息，如"如何避免在建造或购买房屋时犯下大错"。

（8）强调你能提供的服务，如"即日起我们的最佳新书提供预购，就如同订杂志一样简单"。

（9）讲故事。描述一段过程，如"我坐在钢琴前时，他们还在笑，然而当我开始弹奏……"。

（10）提出推荐性意见，如"现在就必须买进的五档科技股"。

（11）说明好处，如"管理UNIX系统数据库，已经从困难变容易"。

（12）作比较，如"只需要文氏洗涤塔一半的用电量，就能解决贵公司的空气污染防治问题"。

（13）使用能够让读者脑中浮现画面的词汇，如"为什么有些食物会在你的肚子里'爆炸'"。

（14）引述见证，如"超过50万英里的飞行记录证明，我们的凸轮轴在保证期限内运作优良"。

（15）提供免费的特别报告、目录或宣传，如"我们的免费报告揭露鲜为人知的秘密，告诉你百万富翁如何守财，并且善用政府提供的资源"。

（16）直接点出服务内容，如手术台修复服务，"修复期间免费租借替代手术台"。

（17）悬念勾起读者的好奇心，如"你必须买进的唯一科技股，不是你想的那一支"。

（18）承诺要公开秘密，如"揭露华尔街的潜规则"。

资料来源：罗伯特·布莱.文案创作完全手册［M］.3版.刘怡女,袁婧,译.北京：北京联合出版公司,2013：29-50.

第五，注重借助大众的力量。很多文案也可从目标对象的评论等资料中进行选取，让文案"来自群众，回到群众"，增强文案的亲切感和贴近性。

案例链接　看见音乐的力量

2017年3月20日，网易云音乐包下了杭州地铁1号线的车厢及江陵路地铁站，发起了一场名为"看见音乐的力量"的营销活动。从网易云音乐应用平台上的4亿条评论里，挑出点赞数最高的5000条，经人工筛选，最终选定85条。

没有广告公司的参与，没有大手笔的费用预算，与其说是"音乐的力量"，倒不如说是网易用户原生、优质的文字内容，戳中了人们心中的孤独感和表达欲，引起广大网友的共鸣，从而迅速地引爆了社交网络。经过一层层的晒照、分享、转发，最终成为2017年经典的病毒营销案例。

资料链接：陈轩《2017年最经典的十大病毒营销案例》，2017-12-20, https://www.douban.com/note/649746312/。

第三节　掌握三类方法

一、文本撰写方法

文本是策划思维和成果的表达，根本目的是更好地向决策者传递信息，因此，不能将策划报告写成研究报告，要在科学严谨的基础上尽量具有传播效果。一个优质的策划文本，应该让客户感觉立意高远、条理清晰、创意精彩、论证科学，能够让人怦然心动，产生立马落实和推进的冲动。根据策划实践，这里提出了"五步成文法"，即"明旨—蓄势—构思—工文—求臻"。

（一）明旨

撰写策划文本，首先就要明确"为什么而写"。因为不同的写作目的、不同的传播对象，必然要求文本有所差异。策划文本主要有两种：一种针对决策者；一种针对消费者。这里主要讨论前者，因为后者更多涉及传播领域。

如何做好明旨？最重要的是充分沟通。策划是为决策者服务的，因此要通过沟通深刻理解决策者的所思、所想与所求，让策划方案做到有的放矢。同时，也要注意内部沟通。现代策划通常是团队作业，而非孤军奋战，所以只有整个团队明晰策划目的与需求，才能劲儿往一处使，形成协作合力。

（二）蓄势

蓄势就是积蓄势能，目的是在条件成熟之时，让文思如滔滔江水乘势而下、一气呵成。如何蓄势？主要做好三个方面的工作：

首先，要全面熟悉资料。所谓"巧妇难为无米之炊"，只有丰富的素材，才能写出饱满的方案。在撰写方案之前，策划人要将各种素材熟稔于心，让脑袋充盈。需要强调的是，这个时候要有整体意识，带着目的全面阅读和熟悉材料，逐渐培育创意势能，蓄积写作的冲动。有时候，前期已经形成了完整的研究报告，但在表述和结构上不符合策划方案的需求，这就需要吃透材料，重新谋篇布局。

其次，提炼主题或观点。观点是策划方案的灵魂，策划人要在观点提炼和归纳上下苦功夫。通过运用大脑中的记忆材料，进行反复的分析、比较和思考，逐渐掌握资料的内在联系，并结合策划目的提炼观点。这里的观点也可以说是主题或结论，具体而言，包括趋势判断、定位判断、策略设计等。

最后，合理地增加心理压力。好逸恶劳是人的天性，也是大脑的天性，只有在适当施压、形成一定紧张度的条件下，大脑才会开启高效运作模式，如可以通过时间倒排来增加心理压力等。当然，压力如果过大，会让人产生严重的焦躁、厌烦情绪，因此尺度要把握好。

（三）构思

构思是在策划人的想象中形成的、贯穿着一定主观思想的关于方案内容和形式的总观念。古人很重视构思，晋人刘勰在《文心雕龙》中称之为"神思"，认为"文之思也，其神远矣。故寂然凝虑，思接千载；悄焉动容，视通万里；吟咏之间，吐纳珠玉之声；眉睫之前，卷舒风云之色；其思理之致乎！故思理为妙，神与物游。……此盖驭文之首术，谋篇之大端"。构思是方案撰写是否精彩、表达是否独到的关键因素。虽然通过"明旨"和"蓄势"两个阶段为"构思"做了基础准备，但"构思"仍然是整个撰写过程中最艰难的环节，因为"构思"涉及关系方案质量的三个核心环节：逻辑梳理、谋篇布局、材料取舍。

一是逻辑梳理。策划方案的力量来自对规律的研究与把握，通过严密的逻辑将这种规律有序地表达出来，才能形成强大的逻辑力和说服力。因此，在谋篇布局之前首先把问题的前因后果梳理清楚，了然于胸。对策划人而言，不能"以其昏昏，使人昭昭"，而是要"以其昭昭，使人昭昭"。逻辑梳理是构思中非常艰难的一环，需要动用全部脑力，使用辩证思维、复合思维、创新思维等多种思维形式，将逻辑条理捋顺。形象地说，就是要把行文之水的"管道"打通，之后才能做到文思泉涌，汇成大江大河。

二是谋篇布局，即是搭建整个文章的框架结构。结构是策划方案的骨骼，支撑着整个方案的躯体，只有骨骼挺立，躯体才能完美。对于策划方案而言，一般有较为固定的结构：基础分析—战略选择—策略设计—效益估算，但这只是原则性框架，构思之妙还在于策划人的巧思。为了增强策划方案的吸引力和感染力，在整个谋篇布局中有三点需要注意。首先是要纲举目张。通过思维导图、塔式思维结构图等方式，画出策划方案的全景结构图。其次要详略得当。在方案的篇幅和结构安排上，要重点突出，让决策充分了解策划的核心亮点。最后，强调故事性和冲突感。让听方案的决策者仿佛在经历一场自身主演、利益攸关并跌宕起伏的戏剧。行业有句话说：好方案能够让客户们听的时候鸦雀无声，而且听完后仍是鸦雀无声。因为方案触动了他们的心灵，长久沉浸在思考或震撼中。

三是材料取舍。策划文本特别是PPT，通常只是策划研究成果中的冰山一角。在策划过程中会产生大量的论证性、研究性材料。这就要求在构思中对材料有所取舍，知道选取什么材料、用在什么地方才能发挥最大的说明或论证作用。通常在材料选取中要注意三个原则：首先要贴近主题，即与主题密切相关，论证贴切，不是生拉硬拽。其次要真实可靠，虚假的材料会让人对整个报告的科学性产生怀疑，因此再贴切的材料，如果真实性有问题也要抛弃。最后是要优中选优。好的材料或案例选择一到两个足矣，不需要支牀叠屋、啰唆重复。

（四）工文

在"明旨""蓄势"和"构思"阶段之后，就正式进入了文案的写作阶段。所谓"言而无文，行之不远"，优秀的策划文本对文辞字句方面的要求也是极为严格的，要力求用语准确、修辞精妙、气韵生动。具体而言，"工文"就要加强"炼字、炼句与炼意"。

一是炼字，"即根据内容需要，精心挑选最贴切、最合适的措辞，选择合适的表达方式和语言风格，遣词造句以求得最佳表达效果"[1]。唐代诗人卢延让写道"吟安一个字，拈

---

[1] 胡森林，马振凯.公文高手的自我修养：大手笔是如何炼成的[M].哈尔滨：北方文艺出版社，2017：171.

断数茎须"，可见古人对炼字的重视。在策划文本中，最核心的功夫也体现在炼字上，特别是在对产品、城市或区域的定位上，尤要慎重。例如，我们看世界500强企业万科定位文字的变化：从最初的"三好住宅供应商"到2014年的"城市配套服务商"，再到2018年的"城乡建设与生活服务商"，文字的变化让定位的内涵、业务范围发生了巨大变化。

二是炼句。我们常说"策划是一句话的事情"，通过"一句话"概括整个策划方案的精髓，通过炼句真正做到一挥而切中肯綮，一语而击中要害，一笔而入木三分。例如，仲景牌六味地黄丸的广告语"药材好，药才好"，通过同音异字的对比，使核心诉求跃然纸上。炼句除了意思准确，还应追求表达生动、让人过目难忘，这就需要注意比喻、警句等修辞手法运用。

三是炼意。炼字、炼句固然重要，但是如果不以"炼意"为基础，盲目追求文字和修辞的美感，难免陷入堆砌辞藻、寻章摘句的迂腐境地，丧失了行文目的和初衷。在策划文本中，字、句都是为了更好地表达内容，因此，优秀的策划人是在炼意的指导下炼字、炼句，然后通过字、句更好地阐释意图，达到语意两工。

（五）求臻

策划文本初稿写完，并不意味着大功告成，这只是万里长征的第一步，只是追求完美的开始。对于策划文本而言，要不断地修改，使其更加准确、更加简洁和更加生动，让策划文本成为科学与艺术的有机结合体。

一是更加准确。为决策服务的策划文本，首先追求的是表达精准，能够让决策者通过文字，准确地理解策划人所要表达的观点或策略，因此，在有了策划文本初稿之后，要通过内部头脑风暴、外部专家审阅等形式，对文本提出修改意见，防止出现模棱两可、似是而非的表达。

二是更加简洁。清代学者刘大櫆在《论文偶记》中说："文贵简。凡文笔老则简，辞切则简，理当则简，味淡则简，意真则简，气蕴则简，品贵则简。"对策划文本而言，必须抓住根本，直达主题、提纲挈领、化繁为简，让决策者在最快的时间内掌握核心要点，因此，有些策划文本就会把能概括全案本身的"一句话"放在封面上或作为方案标题。

三是更加生动。主题明确、表达简洁、行文流畅是策划文本最基本的要求，但在此基础上还应追求生动，让文本具有文采，让阅读成为一种美好的享受。其中，包括合理利用图形、图像，以及灵活运用各种修饰技法。

二、汇报沟通方法

对于策划人而言，不仅要"能写"，还要"会说"，需要较强的语言表达能力。方案汇报是策划流程中一个重要的环节,甚至可以说是核心环节。因为决策者难以卒读策划文本,对方案的认知往往就在半小时汇报之内。在前文我们介绍了汇报前、中、后三个阶段应注意的事项,此处不再赘述。下面主要讲 PPT 的制作和汇报中的基本技法。

(一) PPT 制作

PPT 是辅助策划人讲解方案、影响决策者的重要工具,不仅可以帮助策划人锻炼思考总结能力,还能提升方案沟通的效率。通过将文字、图表、图像和视频等内容融合在一个 PPT 文稿里的形式,可以更直接、更准确地传达信息,让决策者在较短的时间内掌握方案的精要。事实上,很多咨询策划公司都非常重视 PPT 的制作,并逐渐塑造了企业 PPT 的风格,如麦肯锡、罗兰贝格和华高莱斯等。

如何才能做好的策划方案 PPT 呢?

第一,熟稔策划方案。一般情况下,研究报告和策划文本(或大体思路)在先,然后再做汇报 PPT。这时候需要制作 PPT 的人(特别是他并不是策划方案参与者时)充分熟悉方案,才能表达出策划的精髓。

第二,明晰演示逻辑。策划门类众多,有时可采取强调冲突的 SCQA 模型,即情境(Situation)→冲突(Complication)→疑问(Question)→回答(Answer);有时可采取观点引导的 PREP 结构,即立场(Position)→理由(Reason)→实例(Example)→立场(Position);有时则是直接的问题导向,采取"What → Why → How"模型,即问题→原因→方法。所谓"运用之妙,存乎一心",具体采用何种逻辑模型,取决于方案的需求和策划人的兴趣。当然,方案最好有跌宕起伏、起承转合、矛盾冲突,才能更加吸引注意力。

第三,坚持"KISS"原则,即"Keep It Simple & Stupid"。做 PPT 时,要坚持顾客导向、换位思考,坚持"金字塔法则",追求简洁,每页用最通俗、最概括的语言,阐述该页的核心观点。同时,每页只能有一个焦点,要突出关键字、词、句,不能满屏的文字,要找出最能吸引眼球的"未知""数",即客户"还不知道"的"重要市场数据或信息",要有最能论证观点的参考案例、经验数据、行业标准等,做到每个观点都能有据可依。

第四,做到图文相辅。优秀的 PPT 不仅要有准确精彩的文字,也要有能打动人心的形象。在选定形象方面有三个诀窍[1]:①所用的物品、场景、场所的形象要能唤起人的情感。例如,我们在为企业或城市做策划汇报 PPT 时,就应更多选取策划对象的实景图片,让听众有熟悉感和代入感,形成方案为我量身定制的印象。②使用那些富有表情的

---

[1] 望月正吾. 制作打动人心的策划案[M]. 周素,译. 北京:人民邮电出版社,2017:111-114.

形象。所谓"喜怒哀乐都写在脸上",运用这些带有鲜明情感的表情图片,可以让PPT更富有感染力。需要注意的是,传递正面信息应选择正面的情绪,而传递负面信息则反之。③用有形之物替换无形之物。当我们要表达抽象概念时,可以借助贴近日常生活和体验的有形之物来体现,这样才能真正打动听众的心。

(二)现场汇报:"四到"

汇报方案过程中,PPT只是辅助,讲解和阐释好观点才是赢得客户认可的关键。策划目的是为决策者服务,而非偏执地展示专业性,因此沟通时必须讲究策略。如何才能做好汇报?重点是"四到",即心到、口到、眼到、手到。

1. 心到

"心到"之精髓是用心,做到事无巨细,成竹在胸。

一是明确汇报目的。目的决定行为,不同的汇报目的影响着汇报的重心。例如,汇报是为了让决策者接受策划方案建议,获得策划酬金,那么汇报中会重点强化说服性、论证性的内容;如果是战略方向已定,汇报主要是为了促进方案策略具体落实,那么应偏重对具体策略的阐述。

二是熟悉汇报对象。不同客户主体(如政府、大型国企、小型民企、社会组织等),不同层级(党政领导、企业负责人、职业经理、业务总监和项目经理等),不同地域(南方、北方、东北等)对汇报的要求与关注的重点具有显著差异。因此,汇报之前就要用心做好功课,明确汇报对象,而且要具体到人,特别是关键客户——核心决策者。

三是熟稔汇报方案。方案汇报不是"念报告",而是"讲报告",重点在于阐释,不仅仅要讲"是什么",还要讲清楚"为什么",因此,汇报人必须对方案非常熟悉,理顺思路,在脑海中形成方案的逻辑导图,知道每一页PPT在报告中的位置和作用;清楚方案要解决的问题、论述的重点和突出的亮点,以便汇报时详略得当。同时,也要熟悉方案中使用的数据和案例,以及获取方法和渠道做到心中有"谱"。

四是树立强大自信。不自信的策划人是难以赢得客户信任的,汇报方案的过程应该是一个充满自信和激情的过程。如何强化自信?①要注重平时的积累,"满腹诗书气自华",丰厚的专业知识与经验的储备是自信的根本源泉,如我们对全国文化产业发展情况非常熟悉,无疑会增强相关汇报中的底气;②针对汇报方案,提前进行演练,最好能够背诵下来,如果有条件,可以邀请专家参加,提出改进意见;③充实与方案相关的知识,如一些方案外的案例、观点、数据、名家名言等,以便能在讲解时旁征博引、征服人心;④提前就方案的一些观点通过各种渠道与客户进行事先沟通,赢得共识,做到心中有底。

2. 口到

口到就是口头表达要到位，让客户能充分理解汇报人想要传达的意思。口头表达是一种重要的策划能力。要实现良好的口头表达，需要注意如下方面：

第一，精心设计好开场白和结束语。良好的开端等于成功的一半。开场的3分钟很关键，观点单刀直入，用语简明有力，语速慢且肯定。要一言既出便如晨钟暮鼓般警策动人，有一种让听众坐直身子、竖起耳朵、精神为之一振极想听下去的感觉，因此在PPT开始可以引用一些名言警句或总结出一些"金句"，如陈澹然的"不谋万世者，不足谋一时；不谋全局者，不足谋一域"就是极佳的开场白。结束语可以形式多样，既可是让人热血沸腾的远景展望，也可是引人深思的新问题抛出。

第二，在整体语言表达上，要详略得当，注意轻重缓急，尽量简洁。对于重点内容、核心观点和顾客关注的内容，可以多花时间进行阐述，对大家都有共识或辅助性的观点可以一句带过。汇报过程中，切忌念稿和啰唆重复，尽量避免口头语，少用"嗯""啊""这个""然后""对不对"等辅助词。为了引发注意与思考，可以在适当的地方运用设问句、反问句等形式，如"为什么如此说""二者有何不同"，亦可停顿一下、提示一下或者重复一遍，当然也可以直接说"这个问题很重要，请大家注意"。

第三，在声音语调控制上，要注意音量大小、音调高低、速度快慢的变化。合适的音量使全场听得见，同时要有强弱变化，在关键结论、重点数字、创新概念、转折词汇等节点可以提高音量、放慢语速、使用重音。语调尽量用自己习惯的语气，根据内容改变，有高昂、有低沉、有抑扬顿挫，重点在自然与诚恳，避免过于严肃及高调，让人觉得做作。语速快慢适中，有条不紊，大约200字/分钟，可以用标点符号来表示停顿。一般而言，顿号、逗号0.5秒，分号1秒，句号2秒，感叹号、问号等需要听众思考或回味的3秒。

3. 眼到

汇报中，要注意场内气氛的变化和与听众眼神的交流，根据现场人员的表情、动作等反应，快速调整汇报重点、语气和内容等。锻炼"眼到"的能力，可从以下三个方面着手。

一是广度。汇报中，不能埋着头或盯着屏幕，自顾自地从头说到尾。要纵观全场，眼光注意到现场的每个人，特别是两侧角落的人，要让每个人都觉得受到重视与关注，汇报者是与他在进行交流。

二是注重关键人物。策划汇报的核心对象是决策者，因此要将50%以上的注意力放在主要决策者身上。要注意决策者的"微表情"和"微动作"，捕捉其细微的情绪与态度变化，适当地对汇报内容和重点进行调整。

三是眼神交流。要大胆地与关键人物进行眼神交流，不能飘忽不定；应当目光坚定，给人稳重和自信的印象，同时应伴随自然和微笑的表情。

知识拓展：动作与态度

当对方出现以下动作时，表明对此问题不关心：打电话、打盹儿、左顾右盼、离开座位、在笔记本上乱涂乱画、敲打桌子等。

当对方出现以下动作时，表明对此问题很关心：身体前倾、注意力明显集中、在笔记本上认真记录等。

当对方出现以下动作时，表明对此观点怀疑或反对：身体明显向后仰、双手交叉胸前、摇头等。

在汇报过程中，客户不关心的问题交代结论即可；客户关心的问题或是存有疑惑的问题应更加关注细节，详细交代来龙去脉。

资料来源：张路军《汇报技巧（ppt）》，2012-11-11，http://ishare.iask.sina.com.cn/f/owxcE8qZhH.html。

4.手到

在汇报中合适的肢体语言也非常重要，具体包括手势和姿势等。

第一，手势。位置上要合宜，一般置于胸前，一定要与语言表达相配合，进行自然表达，不做作。力度上要坚定有力，手势的力量大具有强调效果，连续大动作有助于带动提案气氛；频度上，由于手势是对语言的补充，不宜过多、喧宾夺主。时机上，讲述重点时可以大动作手势提示。在汇报时，不要挥动双手，交缠拧动、玩手指、捏关节、摆弄手上的东西等。

第二，姿态。如果坐着讲，身体略微前倾，不要前后晃动或左右摆动。如果站着讲，不要走来走去，不要将身体靠在墙、白板上，最好不要把手插在口袋里。

知识拓展：汇报小技巧

策划者可以通过上台展示和说明，让提案对象了解策划重点，争取对方认同。许多人一想到要上台展示，脑中就一阵乱哄哄，"我究竟该说些什么呢？""要怎么样才能说服对方接受策划案？""我这样说真的是对的吗？"《教你写出神策划：三星、首尔大学都在用的策划力培养法》指出，"策划最重要的绝对不是自己，而是对方"，比起自己该说些什么，如何将关键信息烙印在对方脑海中才是重点，关键在于掌握"why、what、how、if"的说服四阶段。

> "真正的策划者，不是卖药（解决方法），而是贩卖疾病（问题）。"策划者与其一开口就噼里啪啦地介绍策划案内容（what），不如先提出提案对象最急迫需要解决的问题，告诉对方接受策划案的理由（why），增加提案对象的切身感。在成功引起对方兴趣，介绍完策划案的主要内容（what）之后，接着再解释执行细节（how），以及做了这些事情后会有的影响（if），让提案对象产生"啊，我想要做这件事情"的念头，并付诸行动。

（三）现场答疑

汇报难的不仅仅是陈述报告，更难的是现场答疑。因为报告陈述可以前期详细准备，但我们难以预料客户在现场会提出什么问题。那答疑环节该如何应对？

首先，尊重提问人。无论对方的问题有多么可笑或不专业，但都代表着客户对方案的思考，因此，都要予以回应。如果实在不清楚，可以重复对方的问题，确认是否理解有误。需要注意的是要回答问题而不是要争论，和谐的气氛是达成共识的基础。如果对方的问题确实提得很有水准，我们也可以有风度地表示"我们也很关心这个问题""您说得很对""您说的这个很重要""这个问题值得考虑"等，特别要注意的是态度诚恳：不懂就是不懂，不要不懂装懂。

其次，甄别问题。一是可及时反馈的问题。对于能够给出解答的问题应马上进行回应，再次强调我们的核心观点。二是可正面反馈的问题。对于不能及时解答的问题也要积极回复，承诺解答；当双方的想法不一致时，不要固执己见。三是选择性地反馈问题。客户有时提出的问题是发散的，我们需要甄别关键人物最关心的问题进行解答；回答也并不一定要纠结于问题本身，可以"跳出来"，从其他角度或更高层面进行回答。

再次，问题梳理。一是对问题进行分类梳理。在聆听对方提出问题时，可将问题分类，如关于市场的、关于定位的、关于财务安排的、关于产品细节的。二是针对每一类问题统一回答，换角度重新阐述报告的重点内容和主要结论。

最后，要善于随机应变。策划要因时制宜、因地制宜、因人制宜，老道的策划人能够处理好各种突发情况。例如，汇报节奏被打乱（重要领导中途离场、领导中间提问、时间被压缩、会议出席人员有变等），错别字，投影设备出现问题等，都要善于随机应变，化被动为主动。

> **知识拓展：汇报问答"小技巧"**
>
> 面对汇报对象提出的问题，策划新手经常显得手足无措，但是这其实是整个策划流程的关键时刻。与委托客户面对面的沟通中，策划人回答得好坏，将左右着听者对报告的整体印象，不可不慎。
>
> 策划者在问答阶段，可掌握以下4个要点：
>
> （1）先肯定对方论点。当提案对象提出批评时，可以先回复"这个意见非常宝贵""谢谢您的指教"，让对方觉得他的意见受到重视。
>
> （2）将质疑化为助力。"听众的疑问，是最好的说服快捷方式。"面对提问，先不要急着推翻对方论点，应欣然接纳建言，再针对质疑点进一步提供数据和内容佐证，借机重申理念和主张，同时赢得对方信任。
>
> （3）建立同理心。试着站在对方立场，以不同角度及立场切入，补足可能疏漏或不足的部分。
>
> （4）事前准备答客问。事先揣摩提案对象可能提出的质询或疑问，预先备妥答案，也可以模拟练习，确认自己能否恰当应对，正确传达意见并说服对方。
>
> 但值得注意的是，提报策划案的最终目的就是希望能获得采用，从而付诸实行。策划者唯有真正解决提案对象的质疑与问题，听者才有可能会埋单，策划案也才能真正发挥价值。
>
> 资料来源：蓝狮子数字出版中心《从零开始学策划》，2019-09-19，http://yuedu.163.com/source/34f31cd0a6e34446b290c23fcf3d1ab7_4。

三、传播说服方法

传播说服指的是受传者的态度沿着传播者说服意图的方向发生变化。传播学家霍夫兰（Carl Hovland）及其合作者以意见（解释、期望和评价）和态度（对某些客体、个人、组织或符号的接近或回避的反应）的改变程度来衡量说服的效果。如何增强传播内容的说服力？以下方法可供参考。

（一）例证法

例证法即是通过举出令人信服的典型事例以证明观点的劝服方法。俗话说"事实胜于雄辩"，摆事实、讲道理，典型案例可以为观点起到良好的支撑作用。在策划实践中，例证法由于具有简单易懂、客观实际、参考性强等其他方法难以比拟的优点，是策划人最经常用到的说服办法。事实上，当策划人提出某个观点或项目时，客户通常要求其举出相应例子，以便参考评估。

1. 主要类型

一是正面典型法。根据证明观点或项目可行性的需要，列举出在实践中已经获得成功的一个或多个案例（通常是标杆性案例），以供决策者进行参考。

如果列举一个案例，通常要根据策划方案中观点或项目所需的维度，对其进行深入细致的全景剖析。例如，在方案中提出要打造一台驻场旅游演艺节目，这时就需要对参考案例的背景、条件、定位、内容、形式、组织、投资、收益、风险与存在问题等进行全面分析，从而为客户提供决策依据。

个案在论证中存在着特殊性太强的弊病，因此，为了增强说服力，有时候策划人选择列举一组事实或案例，然后根据策划方案所需的维度，对同类的事实论据进行归纳综合，找出它们之间相同或相似的特点，以支撑和论证观点。例如，我们可以列举《又见平遥》《宋朝千古情》《长恨歌》《汉秀》等案例，然后归纳总结驻场旅游演艺的基本特点，支撑我们的策划设计。

二是反面教材法，即是列举出在实践中失败的一个或多个案例，然后分析其失败的原因，从反面为策划中所提的观点或项目进行支撑。但正如托尔斯泰在《安娜·卡列尼娜》开篇中所说"幸福的家庭都是相似的，不幸的家庭各有各的不幸"，同样，失败案例通常有其千差万别的原因，所以在使用反面案例时，一个案例主要说明或论证一个关键问题，如果要进行多问题分析，就要列举多个案例。比如，我们在分析老旧厂房改造的问题过程中，不能仅举一个例子，既想说明土地政策、配套服务等问题，又想说明人才队伍、组织建设等问题。

三是正反求异法。为了充分论证某个观点或要素的重要性，可以选择一组正反对比的案例。这种"求异"比较分析，可以有效地突出某些要素的重要性，形成极强的说服力。例如，我们通过分析《汉秀》的失利与《长恨歌》的成功，可以明显地看到"团队"与"故事"两个因素对旅游演艺的决定性影响，成语"南橘北枳"也是典型案例。

知识拓展：正反求异法经典案例——"南橘北枳"

晏子将使楚。楚王闻之，谓左右曰："齐之习辞者也，今方来，吾欲辱之，何以也？"左右对曰："为其来也，臣请缚一人，过王而行。王曰，何为者也？对曰，齐人也。王曰，何坐？曰，坐盗。"

晏子至，楚王赐晏子酒，酒酣，吏二缚一人诣王。王曰："缚者曷为者也？"对曰："齐人也，坐盗。"王视晏子曰："齐人固善盗乎？"晏子避席对曰："婴闻之，橘生淮南则为橘，生于淮北则为枳，叶徒相似，其实味不同。所以然者何？水土异也。今民生长于齐不盗，入楚则盗，得无楚之水土使民善盗耶？"王笑曰："圣人非所与熙也，寡人反取病焉。"

资料来源：刘向《晏子春秋》，https://so.gushiwen.org/shiwenv_587c09fc01d2.aspx。

2. 运用步骤

第一步：选取案例。选择合适的案例是例证法成功的一半。这需要策划人广阔的视野和丰富的案例积累。如何评判案例是否合适？主要有四个标准：①契合性。即案例是否可以贴切地论证观点或提供参考；②典型性。案例是否在行业发展中具有一定的普遍性、代表性或标杆性，一般不能选择极特殊的个案；③时效性。案例应是近期发生或正在发生的，用陈年旧事指导当前决策工作，无疑是"刻舟求剑"；④国际性。案例选取不能囿于国内，要有国际视野，可在全球范围内选择最为合适的案例。

第二步：叙述案例。就是对一个或多个案例进行简洁概括的阐述，包括案例的背景、内容和特点等。事例的叙述方式多样，具体应视需要而定，但不管运用何种方式，都应真实准确、详略得当，特别要注意数据的准确性，要反复核实无误方可落笔。

第三步：分析案例。选择策划所需的维度，如资源、市场、人才、文化和机制等，对案例进行分析，为策划中的观点或项目设计提供支撑。这一步工作最能体现策划人的研究分析能力。如何才能做好案例分析？①要服从分析目的或者方案的需要，做到有的放矢；②要深度挖掘案例的关键成功或失败因素，剖析其内在规律和本质，形成独到见解；③能够将分析结论与欲证明的观点有机结合起来，形成一个具有内在逻辑的整体。

3. 注意问题

在例证法中有三个方面的问题值得注意：

第一，案例的真实性。这是案例分析的基础。案例切不可弄虚作假，为了策划方案的需要而杜撰出一些伪案例。用于传播说服的案例，一定是事实存在、具有较强代表性和普遍性的案例，否则一旦让客户发觉，将会对整个方案乃至策划机构抱有怀疑态度，其结果无疑是灾难性的。

第二，分析的客观性。这考验着一个策划人的职业操守。在分析中不能为了证明观点或迎合决策者的喜好，刻意篡改或罔顾事实，移花接木、张冠李戴，得出一些似是而非的结论。当然，对于同一个案例，不同策划人可能熟悉和理解的程度不一，但应尽最大努力逼近真实。

第三，观点和材料的统一性。分析事例的目的是揭示或证明观点，二者应该形成"水乳交融"的关系，不能前后"两张皮"，也不能有例无证。

（二）引证法

引证法即是用已被证明的、公认的道理、原则或理论来论证未被证明的、个别的、具体的论点和道理。由于引证法引用的是世人公认的思想结晶，具有巨大的说服力，因此合理地引用资料，可以有力证明观点。

1. 主要类型

一是引用经典理论。这是指经过长期的实践检验、得到人们普遍认可的基本理论或发展规律，如马列主义经典著作中的精辟见解、管理科学中的经典论断，以及人们公认的各种定理与公式等。

二是引用名言警句。即是在策划方案中，根据观点和策略设计的需要，引用名人名言、格言警句、领导指示等，以增强论证的说服力和权威性。对于优秀的策划人而言，应该能够在方案中总结提炼出自己的"金句"，出于客户意料之外，又在情理之中，让决策者心悦诚服。

三是引用权威数据。即是权威机构或单位发表的数据，如世界银行、联合国教科文组织、政府官方网站、世界知名智库等发布的相关数据。这些数据通常具有较强的可信度，能够为观点或策略提供有力支撑。

2. 运用步骤

简单而言，引证法分为"引"和"证"两步。

第一步：引用证明材料。引文要有针对性，随着知识的积累，大部分领域或观点都有前人涉及，也有不少理论、名言或谚语警句供人选取。这时候需要分析每个引文的背景和内涵，选取最为贴切的材料。就说服力而言，党和国家领导人的讲话、重大会议的文件、权威机构的发文，通常是最强大的；其次根据客户（决策者）的信仰，选择其崇敬的名人名言，也具有极强的说服力。

第二步：建立材料与论点的关系。对理论加以分析，使之与论题充分联系起来，可以称之为"证"。在运用引证法时，引文本身只是一种材料，它不能代替论证。因此，在列出案例之后一定要恰当地加以阐述，要引而有证、引而有论，充分阐明引用资料的目的，达到预期效果。

3. 注意要点

在策划实践中，用好引证法需要注意如下几点：

一是引文要简洁精当。在策划中引用他人的言论，目的是为了让决策者更加信服自己的观点。因此，策划人自己的话语应是议论的主体，全文最醒目的部分。如果过多地运用引文，很容易将自己的论述淹没。

二是引文必须标明出处。引用不是抄袭，可以原文引用，但是一定要注明来源。虽然策划方案并不对外公布，但尊重知识产权是策划人的基本素养。同时，标明出处，也体现着一种严谨的态度和职业的自觉。

三是引文尽量权威。不同的引文其权威性不一样，如引用《孙子兵法》就比引用一般的兵法书权威，引用党和国家的正式文件就比地方政府的文件权威，引用联合国教科文组织等全球性机构的数据就比一般咨询公司的数据权威。因此，要尽量使用权威的引文，以增强说服力。

（三）喻证法

喻证法是用设喻来论证观点的方法。通过比喻，可将深奥难懂的道理与观点生动浅显地表达出来，给人留下深刻的印象。一个精妙的比喻常常可以给策划方案增辉不少，让人读来回味无穷。

1. 主要类型

喻证法在传播劝服中，主要有三种类型：

一是比喻描述。选取日常生活可见的事物作喻体，让策划中抽象的概念得以形象表达，使得论证语言更富感染力。例如，"堰塞湖"本是自然界由于泥石流等原因，引起原有水系被堰塞物强行堵塞，一旦堰塞物承受不住湖水的巨大张力，就会形成洪灾的现象。有人将"堰塞湖"用于金融、股市或舆论等领域，就形成了"堰塞湖效应"，比喻积蓄的风险一旦爆发，将会造成难以估量的损失。

二是比喻评价。利用联想与想象，用精彩的比喻去评判事物，通过喻体表情达意，既可以让客户了解策划人的态度，又不失委婉。

三是比喻说理。借用其他人、事、物中蕴含的道理来论证自己要宣扬的某种观点。

2. 运用步骤

喻证法通常包括三个步骤。

首先，确定要描述、论证或评价的观点，也就是确定"本体"。

其次，根据"本体"找到一个或多个义理相应的借体，即"喻体"。本体和喻体属于不同的事物，但二者具有一定的相似性。例如，魏徵在《谏太宗十思疏》中，将治理国家需要积累德义，比喻为"求木之长者，必固其根本；欲流之远者，必浚其泉源"，将深奥的理论变得生动易懂。

最后，利用语言建立"本体"和"喻体"之间的关系，可以通过明喻或暗喻的形式将本体或借体联系在一起，并剖析本体与借体中的义理。策划人一定要对论证对象和设喻事物之间的关系进行细致体会与揣摩，力求精到。

3. 注意要点

运用喻证法必须注意以下三点：

一是以小见大，就近取譬。要精选生活中细小的、人们熟悉的事物作为设喻的喻体。喻体如果不是客户常见熟知的，就达不到喻证的目的。

二是喻体不求形似，求神似。作为喻证的喻体与作为比喻的喻体不同。比喻的喻体是为了强调特征，描绘事物，侧重形似，以形比形；而喻证的喻体是为了阐发观点，力求神似，以义取形。

三是精剖喻体，贴切生动。例如，在《拿来主义》一文中，鲁迅的喻证法就用得十分贴切。他用"大宅子"比喻"文化遗产"；用"孱头""混蛋""废物"来批判三种对待文化遗产的错误观点和态度；用"鱼翅""鸦片""烟枪""姨太太"来比喻文化遗产的几个组成部分；用"占有""挑选""创新"来说明批判继承文化遗产的三个步骤。整段比喻浑然一体，形象生动。

（四）诉诸理性或诉诸情感法

在说服性传播活动中，诉求方式是影响传播效果的重要因素。策划人可以探索两种方式：诉诸理性或诉诸情感。

1. 诉诸理性法

以理服人，冷静地摆事实、讲道理，运用理性和逻辑的力量说服别人。这种方法比较适用于问题较为复杂、观点较为多元、需要较多辩论和分析的情况。例如，典型的"归谬法"，也叫推至极端法，就是顺着假设的前提，将观点引申放大，以显示出其荒谬性，从而对观点予以根本否定。本来不明显的逻辑错误，通过归谬法就会将其放大到让人人都感到荒谬的地步。

2. 诉诸情感法

以情感人。通过营造某种气氛或使用感情色彩强烈、富有冲击力的声音、画面、言辞来感染对方。这种比较适用于观点较为明晰、不需要大量辩论就能引起人们共鸣的情况。例如，利用假借法，传播者将自己的观点或产品或行为与接受者喜欢的美好事物联系起来，使人易于接受，并对传播内容产生好感。

（五）一面提示或两面提示法

1. 一面提示法

仅向对方说明自己的观点或提供于己有利的判断材料，称为"一面提示"。一面提示就像注意饮食规律、营养搭配、锻炼休息等说服方法，要反复强化和重申。这种方法对原先就持赞成意见、学历较低的人效果会更好。

2. 两面提示法

在强调己方观点或有力证据的同时，也以某种方式提示对立方的观点或不利于己的材料，称为"两面提示"。两面提示法就像事先接触弱性细菌而逐渐提高免疫力的接种法，对原先持反对意见、认知更理性的人劝服效果更好。

第四节 熟悉五种传播工具

一、广告

（一）内涵与特征

广告（Advertising）是指"特定赞助商采用付费的形式，通过印刷媒体（报纸和杂志）、广播媒体（无线电和电视）、网络媒体（有线电视、卫星、无线）、电子媒体（录像带、影碟、网页），以及户外媒体（广告牌、招牌、海报）等，对观念、产品或服务进行的非人员展示和推广"❶。从广告的定义来看，广告通常包括广告主体、广告媒体和广告信息三个部分。其中，广告主体又包括广告主、广告代理商和广告发布者，他们是从事广告活动的当事人。广告媒体是广告主向目标客群传递信息的媒介，合理的媒介选择可以有效提高传播的效率。广告信息是广告要传达给客户的主要内容，是广告的客体，如果没有信息，广告也就失去了存在价值。三者是一个相互依存的有机整体。

相对于其他传播推广形式，广告具有自身鲜明的特征。一是传播的普遍性。广告是一种高度公开的信息传播方式，通过媒体可以大范围传递产品和品牌的信息，并且可以多次重复，让目标受众对广告内容产生认知。二是较强的表现力。广告可通过十分巧妙地运用媒体艺术、声音和形象，为企业、品牌或产品提供一个戏剧化的表现机会。三是非人员性。广告不像人员促销、公共关系等方式，需要人员直接接触。

（二）广告应用要点

第一，好广告的关键即是"好创意"。广告业是一个关乎创意的行业。肯尼斯·罗曼（Kenneth Roman）和简·马斯在《如何做广告》（How to Advertise）中说："永远不要低估创意的力量，活动往往是围绕着创意进行的。"❷奥格威（David Ogilvy）更形象地指出："除非你的广告是建立在一个出色创意的基础上的，否则它就会像黑夜中经过的一艘船，没人能够看见。"没有创意，广告就失去了生命力。对于策划人而言，要利用好广告这种传播形式，核心是要能产生令人震撼的创意。

---

❶ 菲利普·科特勒, 凯文·莱恩·凯勒. 营销管理 [M]. 15版. 何佳讯, 于洪彦, 等译. 上海：上海人民出版社, 2017：527.

❷ 肯尼斯·罗曼, 简·马斯. 如何做广告 [M]. 詹正茂, 译. 北京：新华出版社, 2005：3.

第二，实施前先做广告决策，即在广告传播实施之前，做出五个方面的决策——"5M"，即任务（Mission）——我们的广告目标是什么，要影响哪些客群；资金（Money）——我们能够支出多少钱，如何在不同媒体类型之间进行分配；信息（Message）——广告应该传递什么信息；媒体（Media）——我们应该使用哪种媒体；测量（Measurement）——我们如何评估效果。只有明确了这些要素，广告活动才能顺利地推进。

第三，遵循广告的基本原则。一是要遵守法律法规，即遵守《中华人民共和国广告法（2018年修正）》，如"广告中对商品的性能、功能、产地、用途、质量、成分、价格、生产者、有效期限、允诺等或者对服务的内容、提供者、形式、质量、价格、允诺等有表示的，应当准确、清楚、明白"，不能使用"国家级""最高级""最佳"等用语；不能含有民族、种族、宗教、性别歧视等内容。二是ROI原则。该原则由威廉·伯恩巴克（William Bernbach）提出，是指一个好的广告应当具备三个基本要素：相关性原则（Relevance）、原创性原则（Originality）、震撼性原则（Impact）。从另一个角度而言，也就是要坚持科学性和艺术性相融合的原则。三是实效性原则。广告活动要带来现实的广告效果，能给广告主带来实际的效益，这也是广告活动最根本的要求，是广告价值的核心体现。

知识拓展：威廉·伯恩巴克的"ROI原则"

ROI原则由威廉·伯恩巴克提出。他认为一个好的广告应当具备三个基本要素，即相关性原则、原创性原则、震撼性原则。这三个要素被称为广告的"鬼斧"。

1. 相关性原则

（1）广告与受众的相关性。

（2）广告符号与受众知识经验领域的相关性。

（3）广告内容与消费者需要的相关性。

2. 原创性原则

（1）创意概念单纯。

（2）用少量的视觉元素传达最大的信息量。

（3）创意本身的可延续性。

（4）可运用于不同媒体的灵活性。

3. 震撼性原则

（1）来自媒体的震撼。

（2）来自广告信息结构。

> （3）持续的广告运动产生震撼。
>
> 资料来源：百度百科，ROI 词条，2019-08-28，https：//baike.baidu.com/item/ROI/8913660#viewPageContent。

第四，熟悉各种媒体特征。策划人必须了解主要广告媒体类型在到达程度、频率和影响力方面的不同能力，了解其优势与局限，然后才能根据目标受众的媒体习惯、产品特点和成本因素等进行综合考量与选择。例如，电视媒体传播范围广、感染力强，但是绝对成本高、曝光时间短。在做广告策划时，就需要权衡利益得失。

二、公共关系

（一）内涵与功能

公共关系（Public Relations）作为一种专门的管理手段和传播行为起源于美国。公共关系之父伯内斯（Edward L. Bernays）将其定义为一种处理组织与公众关系的活动，在这种关系中组织服务并依存于公众。后来，其又从组织的视角将公共关系的定义拓展为：告知公众信息、说服以改变公众的态度与行为，以及整合组织和公众之间态度和行为的努力。[1]英国公关学者杰夫金斯（Frank Jerkins）更关注公关的传播属性，指出"公共关系由各种计划性的沟通、交往所组成，目标在于促成各方的相互理解。这种沟通、交往处于组织与公众之间，既是向内的，也是向外的"[2]。美国学者马斯顿（J. E. Marston）更直接地指出："公共关系就是利用有说服力的传播去影响重要的公众。"[3]或者我们可以说，公共关系的目标就是构建价值认同。根据公共关系的定义，其结构主要由组织、公众、传播三要素构成，即主体是企业或社会组织，客体是社会公众，连接主体与客体的中介环节是信息传播。

相对其他沟通传播方式，公共关系有其鲜明的特征。

一是高度可信性。公共关系的核心要旨是借由沟通传播建立利益互惠和价值认同的关系。这种沟通传播相比广告，通常具有较强的隐蔽性，一般利用新闻、活动或特写等方式传递信息。这对受众来说，要远比商业气息浓郁的广告来得更可靠和更可信。

二是消除防卫。很多潜在顾客能接受软性宣传，但回避推销人员和广告。有一则寓言曾用来比喻"公关"和"广告"的关系：说太阳和北风比赛，看谁能让一个过路人脱

---

[1] BERNAYS E. Crystallizing public opinion [M]. New York：Boni and Liveright，1961：iv.

[2] JEFKINS F. Public relations techniques [M]. 2nded. Butterworth Heinemann，1994：7.

[3] MARSTON JE. The nature of public relations [M]. New York：McGraw‐hill，1963：16.

掉衣服。北风刮起刺骨的寒风，企图刮掉人们身上的衣服，但人们将衣服裹得越来越紧；太阳用柔和的阳光温暖人，天气渐渐暖和了，人们也就把衣服脱了。人们认为公共关系更像太阳，而广告则如北风。

三是具有双向性。公共关系是以真实为基础的双向沟通，而不是单向的公众传达或对公众舆论进行调查、监控，是主体与公众之间的双向信息系统。组织一方面要了解人情民意以调整决策，改善自身；另一方面要对外传播，使公众认识和了解自己，达成有效的双向意见沟通。同时，相对于广告等短暂的传播方式，公共关系更多强调形成一种长期的关系，是一项战略性、整体性和长期性的工作。

（二）公共关系应用要点

第一，明确应用方向。从根本功能上而言，公共关系是为了处理好各类社会关系，为企业或组织营造一个良好的发展氛围。在策划中，如果我们要运用公共关系这种沟通方式，那么我们的目标导向应该是价值的认同和关系的构建，而不只是追求传播的广度。

第二，坚持真实原则。谎言总会被揭穿。自从"现代公关之父"美国人艾维·莱德拜特·李（Ivy Ledbetter Lee）提出"讲真话"的原则以来，告诉公众真相便一直是公关工作的不二信条，尤其是现代社会，信息及传媒手段空前发达，这使得任何组织都无法长期封锁消息、控制消息，以隐瞒真相，欺骗公众。正如美国总统林肯所说："你可以在某一时刻欺骗所有人，也可以在所有时刻欺骗某些人，但你绝对不能在所有时刻欺骗所有人。"因此，公共关系要求公关人员实事求是地向公众提供真实信息，以取得公众的信任和理解，特别是在"危机公关"的过程中一定要实事求是，否则事后被揭穿，将造成难以挽回的形象损失。

第三，熟悉公关策划。该类策划是公关人员为了达到企业或组织的既定目标，在充分进行公共关系调研的基础上，对组织公关战略、专业公关活动和具体公关操作进行谋划、计划和设计的工作。制定一个公关策划方案，通常要包括确定沟通目标、目标公众、活动主题、传媒方式与媒介、选择公共关系活动模式及预算等内容。

三、事件与体验

（一）内涵与功能

事件和体验（Events and Experiences）是指"公司赞助的活动或项目，旨在创造品牌与消费者之间的日常或特别的活动，包括体育、艺术、娱乐、公益事件以及一些不太正式的活动"[1]。其主要方式是企业或组织通过创造或赞助具有名人效应、新闻价值及社会影响的人物或事件，吸引媒体、社会团体和消费者的兴趣与关注，以求提高企业或产品的知名度、美誉度，树立良好的品牌形象，并最终达成传播或销售的目的。在策划过程中，特别是城市营销等领域，事件或活动是经常用到的传播工具。相比其他方式，事件与体验具有如下特点：

其一，参与性。由于事件和体验具有现场性和实时性的特点，消费者的参与度非常高，能够让目标受众置身其中，形成更深的印象。当前，很多城市或城区为了塑造形象和吸引游客，举办了大量的节事活动，如河北张家口的张北草原音乐节、北京房山区的长阳音乐节等。

其二，综合性。事件或活动具有复合传播的特点，它集合了新闻效应、广告效应、公共关系、形象传播、客户关系等功能于一体，具有其他传播方式难以媲美的优势。例如，举办一次国际性的论坛活动，就可以把新闻、广告、公共关系等传播方式有效地整合起来。

其三，高效能。事件或活动在传播中具有优良的"性价比"，有时候可达到"四两拨千斤"的效果。例如，1915年在美国旧金山举行的"巴拿马万国博览会"上，茅台酒"怒掷酒瓶振国威"，成为传颂至今的中国企业成功运用事件营销的经典案例；张瑞敏的"砸机"（冰箱）事件也引发了媒体的广泛报道，向全社会宣传了海尔以质量为本的企业理念。

（二）事件与体验应用要点

在策划过程中，为了更好地利用好事件与体验工具，需要注意如下要点：

一是要有强相关性。不论是借助重大事件传播，还是举办活动主动传播，最重要的是找好品牌与事件的连接点，能够将品牌的优势与特点鲜明地表达出来。例如，统一润滑油利用伊拉克战争进行事件营销，采用"多一些润滑、少一些摩擦"的广告语，巧妙地借用人们希望世界"多一些和平、少一些战争"的心理，实现品牌形象与销售量的双提升。

二是要做好事件与体验的创意。无论是借势热点事件（新闻、体育、赛事、明星等），还是自己造势举办活动（活动、体验、话题等），其中关键都是要有创意性、新颖性，能够引起广泛的关注，形成品牌联想。需要注意的是，不能为了哗众取宠而采用没有底线的创意，如嘲笑弱势群体、侮辱女性、亵渎经典等做法，这样只会令人反感，结果将是弄巧成拙。

---

[1] 菲利普·科特勒，凯文·莱恩·凯勒. 营销管理[M]. 15版. 何佳讯，于洪彦，等译. 上海：上海人民出版社，2017：527.

三是做好风险评估和应急预案。组织活动存在一定的不可预见性，在事件或活动策划时，要设计好应急的预案，做到进可攻退可守。例如，在举办活动时，邀请的演员无法到达现场，这时就需启动预案。

四、口碑传播

（一）内涵与功能

"口碑"一词最早出现在《五灯会元·宝峰文禅师法嗣·永州太平安禅师》，其中说："劝君不用镌顽石，路上行人口似碑。"刻碑为纪功颂德，故后以"口碑"喻指众人口头的颂扬。我们说一个人或事物声誉好，叫作"有口皆碑"。在策划传播中，口碑传播是指一个具有感知信息的非商业传播者和接收者关于一个产品、品牌、组织和服务的非正式的人际传播。大多数研究文献认为，口碑传播是市场中最强大的控制力之一，特别是在网络时代，口碑对网购消费者的购买态度和行为意愿具有显著影响，被认为是转变消费者态度的重要因素。

口碑传播分为线上传播和线下传播两大类型。互联网平台上的传播是线上传播，而线下传播指的是生活中的口口相传。社交媒体是口碑营销的主要阵地，是人们彼此之间用来分享意见、见解、经验和观点的工具，现阶段主要包括社交网站、微博、微信、论坛等，特别是微信的随手转发功能，让信息拥有了爆炸式的传播能力。

（二）口碑传播应用要点

第一，口碑传播是一种指数型传播，所谓一传十、十传百，口碑是利用"指数级"传播实现裂变式扩散。口碑运动是否最终能够取得成功，取决于消费者是否愿意与他人谈论有关信息。

第二，传播内容。内容是口碑传播的关键，具有很强的故事性、与消费者利益攸关的内容，能够被持续关注，并且容易扩散。"口碑传播"一定要注意提供能与目标顾客心理产生共鸣的材料，让顾客主动转发与传播。

第三，传播渠道。策划人应最大限度地运用可以诱发口碑传播的宣传工具。传播渠道的选择主要由产品用户特征决定。当前最具有影响力和实用度的渠道是微博、微信、短视频平台和人际交互等。如何用好这些工具，体现了口碑传播能力。

第四，管理好负面口碑。口碑是一把双刃剑，既可以为企业带来正面的建设力，也会由于负面口碑的自发传播带来极大的破坏力。俗话说"好事不出门，坏事传千里"，负面口碑的传播速度是正面口碑的十倍。社交媒体可快速地让一个品牌家喻户晓，亦可在很短时间内让数十年积累起来的品牌资产烟消云散。

> **知识拓展：口碑传播的五大要素**
>
> 美国口碑营销学专家安迪·赛诺维兹（Andy Sernovitz）认为，口碑的传播离不开五个要素，即所谓的"5T"。
>
> （1）谈论者（Talkers），是指那些向别人谈论你的产品或品牌的人。口碑传播的推手就是这群规模不等、身份不同的人。如果没有谈论者，口碑营销就成为无本之木。
>
> （2）话题（Topics），是指人们谈论的具体内容。任何口碑都源于一个有讨论价值的信息。该信息引发人们的兴趣，而且能在众人脑中形成一个比较容易记住的印象。
>
> （3）推动工具（Tools），是指营销者用来推动口碑传播的各种媒介、平台和技术手段等。传统媒体和新媒体都是口碑传播的推动工具，但是如何用好这些不同的工具往往考验着策划人的运作水平。
>
> （4）参与（Taking Part）。口碑营销的一大特征就是频繁的参与和互动，营销者参与消费者的讨论。这不仅是为了让口碑交谈话题延续下去，也是拉近企业与消费者关系的必要之举。
>
> （5）跟踪了解（Tracking）。了解那些正在谈论你的人，弄清楚他们在谈论你的什么情况，这是企业收集反馈意见、评估传播效果的必备工作，策划人据此调整策略。
>
> 资料来源：陈楠华．口碑营销［M］．广州：广东经济出版社，2018：4-5.

五、自媒体传播

（一）内涵与功能

谢因波曼（Sheinberman）与克里斯威理斯（Chriswillies）在2017年联合提出了"We Media"（自媒体）的概念，并认为："We Media"是普通大众经由数字科技强化与全球知识体系相连之后，一种开始理解普通大众如何提供与分享他们自身的事实、新闻的途径。简言之，即公民用以发布自己亲眼所见、亲耳所闻事件的载体，如美国的Facebook和Twitter，我国的微博、微信、百度贴吧、抖音、快手等。随着自媒体影响力的不断扩大，很多企业、事业单位、科研机构等主体也纷纷建立起了自己的自媒体平台。主要包括微博、微信、APP，以及直播、短视频等信息传播平台。

微信是腾讯公司推出的一款社会化媒体产品，支持用户之间进行跨通信运营商、跨手机操作体系平台的文字、图片、语言、视频等形式的信息传收。它既可以实现点对点的交流，也可以在朋友圈进行信息分享，同时支持分组聊天、点对点传播、网络会议等。微信

将人际传播、群体传播、大众传播等对等聚合，实现了三者之间的无缝链接和全面贯通。❶

微博是微型博客的简称，因与传统博客相比发布字数受到限制（大多数微博平台规定每条微博不得超过 140 个字）而得名，是一个基于用户关注关系的信息分享、传播及获取平台。❷ 与其他传统的传播工具相比，微博具有内容微型化、交流开放化、传播即时化和效应裂变化四个方面的特点。

移动 APP（Application 的缩写），是指通过预装、下载等方式获取并运行在移动智能终端（如智能手机、平板电脑）上，向用户提供信息服务的应用软件。❸ 与追求"一站购齐"的传统互联网信息与服务相比，APP 一方面简化了用户获取信息的路径，便于用户在移动状态下操作；另一方面每个 APP 只提供一种专业内容或服务，在加强内容的专业化和个性化同时，还可以针对其诉求功能和终端的屏幕特性开发出个性化的界面，❹ 能够给客户更好的使用体验。

网络直播平台。网络直播是一种崭新的社交媒体，主要分为实时直播游戏、电影或电视剧，介绍产品知识及销售产品等。网络直播吸取和延续了互联网的优势，在现场架设独立的信号采集设备（音频+视频）导入导播端（导播设备或平台），再通过网络上传至服务器，发布至网址供人观看。现场直播完成后，还可以随时为读者继续提供重播、点播，有效延长了直播的时间和空间。

短视频平台。短视频，是一种互联网内容传播方式，一般是在互联网新媒体上传播的时长为 5 分钟以内的视频；内容融合了技能分享、幽默搞怪、时尚潮流、社会热点、街头采访、公益教育、广告创意、商业定制等主题。由于内容较短，可以单独成片，也可以成为系列栏目。随着移动终端普及和网络的提速，短平快的短视频内容逐渐获得了平台、粉丝和资本的青睐。

（二）自媒体应用要点

1. 注重用户体验

用户体验，即用户在使用一个产品或系统之前、使用期间和使用之后的全部感受，包括情感、信仰、喜好、认知印象、生理和心理反应、行为和成就等各方面。在利用自媒体进行传播时，首先要关注用户体验，从内容和形式设计等各个方面要让用户赏心悦目、易于接受。

2. 注重内容价值

近年来随着网络的兴起，网络上面各种新鲜的现象也成了一种风潮，并且随着拍摄器材的各种更新，为越来越多的平凡人提供了能够在大众面前露面的机会。对于自媒体

---

❶ 彭兰.社会化媒体理论与实践解析［M］.北京：中国人民大学出版社，2015：278.
❷ 黄河，江凡，等.新媒体广告［M］.北京：中国人民大学出版社，2019：175.
❸ 国家互联网信息办公室颁布的《移动互联网应用程序信息服务管理规定》。
❹ 彭兰.移动互联网时代的传播变革［M］.官建文，唐胜宏.中国移动互联网发展报告（2013）.北京：社会科学文献出版社，2013：18-33.

平台而言，合法、有趣、适合消费者需求的内容，才是自媒体传播的根本。

3. 注重风格特色

自媒体进入门槛很低，但是要想吸聚粉丝难度很大，所以只有形成自己的风格特色，才可能增加媒体的黏性，即无论在主题、形式、风格、内容、设计等各个环节都应形成鲜明的区隔度。

4. 注重营销推广

自媒体的价值在于聚集大量的粉丝。这就要求加大对自媒体的推广，如通过活动、论坛、户外广告等形式，让更多的目标受众知晓，并通过扫二维码等方式成为自媒体粉丝。

★★★重点回顾与拓展阅读★★★

一、重点回顾

（1）沟通传播能力主要由概念创造能力、塔式阐述能力、整合传播能力和形象塑造能力四种能力构成。

（2）塔式阐述能力是借助金字塔结构来辅助思考，将无逻辑、碎片化的信息和观点进行系统化的处理与表述的过程。

（3）借势传播是指借助人文历史、名人名物、时事热点和竞争对手等因素的力量来扩大自身的影响力和传播力。

（4）创意文案需要明确文案的写作目的，洞见传播对象的痛点，还要注意文本内容与表达方法，并且要选择合适的传播载体，积极借助口碑的传播力量。

（5）文案构思这一环节关系到方案的质量，主要包括三个核心环节：逻辑梳理、谋篇布局和材料取舍。

（6）优秀的策划离不开PPT的制作和讲解，PPT的制作要注意四点内容：熟稔策划方案、明晰演示逻辑、坚持KISS原则和图文相辅。

（7）广告的应用要点包含四个方面：要有好的创意、实施前要做决策、要遵循广告的基本原则、要熟悉各种媒体的特征。

（8）自媒体运用应注意用户体验、内容价值、风格特征、营销推广等四个要点。

二、拓展阅读

（1）《文案训练手册》。本书由传奇的文案作家、广告人约瑟夫·休格曼著。重点是告诉读者如何写出诱惑消费者、鼓励消费者，并最终促使消费者购买产品的文案。

（2）《创意传播管理——数字时代的营销革命》。本书由陈刚、沈虹所著，是一本对数字时代的网络营销传播提出完整理论框架的书。全书提出了大量开拓性的理论，对企、事业单位的品牌传播、危机处理、产品营销都具有参考价值。

（3）《金字塔原理：思考、写作和解决问题的逻辑》。本书由芭芭拉·明托编著。该书介绍了一种重点突出、逻辑清晰、主次分明的逻辑思路和表达方式，畅销40年不衰，广受欢迎，常年名列各国畅销书排行榜前茅。

（4）《超级符号就是超级创意》。本书是由上海华与华营销咨询有限公司创始人华杉、华楠兄弟所著。多年来，华与华用超级符号理论，在中国市场创新性地打造了一大批人们耳熟能详的品牌。该书结合案例，系统地阐述了超级符号理论。

（5）《公文高手的自我修养：大手笔是如何炼成的》。本书是由胡森林、马振凯所著。书中剖析大量公文写作实际案例，点明公文写作误区，圈出公文写作难点，是一本非常的实用性公文写作教材。

（6）《制作打动人心的策划案》。本书由日本作家望月正吾所著。书中通过讲述策划案的制作方法，教会读者利用视觉表现促使听众接纳演讲者的观点，让策划案的内容更加生动形象，不仅能够对从事策划案工作的相关人士起到帮助，还能对尝试使用PPT展示自己观点和立场的人士起到帮助。

（7）《如何做广告》。本书由肯尼斯·罗曼、简·马斯所著，认为广告就是创意，并阐释了在一个广告作品中起作用的各个因素，以及广告业所涉及的公共责任问题。对于广告主、广告代理公司，甚至学生，本书都是一部全面的、实用性很强的指导教材。

主要参考文献

［1］艾·里斯，杰克·特劳特.定位［M］.王恩冕，于少蔚，译.北京：中国财政经济出版社，2002.

［2］芭芭拉·明托.金字塔原理：思考、写作和解决问题的逻辑［M］.王德忠，译.北京：民主和建设出版社，2008.

［3］彼得·阿特斯兰德.经验性社会研究方法［M］.李路路，林克雷，译.北京：中央文献出版社，1995.

［4］彼得·布洛克.咨询顾问的圣经：完美咨询指导手册［M］.邹怡，译.北京：机械工业出版社，2016.

［5］彼得·圣吉.第五项修炼：学习型组织的艺术与实践［M］.张成林，译.北京：中信出版社，2018.

［6］班固.汉书·艺文志［M］.长沙：岳麓书社，2008.

［7］大前研一.思考的技术：思考力决定竞争力［M］.刘锦秀，谢育容，译.北京：中信出版社，2011.

［8］戴庞海，等.兵经百书［M］.郑州：中州古籍出版社，2018.

［9］嶋田毅.逻辑思维［M］.张雯，译.北京：北京时代华文书局，2018.

［10］丹尼斯·舍伍德.系统思考［M］.邱邵良，等译.北京：机械工业出版社，2018.

［11］德鲁克.管理：使命、责任与实务［M］.王永贵，译.北京：机械工业出版社，2007.

［12］笛卡尔.谈谈方法［M］.王太庆，译.北京：商务印书馆，2016.

［13］方勇，李波.荀子［M］.北京：中华书局，2011.

［14］风笑天.社会研究方法［M］.北京：中国人民大学出版社，2018.

［15］冯梦龙.智囊·上智［M］.北京：北京燕山出版社，2009.

［16］菲利普·科特勒，凯文·莱恩·凯勒.营销管理［M］.15版.何佳讯，于洪彦，等译.上海：上海人民出版社，2017.

[17] 胡百精.中国公共关系史[M].北京：中国传媒大学出版社，2014.

[18] 胡屹.策划学全书[M].北京：中国社会出版社，1999.

[19] 黄枬森.哲学笔记与唯物辩证法[M].北京：中央编译出版社，2018.

[20] 黄钊.道家思想史纲[M].长沙：湖南师范大学出版社，1991.

[21] 杰夫·戴尔，赫尔·葛瑞格森，克莱顿·克里斯坦森.创新者的基因[M].曾佳宁，译.北京：中信出版社，2013.

[22] 克劳塞维茨.战争论[M].孙永彧，译.北京：中国华侨出版社，2012.

[23] 雷德·海斯蒂，罗宾·道斯.不确定世界的理性选择——判断与决策心理学[M].2版.谢晓非，李纾，等译.北京：人民邮电出版社，2018.

[24] 洛威茨.麦肯锡思维[M].北京：企业管理出版社，2016.

[25] 雷万里.大型旅游项目策划[M].北京：化学工业出版社，2016.

[26] 李孟刚.产业经济学[M].北京：高等教育出版社，2008.

[27] 李生校.企业策划学[M].2版.北京：科学出版社，2012.

[28] 廖名春.中国文化发展史：先秦卷[M].济南：山东教育出版社，2013.

[29] 刘向.战国策[M].沈阳：万卷出版公司，2009.

[30] 卢长宝.项目策划[M].3版.北京：电子工业出版社，2018.

[31] 马克思.路易·波拿巴的雾月十八日[M].冯适，译.南京：江苏人民出版社，2011.

[32] 迈克尔·波特.竞争优势[M].陈丽芳，译.北京：中信出版社，2014.

[33] 米哈里·希斯赞特米哈伊.创造力：心流与创新心理学[M].黄珏苹，译.杭州：浙江人民出版社，2015.

[34] 培根.新工具[M].许宝骙，译.北京：商务印书馆，2018.

[35] 强海涛.策划原理与实践[M].2版.北京：机械工业出版社，2015.

[36] 邱昭良.复盘+：把经验转化为能力[M].北京：机械工业出版社，2018.

[37] 瑞·达利欧.原则[M].刘波，等译.北京：中信出版集团，2018.

[38] 沈立强.理念和方法：经营管理若干问题研究[M].上海：上海人民出版社，2018.

[39] 三谷宏治.商业模式全史[M].马云雷，杜君林，译.南京：江苏凤凰文艺出版社，2016.

[40] 斯蒂文·W.小约翰.传播理论[M].陈德民，等译.北京：中国社会科学出版社，1999.

[41] 斯科特·普劳斯.决策与判断[M].陈美霞，等译.北京：人民邮电出版社，2017.

［42］史蒂芬·柯维.高效能人士的七个习惯［M］.高新勇,译.北京:中国青年出版社,2015.

［43］托马斯·沃格尔.创新思维法:打破思维定式,生成有效创意［M］.陶尚芸,译.北京:电子工业出版社,2016.

［44］谭贞.创新创意基础教程［M］.北京:机械工业出版社,2015.

［45］田长广.新编现代策划学［M］.北京:北京大学出版社,2014.

［46］万钧.商务策划学［M］.北京:清华大学出版社,2015.

［47］王弼,楼宇烈.老子道德经注校释［M］.北京:中华书局,2012.

［48］王沪宁.政治的逻辑——马克思主义政治学原理［M］.上海:上海人民出版社,2019.

［49］王明夫.三度修炼［M］.北京:机械工业出版社,2017.

［50］王守仁.王阳明全集:第1册［M］.北京:中国书店,2015.

［51］王琳,朱文浩.结构性思维［M］.北京:中信出版社,2016.

［52］王志纲工作室.找魂:王志纲工作室战略策划10年实录［M］.北京:东方出版社,2007.

［53］吴廷玉.文化创意策划学［M］.大连:大连理工大学出版社,2010.

［54］吴志强,李德华.城市规划原理［M］.4版.北京:中国建筑工业出版社,2015.

［55］望月正吾.制作打动人心的策划案［M］.周素,译.北京:人民邮电出版社,2017.

［56］韦恩·C.布斯,等.研究是一门艺术［M］.陈美霞,等译.北京:新华出版社,2016.

［57］叶修.深度思维［M］.成都:天地出版社,2018.

［58］袁连生,等.文化产业创意与策划［M］.北京:清华大学出版社,2016.

［59］亚历克斯·阿贝拉.兰德公司与美国的崛起［M］.梁筱云,张小燕,译.北京:新华出版社,2016.

［60］伊丽莎白·哈斯·埃德莎姆.麦肯锡传奇［M］.魏清江,方海萍,译.北京:机械工业出版社,2010.

［61］约翰S.哈蒙德,等.决策的艺术［M］.王正林,译.北京:机械工业出版社,2016.

［62］约瑟夫·熊彼特.经济发展理论［M］.邹建平,译.北京:中国华侨出版社,2012.

［63］张浩,张志宇.文化创意方法与技巧［M］.北京:中国经济出版社,2010.

［64］张立波，王鸿.文化企业商业模式创新案例［M］.北京：北京大学出版社，2014.

［65］周培玉.策划思维与创意方法［M］.北京：中国经济出版社，2007.

［66］朱书堂.从卜筮到大数据：预测与决策的智慧［M］.北京：清华大学出版社，2017.

［67］詹姆斯·韦伯·扬.创意的生成［M］.祝士伟，译.北京：中国人民大学出版社，2014.

后　记

《周易·系辞上传》曰"鼓天下之动者存乎辞"，可见写作为文之重与之难。从2017年秋决定写作本书的那一刻，我就知道这将是一场艰辛的旅行，只是没有想到，这过程比预料的更为艰辛。有人说："策划是下地狱的活儿。"但这3年的写作过程，比之我过去15年的策划经历，我想说，其费心费力的程度有过之而无不及。3年来春秋寒暑，一天4个小时的写作，从未因故间断。每当想偷懒或放弃时，那份对策划的热爱与著文的初心又促使我坐到电脑之前。

幸运的是，在写作的路上，我并不是踽踽独行。来自各方的关心与激励，相助与扶持，给予了我不断前行的强大动力。在此，首先，我要诚挚地感谢我的家人，特别是我的爱人和女儿。在我因思路纠结而心情烦躁时、因各地调研而不能照顾家中事务时、因忙于写作而不能陪同旅行时，她们给了我极大的理解和宽容，为我提供了一个非常温馨与宽松的写作环境。如果没有她们的支持，想要完成50余万字的写作任务几乎是不可能的。同时，我要特别地感谢文化产业管理学院院长暨我的导师范周教授。作家柳青曾说过，人生的道路虽然漫长，但紧要处常常只有几步。我非常幸运地在人生的重要阶段遇到了范老师，更准确地说，是他给予了我走进策划殿堂的契机。其次，我要真心地感谢智纲智库（原王志纲工作室）的王志纲老师、任国刚总经理，以及北京战略策划中心的同人们，在工作室工作的5年间，我深切感受了策划知识的博大与肩负责任的重大，体悟到了独特的策划思维与方法，当然这些收获也鲜明地体现在本书的内容与文字之中。其次，我要感谢重庆市南岸区的黄红、王愚、莫裕全、雷旺、张鹏、王岗等领导，是他们给予了我理论结合实际的宝贵机会；感谢国家级文化产业示范园区创建办公室的徐强、李秀等同事在挂职期间的细致照顾。再次，我要感谢辛勤帮助我收集案例资料的宋立夫、赵婕、郝兰芝、侯雪彤、康琼艳、赵瑞熙、关卓伦、祁吟墨、赵紫来、吴学达同学，感谢帮助我校稿和修正细节的我的研究生仝凡、韩浩月、刘彦汕同学，感谢知识产权出版社的李石华编辑，正是他细心与辛勤的工作，才让本书在新冠肺炎疫情的影响下，仍得以顺利出版。最后，我还要感谢为本书付出努力、为我提供帮助与激励的专家、同事、朋友与同学们。

后记

虽然本书的写作已经结束了，但关于策划的研究才迈出万里长征的第一步。寄语未来，我想引用屈原在《离骚》中的辞句："路漫漫其修远兮，吾将上下而求索！"在历史面前，我们只是匆匆过客，然而我相信，那些我们燃烧了生命而激发出的点点思想光芒，终会穿透时空，隐现在历史的长廊中。毋庸置疑，由于时间和能力有限，本书还有很多内容和观点值得商榷，有些话题还有待深入探讨，其中不当之处，恳请国内外专家和同人们批评指正。

熊海峰于中国传媒大学明德楼

2020 年 5 月